中国汽车自主研发技术与管理实践丛书

汽车性能集成开发

主　编　詹樟松
副主编　伍　操　崔泰松　庞　剑　赵　会
主　审　杨少波　杜子学　贺岩松　李夔宁　詹振飞
参　编　万玉平　马立发　王志白　王俊翔　王　菊　王　辉
　　　　王　智　王　强　王　鑫　毛国军　毛溶洁　龙弟德
　　　　卢　义　田　昕　白支飞　成　健　向　晖　刘小龙
　　　　刘先应　刘兴春　刘　志　刘泉镇　刘　勇　刘　涛
　　　　刘　晶　孙勇利　杜孝全　李义林　李东伟　李兴泉
　　　　李红丽　李　亮　李学亮　李振容　李锐阳　李　鹏
　　　　李新兴　杨　亮　杨宪武　吴军强　吴学松　吴顺洪
　　　　吴　震　何文洁　何忠树　邹　轶　汪向阳　张雨英
　　　　张思文　张　坤　张　彬　陈代军　陈如意　陈乾乾
　　　　明星星　罗　坤　罗怨燕　金灿灿　金　勇　周云平
　　　　周定陆　忽　波　郑安普　赵志明　赵　勤　禹慧丽
　　　　饶　昆　宫世超　袁志德　贾文宇　夏永光　徐朋义
　　　　徐　涛　徐　强　高岩辉　郭迪军　郭建军　黄华江
　　　　黄　旭　黄　俊　黄　涛　章晓轩　梁　甫　彭建立
　　　　董国旭　蒋　平　蒋　涛　韩涌波　舒玉光　鲁红英
　　　　奠　波　曾　浩　温文武　游　典　谢春燕　靳之鹏
　　　　蒲俊华　赖礼汇　蔡　恒　廖天俊　廖祥凝　樊之鹏
　　　　黎　杰

机械工业出版社

《汽车性能集成开发》把握汽车行业发展现状与趋势，基于自主研发多年成功实践，围绕汽车性能集成开发的逻辑主线，系统、全面地介绍了汽车性能开发领域的先进体系、流程、策略、应用场景及支撑平台等。本书在内容上呈现了汽车性能开发过程的全貌，突出了集成开发的理念。

本书编写人员除主机厂具有丰富正向开发经验的研发技术骨干（包括海外专家）外，还邀请了重庆大学、重庆交通大学等院校汽车方向的教授为本书的架构和具体内容把关。本书兼具理论性和实用性，内容丰富，结构清晰，对汽车性能开发工作具有一定的指导借鉴作用。

本书主要作为我国汽车行业性能开发工程技术人员参考用书，也可作为高等院校汽车专业师生的教学参考用书。

图书在版编目（CIP）数据

汽车性能集成开发/詹樟松主编. —北京：机械工业出版社，2021.9

（中国汽车自主研发技术与管理实践丛书）

ISBN 978-7-111-69128-0

Ⅰ.①汽⋯ Ⅱ.①詹⋯ Ⅲ.①汽车-性能-系统开发 Ⅳ.① U472

中国版本图书馆 CIP 数据核字（2021）第 186609 号

机械工业出版社（北京市百万庄大街 22 号　邮政编码 100037）
策划编辑：母云红　　　　　　　　责任编辑：母云红
责任校对：张晓蓉　　　　　　　　责任印制：郜　敏
北京瑞禾彩色印刷有限公司印刷
2021 年 11 月第 1 版　第 1 次印刷
184mm×260mm・34 印张・2 插页・778 千字
0 001—3 000 册
标准书号：ISBN 978-7-111-69128-0
定价：338.00 元

电话服务　　　　　　　　　　　　网络服务
客服电话：010-88361066　　　　　机　工　官　网：www.cmpbook.com
　　　　　010-88379833　　　　　机　工　官　博：weibo.com/cmp1952
　　　　　010-68326294　　　　　金　书　网：www.golden-book.com
封底无防伪标均为盗版　　　　　　机工教育服务网：www.cmpedu.com

中国汽车自主研发技术与管理实践丛书
编委会

主　任	朱华荣					
副主任	王　俊	袁明学	刘　波	何朝兵	李　伟	华骝骉
	谭本宏	张德勇	叶　沛	赵　非	陈　伟	李名才
编　委	詹樟松	何举刚	吴礼军	张晓宇	王　坚	陈　勇
	李亚兰	周　波	任　勇	罗志龙	李新强	陈剑锋
	沈明均	叶明信	余成龙	陈　政	江爱群	梁光忠
	张劲松	王张勇	闵　龙	毛琼林	张玉祥	赖薪郦
	司　澜	冉桂青	杨大勇	王孝飞	王莉君	明　强
	向才云	管高勇	林雪斌	范正文	伍嘉扬	黄乐金
	彭　陶	王晓玲	肖　锋	班慎真	施海峰	李世华
	任　喆					
执行编委	王焕然	蔡　勇	周　亚	杨　杰	钟　玲	贾振川
	何　红	吴　虹	李光明	郭七一	钱红梅	谢桂兰
	陈　姣					

序

Preface

值此金秋收获的季节,受邀为本书作序,深感荣幸。

我们高兴地看到,中国汽车市场已超过十年产销量全球排名第一,这样的成绩令所有中国汽车人振奋。中国汽车工业的振兴是几代汽车人的梦想,当前,汽车强国建设尚在进程中,汽车产业处于品牌向上、品质向上的转型升级关键时期,《汽车性能集成开发》一书及时出版,不仅是我国汽车行业进步的又一展现,更希望它能为我国汽车产业的发展和技术进步助力!

2021年是"十四五"开局之年,随着新一轮能源、交通、信息领域的科技革命和汽车产业变革的深入发展、跨界融合,以及汽车消费和商业模式的深刻变化,全球汽车行业正面临百年未有之大变局,为推动我国走上汽车强国之路,汽车产业面临着前所未有的机遇和挑战。新时代赋予了我国自主品牌汽车企业勇挑重担、实现汽车强国梦的新任务。除了努力在关键核心技术领域取得重大突破之外,扎实吸收和整合传统汽车现有的世界领先技术,也是奠定创新发展基础的必由之路。

我国道路交通环境正经历着日新月异的发展,更好的道路环境使得车辆性能更容易被用户感知。新生代消费群体已成为汽车市场的中坚力量,对车辆性能的诉求重点体现在信心、活力、动感、个性等体验方面,消费者的体验需求成为开发者必须重点关注的要素或者是研发输入,这就需要开发者深刻理解用户使用场景,准确把握新生代消费群体的需求,真正打造出整体协调、人车合一的驾乘体验,以顺应汽车性能开发领域的发展趋势。

汽车性能开发是一项十分重要的研发技术工作,该领域仍有很多技术难题需要攻克。当前,我国自主品牌汽车企业的性能集成开发能力仍存在较大提升空间,需要大量的技术沉淀和人才积累。这一现状对整车开发水平的提升有较大影响,性能集成领域开发能力亟待提高。

重庆长安汽车股份有限公司一直是国内重视汽车性能开发能力建设的企业。长安汽车引进了国内外众多知名汽车性能专家,培养了一批掌握性能开发技术的人才,投入巨资建立了支撑性能开发的软硬件体系,连续打造出多款广受市场欢迎、性能表现优异的经典汽车产品,销售市场持续增长。长安汽车研发团队联合高校教授共同编写了此书,该书内容覆盖全面,是研发人员多年实践经验和理论知识的积累,具有较强的工程应用指导价值。希望该书的出版,能为我国汽车性能开发工程师提供帮助,为我国汽车行业科技研发、技术交流、人才培养等方面提供借鉴参考,有力推动汽车性能集成开发技术的快速发展,促进我国汽车性能开发的共同进步!

中国汽车工程研究院股份有限公司董事长

前 言
Preface

进入 21 世纪以来，中国汽车产业快速发展，已成为国民经济的重要支柱。目前，中国汽车产销量和保有量全球排名第一，是名副其实的汽车大国。中国汽车产业正处于转型升级、创新发展的关键时期，当前的重要任务是加快研发创新，推动产业做强做优，实现高质量发展。

汽车性能开发作为一项复杂的系统工程，已成为汽车产品研发活动的牵引主力，是研发创新的重要载体。各领域性能开发工作告别了早期单打独斗阶段，走上了集成开发的必由之路。汽车性能集成开发是以用户需求为核心出发点，多领域、多学科团队并行开展各性能的开发和管理，保障各项性能指标要求达成的活动。性能集成开发可以有效实现各种性能开发要求的统一，平衡各种矛盾，从而达到较高的综合技术水平。

当前，全球范围内各种汽车性能开发的专著和论文不少，但缺乏完整、系统地阐述性能集成开发全过程的专著。本书重点围绕汽车性能集成开发的理念和实践展开介绍。全书共分 14 章，第 1~3 章以汽车性能集成开发概述为起点，简明扼要地介绍了性能集成开发的支撑平台、体系和总体过程。第 4~12 章详细描述了汽车各性能的开发过程和部分应用实例。第 13、14 章以典型场景的性能集成开发以及性能开发趋势、新技术的展望介绍为结尾。本书力求站在全行业高度，将丰富的实践经验与新的理论相结合，对性能集成开发的体系、策略和场景应用进行综合而全面的解析，使读者从全貌上理解、把握汽车性能开发的思路。

本书由长期工作在第一线的汽车企业研发技术和管理人员、海外专家联合编写，并由重庆长安汽车股份有限公司首席专家杨少波，重庆大学贺岩松、李夔宁教授，重庆交通大学杜子学、詹振飞教授担任主审。

由于编者的能力和水平有限，书中疏漏在所难免，敬请各位读者批评指正。

编 者

目 录
Contents

序
前言

第 1 章　汽车性能集成开发概述

1.1　汽车性能概述 ... 001
　1.1.1　汽车开发的认知发展过程 ... 001
　1.1.2　汽车性能的定义和分类 ... 002

1.2　性能集成开发概念 ... 003
　1.2.1　性能集成开发的定义 ... 003
　1.2.2　性能集成开发的重要性 ... 005

1.3　性能集成开发的方法和理论基础 ... 005
　1.3.1　性能集成开发的方法 ... 005
　1.3.2　性能集成开发的理论基础 ... 006

参考文献 ... 011

第 2 章　汽车性能集成开发的支撑平台和体系

2.1　研发技术文件体系 ... 012
　2.1.1　研发技术文件体系的内容和构成 ... 012
　2.1.2　研发技术文件体系与性能集成开发的关系 ... 014

2.2　CAE 仿真体系 ... 015
　2.2.1　CAE 仿真与仿真体系构成 ... 015
　2.2.2　CAE 软硬件简介 ... 016
　2.2.3　CAE 技术文件 ... 017
　2.2.4　虚拟试验场 ... 018

2.3　试验验证与评价体系 ... 018
　2.3.1　试验验证体系综述 ... 018
　2.3.2　主观评价体系 ... 020

2.4　试验设备和试验场 ... 023
　2.4.1　试验设备及设施 ... 023
　2.4.2　试验场功能 ... 029
　2.4.3　主要试验道路介绍 ... 030

参考文献 ... 034

第 3 章　汽车性能集成开发总体过程的关键任务

3.1　集成开发流程和计划 ... 035
　3.1.1　集成开发流程 ... 035
　3.1.2　集成开发计划 ... 037

3.2　目标设定及分解 ... 038
　3.2.1　性能开发的需求 ... 038
　3.2.2　性能定位 LACU 与亮点性能定义 ... 042
　3.2.3　性能目标转化 ... 043
　3.2.4　性能目标设定与分解 ... 043

3.3　CAE 仿真验证评价与设计优化 ... 045
　3.3.1　CAE 分析大纲编制 ... 045
　3.3.2　CAE 仿真目标制订 ... 046
　3.3.3　分析结果与风险评估 ... 047
　3.3.4　设计优化方案与预案 ... 048

3.4 目标冲突的平衡兼容 ... 049
3.4.1 跨领域目标之间的冲突与平衡 ... 049
3.4.2 性能目标之间的冲突与平衡 ... 050
3.4.3 性能子目标之间的冲突与平衡 ... 050

3.5 过程管控与验收 ... 051
3.5.1 开发过程管控 ... 051
3.5.2 集成车验收和交付物 ... 052

参考文献 ... 053

第 4 章　整车动力传动集成开发

4.1 开发需求和目标 ... 054
4.1.1 动力传动性能 ... 054
4.1.2 动力传动性能开发流程 ... 055
4.1.3 动力传动性能需求和目标制订方法 ... 055

4.2 动力性能集成开发 ... 056
4.2.1 动力性能的定义 ... 056
4.2.2 动力性能的目标分解和方案设计 ... 057
4.2.3 动力性能的匹配调校和目标达成 ... 058

4.3 经济性能集成开发 ... 064
4.3.1 经济性能的定义 ... 064
4.3.2 经济性能的目标分解和方案设计 ... 067
4.3.3 经济性能的匹配调校和目标达成 ... 075

4.4 驾驶性能集成开发 ... 079
4.4.1 驾驶性能的定义 ... 079
4.4.2 驾驶性能的目标分解和方案设计 ... 081
4.4.3 驾驶性能的匹配调校和目标达成 ... 081

4.5 动力传动性能集成开发案例 ... 091

参考文献 ... 093

第 5 章　整车热管理性能集成开发

5.1 开发需求和目标 ... 097

5.2 整车热管理性能开发 ... 099

5.2.1 发动机舱热管理性能开发 ... 099
5.2.2 动力系统热管理性能开发 ... 108
5.2.3 乘员舱热管理性能开发 ... 116

5.3 整车热管理性能与其他性能的集成开发 ... 126
5.3.1 整车热管理性能与整车燃油经济性的集成开发 ... 126
5.3.2 整车热管理性能与整车 NVH 性能的集成开发 ... 128

参考文献 ... 132

第 6 章　行驶性能集成开发

6.1 开发需求和目标 ... 134

6.2 操纵稳定性与转向性能集成开发 ... 135
6.2.1 操纵稳定性与转向性能集成开发概述 ... 135
6.2.2 操纵稳定性与转向性能集成开发目标分解及方案设计 ... 136
6.2.3 操纵稳定性与转向性能集成 CAE 仿真与集成优化 ... 140
6.2.4 操纵稳定性与转向性能集成调校 ... 144

6.3 乘坐舒适性能集成开发 ... 149
6.3.1 乘坐舒适性能集成开发概述 ... 149
6.3.2 乘坐舒适性能目标分解及方案设计 ... 149
6.3.3 乘坐舒适性能 CAE 仿真与优化 ... 150
6.3.4 乘坐舒适性能集成调校 ... 157

6.4 制动性能集成开发 ... 158
6.4.1 制动性能集成开发概述 ... 158
6.4.2 制动性能目标分解及方案设计 ... 158
6.4.3 制动性能 CAE 仿真与优化 ... 168
6.4.4 制动性能集成调校与验证 ... 174

6.5 行驶性能集成开发实例 ... 184
6.5.1 转向响应集成开发实例 ... 184
6.5.2 前悬余振性能集成开发实例 ... 190
6.5.3 制动抖动性能集成开发实例 ... 195

参考文献 ... 203

第 7 章　NVH 性能集成开发

7.1　开发需求和目标 ... 206
7.1.1　需求来源 ... 206
7.1.2　汽车常见工况的振动噪声现象 ... 208
7.1.3　NVH 性能开发目标 ... 213

7.2　NVH 性能开发与控制 ... 217
7.2.1　振动噪声源控制 ... 217
7.2.2　振动噪声传递路径控制 ... 225
7.2.3　整车 NVH 性能集成匹配 ... 238

7.3　NVH 性能集成开发案例 ... 258
7.3.1　加速粗糙声控制 ... 259
7.3.2　低频敲鼓声控制 ... 261
7.3.3　汽车外后视镜风噪控制 ... 264
7.3.4　运动风格声品质开发 ... 267

参考文献 ... 269

第 8 章　安全性能集成

8.1　开发需求和目标 ... 274
8.1.1　开发需求分析 ... 274
8.1.2　开发目标确定 ... 277

8.2　安全性能开发 ... 278
8.2.1　结构耐撞性开发 ... 278
8.2.2　约束系统集成匹配开发 ... 295
8.2.3　行人保护安全开发 ... 308

8.3　性能集成案例 ... 321
8.3.1　FRB 与 MPDB 结构兼容性开发 ... 321
8.3.2　正碰乘员下肢损伤与内饰设计 ... 324
8.3.3　面向多尺寸假人保护的侧碰安全性能开发 ... 327
8.3.4　发动机舱盖性能多学科设计优化 ... 330

参考文献 ... 332

第 9 章　车内空气质量开发

9.1　开发需求和目标 ... 334
9.1.1　整车 VOC 法规要求 ... 334
9.1.2　整车气味要求 ... 335
9.1.3　社会机构评级对车内空气质量的要求 ... 335

9.2　车内气味和 VOC 开发 ... 336
9.2.1　车内气味和 VOC 的定义 ... 336
9.2.2　车内气味和 VOC 的目标分解及方案设计 ... 337
9.2.3　车内气味和 VOC 的验证评价及目标达成 ... 339

9.3　车内空气净化性能开发 ... 346
9.3.1　车内空气净化性能的定义 ... 346
9.3.2　车内空气净化性能的目标分解及方案设计 ... 347
9.3.3　车内空气净化性能的匹配及目标达成 ... 351

参考文献 ... 352

第 10 章　汽车气动性能集成开发

10.1　开发需求和目标 ... 354
10.1.1　汽车空气动力参数 ... 354
10.1.2　汽车空气动力学开发要求 ... 355
10.1.3　气动性能开发流程和目标 ... 357

10.2　气动性能开发方法 ... 358
10.2.1　气动性能数值仿真分析 ... 358
10.2.2　气动性能风洞试验 ... 361

10.3　气动性能优化方法 ... 364
10.3.1　造型气动性能优化 ... 364
10.3.2　发动机舱气动性能优化 ... 370
10.3.3　底盘附加件气动性能优化 ... 372

10.4　气动性能与其他性能的集成开发 ... 374

10.4.1 气动性能与发动机舱散热性能的集成开发 ... 374
10.4.2 气动性能与车身污染管理的集成开发 ... 376
10.4.3 气动性能与风噪的集成开发 ... 378

参考文献 ... 379

第 11 章　电器性能开发

11.1 开发需求和目标 ... 380
11.2 整车电源管理性能开发 ... 381
11.2.1 整车电源性能定义 ... 381
11.2.2 整车电源性能目标分解及方案设计 ... 381
11.2.3 整车电源性能目标达成 ... 382
11.3 灯光性能开发 ... 384
11.3.1 灯光性能定义 ... 384
11.3.2 灯光性能开发策略 ... 386
11.3.3 灯光性能 CAE 仿真 ... 389
11.3.4 灯光性能匹配验证 ... 393
11.4 电器硬件可靠性性能开发 ... 394
11.4.1 电器硬件可靠性性能定义 ... 394
11.4.2 电器设计可靠性能目标分解及方案设计 ... 395
11.4.3 电器硬件验证及目标达成 ... 395
11.5 电磁兼容性能开发 ... 398
11.5.1 电磁干扰及抗干扰性能定义 ... 398
11.5.2 电磁干扰及抗干扰性能目标分解及方案设计 ... 403
11.5.3 电磁干扰及抗干扰验证及目标达成 ... 406
11.5.4 电磁干扰及抗干扰性能仿真分析 ... 412

参考文献 ... 416

第 12 章　耐久可靠性开发

12.1 开发需求和目标 ... 417
12.1.1 产品市场定位分析 ... 417
12.1.2 法规及质量要求 ... 418
12.1.3 基于需求的产品耐久可靠性目标 ... 419
12.2 结构耐久开发 ... 420
12.2.1 结构耐久开发的内容和定义 ... 420
12.2.2 结构刚强度耐久目标设定与方案 ... 421
12.2.3 结构刚强度及耐久 CAE 仿真与优化 ... 422
12.2.4 试验验证 ... 435
12.2.5 结构耐久目标平衡与集成 ... 447
12.3 防腐性能开发 ... 449
12.3.1 防腐性能定义 ... 450
12.3.2 防腐开发目标设定 ... 451
12.3.3 防腐性能设计与防护 ... 452
12.3.4 防腐性能验证与评价 ... 453
12.3.5 防腐性能目标平衡与集成 ... 458
12.4 老化性能开发 ... 459
12.4.1 老化性能定义 ... 459
12.4.2 老化性能目标设定 ... 462
12.4.3 老化性能设计应对 ... 464
12.4.4 老化性能验证与评价 ... 464
12.4.5 老化开发目标平衡与集成 ... 466
12.5 环境适应性能开发 ... 467
12.5.1 环境适应性定义 ... 467
12.5.2 环境适应性目标设定 ... 468
12.5.3 环境适应性设计准则 ... 469
12.5.4 环境适应性验证与评价 ... 470
12.5.5 环境适应性开发目标平衡与集成 ... 471

参考文献 ... 472

第 13 章　典型场景的性能集成开发

13.1 性能定义优化 ... 473
13.1.1 性能定义现状 ... 473
13.1.2 基于亮点场景的性能定义优化 ... 475

13.2 亮点场景的驾乘基因锐化 ... 478
13.2.1 山路弯道场景目标分解 ... 478
13.2.2 山路弯道场景性能集成开发 ... 480
13.2.3 小结 ... 485

第 14 章　性能开发发展新趋势及其新技术

14.1 性能开发 CAE 仿真自动化技术 ... 486
14.1.1 CAE 自动化仿真背景 ... 487
14.1.2 CAE 仿真自动化概述 ... 487
14.1.3 CAE 仿真自动化现状 ... 488
14.1.4 CAE 仿真自动化在汽车领域的应用 ... 489
14.1.5 软件二次开发 ... 491

14.2 VPG 技术 ... 493
14.2.1 VPG 概念及其国内外现状 ... 493
14.2.2 VPG 路面建模原理 ... 494
14.2.3 VPG 建立的基本过程 ... 495
14.2.4 VPG 应用及前景 ... 496

14.3 整车声品质智能调控技术 ... 497
14.3.1 主动声均衡 ... 499
14.3.2 智能声交互 ... 499

14.4 MBSE 与性能集成开发技术 ... 501
14.4.1 MBSE 与系统工程 ... 501
14.4.2 MBSE 的主要内容与优势 ... 502
14.4.3 MBSE 应用前景 ... 503

14.5 智能安全开发技术 ... 509
14.5.1 动态行车安全 ... 512
14.5.2 集成探测技术 ... 515
14.5.3 智能安全座舱 ... 517
14.5.4 救援技术 ... 518

14.6 智能汽车技术 ... 519
14.6.1 整车电子电气架构平台 ... 520
14.6.2 智能驾驶 ... 521
14.6.3 智能座舱 ... 523
14.6.4 智能网联云平台 ... 524

参考文献 ... 524

附　录　缩略语一览表 ... 526

Chapter 01

第1章
汽车性能集成开发概述

本章以汽车开发的认知发展过程为开端,介绍汽车性能的定义和分类,提出性能集成开发广义和狭义的概念,阐述汽车性能集成开发方法的演变过程和理论基础。

1.1 汽车性能概述

1.1.1 汽车开发的认知发展过程

自改革开放以来,我国汽车工业的发展经历了从自力更生到打开国门,从完全引进技术到国产化二次开发,从收购国外成熟车型平台和品牌到依靠国内外专业设计公司逆向开发,并逐步建立正向开发技术,打造自主品牌的过程,走过了从结构开发、性能开发、性能品质开发,到性能基因(Deoxyribo Nucleic Acid,DNA)开发的几个阶段。

1. 从结构开发到性能开发

汽车与其他耐用商品一样,首先具有自身的基础功能。汽车的基础功能就是运输和代步,最初仅是运送旅客和货物的机械交通工具。早期的汽车开发模式是由物理结构空间设计为主导,以空间布置来决定汽车的结构,对性能设计比较忽视。随着物质文明的进步,汽车的社会普及化成为必然趋势。消费者对汽车的需求已由最初的运输和代步工具转变成了更高层次的要求,即除了对汽车空间等基本需求之外,消费者最重要的关注点逐渐转变到了汽车内在性能好坏的需求,包括经济性、可靠性、动力性、安全性等方面。于是,汽车开发方式也就顺理成章地实现了由结构开发向性能开发为主导的转变。

2. 性能品质开发

随着社会物质生活水平的提高，消费品不断升级，市场竞争也随之变化，品质需求开始成为产品竞争力的关键。车企纷纷聚焦驾驭品质、精致工程、可靠性这三方面的能力水平，开发模式又经历了一轮从性能开发向性能品质开发的模式转变。品质需求就是产品基于看、触、听、闻四个感知维度的感性要求。产品的性能品质作为灵魂，体现在产品结构中，成为消费者真正要购买的东西。性能品质开发在产品开发过程中将长期占有举足轻重的地位。

3. 性能基因开发

随着各厂家的汽车技术同质化趋势的出现，如何赋予产品特殊的风格，带给用户独特的体验，成为汽车新品开发面临的主要课题。为了在激烈的竞争中脱颖而出，汽车企业开始在产品差异的区分化上开展工作，力图凸显自身产品的特色。当今的成熟汽车品牌均拥有属于自身的驾乘风格及品牌理念，以提高品牌辨识度，提升用户的忠诚度。由此，分类打造具有家族化、差异化、有技术亮点和竞争力的产品，性能DNA开发成为汽车开发的新方向。

性能DNA定义为车型承载的性能基因，即该品牌汽车有别于其他汽车品牌的性能特征。性能DNA的核心内涵是要根据目标消费者特征和车型定位，在产品上形成显性化、差异化的性能标签。这是一项涉及底盘性能、NVH（Noise，Vibration，Harshness，噪声、振动、声振粗糙度）性能、动力传动性能、驾驶环境、操作品质、智能交互等多领域、多指标的个性化设定和匹配工作，以实现在多种典型场景工况下，用户能清晰地感知到产品性能特征差异化的目标。如果一个品牌的产品性能可以带给用户印象深刻的正面体验，将会迅速培育品牌美誉度，支撑品牌向上突破。

1.1.2 汽车性能的定义和分类

汽车结构是汽车性能实现的载体，而汽车性能是结构定义的表现。

汽车结构应具有满足用户需求的内在特性，这些特性称之为汽车性能。从广义上说，汽车性能是指汽车能适应各种使用条件、满足用户使用需求及社会环境需求的能力。而从狭义上说，汽车性能是指和整车产品有关的各项性能指标的综合体，是用户能够感知和判断产品优劣的重要参考。

性能来源于用户的感受，更是用户需求的直接体现。而需求输入是多方面并不断变化的，可能因公司品牌战略、车型级别和用户购买力的不同而迥异。汽车性能的定义也会随着时代的发展而不断改变。因此，性能开发是一个持续优化的动态过程。

各汽车公司和汽车专业相关书籍对汽车性能的划分都有所不同，这里按领域把汽车性能分为12项一级属性，这些属性均可进行客观测试评价。这里指的属性，就是产品在不同领域特性的差异性集合。汽车性能属性分类仅作为参考，见表1-1。

表 1-1 汽车性能属性分类

属性分类	内容
行驶性能	乘坐、操稳、制动、转向等性能
动力传动性能	动力、经济、传动、驾驶、排放等性能
NVH	整车及系统主要零部件的 NVH 性能
耐久可靠性	产品在规定的条件下和规定的时间内，完成规定功能（不失效）的能力
整车安全	分主动安全和被动安全，被动安全包括乘员安全性、行人保护、低速碰撞指标等
车内环保	车内挥发性有机物（Volatile Organic Compounds，VOC）和气味
气动性能和热管理	空气动力学、水尘管理、发动机舱热管理性能、动力系统热管理性能、乘员舱热管理性能
电子电器	电平衡、灯光等电器操作
EMC、功能逻辑和智能网联	电磁兼容（Electromagnetic Compatibility，EMC）、智能网联和智能驾驶辅助系统性能
内外饰	内外饰触感和操作
车身	四门两盖和车窗开闭性能
总布置	汽车的总体布置、通过性等相关指标，还有车内乘坐姿态及空间、操作方便性、上下车方便性、视野等指标

一级属性可继续向下细分，如 NVH 一级属性可按源头继续分为二级属性的动力传动噪声、路噪、风噪等，其中动力传动噪声又可以按工况设定为三级属性的起动关闭、原地急速、蠕行、加速、减速等具体控制指标。汽车产品所有二级属性数量可划分为上百项，三级属性的控制指标可达上千条。性能属性的划分标准和数量取决于企业的技术体系成熟度。

由于篇幅所限，本书将不介绍总布置、车身、内外饰等性能开发过程，这些内容将由本丛书中《汽车整车设计与产品开发》一书来做介绍。

1.2 性能集成开发概念

1.2.1 性能集成开发的定义

集成开发的概念是从系统工程实践中演变而来的，"集成"一词来自英文 integrate，意为"形成、协调、融合"为一个有机的整体。集成不是简单的叠加，有效的集成必须是增值的集成，即集成的系统必须附加新功能。集成开发需要多学科团队系统、协调地工作，包含了并行工程的理念，用户满意是判断产品开发成功的标准。

广义而言，汽车性能集成开发是以用户需求为核心出发点，多领域、多学科团队并行开展各性能的开发和管理，保障各项性能指标要求达成的活动。狭义而言，性能集成开发仅只是技术领域的集成开发，即根据用户需求输入，在性能开发中进行多学科、多方案的分解、整合，并在充分平衡协调各种矛盾之后，达成较高水平综合性能目标的过程。

性能集成开发在广义上主要体现在以下5个层次。

(1) 技术与市场的集成　这是性能集成产品开发的起点和终点，贯穿于产品开发的整车、系统、零部件开发的整个过程，即一直以用户需求为导向来指引开发。

(2) 过程的集成　即产品开发过程的分解和集成。分解和集成实质上是一个统一的过程，系统整合是分解的逆过程，要集成必先分解，再逐步集成到一个整体。性能开发不是线性一次推进就完成的，而是多性能开发的并行重叠、交织融合，在循环推进中完成，如图1-1所示。

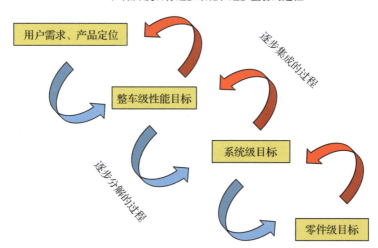

图1-1　性能开发过程的集成

性能方案阶段是从输入开始，先初步设立一级目标，再通过CAE仿真和主客观评价逐级分解，把目标分解到各层级，逐步设定目标。性能验证阶段，逐渐向上整合关键部件方案，开展系统级、整车级的主客观验证，迭代循环，直到整车目标达成。对过程中目标集成的有效管控，是新产品开发获得成功的关键。

(3) 人员的集成　即通过由项目管理者、多领域性能开发人员、产品设计人员、工艺人员、质量管理人员、制造人员、销售人员等组成的开发团队，尽可能全面地把有关的人员聚集起来，促进他们之间的沟通与合作，集中优势来开发项目。

(4) 虚拟集成和实物集成　虚拟集成即指标和方案集成，是性能指标的多目标融合仿真和多种技术方案的提出。实物集成是实物的主客观多目标的验证，二者互相配合，综合达成多学科、多边界的集成指标。

(5) 指标和零部件的集成　一个性能指标的实现可能对很多部件有需求，一个部件的参数可能对很多领域的性能指标有影响，需要领域和部件之间的分解整合、循环反馈、闭环验证。

1.2.2 性能集成开发的重要性

新产品开发是一项高风险、高投入的活动，企业必须尽可能兼顾开发时间、成本、产品质量的高难度要求，才能降低风险。在性能开发领域，采用集成开发方式就是解决该难题的最好方法。

性能集成开发背后的技术核心理论是多学科设计优化，该理论最早应用于航空工业。汽车与飞行器一样，是一个涉及多学科领域的复杂系统，且每个学科领域又包含众多性能指标，大部分性能指标的达成都需要多轮次单独优化，每轮优化时间也难以估计。而多学科优化就是可以综合平衡这些矛盾的最佳办法。该方法采用并行工程的思想，可以打通各学科之间的联系，把复杂系统分解为简单的子问题，开展系统级的分析评估，从而大大提升工作效率，节约开发经费，保障性能目标的高质量达成。

性能集成开发的重要性如下：

1) 性能集成开发可以从总体把握风险，平衡主次矛盾，以最优方式解决问题。性能集成开发可以大大推动后期实物集成向早期方案集成前移，尽量在前期解决矛盾，为项目组提供最优组合方案。这样，可以加快性能目标的设定，也会降低后期设计变更成本。即使后期实物集成验证仍然出现了问题，其解决也离不开性能集成对综合风险的把控、对备选方案的取舍。

2) 性能集成开发可以优化项目开发过程中的验证计划。这项工作便于统筹验证方案，明确验证资源数量、准入条件等要求，从正向角度实现验证的全面性，避免无效验证、资源浪费、重复验证等问题，提升开发效率。

3) 性能集成开发会推动企业研发机制的优化。多部门开展跨系统的集成协同工作，有利于打破部门壁垒，打造扁平化管理的高效团队。通过集成开发可以无缝整合分散在个人和部门间的产品信息和工作数据，优化汽车新产品研发项目管理过程，增强项目管理人员对项目实施过程的监督、管理和追踪能力，促进产品研发项目执行过程中人流、物流、信息流和知识流的畅通，最终促进研发部门组织结构和管理模式的优化和变革。

4) 性能集成开发还有助于技术体系的完善。随着开发经验的积累，凭借性能集成开发的阶段成果，可以逐步建立相关的关重零部件清单，形成共性参数数据库，从而为实施整车平台化、系列化、模块化开发奠定基础。

1.3 性能集成开发的方法和理论基础

1.3.1 性能集成开发的方法

性能集成开发的方法是一个不断发展和进步的过程，随着技术的发展，新的方法和技术不断加入性能集成开发的过程之中。

在通常的产品项目开发中，整车性能目标是采用对标的方法来制订。通过收集、分析新产品的概念与同档次竞品的特性、功能之间的差异，再结合法律、法规的要求，来确定整车应该达到的性能要求。各系统或各领域以此为依据，分别分解、制订本系统或领域的性能要求，进而实施达成目标。各系统集成为整车后，通过试验室和试验场试验，验证和评估整车的性能。根据验证和评估结果，各系统或性能板块开发人员反复协调，最后折中平衡到达成满足性能要求的集成方案。这是一种传统的方法，集成工作主要集中在产品开发的后期，需要花费大量的人力和时间去整改、协调，并且最后的集成结果不一定是最佳的结果，还有可能存在致命的缺陷。

汽车性能集成是一项系统工程，在识别涉众需求（客户需求、业务需求、法律法规需求）的基础上，转换为车辆的属性。在车辆的开发过程中使用和管理这些属性，属性管理过程包括开发属性需求，将属性需求从整车级分解到系统级、子系统级和部件级，将功能分配给车辆中的所有架构设计，开发测试来验证每个实体是否满足其需求，完成验证及认证测试。

基于模型的系统工程（Model Based System Engineering，MBSE）与多学科设计优化（Multidisciplinary Design Optimization，MDO）的结合是新的性能集成开发方法，是性能集成开发的趋势和发展方向，它从逻辑建模及量化分析的角度为性能集成开发提供了数字化支撑。

MBSE 使用建模方法支持系统的需求定义、设计定义、分析、验证和确认等活动，这些活动从概念设计阶段开始，持续贯穿于产品开发的全生命周期。

MDO 技术是在产品开发前期对多个系统或领域进行集成分析，综合考虑各个学科之间的相互影响，达成各学科折中平衡，形成满足各学科需要的可靠的集成方案，按照集成方案进行开发，达到相对最佳的集成效果，减少后期的整改时间和人力投入。

1.3.2　性能集成开发的理论基础

多学科设计优化技术是汽车性能集成开发的重要工具。多学科设计优化涉及灵敏度分析技术、近似模型技术、多学科设计优化算法以及多学科设计优化策略等关键技术。以下简要介绍多学科设计优化的各关键技术及其理论基础。

1. 灵敏度分析技术及其理论基础

灵敏度分析是多学科优化设计中的重要研究内容之一。从本质上说，灵敏度是响应值对设计变量的导数，也可将灵敏度理解为目标函数对其参数的导数。因此，设计灵敏度就是设计响应对优化变量的偏导数。

灵敏度分析常用的有直接法与伴随变量法。

对于有限元方程：

$$[K]\{U\} = \{P\} \quad (1-1)$$

两边同时对设计变量 X 求偏导数：

$$\frac{\partial [K]}{\partial X}\{U\} + [K]\frac{\partial \{U\}}{\partial X} = \frac{\partial \{P\}}{\partial X} \quad (1-2)$$

则对位移向量 U 的偏导数为

$$\frac{\partial \{U\}}{\partial X} = [K]^{-1}\left(\frac{\partial \{P\}}{\partial X} - \frac{\partial [K]}{\partial X}\{U\}\right) \quad (1-3)$$

通常来说，设计响应是位移向量 U 的函数：

$$g = \{Q\}^{\mathrm{T}}\{U\} \quad (1-4)$$

因此，设计响应对设计变量的偏导数：

$$\frac{\partial g}{\partial X} = \frac{\partial Q^{\mathrm{T}}}{\partial X}\{U\} + Q^{\mathrm{T}}\frac{\partial \{U\}}{\partial X} \quad (1-5)$$

上述求解方法称为直接法。直接法适用于设计约束较多但设计变量较少的优化问题，例如针对形状优化和尺寸优化的灵敏度求解。

对于设计约束较少而设计变量较多的优化问题，比如拓扑优化和形貌优化，在计算这类问题的灵敏度时可以引入伴随变量 E。伴随变量 E 应当满足：

$$[K]\{E\} = \{Q\} \quad (1-6)$$

从而使得

$$\frac{\partial g}{\partial X} = \frac{\partial Q^{\mathrm{T}}}{\partial X}\{U\} + \{E\}^{\mathrm{T}}\left(\frac{\partial \{P\}}{\partial X} - \frac{\partial [K]}{\partial X}\{U\}\right) \quad (1-7)$$

这种方法叫作伴随变量法。

灵敏度分析具有以下特点：①灵敏度可以为正，也可以为负。②在比较质量、位移、频率等性能的灵敏度时，需要考虑单位量纲统一。同样，设计变量的单位（厚度、弹性模型等）也要考虑量纲统一。③对于某些响应灵敏度，大型组件可能具有比其他组件更高的灵敏度。

2. 近似模型技术及其理论基础

近似模型方法又叫代理模型方法，其本质是利用已知样本点，通过数学手段生成数学模型，能够反映设计变量与响应值之间的映射关系。代理模型方法有许多种，常用的包括：多项式响应面（Polynomial Response Surface Method，PRSM）、移动最小二乘法（Moving Least Squares Method，MLSM）、Kriging 模型（Kriging Model，KM）、径向基函数（Radial Basis Function，RBF）和 BP 神经网络（BP Neural Network，BPN）。下面将以多项式响应面代理模型为例进行介绍。

多项式响应面代理模型技术是一种采用统计学回归分析来进行函数拟合的近似方法。

工程中最常用的二次响应面的数学表达式如下：

$$f(\mathbf{X}) = \beta_0 + \sum_{i=1}^{n_v} \beta_i x_i + \sum_{i=1}^{n_v} \beta_{ii} x_i^2 + \sum_{i=1}^{n_v} \sum_{j>i}^{n_v} \beta_{ij} x_i x_j \quad (1-8)$$

式中，n_v 为设计变量的维数；待定系数 β_0、β_i、β_{ii}、β_{ij} 由最小二乘回归确定，其矩阵形式如式（1-9）所示：

$$\boldsymbol{\beta} = (\mathbf{X}^T \mathbf{X})^{-1} \mathbf{X}^T \mathbf{y} \quad (1-9)$$

式中，$\boldsymbol{\beta}$ 是待定系数向量，其维数为（n_v+1）（n_v+2）/2；$\mathbf{X}$ 是与构造样本点相关的设计变量矩阵；$\mathbf{y}$ 是构造样本点中响应值组成的 n_s 维列向量。为了求解 $\boldsymbol{\beta}$，构造样本点的个数 n_s 应该不小于（n_v+1）（n_v+2）/2。构造过程中，通过回归系数显著性检验，可以发现并且去除回归模型中的多余项，重新建立形式更新、更简单、精度更高的多项式响应面模型。

3. 多学科设计优化算法

多学科设计优化算法是多学科设计优化技术中的一项重要研究内容，常见的多学科设计优化算法及其特点见表1-2。

表1-2 常见的多学科设计优化算法及其特点

优化算法种类	特 点
可行方向法（Method of Feasible Direction，MFD）	优点是，在优化过程中降低目标函数值，同时保证优化过程始终在可行域内进行，优化效率较高，易于操作，鲁棒性强，适于工程应用；缺点在于要求初始点可行
SUMT方法（Sequential Unconstrained Minimization Technique）	将约束优化问题转化为无约束优化问题进行求解，方法简单，程序编制容易，对目标函数和约束条件的要求不高
序列二次规划法（Sequential Quadratic Programming，SQP）	最有效的求解平滑非线性优化问题的工程优化算法，但其目标函数和约束条件二阶连续以及程序实现较为复杂
遗传算法（Genetic Algorithm，GA）	具有全局收敛的特性，不依赖目标函数和约束条件的梯度信息，可处理非连续和离散问题，容易实现并行计算，适合求解多目标优化问题

下面将以可行方向法为例，介绍其理论基础。

设非线性约束优化问题为

$$\begin{cases} \min f(x) \\ g_j(x) \leq 0 & (j=1, 2, \cdots, m) \\ x_i^{low} \leq x_i \leq x_i^{up} & (i=1, 2, \cdots, m) \end{cases} \quad (1-10)$$

可行方向法从任一可行点 x_k，找一个可行方向 p_k，沿 p_k 移动一段距离 $\lambda_k p_k$，得到新设计点 x_{k+1}：

$$x_{k+1} = x_k + \lambda_k p_k \tag{1-11}$$

若要使 x_k 和 x_{k+1} 都在可行域内，同时使目标函数下降，对移动方向的要求为

$$p_k^T \nabla f_k \leqslant 0 \tag{1-12}$$

$$p_k^T \nabla g_k \leqslant 0 \tag{1-13}$$

$$-1 \leqslant p_k^i \leqslant 1 \tag{1-14}$$

式（1-12）使目标函数下降，式（1-13）保证 x_{k+1} 位于可行域内，可行方向的搜索过程如图 1-2 所示。式（1-12）和式（1-13）分别可改写为

$$p_k^T \nabla f_k + \beta \leqslant 0 \tag{1-15}$$

$$p_k^T \nabla g_k \leqslant 0 \tag{1-16}$$

β 为某一正数，在满足式（1-15）、式（1-16）的前提下，β 越大，目标函数下降更快，所得的搜索方向 p_k 更有效。设 β 为辅助变量，求解式（1-17）中的线性规划问题，使 β 最大的方向，即当前点 x_k 处的可行方向 p_k。

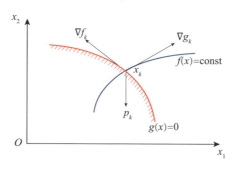

图 1-2 可行方向法搜索示意图

$$\begin{cases} \max \beta \\ p_k^T \nabla f_k + \beta \leqslant 0 \\ p_k^T \nabla g_k \leqslant 0 \\ -1 \leqslant p_k^i \leqslant 1 \end{cases} \tag{1-17}$$

搜索过程中，在可行方向 p_k 上移动的距离由步长 λ_k 决定。为了保证 x_{k+1} 处于可行域内，通过一维搜索确定 λ_k 时需要对搜索区间加以限定，即 $\lambda_k \in [0, \lambda_{\max}]$。其中 $\lambda_{\max}$ 为确保 x_{k+1} 可行性的最大步长。

可行方向法的关键在于确定可行方向 p_k 和沿该方向的移步长 λ_k。可行方向法的优点是可以在优化过程中降低目标函数值，同时也能够保证优化过程始终在可行域内进行，优化效率较高。其最大的缺点在于要求初始点可行。对于一些较为复杂的工程问题，选择可行初始点往往不是一件容易的事情。

4. 多学科设计优化策略

多学科优化策略（MDO Strategy）又称为多学科优化方法（MDO Approach/

Method）或多学科优化过程（MDO Procedure），主要研究多学科问题的分解和组织形式，是 MDO 的核心技术，也是 MDO 领域最活跃、研究成果最多的研究方向。

MDO 策略的主要思想是将庞大且难以处理的复杂系统优化设计问题分解为多个组织形式简单、求解容易的子问题，然后对各个子问题分别优化求解，并对各子学科的优化进行合理的协调，最终获得原问题的最优解。由于分解后的子问题可以充分利用并行工程的思想，实现分布式并行求解，因此，MDO 策略能够有效地提高复杂系统多学科设计优化的效率。

MDO 策略可分为单级 MDO 策略和多级 MDO 策略两大类。

单级优化策略主要包括多学科可行法（Multidisciplinary Feasible，MDF 或 All-in-One，AIO）、单学科可行法（Individual Discipline Feasible，IDF）以及同时分析与设计法（Simultaneous Analysis and Design，SAND 或 All-at-Once，AAO）。单级 MDO 策略只会进行学科内部的分析，优化任务由系统级优化器完成（MDF 的计算流程如图 1-3 所示）。单级 MDO 策略的优点是实现简单且能够保证系统优化的收敛性，其缺点是优化效率会随着 MDO 问题的规模增加而降低。

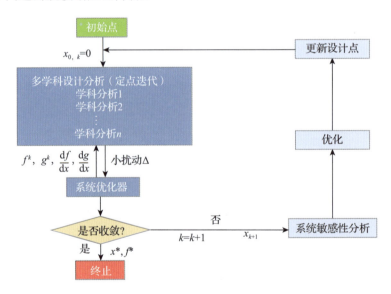

图 1-3　使用梯度优化器的 MDF 的计算流程

多级 MDO 策略是将复杂的 MDO 问题按照学科分解为若干个相对简单的子优化问题，各学科分别进行优化，最终通过系统级优化进行协调。常见的多级 MDO 策略包括并行子空间优化（Concurrent Subspace Optimization，CSSO）、协同优化（Collaborative Optimization，CO）、二级集成系统综合（Bi-Level Integrated System Synthesis，BLISS）、解析目标分解（Analytic Target Cascading，ATC）等。图 1-4 展示了协同优化的分析流程。

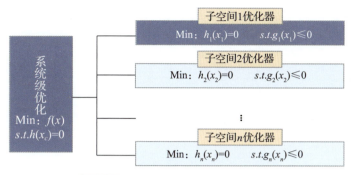

图1-4 多学科协同优化（CO）流程

参考文献

[1] 张献洋，卢生林，李朋龙，等. 国内整车企业开发模式变迁探析 [J]. 时代汽车，2018 (7)：23-25.

[2] 翟丽. 技术与市场的集成——集成产品开发的核心 [J]. 研究与发展管理，1997，9 (5)：7-10.

[3] 彭磊，李学亮，苏永雷，等. 整车结构性能多学科集成优化设计开发及应用 [A]. //2019 中国汽车工程学会年会论文集 [C]. 北京：中国汽车工程学会，2019：2107-2114.

[4] 龙腾. 飞行器多学科设计优化方法与集成设计平台研究 [D]. 北京：北京理工大学，2009.

[5] AIAA Multidisciplinary Design Optimization Technical Committee. Current state of the art on multidisciplinary design optimization（MDO）：An AIAA white paper [EB/OL]. 1991. http：//endo. sandia. gov/AIAA_MDOTC/sponsored/aiaa_paper. html.

[6] 闻新. 多级/多学科优化设计的一个实例——优化设计的新发展 [J]. 飞航导弹，1989 (9)：50-57.

[7] 余雄庆. 多学科设计优化算法及其在飞机设计中的应用研究 [D]. 南京：南京航空航天大学，1999.

[8] 余雄庆. 飞机设计新技术——多学科设计优化 [J]. 航空科学技术，1999 (1)：19-22.

[9] 余雄庆，丁运亮. 多学科设计优化算法及其在飞行器设计中应用 [J]. 航空学报，2000，21 (1)：1-6.

[10] 王振国，陈小前，罗文彩，等. 飞行器多学科设计优化理论与应用研究 [M]. 北京：国防工业出版社，2006.

[11] 唐焕文，秦志学. 最优化方法 [M]. 大连：大连理工大学出版社，1994.

[12] 王小平，曹立明. 遗传算法——理论、应用与软件实现 [M]. 西安：西安交通大学出版社，2002.

[13] CRAMER E J，DENNIS J E，FRANK P D，et al. Problem formulation for multidisciplinary design optimization [J]. SIAM Journal of Optimization，1994，4 (4)：754-776.

Chapter 02

第 2 章
汽车性能集成开发的支撑平台和体系

本章主要介绍汽车集成开发所需的软硬件支撑平台和体系，对研发技术文件体系、CAE 仿真体系、试验验证与主观评价体系三大体系的内容和构成进行说明，并简要介绍试验设备和试验场等硬件支撑平台。

2.1 研发技术文件体系

研发技术文件就是产品开发过程中，必须遵守和达成的标准、设计准则、产品技术规范等标准类的文件，以及设计指南、检查清单、失效模式分析（Failure Mode Analysis，FMA）等指导、总结、产品开发过程管控的文件。

2.1.1 研发技术文件体系的内容和构成

汽车性能集成开发所面临的挑战，不是单点的问题，也不仅仅是技术问题，而是面对多专业、多学科、多技术、多流程并存的研发全程，需要用系统思维来思考，用体系方法来解决。汽车企业通常都会建立符合自身规模的产品实现标准体系。产品实现标准体系一般包括设计和开发标准、产品标准、生产/服务提供标准、营销标准、售后交付标准等子体系等，其中，研发技术文件体系是设计和开发标准的核心内容（GB/T 15497—2017《企业标准体系产品实现》）。纵观先进的汽车企业，其研发技术文件体系建设都源于系统工程方法论与 V 模型的指导，是对汽车性能集成这一系统工程过程活动中的技术过程、管理过程规范化的文件体系，该体系主要由三大部分内容组成，如图 2-1 所示。

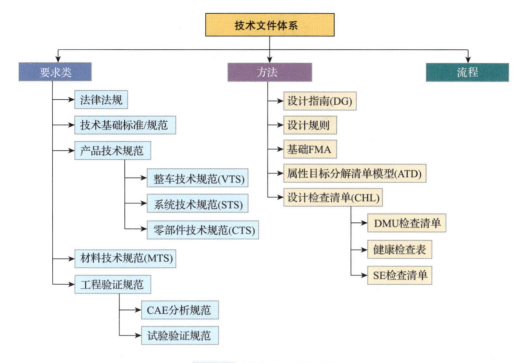

图2-1 技术文件体系组成

1. 汽车性能属性与系统划分

汽车性能属性与系统划分是研发技术文件体系管理的基础，其核心作用是定义产品技术架构，也就是说，到底从哪些方面来定义汽车。通常从两个维度对整车产品进行分解并建立关系矩阵：1）以用户需求为基础的汽车性能属性维度，包含整车行驶性能、动力传动性能、NVH、总布置等12个一级属性，每个一级属性下再根据对需求的细化进行子属性的划分；2）以产品功能为主要划分方法，兼具考虑物理位置、技术、甚至再利用/通用件为划分方法的产品系统维度，包含动力、电器、车身等八大系统，每个系统再根据相互之间的界面进行子系统、部件等划分。通过对各属性、系统进行分解，建立整车性能属性目标管控/虚拟验证/实物验证。整车属性、产品系统的矩阵关系，如图2-2所示。性能集成开发必须映射系统参数，系统方案设计必须考虑性能属性需求，以保证性能集成综合最优解的实现。

2. 技术规范

技术规范是对汽车性能集成这一系统工程的技术过程活动进行能力与知识积累的标准化文件，根据汽车性能属性与系统划分的情况，包含从技术开发角度，覆盖整车、系统、零部件的目标制订、分解、仿真分析、实物验证与评价活动的技术规范；从技术方法角度，覆盖产品结构、功能分析、材料选型、算法匹配等设计活动的技术规范。

技术规范的常规文件种类如图2-3所示。

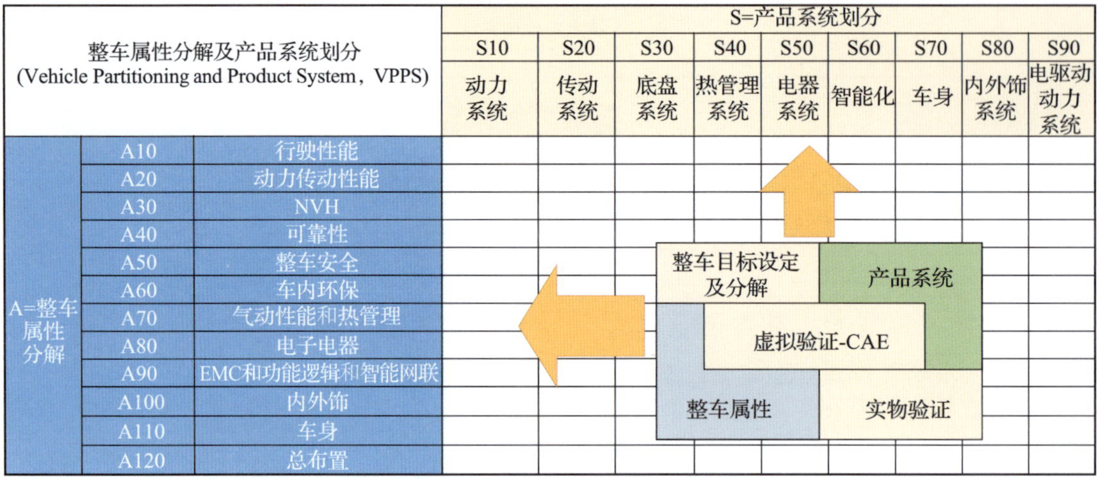

整车属性分解及产品系统划分 (Vehicle Partitioning and Product System，VPPS)			S=产品系统划分								
			S10 动力系统	S20 传动系统	S30 底盘系统	S40 热管理系统	S50 电器系统	S60 智能化	S70 车身	S80 内外饰系统	S90 电驱动动力系统
A=整车属性分解	A10	行驶性能									
	A20	动力传动性能									
	A30	NVH									
	A40	可靠性									
	A50	整车安全									
	A60	车内环保									
	A70	气动性能和热管理									
	A80	电子电器									
	A90	EMC和功能逻辑和智能网联									
	A100	内外饰									
	A110	车身									
	A120	总布置									

图2-2 属性、系统矩阵关系

序号	类型	文件类型	英文名称	英文简称	定义
1	要求类文件	整车产品技术规范	Vehicle Technical Specification	VTS	整车产品技术规范是全面描述车辆功能、属性，反映整车级需求和相应验证方法的技术文件，以达到整车目标设定、分析、传递和验证的目的。由整车RQT和DVM组成，包含工程属性目标
2		系统产品技术规范	System/Subsystem Technical Specification	STS	系统产品技术规范是在整车需求分解成系统级过程中产生的系统级/子系统需求和相应验证方法的技术文件，以达到系统目标设定、分析、传递和验证的目的。由系统RQT和DVM组成，包含工程属性目标
3		零部件技术规范	Component Technical Specification	CTS	描述零部件功能、特性及验证的技术文件，可包含对零部件的管控要求，与工程图纸一起定义并实现设计意图
4		功能定义规范	Software Function Specification	SF	分为系统功能定义和产品功能定义，用于指导软件开发；系统功能定义是让通描述该功能的场景需求、人机工程(HMI)需求、实现原理、信号交互、功能逻辑和需求分解；产品功能定义描述该产品的接口定义、分解至该产品的功能需求和功能相关的其他需求
5		CAE分析规范	CAE Analysis Specification	VS	规定设计验证过程中，仿真分析的技术文件。与试验验证规范统称为工程验证规范
6		试验验证规范	Test Verification Specification	VS	规定设计验证过程中，物理测试、主观评价等过程要求，按规范格式形成的技术文件，包含台架测试、道路测试及主观评价等。与CAE分析规范一并统称为工程验证规范
7	方法指南类文件	设计规则	Design Rule	DR	记录零部件在某一点如何设计的参数或最佳实践的方法文件，以达到设计的零部件满足期望的产品功能、制造、装配要求。设计规则的用语需使用"必须"。每一个设计规则包含存在的原因及细节解释
8		设计指南	Design Guide	DG	为保证提高设计质量而制订的设计指导、设计推荐、设计计算方法，设计指南分为整车设计指南、系统设计指南和零部件设计指南。设计指南可引用规范
9		设计检查清单	Design Check List	CHL	描述满足相关质量、性能的标准摘要，是一种质量符合性检查工具
10		材料技术规范	Material Technical Specification	MTS	规定材料特性要求的技术规范
11		基础FMA	Failure Mode Avoidance	\	在VPPS各系统至零部件层级，基于之前的开发经验和教训对质量历史及潜在问题进行结构化的工程分析，按照FMA活动分析表单总结整理的一套知识沉淀文件，作为项目开发应用的基础、指南文件

图2-3 技术规范的常规文件种类

3. 程序文件

程序文件是对汽车性能集成这一系统工程的管理过程进行部门职责、专业职责、人员角色定义、业务流程、信息管理、变更管理、风险管理、偏差与背离进行一系列规定的管理类标准化文件。

2.1.2 研发技术文件体系与性能集成开发的关系

研发技术文件体系与性能集成开发的关系是从能力建设、知识积累到项目应用，再提升到更高水平的能力建设、知识积累、项目应用的PDCA（Plan-Do-Check-Action，全面质量管理）良性循环。

研发技术文件体系通过体系的力量，保障了性能集成开发过程中三个关键要素：传递性、追溯性和兼容性的实现。通过技术规范把传递性予以文件化，并通过程序文件保证在具体项目中的追溯性与兼容性。

1. 传递性

性能集成开发起始于用户、企业和法规的需求，这是整车必须满足的需求。整车系统及其子系统必须以某种方式工作来满足这些需求，最终达到客户的期望。这种需求之间自上至下的关系就是传递性。传递性是指将整车级需求、目标分解成合适的系统、子系统或部件需求或目标。在整车交付时，能保证整车目标的达成。研发技术文件体系通过技术规范把传递性予以文件化，通过程序文件保证各项目性能集成开发对技术规范的执行应用与背离管控。

2. 追溯性

所有的需求都必须具有追溯性，这意味着一个需求可以通过需求传递向上或向下追溯。追溯性可以解决两个问题：需求的源头（用户、企业、法规和产品条件等）；当其中一个改变时，对其他需求有什么影响。

3. 兼容性

兼容性就是平衡和取舍过程，确保整车的需求不仅满足用户、企业和法规，而且还得到可实施的系统和子系统设计概念的支持与交付。兼容性的需求和目标意味着整车、系统、子系统和部件工程师们已开展了交流，并同意在每个级别的需求均是相容的和可满足的。

2.2 CAE 仿真体系

2.2.1 CAE 仿真与仿真体系构成

CAE 仿真是指产品设计中，利用计算机辅助方法，建立反映产品使用工况的数学模型，通过对模型求解，分析和优化产品的性能，实现对产品物理现象进行仿真分析与优化。CAE 仿真是利用 CAE 技术在虚拟环境下对产品在真实环境中行为表现的模拟，其优点是，不需要实物样件和样车，主要在产品开发的早、中期对产品性能进行验证和设计优化，在物理样机试验之前发现设计缺陷，减少设计失误，减少实物验证的数量和次数，甚至替代试验验证，节约大量的人力和物力，提高产品设计的质量，缩短开发周期和降低设计成本。在产品开发后期的整改中，CAE 仿真也是一个有力的工具。

CAE 仿真过程包括如图 2-4 所示的三个方面。

图 2-4 CAE 仿真过程

1）前处理：就是通常所说的 CAE 建模，是计算模型搭建的准备阶段，包括产品模型构建、模型管理、边界条件设置、输出内容设置以及模型调试等。模型标定也是建模，主要是确定模型的计算精度，也就是确认模型反映真实物理样机的可信程度。

2）计算：模型建立完成后，提交解算器进行求解，得出计算结果。

3）后处理：对计算结果进行分析处理，得出需要的参数、响应曲线、图表等，对结果进行分析和判断，得出相应的结论。

CAE 仿真可以涉及产品开发的各个方面，从产品的刚强度仿真、疲劳耐久仿真、安全性仿真、空气动力学仿真、NVH 仿真、热管理仿真、行驶性能仿真、动力性经济性仿真、电磁兼容仿真等性能仿真，到产品的模流仿真、冲压仿真等反映产品可制造性的工艺仿真，实现从零部件级到系统级直至整车级的仿真分析。

CAE 仿真首先是验证过程，验证产品是否满足预定的目标要求；其次是设计过程，通过仿真方法，设计出能够满足性能目标且最优的产品。CAE 仿真工作的重点是以验证为基础，进行产品的参数或结构设计。

CAE 仿真体系是一个支持产品性能开发的虚拟验证体系，是验证体系的一部分，与试验体系一起，构成了产品开发完整的验证体系。

完整的 CAE 仿真体系主要由以下方面组成：①软硬件组成；②CAE 分析流程；③CAE 技术文件体系；④仿真用材料数据库；⑤指标数据库；⑥CAE 管理系统；⑦专业方向完整的仿真团队；⑧完整的支撑技术。

2.2.2 CAE 软硬件简介

CAE 仿真必需的是 CAE 分析软件以及支撑软件运行的计算机硬件。

1. 硬件系统

PC 或工作站、计算服务器、超级计算机、高性能计算机（HPC）等组成 CAE 仿真的硬件系统。PC 和工作站主要用于前处理和后处理，计算服务器、超级计算机、HPC 用于计算求解。计算服务器、超级计算机和 HPC 需要根据计算模型规模以及 CAE 分析工作量来进行配置。

2. 软件系统

CAE 分析软件种类繁多，根据用途分为前处理软件、后处理软件和解算软件，这几类软件有可能是分开的，也有可能是集成在一起的，如 Nastran 只负责计算，Patran 只负责前后处理，而 Abaqus 则是集成在一起的。汽车性能开发因专业方向不同，需要使用不同的软件，或单独使用，或与其他软件联合使用，但主要是联合使用。表 2-1 是整车性能开发常用 CAE 软件介绍。

表 2-1 整车性能开发常用 CAE 软件

建模和专业领域	常用软件
建模	Hypermesh、ANSA 用于单元网格划分和模型主建立，包括有限元网格、电磁分析的网格划分，CFD 分析的网格划分
NVH 和异响	Nastran 是 NVH 主要的分析软件，用于中低频模态及动力学响应分析；OptiStuct、ANSYS、Abaqus 也可用于 NVH 分析，其他常用软件有 VA ONE、LMS. Virtual lab、NVHD 等，STAR-CD、STAR-CCM+、FLUENT、X-FLOW 用于气动噪声分析 SEA 用于中高频隔/吸声分析，即声学包装分析
结构刚强度和耐久性	Nastran、Abaqus、Marc、ANYSY 用于强度分析以及疲劳分析的前期分析 nCode、FEMFAT、FE-Fatigue 用于疲劳分析 ADAMS 用于疲劳分析的载荷分解
行驶性能	ADAMS 用于操控稳定性、乘坐舒适性等行驶性能分析，在汽车行业使用最广泛；Simpack、Motion View & Motin Solve 也可用于行驶性能分析软件
气动性能和热管理	STAR-CD、STAR-CCM+、FLUENT、X-FLOW　ANSYS 用于气动性能和热管理分析。AMESim、Flowmaster、KULI 用于一维热管理分析 Taitherm 用于热辐射分析
整车安全	LS-Dyna 用于碰撞分析，Madymo 用于约束系统集成分析
整车动力性经济性	GT-Suite 用于动力性经济性分析，AVL-Cruise 用于动力性经济性分析
电磁场和电磁干扰	ANSYS、FEKO 用于电磁场和电磁干扰分析与优化

2.2.3　CAE 技术文件

CAE 技术文件是用于支撑和指导 CAE 分析工作的文件，是研发技术文件体系的一部分。

CAE 技术文件的分类和管理有两种方式：①把凡是与 CAE 有关的规范和指南等文件，归为一类，统一管理，称为 CAE 规范，这是广义的 CAE 规范，其特点是不分其是规范还是指南，缺点是技术文件与产品的属性不是全部对应的，有很大一部分技术文件不能与产品的属性直接关联。②把 CAE 技术文件分为 CAE 规范和指南，分别管理。凡是直接支撑产品属性验证的，即规定如何进行产品属性验证的技术文件，称为 CAE 规范，这是狭义的 CAE 规范，其优点是规范和产品的属性或需求是有对应关系的。不直接支撑产品属性验证的指导性文件，按照指南管理。

按照方式②，CAE 技术文件包含 CAE 规范和 CAE 指南，其中 CAE 规范和试验规范一起组成了研发技术文件体系中的验证体系文件，也称为工程验证程序文件。

CAE 规范用于产品性能需求/属性的虚拟验证，文件中规定的是产品性能需求的验证内容、验证对象的状态、输入的边界条件、输出的验证指标项、结果判定的方法和依据。CAE 规范是与产品性能需求相关联的，是性能验证的支撑文件之一。

CAE 规范体系构成的原则：
1) CAE 规范必须与产品的性能属性或需求相关联。
2) 同一性能属性或需求的验证，在开发的不同阶段，可以关联不同的 CAE 规范。
3) 不同性能属性或需求，可以关联同一个 CAE 规范。
4) 非直接支撑产品属性或需求验证的 CAE 相关文件，不纳入 CAE 规范范畴。

CAE 规范应根据产品属性/要求来进行规划，即首先产品要有属性/需求的要求，其次才需要有对这些属性/需求进行验证的 CAE 规范。

CAE 指南是指导性文件，CAE 指南包含 CAE 模型建模指南和 CAE 分析指南。CAE 模型建模指南包含模型管理、ID 管理、命名规则、单元基本要求、单元选用原则、模型建模要求、模型连接处理、模型检查方法、模型调试方法等与模型建立有关的内容和要求，用于指导工程师建立满足仿真要求且使用方便的仿真用模型。CAE 分析指南是对某一项仿真或某一类仿真的总结性的指导文件，是仿真过程中的经验和教训的集成总结，里面可以包含原理说明等背景知识、问题产生的机理、基准或标杆对标（Benchmark）、不同标准的要求、不同要求适应的情况、判定的原则和标准、指标的合理范围和依据说明、分析要求和目的、问题处理的方法以及建议等前人的经验和教训，通过对 CAE 分析指南不断完善和更新，沉淀经验，用于指导 CAE 分析。

2.2.4 虚拟试验场

虚拟试验场，即 VPG（Virtual Proving Ground），是利用计算机技术将试验场道路数字化，用于整车或部件进行试验场试验的仿真模拟，亦称为数字试验场。

VPG 技术是项目开发中 CAE 仿真的重要支撑技术手段，是 CAE 仿真体系的重要组成部分。项目开发初期，VPG 技术使用数字化的试验场路面和整车虚拟样机模型模拟汽车的行驶场景，为 NVH 性能、疲劳耐久性能、行驶性能等进行仿真分析提供边界条件输入，不依赖物理样车，其优势是效率高、成本低。

关于 VPG 技术，参见第 14 章的 14.2 节。

2.3 试验验证与评价体系

2.3.1 试验验证体系综述

试验验证是检验产品是否满足设计要求的重要方法，贯穿于整个产品开发过程中。试验验证体系的建立与应用,不仅涉及各验证领域全方位的试验技术研究,而且包括用户市场的研究和实验室的建设研究、与产品开发流程密切结合的管控应用平台建设研究等多个方面的内容,是整车性能集成开发的重要支撑。

2.3.1.1 试验验证体系框架

先进和完善的试验体系框架需涵盖产品性能开发验证中的试验项、时间节点和样本量等关键信息,有效指导产品的性能开发验证。要达到此目标,需要做到如下3点。

1. 从以产品为中心的基础出发

以实现功能为准则,将整车结构从系统、分系统、总成、零部件逐级进行分解和归属,形成整车及系统的结构基础,所有的技术、文件、流程都归属并服务于此。

2. 保障正向开发验证需求

从正向开发验证中先零部件后系统再整车的设计验证流程,在体系框架中明确各部件、系统的试验完成时间和指标达成要求,及时跟踪和管控产品的设计状态和发现潜在缺陷,缩短问题的暴露和整改时间,保障产品开发过程中的产品性能的逐级达成。开发验证流程如图2-5所示。

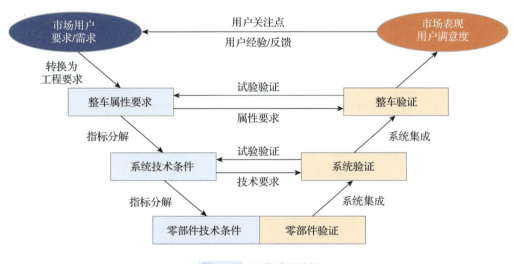

图2-5 开发验证流程

3. 明确样本量要求

基于概率统计理论和试验结果置信度计算,可从体系框架上明确产品抽查检验的样本量框架要求,从而确保试验的覆盖度和产品的质量一致性。

2.3.1.2 试验验证体系管控平台

试验验证体系建立后,需要搭建信息化的应用管控平台,对体系的落地和应用进行管控,进一步支撑汽车性能的集成开发,如图2-6所示。

图 2-6 试验验证体系应用管控平台

支撑性能集成开发的管控平台,应做好以下两方面工作。

1. 逐级验证的层次化关联管控

建立从材料试验、零部件试验到系统、整车级试验的逐级验证并相互关联的管控方案,形成以零部件、系统重点验证,整车级试验完善补充和最终验收的模式,如图 2-7 所示。

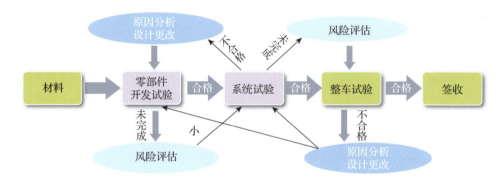

图 2-7 层次化关联管控

2. 紧密结合产品正向开发流程

根据产品开发流程节点目标,以可靠性、性能指标为目标导向,形成整车指标、系统分级指标,明确各阶段的开发验证要求,形成贯穿于产品开发流程的验证交付及适时管控。

2.3.2 主观评价体系

客观评价是用量化的数值表达物理量,优点是直观、具体、准确且容易判定,但较为局限。这是因为,并不是所有的消费者需求和感觉都可以被客观测量,而且消费者的感觉和汽车的性能表现也并非线性关系,更重要的是,由于汽车各个性能属性之间的交互关系,这并非能靠测试目标来衡量。主观评价一般是对多维度影响、多量化指标关系下的事项进行定性评估,一般用定性的定义进行表达,优点是接近人的真实感受。

汽车开发中的主观评价是指由专业人员按照一定的主观评价规范（通常是整车的目标客户群体和设计目标值确定的评价标准），在典型行驶道路或评价环境中对所关注的汽车品质属性（如整车舒适性、转向性、操控性、换档平顺性、NVH 性能等）通过人的感觉器官对被评价车辆进行观察、操作、评价结果记录、数据分析等的活动。

不同公司对汽车整车主观评价内容有不同的属性划分标准，国内外都没有统一的评价标准，但总体来看大同小异。根据用户感知和关注的角度，把可以开展主观评价的性能划分为以下 21 个类别。

（1）乘坐性能　是指汽车在行驶过程中所处的振动环境下，保持乘员具有一定的舒适程度和货物完好的能力。对乘坐性的评价相对比较困难，其评价指标一般为初级乘坐性能、次级乘坐性能和单项冲击表现。

（2）转向性能　是指驾驶人在进行汽车转向操作时，汽车转向系统能够遵循驾驶人的意图、适合驾驶人操作的能力。其评价指标通常有转向响应、转向力的大小、转向力矩线性、回正性、转向系统抗干扰能力等。

（3）操纵性能　是指驾驶人在不感到紧张、疲劳的情况下，汽车能遵循驾驶人的意图行驶，且当遇到外界干扰时，汽车能抵抗干扰而保持稳定行驶的能力。其评价指标通常有直线行驶能力、弯道行驶稳定性、换道稳定性等。

（4）制动性能　是指汽车在行驶时能在短距离内停车且维持行驶方向稳定，以及汽车在长下坡时能够维持一定车速的能力。其评价指标主要有制动效能（包括制动距离和制动减速度）、制动效能的可调制性、制动时汽车的方向稳定性。

（5）制动及底盘噪声　是指汽车在行驶及制动过程中，底盘部件的错误状态声音及制动时操作部件、防抱死制动系统（Anti-lock Braking System，ABS）等的工作声音大小及品质。其评价指标有前后悬的错误状态、ABS 的工作声音、制动踏板操作声音等。

（6）道路行驶 NVH　是指汽车在行驶过程中由于汽车自身运动引起的车内噪声和振动。其评价范围有路噪、风噪、通行噪声等。

（7）异响　是指汽车在行驶过程中，由于装配、设计等原因造成的异常噪声。

（8）动力传动 NVH　是指汽车动力传动系统在工作过程中所产生的振动和噪声。其评价指标有声音的大小、振动的大小、声音的品质等。

（9）驾驶平顺性　是指在驾驶人操作过程中，汽车自身能够遵循驾驶人的意图平稳响应的能力。其评价指标有发动机起动能力、怠速稳定性、低速行驶稳定性、加减速响应、稳速行驶能力等。

（10）动力性能　是指汽车在良好路面直线行驶时，由车辆受到的纵向外力决定的、所能达到的行驶速度。其评价指标有最高车速、加速能力、爬坡能力等。

（11）传动系统性能（MT/AT）　是指驾驶人在汽车换档过程中对换档系统工作状态的动作感受。MT（手动档）车型评价指标有换档力和换档行程的大小、离合器踏板操作力和行程的大小、加减档平顺性、换档品质等；AT（自动档）车型的评价指标通常有升降档平顺性、升降档时机、手动模式平顺性、换档操作品质等。

（12）驾乘空间　是指车辆满足人员驾驶、乘坐、储物的空间表现。其评价指标有前排驾乘空间、后排乘坐空间、乘客舱储物空间、行李舱储物空间以及空间的灵活性。

（13）人机布置及视野　是指在驾驶车辆或操作车辆功能的过程中，是否给驾乘人员带来舒适、方便。主要评价指标有前后排进出便利性能、前后视野表现、发动机舱布置合理性等。

（14）车内气味　是指驾乘人员在车内感受到的气味表现，是否存在刺激性味道。主要评价指标有乘客区域舒适性、行李舱区域舒适性、空调系统舒适性等。

（15）座椅及约束性能　是指座椅及安全带在乘坐及使用过程中带给人员的感受，以及视觉和功能上的性能表现。主要评价指标有坐垫及靠背支撑性、皮料触感、座椅功能及操作便利性、安全带使用性以及儿童座椅的安装便利性等。

（16）操作品质　是指在驾乘人员用手操作包括按钮、拨杆或旋钮等开关部件，实现特定功能时，对于操作开关件的舒适性、操作便利性、功能及控制准确性等各种要素进行的综合性评价。其评价维度主要有钥匙性能、四门两盖、车窗玻璃、电控开关等。

（17）内饰品质　是指通过视、触、听、闻的总体感知，造型风格及细节的喜好程度，操控及配置的便利性，材质及工艺的精细处理这四个方面，对汽车内饰的造型、色彩、纹理、光泽、触感、操作、材质等进行评价后得到的感知质量。主要评价项有内饰CTF（C即Color颜色，T即Texture纹理，F即Fabric面料）搭配、仪表板质感、车门质感、行李舱品质等。

（18）外观品质　是通过视觉感观，并辅助以部分触觉与听觉，对车身外观如颜色、光泽、分缝大小和制造缺陷等进行的主观感觉评价。

（19）车内气候控制　是指车内气候的调解能力，如制冷、制暖的效果。主要评价项有最大制冷能力、暖风输出快慢以及空调系统的运行噪声等。

（20）灯光性能　是指汽车在夜间环境下为车辆使用者提供的可视性功能，主要涉及照明类和信号类灯具。其中，照明类灯具主要是保证驾乘人员在黑暗环境下看清路面、汽车周边和室内环境的；信号类灯具主要是向其他道路使用者提供车辆行驶状态、存在信号或某种信息的装置。

（21）影音娱乐性能　是指驾驶人在车辆使用过程中，对娱乐功能操作并得到相应娱乐反馈的主观感受，包括反应速度、操作逻辑、精准度、视觉效果、按键品质、稳定性和音响效果等。

同时把主观评价项目逐级分解，也可以分解到四级属性，如图2-8所示。

整车主观评价评分一般以国际通用的10分制开展，评分标准如图2-9所示。

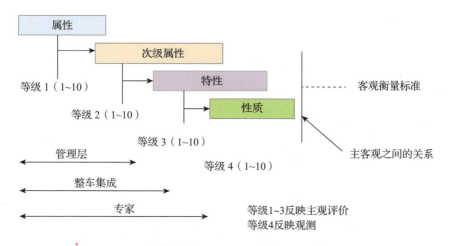

图 2-8 主观评价四级属性

VER	1	2	3	4	5	6	7	8	9	10
属性性能评估	不可接受		差		及格	可以接受	可以	好	很好	很出色
用户满意度	非常不满意		有点不满意			比较满意		非常满意		完全满意
期望改进者	所有用户			大多数用户		挑剔的用户		专业用户		无
用户抱怨	100%~50%					50%~10%		10%~1%	<1%	无

图 2-9 整车属性等级评分标准

为了使主观评价的分数能够体现车辆在性能上的细微差别，可将评价分数进行细化，一般可把最小量化分值为 0.25 分。由于受主观评价特性的影响，主观评价分值的绝对值意义相对较弱，同级别不同车辆间的分值差意义更大。

2.4 试验设备和试验场

2.4.1 试验设备及设施

试验仪器设备是汽车性能集成开发的重要组成部分之一，是由集成开发过程中多领域的软硬件设施、人员综合形成的有机整体。试验仪器设备按验证方式，可分为车载路试设备、小型试验室设备、试验台架三类，按用途的层次，可分为整车级、系统级、零部件级、材料级。以下仅介绍一些重点试验设备。

（1）整车高低温振动试验室　整车高低温振动试验室（图 2-10），由高低温环境舱和整车四通道的道路模拟试验台两部分组成，集环境控制、振动控制于一体，主要用于模拟整车、系统及零部件在振动、高低温、日照、湿度、粉尘等用户实际使用交变载荷下的可靠性和耐久性试验验证、异响评价及性能衰减评价。

图2-10　整车高低温振动试验室

（2）高低温环境舱（四驱）　高低温环境舱（四驱）如图2-11所示，由高低温环境舱、四驱转鼓和欧Ⅴ或欧Ⅵ排放测试系统三部分组成，集环境控制、道路阻力模拟、排放测试于一体，主要用于模拟不同温度（含极限高低温）、不同日照强度、不同道路负荷等条件下的整车性能测试及排放油耗测试。

图2-11　高低温环境舱（四驱）

（3）整车腐蚀试验室　整车腐蚀试验室（图2-12），由高低温环境舱、整车盐雾舱、零部件盐雾舱、试验控制间和试验检查间组成，依托于整车道路试验场，组成"道路试验＋环境模拟＋腐蚀加速"的整车防腐性能评价能力。整车防腐性能验证能力主要用于模拟国内最严苛用户的腐蚀环境，包括高温高湿环境、临海的盐水影响、东北冬季的融雪盐影响，以及雨天内腔进水、用户洗车过程等导致进水的腐蚀环境。

图 2-12　整车腐蚀试验室

(4) 声品质试验室　声品质试验室（图 2-13），由"评价系统+驾驶模拟系统"组成，主要用于声音诊断、评价和设计。

图 2-13　声品质试验室

(5) 四驱转鼓消声室　四驱转鼓消声室（图 2-14），由"四驱转鼓+消声室+测试设备"组成，主要用于动力系统及底盘 NVH 性能试验。

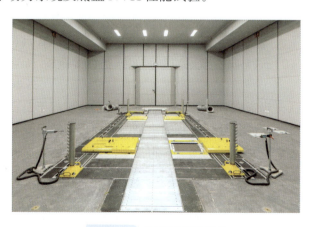

图 2-14　四驱转鼓消声室

（6）隔声套组试验室　隔声套组试验室（图2-15），由"混响室+全消声室+数据采集系统"组成，主要用于整车及零部件隔吸声性能试验。

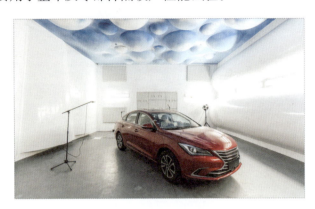

图2-15　隔声套组试验室

（7）整车高低温消声室　整车高低温消声室（图2-16），由"环境舱+消声室+数据采集系统"组成，主要用于极寒极热条件下NVH试验。

图2-16　整车高低温消声室

（8）车身异响试验室（图2-17）　车身异响试验室，由"激振台+分析系统"组成，主要用于异响诊断、分析与验证。

图2-17　车身异响试验室

(9) 模态消声室　模态消声室（图 2-18），由"消声室+模态测试设备"组成，主要用于振声传递函数（Noise Transfer Function，NTF）试验。

图 2-18　模态消声室

(10) 整车碰撞试验室　整车碰撞试验室（图 2-19），由轨道（可将 3t 的车辆加速到 100km/h）、假人、移动壁障、摄像机、数据采集系统组成，主要用于正面碰撞、侧面碰撞、不等速对碰，以及翻滚试验、法规试验、零部件性能管控、基于事故统计的非标试验。

图 2-19　整车碰撞试验室

(11) 台车碰撞试验室　台车碰撞试验室（图 2-20），由高精度台车碰撞试验系统、高清抗冲击车载摄像机、内置数据采集假人、无频闪灯光系统、高精度模拟加速度台车、便携式三坐标、数据采集系统组成，主要用于约束系统匹配类试验、鞭打试验、座椅验证类试验、安全带验证类试验、非标类试验——可扩展各类需要动态加速度的试验。

图 2-20 台车碰撞试验室

（12）行人保护零部件试验室　行人保护零部件试验室（图 2-21），设备采用基础试验台和更换冲击模块的组合方式，具有冲击速度精度高、重复性好、适应性强的特点。主要用于行人保护试验类、约束系统零部件类、汽车内部凸出物类、零部件安全性能开发类试验及其他非标试验类。

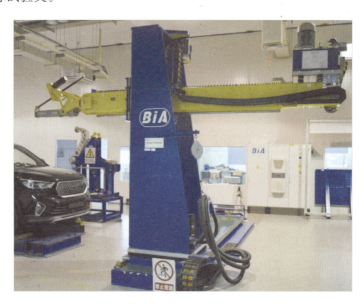

图 2-21 行人保护零部件试验室

（13）K&C 试验台　运动学特性和柔性变形特性（Kinematics & Compliance，K&C）试验台（图 2-22）的功能是模拟整车在实际道路上的转向、制动、加速、弹跳、侧倾等组合的一些工况，测量分析车辆准静态下的悬架和转向的运动学特性和柔性变形特性。

图 2-22 K&C 试验台

2.4.2 试验场功能

汽车试验场（图 2-23）是专为测试汽车性能而设计的，是对真实环境的道路经过筛选、采集、强化后的集中建设，以重现汽车使用条件下遇到的各种各样的典型道路和使用环境。一般来说，汽车在试验场里的试验条件比普通道路更严苛、更科学、更安全。除试验室里开展的专门试验外，试验场几乎囊括了汽车性能开发的全部验证条件，其测试结果在快速性、准确性、可重复性上都具备优势，可有效支撑汽车性能开发的需求。

图 2-23 某汽车试验场

试验场的分类较多，按占地规模划分，可分为大型试验场、中型试验场和小型试验场；按适应不同车型的种类划分，可分为乘用车、商用车、重型车的各类专用试验场和适合各类车辆的综合试验场；按试验条件的差异划分，可分为普通地区的试验场、热带试验场、寒带试验场、高原试验场。

除了满足汽车研发企业、高校、科研机构、零部件企业的研发需求外，汽车试验场一般还要求符合汽车检测认证机构的技术要求，能够开展强制法规和认证试验。试验场的道路需求也是随着技术进步而变化的，自动驾驶、智能网联测试的专用试验场将是未来的重点发展方向。

2.4.3 主要试验道路介绍

所有的汽车动态性能，包括动力性、乘坐舒适性、操纵稳定性、制动性能、转向性能、NVH性能、传动性能、驾驶平顺性、可靠性等，都可以在试验场内开展验证。由于工况特点各有不同，需按照试验项目需求来设计不同的专用道路。

以重庆西部汽车试验场为例。该试验场的测试道路全长43490m，包含超过30种可靠性路面5400m、14条不同的试验道路、67种特殊路面。其中，有国内领先的高速环形跑道、基本性能道、动态广场、制动试验道等常规路面，以及特有的整车综合评价路面、异响路面、舒适性路面等。以下仅对部分道路进行说明。

1. 高速环形跑道

高速环形跑道（图2-24）是构成试验场的核心，一般由进行直线加速的直线段和带倾斜的曲线转弯段组成，通常为周长几千米的环形椭圆跑道。高速环形跑道的试验目的是确保试验车辆长时间连续地高速安全行驶。

图2-24 高速环形跑道

西部汽车试验场高速环形跑道总长约5400m，其中直线段长约2200m、曲线段长约3300m，共4条行车道、1条应急车道，最高安全车速为200km/h。全程采用沥青铺装，最大倾角45°。主要用于车辆高速性能测试、轮胎耐磨性试验、直线稳定性试验、换档滑行测试、动力经济性测试、最高车速测试、等速油耗测试（100km/h以上）、噪声评价等。

2. 动态广场

动态广场（图 2-25）通常设计成半径较大的平坦圆形广场，一般在路面上画有各种半径的同心圆，设计有加速道和切线返回道。动态广场的目的是开展车辆底盘动力学试验。

图 2-25 动态广场

西部汽车试验场动态广场为直径 300m 的圆形广场，加速段长度 900m，路面平整度精度达到 ±2mm，用于动态转向测试、最小转弯半径测试、直角转弯试验、定角度试验、电动助力转向失效模式验证、U 字形试验、定圆（高 μ）等测试评价。

3. 可靠性试验道

可靠性试验道（图 2-26）由多种特殊路面组成，目的是用专门设计的各种恶劣道路来强化模拟车辆载荷，以快速验证可靠性。

图 2-26 可靠性试验道

西部汽车试验场可靠性试验道总长度 5400m，包含超过 30 种特殊路面，用于车辆底盘、车身开发及零部件可靠性测试等。

4. 基本性能道

基本性能道（图 2-27）又叫直线水平路，直线段为平坦均匀的测试路段，目的是开展各种与车辆纵向加速度相关的测试。

图 2-27 基本性能道

西部汽车试验场车道总长约 2000m，总宽 15m。用于测量动力性和燃油经济性、噪声测试评价、轮胎纵向附着性试验、轮胎滚动阻力试验、换档滑行测试、0—120km/h 加速性能测试、直接加速性能测试、最低稳定车速测试等。

5. 标准坡道

标准坡道（图 2-28）即斜坡路，一般长度为 5~30m，在坡度为 5%~60% 的范围内设置为各种类型的坡道，其目的是验证各种与坡道相关的性能。

图 2-28 标准坡道

西部汽车试验场有6种标准坡度——10%、16.6%、20%、30%、40%、60%，用于测量动力性、常规驻车制动性能、电子驻车制动性能、离合器性能开发等。

6. 制动测试道

制动测试道（图2-29）由各种高低附着系数路面组成，目的是开展车辆制动性能匹配、测试及评价等。

图2-29 制动测试道

西部汽车试验场制动测试道测试区域长度300m，6条车道，总宽度24m。用于对接试验、对开试验、抱死顺序检查试验、静动态管压测试、静态踏板特性试验等车辆制动匹配、测试及评价。

7. 异响测试道

异响测试道（图2-30）由多种特殊设计的路面组成，目的是评估各种复杂路面激励对异响的影响。

图2-30 异响测试道

西部汽车试验场异响测试道包含卵石路、井盖路、绳索路、直线扭转路、角钢路、植草砖路等10余种特殊路面，测试路段长度400m，3条车道，总宽度9m，用于车内噪声、异响测试评价等。

参考文献

［1］INCOSE. System engineering handbook－a guide for system life cycle processes and activities（V3）［M］. Seattle：INCOSE，2006.

［2］吴礼军，管欣. 汽车整车性能主观评价［M］. 北京：北京理工大学出版社，2016.

Chapter 03

第 3 章
汽车性能集成开发总体过程的关键任务

汽车性能集成开发前期的关键任务包括流程和计划的设立、目标设定及分解、CAE 仿真验证评价与设计优化等三项。目标冲突的平衡兼容、目标管控与验收等两项工作贯穿于整个开发过程,也是关键任务的重要组成部分。本章将详细阐述五大关键任务。

3.1 集成开发流程和计划

3.1.1 集成开发流程

性能集成开发是一项多要素相关的复杂工作,在产品开发中占有举足轻重的地位,必须以严谨完备的流程来支撑,而集成开发流程的理论依据是系统工程。

20 世纪 40 年代末,美国贝尔电话公司首先在研制电话自动交换机中提出系统工程 (System Engineering) 这个名词。1957 年,美国密歇根大学高德和迈克两教授以同名著作正式定名。由于系统工程方法在 20 世纪 60 年代"阿波罗登月"计划实际运用中取得显著效果,发挥了很大作用,所以引起了世界各国的普遍重视。此后又不断发展,从而奠定了现代系统工程的基础。其中,80 年代末 V 模型的提出,对于系统工程过程模型有里程碑的意义,"V"的形状非常准确地表达了从整体出发、系统分解到集成的系统演进过程,使系统工程过程变得可视化且易于管理,如图 3-1 所示。

随着社会的飞速发展,汽车产品开发需要满足客户的需求变化和市场的迅猛发展。系统工程 V 模型作为一种先进的科学方法,适时地被各大企业应用到汽车开发中,取得了巨大的成效。V 模型是构建汽车研发体系、研发模式的核心思想。

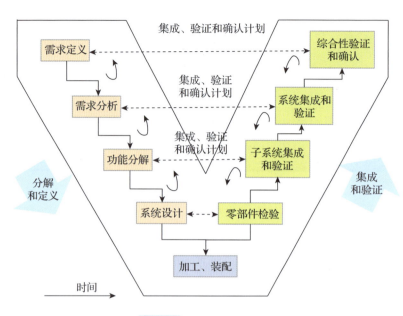

图 3-1 系统工程 V 模型

性能集成开发流程就是按照 V 模型的走向来设立的。首先是从客户需求出发，根据设计输入设定性能指标。然后按整车→系统→子系统→零部件的顺序，逐级量化分解指标，优化确定各层级的技术要求和结构方案。最后按零部件→子系统→系统→整车的顺序，逐级整合和验证指标，实现性能要求。

某车企的性能集成开发流程图如图 3-2 所示。该图体现了 V 模型的分解整合概念，将性能集成开发流程分为方案、设计/验证、投产三个阶段，并设置八个里程碑（决策评审点）。以市场输入起始，方案阶段是性能目标设定分解工作，设计/验证和投产阶段是性能目标验证及签收工作，而性能目标管控工作贯穿于整个开发阶段。

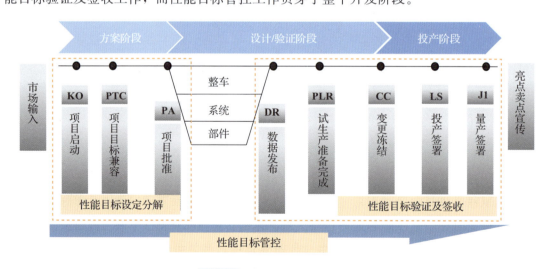

图 3-2 性能集成开发流程图

3.1.2 集成开发计划

集成开发需要以计划来管理,一般可分为三类,即同步工程工作计划网络图、设计验证计划(Design Verification Plan,DVP),样车、样机与样件计划。

1. 同步工程工作计划

同步工程(Simultaneous Engineering,SE),指各系统的工作同步开展。同步工程注重整体的优化和系统的集成。跨部门的工作原本按顺序进行,而实施同步工程后,变成尽可能地并行开展,可以将发现问题的时间尽可能提前,极大提升了研发效率。性能集成同步工程计划即性能开发多领域并行协作的开展工作,通常以同步网络图的形式来明确计划。

2. DVP 计划

DVP 是根据客户需求和工程要求形成的试验技术规范,以指导产品开发过程的程序化试验活动。

根据每个项目开发级别的不同,成熟的企业会选用 DVP 计划中不同的试验项目来组合成该项目的测试计划。DVP 测试规范里包含具体的试验方法要求、试验设备、试验条件、试验次数、评判标准等。DVP 试验完成后,将形成一份正式完整的试验报告,为设计评审提供依据,实现设计参数的发布。

3. 样车、样机与样件计划

样车、样机与样件计划是性能集成开发资源管理的重要手段。样车、样机与样件计划资源概念见表 3-1。

表 3-1 样车、样机与样件计划资源概念

资源	分类	定 义	用 途
样车	竞争车	市场同级别竞争对手的车辆	作为对标分析和试验用车
	杂合车	汽车开发阶段的测试车,只装配了新开发的底盘和发动机系统,部分杂合车的下车体也是新开发的,其他车身电器借用其他车部件杂糅而成,可能含有手工样件	作为部分性能验证用车
	工装车	指使用硬模和工装制造的工程样件装配的车辆	作为试装和性能验证用车需求,不能销售
样机	A 样机	快速成型、软模件或手工样件制作的发动机	一般用于第一次点火,初步燃烧开发,增压器选型、性能摸底等
	B 样机	半工装装配的发动机样机	用于性能验收,各种 DV 试验,第一轮台架可靠性试验,机械开发,台架标定等用途的发动机
	C 样机	全工装件装配的发动机样机	用于各种产品定型试验于工装车、内销车装车

(续)

资源	分类	定 义	用 途
样件	手工样件	简易工装条件下，采用手工或快速制作的样件	用于部分性能参数验证
	工装样件	在结构、材料、参数均定型后，使用正式工装模具制造出来的样件	用于完整的性能参数验证

样车、样机与样件计划就是把上述资源，按配置、数量、试验组合与历程、使用时间、试验地点、使用单位等信息集成到一起，来进行统筹安排，达到资源共享、数量压缩、物尽其用的目的。编制计划时需要注意，如果忽视了各资源硬件状态、软件版本的变更，可能对验证准确性造成较大影响。

3.2 目标设定及分解

3.2.1 性能开发的需求

性能开发需求的主要来源通常可分为顾客需求、市场需求、产品战略和企业能力、标杆对标、法规要求五个方面。

1. 顾客需求

顾客需求，即顾客对产品的目标、需要、愿望的集合，是性能开发的起点，也是性能成果的标尺。产品的竞争力则取决于产品是否满足顾客需求，因为只有透彻理解了客户需求，才能将其转化为竞争力，在顾客购买使用的过程中才会得到更多正向反馈。

研究顾客需求，通常采用以下 4 种手段：人群价值和喜好研究、顾客需求分类、顾客语言研究、J. D. Power 的第三方数据等。

(1) 人群价值和喜好研究　为全面把握关键顾客的差异性需求，需开展顾客需求与人群研究：即人群价值和喜好研究。

国家信息中心曾经发布过十大族群描述的报告，按价值观和社会阶层维度将汽车用户分为稳健彰显族、现代乐活族、顾家进取族等 10 个族群，见表 3-2。

人群价值和喜好研究，即从各个族群的社会阶层属性、价值观、生活状态、消费特征、产品功能需求、情感需求、特征和需求变化趋势等各方面来描述用户的差别，达到精准定义用户的目标。

(2) 顾客需求分类　由于顾客需求是由某种质量特性来满足的，所以说质量特性与顾客需求是相互对应的。通常用卡诺质量特性模型来将顾客需求质量分为三个维度——基本质量、性能质量、魅力质量，这三个维度就可以把顾客需求区分开来。

表3-2 十大族群描述

族群名称	定义	社会学特征
安稳务实族	最传统、本分、务实、不善与时俱进的一群人	年龄大、学历低、职级低、收入低
经济体面族	安于现状、没钱也要体面的宅男	年轻、学历低、职级低、收入低
经济享乐族	追新享乐，没钱也敢花的月光族	年轻、学历低、职级低、收入低
顾家进取族	居家上进的职场中坚	家庭成长期、职级中下、收入中下
稳健彰显族	追求体面、紧跟潮流的青年骨干	年轻、较高学历、中等职位和收入
现代乐活族	活力自信、讲格调的时尚青年	年轻、中等职位和收入
稳进内敛族	顶家立业、生活有品的中层管理者	年龄较长、学历高、职级高、收入高
富有精英族	事业有成、多金高知的企业高层	年龄较长，学历、职级、收入均最高
知性内涵族	有格调、有品位的职场精英	学历、职级、收入均处于中上游
实力任性族	时尚现代、及时行乐的职场新贵	年龄中等、学历高、职级高、收入高

基本质量：当其特性不充足（不满足顾客需求）时，顾客很不满意；当其特性充足时，无所谓满意或不满意，顾客充其量是满意。

性能质量：当其特性不充足时，顾客很不满意；当其特性充足时，顾客就满意。越不充足越不满意，越充足越满意。

魅力质量：当其特性不充足时，则顾客无所谓；当其特性充足时，顾客就十分满意。

可以理解为，基本质量代表可靠性水平，性能质量代表产品竞争力水平，魅力质量代表体验化水平。

如图3-3所示，横坐标表示提供需求质量的充足程度，坐标轴越向右表示提供需求质

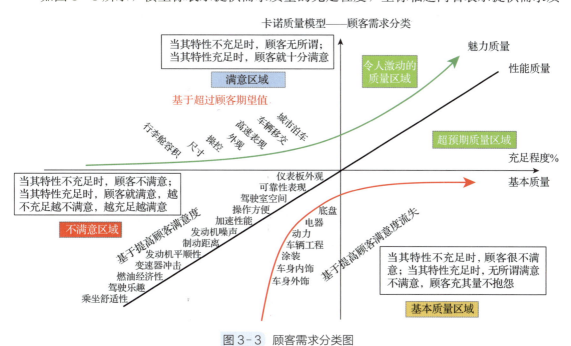

图3-3 顾客需求分类图

量越充足并超过客户期望，越向左表示提供需求质量越缺乏；客户的满意程度用纵坐标来表示，客户的满意度随着纵坐标的高低而升降。

(3) 顾客语言研究　　如何获取顾客的直接意见呢？企业可以开展顾客语言研究（Voice of Customer，VOC）。企业人员与专业的市场调研团队一起开展系统性的研究，调研对象选取不同城市的目标顾客，可扩大市场调研范围至媒体、经销商网络、汽车消费网络论坛等。顾客语言研究流程如图3-4所示。

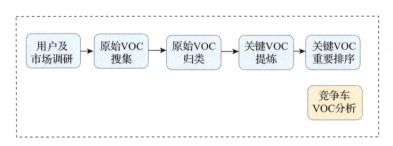

图3-4　顾客语言研究流程

(4) J. D. Power的第三方数据　　企业也可以参考借鉴J. D. Power的第三方数据来研究顾客需求。J. D. Power是一家全球市场信息服务公司，主营业务包括市场调研、预测、咨询、培训和客户满意度调查。其每年的新车质量和满意度评估来自于消费者的反馈信息，调查结果在世界范围内具有一定的参考价值。对于性能开发领域，主要关注其汽车性能、运行和设计调研（Automotive Performance，Execution and Layout，APEAL）和新车质量调研（Initial Quality Study，IQS）两个部分。

APEAL是研究衡量车主在购买新车之后的2～6个月对车辆设计、内容、布局性能的评价，该指标主要衡量对顾客具有吸引力的产品属性和特征，每项问题都是用10分制衡量，尤其应注重其中各项目权重因子的分配。顾客忠诚度、推荐度和APEAL得分正相关。IQS是基于车主在购车后2～6个月内经历质量问题进行分析，调查结果以每百辆车的问题数量（PP100）给出。顾客忠诚度、推荐度和满意度都随新车质量问题数的增长而下降。

2. 市场需求

市场需求需要回答3个核心问题：目标市场是什么？细分市场策略如何？未来的技术趋势如何？需开展以下3个方面的工作。

(1) 目标市场研究　　目标细分市场的车辆规格、动力组合、销量规模变化情况、目标价格区间等。通过对目标细分市场的研究，了解目标用户购车时的具体关注点，分析其关注度及满意度。

(2) 细分市场策略分析　　竞争产品的生命周期价格变化策略、配置组合分析、购买行为研究等。

(3) 技术趋势研究　　新技术配置、市场表现、前景分析等。

由上述信息可提炼出市场概念，包含目标客户定义及产品的亮点，可涵盖以下信息：使用功能、使用环境、竞争定位、产品特征（产品定位、造型、动力组合）、目标用户群、产品亮点、性能定位、新技术配置情况等。市场概念需要赋予产品鲜明的感性特征，应使用高度简洁凝练的字句。

3. 产品战略和企业能力

产品战略和企业能力也是开发需求输入的部分。产品规划源于产品战略，包括产品选择和产品开发两部分，产品规划同时也是品牌定位的重要体现，需要根据品牌定位和诉求来将价值、文化、个性等消费者更高层次的需求考虑到产品开发中去，以利于品牌形象和DNA的维护和传播。开发需求也不能脱离企业当前的技术能力水平和未来的技术发展规划，否则开发工作就无法真正落地并达成目标。

4. 标杆对标

标杆对标（Benchmark）是开发过程中对标杆产品的对标分析过程，分主观评价和客观测试两部分。其目的是对竞品性能摸底，明确行业水平，为性能目标设定和分解提供依据。对标分析过程如图3-5所示。

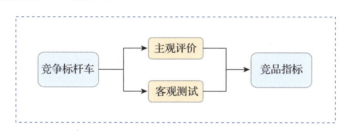

图3-5 标杆对标分析过程

性能标杆的对标原则如下：

1) 首先应缩小对标范围，优先锁定细分目标市场的标杆产品，如有必要，可针对某项子性能扩大对标样本。

2) 要客观地把握竞品的优缺点，对标结果应形成具体指标。

3) 对标工作还应细致入微、全面彻底、专注于细节。

5. 法规要求

汽车标准和技术法规是开发需求的重要输入，既维护了消费者权益，同时也是汽车产品开发、生产和销售的政策要求。企业必须持续性地跟踪研究最新法规和发展趋势。

我国以强制性标准作为系统的技术法规的主要形式，是汽车产品实行强制认证及公告管理的依据。世界上主要的汽车法规有美国汽车法规、欧洲汽车法规、日本汽车法规这三大体系。其他国家和地区都有自己的汽车法规，但这些法规基本上都是参考欧美的法规，再结合本国具体情况制订的。由法规政策规定的性能指标，如排放、安全等，是产品能在当地销售的前提条件。

生产出口产品的汽车企业必须根据目标市场的法规要求，进行有针对性的法规解读与适应性分析，以确保产品符合当地的法规要求。

3.2.2 性能定位 LACU 与亮点性能定义

以福特公司为例，产品性能领先策略（Product Attribute Leading Strategy，PALS）是整车性能开发的指导性文件。PALS 体系是基于品牌、基于市场、基于竞争的性能领先策略。建立 PALS 体系的目的是：根据客户需求，对产品性能进行精确定位，并以定位目标指导性能开发的全过程；为性能开发提供目标的依据和支撑；明确各阶段性能管控情况的标准，减少在性能验收中存在的争议。PALS 的实施过程如图 3-6 所示。

图 3-6 PALS 实施过程

LACU 是 PALS 最重要的工具，定义如下：

L（领先）、A（基本领先）、C（有竞争力）、U（不具竞争力）的分数定义如下。

L（Leader）= 竞品最优分数 + 领先分 + 未来变化量，优于市场 90% 以上的产品。

A（Among Leader）= 竞品最优分数 + 未来变化量，处于行业 70%～90% 产品范围区间。

C（Competitive）= 所选竞品的平均值，处于行业 30%～70% 之间中游水平。

U（Un-competitive）= 低于所有竞品的平均值，处于低于行业 30% 水平。

竞品数量：一般为 5 辆潜在竞争对手车辆，见表 3-3。

表 3-3 LACU 分解示例

	制动性能	转向性能	乘坐性能	操纵性能
产品目标	L：7.5 或以上	A：7.5～7.25	C：7.25～6.5	U：低于 6.5
	7.0 + 0.25 + 0.25 = 7.5	7 + 0.25 = 7.25	6.5	低于 6.5
竞争车 1	7.0	7.0	7.0	7.0
竞争车 2	6.5	6.5	6.5	6.5
竞争车 3	6.75	6.75	6.75	6.75
竞争车 4	6.25	6.25	6.25	6.25
竞争车 5	6.0	6.0	6.0	6.0

领先分 = 0.25；未来变化量 = 0.25

3.2.3 性能目标转化

通常使用质量功能展开（Quality Function Deployment，QFD）工具，把客户或市场的需求转化为设计要求，可以理解为把客户需求转化为性能目标。运用QFD方法是一个倾听客户声音的机会，用以理解顾客需求的多样性之间的关联。

QFD方法起源于1972年的三菱重工，随后丰田公司及其供应商、福特公司、通用公司都使用过该方法。QFD方法通过一定的市场调研方法获取顾客需求，然后采用质量屋的矩阵图解法将顾客需求分解转换成技术要求。

QFD质量屋的方法过程如图3-7所示。

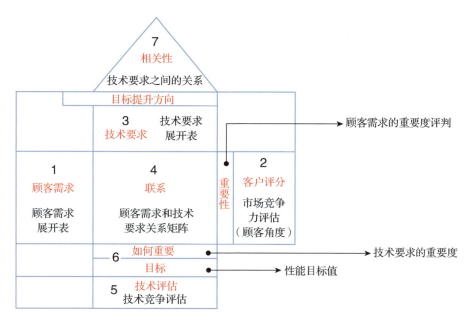

图3-7 QFD质量屋的方法过程

QFD方法的思路是调研→对应→分析→具体目标设定→交付物建立及评估，操作步骤如下：

1）确定目标客户，调查其需求，从顾客角度评估市场竞争力。

2）把顾客需求与技术要求对应起来，展开顾客需求与技术要求的关系矩阵。

3）开展技术竞争评估后，进一步确定出性能目标值交付物，并评估技术要求之间的相关性。

3.2.4 性能目标设定与分解

1. 目标设定

性能目标设定，即根据项目产品定位，制定性能指标的具体要求。性能目标设定的内容可以划定项目工程开发的范围。性能目标设定精准,具备前瞻性,可以有效减少重复性工作。

整车级性能目标是根据 LACU 原则,基于竞争车的测试评价数据,经过多目标平衡和竞争力综合审视制定的。性能开发中应编制完整的整车级性能目标书,作为性能开发的指导性文件,以及目标分解及验收的依据。目标书的内容可包含整车性能市场概念、目标定位、竞争策略、各性能领域的主/客观多级指标等。

整车级性能目标书的形式要注重直观、简洁,性能目标雷达图,形象地说明了项目性能目标与性能定位水平,如图 3-8 所示。

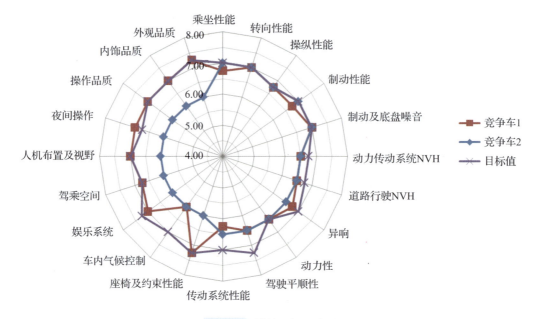

图 3-8 性能目标雷达图

整车级性能目标设定在方案阶段是要逐步完善的,一般需形成多版性能目标书。每一版目标书的修订发布,都要由性能工程师团队、产品工程师团队联合开展评审、会签工作,由项目组的领导批准,形成正式的交付物输出。

2. 目标分解和确认

项目开发中,为确认整车目标,需根据方案可行性分析以及系统匹配要求,对整车性能目标进行分解。分解、确认后得到的系统级及零部件目标是对整车性能目标的保证和支撑,最终作为零部件开发验收的依据之一

目标分解就是按照"整车—系统—零部件"的顺序,逐级向下分解细化性能目标的过程。而目标确认的过程是反向的,按照"零部件—系统—整车"的顺序,下一级目标可行性的落实,是上一级目标得到确认的前提条件。图 3-9 中左侧圈内部分就是目标分解和确认的模式图。

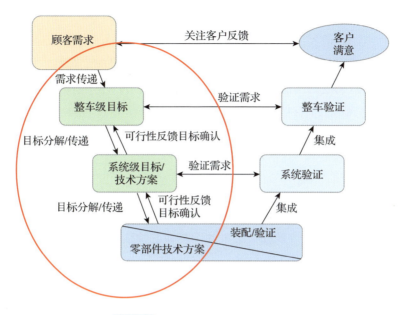

图 3-9 目标分解和确认的模式图

以燃油经济性为例，整车级油耗目标可分解为整备质量、发动机特性、迎风面积、风阻系数等系统级目标。整备质量为保证达成要求，又需向下继续分解为各零部件的重量目标。只有经过分析验证，零部件级的重量目标可行性得以达成，才能确认系统级目标整备质量。只有系统级的整备质量、发动机特性、迎风面积、风阻系数等系统级目标都具备可行性，整车级油耗目标才能确认。

在目标分解过程中，各性能领域会编制相应的验证分析计划，运用数据对标、CAE 分析、实物验证、主观评价等多种方法，并行地开展工作。验证分析时，性能团队还会输出验证参数要求，定制过程状态的零部件用于各级验证。目标确认后，经过多轮性能集成的匹配和调整，性能板块才能输出最终版的性能参数，达成整车目标。

3.3 CAE 仿真验证评价与设计优化

CAE 仿真分析是产品项目开发过程不可或缺的验证和设计过程之一。CAE 仿真分析的主要工作集中在产品开发的前期和中期设计阶段，对产品设计方案进行验证和优化设计。其内容包括以下 4 个方面。

3.3.1 CAE 分析大纲编制

CAE 分析大纲是产品开发阶段 CAE 仿真分析工作的纲领性文件，在立项后就需要进行分析大纲的编制工作。

根据产品开发的级别、开发成本、开发周期和时间节点、产品目标市场、法律法规要求、公司自有的要求、竞争对象性能水平、产品性能定位等因素，规划出产品开发的CAE仿真分析的内容、CAE仿真工作的组织方式以及分析的时间计划等，编制完成项目开发的CAE分析大纲，经评审、批准后，用于指导项目CAE仿真分析工作。

通常，CAE分析大纲的编制是按照刚度、NVH、强度耐久、空气动力和热管理、行驶性能等专业领域分别进行编制，然后汇总并平衡，经评审、批准后，形成项目CAE分析大纲。

3.3.2　CAE仿真目标制订

CAE仿真目标是依据产品的总体性能目标要求，根据CAE特点制订的产品性能CAE虚拟验证分析目标，是CAE仿真分析结果的评判和管控依据。

CAE仿真目标分为初稿和终稿。

CAE仿真目标初稿：在项目启动且完成CAE分析大纲之后，根据分析大纲内容的要求，开始编制CAE分析目标初稿。性能CAE仿真目标初稿用于产品设计及性能技术方案初定，并作为整车性能CAE分析目标终稿的制订基础。

CAE仿真目标终稿：在初稿的基础上，通过对产品技术方案的初步评估和性能平衡，修正和确认初稿中的目标值，确定产品仿真分析最终到达的目标，是产品项目开发中CAE虚拟验证的正式目标书，是产品开发过程中CAE仿真分析时判定性能目标达成的评价标准。

初稿编制时，需要进行以下内容的收集和整理：

1) 根据项目平台技术方案，收集所选定平台车型的TGW（Things Gone Wrong，顾客抱怨问题的统计指标，通常用每千台车问题数表示）、历史问题及解决措施、CAE仿真分析的风险点，形成项目开发应规避问题汇总表。

2) 根据竞争车对标分析报告和应规避问题表，确定产品性能的提升目标。

3) 根据产品初步技术路线，创意草图，整车详细硬点布置图、整车及人机工程布置，对标同类车型CAE仿真分析与试验数据。

4) 依据应规避问题表、性能提升目标、同类车型CAE分析与试验对标数据结果、初步性能评估结果，编写整车性能CAE仿真目标的初稿。

CAE仿真分析目标终稿的确定方法如下：

1) 根据系统技术方案，开展CAE结构刚强度等的初步评估。

2) 根据内外效果图，内外饰第一版CAS数据，整车布置方案，动力系统技术方案，电器系统技术方案，开展风阻、风噪、热管理的初步评估。

3) 根据整车布置方案，底盘系统技术方案，智能化系统技术方案，开展操稳、转向、平顺性、制动及K&C等行驶性能初步评估。

4) 根据CAE对各系统方案开展的结构、CFD、行驶性能初步评估结论，结合整车性能定位报告及性能目标书,以及 NVH 性能、耐久性能等目标书,修订完善整车性能 CAE 目标。

5) 针对整车性能 CAE 分析目标与方案组织评审,并根据评审意见进行修改完善。

6) 完成"编制—审核—审定—批准"等审批签字流程,形成项目的 CAE 仿真分析目标书。

3.3.3 分析结果与风险评估

产品工程化开始后,根据产品开发流程节点,CAE 利用产品设计的结构 CAD 数据,进行 CAE 虚拟验证和结构或参数优化,并进行风险评估。这个过程是 CAE 仿真分析工作的主要阶段。仿真分析的内容是分析大纲确认的内容,并按照仿真分析目标进行判断和优化。

随着项目工作的进行,CAE 仿真分析是逐步展开的,在初期阶段,根据产品设计数据,进行可以开展的分析,到后期阶段,要全部开展 CAE 仿真分析工作。每个节点要规定 CAE 的完成率、达标率以及必须达成目标的关键指标。

分析结果的管理有两种形式:

1) 具有项目开发管理系统或 CAE 管理平台的情况,直接使用系统或平台进行管理,由系统或平台在项目开发节点,输出 CAE 分析的完成情况、目标达成情况以及分析完成率、目标达成率等指标,对项目性能开发的风险进行评估,给出本节点达成的意见。用计算机系统进行管理是今后发展的必然趋势。

2) 在不具备开发管理系统或 CAE 管理平台,或开发管理系统不具有性能参数管理的情况下,使用表格进行管理,包括按照领域分类的领域情况和所有领域 CAE 仿真分析结果汇总表,表 3-4 和表 3-5 是领域 CAE 仿真分析评估和项目 CAE 仿真分析评估汇总表的示意表,仅供参考。

表 3-4 XXX 项目 XXX 节点 CAE 仿真分析及风险评估 (NVH)

XXX 项目 NVH 分析		里程碑	计划分析项数	完成分析项数	目标达成项数	分析完成率	目标达成率
序号	项目	内 容	CAE 目标值	CAE 计算值	风险评估	备注	
1	零部件级	车身	前车门模态				
2			...				
...		...	...				
	系统级						
	整车级						

表 3-5　XXX 项目 XXX 节点 CAE 仿真分析及风险评估汇总表

CAE 分析总体情况					
里程碑	计划分析总项数	已经完成分析项数	目标达成项数	分析完成率	目标达成率
CAE 分析各领域情况					
序号	领域	计划分析项数	已经完成分析项数	目标达成项数	分析完成率	目标达成率	领域负责人
1	耐久性能分析						
2	NVH 分析						
…							
当前阶段遗留问题及相应整改措施、计划					
序号	当前阶段遗留问题	导致后果	解决措施	计划完成时间	责任单位/责任领导/责任人
1					
…					
预估后续节点及整个周期内可能发生的风险及相应整改措施、计划					
序号	风险	预估导致后果	风险等级（高/中/低）	应对措施、计划	责任单位/责任领导/责任人
1					
…					

注：风险指不影响当前节点，预估后续节点及整个周期内可能发生的风险，主要审视技术、质量、成本、进度方面的风险。

3.3.4　设计优化方案与预案

设计出满足预定目标的最优设计方案是 CAE 仿真分析的根本目的，在 CAE 仿真分析过程中，应综合考虑开发成本、开发进度与其他性能的相互影响，提出解决问题且满足预定目标的设计方案。

对于评估后，性能略微超标或不足，存在一定风险的情况，或产品部门基于成本、项目进度、轻量化等因素考虑，并根据既有车型情况以及经验评估后，没有采用优化改进方案，风险通过项目节点的情况，CAE 仿真分析应有至少一个以上的优化方案作为预案，根据实车的试验结果情况，决定这些预案是否实施。

3.4 目标冲突的平衡兼容

3.4.1 跨领域目标之间的冲突与平衡

性能集成开发是质量、成本、进度的全方位平衡。

质量、成本、进度要求贯穿于性能集成开发的各个阶段。最理想的状态是项目的性能指标、时间周期、成本控制都遵循项目开发前期设定的计划，最终同时实现高效率、低成本、高质量的开发目标。但在实际项目中，会有很多不可预测的情况发生，特别是整改性能问题发生性能指标变更、增加技术要求等，都会直接影响着项目的成本、进度。

如图3-10所示，说明了质量、进度、成本三者之间的矛盾关系。加快进度、提高质量往往需要增加投资成本。提高质量和加快进度之间也有互相矛盾。而单独强调任意两个方面，都无法实现快进度、低成本、高质量的最佳动态平衡。

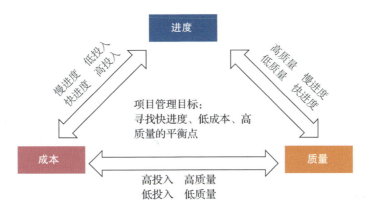

图3-10 质量、进度、成本三者关系图

要对上述矛盾进行平衡和协调，首先要做到对成本的事前控制。在前期方案阶段，严格控制成本输入，实现性能目标与成本联动，把握好产品成本与性能的拐点。开展性能目标与涉及零部件成本对应关系梳理，对性能目标和零部件技术方案合理性进行审视，找出性价比合理且满足竞争要求的方案。进而对性能相关的成本共性问题进行技术攻关，确保共性零部件最优开发，最终实现满足成本要求的限价开发。其次是在开发过程中，应严格把控进度。项目管理最重要的是控制时间进度，性能管理部门针对各项信息要及时掌控和协调，果断进行决策处理，同时必须根据项目的实际情况，快速调整项目工作侧重点，以实现对项目周期的全面有效控制。

对于性能质量管理过程，项目开发部门必须建立专门的质量管理团队，在开发各阶段设立严格的评审标准和问题管控机制，减少不必要的设变。同时，要建立一支跨专业整合判断、统筹把握风险问题的专家团队，快速响应紧急的争议问题评估需求，以最大限度地实现对项目质量、成本、进度的全面把控。

3.4.2 性能目标之间的冲突与平衡

性能集成开发是要把汽车各个系统整合起来，各领域性能指标之间是互相影响的，不同系统之间也存在冲突，需要在目标设定时平衡考虑多领域目标对单个系统或零部件的不同需求。因为后期一旦出现目标冲突，问题的整改及验证难度大，解决费用也较高。为避免整车产品在开发完成后出现明显的短板，并保证有明显的性能亮点，在整车性能目标设定过程中有重要的平衡和协调环节，以实现最优设计。

平衡目标的原则如下：

1）主要矛盾和次要矛盾的原则：在性能目标设定中应分清主要、次要矛盾，把用户关注度高的、法规重点限制的指标作为主要矛盾来把握。

2）先进性和适用性原则：不过度追求高性能、新技术，与性能定位相结合，避免产品力过剩。

3）整体协调原则：各项性能参数之间是相互关联的，整体风格必须协调一致。

从性能目标本身及各性能目标的关联来看，性能与性能之间是矛盾的"结合体"，由于性能目标的达成通常由几个部门共同完成，为保证性能目标的顺利达成，需进行大量的协调讨论工作。

例如：在某项目开发过程中，为完成发动机怠速转速目标的设定，整车性能部门需从NVH、电平衡、燃油经济性、制动真空度、原地换档平顺性等多个方面进行分析研究，并重点对NVH等方面进行反复论证和分析，从而确定发动机的怠速转速目标。

例如：某车型在路噪验证过程中，发现粗糙水泥路面的低频压耳声较明显。通过与竞争车型对比，路噪未到达与竞争车水平相当的性能定位要求。通过NVH客观测试，确认路噪声压级较竞争车差5dB（A），分析锁定问题频段为27～48Hz。此问题从表面上看，是NVH性能单一问题，但提出的解决方案对其他性能有影响：方案一，单独采用背门吸振器方案，低频压耳声可达到竞争车水平；方案二，采用背门吸振器方案，辅以衬套刚度改变方案，效果优于竞争车水平。方案二的衬套刚度改变方案还可提升舒适性，但需要重新匹配底盘性能，且可能存在衬套开裂的可靠性风险，影响到其他性能的实现。而方案一实施的整体验证工作较少，周期相对较短，性能也满足要求。经过综合考虑，项目组最终选择实施方案一。

3.4.3 性能子目标之间的冲突与平衡

子目标性能内部也存在矛盾，平衡、协调的能力是性能工程师的必备要求。下面以底盘性能为例来说明。虽然汽车底盘性能的匹配与调校已发展成为以主观评价为基础，以客观测试和CAE仿真为重要、有效补充的一项综合技术，但由于当前可供使用的，能与主观评价标准相对应的客观评价指标较为不足，加上计算机模型对行驶舒适性所涉及的中高频振动问题的预测能力有限，仍要依靠评价者的身体感知来体验振动加速度的输入。所以，匹配工程师的经验和能力仍然是决定汽车底盘调校工作成败的关键。

底盘性能根据风格偏好的不同，主要分为：舒适、运动两类。舒适风格的悬架，意味着低刚度，阻尼适当，对粗糙路面输入过滤好，车身动作控制舒缓，极限车速只要足够安全即可。而运动风格的悬架，意味着高刚度，阻尼较强，路感清晰，悬架行程小，车身动作要求稳定而紧凑，极限车速较高，并对轮胎抓地力和转向响应提出较高要求。

要想兼顾这两种方向，就需要性能匹配工程师严格按照性能定位，在舒适、运动两者之间反复推敲，还要做不少妥协折中的工作，最终才能匹配出均衡优异的底盘性能，输出满足目标的精准性能参数。

3.5 过程管控与验收

3.5.1 开发过程管控

整车性能管控是一个广义的概念，涉及汽车开发的方方面面，主要分为目标管控和问题管控两大类。性能管控是一个反复循环的过程，没有绝对标准，可能会随着需求输入的变化而发生变化。

1. 目标管控

整车性能目标管控是一个分阶段、分领域、分层次的复杂过程。

分阶段是指结合性能开发流程，从性能定位、目标分解、方案验证、一致性管控四个阶段对性能目标的制订及达成进行整体管控，确保产品按计划投产上市。如图3-11所示。

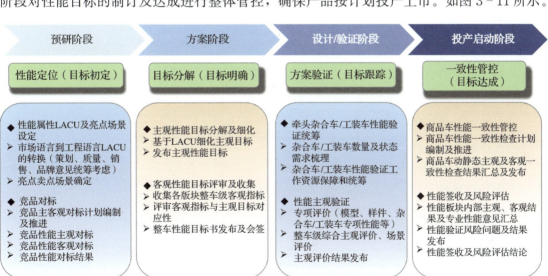

图3-11 分阶段管控图

分领域是指性能部门配合产品、质量、策划、销售等部门，把控各性能领域的输入、输出，确保性能开发全过程围绕目标用户进行。

分层次是指按照性能目标的一级、二级、三级属性，按层次分部门来管理目标体系的达成。

2. 问题管控

问题管控是一种及时消除产品错误状态的有效措施。

为区分问题严重程度，一般将问题分类用颜色等级定义如下：

1）红色表示不符合法规，或有安全隐患，或有性能缺陷，必须立即改进。
2）黄色表示会引起顾客抱怨，增加售后服务成本，需采取改进措施。
3）绿色表示采取整改措施后已关闭。

要实施问题管控，需建立一个管理系统来对性能问题开展闭环管理，该系统作用于性能开发的始终。录入的问题信息要清晰定义，除了问题现象描述、所属领域、颜色等级、样车轮次、发生时间、责任部门、责任人等基本信息以外，还要包括后续的方案和计划，如问题原因分析、整改措施、设变时间、当前进展、关闭延期次数、实际关闭时间，等等。问题管控工作必须由专职人员管理督促。

在整个性能管控过程中，需要明确的风险上升通道和汇报机制，以便及时决策。开发过程的重大里程碑评审，都要设立性能目标达成率和问题关闭率的指标，这是判定是否通过该节点的重要前提条件之一。

3.5.2 集成车验收和交付物

1. 集成车验收

集成车验收是将各性能领域最终发布参数的零部件集成到同一台或几台整车上，以验证整合状态是否符合开发要求。

在性能开发过程中，各性能开发部门一般是单独或小范围共享使用分配的样车并行开展工作，从没有将全部方案集成到一台车上综合评估过。打造性能集成车的首要目的就是发现、解决各领域性能冲突的集成类问题。只有在性能集成车上反复开展多工况、多人员的驾评和测试，才可能发现未知的综合性问题，并在量产前尽早解决好。另外，性能集成车还可作为批量生产后，评估性能的一致性变化程度的实物标杆。

2. 性能签收

性能签收分为预验收、终验收两个阶段，包含整车、系统、零部件三个层级。性能签收工作是对性能开发工作质量的最终检验和确认，具有很重要的意义。在项目开发的关键节点，需及时了解样车性能现状和存在的问题，判断样车是否达成性能目标。通常在杂合车、工装车阶段进行分阶段性能签收，对存在的问题进行确认和分解，以保证产品力的分阶段达成。

为保证签收质量，应建立签收体系，规划好整车开发中性能签收的所有项目。各专项性能签收计划必须提前制订。各部门也要提前对签收标准达成一致，明确实物标杆或签收目标。不同配置的样车都要纳入，车辆状态必须确认无误，并以一定的样车数量来支撑，以确保一致性。具体操作时，可制订作业指导书，从验收前、验收中、验收后三个阶段明确操作规范，统一输出意见，保障效率。关键性能属性的签收，还应建立多级签收机制，如第一级为专业签收，第二级为用户级签收，第三级为管理层签收。为评估各零部件总成公差以及装配状态的影响，还需开展量产车性能一致性签收，从随机到固化，从离散到系统，实现量产车性能主动监控。

3. 交付物

性能集成开发工作的成果就是体系中的交付物，常见的主要交付物见表3-6。

表3-6 常见的主要交付物

序号	交付物名称	交付物定义
1	整车性能定位报告	产品各性能表现的定位分析
2	整车性能目标书（第一版）	整车性能目标体系及初步的产品力竞争策略
3	整车性能目标书（第二版）	产品客观性能指标（一级属性），部分设定产品量化的性能目标
4	整车性能目标书（最终版）	全部产品客观性能指标，设定产品量化的性能目标
5	整车性能目标达成评估报告	对各阶段性能目标达成情况进行管控、对目标达成风险进行评估
6	性能签收报告	对各阶段各项性能进行主观评价与性能签收
7	量产车性能一致性评价报告	对量产状态车辆性能一致性进行检查评估

参考文献

[1] 诸德春，曲立. 同步工程在汽车开发中的应用 [M]. 北京：机械工业出版社，2011.
[2] 张斌. 浅谈"进度、成本、质量"在整车产品研发项目管理中的重要性 [J]. 科技资讯，2014 (6)：152-155.
[3] 高松，庄继德，任传波，等. 汽车性能优化 [M]. 北京：机械工业出版社，2008.
[4] 管欣，宗长富，王化吉. 汽车底盘动力学性能主观评价研究现状与展望 [J]. 汽车工程学报，2011，1 (3)：159-174.

Chapter 04

第 4 章
整车动力传动集成开发

本章主要介绍整车动力传动集成开发。首先,介绍动力传动性能开发需求和目标,其中包含动力传动性能简介、开发流程、动力传动性能需求和目标制订方法。其次,分别对动力性、经济性、驾驶性三大性能从定义、目标分解和方案设计,匹配调校和目标达成三个方面进行讲解。最后,以一个实际案例应用展示各个板块的相互关联和影响。

4.1 开发需求和目标

4.1.1 动力传动性能

动力传动性能是指动力总成(包括发动机、电机、变速器等)搭载整车进行机车匹配开发中,对动力性、经济性和驾驶性的统称,也是机车匹配的初心,更是消费者可感知的重要使用性能之一。

简单讲,动力性是指 100% 加速踏板开度时加速的绝对性能。经济性包括法规工况油耗和实际使用工况油耗。驾驶性能是指整车对驾驶人操作换档和加速踏板动作的响应,主要的表现形式是爬行、起步、加速、减速和换档的响应与平顺性,是用户对整车性能评价的关键指标。三者之间的关系相辅相成,在一定范围内的驾驶性提升对经济性是有益的,比如在低转速的情况下,让发动机运行在中大负荷,同时发动机也在最佳油耗工况点,既有益于油耗,也有利于二次加速。但是动力性对经济性是有所牺牲的,比如 100% 加速踏板开度时加速需要发动机加大喷油量,这明显对经济性不利。本书的后续章节会对各个性能展开讲解,这里就不再赘述。

4.1.2 动力传动性能开发流程

动力传动性能的开发按照以终为始的思路，分为需求策划、配置决策、机车匹配三大步骤，按照图4-1所示流程进行同步开发。

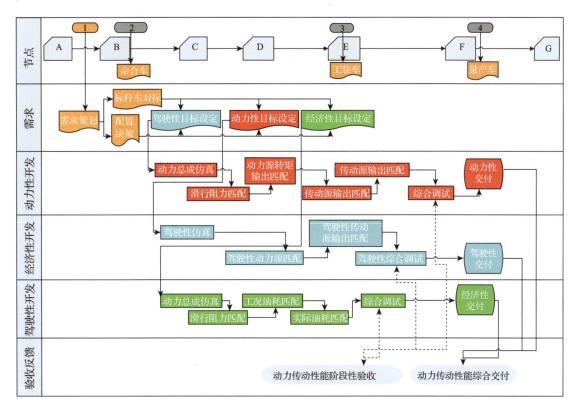

图4-1 动力传动性能机车匹配同步图

4.1.3 动力传动性能需求和目标制订方法

产品项目组按照需求调研、产品定义、产品实现三个步骤（图4-2）进行需求到性能目标制订的工作，综合考虑市场需求、公司战略、研发实力三个领域（图4-3）的可行性后决策执行。

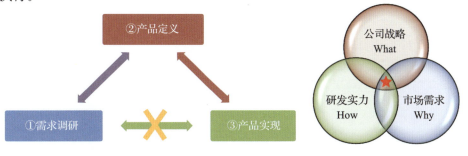

图4-2 产品定义三步法　　　图4-3 决策三因素

关于产品定义等级，一般按照领先、超越、持平、跟随四个等级对动力传动系统性能进行目标制订，如图4-4所示。其中，领先表示同级别产品中行业首创，超越表示同级别产品中的第一梯队（销量前3名），持平表示同级别产品中第二梯队（销量4~10名），跟随表示同级别产品中主流配置（60%以上产品配置）。

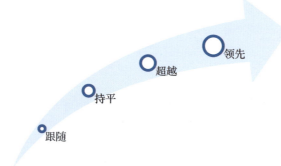

图4-4 产品等级定义

关于产品定义的方法，一般包括竞品对标法、仿真验证法，大数据云决策法（图4-5）三种。竞品对标法从技术角度对竞品车的动力传动性能进行测试、分析，制订出初步主客观目标。仿真验证法，根据可行动力总成和整车排列组合，进行仿真计算、分析，修正目标值。大数据云决策法，根据产品在数据库中云图位置进行决策，并下发最终目标值。

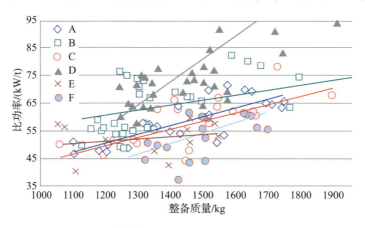

图4-5 大数据云决策法

4.2 动力性能集成开发

4.2.1 动力性能的定义

4.2.1.1 最高车速

最高车速是指在水平良好的路面（混凝土或沥青）上汽车能达到的最高行驶车速，是汽车在平坦路面无风条件下,行驶阻力和驱动力平衡时的车速,此时汽车的加速度为零。

4.2.1.2 爬坡性能

汽车爬坡性能是指汽车满载,在良好路面上用 1 档或 D 位行驶时所能克服的最大坡度。通常用最大爬坡度表示。

$$i_{\max} = \tan\alpha_{\max} \times 100\% \qquad (4-1)$$

式中,$i_{\max}$ 为汽车最大爬坡度;$\alpha_{\max}$ 为汽车所能爬过的最大坡度。

4.2.1.3 原地起步加速性能

起步加速性能是指从静止状态迅速增加行驶速度至特定车速的能力,通常用起步加速时间来表示。

起步加速时间是指汽车从静止状态下,由 1 档起步,并以最大的加速强度(包括 100%加速踏板开度和选择最恰当的换档时机)逐步换至高档后,达到某一预定的车速或距离所需要的时间。常用 0-100km/h 所需的时间(s)来评价,所用的起步加速时间愈少,起步加速性能愈好。

4.2.1.4 超车加速性能

超车加速性能是指从汽车从某一较低车速全力加速至某一较高车速的能力,通常用超车加速时间来表示。汽车加速性能,对提高汽车的平均行驶速度有一定影响。尤其是在行车途中常常要以最大的加速性来处理相关的紧急情况,比如在高速公路超车时特别能体现出重要性。

4.2.2 动力性能的目标分解和方案设计

4.2.2.1 目标分解

基于用户对动力性需求、市场竞品的动力发展趋势和法规的要求,制定合理的整车动力性指标,将指标分解,如图 4-6 所示。

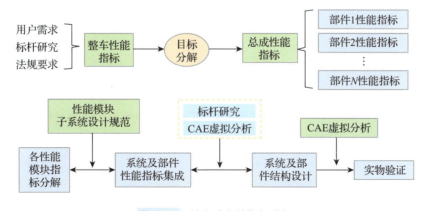

图 4-6 整车动力性指标分解

4.2.2.2 动力总成硬件选型匹配方法

动力总成选型基于既定的动力目标,选择满足适合的动力总成(功率对应最高车速,转矩对应加速能力),在满足条件的动力总成中考虑成本、可靠性、平台化等选择最优的动力总成,进行整车布置分析,根据布置分析结果,动力总成进行适当优化。工作流程如图4-7所示。

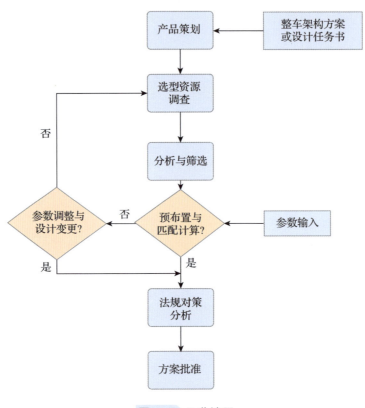

图4-7 工作流程

4.2.3 动力性能的匹配调校和目标达成

4.2.3.1 常用匹配工具介绍

针对动力选型过程中分析,通常使用AVL公司分析软件Cruise。该软件包含了车辆的基本模块和控制模块,用户可利用模型生成器建立所需的车辆系统模型,并在此基础上进行仿真分析,利用仿真结果优化传动系统的参数,从而快速完成动力传动系统的选型和设计。

在实际开发过程中,对动力性进行验证与验收也常用到Vbox与INCA软件,Vbox是指基于新一代的高性能卫星接收器,主机一套用于测量移动汽车的速度和距离并且提供横纵向加速度值、减速度、时间、滑行、加速等距离的准确测量;外接各种模块和传感器可以采集油耗、温度、加速度等其他许多数据的集成系统;INCA是ECU开发与标定的主要工具，我们在动力性试验过程中同步使用该软件对关重变量进行采集，通过其自带的 MDA 软件对相关数据进行分析，排查出异常项及不合格指标进行优化，并为后续平台化项目分析时期提供数据支撑（动力性分析时期考虑安全系数）。

4.2.3.2 硬件匹配和优化

汽车动力性主要受发动机参数、主减速器传动比、变速器档数及传动比、造型、汽车质量、轮胎尺寸与形式和汽车行驶条件等影响。在动力性匹配过程中，适当优化整车造型，减轻整车重量，降低轮胎滚阻等能提升整车动力性。

4.2.3.3 ECU 标定匹配和优化

整车动力性匹配主要是针对 0—100km/h 加速时间的优化，对时间长短影响最大的是发动机转矩输出。有效转矩因素包括指示转矩和转矩损失两个方面，如图 4-8 所示。

指示转矩，主要与新鲜空气量、发动机转速、点火提前角、空燃比等有关。

转矩损失，包含泵气损失、机械损失和发动机附件消耗，与冷却液温度、机油温度等有关。

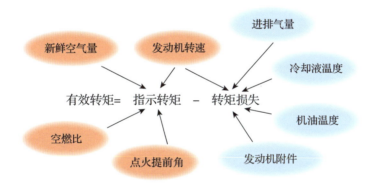

图 4-8 发动机转矩影响因素

结合发动机转矩模型，如图 4-9 所示，可以从新鲜空气量、空燃比、附件消耗 3 个影响因素来提升动力性。

动力性标定内容如下：

1) 增加新鲜空气：与 VVT 和进气温度密切相关，可通过选择充气效率最高的 VVT 角度，提高充气效率，同时通过风扇、中冷电子辅助水泵等降低进气温度（较低的进气温度，同时也可降低爆燃倾向），提高空气密度，针对增压发动机，还可利用短时的超增压控制，来达到更高的进气压力，从而增加进气量。

2) 加浓空燃比：一般产生动力最大空燃比在 12.4~13.9 之间，偏浓的混合气还可降低爆燃倾向，同时可以适当增大点火提前角，进一步增大转矩输出。

3) 降低附件消耗：附件主要包括发电机、空调和散热风扇等，在动力需求较急、较大时，可考虑短时禁止发电机发电（智能发电机），或短时切断空调压缩机，散热风扇运行直接影响冷却液温度和进气温度，需结合实际情况进行控制。

4）减少转矩滤波：为避免转矩变化过快引起的驾驶平顺性问题，ECU 会对目标转矩进行滤波，在大加速踏板开度，急加速时可考虑适当降低平顺性，增加动力响应。

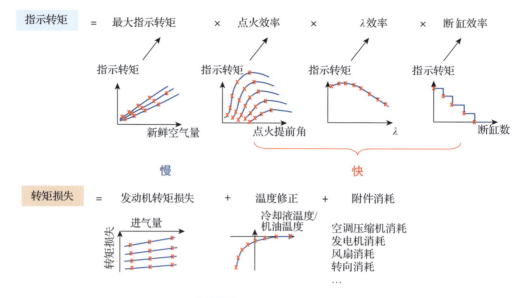

图 4-9 发动机转矩模型

4.2.3.4 TCU 标定匹配和优化

动力性的需求及对应的变速器运行工况，分别涉及变速器控制的起步、换档、在档加速三个模块，见表 4-1。

表 4-1 变速器运行工况

项目	测试类型	试验项/标准	变速器工况
加速性能	100%加速踏板开度加速测试/s	0—100	起步、换档、在档加速
		40—80	换档、在档加速
		60—100	
		80—120	
最高车速	100%加速踏板开度最高车速/(km/h)	≥180	在档加速
爬坡性能	100%加速踏板开度坡起（静态）（%）	≥30%	起步、在档加速
	100%加速踏板开度冲坡（动态）（%）	≥30%	在档加速

1. 控制原理

在档加速通过换档规律标定使变速器尽量在发动机功率输出更大的低档位运行。换档尽量缩短换档时间，减小换档离合滑摩功带来的功率损失，增加低档位运行时间，以提高动力性。起步通过离合器控制发动机转速维持在更高的转速，增大发动机转矩进而提高起步动力性。

2. 标定

下面分不同的变速工况来说明 TCU 的匹配和优化。

（1）在档加速标定　整车动力学公式为

$$F_t = F_f + F_w + F_i + F_j \tag{4-2}$$

式中，F_t 为各档位驱动力（N）；F_f 为滑行阻力（N）；F_w 为风阻（N）；F_i 为坡道阻力（N）；F_j 为加速阻力（N）。

在驱动力图 4-10 的基础上，加上 F_f 和 F_w 曲线，即可作出汽车驱动力、行驶阻力平衡（图 4-11），并以它确定汽车的动力性。

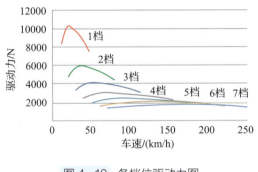

图 4-10　各档位驱动力图

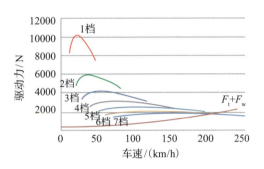

图 4-11　驱动力、行驶阻力平衡图

5 档驱动力和 $F_f + F_w$ 交点的对应点为最大车速 v_{amax}。当 $v_a < v_{amax}$ 时，5 档驱动力 $> F_f + F_w$，可利用发动机持续加速。

在档加速可以通过换档规律来调整档位，使车辆始终保持当前车速下的最大驱动力。目前应用最多的是以车速和加速踏板开度为换档参数的双参数换档规律。

利用驱动力图可计算出 100% 加速踏板开度时各个档位的加速度曲线，如图 4-12 所示。

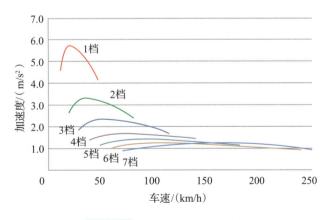

图 4-12　汽车行驶加速度曲线

如果相邻档位加速曲线有交点,那么该车速作为升档点。加速曲线没有交点或交点大于该档位的最大车速,则以该档位的最大车速点作为该档位的升档点。

档位最大车速点需在升档控制标定完成后确定。如图 4-13 所示,升档命令发出后,在变速器执行换档过程中发动机转速随车速的增加持续上升,因而换档命令需在发动机转速达到断油转速前发出。同时考虑车辆状态差异,预留 100~200r/min 的断油转速余量。最终确定发动机转速 $\omega = \omega_0 - \omega_1 - \omega_2$ 所对应的车速作为该档位的最大车速。

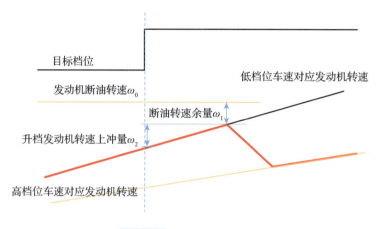

图 4-13 升档过程示意图

降档曲线和升档曲线保持合理的间隔,利用收敛性分布计算降档曲线。

(2) 换档标定 一般低档位的加速度更高,那么可以通过缩短换档时间,增加低档位运行时间,以提高动力性。

如图 4-14 所示,升档时间从 t_0 锁档到 t_1 后,减小了升档过程发动机转速上冲量,升档点可延后发出,这样增加了低档运行的时间,提高了整车加速度。

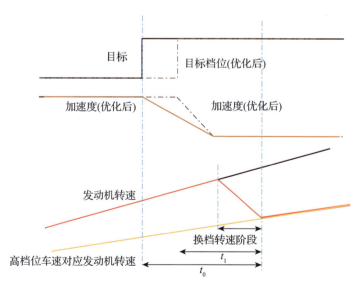

图 4-14 加快升档对整车加速影响示意图

动力升档转速阶段一般通过发动机降低转矩的方式，来实现发动机减速到高档位车速对应的转速。为追求动力性，可通过增加离合转矩来实现发动机减速，提高转速阶段整车加速度，但这样会增加换档冲击度。

动力降档是以更快的速度切换到低档位运行，获取更高的整车加速度。

（3）起步标定　起步过程（图 4-15）整车动力学公式为

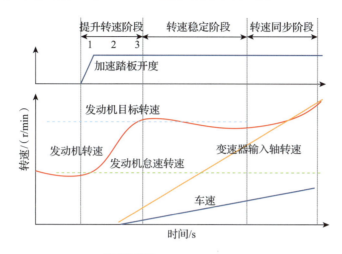

图 4-15　起步过程示意图

$$\begin{cases} F_c = F_f + F_w + F_i + F_j \\ F_c = \dfrac{T_{cl} i_g i_0 \eta_t}{r} \\ T_e = T_{cl} + J_e \omega_e \end{cases} \qquad (4-3)$$

式中，F_c 为整车驱动力（N）；T_e 为发动机转矩（N·m）；T_{cl} 为离合器转矩（N·m）。

起步过程离合器转矩直接决定车辆轮端转矩，离合器转矩越大，整车加速度越高。离合器转矩在起步提升转速阶段小于发动机转矩，转速稳定阶段完全传递发动机转矩。

如图 4-16 所示，根据发动机的外特性，发动机转速 2000r/min 以下，发动机转速越高，发动机转矩越大，整车动力性越好。那么可以通过离合器控制发动机转速维持在更高的转速，增加发动机转矩进而提高起步的加速度。

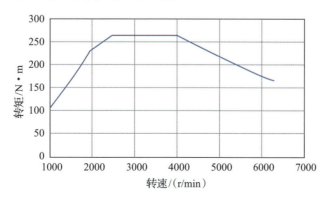

图 4-16　发动机外特性

4.3 经济性能集成开发

4.3.1 经济性能的定义

汽车经济性能是指在保证动力性的条件下，汽车以尽量少的燃油消耗量经济行驶的能力。通常用一定运行工况下汽车行驶 100km 的燃油消耗量来衡量。燃油经济性常用评价指标为等速油耗和循环油耗，单位为 L/100km，即行驶 100km 所消耗的燃油升数，该数值越大，汽车燃油经济性越差。

等速油耗是指汽车在一定载荷下，以最高档在水平良好路面上等速行驶 100km 的燃油消耗量。常测出每隔 10km/h 或 20km/h 速度间隔的等速百公里燃油消耗量，然后在图上连成曲线，称为等速百公里燃油消耗量曲线，如图 4-17 所示。

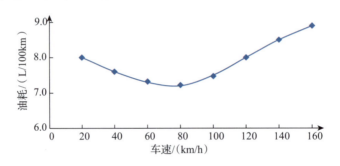

图 4-17 汽车等速百公里燃油消耗量曲线

由于等速油耗无法全面反映汽车实际运行油耗，特别是在市区行驶中频繁出现的加速、减速、怠速停车等行驶工况的油耗。因此，为了能模拟汽车实际运行状况，相关国家通过对车辆实际行驶过程进行跟踪测试并统计分析，制定了一些典型的驾驶循环工况，如欧盟的 NEDC 工况、WLTC 工况，美国的 FTP75 工况，以及中国的 CLTC 工况，并以百公里燃油消耗量来评定相应行驶工况的燃油经济性。对于乘用车而言，我国常用 NEDC、WLTC、CLTC 三种循环工况的百公里燃油消耗量来评价汽车的燃油经济性。

4.3.1.1 NEDC 能耗

在第五阶段油耗法规实施前，我国基本沿用着欧盟 2000 年开始实施的 NEDC 测试。如图 4-18 所示，整个 NEDC 由 4 个市区循环（780s）和 1 个市郊循环（400s）构成，循环总时长 1180s，循环里程为 11.007km，平均车速为 33.6km/h，最大车速为 120km/h，最大加速度为 1.04m/s^2，最大减速度为 1.39m/s^2。

由表 4-2 可知，NEDC 工况的加速、减速、等速、怠速工况的时间占比分别为 24.2%、15.1%、37.0%、23.7%。

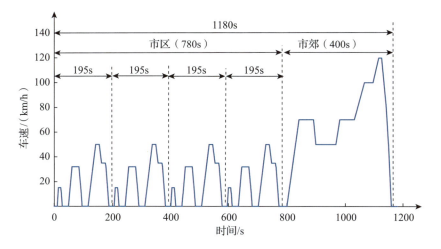

图 4-18 NEDC 工况曲线

表 4-2 循环工况特征参数

参数	NEDC 工况	WLTC 工况	CLTC 工况
曲线构成	市区、市郊	低速、中速、高速、超高速	低速、中速、高速
曲线形状	稳态	瞬态	瞬态
循环总时长/s	1180	1800	1800
循环里程/km	11.007	23.27	14.48
最大车速/(km/h)	120	131.3	114
平均车速/(km/h)	33.6	46.5	28.96
最大加速度/(m/s^2)	1.04	1.67	1.92
最大减速度/(m/s^2)	1.39	1.5	1.94
加速工况比例（%）	24.2	30.9	28.61
减速工况比例（%）	15.1	28.6	26.44
等速工况比例（%）	37.0	27.8	22.83
怠速工况比例（%）	23.7	12.7	22.11

4.3.1.2 WLTC 能耗

WLTC 工况是全球轻型汽车测试程序（WLTP）所采用的测试循环工况，由欧洲、美国、日本等国家共同制定。2018 年 7 月引入中国，首先进行国六排放测试与认证，2020 年 1 月开始才进行第五阶段油耗测试和认证。

WLTC 工况由低速段（589s）、中速段（433s）、高速段（455s）和超高速段（323s）共四部分组成，持续时间共 1800s，总里程为 23.27km，最大车速为 131.3km/h，最大加速度为 1.67m/s^2，最大减速度为 1.5m/s^2，如图 4-19 所示。

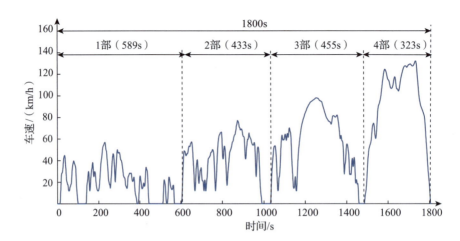

图 4-19 WLTC 工况曲线

由表 4-2 可知，WLTC 工况的加速、减速、等速、怠速工况的时间占比分别为 30.9%、28.6%、27.8%、12.7%。

4.3.1.3 CLTC 能耗

CLTC 全称为中国轻型车测试循环（China Light-duty Vehicle Test Cycle，CLTC），在工信部、财政部、环保部等多部门共同指导下，从 2015 年开始，历时 3 年，在全国收集大量实际车辆行驶数据统计而来。从 2020 年 1 月开始，纯电动汽车及燃料电池汽车首先开始采用 CLTC 工况；2025 年 1 月起，传统乘用车开始实施 CLTC 工况。

CLTC 工况由低速段（674s）、中速段（693s）和高速段（433s）共三部分组成，持续时间共 1800s，总里程为 14.48km，最大车速为 114km/h，最大加速度 $1.92m/s^2$，最大减速度 $1.94m/s^2$，如图 4-20 所示。

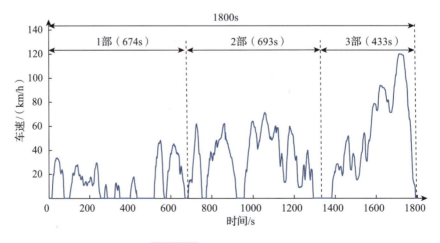

图 4-20 CLTC 工况曲线

由表 4-2 可知，CLTC 工况的加速、减速、等速、怠速工况时间占比分别为 28.61%、26.44%、22.83%、22.11%。

4.3.2 经济性能的目标分解和方案设计

4.3.2.1 目标分解成动力总成需求

整车经济性指标是基于用户需求、标杆研究和标准法规等要求制定的。为了达到整车经济性指标,需采用一定的技术手段,将性能指标分解到总成及零部件,并对其提出相应的性能指标要求,如图4-6所示。

在车型开发前期,通过开展杂合车与标杆车能量流试验,将燃油能量从发动机燃烧、传动系统损失、车轮做功的整个传输过程进行详细的对标分析,全面了解杂合车和标杆车能量消耗分布情况,定量找到杂合车和对标车之间能量消耗差异,制订最经济、有效的油耗设计方案,其中能量流对标分布,如图4-21所示。

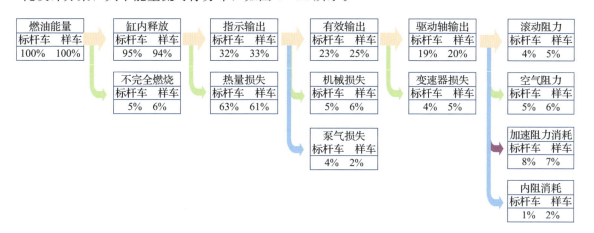

图4-21 开发样车与竞品车能量流分布示意图

通过能量流对标分析结果,针对差异点将经济性指标分解到各关重总成及零部件上,并提出相应的指标要求,如图4-22所示。

要保证性能指标的真正实现,必须将性能分解指标体现在相关系统零部件结构设计上,纳入整车性能一级、二级指标管控书中,作为系统及部件性能指标验收的依据。

4.3.2.2 动力总成硬件选型匹配方法

动力总成作为汽车心脏,其选型的好坏直接影响整车动力性、经济性能及排放性能等各项性能。按照一套完善的动力总成选型流程及标准,保证动力总成的正确选型,其中选型流程如图4-23所示。

1. 动力总成初选

针对动力总成初选,开发出一种独有的选型标准,即"三门四参"选型标准,在产品策划与产品开发之间利用"三门四参"选型标准对动力总成进行初步选型,为整车开发前期提供技术支持,能够提高产品的技术先进性,降低开发风险,保证开发周期。

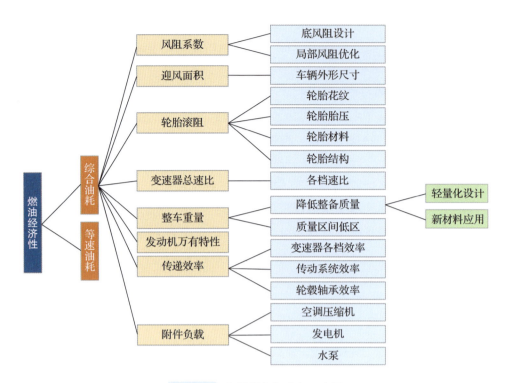

图4-22 经济性指标分解示意图

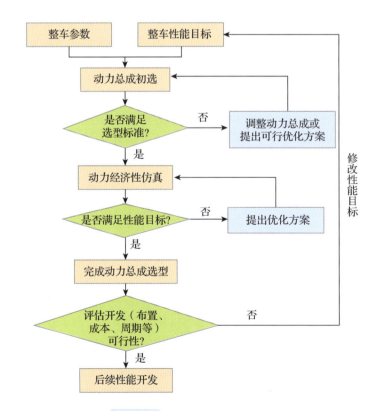

图4-23 动力总成选型流程图

"三门四参"选型标准的"三门"是指具体的性能要求,即准入门、竞争门、排放门,意思是指分别要满足红线准入要求、竞争力要求和排放法规要求;"四参"是指具体的几个评价指标,即1000转推重比、比转矩、比功率、运行点不进入高排放区域。"三门四参"选型标准,如图4-24所示。

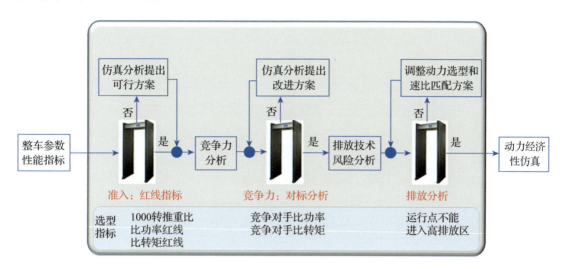

图4-24 "三门四参" 选型流程图

基于市场大数据统计确定的红线指标和核心竞争车分析,确定1000转推重比、比转矩、比功率三个评价指标的目标值,然后进行不同动力的外特性选型。如图4-25所示,动力1外特性低于目标值,不满足要求;动力2和动力3不低于目标值,满足准入门及竞争门要求。

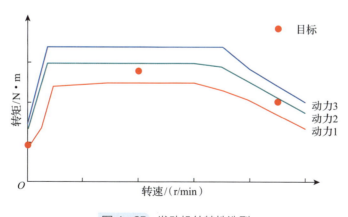

图4-25 发动机外特性选型

基于满足准入门和竞争门初选的动力2和动力3进行排放工况点分析,如图4-26所示。经仿真分析,动力2运行工况点进入高排放区域,不满足排放门要求,动力3运行工况点未进入高排放区域,满足排放门要求。

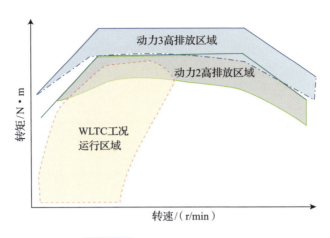

图 4-26 发动机原始排放选型

基于"三门四参"选型标准,动力 3 满足选型要求,可进行下一步的动力经济性仿真分析。当然,对于未满足"三门四参"选型标准的动力 1 及动力 2,需提出优化方案,在确定方案可行性后,亦可进行下一步动力经济性仿真分析。

2. 经济性仿真分析

完成动力总成初选后,需进行整车经济性仿真分析。

目前,市场上存在两款常用的经济性仿真软件:一款为奥地利 AVL 公司开发的 AVL Cruise 软件,另一款为美国 Gamma Technologies 公司开发的 GT-SUITE 软件,一般常用 AVL Cruise 进行经济性的仿真分析。

AVL Cruise 软件是应用于车辆动力传动系统性能开发的典型软件之一,它既可以计算并优化车辆的动力性、经济性、排放性以及制动性能等,又可以为应力计算和传动系的振动生成载荷谱。

AVL Cruise 软件功能强大,操作简单,其主要特点如下:

1)灵活的模块化设计理念可以对不同结构的汽车传动系统进行仿真建模。
2)复杂完善的求解器可以确保计算的速度。
3)智能化的驾驶模型,能够模拟驾驶人的真实反应。
4)黑箱模块和 MATLAB 接口模块,使用户方便地开发复杂的控制算法。

AVL Cruise 软件提供了图形化的交互环境,只需从模块库中拖出相应的元件,就能迅速地建立系统的结构框图,输入模型参数,连接数据总线,设置仿真任务,便可快速地得到系统模型,仿真建模分析流程如图 4-27 所示。

图 4-27 AVL Cruise 仿真建模分析流程

图 4-28 所示为整车经济性仿真模型，可同时计算等速油耗和循环工况油耗。

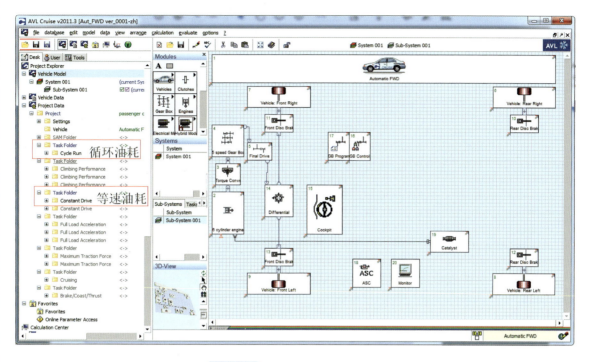

图 4-28　AVL Cruise 仿真模型

在汽车经济性开发工作中，常需要根据发动机的万有特性图与汽车功率平衡图，对汽车燃油经济性进行估算。本节将介绍燃油经济性的理论计算方法、仿真结果分析，并结合仿真结果与发动机万有特性图提出经济性的优化方案。

如图 4-29 所示，根据行驶车速和实际行驶阻力，利用插值法，在发动机万有特性图上可确定相应的燃油消耗率，从而计算出车辆行驶时的瞬时燃油消耗量 Q_c（mL/s）为：

$$Q_c = \frac{p_c b_c}{367.1 \rho g} \quad (4-4)$$

式中，p_c 为发动机功率（kW）；b_c 为发动机燃油消耗率 [g/(kW·h)]；ρ 为燃油的密度（kg/L）；g 为重力加速度（m/s²）。

对于由怠速停车、等速、加速、减速等行驶工况组成的循环，如 NEDC、WLTC 以及 CLTC，其整个循环工况的百公里燃油消耗量 Q_s（L/100km）为：

$$Q_s = \frac{\int_{t_s}^{t_e} Q_c}{s} \times 100 \quad (4-5)$$

式中，s 为整个循环的行驶里程（m）；t_s 为测试起始时间（s）；t_e 为测试终止时间（s）。

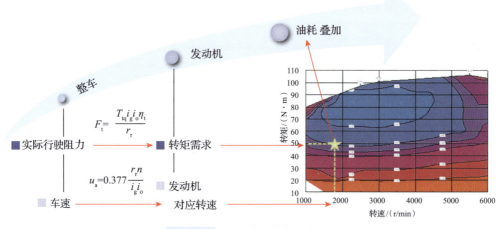

图 4-29 瞬时油耗计算示意图

3. 经济性计算结果

图 4-30 所示为基于 AVL Cruise 软件计算的 WLTC 工况瞬时油耗数据,最终综合油耗为瞬时油耗的积分值除以行驶里程而来。

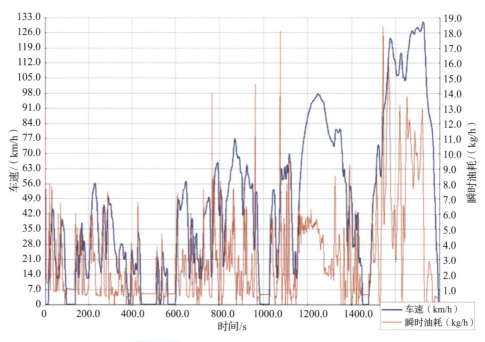

图 4-30 WLTC 工况经济性仿真油耗数据

4. 经济性优化方案

若经济性仿真计算结果不能满足性能目标,则需要对动力总成及整车参数提出优化方案,下面分别从发动机比油耗、变速器速比及换档规律、整车阻力或质量方面阐述优化方案及原理。

(1) 发动机比油耗的优化 如图 4-31 所示,圆圈为油耗权重点,数据为油耗百分比,除了倒拖工况外,油耗占比大于 8% 的特征点分别为 A、B、C、D 四个点,其中 A 点为怠速工况，所以为了降低油耗，在发动机性能开发时应该重点减低 A、B、C、D 四个点的比油耗。

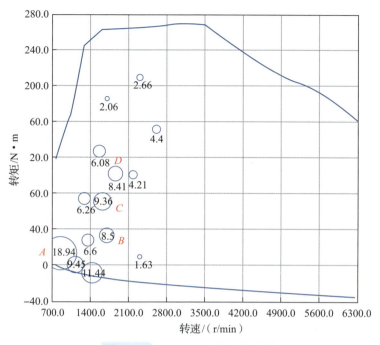

图 4-31　WLTC 工况运行权重点

（2）变速器速比优化　如图 4-32 所示，A 点为速比优化前等速工况点，B 点为速比优化后的等速工况点，蓝色点画线为等功率曲线。通过采用低转速高转矩化原理，降低速比，工况点从 A 点沿着等功率曲线移动到 B 点，燃油消耗率从 254g/(kW·h) 降低到 245g/(kW·h)，油耗降低 3.5%。

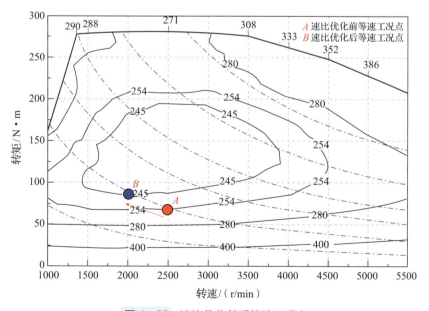

图 4-32　速比优化前后等速工况点

(3) 变速器换档规律优化　如图 4-33 所示，A 点为换档规律优化前加速工况点，B 点为换档规律优化后的加速工况点，蓝色点画线为等功率曲线。通过优化换档规律，降低一个档位，工况点从 A 点沿着等功率曲线移动到 B 点，燃油消耗率从 266g/(kW·h) 降低到 241g/(kW·h)，油耗降低 9.4%。

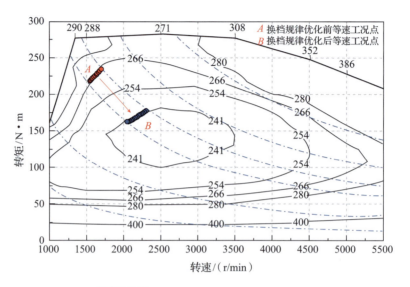

图 4-33　换档规律优化前后等速工况点

(4) 整车阻力或者质量的优化　如图 4-34 所示，A 点为阻力或者质量优化前工况点，B 点为阻力或者质量优化后工况点，蓝色点画线为等功率曲线。若通过降低阻力或者测试质量，工况点从 A 点沿着等功率曲线移动到 B 点，整车需求功率从 18kW 降低到 14kW，燃油消耗率从 255g/(kW·h) 降低到 245g/(kW·h)，油耗降低 19%。

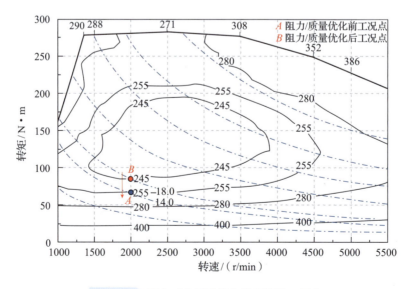

图 4-34　阻力或者质量优化前后等速工况点

4.3.3　经济性能的匹配调校和目标达成

4.3.3.1　常用匹配工具介绍

经济性开发匹配与验收,主要用到 VBOX、环境试验室等测试设备,具体描述如下。

为了测试车辆等速行驶的燃油消耗量,需用到 VBOX 测试系统,其主要由数采系统、油耗仪、GPS 天线、相关线束与笔记本电脑组成,其中数采系统是由 RACELOGIC 公司开发的 GPS 数据采集器,其使用了强大的 GPS 芯片,能以 100Hz 频率记录时间、车速、加速度、距离及油耗等数据,然后直接存储在闪存卡中,方便快捷传输给电脑,实时测试并监控试验数据,其中 VBOX 数采系统如图 4-35 所示。

图 4-35　VBOX 数采系统

为了测试车辆在循环工况中的燃油消耗量,基本上都在环境试验室进行,汽车底盘测功机通过滚筒模拟路面,计算出道路模拟方程,并用加载装置进行模拟,实现对汽车各工况的模拟,如图 4-36 所示。环境试验室主要由主控计算机、环境仓、底盘测功机、风机、数采设备、排气分析系统等系统组成。

图 4-36　循环工况油耗测试设备——整车转鼓试验室

4.3.3.2 PCU标定匹配和优化

混合动力总成是由发动机、电机、变速器耦合而成的综合体,其经济性是受各子系统综合影响,因此对各子系统进行管控的 PCU 在其中扮演重要角色,而 PCU 中的"能量管理策略"则对系统的综合油耗起到决定性作用。

1. 控制原理

当今能量管理的控制策略主流是 ECMS 算法,它是一种瞬时寻优的算法。其核心思想在于当前每使用一度电,未来都需要由发动机消耗燃油转化而来;当前每充入一度电,未来都可以用于驱动从而节省燃油。因此,在任一时刻,电机功率都可以通过算法转化为等效油耗,再加上发动机此时的油耗,就可以得到整套系统的综合等效油耗。电池充放电能量管理如图 4-37 所示。

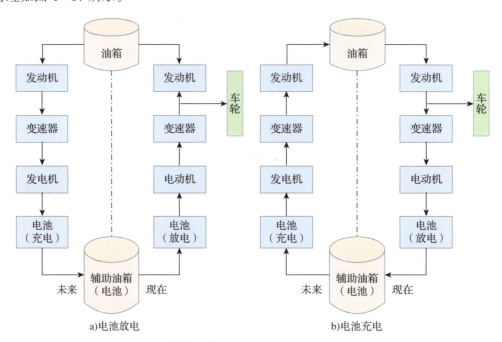

图 4-37 电池充放电能量管理

既然要将发动机的油耗和电机的电耗统一成为综合等效油耗,因此该算法的核心内容就是探寻一个电能和燃油之间存在一个转换系数(油电等效因子),这个系数主要取决于动力系统油电转换效率及电池 SOC。

$$J = \min_{(u_1, u_2)} \left[P_{\text{Fuel}}(t) + s(t) P_{\text{Batt}}(t) \right] \quad (4-6)$$

式中,J 为最小等效油耗功率(kW);$P_{\text{Fuel}}(t)$ 为油耗功率(kW);$P_{\text{Batt}}(t)$ 为电耗功率(kW);$s(t)$ 为等效因子。

2. 标定内容

当前主流的等效因子确定方法是正切函数法,在该方法中等效因子由一个与目标

SOC、实际 SOC 相关的正切函数决定，而该函数中有一些标定参数，诸如：s_0、k、T、SOC_{ref} 则他们有其各自的物理意义，也同时会决定正切函数的形状（图 4-38）。

$$s(t) = s_0 + s_0 k \tan \frac{\pi [SOC_{ref} - SOC(t)]}{2T} \quad (4-7)$$

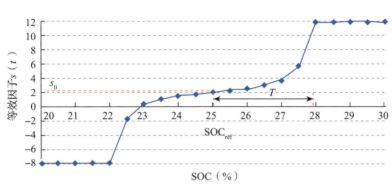

图 4-38 正切函数曲线

s_0 表示初始的等效因子，是目标 SOC 和实际 SOC 没有差别的时候的等效因子，一般这个值在 2~3；k 表示正切函数的曲率，即等效因子跳变的速率，一般这个值标定在 1 左右；T 表示许用 SOC 波动范围，即在运行过程中电池可使用的 SOC，对于电池较大的 PHEV 该值标定在 2 左右，对于电池较小的 HEV 则标定在 20 左右；SOC_{ref} 表示的是目标 SOC，根据不同车型来进行设定，对于 PHEV 一般标定在 20 作用，主要取决于电池最低许用 SOC，对于 HEV 一般标定在 60，因为该类型电池的许用范围一般在整个 SOC 的较中间位置。

能量管理主要标定内容及方法如下：

1）发动机起停规则，通过更改能量管理中发动机起停相关参数，使发动机起停满足纯电动续驶里程、经济性、动力性和零部件起停需求。

2）发动机最优工作区边界，根据实际 SOC 与目标 SOC 的差距来决定发动机最优工作区边界，维持 SOC 平衡同时优化油耗。

3）工作点变化区间限制，限制的减小有助于更精细地选择工作点，但是需要通过标定避免可能会导致的工作点频繁变动和换档。

4.3.3.3 ECU 标定匹配和优化

整车电控系统对油耗的影响，主要是在起动工况、怠速工况、加减速工况、断油工况对电喷数据进行合理化控制，以达到节省燃油的目的。

（1）起动工况　主要优化起动的时间和空燃比，来达到降低油耗目的，但是同时需要考虑起动的稳定性。一般以冷却液温度为界限，0℃ 以上考虑经济性，0℃ 以下考虑可靠性，其控制指标见表 4-3。

表4-3 起动工况控制指标

控制指标	推荐值	备注
起动时间	≤0.7s	
λ 沉底	>0.75	起动后的最小值
λ 从沉底上升到0.9时间	≤5s	
燃油闭环前 λ	0.95~0.97	

注：λ 即过量空气系数。

(2) 怠速工况 在满足NVH性能、电平衡、排放、制动助力泵真空度、发动机暖机性能、起步性能、怠速稳定性、发动机润滑性能、整车转向性能、空调制冷性能、空调采暖等性能的情况下，通过设置较大的点火提前角和较低的目标怠速，达到节省燃油的目的，其主要控制指标见表4-4。

表4-4 怠速工况控制指标

控制指标	推荐值	备注
催化剂加热时间	≤60s	
冷机目标怠速	≤1200r/min	冷却液温度 0~60℃
冷机怠速点火角	(0±5)℃	冷却液温度 60℃以下
热机怠速点火角	(0±2)℃	冷却液温度 60℃及以上

(3) 加减速工况 通过优化瞬态过程中（如急加/减速时）的燃油控制，在满足排放的情况下，达到节省燃油的目的，推荐λ控制范围0.90~1.1。

(4) 断油工况 通过设置断油和恢复供油转速，在满足驾驶性的情况下，尽可以延长断油时间，达到节省燃油的目的。推荐值：3档及以上断油转速≤(1100+300) r/min，恢复供油转速≤1100r/min，3档及以下断油转速≤(1300+300) r/min，恢复供油转速≤1300r/min；NEDC/WLTC工况累计断油时间大于75/120s（推荐值）。

4.3.3.4 TCU标定匹配和优化

(1) 控制原理 通过标定换档规律，使发动机工作在低油耗区。换档规律一般采用加速踏板开度和车速两个参数。

(2) 标定内容 图4-39所示为汽车牵引力特性曲线。基于恒定牵引力 F_w 与两个档位在不同车速、不同加速踏板开度下的交点，同时根据油耗特性曲线，找出其对应的油耗点并得到油耗曲线（图4-40）。两油耗曲线交点就是最佳经济性换档点，然后找出两个档对应升降档加速踏板开度，从而得到了一对升降档点。计算不同牵引力对应的换档点，最终得到整个经济性换档规律。

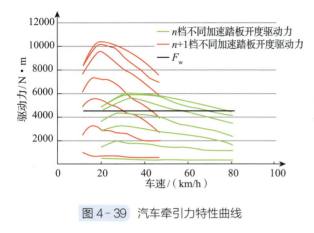

图4-39 汽车牵引力特性曲线　　图4-40 两个档位油耗曲线驾驶性能集成开发

4.4 驾驶性能集成开发

4.4.1 驾驶性能的定义

驾驶性能是指整车对驾驶人操作换档和加速踏板动作的响应，主要的表现形式是爬行、起步、加速、减速和换档的响应与平顺性，是用户对整车性能评价的关键指标。

作为汽车的品牌家族化基因和产品的市场定位的重要组成部分，驾驶性能对消费者的购买意愿有较大影响。

4.4.1.1 爬行和起步性能

（1）爬行性能　一般以车速为控制目标，控制的难点在于需保证车辆在平直路面和坡道路面保持一定的起步响应和爬行平顺性，爬行过程中保持离合器传递的转矩与发动机的转矩匹配，以维持发动机怠速稳定性。

（2）起步性能　需要对发动机转矩进行控制，保证发动机转扭又快又稳地输出，同时需要配合离合器的接合，保证起步加速度的快速建立，同时避免转速上冲或者掉坑的问题。开始接合离合器时，发动机转速上升速率与车速上升速率逐渐同步，以减少起步冲击。车辆起步过程中，离合器接合过程的控制直接影响到起步性能。如果离合器接合过快，会产生较大的起步冲击，影响起步舒适性；若离合器接合过慢，会导致离合器滑摩时间变长，滑摩功增大，离合器容易过热，寿命变短。如图4-41所示。

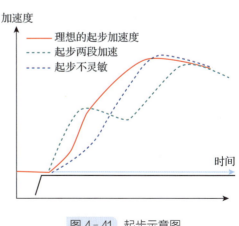

图4-41 起步示意图

4.4.1.2 加速和减速性能

(1) 稳定加速踏板加速性能　主要关注稳定加速踏板下整车加速度的持续变化能力，其变化方式必须符合驾驶人的心理预期，如图4-42所示。

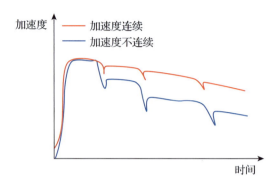

图4-42　稳定加速踏板加速示意图

(2) 急踩加速踏板加速性能　主要关注急踩加速踏板后，整车加速度瞬时建立能力，其建立方式必须符合驾驶人的心理预期，如图4-43所示。

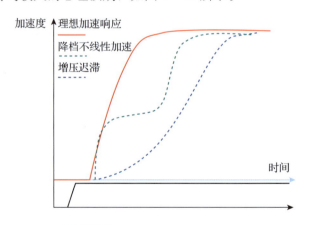

图4-43　急踩加速踏板加速示意图

(3) 减速性能　包括急松加速踏板减速性能和持续减速性能，加速度关注点与加速相反。对于不同风格的车辆需差异化对待。例如，运动型车辆，减速过程需对急松加速踏板动作响应较快，减速感更明显；舒适型车辆，减速过程对急松加速踏板动作响应相对较缓，需严格保证平顺性。

4.4.1.3 自动档的换档品质

传统意义上的换档品质，大多以换档过程的平顺性来评价和衡量，就是保证车辆传动系统工作可靠性和动力性的基础上，保证车辆换档过程冲击尽量小甚至没有冲击。实际的换档过程中，动力传动系统不可能瞬时完成换档，因此对于这个多转动惯量的系统，换档过程中的冲击总会以不同形式的体现，当换档冲击超过某一严重程度后，驾驶人的主观感受是不可接受的。

目前，单单用换档平顺性来定义换档品质是远远不够的，已无法满足开发要求。因此，引入换档时间的评价指标，进一步完善换档品质的评价。

4.4.2 驾驶性能的目标分解和方案设计

4.4.2.1 目标分解

驾驶性目标按工况可分解为爬行、起步、加速、减速和换档等各工况下的响应与平顺性。

4.4.2.2 动力总成硬件选型匹配方法

从目前的研究来看，影响整车驾驶性的硬件因素主要有：发动机的外特性、变速器速比、差速器速比和效率，以及传动间隙、液力变矩器刚度、驱动轴刚度与间隙、悬置刚度。

发动机和变速器选型，主要基于产品定位和动力经济性分析，就驾驶性而言，大多数情况下需对外特性和发动机转矩响应进行分析，要求达到稳态情况达到最大转矩的最低转速和瞬态情况下转矩从 0 达到最大转矩的时间。

差速器方面，影响驾驶性的因素主要是速比、传动效率和间隙。

液力变矩器是影响驾驶性的重要因素，其刚度对起步和加速响应影响较大。在液力变矩器选型时，需结合产品定位和发动机转矩响应进行选择。若定位为运动车型，建议选择刚度较小的液力变矩器，会带来 NVH 的适当牺牲；若定位为舒适车型，建议选择刚度较大的液力变矩器，会适当降低动力响应要求；在发动机动力响应较差时，也建议降低液力变矩器刚度来提升整车动力响应。

从驾驶性角度来看，驱动轴刚度会影响加速响应，驱动轴间隙会影响到加速冲击。若追求运动感的车型，动力的调校会追求响应，转矩上升速率较快，驱动轴间隙会导致因转矩急剧增大带来的冲击，此时建议选择刚度较大且间隙较小的驱动轴；若舒适性车型，动力响应相对平缓，此时建议选择刚度较小的驱动轴，并在保证成本的情况下尽量收窄驱动轴间隙，提升加速品质感。

悬置的刚度安装位置均对换档品质和加速冲击有明显影响，目前从驾驶性角度来看，建议采用刚度较大的悬置，减少发动机反拖到正拖、正拖到反拖时候的翻转，有助于减小换档冲击和加速冲击。一般流程是有 NVH 提出设计目标，驾驶性方面参与讨论和验证，在标定完成前，提前锁定悬置硬件参数。

4.4.3 驾驶性能的匹配调校和目标达成

4.4.3.1 常用匹配工具介绍

1. 测试设备

主要用于测试验收，常用 AVL-DRIVE。

AVL-DRIVE 系统是一套基于驾驶人的操作和客观指标,能够自动识别工况并进行实时评价打分的设备,通过采集与驾驶性相关的 CAN 和传感器信号(加速度、转速、车速、加速踏板开度、制动等)进行进一步分析;包含超过 100 种不同的评价工况和 475 种评价指标(响应、冲击、耸动等),如图 4-44 和表 4-5 所示。

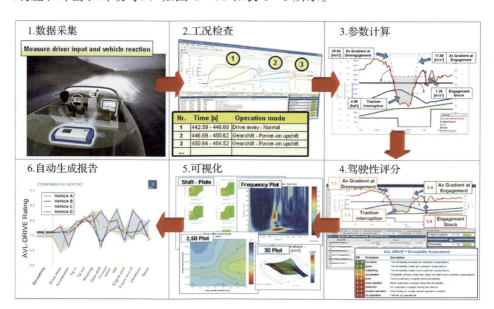

图 4-44 AVL-DRIVE 测试分析过程

表 4-5 评分标准

测试与评价分数含义						
分值	等级	投诉者	缺陷	用户抱怨百分比		评价
^	^	^	^	总体驾驶性	换档品质	^
10	优秀	无	无	无	无	无问题迹象,这种车辆在所有工况下都有优秀的响应和平顺性感觉
8~9.75	非常好	专家	很难察觉	<3%	<1%	无问题迹象,有很好的响应和平顺性感觉,性能符合消费者期望
7~7.75	好	敏感的用户	能感觉到,无不舒适	12%~3%	4%~1%	少数用户感觉到不是理想状态,但不会要求优化
6.5~6.75	一般~可接受	一般用户	能感觉到,不舒适	19%~13%	9%~5%	很明显感到不舒适,有用户会要求修正,多数用户可以接受,但不能满足大多数用户的期望值
5~6.25	差	所有用户	不舒适,不愉快	40%~20%	29%~10%	问题令用户烦恼,售后能处理投诉,多数用户抱怨
4~5	^	所有用户	不愉快	50%~40%	49%~30%	问题令很多用户烦恼,售后能处理投诉,大多数用户抱怨

(续)

测试与评价分数含义

分值	等级	投诉者	缺陷	用户抱怨百分比		评价
				总体驾驶性	换档品质	
3~4	有缺陷	所有用户	讨厌、烦恼、愤怒	100%~50%	100%~50%	问题令所有用户烦恼,可预知的故障,所有用户抱怨
2~3	不安全	所有用户				可预知的故障,车辆有问题,不能满足安全性
1~2	不可操作	所有用户				不可预知的故障,车辆有问题,不能满足可操作性

用户抱怨百分比标准参考 HPT 的换档品质标准以及过去 TGW/1000 相关指标的平均值,评价标准重点朝动力性、动力响应、怠速不稳方向优化。

2. 匹配设备

主要用于标定调试,常用设备见表 4-6、图 4-45。

表 4-6 常用匹配工具清单

测试项	设备列表	设备功能	
		测试	标定
CAN 通信	A	×	√
排温/空燃比	B1	√	×
	B2	√	×
	B3	√	×
加速度	C1	√	×
	C2	√	×

A设备:CAN总线接口模块ES581

B1设备:排温和空燃比测量模块C-Multi LK10

B2设备:热电偶WRNK-191

B3设备:LSU4.9宽域氧传感器

C1设备:电压信号采集模块C-Analog4

C2设备:ASC 4415LN加速度传感器

图 4-45 设备实物

连接示意图如图 4-46 所示。

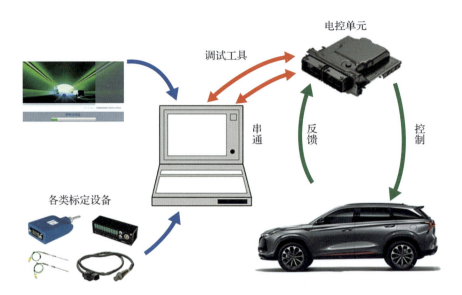

图 4-46 连接示意图

4.4.3.2 PCU 标定匹配和优化

PCU 作为新能源板块的整车控制单元,重点对动力总成各大板块进行协调控制,在满足驾驶人需求的同时,兼顾整车经济性、动力性、排放与驾驶性。通过接收驾驶人最原始的输入解析相应的转矩需求,进行相应的驾驶性处理,同时进行能量管理分配,让发动机和电机处于最佳的工作区域,确保经济性与排放,加上对动力传动部分的匹配,使得转矩输出更加平顺柔和,再匹配以良好的换档性能,保证整车动力性与驾驶性。

1. 控制原理

P2 构型控制原理如图 4-47 所示。

(1) PCU 对驾驶人需求的控制　根据加速踏板开度或制动踏板开关,解析驾驶人转矩需求,包括驱动需求与回收需求解析。

(2) PCU 对发动机的控制　主要对发动机进行转矩控制与转速控制,基于驾驶人原始需求进行能量管理分配请求发动机转矩,并对请求转矩进行斜率处理后发送给发动机,EMS 自行控制喷油点火并响应转矩请求;根据整车驾驶状态对发动机进行转速控制,PCU 发送转速目标,EMS 进入转速控制模式响应转速目标。

(3) PCU 对电机的控制　对电机主要进行转矩控制,根据驾驶人需求,通过能量管理分配后对电机请求转矩,电机自行控制响应 PCU 发送的转矩请求。

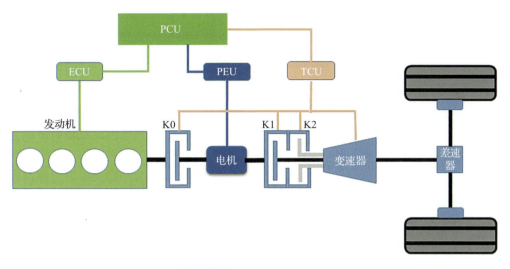

图 4-47 P2 构型控制原理

（4）PCU 对变速器控制　主要对 K0/K1/K2 离合器转矩进行控制，K0 离合器主要用于发动机起停控制，根据起动或停机需求接合或分离，PCU 发送 K0 离合器转矩请求，TCU 通过控制离合器液压系统响应转矩请求；K1/K2 控制则需要根据整车驾驶状态在 PCU 控制和 TCU 控制之间进行切换，整体上对离合器进行转矩控制，PCU 发送转矩目标，TCU 通过控制液压系统进行转矩响应，或者 TCU 自行控制离合器转矩；PCU 通过计算发送目标档位请求，TCU 通过控制拨叉与离合器响应换档。

2. 标定内容

PCU 标定过程如图 4-48 所示。

图 4-48 PCU 标定过程

（1）节气门功率图谱标定　可以通过对标车辆或者根据性能目标定义在某个车速下，某个加速踏板开度下的车辆加速度；通过该加速来计算该车速和加速踏板开度情况下的功率值，即利用公式 $F = ma = P/v$，F 为驱动力（N），m 为车辆质量（kg），a 为加速度（m/s²），P 为驱动功率（kW），v 为车速（km/h），通过调整轮端功率来平滑轮端功率曲线；确保低车速、小加速踏板开度情况下的可控性，在低车速和小加速踏板开度情况下轮端的功率变化率较小，功率也比较低；中大加速踏板开度的情况下为了动力性，轮端的功率变化率较大，功率也较大。

计算出功率曲线后，再通过 $T = F/R$，来计算轮端转矩，R 为轮胎半径。

(2) 行进间起动发动机 行进间起动发动机，要保证起动平顺性，主要标定内容概述如下：①可通过标定或软件计算选择起动类型；②标定 K1K2 离合器降扭量，产生转速差，降扭量过大会导致起动过程中出现明显减速感，过小则无法产生滑摩，导致起动时间延长，标定离合器的目标是需要保证在起动过程中加速度变化不被驾驶人感知；③标定 K0 离合器转矩目标，拖动发动机到一定转速后脱开，当发动机自行喷油点火起动成功后再次结合；④标定电机转矩，该过程主要为转速控制，通过 PID 调节电机实际转矩，使实际发动机转速跟随目标。

(3) 驾驶性标定 驾驶性主要标定内容为转矩变化斜率与滤波，同时包含转矩过零处理，需要固定各档位分为不同加速踏板开度大小进行测试，分别测试不同车速下急踩（tip in）不同开度的加速踏板以及在不同车速稳不同的加速踏板再急松加速踏板（tip out）时动力源转矩的变化。

(4) 能量回收标定 滑行/制动能量回收主要是以电机转速和速比（即车速）相关的能量回收标定，以一定的减速度为目标，通过公式 $F = ma$ 得到当前车速下的需求减速度和所需要的轮端力，F 为驱动力（N），m 为车辆质量（kg），a 为加速度（m/s²）。F 包括两部分，一个部分为车辆滑行阻力，另一部分就是滑行回收转矩，即力 $F = F_{滑行回收转矩} + F_{滑行阻力}$。

$F_{滑行阻力} = av^2 + bv + c$，其中 a、b、c 为滑行阻力系数。

算出 $T_{滑行回收转矩} = \dfrac{F - F_{滑行阻力}}{R（速比）} = \dfrac{ma - F_{滑行阻力}}{R（速比）}$。

滑行能量回收可定义不同的制动减速度，通过标定回收功率匹配当前制动程度，使减速度符合驾驶人期望。

(5) 爬行标定 主要根据不同的目标车速标定不同的功率需求，以及功率请求上升斜率的标定，同时标定爬行过程中踩制动时功率的变化率；带制动爬行功能则需要标定最大请求功率以及功率上升斜率，主要保证在制动踏板没有完全松开时的响应以及车速可控。

(6) 起步标定 起步过程为动力源转速根据驾驶人需求快速上升，而后保持稳定，同时离合器逐渐夹紧直至完全接合。起步时必须控制动力源转速上升到目标后稳定无大幅波动，变速器输入轴转速一定斜率稳步上升至接合。起步标定主要依据起步驾驶性及动力源转矩能力标定动力源起步转矩，目标转速，控制离合器端接合力矩斜率和大小。

效率边界与转矩边界主要通过算法来实现，目前无需做过多标定，转速边界分为电机转速边界和发动机转速边界，总体原则为动力升档和动力降档最高转速不能超过断油转速，滑行升档后不能出现拖档，滑行降档前转速不能低于怠速；电机最高转速边界标定主要考虑动力性，发动机最高转速边界在考虑动力性的同时需要结合发动机断油转速，保证升档过程中的最高转速不能超过断油转速。

4.4.3.3 ECU 标定匹配和优化

基于加速踏板特性匹配,通过转矩滤波标定,消除加速冲击和减速顿挫;通过防抖调节标定,使转速平稳变化,避免剧烈抖动。

1. 控制原理

驾驶人通过加速踏板发出转矩需求,转矩需求经过滤波后输出目标转矩,各个执行器根据目标转矩作动,从而驱动发动机及车辆。同时,发动机及车辆反馈发动机转速与车速信号给 ECU。根据发动机转速的波动,通过点火提前角输出干预转矩,减小发动机抖动。

2. 驾驶性标定内容

驾驶性标定过程如图 4-49 所示。

图 4-49 驾驶性标定过程

(1) 踏板特性匹配 对"加速踏板开度-需求转矩"的 MAP 进行设置,并以此建立驾驶人和车辆良好的反应(建立不同发动机转速下,车辆转矩需求和踏板开度的线性关系),如图 4-50 所示,并可根据需要设置不同驾驶模式的特性 MAP,如运动模式、经济模式等。

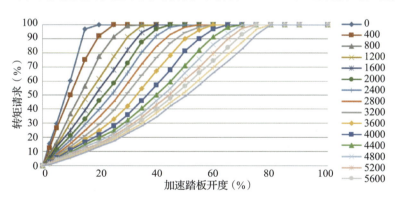

图 4-50 加速踏板特性

另外,普遍使用以下两种匹配风格,可根据具体的驾驶风格进行设置。

1) 等功率曲线:特点是加速踏板开度不变时,随着转速的升高,转矩下降。优点是车速控制性好,车速自动稳定。

2) 等转矩曲线:特点是加速踏板开度不变时,随着转速的升高,转矩不变。优点是踩下加速踏板后能获得持续的加速感。

(2) 转矩滤波标定 在加速或减速时,通过滤波功能,使发动机转矩变化平稳,减弱对车辆的冲击。在加速（Tip-in）踩加速踏板或者减速松抬加速踏板（Tip-out）过程中，转矩突变过快，会对动力总成产生反向冲击，这种冲击会让乘坐人员感觉到"抖动/窜动/振动"等，可以通过转矩滤波功能来进行调节，从而削弱影响，改善驾驶舒适性。这种反向冲击的产生是由于发动机本体在负荷的变化中会向弹性支撑轴承方向倾动。通过增加或减弱发动机转矩可以反向影响发动机的移动，滤波功能就是在驾驶人突然有较大的需求变化时，通过转矩滤波的方式使转矩逐渐变化到目标转矩，如图4-51所示。

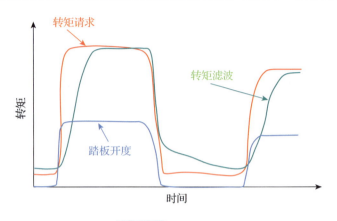

图4-51 转矩滤波

标定主要是通过调整不同档位、加速踏板开度、发动机转速下的滤波系数，使转矩变化平顺，火路转矩和气路转矩可以分开控制，单独调节，以满足动力性和平顺性的要求。其中，火路转矩是由气路转矩通过点火角干预后得到，火路转矩小于等于气路转矩，是发动机当前实际输出的转矩。

（3）防抖调节功能　在发生转矩大幅变化时，由于动力总成硬件间隙等因素，会造成不合理的发动机转速振荡，引起车辆前后抖动，即驾驶性变差。防抖调节功能可以检测和削弱这种振荡，通过转矩调节，改善驾驶舒适性，效果如图4-52所示。

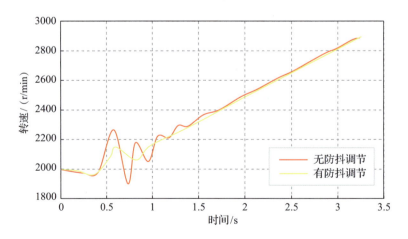

图4-52 防抖调节

由于车辆传动系统存在一定间隙，当转矩大幅变化时，会造成转速振荡冲击，引起车辆前后抖动，影响驾驶性，防抖调节功能就是通过转矩干预来减少或弱化这种振荡，使得驾驶人不能察觉或者在可接受范围；而因为转速振荡频率很快，要达到控制效果，转矩干预调节必须快速响应，因此只能通过点火角来进行控制。必须说明的是该功能激活的工况应该是转矩急剧变化时（急踩加速踏板、急松加速踏板），其他工况应尽量避免激活。

最后，通过发动机动力模型建立发动机转速模型，发动机模型转速可以通过车速和总传动比计算得到，根据发动机实际转速与模型转速的差值，将转速差进行放大、限制等方式处理后得到合适的点火角调节量。

4.4.3.4 TCU 标定匹配和优化

通过爬行、起步、换档的标定提升驾驶性。

1. 控制原理

爬行功能被设计成基于 PID 来调节变速器输出轴转速，通过标定目标变速器输出轴转速和 PID 参数调整爬行响应和平顺性。起步控制通过 PID 来控制发动机转速跟随目标转速，通过标定目标转速的设定和 PID 参数来调整起步响应和平顺性。换档是在变速器和发动机的共同作用下完成的，通过标定离合器转矩控制、发动机转矩或转速以获得平顺的换档。

2. 标定内容

（1）爬行　爬行功能是 TCU 与 EMS 的共同作用下完成的。为了爬行响应，离合器必须尽快接合，发动机负载增加，为防止发动机熄火，同时获得稳定的爬行表现，稳定发动机转速很重要。TCU 就会通知 EMS 爬行状态标志位，爬行目标怠速以及爬行转矩。EMS 利用这些信息来稳定发动机转速。

爬行功能被设计成基于 PID 调节，通过调整离合器转矩使变速器输出轴转速跟随预先确定的目标输出轴转速。通过标定目标变速器输出轴转速和 PID 参数，平衡爬行响应和平顺性，以获得稳定的爬行表现。

（2）起步　起步通过 PID 控制离合器转矩，实现发动机转速跟随目标转速。目标转速根据发动机动力和驾驶性来确定。不同加速踏板开度的参考转速根据车辆的实际感受可能会设定为不同的值，同时需要避免过热导致离合器烧损。参考转速确定后，确定发动机转速上冲斜率，最终得到发动机目标转速。发动机转速的上冲需平衡起步响应和平顺性。

为了获得稳定的起步性能，在平直路面上进行基础标定后，需在爬坡、发动机冷机、离合器在相对高的温度下标定。发动机冷机目标怠速高于热机目标怠速，验证冷机时的起步性能是否和热机怠速时表现一致是非常必要的。当离合器过热时，滑摩应该减小，目标转速设定会比较低，因此离合器可以在相对较小的滑差下更快接合。

（3）动力升档　动力升档首先进入转矩相。理想的情况是在进入转矩相时原档位离合转矩已提前控制到和发动机转矩相等，然后转矩相目标档位离合接合和分离离合分离转矩相同，然后保持两离合转矩等于发动机转矩。控制不当可能出现"发动机飞转速"和"离合负转矩"现象，影响换档品质。

发动机飞转速和离合负转矩两种现象，是控制发生偏差的两个相反方向，一个是两个离合转矩和偏小，另一个是转矩和偏大。很轻微的发动机飞转速现象对换档品质有利，可避免离合负转矩现象，但严重的会造成发动机噪声变大和换档失速感。离合负转矩现象是在目标档位离合转矩全部传递了发动机转矩时，原档位离合应传递转矩因为零，否则随着目标档位离合继续接合，分离离合降产生负转矩。此时整车加速度会低于预期，随着离合切换继续进行，随后加速上冲，对换档品质影响很大。

转速相目标档位离合完全传递发动机转矩。发动机转矩降扭能够降低换档冲击，如果只通过离合器转矩使发动机转速下降将造成换档过程整车加速度波动，且通过降扭能够加快换档，减小离合滑摩功。

（4）动力降档　动力降档一般发生在驾驶人急加速时，为了提高动力性发生降档。

动力降档首先进行转速相，原档位离合转矩低于发动机转矩，控制发动机转速按设定曲线和目标档位对应输入轴转速同步。当发动机转速大于目标档位对应输入轴转速时，进入转矩相。

转速相时间的设定会影响换档品质。太长动力响应延迟，离合滑摩功大。太短增加转矩相控制难度，容易发生发动机飞转速和冲击，同时整车会有失速感，因为更多的发动机转矩用于飞转速。

理想的情况，进入转矩相后发动机转速不再继续上冲，保持和目标档位对应输入轴转速同步，避免飞转速现象，有三种途径来实现。一是靠目标档位离合器的快速接合来实现，这样可以减小飞转速的量，但离合接合过快会造成较大冲击；二是在快进入转矩相时开始发动机降扭，但这样会影响动力响应，同时降扭值过多；三是通过在发动机转速和目标档位对应输入轴转速同步前，原档位离合需接合传递更多的发动机转矩，控制住发动机转速上冲的趋势。

（5）滑行升档　滑行升档一般发生在驾驶人急加速后松加速踏板，升档降低发动机转速，减小整车反拖力和发动机噪声。

滑行升档先进入转速相，原档位离合分离，靠发动机的负转矩使发动机转速下降，当发动机转速小于目标档位对应输入轴转速后进入转矩相。

转速相可能出现转速下降慢的情况，特别是发动机恢复供油后。可以通过向发动机发送降扭请求或者增加目标档位离合器转矩来加快发动机转速下降。但目标档位离合器转矩不宜太大，否则在发动机转速和目标档位对应输入轴转速同步时刻，转矩从正跳转为负，发生较大冲击。同时目标档位离合器转矩太大，由于传递正向转矩，整车加速度增加，进入转矩相正转矩转速负转矩，加速度减小，造成整车加速度波动。

在进入转矩相后可能出现转速下降的情况。转速下降可能导致发动机恢复供油，不利油耗。转速下降原因有两个：一是进入转矩相时刻离合转矩过小，通过增加目标档位离合转矩只能减小转速下降的量,同时目标档位离合转矩不宜过大,因转速同步瞬间反拖力减小,容易产生冲击,也可通过在转速相末期增加原档位离合转矩或者向发动机发送升扭请求,如果发送升扭请求在进入转矩相后逐步取消;二是转矩相目标档位离合转矩过小。

(6) 滑行降档　滑行降档首先进行转矩相。进入转矩相时原档位离合转矩提前控制到略大于发动机转矩,然后原档位离合转矩减小,目标档位离合器转矩增加。原档位离合转矩减小到零后进入转速相。转速相通过目标档位离合反拖发动机转速逐步和目标档位对应输入轴转速同步。

发动机掉转速是指换档过程发动机转速低于原档位对应输入轴转速。发动机掉转速过多可能导致发动机供油,影响经济性。

转速相目标档位离合完全传递发动机转矩。通过离合拉升发动机转速,增加了换档过程反拖感,可标定转速相时间或者通过发动机升扭请求来缓解。对于手动模式换档,发动机转速变化可能很大,正常换档容易有顿挫感且换档时间长,可直接打开原档位离合,通过发动机升扭快速地拉升发动机转速,待转速同步后,目标档位离合器转矩接合完成换档。

4.5　动力传动性能集成开发案例

综合集成匹配包括以下两个方面。

1. 加速踏板人机匹配

加速踏板匹配需结合制动踏板与加速踏板的相关布置进行人机匹配,保证踩下加速踏板的角度对应的加速踏板开度符合驾驶人心理预期,为加速度匹配提供良好的基础,如图4-53所示。

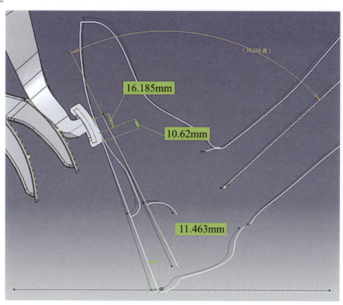

图4-53　加速踏板人机匹配

根据整车产品策略及动力选型，匹配部分加速踏板开度整车加速度在驾驶性数据库里的分布，以确定整车的驾驶风格，如图 4-54 所示。

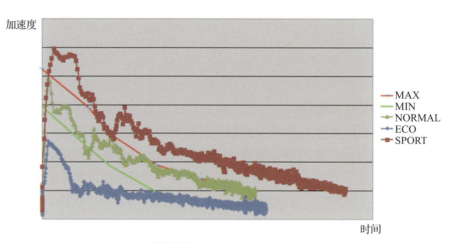

图 4-54 加速度家族化区间

结合人机匹配和加速度家族化区间匹配，保证了整车加速度和驾驶人踩下加速踏板的心理预期相符，以达到优异的整车加速性能。

2. 仪表匹配

增加仪表显示。

1) 增加显示元素，提高用户感知度。

例如：SPORT 模式增加在仪表增加加速度显示，提升用户对当前动力的感知程度。

2) 利用仪表显示，培养用户驾驶习惯。

例如：ECO 模式显示加速踏板开度，培养用户舒缓的驾驶习惯，降低驾驶油耗。

3) 加快仪表信号变化速率，提升用户主观运动感。

例如：在仪表引入发动机虚拟转速，提升转速响应速率，使用户感知换档迅速。

4) 仪表与模式联动。

例如：不同驾驶模式，仪表显示不同。提升用户体验。

5) 0—100km/h 赛道模式与可靠性匹配。

赛道模式牺牲驾驶平顺性以追求极致动力性。

(1) ECU 标定　在满足一定条件下开启超增压模式，输出更大转矩。

(2) TCU 标定　通过换档规律来调整档位，尽量保持低档位，使车辆始终保持当前车速下的最大驱动力。

在起步过程控制发动机转速维持在更高的转速，增加功率输出。

缩短换档时间，减少了换档过程离合滑摩带来的功率损失，同时增加了低档位运行的时间，以提高功率输出。

动力升档转速阶段取消发动机降扭，通过增加离合转矩来实现发动机减速，提高转速阶段整车加速度。

赛道模式更强的转矩输出对动力总成硬件提出了更高的要求，为了不增加硬件成本，可通过软件限制赛道模式累计起动时间。

参考文献

[1] 王兴焕，杨克军. 湿式 DCT 起步控制的分析和研究 [J]. 汽车工艺师，2017（5）：53-55.
[2] 张泰，葛安林，郭立书，等. 改善车辆起步换档品质提高乘坐舒适性的研究 [J]. 农业机械学报，2003（1）：18-20，24.

Chapter 05

第 5 章
整车热管理性能集成开发

汽车热管理系统是一个复杂的，涉及汽车动力性、燃油经济性、排放性能、舒适性、安全可靠性及零部件寿命等多方面性能的系统。整车热管理性能集成开发作为现代汽车产品开发的核心内容之一，其概念内涵已从传统的发动机热管理扩展到涵盖发动机舱热管理、动力系统热管理和乘员舱热管理的综合系统工程，并且对包括发动机舱热可靠性、动力总成可靠性、乘员热舒适性、热力系统经济性、发动机排放性能以及 NVH 性能等在内的多项整车评价指标具有重要影响。

整车热管理性能集成开发以热量为载体，进行收集、输送和排出的统一调配和综合利用；从系统集成管理的角度，统筹热管理系统与热管理对象及整车的关系，控制系统中热量的综合利用率；以热量为纽带将各系统或部件集成为一个高效耦合的整体，控制和优化车辆的热量传递过程，保证系统在动力性、燃油经济性、环境适应性、可靠性、安全防护、乘员舒适性、环境保护等多个维度下的综合性能的提升。

整车热管理性能主要包括发动机舱热管理性能、动力系统热管理性能和乘员舱热管理性能三大部分，如图 5-1 所示。

发动机舱热管理的功能是保证各种工况下发动机燃烧产生的多余热量能及时地传给空气并带离发动机舱，防止发动机舱部件受到高温损害，确保发动机舱内各零部件能够安全、高效地工作。发动机舱热管理系统主要包括发动机舱前格栅进气系统，由进气格栅、导流板、前端冷却模块、前端密封框架组成，换热介质为空气，如图 5-2 所示。

零部件的使用寿命与其所处的温度及在该温度下持续的时间有关，对于发动机舱内受温度影响大的零部件的性能和寿命，如线束、油管、悬置和蓄电池等，必须确保其工作在

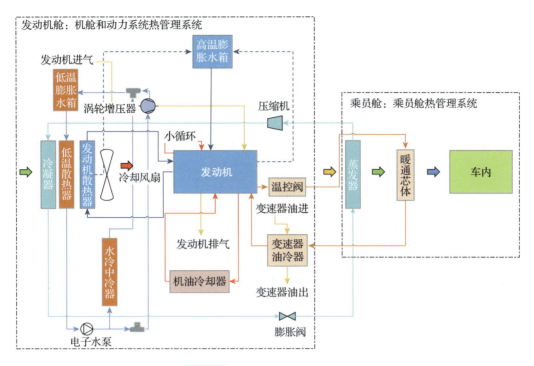

图 5-1 整车热管理系统示意图

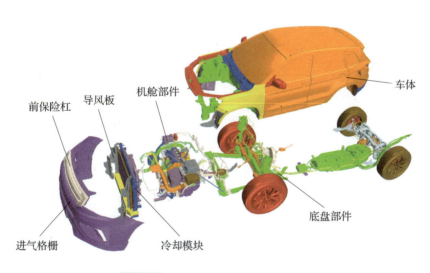

图 5-2 发动机舱热管理系统示意图

安全温度以内,否则车辆的安全性和可靠性就会出现问题,这时发动机舱热管理就变得尤为关键。

动力系统热管理的功能是保证发动机、变速器、驱动电机、动力电池等发热的动力系统部件能够工作在适宜的温度范围内,确保动力系统工作的安全性和经济性。动力系统热管理系统主要包括发动机冷却系统、发动机进气冷却系统、润滑系统、变速器冷却系统、电池冷却系统、电机冷却系统等,通常采用水冷冷却方式,换热介质包括冷却液、变速器油、机油、制冷剂、空气。以发动机冷却系统为例，系统由水泵、发动机本体的水套、节温器、散热器、膨胀水箱、冷却水管、冷却风扇以及其他附加装置组成，如图5-3所示。

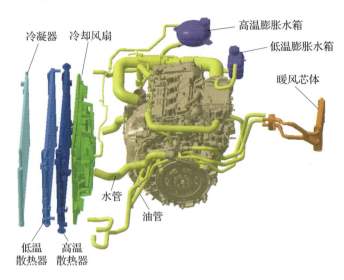

图5-3 发动机冷却系统示意图

在发动机工作期间，最高燃烧温度高达2500℃，即使在怠速或中等转速下，燃烧室的平均温度也在1000℃左右。发动机冷却系统中的高温零部件，如气缸体、气缸盖、活塞、气门等，若不及时冷却会产生大的热应力、膨胀变形、介质黏度下降等，导致疲劳裂纹、塑性变形、过度磨损、润滑失效，严重时出现卡死或损坏，最终导致发动机动力性、经济性、可靠性及耐久性全面下降。当冷却液温度过低时，汽油在燃烧室升温较慢，滞燃期长，燃烧过程恶化，磨损加剧，同样会导致发动机功率下降、排放性能恶化及燃油消耗率增加。因此，水冷式冷却系统的发动机水套中的冷却液一般应尽量保持在80~90℃。冷却系统既要防止夏季发动机过热，也要防止冬季发动机过冷，还要在发动机冷起动后保证发动机迅速升温，尽快达到正常的工作温度。

乘员舱热管理的功能是确保乘客的热舒适性和视野安全性，通过调节乘员舱内空气的温度、湿度、洁净度和风量，去除风窗玻璃上的雾、霜和冰雪，给驾驶人和乘客提供舒适的环境、新鲜的空气、安全的驾乘。乘员舱热管理系统主要包括通风系统、制冷系统、采暖系统、除霜除雾系统，由压缩机、冷凝器、膨胀阀、蒸发器、暖风芯体、鼓风机、冷却风扇、储液干燥器、制冷剂管路和空气管路组成，换热介质包括冷却液、制冷剂、空气，如图5-4所示。

国外的调查报告显示，人们大约有7%的时间是在诸如汽车、飞机、火车以及轮船等交通工具上的，其中在汽车上的时间最长。汽车由于其特殊性，车室内的温度常常达到-30~70℃，因此，合理、经济地对汽车乘员舱进行热管理，是保证乘员舒适和安全行车的必要条件。乘员舱热管理系统通过制冷、制热、除湿来提高乘员舱的舒适性，保证良好的室内环境；同时为风窗玻璃及车窗提供除霜和除雾功能，保证行车的安全性。

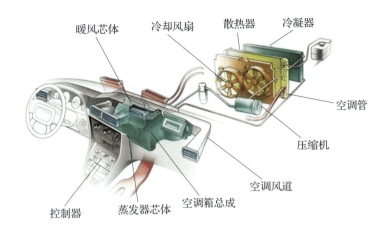

图 5-4 乘员舱热管理系统示意图

5.1 开发需求和目标

性能开发需求的来源在 3.2 节中已有详细介绍,这里仅简要说明与整车热管理性能开发相关的需求来源。

1. 用户需求:来自各种渠道的用户对性能需求的反馈

整车热管理系统的千台车维修频次 R/1000、千台车问题数 TGW/1000、用户满意度(Customer Satisfaction,CS)、权威调研机构的测评,如 J. D. Power 的汽车性能、运行和设计调研(Automotive Performance,Execution and Layout,APEAL)、售后服务满意度指数(Customer Service Index,CSI)、新车质量研究(Initial Quality Study,IQS)等,是对用户购车、使用以及维护保养整车热管理系统时出现的问题的标准统计。这是最直接的整车热管理性能反馈与表现,很多消费者在购车时都会参考这些数据。同时,这些数据也为整车热管理性能开发提供了改进与优化的方向。

另外,针对整车热管理的某一特定性能或需求,如制冷能力不足、车窗易起雾、出口中东极热地区等,也可以发起针对性的用户语言研究(Voice of Customer,VOC),帮助获取用户的真实使用场景和诉求,调整产品设计工况和性能目标,优化性能以满足用户需求。

2. 法规需求

整车热管理性能的强制法规仅有 GB 11555—2009《汽车风窗玻璃除霜和除雾系统的性能和试验方法》,是为了保证行车安全的强制要求。对于动力系统热管理、制冷和采暖性能,还有 GB/T 12542—2009《汽车热平衡能力道路试验方法》、QC/T 658—2009《汽车空调制冷系统性能道路试验方法》、GB/T 12782—2007《汽车采暖性能要求和试验方法》等国家和汽车行业的推荐性标准。另外,对于出口销售的车型,还应满足出口地的整车热管理性能的相应法规要求,如出口俄罗斯的 GOST R50866—1996《关于机动车通风、加热、空调系统的统一规定》、GOST R50993—1996《通风采暖技术要求》,出口美国的 SAE J2763—2015《确定车用空调系统制冷剂泄漏的试验规程》等。针对不同的法规需求,整车热管理性能开发的设计工况点和目标要求都需要相应调整。

3. 竞争力需求

整车热管理性能的竞争力需求主要来源于目标市场的整车热管理性能水平,通用和亮点配置需求,据此锁定竞品车型和标杆车型、确定性能定位和竞争策略 LACU,定义配置和新技术搭载需求。例如出口极热地区的车型,乘员舱热管理性能定位 L,燃油经济性定位为 C,国内车型乘员舱热管理性能定位 C,燃油经济性定位为 L;然后运用 Benchmark 方法开展主客观对标,确定工程化目标。

4. 其他性能达成对整车热管理的需求

传统内燃机汽车通常采用非独立式乘员舱热管理系统,即压缩机和发电机通过传动带与发动机相连,由发动机为乘员舱热管理系统提供动力。乘员舱热管理系统运行时,压缩机的功率消耗约 $1\sim 5kW$,鼓风机和冷却风扇等电器部件的功率消耗约 $0.5\sim 0.8kW$。车辆正常行驶时,发动机需要克服车辆行驶阻力、提供转向和制动助力,此时若乘员开启乘员舱热管理系统,发动机负载额外增加,动力性能明显下降;尤其在中低速工况时,发动机效率更低,油耗也会明显加大。因此,乘员舱热管理系统的使用对整车的动力性和经济性有较大影响,需要在开发前期确定乘员舱热管理系统相应的能耗目标,保证动力性和经济性的达成。

乘员舱热管理系统包含压缩机、冷却风扇、鼓风机等旋转部件和离合器、膨胀阀等动作部件,在空调启停和运行时可能产生压缩机辐射噪声、压力脉动、加减速异响、转向盘抖动、电机异响和噪声、风机动平衡等 NVH 问题。因此,在乘员舱热管理性能开发前期考虑 NVH 性能指标,并进行针对性设计,是保证整车 NVH 性能达成的首选途径。

随着国内汽车市场的日趋成熟,市场环境对乘员舱热管理系统的舒适性、安全性、能耗、成本、布置空间等方面的要求越来越高,各整车厂应根据各项需求来源,运用 3.2 节介绍的质量功能展开(Quality Function Deployment,QFD)工具,将需求分解转化为性能目标,见表 5-1,表中数据仅为示意。

表 5-1 整车热管理性能目标示例

分 类	参 数	单位	目标值
发动机舱热管理	发动机舱部件温度	℃	无超标
	…	…	…
动力系统热管理	发动机冷却液温度	℃	≤120
	节气门进口温度	℃	≤65
	…	…	…

(续)

分　类	参　数	单位	目标值
乘员舱热管理	主观评价	—	≥7
	头部平均温度	℃	≤25
	脚部平均温度	℃	≥30
	风口平均温度	℃	≤10
	风口温差	℃	≤5
	前风窗 A 区 20min 除霜面积	%	≥80
	前风窗 A′区 25min 除霜面积	%	≥80
	前风窗 A 区 10min 除雾面积	%	≥90
	前风窗 B 区 10min 除雾面积	%	≥80
	…	…	…

5.2 整车热管理性能开发

5.2.1 发动机舱热管理性能开发

5.2.1.1 发动机舱热管理性能的目标分解及方案设计

1. 发动机舱热管理性能的目标分解

发动机舱热管理性能开发的第一步就是确定合理的目标。

发动机舱布置复杂，涉及车身、动力、底盘、空调、内外饰等系统零部件，各散热组件的相互作用会影响其本身的热交换性能和工作性能，发动机舱热管理开发的目标就是避免热累积，使这些系统及部件满足工作温度要求。分解目标主要包括产品部件温度要求和流场指标要求。

产品部件的温度要求主要来源于产品部门，由产品部门根据产品设计寿命要求确定其工作环境温度需求，从而转化为性能开发指标，一般重点关注塑料件、橡胶件、油管、电子器件等热敏部件。流场指标要求主要控制前端气流的走向，使来流空气最大化被利用，减小发动机舱的热空气回流，从而改善冷却模块的散热环境，同时也能减小无效的流动损失造成汽车的能耗增加。流场指标一般包括：进气利用率、怠速回流率、换热器风速。进气利用率（行驶工况）指标在 70%～90%，回流率（低速或怠速）在 10%～40%之间。为了多角度的监控气流走向，也会增加相关换热器的风速或质量流量作为参考指标。

综上，根据不同材料及系统对温度的要求，发动机舱热管理管控指标通常有 300 多项，部分指标及要求见表 5-2。

表 5-2 发动机舱热管理分解目标示例

分类	参数	单位	目标值
流场	进气利用率	%	≥70
	热回流率	%	≤30
	冷凝器进风温度	℃	≤55
	空滤器进气口温度	℃	≤40
	…	…	…
产品部件温度	前氧传感器线束温度	℃	≤130
	发动机水管温度	℃	≤150
	发动机主线束温度	℃	≤130
	吊耳温度	℃	≤200
	…	…	…

2. 发动机舱热管理性能的方案设计

发动机舱热管理设计是系统性的设计，需要多部门协作，从前保格栅气流到发动机舱的总布置进行综合设计，才能使上述指标全部达成。发动机舱热管理设计主要考虑以下方面：

（1）格栅的开口位置与大小　格栅是发动机舱进风的唯一入口，格栅开口的位置取决于冷却模块的布置，开口大小取决于发动机舱散热需求。一般情况下，格栅开口尽可能在冷却模块正前方，这样利用行驶时的气流正压能提高冷却进风量。格栅开口面积占冷却模块面积的15%～25%，当然，这要结合散热需求与风阻要求统筹考虑。

（2）冷却模块选型、封装及布置　冷却模块布置在发动机舱的最前方，随着热管理系统的日趋复杂，冷却模块包括高温散热器、低温散热器、冷凝器、油冷器、电机冷却器、中冷器等换热器。冷却模块的选型除了要满足冷却系统的需求以外，也需要考虑其对发动机舱温度场的影响，如发动机舱顶部有热敏部件，那么高温散热器就尽可能不要布置在上方。风扇要布置在能将热空气吹出舱外的位置，避免产生热空气"滞流区"。

（3）发动机舱的封装与导流设计　封装与导流设计主要关注两个区域：一个是冷却模块与格栅之间，在该区域通过设计导风板让格栅的进风能有效利用，根据需求使用双色注塑件或增加密封条的方式再加以密封；另一个区域为发动机后部，尤其是后排气发动机排气管周围热空气无法被风扇吹走的情况下，设计导风管道从前端引流是个好办法。

（4）隔热罩的设计　若部件主要受热辐射影响，且无法或需要较大代价才能通过流场解决，通常会采用隔热罩隔热处理的方案。隔热罩可加在热源侧也可加在受热部件侧，不同的隔热罩的隔热效果不一，铝板、铝箔、钢板等高亮金属为常用材料。在热源处，隔热罩通常设计成镀铝钢板夹石棉的混合多层结构，比如排气歧管上经常使用这种结构的隔热罩。

5.2.1.2 发动机舱热管理性能的 CAE 仿真与优化

为达成热管理系统性能分解指标,项目开发前期须通过 CAE 的手段进行仿真和优化,对整车目标和辅助整车目标达成的指标进行过程管控。在项目开发的不同阶段关注点不同,把发动机舱热管理仿真分两个部分:发动机舱流场仿真(考察流场)和发动机舱温度场仿真(考察温度)。发动机舱温度场仿真必须考虑流场的影响,因此第一步进行发动机舱流场仿真,第二步进行发动机舱温度场仿真。

1. 发动机舱流场仿真

发动机舱流场仿真能直观体现空气进入发动机舱后的流动情况,如图 5-5 所示,便于针对风险项进行优化,此项工作主要有三个目的:

1)依据指标要求检查整车状态下发动机舱进气是否合理,整车条件下能否满足冷却与空调的进气量要求。

2)检查是否存在热空气死流、回流等问题。

3)为下一步发动机舱温度场仿真做准备。

图 5-5 发动机舱流动示意图

(1) 仿真模型建立　发动机舱内零部件繁杂,部件特征尺度变化很大,如管路、线束、插接件等部件尺寸小,而蓄电池、空滤器等部件较大,这些部件构成车发动机舱复杂的布置和流动环境。在建立模型前,有必要对几何结构进行简化处理,忽略不重要的细节。

在建立离散模型时,为了建立合理的体网格模型捕捉详细的流动情况,需根据不同零部件或区域的尺寸要求,设置不等的面网格尺寸。面网格尺寸设置以保持几何特征为大体原则,通常,对于细小管道网格尺寸在 2～4mm 之间,发动机舱其他部件控制在 5～10mm 之间,车身及地板大平面几何表面控制在 10～20mm 之间。合理的体网格划分能减少计算时间和提高收敛性,工程师会根据时间、计算资源和精度需求在重点关注位置(如格栅、发动机舱、底盘等)位置对体网格进行加密,加密尺寸在 8～128mm 不等。为保证一定的计算精确度,一般总体网格数量控制在 1000 万以上,计算域加密示意与发动机舱部件离散化网格分别如图 5-6、图 5-7 所示。

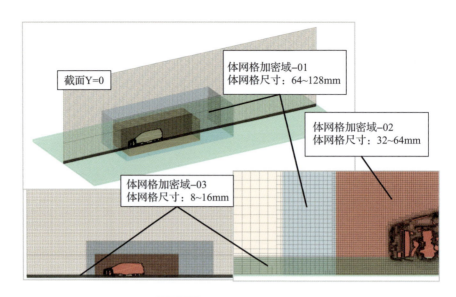

图5-6 计算域加密示意图

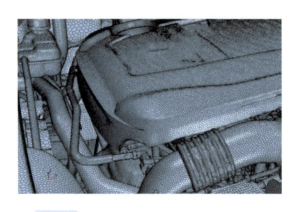

图5-7 发动机舱部件离散化网格（局部）

（2）流场仿真输入边界　要想得到准确的发动机舱热管理仿真结果，获取准确的输入是非常重要的一步。热管理仿真边界很多，涉及专业广，因此需要从各专业收集输入，涉及的边界主要是动力和空调。收集到的原始数据经过校准无误后，转化为相应仿真工况下的输入，输入包括速度边界、温度边界、压力边界，如图5-8所示。

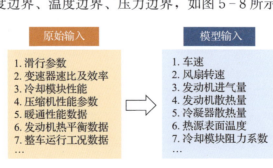

图5-8 输入转化

(3) 仿真结果与风险　计算模型需达到一定的收敛标准,一般为 10^{-3} 以下,收敛效果越好,结果越可信。仿真完成后从模型中获取发动机舱内的风温、风速、风向等结果数据,对比设定的目标,判断是否存在风险,见表 5-3。

表 5-3　仿真结果示例

参　　数		单位	工况 1	工况 2	工况 3	目标
散热器	平均风速	m/s	4.19	3.52	…	2~6
	风量	kg/s	1.02	0.85	…	0.5~3
冷凝器	平均风速	m/s	4.30	3.51	…	2~6
	风量	kg/s	1.34	1.10	…	0.5~3
中冷器	进气温度	℃	40.47	40.52	…	≤55
	平均风速	m/s	4.54	3.73	…	2~6
	风量	kg/s	0.62	0.51	…	0.5~3
格栅进风量		kg/s	2.25	1.85	…	1.5~4
冷却模块进风量		kg/s	1.64	1.36	…	0.5~3
进气利用率		%	72.9	73.5	…	≥60
空滤器进气口温度		℃	40.48	40.38	…	≤40

通过冷却液温度结果判定整车条件下冷却系统方案是否满足要求,如图 5-9 所示;通过分析流场云图,查看发动机舱风速、风温分布,避免出现流动死区,从而保证发动机舱流动的顺畅性,如图 5-10 所示。

图 5-9　冷却系统分析结果

图 5-10　车速 80km/h 下发动机舱流场云图

2. 发动机舱及底盘的温度场仿真

发动机舱部件复杂,出现高温问题不易察觉,因此需要在项目开发前期对这些部件进行温度场分析,找出超温风险,并在数字样车阶段提出优化方案,解决风险。

(1) 发动机舱及底盘的温度场仿真方法　整个发动机舱及底盘温度场分析消耗的计算资源和时间资源是巨大的,通常有以下 5 种计算的方法:

1) 利用 3D 软件直接进行流固共轭换热计算，如 STAR-CCM＋、FLUNT。
2) STAR-CCM＋与 RadTherm 耦合计算。
3) STAR-CD 与 POSRAD&Abaqus 耦合计算。
4) STAR-CCM＋与 Lumped Parameter Model 耦合。
5) STAR-CCM＋流体模型与 ShellRegion 模型耦合计算。

从使用方便性、资源的消耗考虑，建议采用 STAR-CCM＋与 RadTherm 耦合计算的方式，其耦合机理为：STAR-CCM＋计算完流场后，将壁面空气温度与对流换热系数导入 RadTherm，RadTherm 计算收敛后将壁面温度导入 STAR-CCM＋再次计算壁面空气温度和对流换热系数，如此反复多轮，直至温度不再变化，耦合过程如图 5-11 所示。

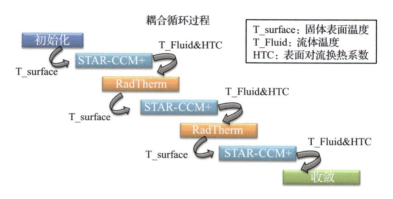

图 5-11　STAR-CCM+ 与 RadTherm 耦合计算

（2）RadTherm 辐射网格生成　流场分析模型中没有考虑辐射与导热，因此需要单独建立计算辐射与导热的模型。RadTherm 中采用壳单元网格来替代固体网格，为保流场模型与辐射模型耦合良好，一般使用流体模型中的网格重构得到辐射模型网格，生成后的网格如图 5-12 所示。

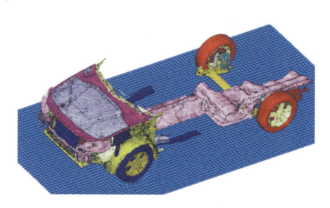

图 5-12　RadTherm 辐射模型网格

（3）设置仿真边界　仿真边界分为两类，一类是热源，另一类是受热部件。
热源：发热的部件，如发动机排气管、三元催化转换器、内含机油和冷却液的部件等，根据不同的工况设置相应的流量、温度、发射率以及材料属性，如排气管设置，如图 5-13 所示。

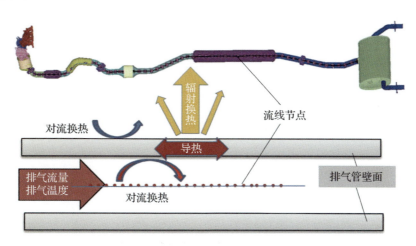

图 5-13 排气热源设置原理

受热部件：除热源、地面以外的部件，设置材料属性（塑料或橡胶）、厚度、灰度、热链接等，设置如图 5-14 所示。

图 5-14 受热部件边界设置

（4）仿真结果与风险　温度场的分析主要包括稳态和热静置两种工况。稳态工况的热管理仿真覆盖了约95%的热敏零部件，但对于一些靠近排气管的部件，热静置远比行驶工况更为恶劣。由于行驶工况下有迎面风进行冷却，在长时间行驶后，部件温度会达到一个平衡状态，温度相对稳定而不会产生巨变。熄火后的短时间内，车辆没有迎面风，而排气管等热源温度并不会迅速下降，因此导致部件的温度急剧升高，如图5-15所示。因此在发动机舱热管理性能开发中，热静置也是重点考察的工况。

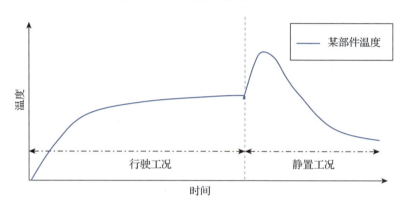

图5-15　行驶工况与静置工况

热静置工况温升是瞬态过程，计算需要基于某一时刻的稳态结果作为初始状态，因此在瞬态模拟之前必须先完成稳态分析，并在瞬态的模型中需考虑风扇后运行时间以及发动机排气温度、流量随时间变化。瞬态仿真耗费的资源是巨大的，几分钟的过程花费数十天的计算时间，因此，在工程应用时往往只关注排气管附近的少数部件的瞬时温度。某车型的热静置工况仿真结果如图5-16所示。

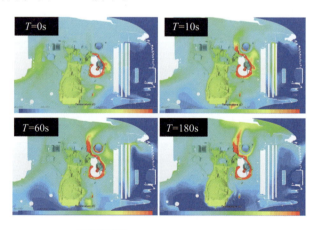

图5-16　热静置工况仿真结果

采用仿真分析手段对各系统方案进行虚拟匹配计算后，根据规则判断各项指标的风险等级。风险分为高、中、低、无四个等级，需同时考虑仿真误差，如果仿真误差为±5℃，仿真温度超出指标5℃以上为高风险，超出指标5℃以内为中风险，满足指标且比限值低

5℃以内为低风险，满足指标且比限值低5℃以上为无风险，见表5-4。综合分析和对比各方案的风险等级，筛选合理的组合方案，直至发动机舱各项指标温度满足要求为止。

表5-4 仿真结果及风险判定表

参数	单位	目标值	仿真温度	风险判定
前氧传感器线束温度	℃	≤130	138	高
发动机水管温度	℃	≤150	153	中
发动机主线束温度	℃	≤130	127	低
吊耳温度	℃	≤200	192	无
…		…	…	…

3. 优化方案及仿真验证

对于发动机舱流场和温度场仿真中不满足的目标项，需要制定优化方案，经过多轮、多方案的仿真验证，直至达成项目需求。

由于发动机舱部件之间有一定布置间距的要求，因导热出现超温的情况较少，发动机舱部件超温的原因主要是对流传热（即空气加热）和辐射传热（即受到排气管等高温热源炙烤）两种，因此，优化的方法主要有以下三种：

1）优化发动机舱布置。根据计算的发动机舱温度分布，将受热能力较低的部件远离高温区域。

2）增加隔热措施。分为对热源隔热和对受热部件隔热，若因热源影响导致超温部件较多，则建议对热源进行隔热处理，反之对零部件进行隔热。隔热材料有铝箔、毛毡、玻纤、石棉等，应根据隔热效果并结合实施工艺难度及成本综合考虑选择材料。

3）引流冷却。将低温区的空气引流到高温区，从而使高温区温度降低到目标以下。

某项目后悬置通过下护板引流的方案，解决了超温问题，如图5-17所示。

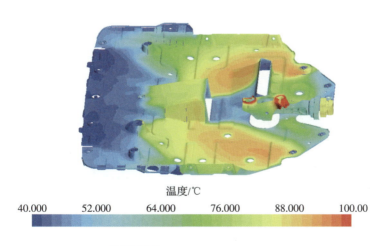

图5-17 后悬置超温解决方案

5.2.1.3 发动机舱热管理性能的匹配及目标达成

仿真虽能减少大量的开发测试，降低整车开发成本，但不能完全替代试验。CAE 仿真达标后，发动机舱热管理系统的设计方案基本锁定，数字样车阶段的开发匹配已完成，开发将进入工程样车阶段。工程样车生产出来之后，必须对机舱内的温度进行测试，以确认目标实际达成。

以在国内销售的车辆为例，根据国家道路情况，选取用户典型的工况（一般为发动机负荷较大的工况）或参照行业推荐标准 T/CSAE 148—2020《汽车热管理性能道路评价动力总成冷却及热保护试验方法》进行测试。温度使用热电偶（精度在 ±1℃ 内）和数据采集系统采集，测试方式采用环境舱台架模拟测试、环境风洞台架模拟测试及整车实际道路测试。这三种方式各有优劣，目前行业内开发试验一般以环境风洞为主，验收试验一般以道路验证为主。三者优缺点见表 5-5。

表 5-5 测试方式优缺点对比

测试方式	优 点	缺 点
环境舱台架模拟测试	1) 建设及维护成本低 2) 测试价格低	空间小，准确性欠佳，逐渐退出使用
环境风洞台架模拟测试	气流控制稳定，准确性高	建设及维护成本较高
整车实际道路测试	准确反应用户实际路况	自然条件下，环境不可控，问题复现性差

机舱部件众多，且不同车型的机舱布置不同，温度分布也不同，因此温度的测试点并不是统一的，建议根据仿真结果尽可能选取温度最高位置进行测试，测试合格后方可验收。

5.2.2 动力系统热管理性能开发

5.2.2.1 动力系统热管理性能的目标分解及方案设计

动力系统热管理各系统性能的设计方法基本一致，下面以发动机冷却系统为例进行说明。

1. 动力系统热管理系统设计参数的确定

动力系统热管理系统的目标是由动力系统的散热需求确定的，动力系统的散热需求则是由动力系统的工况决定的。目前，各主机厂选用的动力系统不同，其冷却液温度目标值和验证工况也不相同。动力系统热管理系统的设计参数是依据 5.1 节中设定的整车性能目标和相应验证工况来初步确定的，典型设计参数见表 5-6。

表 5-6 动力系统热管理系统的典型设计参数

设计参数		单位	常规	极热
环境条件	干球温度	℃	40	49
	相对湿度	%	50	50
	日照强度	W/m²	1000	1000

(续)

设计参数		单位	常规	极热
行驶状态	车速	km/h	Vmax/75/50	Vmax/75/50
	坡度	%	0/6/10	0/6/10
	负载状态	—	AC On	AC On

2. 动力系统热管理系统性能目标的确定

基于设计参数和相关的整车基本参数,见表 5-7,计算得到整车各工况的行驶阻力:

$$F = F_f + F_w + F_i + F_j \tag{5-1}$$

式中,F_f 为滚动阻力(N);F_w 为空气阻力(N);F_i 为坡度阻力(N);F_j 为加速阻力(N),按下列公式计算。

表 5-7 整车基本参数示例

参　数	单　位	数　值
发动机排量	L	1.6
最大功率	kW	90
整备/满载质量	kg	1705
车轮滚动半径	m	0.315
迎风面积	m²	2.3
空气阻力系数	—	0.3
滚动阻力系数	—	0.008
主减速比	—	3.68

$$F_f = Gf \tag{5-2}$$

$$F_w = \frac{C_D A \rho V^2}{2} \tag{5-3}$$

$$F_i = G\sin\alpha \tag{5-4}$$

$$F_j = \delta m \frac{du}{dt} \tag{5-5}$$

$$u_a = 0.377 \frac{N_{eng} r}{i_g i_0} \tag{5-6}$$

式中,G 为整车重力(N),是汽车质量 m 与重力加速度 g 的乘积;f 为轮胎滚动阻力系数;C_D 为空气阻力系数;A 为迎风面积(m²),即汽车行驶方向的投影面积;ρ 为空气密度(kg/m³);V 为相对速度(m/s),在无风时等于车速;α 为汽车行驶坡度(%);δ 为汽车旋转质量换算系数;m 为汽车使用工况下的车重(kg);du/dt 为行驶加速度(m/s²),匀速行驶时为 0;u_a 为汽车行驶速度(km/h);N_{eng} 为发动机转速(r/min);r 为车轮滚动半径(m);i_g 为变速器传动比,根据工况确定;i_0 为主减速比。

根据以上公式计算得到不同档位下的行驶阻力曲线,考虑负载,并结合发动机的外特性参数和驱动力曲线可以初步确定各工况对应的档位和车速范围。以低速爬坡工况为例,驱动力-行驶阻力的曲线如图5-18所示。由图5-18可判定,该工况的变速器档位为2档,车速范围在85km/h以下,据此确定和计算该工况下的发动机转速、转矩等参数。其他工况采用类似方法,最终确定动力系统热管理性能的设计工况,见表5-8。

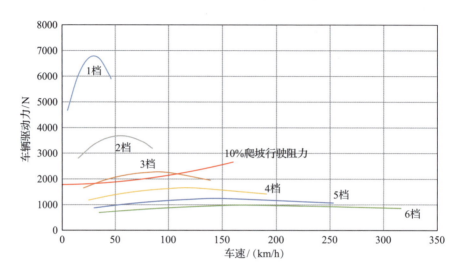

图5-18 低速爬坡工况驱动力-行驶阻力曲线

表5-8 动力系统热管理性能设计工况

工况	车速/(km/h)	档位	发动机转速/(r/min)	发动机转矩/N·m
工况1	50	2	3900	90
工况2	75	3	3600	100
工况3	155	5	4200	130
…	…	…	…	…

基于以上设计工况,结合动力系统热管理系统的流量曲线、发动机热平衡MAP及变速器放热量MAP,如图5-19~图5-21所示,即可确定各设计工况下的热管理需求热量和流量,见表5-9。

表5-9 动力系统热管理系统性能目标

工况	流量/(L/min)	发动机放热功率/kW	变速器放热功率/kW	热管理系统目标/kW
工况1	80	23	3.5	26.5
工况2	75	24	1.5	25.5
工况3	85	28	2.5	30.5
…	…	…	…	…

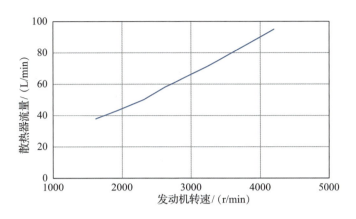

图 5-19 某动力系统热管理系统的流量曲线

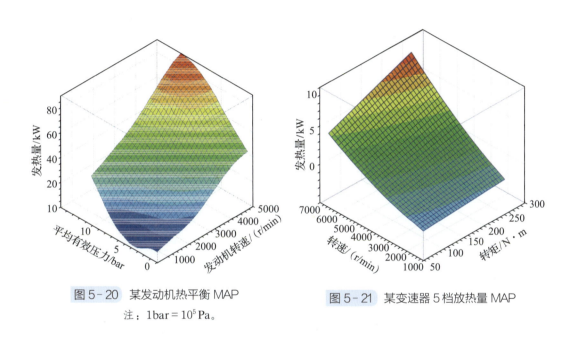

图 5-20 某发动机热平衡 MAP
注：$1\text{bar}=10^5\text{Pa}$。

图 5-21 某变速器 5 档放热量 MAP

3. 主要零部件的性能目标分解

（1）散热器的性能目标分解　上一步确定的热管理系统的目标散热量就是发动机散热器需要带走的热量。因此，根据式（5-7）和式（5-8），结合经验数值，可以预估各工况下的散热器风量需求，由此可确定散热器的性能目标，见表 5-10。

$$Q_r = C_1 M_1 (T_{1\_out} - T_{1\_in}) = C_a M_a (T_{a\_out} - T_{a\_in}) \tag{5-7}$$

$$Q_c = C_a M_a (T_{a\_in} - T_{amb}) \tag{5-8}$$

式中，Q_r 为散热器换热量（W）；C_1 为冷却液的比热（J/(kg·K)）；M_1 为冷却液流量（kg/s）；T_{1_in} 为散热器冷却液进口温度（℃）；T_{1_out} 为散热器冷却液出口温度（℃）；C_a 为空气的比热 [J/(kg·K)]；M_a 为空气的进风量（kg/s）；T_{a_in} 为散热器进风温度（℃）；T_{a_out} 散热器出风温度（℃），根据经验可取 90～100℃；Q_c 为冷凝器放热量（W），根据各工况空调运行状态确定；T_{amb} 为冷凝器进风温度（℃），通常比环境温度高 1～2℃。

表 5-10 各工况散热器性能目标

工况	散热器需求风量/（kg/s）	流量/（L/min）	散热器需求散热量/kW
工况 1	0.6	80	26.5
工况 2	0.65	75	25.5
工况 3	0.7	85	30.5
…	…	…	…

（2）冷却风扇的性能目标分解 首先利用 5.2.1 节的 CFD 仿真结果及基础车的测试值，求解不同发动机舱进气量时的整车发动机舱通风阻抗，该阻抗是不考虑冷却模块时的其他部件的阻力，得到阻抗-流量曲线，如图 5-22 所示。然后将选型得到的冷凝器和散热器风阻曲线叠加，可以得到前端空气回路的总通风阻力曲线，如图 5-23 所示。

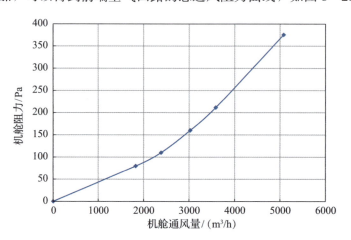

图 5-22 怠速工况发动机舱阻力曲线

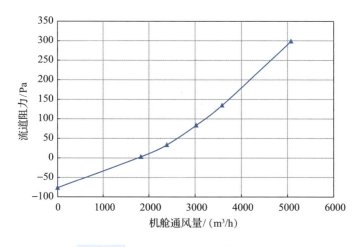

图 5-23 冷却模块进风通道的阻力曲线

车辆行驶时，格栅前端有进风的正向压力，通过 CFD 仿真可以计算出车速风利用系数 C_p，从而计算出设计工况下车辆前端的压降 $\Delta p = C_p \rho V^2 / 2$，最后将上述的总通风阻力曲线沿 Y 轴向下平移 Δp，得到该行驶工况下的通风阻力曲线。不同行驶工况可以得到多条曲线。

在一定车速范围内，发动机舱通风通道进、出口均为大气压，冷却风扇作为冷却模块进风通道的动力源，风扇性能与阻力曲线的交点即为散热器的进风量，因此将某设计工况下散热器的需求风量在对应阻力曲线上取值，得到风扇在该工况下的性能要求。多个工况下可以得到多个点，得到风扇的多工况性能需求曲线。

5.2.2.2 动力系统热管理性能的 CAE 仿真与优化

1. 动力系统热管理性能的 CAE 仿真

动力系统热管理系统及零部件目标确定后，通常系统的设计和零部件的选型是多方案、多组合的，下一步是通过 CAE 仿真对各方案性能的达成情况和可行性进行预测和评估，确定最终方案。如果存在风险，需要进行方案优化，开展新一轮的预测和评估，直到目标达成。动力系统热管理性能一维仿真流程图如图 5-24 所示。

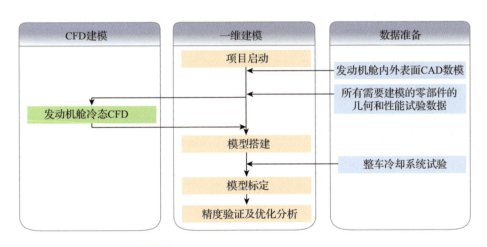

图 5-24　动力系统热管理性能一维仿真流程图

当整车外表面数据和冷却模块性能数据准备好后，首先进行发动机舱流场 CFD 仿真分析，参考 5.2.1 节，得到各换热器的进风量，见表 5-11。然后根据零部件初版性能数据搭建热管理系统一维仿真模型，通常采用商业软件进行，如 KULI、AMESim、Flowmaster 等，再通过原型车或相似车型的试验数据进行相应的标定。

以 KULI 为例，动力系统热管理系统一维仿真模型分为气侧和液侧两个部分，气侧包括冷却模块进风通道中的部件，主要有 C_p、散热器、冷凝器、冷却风扇及 BIR（Built-In Resistance）等模块；液侧包含冷却液回路、变速器油回路中的部件，如图 5-25 所示。

表 5-11 各工况仿真风量

工况	发动机散热器进风量/（kg/s）
工况 1	0.9
工况 2	1.2
工况 3	2.1
…	…

通常 CFD 计算的风量耦合到一维模型有以下 3 种方式，可以根据使用习惯和仿真精度需求选择使用。

1）直接加载到对应换热器上进行稳态计算，该方法计算的温度值比实际值略低。

2）用 CFD 计算的风量标定 BIR 后进行稳态计算，该方法计算周期短，仿真精度比方式 3) 略低。

3）用 CFD 计算的风量标定 BIR 后进行瞬态计算，瞬态计算可以考虑发动机本体的散热，计算精度较高。

当关注进风不均匀性的影响时，可以进行一维/三维耦合协同仿真的方式，但考虑到计算的时效和效果，通常还是采用阻力矩阵耦合的方式进行非实时协同仿真。

设置好模型仿真参数后，见表 5-12，即可开始仿真计算，得到各工况下的计算结果，分析判断各工况是否存在风险，见表 5-13。

表 5-12 一维仿真参数设置

工况	发动机转速/（r/min）	车速/（km/h）	进气温升/K	环境温度/℃	空气湿度（%）
工况 1	3900	50	2	40	50
工况 2	3600	75	2	40	50
工况 3	4200	155	2	40	50
…	…	…	…	…	…

表 5-13 一维分析结果

工况	发动机转速/（r/min）	车速/（km/h）	发动机冷却液温度/℃	节气门进口温度/℃
工况 1	3900	50	115	63
工况 2	3600	75	110	61
工况 3	4200	155	103	58
…	…	…	…	…

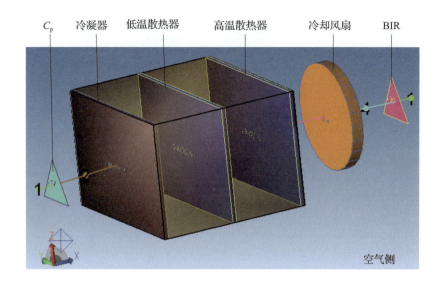

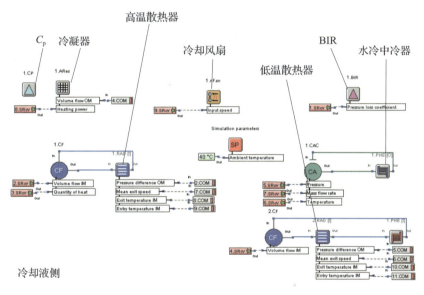

图 5-25 动力系统热管理系统空气侧和冷却液侧循环

2. 优化方案及仿真验证

对于动力系统热管理性能仿真中不满足的目标项,需要制订优化方案,经过多轮、多方案的仿真验证,直至达成项目需求。

动力系统热管理系统的负荷由发动机的散热性能决定,而发动机的散热量在开发阶段就基本确定,虽然搭载不同变速器会有差异,但不会有大的变化。因此,优化的方法主要有以下 3 个方面:

(1)优化格栅开口 在整车其他性能允许的前提下,适当加大格栅开口面积,以增加进入发动机舱的空气流量。

(2) 优化空气回路设计　主要包括导风结构、漏风点、零部件风阻的优化，提升进风利用率，以提升冷却模块进风量，风阻优化与散热性能提升的关系曲线如图 5-26 所示。

(3) 零部件性能提升　如果以上优化方法都不能或需要较大代价才能消除性能目标的达成风险，可以考虑提升零部件性能的方式优化动力系统热管理系统的性能，比如提高换热器单体的换热效率，提升冷却风扇功率，增大冷却风扇通风面积（双风扇或风扇护风罩开窗）。

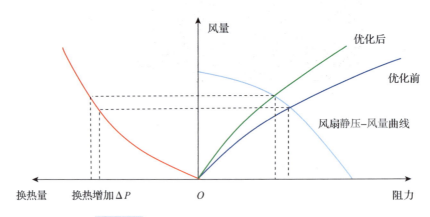

图 5-26　风阻优化与散热性能提升的关系曲线

5.2.2.3　动力系统热管理性能的匹配及目标达成

CAE 仿真评估和优化后，动力系统热管理系统的设计方案基本确定，进入产品制造阶段。零部件样件性能验收根据各主机厂的资源情况可以由供应商实测、第三方测试或者主机厂台架测试，但是由于试验台之间的偏差，需要在目标设定时考虑余量。由于零部件目标分解是基于某一个或某几个设计工况，因此在验收零部件性能时，还需要完成零部件性能 MAP 的测试，用于全工况的 CAE 仿真校核，确定所有目标达成的风险。如果整车目标的仿真结果未达标，则参考前述优化方法，制订优化方案，重新开展 CAE 仿真评估，直到性能目标达成。

由于动力系统热管理系统的特殊性，通常在相关零部件样件制作完成后，需要改制杂合车在环境舱进行系统级的匹配和验证工作。如果目标达成存在风险，同样参考前述优化方法，制订优化方案，重新进行 CAE 仿真评估和试验验证，直到性能目标达成。最后，在工程样车完成后，进行整车环模试验和道路可靠性试验，验收动力系统热管理性能目标。

5.2.3　乘员舱热管理性能开发

5.2.3.1　乘员舱热管理性能的目标分解及方案设计

1. 乘员舱热管理系统设计参数的确定

汽车空调系统的任务是为乘员舱提供一个热舒适的环境，是现代车辆中最重要的辅助设备之一。乘员舱热管理系统的目标由乘员舱热管理系统的负荷确定,乘员舱热管理系统的负荷则由车内外的设计参数确定。目前,大部分主机厂的车内外设计参数是依据 5.1 节中设定的整车性能目标和相应试验方法选取的某个设计工况点来确定的,部分主机厂的典型设计参数见表 5-14。

表 5-14 乘员舱热管理系统的主要设计参数

设计参数		单位	制冷		采暖
车外	干球温度	℃	38/49	43/49	-18/-25
	相对湿度	%	50	40	100
	日照强度	W/m²	1000	1000	—
	车速	km/h	50	50	50/80
车内	干球温度	℃	性能目标	性能目标	性能目标
	相对湿度	%	50	50	50
	乘员数量	人	4	4	5

2. 乘员舱热管理系统性能目标的确定

为了维持乘员舱内的舒适温度,乘员舱热管理系统在制冷时提供冷量,在采暖时提供热量,乘员舱与外界环境的热交换情况如图 5-27 所示,主要包括 3 部分负荷:乘员舱的冷/热负荷、乘员舱内乘员的热湿负荷、新风和漏风负荷。

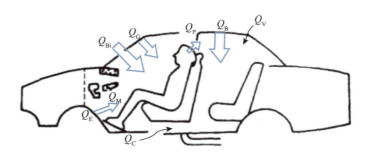

图 5-27 乘员舱与外界环境的热交换

(1) 乘员舱的冷/热负荷 设计参数确定后,乘员舱的冷/热负荷主要由乘员舱各部分面积、厚度等结构参数和材料的辐射、导热等热力性能决定,主要参数见表 5-15。

乘员舱冷/热负荷主要包括以下几部分:Q_B 通过车身(车顶、车门)与乘员舱交换的热量(W),Q_C 通过车身(地板、行李舱)与乘员舱交换的热量(W),Q_G 通过玻璃表面以对流方式与乘员舱交换的热量(W),Q_{Bi} 通过玻璃表面以辐射方式直接进入乘员舱的热量(W),Q_E 从发动机舱前壁板与乘员舱交换的热量(W),Q_M 车内电器造成的热量(W)。具体的计算公式和相关经验参数可参考汽车空调设计的书籍,本书中不再详述。

表 5-15 乘员舱的主要参数

乘员舱参数	单位	乘员舱参数	单位
前壁板面积	m²	车身颜色	—
前风窗玻璃面积	m²	前风窗玻璃倾角	°
后风窗玻璃面积	m²	后风窗玻璃倾角	°
左侧玻璃面积	m²	左侧玻璃倾角	°
右侧玻璃面积	m²	右侧玻璃倾角	°
左侧车门面积	m²	右侧车门面积	m²
车顶面积	m²	车底面积	m²
前风窗玻璃透射率	—	后风窗玻璃透射率	—

（2）乘员舱内乘员的热湿负荷 Q_P　乘员舱内乘员的热湿负荷分为两部分：一是由传导、对流、辐射方式散发的显热量；二是由人体呼吸和皮肤水分蒸发所散发的潜热量。通常采用经验数据进行计算，显热量按驾驶人 70～100W/m²，乘客 55W/m² 取值；潜热量按 24℃ 环境下人体的散湿量 50～80g/h 取值。

（3）新风和漏风负荷 Q_V　新风和漏风负荷来源于由于车身密封性导致的漏风和为了改善车内空气质量引入的新风，通常新风+漏风量按人均 11m³/h 计算。

综上，根据制冷、采暖和除霜除雾不同的工况，对以上负荷求和即为乘员舱热管理系统的总负荷 Q，考虑一定的余量，放大系数取 1～1.2，即乘员舱热管理系统的性能目标

$$P = (1～1.2)Q = (1～1.2)(Q_B + Q_C + Q_G + Q_{Bi} + Q_E + Q_M + Q_P + Q_V) \tag{5-9}$$

3. 主要零部件的性能目标分解

（1）暖通空调总成的制冷/热量、风量　乘员舱热管理系统的性能目标即暖通空调总成需要提供的制冷/热量，车内外空气的设计参数确定了暖通空调总成的进出口焓值，由此可以得到乘员舱热管理系统的送风量：

$$V_E = \frac{3.6 \times P}{\rho(i_{in} - i_{out})} \tag{5-10}$$

式中，V_E 为暖通空调送风量（m³/h）；ρ 为蒸发器入口的空气密度（kg/m³）；i_{in}、i_{out} 为蒸发器入口、出口空气焓值（kJ/kg）。

（2）压缩机和冷凝器的性能目标分解　首先需要确定制冷剂的设计工况，主要包括冷凝温度、蒸发温度、过冷度和过热度，如图 5-28 所示。通常汽车空调冷凝器采用的

是风冷式，为了保证冷凝效果，冷凝温度应高于车外的温度 12～15℃，考虑一定的余量，冷凝温度可取 50～60℃。另一方面，理论上蒸发温度越低，空调的制冷效果越好，但是当蒸发器表面的温度低于 0℃ 时容易造成蒸发器的表面结霜导致故障，因此，通常选择 0℃ 作为汽车空调蒸发器的蒸发温度。为了保障到达节流装置的制冷剂是液态的，通常要求冷凝器出口的过冷度为 5～8℃。为了保证制冷剂在蒸发器中完全蒸发，不出现压缩机液击，同时又不因过热度太大而造成蒸发能力浪费，通常选择 5～10℃ 作为蒸发器出口的过热度。

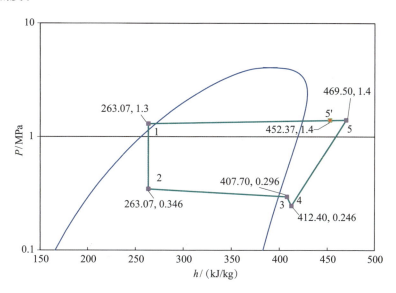

图 5-28 制冷循环压焓图

于是，可按如下公式计算压缩机排量：

$$V_C = \frac{60000 \times P\nu}{N_{comp}(h_3 - h_2)\eta_v} \tag{5-11}$$

式中，V_C 为压缩机排量（cm^3），ν 为压缩机进口制冷剂比容（m^3/kg），N_{comp} 为压缩机转速（r/min），h_2、h_3 分别为 2、3 点的制冷剂比焓（kJ/kg），η_v 为压缩机的容积效率。

冷凝器的换热需求可按下式计算：

$$Q_{cond} = \frac{P(h_5 - h_1)}{1000 \times (h_3 - h_2)} \tag{5-12}$$

式中，Q_{cond} 为冷凝器的换热量（kW）；h_1、h_5 分别为 1、5 点的制冷剂比焓（kJ/kg）。

考虑到实车上冷凝器进风条件的恶化，冷凝器的换热性能目标可按 1.1～1.3 倍计算。

5.2.3.2 乘员舱热管理性能的 CAE 仿真与优化

乘员舱热管理系统及零部件目标确定后，通常系统的设计和零部件的选型是多方案、多组合的，下一步是通过 CAE 仿真对各方案性能的达成情况和可行性进行预测和评估，确定最终方案。如果各方案仍存在风险，需要进行方案优化，开展新一轮的预测和评估，直到目标达成。乘员舱热管理性能的 CAE 仿真主要包括热力系统的一维仿真和流场以及温度场的三维仿真。

1. 制冷/采暖性能的 CAE 仿真

在产品开发前期，制冷/采暖性能预测通常采用乘员舱热管理系统的一维 CAE 仿真方法，乘员舱热管理系统的一维仿真流程如图 5-29 所示。

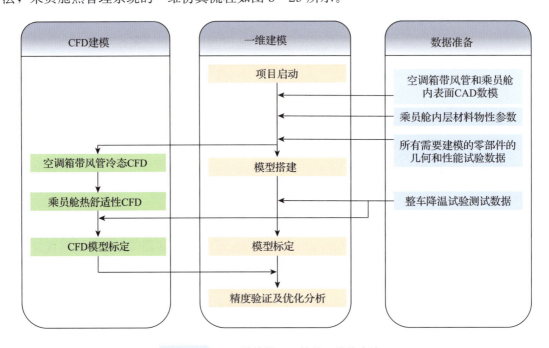

图 5-29 乘员舱热管理系统的一维仿真流程

当整车外表面数据和冷却模块性能数据准备好后，首先由发动机舱流场 CFD 仿真分析求解冷凝器的进风量，具体可参考 5.2.1 节和 5.2.2 节。然后根据零部件初版性能数据搭建热管理系统一维仿真模型，可以根据理论公式编程建立模型，也可以直接使用商业软件，如 KULI、AMESim、Flowmaster 等，再通过原型车或相似车型的试验数据进行相应的标定。

以 KULI 为例，制冷性能一维仿真模型分为气侧和液侧两个部分，气侧包含冷凝器和蒸发器两条通道的部件，主要有温度、湿度和流量源，以及冷凝器、蒸发器等模块；液侧包含制冷剂回路中的部件，如图 5-30 所示。

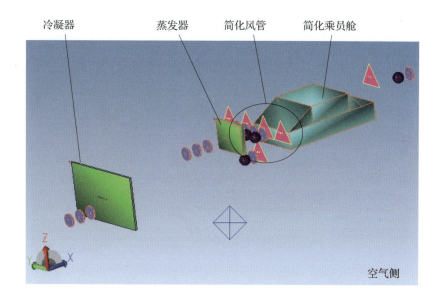

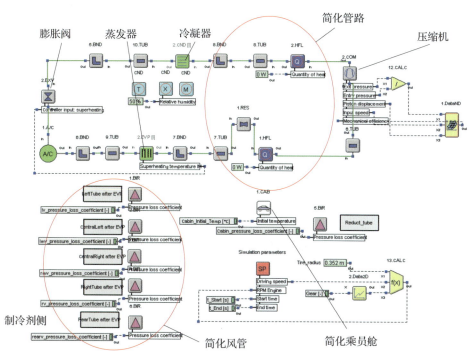

图 5-30 乘员舱热管理系统空气侧和制冷剂侧循环

一维仿真的精度主要依赖于零部件性能参数和实车标定参数的准确性。因此,开展一维仿真的前期需要准备原型车或相近车型的仿真模型,并完成标定,通常保证温度误差≤±3℃。在产品开发中后期,三维数模已基本完善,可开展乘员舱三维 CFD 仿真,对乘员舒适性进行预测,通常采用商业软件,如 STAR CCM+、Fluent 等,例如各乘员的表面温度分布如图 5-31 所示。

图 5-31 各乘员的表面温度分布

与 5.2.2 节类似,设置好模型仿真参数后,见表 5-16,即可开始仿真计算,得到各工况下的计算结果,分析判断各工况是否存在风险,见表 5-17。

表 5-16 一维仿真参数设置

工况	发动机转速/(r/min)	车速/(km/h)	进气温升/K	环境温度/℃	空气湿度(%)
工况 1	1200	40	2	38	50
工况 2	1800	80	2	38	50
工况 3	1000	0	8	38	50
...	...	...	...	...	...

表 5-17 一维仿真结果

工况	发动机转速/(r/min)	车速/(km/h)	头部平均温度/℃	风口平均温度/℃
工况 1	1200	40	24	10
工况 2	1800	80	20	8
工况 3	1000	0	25	12
...	...	...	...	...

2. 除霜除雾性能的 CAE 仿真

考虑到除霜除雾性能的特殊性,除了保证暖通空调总成的性能外,还与风管、风口格栅的设计有密切关系,因此,除霜除雾性能的 CAE 仿真通常是在产品开发中后期采用三维的 CFD 仿真方法。由于除霜除雾的效果取决于吹到玻璃上的风温和风速,而风温主要取决于发动机冷却液温度,各主机厂搭载的发动机通常是几种固定的型号,因此,目前除霜除雾性能目标的达成一般采用经验风速值作为判断,即计算三维稳态流场的目标区域风速,如图 5-32 所示。只有在搭载新发动机机型或其他特殊需要时才考虑进行三维瞬态化霜的 CFD 仿真。

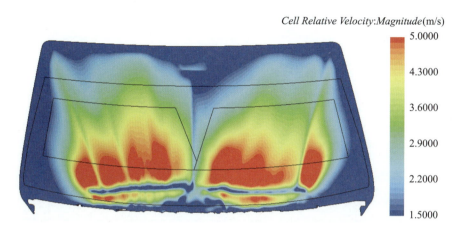

图 5-32　某车型前风窗玻璃近壁面气流速度分布

3. 优化方案及仿真验证

对于乘员舱热管理性能仿真中不满足的目标项,需要制订优化方案,经过多轮、多方案的仿真验证,直至达成项目需求。

由于乘员舱热管理系统的负荷主要受整车隔热保温性的影响,且非独立式乘员舱热管理系统的驱动和使用工况相对固定,因此,优化的方法主要有以下 4 个方面:

(1) 优化整车隔热保温　通常玻璃的面积、倾角、透射率,是否使用隔声隔热棉,整车气密性等对乘员舱热管理系统的负荷影响较大,这些方案的调整可有效降低乘员舱热管理系统的负荷。

(2) 优化系统使用边界　乘员舱热管理系统的使用边界主要包括发动机转速和冷却液温度、压缩机传动比、发动机舱流场和温度场。通常发动机转速、冷却液温度和压缩机传动比会影响整车的动力性、经济性、操控性,不会轻易调整,因此,使用边界的优化主要还是发动机舱流场与温度场的优化,参考 5.2.1 小节。

(3) 优化通风管道设计　如果未达成项是车内温差、除霜除雾性能等,应考虑通风管道的设计优化,如调整风管管径、风管曲率、内部导流板尺寸和位置、出风口格栅角度等。某车型侧窗玻璃除霜性能优化前后的对比示意图,如图 5-33 所示。

(4) 零部件性能提升　如果以上优化方法都不能或需要较大代价才能消除性能目标的达成风险,可以考虑提升零部件性能的方式优化乘员舱热管理系统的性能。

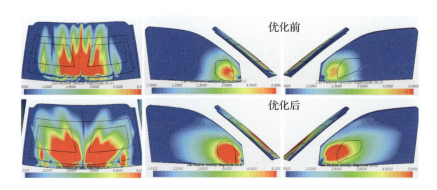

图 5-33 某车型侧窗除霜优化前后对比

5.2.3.3 乘员舱热管理性能的匹配及目标达成

CAE 仿真评估和优化后，乘员舱热管理系统的设计方案基本确定，进入产品制造阶段。按 "V" 字开发模型，接下来开展零部件、系统及整车性能试验。

1. 乘员舱热管理零部件性能验收与校核

零部件性能验收根据各主机厂的资源情况可以由供应商实测、第三方测试或者主机厂台架测试，但是由于试验台之间的偏差，需要在目标设定时考虑余量。由于零部件目标分解是基于某一个或某几个设计工况，因此，零部件性能验收的同时，还需要完成零部件性能 MAP 的测试，用于全工况的 CAE 仿真校核，确定所有目标达成的风险。如果整车目标的仿真结果未达标，需要进行优化方案的制订，重新开展 CAE 仿真评估，直到性能目标达成。

2. 乘员舱热管理系统性能试验和匹配

在进行最终的乘员舱热管理性能验收前，需要开展一些乘员舱热管理系统的匹配工作，如制冷剂加注量匹配、蒸发器结冰保护匹配、自动空调标定匹配等，从而保证乘员舱的舒适性和系统运行的稳定性。

（1）制冷剂加注量匹配　当汽车空调制冷效果不良时，人们普遍认为多加注一些制冷剂会改善汽车空调的制冷性能，但实际上空调制冷性能与制冷剂的加注量是一种类似抛物线的关系，过量的制冷剂反而会降低空调的制冷性能。制冷剂加注过多，会导致冷凝压力过高，冷凝器出口过冷度过大，导致制冷剂在蒸发器中无法完全蒸发，制冷量下降的同时还可能造成压缩机液击。制冷剂加注不足，会导致蒸发器出口过热度过大，压缩机排气温度过高，同样对压缩机不利。因此，合适的制冷剂加注量是保证系统稳定运行和系统性能的重要匹配参数。

一般而言，制冷剂加注量是由系统内容积决定的，即由系统部件大小及管路长度决定，尤其是液体管路的长度。通常，空调系统的制冷剂加注量通过实车系统台架测试初定，并在整车环模试验中最终确定。试验可以得到如图 5-34 所示的曲线，其中箭头标识的区域即为最佳加注量范围,最终加注量的确定应综合考虑加注设备偏差、系统泄漏量、系统性能衰减等因素。

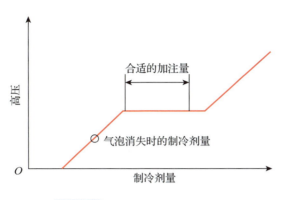

图 5-34　制冷剂加注量关系曲线

(2) 蒸发器结冰保护匹配　当发动机高速运转时,热管理系统制冷量很高,如果长时间保持该工况,蒸发器翅片表面会大量结露;此时,如果蒸发器表面温度降到 0℃ 以下,露水变成冰霜,并且随着时间的持续,蒸发器表面的冰霜层越来越厚,堵塞了大部分的空气通路,导致制冷剂因无法吸收外部空气的热量而失去制冷能力;同时,不能充分蒸发、带液态的制冷剂进入压缩机后,由于液体不能被压缩,将会严重损坏压缩机的活塞、阀片,造成压缩机液击。

为了有效防止结冰和液击的发生,必须对蒸发器的温度进行精确控制,通常有控制蒸发器表面温度和控制蒸发器内制冷剂压力两种方式。前一种方式主要是配合压缩机离合器和蒸发器表面温度传感器来实现,目前大部分采用此方式;后一种方式主要是配合压缩机离合器和低压保护开关来实现。当温度或压力低于某个值后,切断压缩机离合器,停止空调系统供冷,冰霜层融化,制冷剂恢复过热气态。

匹配过程中,首先开展蒸发器结冰保护的台架试验,初步确定结冰保护的切断恢复温度,然后再通过环模和道路试验,验证结冰保护的可靠性。

(3) 自动空调标定匹配　对于带有自动空调配置的车型,还需要对自动控制系统进行标定和匹配,保证对压缩机启停、送风温度、送风模式、风量大小等进行全季节、多功能的精准控制和全自动调节。自动空调的标定通常是在环境舱中进行全 MAP 的扫点工况测试和参数标定,确定初版控制软件,然后春秋季、夏季和冬季分别在实际道路上模拟用户使用工况,开展控制参数的精细化标定。

3. 乘员舱热管理整车性能试验及目标达成验收

由于乘员舱热管理系统可以开展实车台架试验,并且杂合车的送风系统状态很难保证与设计状态一致,因此,对于全新开发的车型,通常不进行杂合车的匹配与验证试验。在工程样车完成后,开展整车环模试验和道路可靠性试验,验收乘员舱热管理的各项性能目标。

5.3 整车热管理性能与其他性能的集成开发

5.3.1 整车热管理性能与整车燃油经济性的集成开发

5.3.1.1 性能集成开发背景

在大力倡导建设资源节约型社会的今天,汽车已经成为能源消耗的大户,资料显示,车用燃油已经超过中国石油消耗总量的三分之一。汽车的节能减排已刻不容缓。影响汽车燃油经济性的因素很多,主要包括发动机性能,驱动力与行驶阻力以及传动系统性能。其中发动机性能主要与空燃比、发动机工作环境温度和发动机负荷相关,驱动力与行驶阻力主要与轮胎的滚动阻力、车重及加速度和坡度的驱动阻力和风阻系数的空气阻力关系密切。

在汽车的正常行驶过程中,由于环境、路况和驾驶技术的差异,发动机不可能固定在某一工况下运行,转速和功率会不断发生变化,导致发动机舱内的温度也发生改变。动力系统热管理系统能够使冷却液保持在合适的温度,使发动机持续工作在一个最佳状态,保证发动机热效率的最大化。乘员舱热管理系统作为发动机的负荷之一,约占发动机输出功率的15%,因此,这部分负荷大小的控制以及负荷增加后的最佳效率匹配是同时保证乘员舱热管理性能和整车动力性、经济性目标达成的关键。汽车的空气阻力与迎风面积、车速的二次方和风阻系数成正比,因此,目前降低空气阻力改善燃油经济性的普遍方式是降低风阻系数。降低风阻系数的最有效方法之一是减小进入发动机舱的风量,这与动力系统热管理的散热需求背道而驰。

5.3.1.2 多目标的平衡与初定

通常整车热管理性能越好,相应地,整车燃油经济性会越差,这是由于在汽车有限的布置空间和成本控制的基础上,整车热管理性能的提升主要依靠提高换热介质的流量或运动部件的转速来实现,如增大鼓风机的风量、增加冷却风扇的转速、调高电子水泵的占空比或电动压缩机的转速等,这会导致风机、压缩机的功耗增大,导致发动机负荷增加,燃油经济性下降。因此,为了平衡整车热管理性能与整车燃油经济性的矛盾,需要在设计前期制定相应性能目标,整车热管理性能和整车燃油经济性目标的确定和分解可参考本书第5章和第4章,见表5-18。

表5-18 燃油经济性多目标参数示例

整车热管理性能目标	单位	目标值	整车燃油经济性目标	单位	目标值
整车降温头部平均温度	℃	≤25	公告油耗	L/100km	≤6.5
整车降温风口平均温度	℃	≤10	开空调油耗	L/100km	≤8.5
整车采暖脚部平均温度	℃	≥30	风阻系数	—	≤0.37

(续)

整车热管理性能目标	单位	目标值	整车燃油经济性目标	单位	目标值
前风窗 A 区 20min 除霜面积	%	≥80	0—100km/h 加速时间	s	≤11
发动机冷却液温度	℃	≤120	…	…	…
…	…	…	…	…	…

5.3.1.3 多方案设计

针对整车热管理性能与整车燃油经济性目标的平衡，多方案的设计主要从以下方面考虑：

1) 整车热管理系统效率的提升，主要的方法是通过系统匹配让零部件工作在最佳效率点和采用节能高效部件，如无刷电动机的风机、带油分离器的压缩机、外控变排量或电动压缩机、同轴管换热器等。通过系统匹配和优化控制，在满足乘员舱热管理性能目标的同时，最小化乘员舱热管理系统的能耗。

2) 改善车身隔热保温性和密封性，降低乘员舱热管理系统的负荷。根据5.2.3小节中负荷计算，找出影响热负荷较大的因素进行优化，如玻璃材质由白玻改为绿玻、增加密封措施降低整车漏风量等，尽可能降低空调系统热负荷。

3) 空气侧阻力和密封性的优化。通过风管变径和转弯的合理设计，减小鼓风机功耗；通过合理设计发动机舱内零部件布置，避免气流分离产生涡流，同时降低冷却模块风阻，降低冷却风扇功耗；对冷却模块进气风道进行合理的密封，减小热回流，提高乘员舱热管理系统的效率；在满足冷却模块进风量的前提下，尽可能减小进气格栅开口，降低风阻系数，改善燃油经济性。

根据以上原则，综合考虑成本、布置和性能目标，在方案设计阶段提前考虑整车热管理性能和整车燃油经济性目标的平衡与矛盾，进行多方案的设计。例如目前双积分法规执行下，为了获得更多的正积分，需要通过循环外汽车空调技术拿到油耗抵扣，方案有：

1) 采用外控变排量压缩机、无刷电动机的冷却风扇、同轴管换热器。
2) 全车玻璃尤其是前后风窗玻璃由白玻更换为绿玻。
3) 优化通风风管变径和转弯设计，优化冷凝器进气密封，优化冷却模块风阻。

5.3.1.4 仿真、试验验证及方案确定

多方案设计完成后，根据现有的能力和试验设备，确定仿真和试验验证方案，例如，CFD 仿真预测发动机舱流场和风速改善情况，一维仿真预测动力系统热管理系统和乘员舱热管理系统的目标达成情况，或者改制杂合车验证发动机舱热管理的温度分布情况。

仿真与试验验证完成后，列出多方案效果对比表，见表 5-19。根据表格中各项性能的达成情况，综合考虑成本、实施难度，确定方案。

表 5-19 整车热管理性能与整车燃油经济性多方案对比表

性能目标项目	单位	方案一	方案二	方案三	…
整车降温头部平均温度	℃	24	26	25	…
整车采暖脚部平均温度	℃	30	30	30	…
整车除霜前风窗玻璃 A 区面积	%	80	80	80	…
发动机冷却液温度限值	℃	120	120	120	…
…	…	…	…	…	…
公告油耗	L/100km	6.5	6.5	6.5	…
开空调油耗	L/100km	8.7	8.3	8.5	…
风阻系数	—	0.37	0.37	0.37	…
0—100km/h 加速时间	s	12	11	10.5	…
…	…	…	…	…	…
方案状态评估	—	降温最优	油耗最优	加速时间最优	…

5.3.2 整车热管理性能与整车 NVH 性能的集成开发

5.3.2.1 性能集成开发背景

随着使用的普及，汽车已成为人们"移动的家"，整车热管理系统成为标配功能，随之而来的是整车热管理系统运行时带来的振动与噪声问题，这不但影响设备的使用寿命，还影响乘客的驾乘舒适性，主要表现在以下 3 个方面：

1）长时间的振动与噪声导致汽车零部件的加速损坏和缩短，使用寿命大大缩短，影响整车性能。

2）噪声过大使驾驶舒适性下降，特别是产生共振现象，使人感到极度不适，长时间在这种状态下驾驶车辆会使疲劳感极度增加、事故率大幅升高。

3）振动与噪声还会使系统的运转阻力增大，导致功率消耗增大，发动机的工作负荷增加、耗油量上升，燃油经济性大大下降。

整车热管理系统起动时，会消耗一部分发动机功率，导致发动机转速上升，使车内噪声增加。另外，整车热管理系统工作时自身产生的噪声对车内噪声的贡献也较大。整车热管理系统噪声主要分为机械噪声和空气动力学噪声两类。

机械噪声主要是由整车热管理系统中的运动部件的运动产生的，如压缩机活塞高速往复运动产生的高频振动噪声、多个部件共振产生的共振噪声、活塞与气缸和传动带与带轮之间的摩擦产生的摩擦噪声、风扇叶片的旋转运动产生的高频振动噪声、压力瞬间变化产生压力脉冲导致的噪声等。

空气动力学噪声是可压缩性气体通过减压部件时，机械能转换为声能而产生的噪声。整车热管理系统中主要有冷却液、变速器油、机油、制冷剂、空气等流体循环，根据产生的原因，空气动力学噪声主要包括喷射噪声、进排气噪声和紊流噪声。喷射噪声是流体从直径较小的管路流向直径较大的管路时,喷射的流体撞击管路形成的撞击声,如介质流经管路中的变径、膨胀阀的出口、进气格栅出口产生的噪声等。进排气噪声是由于进排气时的压强变化导致流体内部的分子作用力变化,同时分子内部产生振动转化成声能,如制冷剂经过压缩机的进排气阀片、膨胀阀进出口时产生的撞击噪声、空气流经冷却模块产生的风噪等。紊流噪声是由于流体在流动过程中遇到障碍物,流体在压强的作用下对障碍物产生作用力,当作用力达到一定程度时产生的噪声,如介质经过管路上的变向、膨胀阀的节流、风口格栅产生的噪声等。

5.3.2.2 多目标的平衡与初定

通常整车热管理性能越好,相应地,整车 NVH 性能会越差,这是由于在汽车有限的布置空间和成本控制的基础上,整车热管理性能的提升主要依靠提高换热介质的流量或运动部件的转速来实现,如增大鼓风机的风量、增加冷却风扇的转速、调高电子水泵的占空比等,从上述机理分析,这会导致噪声源的激励增大,噪声变大。因此,为了平衡整车热管理性能与整车 NVH 性能的矛盾,需要在设计前期制订相应性能目标,整车热管理性能和整车 NVH 性能目标的确定和分解可参考第 5 章和第 7 章,见表 5-20。

表 5-20 NVH 性能多目标参数示例

整车热管理性能目标	单位	目标值	整车 NVH 性能目标	单位	目标值
整车降温头部平均温度	℃	≤25	FLR 声压级	dB(A)	≤45
整车降温风口平均温度	℃	≤10	转向盘(SW-12)振动速度(三向速度值)	mm/s	≤0.9
整车采暖脚部平均温度	℃	≥30	换档手柄(GS)振动速度(三向速度值)	mm/s	≤0.7
前风窗 A 区 20min 除霜面积	%	≥80	座椅导轨(SR-01)振动速度(三向速度值)	mm/s	≤0.5
发动机冷却液温度限值	℃	≤120	…	…	…
…	…	…	…	…	…

5.3.2.3 多方案设计

整车热管理系统产生的噪声无处不在,从机理分析看,这些噪声是不可能彻底消除的,只能通过一些措施将噪声尽量小地传递到车内,保证车内乘客不会明显感觉到不适。因此,解决噪声的方法主要有 3 种:

1. 改善噪声源

从根源上彻底地降低噪声发起点的噪声,一般通过减少噪声源的振幅、共振和相互运动干涉来解决。主要方案有:

1) 由于车辆设计中降本和减重的需求,可能导致产品刚度下降,增加振动的概率,此时需要通过加设加强筋、加强肋来增大刚度，减少振动，以降低噪声。

2）通过螺栓或卡扣连接的各零部件在工作时产生相互的受迫振动，此时通过缓冲垫的弹性缓冲来减小构件之间的相互干扰，或者改变连接位置，以降低噪声。

3）产生共振的零部件之间，寻找频率变化较小或不变的部件调整其固有频率，避免共振的出现。

4）改变阀体的口径降低制冷剂喷射的速度、增大管路转弯半径减缓制冷剂的冲击，从而降低噪声。

2. 噪声传播路径的阻断

一般通过加设隔声或吸声材料，让噪声尽量少地传递到驾驶室当中。

3. 噪声接受者的阻隔

通过为乘客戴头盔或耳机等的方法，通常在赛车中采用。

其中最直接有效的方法是第1种，但是这种方法常常存在噪声源查找困难或无法改善的情况，实施起来比较复杂、代价较大；整车热管理系统直接连通驾驶室，因而产生的噪声很容易传到驾驶室乘客的耳中，此时通过在传播路径上控制噪声也是最有效的办法，所以实际应用中，需要权衡各种方案的性价比和可行性，确定最终改进方案。

整车热管理系统的主要噪声见表5-21。目前，针对各噪声已建立了一些经验设计准则，在性能开发前期加入系统或产品设计中，提前考虑多目标的平衡。

表5-21 整车热管理系统主要噪声

零部件	噪声现象	产生原因	设计经验或准则
压缩机	吸合异响	压缩机吸盘和传动带轮撞击时产生异响	1）优化结构和材料，缓和压缩机吸合时衔铁碰撞产生的异响，如使用全周橡胶衔铁 2）空调管采用隔振和衰减振动向车身传递的设计，如空调低压管部分采用橡胶软管 3）设置合理吸合电压，减弱吸合时的撞击 4）采用不带离合器的压缩机，避免吸合的出现，如采用电动压缩机
	阶次噪声	压缩机内部旋转部件引起的啸叫声，旋叶式压缩机阶次噪声和叶片数量相关，斜盘式压缩机阶次噪声和活塞数量相关	1）压缩机内部结构优化，或者选用噪声更为优秀的涡旋式或变排量压缩机 2）合理匹配发动机支架或悬置 3）空调系统增加减振降噪措施，如空调管在车身及防火墙安装点增加隔振措施
膨胀阀	Hissing噪声	阀芯受冷媒激励产生的异响	1）通过系统匹配减小膨胀阀开启时冷媒 2）通过产品设计，控制膨胀阀阀芯与阀座的相对水平运动 3）空调管路与车身安装点的振动隔离 4）增加隔声吸声材料包覆 5）根据经验在管路合适位置增加消声器

(续)

零部件	噪声现象	产生原因	设计经验或准则
冷却风扇/鼓风机	低频噪声	风扇自身残余动不平衡引起的噪声	1) 控制风扇转速，根据风扇特性，为了降低风扇噪声，可增加直径，或降低转速 2) 优化风扇叶片形状，使之有较好的流线型和合适的弯曲度，减小涡流噪声 3) 采用护风环可减小风扇顶端的涡流噪声 4) 叶片非均匀分布可降低风扇噪声中突出的峰值频率成分 5) 采用有机合成材料（玻璃钢、高强度尼龙等）叶片比金属叶片噪声小 6) 适当地选择风扇与散热器的距离也可减小风扇噪声 7) 识别噪声源，找到系统中可能产生气流涡流扰动的点，通过改良对应结构的空气动力学设计进行优化 8) 满足暖通空调总成送风能力要求的前提下，尽可能减小流动阻力，降低气体流速
	阶次啸叫	风扇叶片切割空气引起空气周期性压力脉动而产生的噪声	
	紊流噪声	流道中障碍物的阻隔，形成涡流，与来流或壁面碰撞产生噪声	
	拍频噪声	多个部件（压缩机、风扇、发动机等）噪声频率接近，形成声音强弱变化的调制现象	1) 压缩机单体噪声、振动 2) 风扇单体噪声振动 3) 转速比（发动机与压缩机的转速比） 4) 发动机、压缩机、风扇之间阶次频率的分布及频率间隔

根据以上准则，可在方案设计阶段提前考虑整车热管理性能和整车NVH性能目标的平衡与矛盾，进行多方案的设计，例如避免紊流噪声产生的方案有：

1) 降低风机转速或电压，减小风量，此时需要根据整车热管理性能需求计算所需最小风量，再据此确定转速或电压降低的比例。

2) 降低气流通道的阻力，通过减小通道的变径、转弯，增大转弯半径，合理设计障碍物形状，匹配通道中障碍物的布置位置，增减出风口格栅的数量等来实现，此时需要根据整车造型需求和布置情况进行调整。

3) 优化风扇设计，增大直径、改善叶片形状、合理匹配护风罩的设计等，降低单体噪声，从而改善整车噪声。

5.3.2.4 仿真、试验验证及方案确定

多方案设计完成后，就可以根据现有的能力和试验设备，确定仿真和试验验证方案，例如紊流噪声可以通过CFD流场计算确定紊流点是否改善，还可以通过噪声分析软件模拟声音改善情况，吸合异响可以通过单体台架试验验证优化效果。

仿真与试验验证完成后,列出多方案效果对比表,见表5-22。根据表格中各项性能的达成情况,综合考虑成本、实施难度,确定方案。

表5-22 整车热管理性能与整车NVH性能多方案对比表

性能目标项目	单位	方案一	方案二	方案三	…
整车降温头部平均温度	℃	24	25	26	…
整车采暖脚部平均温度	℃	30	32	30	…
整车除霜前风窗玻璃A区面积	%	80	80	80	…
发动机冷却液温度限值	℃	120	120	120	…
…	…	…	…	…	…
FLR声压级	dB(A)	46	46	44	…
转向盘(SW-12)振动速度(三向速度值)	mm/s	0.9	0.9	0.9	…
换档手柄(GS)振动速度(三向速度值)	mm/s	0.7	0.7	0.7	…
…	…	…	…	…	…
方案状态评估	—	降温最优	采暖最优	声压级最优	…

参考文献

[1] MARSHALL G J, MAHONY C P, RHODES M J, et al. Thermal management of vehicle cabins, external surfaces, and onboard electronics: an overview [J]. Engineering, 2019, 5(5): 954-969.

[2] 刘宪国. 动力舱热管理与空调集成分析方法研究 [D]. 长春:吉林大学, 2013.

[3] 王嘉炜, 买靖东, 张佳卉. 热管理技术在未来车辆发展中的应用展望 [J]. 车辆与动力技术, 2016(1): 60-63.

[4] 肖生发, 赵树朋. 汽车构造 [M]. 北京:中国林业出版社, 2006.

[5] 袁侠义. 汽车发动机舱热管理研究与改进 [D]. 长沙:湖南大学, 2010.

[6] 简贵平. 汽车机舱热管理仿真分析研究 [D]. 长沙:湖南大学, 2015.

[7] 张文阁. 基于人体热舒适性的汽车空调优化设计 [D]. 长沙:湖南大学, 2012.

[8] LIU Y, GAO Q, ZHANG T, et al. Exploration of interactive thermal influence characteristics of power and air conditioning system based on 1D/3D coupling calculation in electric vehicle underhood [J]. Applied Thermal Engineering, 2020: 167.

[9] 余志生. 汽车理论 [M]. 5版. 北京:机械工业出版社, 2009.

[10] LU P Y, GAO Q, WANG Y. The simulation methods based on 1D/3D collaborative computing for the vehicle integrated thermal management [J]. Appl Therm Eng, 2016, (104): 42-53.

[11] HE H, JIA H, SUN C, et al. Stochastic Model predictive control of air

conditioning system for electric vehicles: sensitivity study, comparison, and improvement [J]. IEEE Transactions on Industrial Informatics, 2018, 14 (9): 4179 – 4189.

[12] 王若平. 汽车空调 [M]. 北京：机械工业出版社，2007.

[13] 陈孟湘. 汽车空调 – 原理、结构、安装、维修 [M]. 上海：上海交通大学出版社，2001.

[14] ISO Standard, Ergonomics of the thermal environment-determination of metabolic heat production [S]. ISO Standard 8996, Rev., 2004.

[15] ZHANG Z, LI W, ZHANG C, et al. Climate control loads prediction of electric vehicles [J]. Applied Thermal Engineering, 2017, (110): 1183 – 1188.

[16] 续志勇. 某轻型车空调系统性能匹配与优化 [D]. 长春：吉林大学，2016.

[17] 凌永成. 汽车空调技术 [M]. 北京：机械工业出版社，2014.

[18] SAAB S, HETER J, MAIBOOM A, et al. Combined modeling of thermal systems of an Engine in the purpose of a reduction in the fuel consumption [J]. SAE Technical Paper 2013 – 24 – 0142, 2013, doi: 10.4271/2013 – 24 – 0142.

[19] 王帅. 汽车空调系统振动和噪声研究与构件优化 [D]. 长春：吉林农业大学，2019.

[20] 靳豹, 王朝阳, 曹子亮, 等. 汽车空调系统噪声研究及控制 [J]. 时代汽车，2019 (2): 151 – 152.

[21] THAWANI P T, SINADINOS S, BLACK J. Automotive AC system induced refrigerant hiss and gurgle [J]. SAE Technical Papers, 2013 – 01 – 1890, 2013.

Chapter 06

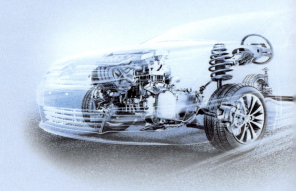

第 6 章
行驶性能集成开发

本章内容包含乘用车操纵稳定性与转向性能、乘坐舒适性和制动性能的集成开发。行驶性能集成开发分为目标定义与分解、虚拟仿真验证和整车试验验证等阶段,本章主要介绍行驶性能的目标定义与分解、虚拟仿真分析、整车调校验证和实际开发案例。

6.1 开发需求和目标

行驶性能集成开发需要考虑汽车企业开发理念、汽车品牌基因特征、消费者需求和市场竞争策略 LACU,如图 6-1 所示,每款汽车开发都需要赋予其独特的内涵且具有一定的基因传承,如图 6-2 所示。

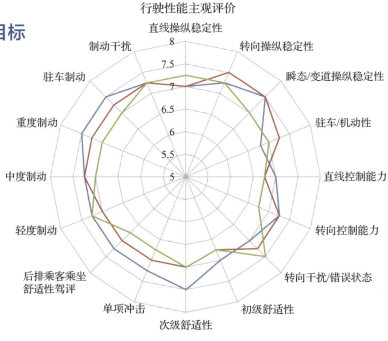

图 6-1 市场竞争研究

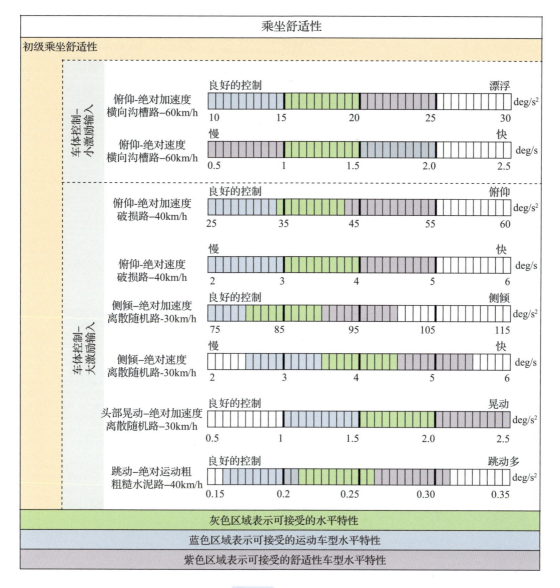

图6-2 品牌基因

6.2 操纵稳定性与转向性能集成开发

6.2.1 操纵稳定性与转向性能集成开发概述

基于对悬架系统、转向系统的侧重不同,区分操纵稳定性能开发和转向性能开发,实际开发过程中,通常将二者集成考虑。

转向性能主要包含驻车机动性能、直行稳定性能以及弯道控制性能三类。

驻车机动性能包含转向轻便性、转向机动性以及回正性能。直行稳定性能指车辆在直线行驶位置附近、小幅度转向输入时的转向性能特性,主要关注整车横摆响应以及中心区转向盘力矩。弯道控制性能主要关注弯道保舵力。

操稳性能主要包含直线操纵稳定性、转向操纵稳定性、瞬态/变道操纵稳定性三类。

区别于转向性能，操稳性能关注的直线操纵稳定性，是指在驾驶者不做转向输入时车辆直线行驶的能力，包括加减速时的俯仰动作和受路面不平及横风等外部干扰时的车辆横向动作。

转向操纵稳定性重点关注稳态输入下（通常车辆侧向加速度 $a_y < 0.4g$ 范围内）的车辆表现，包含不足转向特性、横摆响应特性、侧倾特性、横向附着能力、转向盘力矩以及在转弯过程中配合加减速输入时的控制能力。

瞬态/变道操纵稳定性主要关注转向盘瞬态输入下（通常为 $a_y > 0.4g$ 范围）车辆的稳定程度和控制能力，如后轴跟随性、转向修正程度和极限轮胎抓地力等。

6.2.2 操纵稳定性与转向性能集成开发目标分解及方案设计

1. 车辆转向助力矩分解

设定静态与低速转向盘转向力目标：静态中心区转向力矩≤3.0N·m，低速中心区转向力矩≤2.5N·m，静态最大转向力≤6N·m，以转向盘转向力为目标计算转向系统助力需求。下面以齿轮齿条转向器为例计算转向助力矩，首先需确定转向轴的轴荷、轮胎胎压、拖距、轮胎与地面摩擦系数、转向轮个数、极限转角左右力臂长度、转向器传动比、转向柱传动效率、转向器传动效率等。精确计算转向系统助力较困难，为此采用经验公式来计算汽车在沥青路面的最大齿条力 F_r，计算公式为

$$F_r = \frac{392 \times 2f \left(\frac{G_1}{2}\right)^{\frac{3}{2}} S}{L_E \sqrt{p}} \quad (6-1)$$

转向梯形有效转向力臂长度计算为

$$L_E = \frac{2L_L L_R}{L_L + L_R} \quad (6-2)$$

转向系统最大助力矩计算为

$$M_a = F_r \frac{\dfrac{i}{2\pi}}{\eta_1 \eta_2} - M_h \quad (6-3)$$

式中，F_r 是最大齿条推力（N）；f 是轮胎与地面摩擦系数，$f=1.2$；S 是安全系数，$S=1.1$；G_1 是满载转向轴荷（kg）；p 是轮胎胎压（kPa）；L_E 是转向梯形有效转向力臂长度（mm）；L_L 是左轮转向力臂长度（mm）；L_R 是右轮转向力臂长度（mm）；M_a 是转向系统最大助力矩（N·m）；η_1 是转向管柱机械效率，$\eta_1=0.98$；η_2 是转向器机械效率，齿轮齿条转向器 $\eta_2=0.9$；M_h 是驾驶人作用到转向盘上的力矩（N·m），$M_h=6$。

通过计算整车转向系统的助力需求，选择合理充足的转向助力，再通过性能调试可获得轻便舒适的转向力。

2. 最小转弯半径分解

汽车转向时,若不考虑轮胎的侧向滑移,内外轮围绕一个共同的中心点进行转弯,这称为阿克曼几何学,其内外转向轮理想的转角关系,如图 6-3 所示,一般的前轮转向必须满足:

$$\cot\theta_0 - \cot\theta_i = \frac{DO - CO}{BD} = \frac{K}{L} \tag{6-4}$$

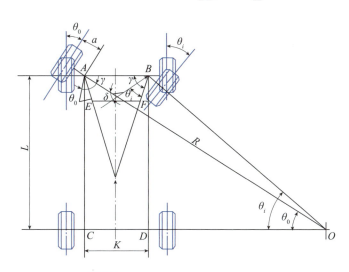

图 6-3 理想的内外转向轮转角关系

最小转弯半径是车辆在最大转向角状态下,汽车以极低速行驶,外侧前转向轮绕转向中心点行驶的圆形轨迹的半径。汽车的机动性,常用最小转弯半径来衡量,但汽车的高机动性能则应由两个条件保证。首先,应使转向轮转到最大转角时,汽车的最小转弯半径能达到汽车轴距的 2~2.5 倍;其次,应选择较小转向角传动比系统,使转向盘总圈数不应过大,如乘用车转向盘总圈数一般不超过 3 圈。

为获得优良的机动性能,对整车最小转弯半径限值 R' 设定

$$R' = 1.1(L + K + 2a) + \frac{K}{2} + a \tag{6-5}$$

整车最小转弯半径 $R_{\min}$ 应满足 R_0:

$$R_{\min} \leqslant R' \tag{6-6}$$

按转向外轮最大转角计算最小转弯半径 R_0:

$$R_0 = \frac{L}{\arcsin\theta_0} + a \tag{6-7}$$

按转向内轮最大转角计算最小转弯半径 R_i:

$$R_i = \sqrt{\left(\frac{L}{\sin\theta_i}\right)^2 + K^2 + \frac{2KL}{\tan\theta_i}} + a \tag{6-8}$$

式中，θ_0 是外转向轮最大转角（°）；θ_i 是内转向轮最大转角（°）；K 是转向主销中心线与地面交点间的距离（m）；L 是轴距（m）；a 是主销偏置距（m）。

由于实车的拉杆系统 θ_0 和 θ_i 不完全符合阿克曼几何学，使得实际的转弯半径取 R_0 和 R_i 的中间值，整车最小转弯半径为

$$R_{\min} = \frac{R_0 + R_i}{2} \tag{6-9}$$

按照最小转弯半径限值设计的最小转弯半径，使整车可获得优良的机动性能。

3. 横摆响应分解

车辆横摆响应直接反应整车的横摆响应灵敏度，我们常以稳态横摆角速度增益 γ' 来评价车辆的反应，γ' 设计值不宜过大，也不宜过小，过大整车反应剧烈，过小整车反应迟缓，可以按下式计算：

$$\gamma' = \frac{\gamma}{\delta_{\text{steerwheel}}} = \frac{\gamma}{\delta i} = \frac{u_c}{(k u_c^2 + L) i} \tag{6-10}$$

式中，γ' 是横摆角速度增益 [°/(s/100°)]；γ 是内转向轮最大转角（°/s）；$\delta_{\text{steerwheel}}$ 是转向盘转角（°）；δ 是车轮转角（°）；u_c 是恒定车速（km/h）；k 是不足转向度 [rad/(m/s^2)]；L 是轴距（m）；i 是转向系统传动比。

通过选择适当的横摆角速度增益，可以保证车辆高速行驶时有足够的横摆响应灵敏度，同时保证高速行驶时不至于产生过大的侧向加速度，保证高速直行稳定性。

4. 侧倾梯度分解

按照图 6-4 所示流程进行分解，根据整车侧倾梯度目标 *roll_rate*，得到在侧向加速度 $a_y = 1g$（$1g = 9.8 \text{m/s}^2$）时的侧倾角 θ。质心处离心力和重力分量引起的绕侧倾轴线的侧倾力矩与整车侧倾刚度对应的力矩平衡，可以得出整车侧倾刚度：

$$K_\theta = \frac{Mgh + Ma_y h \sin\theta}{\theta} = \frac{Mgh + Mgh\sin\theta}{\theta} = Mgh \frac{1 + \sin\theta}{\theta} \tag{6-11}$$

式中，K_θ 是整车侧倾刚度（N·m/°）；M 是整车质量（kg）；g 是重力加速度，9.8m/s^2；h 是质心到侧倾轴线的距离（mm）。

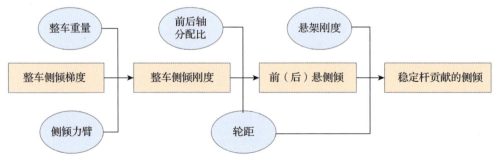

图 6-4 侧倾梯度分解流程

根据预先定义的前后轴侧倾刚度分配比例（受前后轴载荷分布比例影响，前轮驱动车辆多在 50%～60% 范围内）计算单轴侧倾刚度，后续均以前轴为例：

$$K_{\theta F} = K_\theta f \tag{6-12}$$

式中，$K_{\theta F}$ 是前轴侧倾刚度（N·m/°）；f 是前轴侧倾刚度占总侧倾刚度比例。

对于单轴侧倾刚度，弹簧和稳定杆起并联作用，因此前轴侧倾刚度减去前悬架贡献的侧倾刚度即为前稳定杆贡献的侧倾刚度。

$$K_{\theta atr} = K_{\theta F} - K_{\theta sps} = K_{\theta F} - \frac{1}{2}K_F B \tag{6-13}$$

式中，$K_{\theta atr}$ 是前稳定杆贡献的侧倾刚度（N·m/°）；$K_{\theta sps}$ 是前悬架贡献的侧倾刚度（N·m/°）；K_F 是单边前悬刚度（N/mm）；B 是前轮距（mm）。

上一步得出的 $K_{\theta atr}$ 是轮心上的稳定杆贡献的侧倾刚度，根据稳定杆和轮心的距离以及运动关系换算到稳定杆的刚度 K_{atr}，再进一步计算得出稳定杆直径，此处不做详述。

5. 不足转向梯度分解

不足转向梯度（K）是车辆稳态转弯行驶特性的基础，为单位侧向加速下前、后轴侧偏角差值，即

$$K = \delta_f - \delta_r \tag{6-14}$$

δ_f、δ_r 是单位侧向加速度下前、后轴侧偏角，也称为前、后轴侧偏柔度（°/g）。

前轴侧偏柔度 δ_f：

$$\delta_f = \delta_{kaf} + \delta_{elaf} + \delta_{tire\_f} + \delta_{body\_f} \tag{6-15}$$

后轴侧偏柔度 δ_r：

$$\delta_r = \delta_{kar} + \delta_{elar} + \delta_{tire\_r} + \delta_{body\_r} \tag{6-16}$$

式中，δ_{kaf}、δ_{elaf}、δ_{tire_f}、δ_{body_f} 分别是侧倾引起的前轴侧偏柔度、前轴侧向力引起的侧偏柔度、前轮胎侧偏柔度、刚体车身回正力矩转向引起的前轴侧偏柔度（°/g）；δ_{kar}、δ_{elar}、δ_{tire_r}、δ_{body_r} 分别是侧倾引起的后轴侧偏柔度、后轴侧向力引起的侧偏柔度、后轮胎侧偏柔度、刚体车身回正力矩转向引起的后轴侧偏柔度（°/g）。

刚体车身回正力矩转向引起的不足转向度变化量采用经验值，一般为 0.25°/g。

$$\delta_{ka} = roll\_rate \times roll\_steer + roll\_rate \times roll\_camber \times D\_camber/D\_corning \tag{6-17}$$

$$\delta_{ela} = F_y \times lateral\_steer + F_y \times lateral\_camber \times D\_corning/D\_camber \tag{6-18}$$

$$\delta_{tire} = F_y/D\_corning \tag{6-19}$$

侧倾引起的侧偏柔度 δ_{kaf}、δ_{kar}，侧向力引起的侧偏柔度 δ_{elaf}、δ_{elar}，前后轴计算方式相同，在式中用 δ_{ka}、δ_{ela} 代替，关联变量同样不做具体区分：$roll\_rate$ 是整车侧倾梯度（°/g）；$roll\_$

steer、*roll_camber* 分别是单轴侧倾前束（°/°）、侧倾外倾（°/°）；$D\_corning$、D_camber 分别是单轴轮胎侧偏刚度（N/°）、轮胎外倾刚度（N/°）；F_y 是 1g 状态下的单轴侧向力（N）；*lateral_steer*、*lateral_camber* 分别是单轴侧向力前束（°/N）、侧向力外倾（°/N）。

根据整车不足转向梯度目标，结合上述计算关系，可以从系统的运动学特性和柔性变形特性（Kinematics & Compliance，K&C）和轮胎特性方面寻找方案，进而关联分解到零部件参数。

6.2.3 操纵稳定性与转向性能集成 CAE 仿真与集成优化

操纵稳定性与转向性能 CAE 仿真集成与优化，以基于模型的目标分解与性能平衡技术为主线，通过二轮仿真循环迭代设计，完成平台架构类型、底盘硬点、轮胎、衬套及弹性件性能方案设计，确保方案与目标一致性。整个流程如图 6-5 所示。

第一轮整车~系统目标分解：采用但不限于 Carsim 参数化模型，以操稳转向性能目标作为约束，获取多组包含轮胎的系统级目标方案，支撑底盘架构型式及轮胎初步方案制订。

第二轮系统~零部件分解：基于选定的底盘架构型式，以系统方案为目标，基于 Adams 系统物理模型完成硬点及衬套刚度的设计优化，同步采用 Adams 整车物理模型进行整车操稳转向、制动抖动、行驶摆振、轮胎偏磨等性能验证。

操纵稳定性与转向性能 CAE 仿真主要包含直线控制性仿真、转向控制性仿真以及瞬态稳定性仿真。模型类型及详细要求均根据不同的分析工况确定。

图 6-5 行驶性能 CAE 仿真开发技术路线

6.2.3.1 直线控制性 CAE 仿真与优化

直线控制性是汽车操纵稳定性的重要组成部分，也是驾驶人能否轻松舒适地驾驶汽车的先决条件。汽车的直线控制性 CAE 仿真优化主要包含车体纵倾运动控制能力仿真、直线行驶可控性仿真、侧风敏感性仿真及跑偏仿真分析四个方面。

1) 车体纵倾运动控制能力仿真分析，它主要考察汽车加减速时车体俯仰动作控制能力。车体纵倾动作控制能力仿真分析主要评估悬架抗纵倾特性设计是否合理。悬架抗纵倾特性的设计要兼顾抗纵倾以及冲击乘坐舒适性，尤其是前悬架。车体纵倾运动控制能力仿真建模、分析及评价关重要点，见表6-1。

表6-1 车体纵倾运动控制能力仿真建模分析及评价关重要点

仿真工况	模型关键要求	评价指标
直线制动纵倾运动分析	整车质量、质心位置、轴距、悬架抗点头、抗后蹲特性、悬架刚度、悬架阻尼及轮胎垂向刚度特性	车身俯仰角、俯仰角速度、前后悬压缩回弹量、H点举升量
直线加速纵倾运动分析		

2) 直线行驶可控性主要反映车辆中高车速下小幅调整方向变换车道时的转向性能，一般通过转向盘中间位置操纵稳定性仿真工况来模拟，该仿真设置与ISO转向盘中间位置操纵感试验一致。直线行驶可控性主要通过该工况下转向盘转角、转向盘力矩、横摆角速度、侧向加速度四者之间相互关系来表征。直线行驶可控性仿真建模、分析及评价关重要点，见表6-2。

表6-2 直线行驶可控性仿真建模分析及评价关重要点

仿真工况	模型关键要求	评价指标
转向盘中间位置操纵稳定性分析	转向系统部件刚度、悬架及转向系统部件摩擦、EPS助力、悬架K&C、转向几何、悬架垂向阻尼、EPS基础助力及轮胎线性侧偏等特性	转角空行程、横摆角速度响应增益以及随车速变化情况、横摆角速度响应延迟、转角死区、扭转刚度及摩擦感等

3) 汽车在直线行驶过程中，不可避免地受到各种干扰因素影响，这些影响因素可能来自路面不平（接缝、井盖、沟痕和起伏等）、气动阻力（侧风敏感性和气流敏感性），故车辆直行抗干扰能力不容忽视。侧风敏感性一般作为车辆直线抗干扰能力的重要评估手段，优异的车辆侧风敏感性需要底盘性能工程师与空气动力学设计工程的共同努力。侧风敏感性仿真过程如下，车辆以恒定车速直线行驶，侧风在某个时间点开始作用，持续一段时间后结束，侧风的作用通过一个六向力来表征，力的大小方向与迎风面积、迎风角、风阻系数和空气动力中心等参数相关。该分析主要关注横摆角速度、侧倾角及质心处侧偏角变化量、横向偏移量等。某车型在侧风作用下的横摆角速度整个变化过程如图6-6所示。

4) 直行保持能力也是直线控制性重要组成部分，主要通过直线匀速行驶跑偏仿真与直线加速跑偏仿真来评估，跑偏一般有Pull和Drift两种仿真评价方式，Pull为固定转向盘转角并匀速或加速行驶，Drift为松开转向盘并匀速或加速行驶。Pull通过保持直线行驶所需保舵力进行评价，Drift通过横向偏移量进行评价。行驶跑偏的产生均是由于生产制

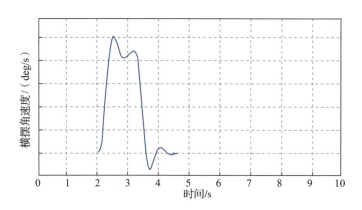

图 6-6 侧风敏感性仿真工况车辆横摆角速度

造、装配工艺等左右不对称累计误差造成的,行驶跑偏分析需结合蒙泰卡罗分析法,通过蒙泰卡罗分析提出关键零部件尺寸控制要求以提升行驶跑偏稳健性。

6.2.3.2 转向控制性 CAE 仿真与优化

转向控制性着重关注车辆在弯道中的稳定性及可控性,主要考察车辆弯道不足转向及横摆响应特性、高速上下匝道过弯能力、稳态侧倾控制能力、弯道加减速稳定性。转向控制性 CAE 仿真优化主要包括稳态定圆仿真、弯道制动仿真、弯道加/减速仿真。

1) 弯道不足转向特性、侧倾控制及过弯能力是车辆弯道操纵稳定性的基础,这些特性一般通过稳态定圆仿真分析模拟评估。稳态定圆仿真过程中需要注意保证侧向加速度的增长量不大于 0.01g/s。分析评价重点关注整个侧向加速度段内前后轴侧偏柔度、质心处侧滑角、侧倾角等关键指标。

2) 弯道加减速稳定性主要评价车辆在转弯同时加减速工况下的车辆稳定性及可控性,一般通过弯道制动、弯道加/减速仿真分析模拟评估。这类仿真对于模型要求高,动力系统动力输出特性、轮胎摩擦圆特性、弹性阻尼件动态特性及衬套非线性特性等均需详细考虑。分析评价重点关注横摆角速度增益及质心处侧偏角变化量。

6.2.3.3 瞬态稳定性 CAE 仿真与优化

瞬态稳定性着重关注车辆在紧急变线与避障过程中的稳定性及可控性。瞬态稳定性 CAE 仿真优化从时域和频域两个方面来开展,主要包括车辆阶跃响应仿真、频率响应仿真以及正弦延迟仿真。

1) 阶跃响应仿真主要关注车辆在转向盘阶跃输入下的横摆角速度响应时间以及超调量。在兼顾横摆响应迅速的要求下,横摆阻尼应尽可能大,使车辆在瞬态操纵下横摆超调小一些,但横摆响应时间与超调量这两者又是一对极为典型的矛盾点,这两者基本取决于底盘架构与轮胎特性,前期合理目标设定与 CAE 仿真设计优化尤为重要。分析评价重点关注响应时间 T_a、峰值响应时间 T_p 以及横摆角速度超调量 σ,T_a、T_p 及 σ 定义如图 6-7 所示。

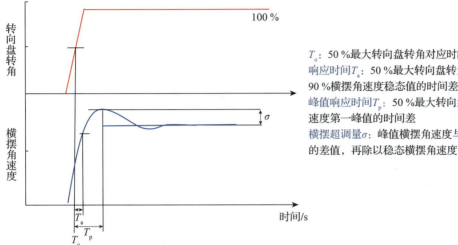

图6-7 阶跃转向仿真工况转向盘转角与横摆角速度响应

2) 频率响应特性同样是衡量车辆瞬态操稳性能的重要手段,它主要评估车辆高频响应的失真程度。频率响应优秀的车辆,高频响应能力越强、越准、越快,同样车辆极限和紧急避障能力也越突出。车辆频率响应特性主要通过转向盘扫频输入工况来模拟。转向盘扫频输入仿真重点关注横摆角速度固有频率、横摆角速度响应的通频带宽度、横摆阻尼、相位滞后频率、1Hz侧倾速度梯度等。某车型横摆角速度幅频响应特性,如图6-8所示。

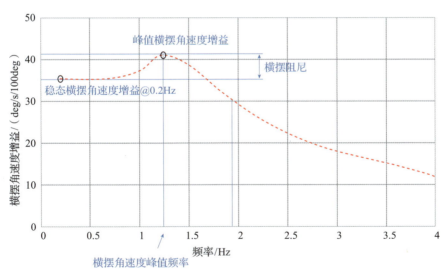

图6-8 转向盘扫频输入仿真工况横摆角速度幅频特性

3) 极限工况下,车辆垂向及侧向附着也是瞬态操稳重点关注点,尤其是垂向附着。如果失去垂向附着,车辆很容易进入失稳状态,严重影响车辆安全性。极限状态下轮胎附着一般通过ESC正弦延迟仿真方法进行评估。ESC正弦延迟仿真过程具体步骤如下:第一步先让车辆以 80km/h 的速度进行大加速度阶跃仿真，获得侧向加速度在 0.3g 时的转角作为基准转向盘转角，基准转向盘转角乘以转向系数 6.5 被称为 swa_amp_6.5。第二步保持车速 80km/h，转向盘正弦转向，输入频率为 0.7Hz，在第二个峰值处有 500ms 延迟，若 swa_amp_6.5≤300°，转向盘转角幅值为 swa_amp_6.5 或 270°的较大值，swa_amp_6.5＞300°，转向盘转角幅值为 300°。ESC 正弦延迟仿真重点关注四轮垂向载荷是否处于合理范围内。某车型正弦延迟工况下前轴左右轮荷变化情况如图 6-9 所示。

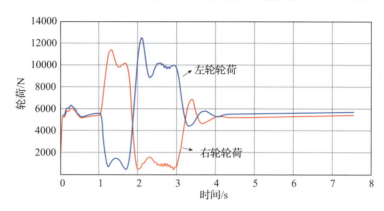

图 6-9 正弦延迟仿真工况前轮荷

6.2.4 操纵稳定性与转向性能集成调校

基于行驶过程中的车辆运动控制，可以将涉及悬架及转向系统零件的调校大致分为三类：

1）直线行驶中由于路面不平等激励引起的垂向运动，及相关的纵倾和侧倾运动，此类内容在本书中归属乘坐舒适性范畴，将在 6.3 节展开。

2）直线行驶中由于加速、制动等输入引起的车辆纵倾运动，转弯过程中引起的车辆侧倾运动，在本书中归属操稳性能调校范畴。

3）转向过程中的车辆的横摆运动，在本书中归属操稳性能调校和转向性能调校共同完成，前者侧重悬架系统相关零件等特性调校，后者侧重转向系统特性及相关的力矩调试。

6.2.4.1 轮胎调校

轮胎是整车动态性能最为关重的性能件，对操纵稳定性、转向性能、乘坐舒适性能、制动性能、NVH 性能、动力性能等均有显著影响。同时轮胎也是特性最复杂的底盘零件，对气压、载荷、倾角等特性敏感，甚至较小的生产控制变差都有可能被主观评价感知，因此在产品架构特性确立之初就应该首先对轮胎进行选型开发。

轮胎及轮辋型号由产品策略及造型等因素主导确定后，CAE 结合整车性能目标分析出轮胎基础性能方案，再综合考虑成本、重量等因素进行轮胎寻源。在基础车型上分别对轮胎进行平顺、操控、转向、制动、NVH、动力及油耗性能等多方面评估，根据前述各特性的开发目标权重给出每款轮胎的最终评分，初步选定开发用胎。

上述工作完成后，与其他零部件的调校过程相结合，视情况对轮胎的垂向、侧向、侧偏、纵向等力特性联合轮胎开发商进行优化，不同垂向加载工况下的侧偏特性示例，如图 6-10 所示。

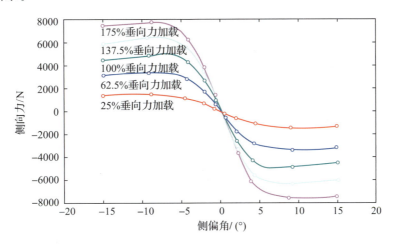

图 6-10 不同垂向加载工况下某轮胎的侧偏特性

6.2.4.2 传动比调校

转向角传动比是转向盘转角与车轮转角的比值，乘用车的转向角传动比普遍在 14∶1 到 20∶1 之间，偏运动车型传动比设置通常小于 15∶1。在底盘硬点确定后，转向角传动比匹配主要通过转向器传动比选型来完成，匹配中重点关注泊车转向盘输入转角机动性、直行变道整车的响应灵敏性、弯道行驶车辆按照预定轨迹行驶时转向盘的调整性以及出弯道时转向盘自行的回正性，结合整车的性能表现选择最优的转向器传动比。

6.2.4.3 弹簧、稳定杆匹配调校

弹簧垂向刚度、稳定杆扭转刚度是行驶性能调校中的两个重要刚度参数。弹簧在车辆垂向、侧倾、纵倾运动控制中均起重要作用，而稳定杆主要参与侧倾动作控制。因此建议在断开稳定杆连接使其不起作用的前提下，根据初级乘坐舒适性目标分解的偏频、俯仰频率等需求，调试确定弹簧刚度，再连接稳定杆，调试确定其刚度/直径。

因为减振器阻尼与弹簧共同作用，所以在弹簧、稳定杆匹配调试初期，尽可能将减振器阻尼力调整至最小，初步选定弹簧刚度后再恢复阻尼来综合评估。

6.2.4.4 减振器调校

调试用减振器进行特殊改制以方便打开拆解及灌装油液和充气，支柱式减振器总成（通常包含减振器、弹簧、缓冲块、上安装座等）还可以对弹簧托盘安装位置进行改制以实现上下调整。根据减振器内部结构不同，需要准备不同规格的活塞、底阀、阀片、活塞

杆、限位环、弹簧等用于调试。

减振器调校以阻尼调试为主,支柱式减振器总成同时兼顾行程调整,对弹簧托盘位置、缓冲块间隙/刚度进行调试。不同速度点的阻尼可以根据推荐的阻尼系数进行估算,常用驾驶工况对应的减振器工作速度、频率可以参考相关文献介绍(图6-11)也可以通过设备采集计算(图6-12),在此基础上结合主观评价结果有针对性的调整对应速度段阻尼,过程中可根据需要对不同刚度的弹簧进行反复确认和评价。

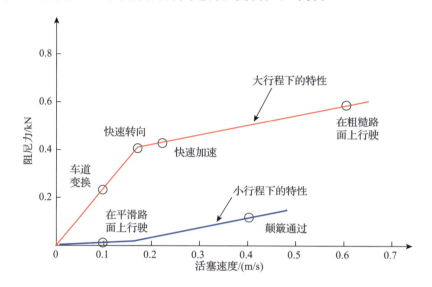

图6-11 不同工作行程下的最佳减振器特性

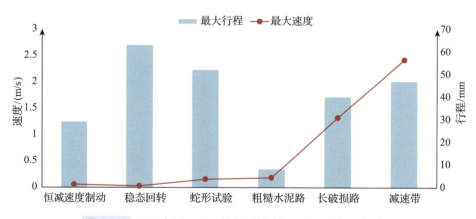

图6-12 不同行驶工况下某车型前减振器的最大行程与速度

6.2.4.5 衬套调校

衬套类调校涉及摆臂等悬架各杆件衬套、副车架、扭梁、多连杆悬架各杆件、减振器安装座、发动机悬置等传递路径上各连接点处的橡胶弹性元件,在方案阶段,由CAE对转向响应和次级乘坐舒适性等性能目标进行方案分解,确定衬套基础动静刚度,同时结合灵敏度分析,确定各衬套的主作用方向,以制作不同方案的匹配样件,衬套敏感性分析示例如图 6-13 所示。

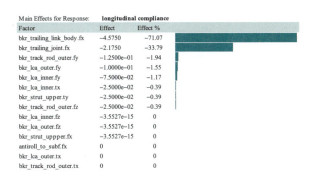

图 6-13 衬套敏感性分析示例

在调校验证过程中，应注意衬套安装角度和扭力大小，避免因装配差异误导匹配方向。

6.2.4.6 EPS 及其标定

1. 主要控制模块介绍

转向 EPS 助力是通过识别转向盘上的转矩信号和汽车车速信号，根据预先设定的控制算法，使电动机产生相应大小的辅助力，协助驾驶人进行转向操纵，并获得最佳的转向特性，常规的转向 EPS 标定主要包含基本助力匹配、回正匹配及阻尼匹配。

2. 基本助力匹配

基本助力匹配包含低频助力与高频助力匹配。低频助力提供在不同车速不同的转向盘转矩输入下 EPS 助力电动机提供助力矩，基本助力匹配（低频）主要用于各车速下转向手力大小匹配，保证驾驶车辆转向的轻便性。标定曲线如图 6-14 所示。

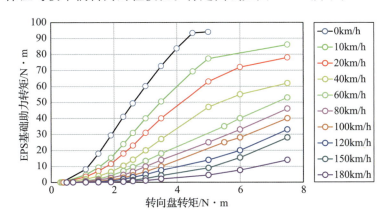

图 6-14 基本助力曲线

高频助力提供在特定车速下，转向盘高速转动时，根据输入力矩提供助力补偿特性。高频助力主要用于转向手感匹配。标定曲线如图 6-15 所示。

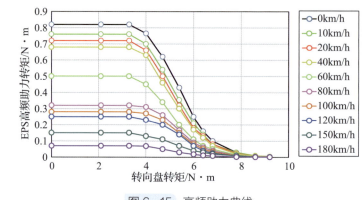

图 6-15 高频助力曲线

3. 回正匹配

EPS 转向系统以转向盘中点作为回正目标点,根据转向盘所处的位置提供向中点回正的助力矩,实现转向主动回正功能,回正匹配主要关注回正速度与回正残留角。标定曲线如图 6-16 所示。

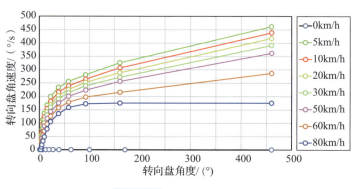

图 6-16 回正助力曲线

4. 阻尼匹配

阻尼匹配提供在不同的车速和转向盘转速下为转向系统提供阻尼力。在汽车高速行驶时适当增加转向阻尼力,可实现高速驾驶的稳重手感。标定曲线如图 6-17 所示。

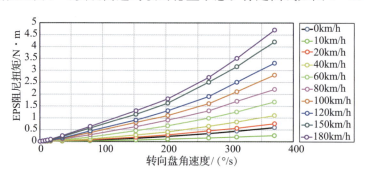

图 6-17 转向助力阻尼曲线

6.3 乘坐舒适性能集成开发

6.3.1 乘坐舒适性能集成开发概述

乘坐舒适性主要由初级舒适性、次级舒适性、冲击舒适性组成。

初级舒适性是指由于路面不平引起车身相对水平面的运动，包括跳动、漂浮感、俯仰、侧倾和侧向晃动。

次级舒适性是指车辆在随机路面行驶时通过轮胎、悬架传递到车体的高频率低幅值振动，主要包含振动频率、强度、作用方向以及人体在振动环境中的暴露时间。不同的人对振动敏感程度有很大的差异，对振动的反应是一个复杂的过程。由于随机振动的规律不能用简单的函数或函数组合来进行表征，因此在整车目标分解中常采用功率谱密度对应不同频率范围计算加速度方均根值。

冲击舒适性是指车辆在受到冲击输入时人体感受到的冲击能量，包含冲击触顶触底、冲击噪声、冲击触感、顶升感及余振。相比次级振动，时间历程更短，瞬时冲击能量更大，整车设计目标主要采用冲击峰峰值衡量冲击能量大小。

6.3.2 乘坐舒适性能目标分解及方案设计

在整车设计目标分解过程中，初级舒适性需重点关注俯仰、侧倾以及侧向晃动。其频率段主要集中在 0.5~4Hz，弹簧、缓冲块间隙、减振器及稳定杆的影响最大。

车辆随机输入响应对于整体性、紧凑感至关重要，在次级舒适性目标分解中重点关注次级抖动（8~20Hz）以及更高频的振动特性，在方案设计阶段优先考虑轮胎及衬套特性。

冲击舒适性在系统分析设计阶段需保证足够的悬架压缩行程的同时重点关注整车冲击触感、顶升感及余振。

1. 俯仰分解

俯仰定义（P）：由于路面不平引起的车身相对于水平面车辆侧向（Y 向）的旋转运动，车辆控制这种运动的能力称为俯仰平衡，俯仰模型如图 6-18 所示。

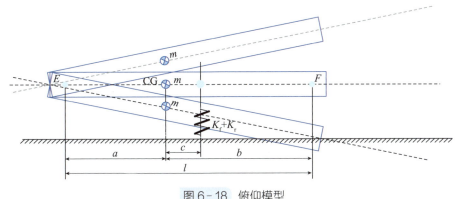

图 6-18 俯仰模型

$$P = 2\pi\sqrt{\frac{(k_\mathrm{f} + k_\mathrm{r})(a + c)}{ma}} \tag{6-20}$$

式中，P 是俯仰频率（Hz）；k_f 是前悬架的乘适刚度（N/mm）；k_r 是后悬架的乘适刚度（N/mm）；a 是质心与前轮心之间的距离（mm）；c 是弹性中心与质心之间的距离（mm）；m 是弹性中心与质心之间的距离（mm）。

2. 侧倾分解

侧倾定义（R）：由于路面不平引起的车身相对于水平面车辆前进方向（X 向）的旋转运动，车辆控制这种运动的能力称为侧倾平衡，侧倾分解整体思路与俯仰分解一致。

3. 余振分解

前悬余振分解采用峰峰值客观指标进行评估，计算方法如图 6-19 所示。

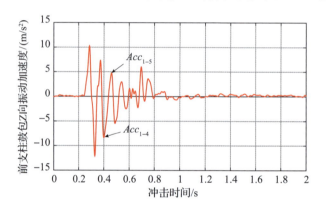

图 6-19 余振冲击时间历程

$$PP_{AF} = Acc_{1-5} - Acc_{1-4} \tag{6-21}$$

式中，PP_{AF} 是整车余振收敛加速度（m/s²）；Acc_{1-4}、Acc_{1-5} 分别为前支柱鼓包位置传感器加速度时域波峰波谷值（m/s²）。

6.3.3 乘坐舒适性能 CAE 仿真与优化

车轮、悬架、车体、动力系统等通过弹簧、衬套、减振器、悬置等，组成一个复杂的多自由度"质量-刚度-阻尼"动力学系统，主要承受随机不平路面激励和发动机激励。车速 40～120km/h 的行驶状态下，路面激励频率范围为 0.37～31.4Hz，发动机激励高于该频率段。对于乘用车乘坐舒适性能仿真，主要关注路面不平引起的振动，其频率范围为 0.5～20Hz，因此，在建立乘用车的振动模型时，仅考虑随机不平路面激励。

根据路面激励类型及频率，分为初级乘坐舒适性（连续激励下 0.5～4Hz 频段）、次级乘坐舒适性（连续激励下 4～20Hz 频段）和单项冲击乘坐舒适性（离散激励）。0.5～20Hz 内乘用车的固有频率主要有三个特征：簧上质量的刚体模态（垂向跳动、俯仰、侧倾）<4Hz，簧下偏频在10~14Hz，动力系统垂向刚体模态在8~11Hz。

6.3.3.1 初级乘坐舒适性能仿真优化

理论和经验表明，汽车前后悬架与其簧上车体组成的振动系统的固有频率（也称偏频），是影响汽车乘坐舒适性的主要参数之一。如图6-20所示，设汽车簧上质量为 m_2，绕通过质心 C 的横轴 y 的转动惯量 $I_y = mr^2$（r 为绕横轴 y 的回转半径），质心 C 距前后轴的距离分别为 a、b。则称 $\varepsilon = r^2/ab$ 为悬架质量分配系数，经论证在 $\varepsilon = 1$ 的情况下，前后轴上方车身部分的集中质量 m_{2f}、m_{2r} 的垂直方向运动是相互独立的。现代大部分汽车的 $\varepsilon = 0.8 \sim 1.2$，因此可近似认为车辆前后轴上方车身的振动不存在联系，是单独运动的。在这种情况下，可以看作其前后悬架分别与其簧上质量组成相互独立的双质量单自由度振动系统（忽略簧下质量），其固有频率也称偏频，可以表示为

$$f_f = \frac{1}{2\pi}\sqrt{\frac{k_f}{m_{2f}}} \tag{6-22}$$

$$f_r = \frac{1}{2\pi}\sqrt{\frac{k_r}{m_{2r}}} \tag{6-23}$$

式中，f_f、f_r 分别为前、后悬的偏频（Hz）；k_f、k_r 分别为前、后悬架的乘适刚度（N/m）；m_{2f}、m_{2r} 分别为前、后悬簧上质量（kg）。

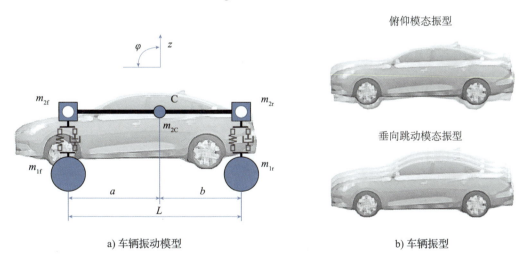

图6-20 两轴汽车简化模型及振型

因此在车辆正向开发中，应先依据乘坐舒适性的要求确定前后悬的偏频，继而确定后续如悬架刚度、静挠度等相关设计变量。另外，悬架的前后偏频分配（即偏频比）也对乘坐舒适性有影响。经大量实践发现，在前后悬偏频相近且前后偏频比 $f_f/f_r < 1$ 时，车辆的乘坐舒适性表现更好。各种不同车辆的前后悬偏频分配区间，见表6-3。

表 6-3 现代不同用途汽车的偏频分配

车型	满载前悬偏频 /Hz	满载后悬偏频 /Hz
普通轿车	1.02～1.44	1.18～1.58
载货汽车	1.51～2.04	1.67～2.23

初级乘坐舒适性关注车身刚体模态（垂向、俯仰、侧倾三个方向）在路面低频激励（0.5～4Hz）下的耦合响应。初级乘坐舒适性的仿真模型，如图 6-21 所示。在概念设计阶段，采用有阻尼七自由度振动模型进行方案设计，在方案细化阶段，采用多体模型进行性能验证。

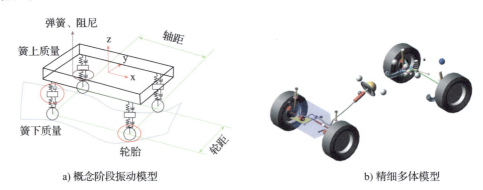

a) 概念阶段振动模型　　　　　　　b) 精细多体模型

图 6-21 初级乘坐舒适性不同阶段仿真模型

1. 初级乘坐舒适性（车体动作）仿真优化

在概念设计阶段，主要采用有阻尼的七自由度模型（车体垂向、俯仰、侧倾和 4 个车轮位置高度），模型中包括了簧上簧下质量质心、惯量、悬架刚度、阻尼、轮胎刚度、轴距、轮距等参数。该模型可以通过解析求解。该模型表述如下：

系统广义坐标向量：

$$\vec{x} = [x_1, x_2, x_3, x_4, x_5, \alpha, \beta]^T \quad (6-24)$$

$$L = T - V \quad (6-25)$$

系统能量函数：T 是系统动能函数；V 是系统势能函数；Ψ 是系统耗散能函数；L 是拉格朗日函数。

运动微分方程：

$$\frac{\mathrm{d}}{\mathrm{d}t}\left(\frac{\partial L}{\partial \dot{x}}\right) - \frac{\partial L}{\partial x} + \frac{\partial \Psi}{\partial \dot{x}} = 0 \quad x \in (x_1, x_2, x_3, x_4, x_5, \alpha, \beta) \quad (6-26)$$

状态和观测方程：

$$\begin{cases} \dot{X} = AX + BQ \\ Y = CX \end{cases} \quad (6-27)$$

通过概念模型仿真及 DOE 优化，实现整车初级乘坐舒适性目标分解至悬架系统级，获得设计车车格下的悬架刚度、阻尼及前后偏频比及阻尼比初始方案。

方案细化阶段，采用多体模型（共 100～200 个自由度）进行舒适性时域工况分析，包括虚拟试验场舒适性路面仿真分析和整车四通道台架仿真分析。多体模型包括详细的车体和悬架信息。车身质量、质心、惯量通过经验公式（前期）和车身有限元模型（中期）计算。模型需要进行整车的静态（整车质量、质心、惯量、轮荷、K&C）和动态（模态）校验。多体模型中的数字轮胎选用完全非线性的 F-tire 模型，其响应频率范围超过 120Hz，广泛涵盖初级乘坐舒适性以及次级乘坐舒适性的响应信号的解耦带宽。

多体模型可将悬架系统刚度分解至零部件级，并基于整车模型调试减振器低、中速段阻尼和附加侧倾刚度及阻尼。可通过多体模型验证集成方案的初级乘坐舒适性及车轮接地动载荷的表现。主机厂根据自定义的初级乘坐舒适性路面激励进行仿真分析。目前的主要激励形式有三种，如图 6-22 所示，分别为数字扫描路面、标准路面和正弦扫频路面，后两种路面仿真试验对标困难，难以支撑前期乘坐舒适性能开发。目前初级乘坐舒适性仿真精度达到 85%。

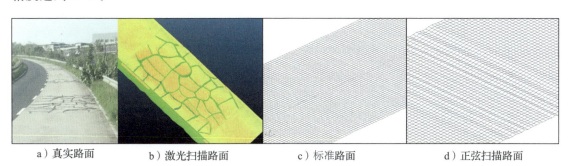

a）真实路面　　b）激光扫描路面　　c）标准路面　　d）正弦扫描路面

图 6-22　初级乘坐舒适性路面激励类型

初级乘坐舒适性仿真评估对应主观评价中的车身俯仰、侧倾、头部晃动等，目标望小。图 6-23 所示为初级乘坐舒适性仿真结果。

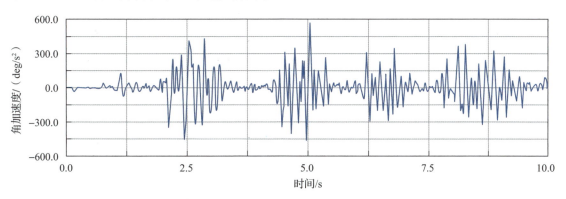

图 6-23　初级乘坐舒适性仿真结果

2. 乘坐舒适性高级感的设计

车辆行驶时带给乘客所谓的舒适性高级感在感官上表现为座舱如履平地、几乎觉察不到车辆的振动。这反映出悬架系统对轮胎激励的宽频大幅度滤过性。从车辆设计和性能上讲，高级感表征为，车身控制倾向于小幅、舒缓低频运动状态；轮胎贴地性好，释放车轮的垂向运动，以及自适应性的悬架刚度和阻尼。为了达到高级感，要求悬架行程大，整车Y轴转动惯量大，簧下质量小、轮胎支撑力波动小。

悬架行程由支柱行程和轮包决定，增大悬架行程有利于提高汽车的舒适性。

1）悬架静挠度由弹簧刚度决定。

2）悬架动挠度由悬架刚度、阻尼、悬架质量决定。

3）利用缓冲块限制悬架动挠度。

车辆匹配时，通常会允许存在合理的垂向振动和最小的俯仰角振动，因为人对水平方向的振动比垂直方向更为敏感，而俯仰角振动会引起纵向水平振动，因此，为了提升乘坐舒适性，应尽量减小俯仰角加速度。通过调大整车惯量 I_{yy}，合理偏频比下减小前轴偏频，调大车身质量，可以降低簧上俯仰模态频率，低于垂向模态，从而使车身产生俯仰角共振的角加速度分量较小。在模型仿真中，通过优化参数，使簧上模态出现明显的垂向和俯仰（俯仰振型中心点在前后轮轴中间）解耦，且降低俯仰固有频率，有利于提升乘坐舒适性俯仰性能。

由于车辆左右几乎完全对称（不对称通常来源于动力系统布置和负荷），因此侧倾振动与俯仰振动通常是解耦的。对瞬态侧倾的控制，主要通过降低侧倾固有频率的方式。处于控制侧倾梯度的需求，通常会加入横向稳定杆以提升侧倾刚度，初级乘坐舒适性要求侧倾固有频率与俯仰固有频率相近，因此需要通过多目标优化平衡操稳和乘坐舒适性的冲突。

进一步的高级感要求，可以采用"天棚"原理，如图6-24所示，通过半主动悬架实

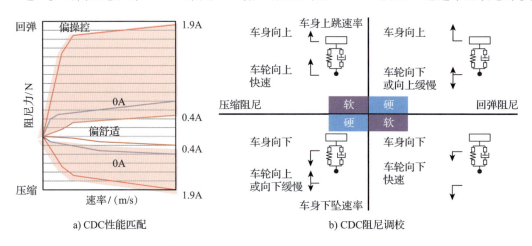

图6-24 可调减振器系统及"天棚"核心控制逻辑

现车体控制性能提升。被动悬架在乘坐舒适性和路面附着性的性能限制可以通过电控悬架来弥补。电控悬架按照是否有能量输入和控制带宽分为半主动悬架和主动悬架两大类。半主动悬架的开发重点在于控制策略和可调减振器。优秀的控制策略可以打破被动悬架的物理限制，在提升乘坐舒适性高级感的同时保证路面附着性。而响应速度快、可调范围广的可调减振器是执行控制策略的必要保障。

6.3.3.2 次级乘坐舒适性能仿真优化

次级乘坐舒适性仿真模型应包含准确的轮胎至座椅传递函数，需要考虑如下5点：

1）中高频动态力学特性的轮胎模型。基于轮胎测试数据，进行轮胎模型参数辨识，生成轮胎特性文件。

2）衬套的动态特性输入。建立衬套动刚度、损失角及摩擦模型。

3）校核悬架系统的偏频、异向跳动固有频率。

4）车体传递函数。车体传递函数在模型中可通过柔性车身表达。通过模态综合法和车体FEM，计算获取柔性车身，校核车体质量、惯量、模态。

5）座椅-人体耦合模型。测量座椅-人体质量块系统传递函数，基于传递函数建立座椅-人体多体耦合模型。

在粗糙沥青路的数字路面上，可仿真获得次级乘坐舒适性的颠振和簧下抖动性能。座椅导轨垂向响应较大，通常为悬架阻尼过大，导致路面激励无弱化传递，调整压缩和复原中高速阻尼段进行优化。簧下小抖动通常是由于悬架阻尼不足导致，通过调整悬架阻尼下边界（衬套和减振器），获得较好的性能表现。

6.3.3.3 单项冲击性能仿真优化

单项冲击性能关注脉冲大位移激励下悬架及车体的响应。与之相关的性能包括颠振、触感和余振。仿真模型要求：动力系统的质量、质心、惯量准确，解耦的悬置系统位置、刚度，液压悬置多个幅值下的动刚度和损失角，橡胶衬套的动刚度特性，F-tire轮胎模型。

1. 颠振、余振问题机理及优化方法

颠振是指汽车以某个车速通过减速带时，车内乘员明显感受到冲击感和顶升感的现象。通过优化悬架性能（减振器阻尼和弹簧刚度）、轮胎垂向刚度以及悬置刚度性能，能明显改善颠振。

余振问题是指汽车以30km/h的车速通过减速度后，车内乘员明显感受到车内振动，且衰减较慢的现象。余振产生的机理是考虑到减速带纵截面长度和高度，其与轮胎接触模型，在30km/h下，形成11~12Hz的大振幅路面垂向激励，经悬架、车身、悬置等部件传递到动力总成，导致动力总成相对车身大振幅运动，若大振幅激励下的动力总成悬置系统动刚度和损失角匹配不当，会恶化动力总成相对车身的运动，表现出收敛慢，车内乘员感受振动明显的情况。因此，在对余振问题优化之前，首先应保证：

1) 簧下模态和大振幅激励下的动力总成悬置系统的行驶模态避开，防止余振恶化。
2) 动力总成悬置系统的模态解耦应充分，防止模态耦合引起余振恶化。

针对余振问题优化，主要包括三个方面：

1) 采用左右悬置静态特性曲线的非线性段进行限位约束，防止过高的能量传递给动力总成。
2) 对右悬置（液压悬置）的损失角峰值频率、损失角大小进行优化设计，衰减传递到动力总成的能量。
3) 对大振幅激励下动力总成悬置系统动刚度进行优化，防止大振幅激励下的动力总成悬置系统的垂向跳动模态（行驶模态）与大振幅路面激励频率避开。

图6-25所示为单项冲击下车身测点处的加速度对比。加速度数据可反映颠振和余振水平。

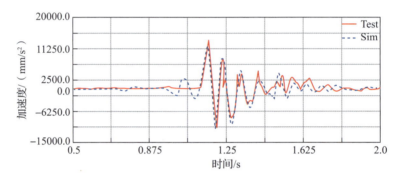

图6-25 颠振和余振仿真试验结果对比

2. 触感性能仿真优化

触感及颠振是指汽车以某个车速通过减速度时，车内乘员明显感受到冲击感和顶升感的现象。通过优化悬架性能（减振器阻尼和弹簧刚度）、轮胎垂向和纵向刚度以及悬架橡胶衬套性能，能明显改善触感及颠振，如图6-26所示。

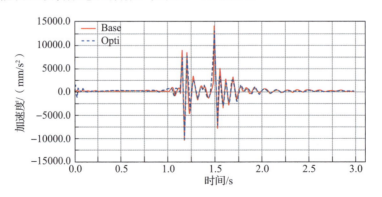

图6-26 触感仿真优化

6.3.4 乘坐舒适性能集成调校

乘坐舒适性主要为车辆的垂向运动特性，基于行驶过程中的车辆运动控制，乘坐舒适性性能调校主要包含以下内容。

6.3.4.1 轮胎调校

轮胎动力学特性直接影响整车乘坐舒适性，特别是在众多的关重性能参数中轮胎径向刚度对舒适性的影响最大，然而它和轮胎载荷及气压呈现出一种非线性的函数关系，如图6-27所示。

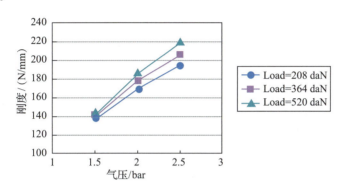

图6-27 轮胎气压与轮胎刚度曲线

因此在轮胎选型及调校优化过程中需合理匹配轮胎气压，保证轮胎气压、载荷与径向刚度达到最优平衡状态，以满足舒适性要求。

6.3.4.2 衬套调校

衬套在性能匹配开发过程中对次级及冲击舒适性的影响最明显，直接关系到整车悬架纵向柔度特性，匹配过程需根据衬套的布置形式来优化相应的线性段长度、损失角及对应的动静刚度。

6.3.4.3 弹簧、稳定杆及缓冲块调校

弹簧刚度及缓冲块调校直接影响悬架垂向刚度，在满足前后悬架偏频的情况下实现前后弹簧的平衡，同时兼顾冲击舒适性。

6.3.4.4 减振器调校

减振器常用工作速度可以分为低速、中速、高速三个范围，每个速度段对性能的作用点均不相同，但又紧密相连。其中，低速段主要对次级舒适性及操稳性能影响最大，中速段主要影响整车初级动作控制，而高速段直接影响冲击性能。

其中低速点的调节主要与节流阀片的开口有关，随着速度的增加，节流阀片的开口影响逐渐减小。如升高低速点阻尼值（复原、压缩），减小节流阀开口尺寸或减少节流阀开

口数量；如降低低速点阻尼值（复原、压缩），则反之。中速点的调节主要与调整阀片的多少及厚度有关，随着速度的增加，调整阀片的多少及厚度影响逐渐减小。如升高中速点阻尼值（复原、压缩），增加调整阀片的数量或某几片阀片的厚度，有时还得结合压缩、复原的浮动阀体的台阶高度进行调节；如降低中速点阻尼值（复原、压缩），则反之。高速点时，一般所有阀片皆已打开，起阻尼作用的只有压缩、复原的浮动阀体上的阀孔。如升高高速点的阻尼值，减少压缩、复原的浮动阀体上的阀孔大小或减少压缩、复原的浮动阀体上的阀孔的数量进行调节；如降低高速点阻尼值（复原、压缩），则反之。

综上，在调校过程中需综合考虑，实现操稳性能与舒适性能的平衡。

6.4 制动性能集成开发

6.4.1 制动性能集成开发概述

制动性能主要分为行车制动（初期/轻度制动、中度制动、重度制动、最大制动）性能、驻车制动性能、制动干扰特性等。

行车制动性能重点关注驾驶人输入的踏板行程与制动系统反馈给驾驶人的反作用力（行程－踏板控制力）的特性、驾驶人感受到车辆的减速响应（行程－减速）的特性、驾驶人感受到的踏板控制力和车辆的减速响应（踏板控制力－减速）的特性，以及轮胎地面提供的极限附着利用程度（最大制动）的特性。

驻车制动性能重点关注驾驶人输入的驻车操作行程与制动系统反馈给驾驶人的反作用力（行程－驻车控制力）的特性、驾驶人感受到车辆的减速响应/停驻坡度（行程－动态驻车减速/驻坡能力）的特性、驾驶人感受到的驻车控制力和车辆的减速响应/停驻坡度（驻车控制力－动态驻车减速/驻坡能力）的特性，以及轮胎地面提供的极限附着利用程度（动态驻车最大减速能力/最大驻车坡度）的特性。

制动干扰指在实施制动（含驻车）过程中，出现的不符合驾驶人预期的扰动或错误状态。一般要求在制动过程中不影响车辆的行驶稳定性和转向能力，不出现明显的系统工作引起的异响/噪声以及对车辆其他方面（车体俯仰、横摆、整车及转向盘抖动等）的负面影响。

制动性能集成开发，就是应用汽车理论和汽车设计的相关理论和方法，将上述特性转化为制动系统的设计目标，并分解到制动零部件，然后经 CAE 仿真优化和整车匹配调校，确定适合的零部件性能指标，指导零部件的优化设计，通过开发和验证试验，最终达成制动系统设计目标，以满足用户需求的过程。

6.4.2 制动性能目标分解及方案设计

6.4.2.1 关键特性目标分解

制动性能是指控制车辆，迫使路面在车轮上施加一定的与运动趋势相反方向的外力，使行驶中的车辆逐渐减速或停车，或使已经停驶的车辆保持静止状态的能力。制动性能主要由下列三个方面来评价。

1) 制动效能。
2) 制动效能的恒定性。
3) 制动时汽车的方向稳定性。

这三个主要维度的评价，涵盖了制动性能开发的主要内容，对于制动性能的开发有着非常重要的指导意义。在此基础上，按照制动系统的功能核心诉求，进一步将制动性能概括定义为：为用户提供舒适、可预判、响应灵敏且精准、尽可能达成预期安全的稳定、可靠的制动控制、增强汽车整体品质与安全性的能力。具体可描述为驾驶人通过制动踏板或驻车手柄/开关按钮，输入操作行程，感受到的车辆含制动系统的相关反馈（如踏板/驻车制动力、整车减速度/驻车坡度、系统工作的异响/噪声，以及对车辆其他方面（车体俯仰、横摆、整车及转向盘抖动等）的影响是否符合预期以及满意的程度，如图 6-28 所示。

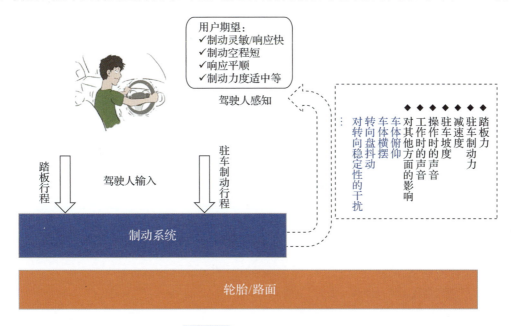

图 6-28 人-车-制动系统

在整车设计目标分解过程中，行车制动性能需要依据整车参数和轮胎型号及附着系数提出前后轴制动力及其分配系数的需求，运用车辆纵向动力学分析制动液压力与整车减速度的对应关系，提出前后制动器相关性能参数要求，再校核热容量及热流密度，在此基础上以满足法规适应性、制动踏板感觉等需求为目标，通过制动性能CAE分析，提出制动管路、制动力分配装置、制动主缸、真空助力器和制动踏板相关性能参数要求。驻车制动性能的分解与行车制动基本相似，依据整车参数和轮胎型号及附着系数，进行坡道（上、下方向）的静力学分析和动态驻车的法规适应性分析，提出驻车制动器、驻车拉索、驻车操纵机构的相关性能参数要求。制动干扰需重点关注前后制动力的分配比、操纵系统足够的刚度和尽可能小的摩擦以及系统及零部件的稳健性,然后依据经验提出制动NVH的相关设计要求(如刚度、模态、频响、阻尼等)。

6.4.2.2 关重特性设计

1)制动系统性能方案设计时,除了客户需求外,还需要根据法规、行业发展、制动系统技术发展水平对制动系统的相关整车和系统指标提出约束和限制条件,综合乘用车制动系统的开发经验和行业对标,确定如下关重特性指标,见表6-4。

表6-4 制动系统关重特性指标

序号	指标项
1	制动力分配系数
2	同步附着系数
3	△减速度与△制动压力比值(减速压力梯度)
4	△减速度与△制动控制力比值(效力系数)
5	△减速度与△制动踏板行程比值(减速行程梯度)
6	△制动控制力与△踏板行程比值(刚性系数)
7	最大助力点减速度(满载,真空度66.7kPa)
8	无助力减速度(满载,踏板控制力500N)
9	系统需液量与制动主缸排量比值(满载,11m/s^2,制动主缸行程储备)
10	制动控制力(满载,11m/s^2,真空度66.7kPa)
11	踏板行程(满载,11m/s^2,真空度66.7kPa)
12	驻车控制力(满载,冷态100℃,30%坡度)
13	驻车控制行程\齿数(满载,冷态100℃,30%坡度)
14	制动热流密度及温升(满载,高速制动,IBT(Initial Brake Temperature,初始制动温度)=60℃,180—0km/h,8.35m/s^2)

2)依据关重特性指标的设定,应用CAE等工具,进行制动系统的初步选型,选型阶段对行车制动的相关关重零件,如制动主缸带真空助力器、制动器总成的关重特性参数或曲线,提出相关要求。

6.4.2.3 方案设计

在掌握目标分解方法和确定关重特性参数以及相关约束限制条件后,可以开展制动系统性能方案的设计,本节以某乘用车为例,介绍方案设计的初步思路。

行车制动系统的工作过程:驾驶人输入踏板行程位移,推动制动踏板前移,踏板连接真空助力器推杆,传递真空助力器顶杆推动制动主缸活塞前移,压迫制动液压回路中的制动液,产生液压,传递到卡钳,推动轮缸活塞前移,活塞和钳体卡爪作用在摩擦块上压紧制动盘,产生与制动盘运动方向(趋势)相反的摩擦力/矩,经制动盘/轮毂/轮辋/轮胎传递到地面,形成制动力(地面反作用力),车辆受地面制动力作用产生减速度。制动系统原理示意图如图 6-29 所示。

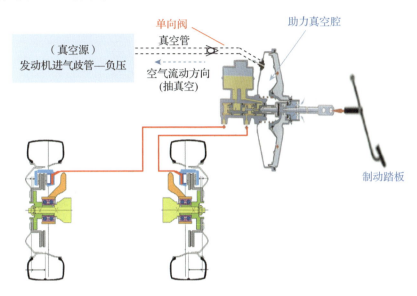

图 6-29 制动系统原理示意图

1)首先收集和分析整车的相关参数及配置,进行整车载荷分布及动态载荷转移分析,如图 6-30 所示。

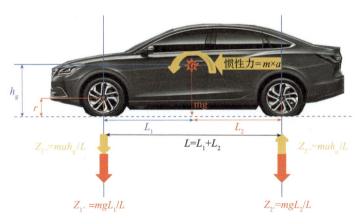

图 6-30 整车载荷分布及动态载荷转移示意图

图 6-30 中,G 为车辆质心位置;h_g 为质心高度(m);m 为车辆总质量(kg);g 为重力加速度(m/s²);L 为车辆轴距(m);L_1 为质心距前轴距离(m);L_2 为质心距后轴距离(m);r 为轮胎滚动半径(m)。

为简化分析,忽略空气阻力、旋转质量减速时产生的惯性力偶矩、汽车的滚动阻力偶矩以及制动时车轮滑移率的影响，轮胎与地面附着系数取峰值 φ_{peak}，在水平路面上制动时的动态轴荷如下：

前轴动态轴荷（制动时水平地面对前轴车轮的法向反力）：

$$Z_1 = Z_{1'} + Z_{1''} \tag{6-28}$$

后轴动态轴荷（制动时水平地面对后轴车轮的法向反力）：

$$Z_2 = Z_{2'} - Z_{2''} \tag{6-29}$$

制动时转移轴荷：

$$Z_{1''} = Z_{2''} = Mah_g/L \tag{6-30}$$

式中，a 为制动减速度（m/s²）；h_g/L 为轴荷转移系数。

2）分析满载前轴制动趋于抱死所需的制动力、力矩，假定轮胎与路面极限（峰值）附着系数 φ_{peak} 为 1.2，可以计算出前轴制动趋于抱死所需制动力为 $F_{FB} = Z_1 \varphi_{peak}$，所需制动力矩 $T_{FB} = Z_1 \varphi_{peak} r$，详细公式如下：

$$F_{FB} = (MgL_2/L + Mg\varphi_{peak} h_g/L) \varphi_{peak} \tag{6-31}$$

$$T_{FB} = (MgL_2/L + Mg\varphi_{peak} h_g/L) \varphi_{peak} r \tag{6-32}$$

3）假定轮胎与路面极限附着系数 φ_{peak} 为 1.2、同步附着系数 φ_z 为 0.85（根据经验设定），可以分析在附着系数为 0.85 的路面上，前后轴制动趋于（同步）抱死，前轴所需制动力为 $F_{FBz} = Z_1 \varphi_z$，所需制动力矩 $T_{FBz} = Z_1 \varphi_z Z$；后轴所需制动力为 $F_{RBz} = Z_2 \varphi_z$，所需制动力矩 $T_{RBz} = Z_2 \varphi_z Z$，详细公式如下：

$$F_{FBz} = (MgL_2/L + Mg\varphi_z h_g/L) \varphi_z \tag{6-33}$$

$$T_{FBz} = (MgL_2/L + Mg\varphi_z h_g/L) \varphi_z r \tag{6-34}$$

$$F_{RBz} = (MgL_2/L - Mg\varphi_z h_g/L) \varphi_z \tag{6-35}$$

$$T_{RBz} = (MgL_2/L - Mg\varphi_z h_g/L) \varphi_z r \tag{6-36}$$

4）应用满载前轴制动趋于抱死所需的制动力、力矩，依据经验，假定抱死时制动压力为 9.5MPa，可设计前制动器方案来满足制动力矩、制动力的需求。具体计算分析如下。

图 6-31 所示是一个盘式浮钳制动器的简图，d 为卡钳活塞直径（mm）；R_e 为制动器有效制动半径（m）；设摩擦系数为 μ，卡钳轮缸压力为 P_{wc}（MPa），可计算出制动力矩：

$$T_B = P_{wc} \pi (d/2)^2 \mu 2 R_e \tag{6-37}$$

同时需要考虑制动器的压力容积特性，即 $V_{wc} = f(P_{wc})$，以便后续设计主缸缸径、行程等制动操纵系统的相关参数。

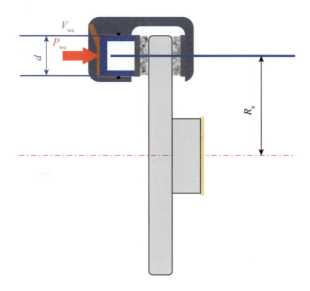

图6-31 盘式浮钳制动器简图

通过上述公式,在设定好摩擦系数 μ 值为 0.38 和趋于抱死的轮缸压力为 9.5MPa 后(摩擦系数和趋于抱死的轮缸压力由经验确定,设计时一般按行业均值设定),就可以选出轮缸缸径和有效半径组合。表 6-5 是某车型满载前轮趋于抱死所需单轮制动力矩 3418 N·m 时,根据上述计算原则,给出的前制动器组合方案。

表6-5 某车型前制动器组合方案

1	前轮缸标准缸径	60	mm
	活塞数量	1	—
	有效制动半径	172.68	mm
2	前轮缸标准缸径	63	mm
	活塞数量	1	—
	有效制动半径	156.62	mm
3	前轮缸标准缸径	48	mm
	活塞数量	2	—
	有效制动半径	134.90	mm

同理,基于某车型满载前后轮趋于同步抱死(同步附着系数 0.85)所需单轮制动力矩 1244 N·m 时,根据上述计算原则,给出的后制动器组合方案(表6-6)。

表6-6 某车型后制动器组合方案

1	后轮缸标准缸径	38	mm
	活塞数量	1	—
	有效制动半径	161.03	mm

(续)

2	后轮缸标准缸径	41	mm
	活塞数量	1	—
	有效制动半径	138.33	mm
3	后轮缸标准缸径	43	mm
	活塞数量	1	—
	有效制动半径	125.76	mm

5）综合考虑布置、工程化、成本、重量、性能目标，可从上述组合中初定一组方案用于制动性能 CAE 仿真与优化，校核系统关重特性指标减速压力梯度（性减速度与 Δ 制动压力比值）、热流密度、温升是否满足设计要求，可以通过调整趋于抱死的轮缸压力、同步附着系数等约束条件对前后制动器方案参数进行优化，达成系统关重特性指标要求。提出制动盘有效热容质量、制动盘/摩擦块的有效接触面积等更为详细的技术指标要求，指导制动器的零部件产品设计，同时提供原型样件开展制动性能的匹配。

6）在确定好前后制动器方案后，需要根据前后制动器规格和最大工作液压和前后制动器的压力容积特性（受缸径、缸孔内初始体积、制动块压缩变形量、钳体变形量、活塞与内片间隙等参数影响，一般通过测试数据的数据库来设定），估算制动器在最大工作液压时所需的制动液量；如前制动器选择 2 活塞与 mm 规格缸径、后制动器选择 43mm 缸径，需液量估算结果见表 6-7。

表 6-7　某车型制动器需液量表　　　　　　　　　　（单位：cm^3）

制动器	需液量
估算单个前制动器需液量@10MPa	3.44
估算单个后制动器需液量@10MPa	1.43

由四个制动器最大工作液压时需液量综合来设定制动主缸缸径和行程，需要考虑一定的储备排量，就可以得出主缸缸径系列和行程的组合（表 6-8）。

表 6-8　某车型制动主缸规格组合方案　　　　　　　　（单位：mm）

1	主缸缸径	20.64
	主缸一腔最小有效设计行程	30.60
	主缸二腔最小有效设计行程	30.60
2	主缸缸径	22.22
	主缸一腔最小有效设计行程	26.40
	主缸二腔最小有效设计行程	26.40

(续)

3	主缸缸径	23.81
	主缸一腔最小有效设计行程	23.00
	主缸二腔最小有效设计行程	23.00
4	主缸缸径	25.40
	主缸一腔最小有效设计行程	20.21
	主缸二腔最小有效设计行程	20.21
5	主缸缸径	26.99
	主缸一腔最小有效设计行程	17.90
	主缸二腔最小有效设计行程	17.90

结合制动主缸带真空助力器的布置空间和踏板布置空间及踏板行程的限制来选取主缸规格。本例中选取主缸缸径 22.22mm，行程为（26.4＋26.4）mm。

7) 制动踏板杠杆比和传递效率的初选，目标为真空助力失效时应急制动性能满足法规要求（按10%的余量设计）。某车型制动踏板方案见表6-9。

表6-9 某车型制动踏板方案

项目	数据	单位
踏板效率	0.95	—
真空助力器效率	0.95	—
主缸效率	0.98	—
真空助力器主簧抗力（初始安装状态）	150	N
真空助力器主簧刚度	10	N/mm
满载真空助力失效所需制动压力	2.47	MPa
满载真空助力失效制动主缸行程@0.3g	21.82	mm
满载真空助力失效主缸推杆输入力@0.3g	1395	N
踏板杠杆比（初选）	3.46	—

8) 真空助力器规格尺寸的初选，目标为满载时最大助力点输出液压对应的减速度满足系统指标要求（本例按达到0.95g减速度设计）。某车型制动真空助力器方案见表6-10。

表6-10 某车型制动真空助力器方案

项目	数据	单位
制动真空度（预设设计输入）	66.70	kPa
制动踏力@最大助力点（预设设计输入）	400	N
助力器始动力（预设设计输入）	55.00	N
助力器增跳值（预设设计输入）	1.30	MPa
助力器助力比（预设设计输入）	9.50	—

(续)

项目	数据	单位
助力器容积（预设设计输入）	4.00	L
真空助力最大助力点输出压力	8.06	MPa
真空助力最大助力点制动主缸行程	35.00	mm
主缸活塞推杆输入力@0.85g	3858	N
助力器控制阀推杆力@0.85g	867	N
真空助力器伺服力（有效）	3491	N
真空助力器规格尺寸（有效）	10.59	in（1in = 0.0254m）
真空助力器的有效主力面积	0.0568	m²
真空助力最大助力点对应踏板输入力	289.22	N
真空助力器规格尺寸（初定圆整）	11	in

通过上述8个步骤，基本可以确定行车制动系统的初步方案，在此基础上再做驻车制动系统的设计。

驻车制动系统的设计分为电子驻车和传统机械驻车，根据定义的最大驻车坡度目标进行方案分析和设计。车辆在坡道上的静力学分析如图6-32所示。

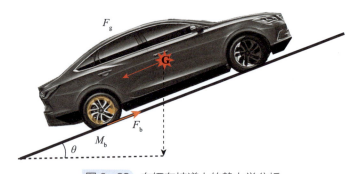

图6-32 车辆在坡道上的静力学分析

驻车制动提供的制动力矩作用在后轮上，利用轮胎与地面附着，产生克服车辆重力沿坡道下滑的分力 F_g 的反作用力 F_b。图6-32中有：

$$F_b = F_g = Mg\sin\theta, \quad F_b r_s = 2M_b \tag{6-38}$$

$$M_b = Mg\sin\theta r_s / 2 \tag{6-39}$$

由需求的制动力矩和后制动器参数，可以计算制动器所需的工作压力或夹紧力。某车型驻车参数计算见表6-11。

表6-11 某车型驻车参数计算

项目	数据	单位
20%驻车后轮缸压力（≤6.0）	6.92	MPa
20%驻车后轮缸最小夹紧力	14.76	kN

对于电子驻车制动器总成（图6-33），可以根据上述计算结果，以最小夹紧力的目标，进行电子驻车的选型，完成基础制动方案的初步设计，用以指导零部件技术方案的制订，再开展CAE仿真分析进行更精准的优化。

图6-33 某车型电子驻车制动器总成

对于传统机械驻车制动器所需工作压力，结合后制动器的结构及规格和驻车制动杆、拉索的布置，进行操纵系统的结构参数的方案设计。某车型机械驻车结构简图如图6-34所示。

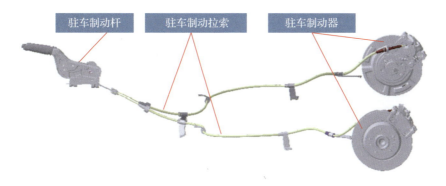

图6-34 某车型机械驻车结构简图

主要部件的特性参数有：驻车制动执行机构总成的杠杆比、首齿角度、齿间距、力效率；驻车拉索总成的长度、负载效率、行程效率；驻车制动器总成的输入输出特性、静态摩擦系数、动态摩擦系数。

综合设计经验及相关数据库（包含驻车制动执行机构负载效率、驻车拉索负载效率、行程损失、驻车制动器的输入输出特性），利用制动CAE分析工具，可以初定驻车制动系统参数见表6-12。

上述工作完成基础制动方案的初步设计，用以指导零部件技术方案的制订，再开展CAE仿真分析进行更精准的优化。

表 6-12 某车型机械驻车制动参数设计表

驻车操纵机构	设计值	单位
操纵机构传动比	6.782	—
力臂长度 L_1	300.5	mm
力臂长度 L_2	44.3	mm
传动效率	95	%
首齿角度	7	°
齿间角度	2	°
总齿数	13	—
负载效率@50N 输入力（预设输入）	80%	—
负载效率@350N 输入力（预设输入）	90%	—
驻车拉索	设计值	单位
负载效率@300N 输入力	75%	—
负载效率@1200N 输入力	80%	—
行程损失@300N 输入力	2.5	mm
行程损失@1200N 输入力	8.0	mm
驻车制动器	设计值	单位
驻车输出力矩@200N 拉臂输入力	200	N00
驻车输出力矩@1000N 拉臂输入力	1100	N10
拉臂行程@200N 拉臂输入力	10	mm
拉臂行程@1000N 拉臂输入力	23	mm

6.4.3 制动性能 CAE 仿真与优化

制动系统性能 CAE 设计优化主要分为三个步骤：首先基于制动效能的目标，运用 Matlab 计算工具，通过对制动力平衡、紧急制动以及应急制动等法规分析，完成对卡钳缸径、制动盘有效半径、踏板杠杆比及助力器规格的初步确定；然后根据车型踏板感与制动抖动目标，完成零部件性能方案详细仿真设计，主要包含主缸助力特性、主缸建压行程、卡钳需液量、软管需液量等，踏板感设计可以通过 AMEsim 软件工具完成，制动抖动分析通过 Adams 多体分析软件或 NASTRAN 有限元分析软件完成；最后通过制动噪声分析，完成对制动盘与摩擦片结构设计，制动噪声分析主要通过 Abaqus 等有限元软件完成。

制动性能 CAE 仿真与优化主要包含基础制动选型计算与仿真、制动抖动仿真及制动噪声仿真。

6.4.3.1 基础制动选型 CAE 仿真与优化

基础制动 CAE 仿真与优化包括制动力平衡计算、制动距离计算、制动踏板感仿真和驻车制动计算四个方面。

1) 制动力平衡是指合理的前后制动力分配比例，它是制动系统设计的基础。同步附着系数是评价制动力平衡的重要指标，同步附着系数的设计需要兼顾车辆不同载荷状态。二人载同步附着系数一般设计在 0.50～0.75 之间，满载同步附着系数设计在 0.75～1.0 之间，无防抱死制动系统配置需同时满足法规要求。配备 ABS 的汽车，同步附着系数太小或太大均会使 ABS 频繁介入，附着利用率偏低，制动效率难以保证。

2) 制动距离是衡量车辆制动效能的重要指标，主要包含紧急制动距离和应急制动距离。紧急制动距离包括带反应时间的制动距离和去反应时间的制动距离。带反应时间的制动距离是指车辆以 100km/h 行驶时紧急制动的制动距离。去反应时间的制动距离是指车辆以 105km/h 行驶时紧急制动，车辆速度在 100km/h 到停车的制动距离。应急制动的制动距离包括助力失效制动距离、ABS 失效制动距离、管路失效制动距离。制动距离计算流程如图 6-35 所示。

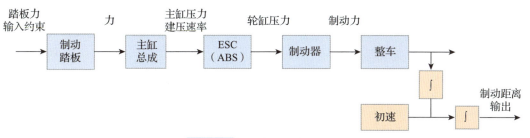

图 6-35 制动距离计算流程

3) 制动踏板感是汽车制动性能中的重要一环，它是在国家法规强制要求的基础上的延伸。制动踏板感的好坏直接影响到顾客驾乘性能满意度。踏板感性能设计主要围绕踏板力、踏板行程以及车辆减速度三者之间的关系来开展，分为初期、中度及重度三个阶段。初期制动关注空行程、踏板初始力，中重度制动关注力及行程反馈是否合适、线性度及车辆减速能力。某车型行车制动过程中制动踏板与整车减速度关系曲线如图 6-36 所示。

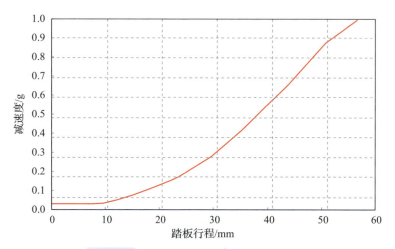

图 6-36 制动踏板与整车减速度关系曲线

4) 机械驻车系统需在开发前期对驻车行程、驻车操纵力和驻车坡度的关系进行计算，确保实车在法规规定的行程和力的范围内实现可靠地驻车。机械驻车制动计算流程如图 6-37 所示。电子驻车（Electrical Park Brake，EPB）系统主要计算不同驻车坡度下卡钳所需的最小夹紧力，EPB 系统电动机能提供大于卡钳所需最小夹紧力。

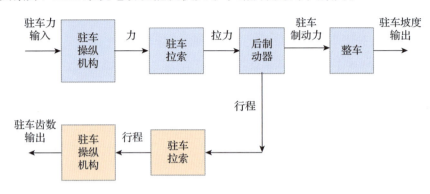

图 6-37 机械驻车制动计算流程

6.4.3.2 制动抖动 CAE 仿真与优化

制动抖动指的是汽车在高速制动时，转向盘出现绕圆周方向的持续回转摆振，通常摆振频率段在 15Hz 左右。从机理上说，摆振是一种由制动力矩波动（Brake Torque Variation，BTV）引起的悬架系统与转向系统耦合振动响应现象，当两者固有频率相近时，振动经转向系统等耦合传递放大，转向盘出现摆振。制动摆振是制动、悬架及转向三个系统交互影响的结果，制动系统 BTV 作为激励源，悬架系统与转向系统为传递路径，转向盘为响应终端。

制动抖动 CAE 仿真优化主要分为两个阶段：底盘架构设计阶段基于 Admas 多体模型开展摆振性能预测，从底盘硬点设计角度降低摆振风险；零部件设计阶段，根据制动抖动目标要求，进行底盘衬套动态特性设计，并给出 BTV 以及转向盘质量与惯量边界要求，EPS 防摆振功能也是抑制制动抖动的有效措施。

制动抖动分析模型中，激励源制动力矩 T 为名义制动力矩加上一阶 BTV、二阶 BTV 及三阶 BTV，具体如式（6-40）：

$$T = T_n + T_n/100[T_1 \sin A + T_2 \sin(2A + \varphi_2) + T_3 \sin(3A + \varphi_3)] \quad (6-40)$$

式中，T_n 是为名义制动力矩（N·m）；T_1、T_2、T_3 分别是力矩系数；A 是车轮转角（rad）；φ_2 是二阶相位角（rad）；φ_3 是三阶相位角（rad）。

另外，衬套动刚度、损失角特性及转向系统摩擦特性建模时需要重点考虑。摩擦模型推荐采用式（6-41）与式（6-42）数学模型。

$$M_f = \left[M_c + (M_s - M_c) e^{-\left(\frac{\omega}{\omega_s}\right)^2}\right]\xi \quad (6-41)$$

$$\dot{\xi} = \rho\{1 - [\sigma \text{sgn}(\omega)\text{sgn}(\xi) + 1 - \sigma]|\xi|^n\}\omega \quad (6-42)$$

式中，M_c 是库仑摩擦力矩（N·m）；M_s 是静摩擦力矩（N·m）；ω_s 是临界转速（rad/s）；ω 是相对转速（rad/s）；ρ 是微滑动阶段突起关联结的平均刚度（N·m/rad）；是控制速度滞环大小的常数；n 是调节动、静摩擦切换曲线曲率的常数；ξ 是无量纲变量，取值范围为 $[-1,1]$；sgn 是符号函数。

6.4.3.3 制动噪声 CAE 仿真与优化

汽车制动引起的噪声是一个很复杂的自然现象，对于常用的盘式制动器，噪声主要来自于衬块的摩擦激励出的盘体周向和轴向振动。制动噪声的频率范围非常宽，从几十赫兹到上万赫兹不等。一般根据振动频率的频段可分为低频振动噪声（低于1000Hz）和中高频振动噪声（1000～10000Hz 以上）。文献中经常提到的 Moan、Hum、Judder、Groan、Roughness 基本上可归入低频振动噪声的范围，Squeal 则可划为中高频振动噪声范围。

盘式制动器理论模型如图 6-38 所示。

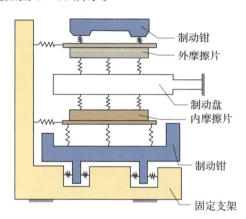

图 6-38　盘式制动器理论模型

制动器的振动微分方程为

$$[M]\{\ddot{U}\}+[K]\{U\}=\{F_f\} \quad (6-43)$$

式中，M 是系统质量矩阵；K 是系统刚度矩阵；U 是位移向量；F_f 是摩擦表面的摩擦力，而摩擦力又可以用接触刚度和位移表示为

$$\{F_f\}=[K_f]\{U\} \quad (6-44)$$

其中，由于摩擦耦合的存在，K_f 为矩阵非对称。综合式（6-43）和式（6-44），我们可以得到：

$$[M]\{\ddot{U}\}+[K-K_f]\{U\}=\{0\} \quad (6-45)$$

由于 K_f 的引入，刚度矩阵 $[K-K_f]$ 同样为非对称矩阵。从数学的角度，刚度矩阵的不对称就意味着特征矩阵的不对称，从而该矩阵的特征值在某些情况下是复数：

$$\lambda_i=\sigma_i\pm j\omega_i \quad (6-46)$$

式中，σ_i 表示第 i 阶模态的阻尼系数；ω_i 表示第 i 阶模态的模态频率。即 σ_i 和 ω_i 分别表示阻尼正弦曲线运动中的阻尼系数和自然频率。系统在某些频率处存在负的阻尼系数，系统的不稳定倾向，产生噪声的风险也就在此出现。

1. Moan 的 CAE 仿真分析与优化

Moan 是一种制动过程中持续、稳定的单频噪声，主要发生在后制动器，尤其是扭力梁式悬架结构中，发生工况多为低速、轻制动。大量的试验研究表明，振动由制动盘和摩擦衬片之间的"粘-滑"现象产生，并经由卡钳、后桥等底盘零件传递和放大，最终辐射出噪声。

博世公司的 Laszlo Fecske 和 MDI 的 Anthony Gugino and John Janevic 基于 ADAMS 分别对基础制动器和后桥零件建立了一个刚柔耦合模型，利用多刚体动力学对模型进行了仿真，能较好地预测噪声的趋势（图 6-39、图 6-40）。

图 6-39 Moan 过程中纵臂的弯曲模态

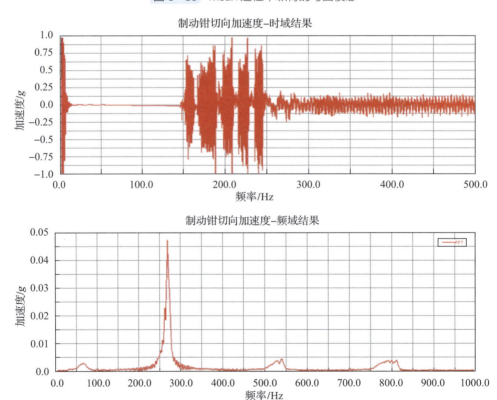

图 6-40 多刚体动力学仿真时域、频域结果

Moan 噪声的优化主要是优化结构和振动传递路径，例如：①优化悬架刚性；②优化卡钳结构，改善振动传递路径。

2. Squeal 的 CAE 仿真分析与优化

相比于低频噪声，Squeal 表现得更尖锐、清脆，让人难以忍受。而 Squeal 又可细分为低频尖叫（1~3kHz）和高频尖叫（5~15kHz）。通常，低频尖叫由制动盘面外模态和其他零件的模态耦合（如转向节、钳体、支架、摩擦片甚至车轮）造成；高频尖叫由制动盘面内模态的参与所引起，例如制动盘的面内和面外模态耦合。

Squeal 的有限元分析方法已经研究了数十年，在众多方法中，复模态分析被认为是最可行、最有效的一种方法。通过有限元软件进行复模态分析，可以直接得到系统各阶模态的实部、虚部值，由式（6-46）可知，实部为正的模态对应了系统不稳定的状态（图6-41b）。图6-41c、图6-41d表明，摩擦系数越大，系统更加容易趋于不稳定状态。

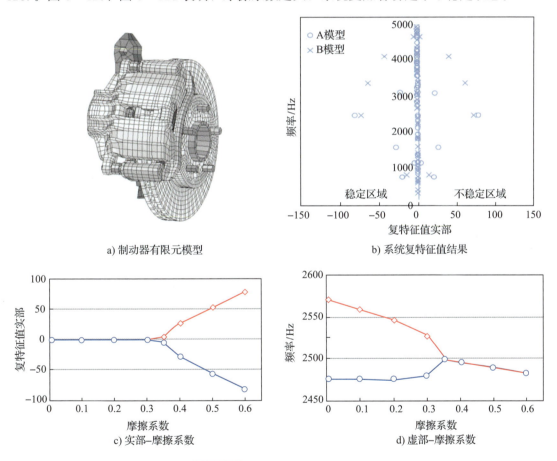

图 6-41 复模态分析及结果分析

Squeal 噪声的优化主要从制动器结构和摩擦材料入手，例如：①摩擦片开槽、倒角；②采用低摩擦系数的摩擦片；③合理的制动系统设计，避免部件间严重的模态耦合、避免制动盘面内-面外模态耦合。

6.4.4 制动性能集成调校与验证

6.4.4.1 基础制动性能匹配调校

基础制动性能主要为车辆的纵向运动特性,着重考虑驾驶人通过控制踏板行程(输入),得到的相关反馈(踏板力、减速度、车体控制、横摆控制等)的特性,基础制动性能调校主要包含以下内容。

1. 轮胎调校

轮胎动力学特性直接影响制动效能的发挥,在制动器能提供足够的制动力时,轮胎的纵滑特性对最大制动性能(制动距离)的影响非常大,纵滑特性反映了在一定负荷、规定气压下轮胎的滑移率和地面纵向附着系数的关系(图6-42),方案阶段一般通过轮胎六分力的台架进行测试摸底或依据数据库提出相关细化要求。

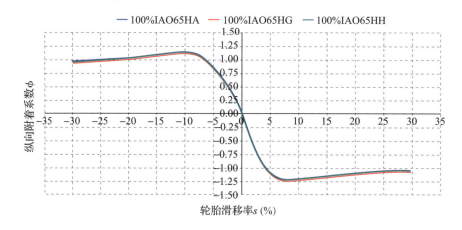

图6-42 轮胎的纵滑特性曲线

然后利用基型车或原理样车进行整车轮胎制动试验,分别测试干沥青、湿沥青和湿玄武岩路面的制动距离,对轮胎的制动性能进行评估,见表6-13。

表6-13 轮胎制动性能测试评估

(单位:m)

轮胎	干沥青 100km/h 初速制动距离	湿沥青 100km/h 初速制动距离	湿玄武岩 50km/h 初速制动距离
HG	39.5	39.9	66.5
HA	38.9	40.7	70.3
HH	39.9	40.8	71.2

制动时车轮的受力分析如图6-43所示。

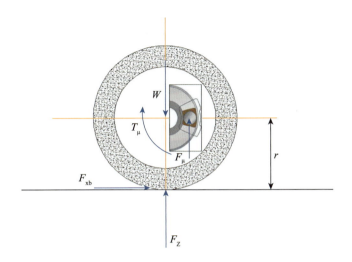

图6-43 制动时车轮的受力分析

在制动时车轮的受力分析图中：F_{xb}是地面制动力；T_μ是制动器摩擦力矩；r是轮胎滚动半径；F_μ是制动器制动力；F_{xbmax}是最大地面制动力；F_φ是地面附着力。

基于以下假设，可以计算轮胎纵向附着系数达到峰值φ_{peak}为1.0时理想的制动距离：

1）假设动能全部转化为地面制动力所做的功，动能部分未考虑旋转惯量的动能。
2）假设图6-43所示轮胎为整车。
3）假设轮胎与地面纵向附着系数峰值φ_{peak}为1.00。
4）假设滑移控制效率（附着系数利用率）为100%。
5）不考虑驾驶人、整车、制动系统反应时间。
6）假设制动器制动力矩足够。

$$\frac{1}{2}\frac{w}{g}U_a^2 = F_{xb}S \qquad (6-47)$$

$$F_{xbmax} = F_\varphi = F_z \varphi_{peak} \qquad (6-48)$$

$$F_z = W \qquad (6-49)$$

$$S = \frac{1}{2}U_a^2/(\varphi_{peak}g) \qquad (6-50)$$

将轮胎的纵向附着系数峰值$\varphi_{peak}=1.00$，代入式（6-50），可计算100km/h初速的制动距离如下：

$$S = 1/2 \times (100/3.6)^2/(1.00 \times 9.80) \approx 39.37(\text{m}) \qquad (6-51)$$

因此在基础制动性能的匹配调校前，轮胎选型及优化重点考虑纵滑特性以及其在湿滑路面、低温冰雪面下的抓地性能，并结合抗冲击、悬架主观评价、转向主观评价、滚阻、胎噪、耐磨等选取最优平衡状态，以满足整车目标定位的要求。

2. 制动器的匹配调校

制动器是制动系统的最终执行端，需要为轮胎提供足够的制动力，因此在制动性能匹配开发过程中对制动效能的影响最明显、直接。匹配过程需根据台架测试报告主要评估在不同液压、温度、速度、负载输入时，能够产生的制动力（换算为效能因数或摩擦系数，并关注其稳定性以及盘片的磨损），并在实车上进行验证。通常会依据制动性能方案设计和 CAE 仿真与优化确定的方案作为基础，制作原型样件，进行台架试验开发，确认相关指标满足零部件性能目标要求后，搭载底盘杂合车进行实车匹配，综合台架和实车的开发试验结果，确定卡钳规格、制动盘尺寸、摩擦材料等关重性能满足整车系统指标的相关要求。重点是踏板感觉、制动热容、热态性能的测试和评估。

3. 真空助力器制动主缸和制动踏板的匹配调校

在制动器的相关特性基本确定后，需要对制动能量传递装置（真空助力器制动主缸、制动踏板、管路）的特性参数进行匹配。通常会依据制动性能方案设计和 CAE 仿真与优化确定的方案作为基础，制作原型样件，进行台架试验开发，确认相关指标满足零部件性能目标要求后，搭载底盘杂合车进行实车匹配，综合台架和实车的开发试验结果，确定真空助力器、主缸规格、制动踏板杠杆比、初始力、终止力、阻滞力等关重性能满足整车系统指标的相关要求。重点是踏板感觉、真空助力失效后的应急制动性能的测试和评估。

在上述匹配调校过程中，可以根据原型样件、样车的开发、制作进度，进行调整，最终达成制动趋于抱死时的最大减速度、压力、踏板行程、踏板力和踏板感觉、应急制动性能、热容能力以及 AMS（连续制动热态性能）等综合要求，实现制动性能的基础系统目标。

6.4.4.2 制动抖动的匹配调校

制动抖动主要为车轮在承受制动力矩时，因制动盘的周向端面跳动和厚薄差以及摩擦系数的交互影响，导致制动力矩出现周期性波动（简称 BTV），进而使得车轮的受力出现与车速（轮胎转速）呈阶次关系的波动，经由悬架、转向系统传递到车身、转向盘上，引起车身、转向盘抖动的现象。在制动抖动 CAE 仿真与优化确定的制动抖动控制方案的基础上，制动抖动调校主要包含如图 6-44 所示内容。

1. 激励源（制动力矩波动）控制

根据基础制动匹配确定的制动器规格和相关特性以及制动抖动 CAE 仿真与优化的相关建议，对基准状态（总成装配端跳为 50 μm 左右、制动盘厚度变化（Disc Thickness Variation，DTV）为 9 μm 左右）制动盘进行 BTV 的台架测试，可以使用不同配方的摩擦材料、不同刚度的卡钳开展试验设计，选取最有利于减小 BTV 的摩擦材料和卡钳刚度，然后在此基础上对 DTV 分别为 9/12/15/18 μm 的制动盘开展 BTV 测试。尽可能将初始状态 BTV 和 18 μm 制动盘的 BTV 控制在一定的区间内。

第6章 行驶性能集成开发

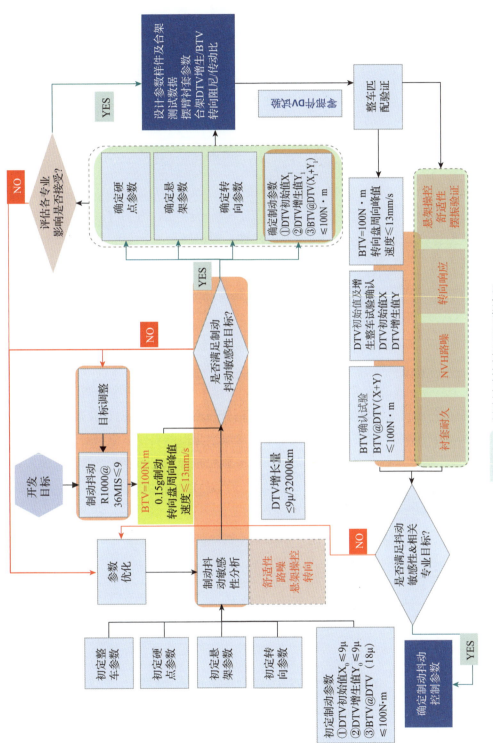

图6-44 制动抖动控制匹配开发流程

2. 传递路径控制的匹配调校

由制动抖动现象发生的机理可知，因制动力矩波动通过悬架、转向提供传递到车身、转向盘，在做好制动力矩波动的基础上，需要控制传递路径的传函，消除或削弱力矩波动的影响。根据制动力矩波动的优化控制结果以及制动抖动 CAE 仿真与优化的相关建议，先对影响制动抖动的影响因子进行灵敏度排序（CAE 仿真方法或试验设计方法），对贡献较大的影响因子（详见制动抖动性能集成开发实例）进行优化，提出可工程化的方案，在实车上开展制动抖动敏感性的验证。

将验证结果与 CAE 仿真结果进行校验，进行多方案排序，再综合考虑优化方案对悬架（舒适性、行驶摆振等）、转向（响应、灵敏度等）、NVH（路噪）、耐久（低温耐久）等关联性能的影响，选取最优平衡方案，达成整车制动抖动控制的目标。

在上述匹配调校过程中，可以根据原型样件、样车的开发、制作进度，进行调整，最终达成制动抖动控制、悬架转向、NVH、耐久等综合性能要求，实现制动抖动的控制目标。

6.4.4.3 制动噪声的验证试验

制动噪声由摩擦块和制动盘的摩擦引起，主要由制动盘发出（卡钳支架、钳体也可能发出），在一个或多个共振频率下发生，频带宽（350～14000Hz 区间都有可能发生，常见的啸叫一般为几千 Hz）、随机性强（影响因素非常多，且因使用环境不同，有些因素的参数发生改变），一般从统计角度来判断制动噪声的严重程度。

制动噪声的控制是制动系统最为复杂、难度最大的一项工作，也是行业内的难题之一，受限于技术保密等因素，其产生机理和控制方法在业内尚未达成共识，一般认为是制动系统在某些工作条件下出现了不稳定的状态，引起局部或系统的振动，导致噪声的出现。

常见的制动噪声主要类型如下：

1) Squeal：1～10kHz，标记为 Sq，发生在制动过程或非制动过程，表现为一种尖叫频率的声音。

2) Wire brush，标记为 Wb，表现为在一定范围内几个同时发生的高频噪声，声音类似一种持续变化的嘶嘶声。

3) Moan：100～450Hz，标记为 H，发生在制动过程中或非制动过程，表现为车体共振引起的低频声和振动在向前、向后和转弯行驶中，低速行驶及低制动压力条件下发生，最初制动时系统湿度高。

4) Grauch：150～200Hz，受通风盘肋条数影响，仅在车内感受到，噪声频率随车速降低而降低。

5) Groan：40～100Hz，低频低压噪声，低频噪声发生在升温降温循环之后，速度在 25km/h 左右在车辆停止之前发生持续时间很长。

6) Creep groan：40～100Hz，标记为 CG，低频低压低速噪声主要发生在自动变速器车辆上；在交通灯路口或者坡道上，带着制动并且车辆速度小于 2km/h 时发生的噪声制动片从静态摩擦切换到动态摩擦时发生滑动现象。

制动噪声的控制，通常是以试验开发为主，CAE 仿真为辅的方法来确定优化措施，通过整车验证后实施。在基础制动和制动抖动控制相关工作的基础上，开展台架匹配试验和路试验证试验，基于试验中发现的噪声频率、振型，再对应 CAE 仿真的结果进行详细优化。按照流程可初步划分为以下阶段：

(1) 问题分析阶段

1) 对盘式制动器总成进行台架制动噪声（规范试验方法和试验条件）的摸底测试，掌握部件、总成级的 NVH 特征，为整车制动 NVH 的分析提供基础。

2) 对盘式制动器进行整车制动噪声的测试评价（规范试验方法和试验条件），评估制动噪声表现水平，观察问题的表现，分析问题根源。

3) 对盘式制动器总成的零部件（制动盘、制动钳、支架）进行试验模态分析和计算模态分析，通过对盘式制动器总成的零部件材料特性参数（如摩擦材料的摩擦系数、压缩率、硬度等）进行测试、测定，掌握制动系统零部件的基础 NVH 特征，作为理论分析和问题排查的基础。

(2) 整改提升阶段

1) 对盘式制动器总成零部件（制动盘、制动钳、支架等）进行模态频响/阻尼分析、实时模态分析；消声片阻尼特性分析、摩擦块结构形状（构形）分析验证。

2) 建立盘式制动器制动噪声模态综合模型，进行 CAE 仿真分析，提出整改提升方向。

(3) 优化验证阶段

针对提升方向，拟定改进方案，通过试制改制，进行台架试验，利用试验结果分析、选取优化方案，在整车上进行路试验证和小批量用户的实车评价。

(4) 分析总结阶段

1) 针对制动噪声的零部件试验内容、试验方法及管控指标的分析总结，进一步完善相应的技术要求和验证内容。

2) 针对制动噪声的整车试验内容、试验方法及管控指标的分析总结，建立和完善制动噪声测试方法及评价标准。

按照试验类型，可分为台架试验和道路试验，本节简要介绍台架试验和道路试验的方法。

台架试验开发通常采用制动及周边零部件模态测试、制动器总成含连接件的制动噪声惯量试验台架测试等调查分析及验证工具来进试验开发。

试验前，对影响制动噪声的主要因素的结构、参数进行确认。

制动盘：材质、结构尺寸、质量、尺寸（厚度）偏差、表面处理形态、模态、频响/阻尼特性。

卡钳：包括钳体、支架、紧固件、导向支架、活塞的材质、结构尺寸、质量、尺寸偏差、刚度、模态、频响/阻尼特性。

转向节：材质、结构尺寸、质量、尺寸偏差、刚度、模态、频响/阻尼特性。

摩擦块：材质、尺寸、形状、摩擦特性（摩擦系数与温度、速度）、消声减振片及阻尼特性。

通常采用模态测试方法对上述零部件结构/性能参数中模态、频响/阻尼特性进行测试，也可使用激光振动扫描、激光全息摄影、声音全息摄影等技术来开展相关测试。通过分析零部件各阶固有频率、振型、频响峰值等，根据经验进行分类，建立固有频率及其频响峰值分布表，分析是否存在耦合或接近的模态。制动器零部件模态汇总图如图 6-45 所示。

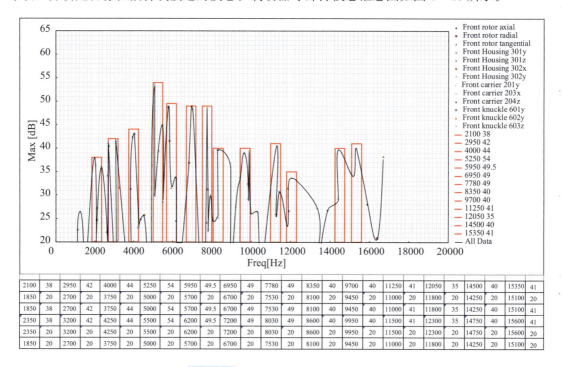

2100	38	2950	42	4000	44	5250	54	5950	49.5	6950	49	7780	49	8350	40	9700	40	11250	41	12050	35	14500	40	15350	41
1850	20	2700	20	3750	20	5000	20	5700	20	6700	20	7530	20	8100	20	9450	20	11000	20	11800	20	14250	20	15100	20
1850	38	2700	42	3750	44	5000	54	5700	49.5	6700	49	7530	49	8100	40	9450	40	11000	41	11800	35	14250	40	15100	41
2350	38	3200	42	4250	44	5500	54	6200	49.5	7200	49	8030	49	8600	40	9950	40	11500	41	12300	35	14750	40	15600	41
2350	20	3200	20	4250	20	5500	20	6200	20	7200	20	8030	20	8600	20	9950	20	11500	20	12300	20	14750	20	15600	20
1850	20	2700	20	3750	20	5000	20	5700	20	6700	20	7530	20	8100	20	9450	20	11000	20	11800	20	14250	20	15100	20

图 6-45 制动器零部件模态汇总图

台架测试是在可控环境（控制环境温/湿度）下对一些典型工况进行反复测试，业内通常采用典型的测试程序如 SAE J2521-2013、Simulated LACT（Los Angeles City Route，洛杉矶城市路线）来开展制动噪声台架试验，其特点是成本低、效率高、针对性强。本节以 SAE J2521-2013 为例，介绍应用台架试验程序进行基础状态的摸底，搜索基础状态哪些工况下容易出现制动噪声，并确定噪声的频率和声压级的方法。

在对零部件结构/性能参数进行检查以及模态初步分析确认后，就可开展制动器总成带连接件的制动噪声台架试验。一般选取 SAE J2521-2013 中的标准部分（1-18 standard /1430 次制动）、冷态部分（19-24 cold、460 次制动）、热衰退后部分（25-31 after faded / 487 次制动）的组合循环（共计 2377 次制动）进行基准状态测试，如图 6-46 和图 6-47 所示。

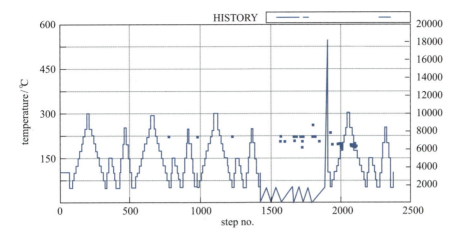

图 6-46 SAE J2521—2013 制动噪声试验历程图

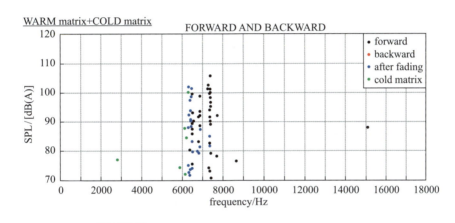

图 6-47 SAE J2521—2013 制动噪声试验结果分析

从图 6-47 可以看出，基准状态在 6000～8000Hz 这个区间存在比较明显的制动噪声。针对出现的制动噪声，需要依据匹配经验制订优化方案进行验证，通常会优先考虑通过摩擦材料形状的优化，如倒角、开槽、改善压力分布等方式，来降低或改变制动噪声出现概率和对应的频率区间，然后会考虑在摩擦片背板上安装减振消声片的方式，针对特定频率的噪声进行抑制。在此阶段，可以用制动噪声 CAE 分析，针对出现噪声的特定工况（温度、压力、速度、摩擦系数等）进行复模态分析，判定该工况下是否存在耦合等不稳定的风险，并针对性的提出优化措施（改变卡钳/支架或盘的质量、刚度、尺寸等），再结合台架测试进行反复优化，最终确定可达成台架试验目标的方案。

1. 道路试验验证

由于影响因素的复杂性及使用工况的多变性，使得制动噪声具有随机发生的特性，现象再现及问题捕捉试验特性统计难度较大。因此，多数汽车生产商和制动器供应商通常采用周期较长的整车道路试验来研究制动噪声问题。另外，基于整车道路试验的方法能够真实地反映制动噪声产生的状况，有利于提出可行的控制措施，因此目前许多制动噪声都是基于整车道路试验制订的开发目标。

目前行业内通常采用黄山道路试验来开展制动噪声道路试验，具体可以参见 T/CAAMTB 17—2019《乘用车制动噪声及抖动整车道路试验方法及评价》，同时也会辅助增加一些道路试验来进行专项或快速筛选、验证，制动噪声评价矩阵的道路试验如下：

1）晨起噪声（初期检查）：规定的季节和晨起时间里，按一定的初速度（10km/h、3km/h）、一定的减速度（$1.0m/s^2$、$2.0m/s^2$、$3.0m/s^2$）进行一个或多个循环的制动，来模拟用户刚起动车辆起步过程，识别可能存在的冷态、低速的制动强度下的制动噪声发生的风险。

2）低速噪声（初期检查）：以规定的车速（20km/h），以摩擦片初始温度（50℃、100℃、150℃、100℃、50℃）和制动强度（$1.0m/s^2$、$2.0m/s^2$、$3.0m/s^2$、$4.0m/s^2$）为控制条件，进行各温度、制动强度下的制动噪声评价，筛选该车速下可能发生噪声的温度、制动强度条件，并评估风险。

3）淋水后噪声（初期检查）：对前后制动器淋水，并在室外放置 1.5h 以上，从初速度 10km/h 以指定减速度制动，评价制动噪声。

4）中速噪声（初期检查）：以规定的车速（40km/h），以摩擦片初始温度（50℃、100℃、150℃、200℃、150℃、100℃、50℃）和制动强度（$1.0m/s^2$、$2.0m/s^2$、$3.0m/s^2$、$4.0m/s^2$）为控制条件，进行各温度、制动强度下的制动噪声评价，筛选该车速下可能发生噪声的温度、制动强度条件，并评估风险。

以上以车速、摩擦片温度、制动强度作为控制条件的制动噪声筛选程序，一般称为矩阵（车速×温度×强度的矩阵）评价，其中还涉及磨合、升温、冷却的相关规定，不在此赘述。一般会在行驶里程间隔 2000km 就会开展一次矩阵评价，来进行制动噪声的筛查，可以更准确地识别出制动噪声的工况条件，便于后续分析排查。

2. 蠕动噪声的道路试验

制动蠕动噪声一般是在车辆由静止和运动状态相互转换过程中，静摩擦和动摩擦系数的变化引起的，与动静转换的制动力矩及驱动力矩相关，在自动档车型上表现更为突出，在冷/湿态和比较大的下坡时表现更为明显。

道路试验时，需关闭所有车窗，关闭收音机、空调、风扇等辅助设备使车内噪声保持最小。

对于手动档车型，不进行平路工况测试，且所有的测试均在空档（N 位）状态下进行；对于自动档车型，所有工况测试均在前进档（D 位）状态下进行。测试路面顺序：平路、8%坡面、18%陡坡面。测试工况顺序：冷态工况、热态工况、湿态工况（注：湿态工况只进行 18%陡坡测试）。

测试前起动车辆，使发动机达到热态稳定怠速转速，在制动器状态达到相应工况要求时，保持车辆档位于相应要求档位，坡道上以向下方向缓慢松开制动器并进行噪声测试，并记录噪声的最大声压值 dB（A），同时测试和记录即时环境温度和环境湿度。此外，还需要进行动态蠕动噪声的测试，即以一定车速施加不同强度（0.1g、0.2g、0.3g、0.4g）的制动至停车，测试和评估停车前及其俯仰运动过程中的制动噪声。

3. 低温高湿、Moan、低频制动噪声的道路试验

因制动噪声受使用环境及工况的影响非常大，需要在整车道路试验、矩阵评价试验、蠕动噪声试验的基础上在增加一些特殊工况的专项验证，如制动 Moan 噪声一般在低温（-10~10℃）、高湿（湿度＞90%）的环境，在低速、转向、轻制动等工况下，因摩擦材料的粘滑效应产生激励，引起底盘相关连接部件的共振，产生如牛叫的"哞嗯"低频结构噪声。在低温高湿环境下某些摩擦材料的摩擦特性、消声阻尼片的阻尼特性发生显著变化引起系统的不稳定，出现制动噪声。因此某些主机厂会针对这些特殊环境、工况设计验证试验来检验制动系统的抗干扰能力。制动噪声解决措施简述见表 6-14。

表 6-14 制动噪声解决措施简述

噪声频率	噪声工况	发生部位	解决措施/变更内容
4.1kHz	冷态、低速、轻制动	前器	支架销孔公差调整（由 0.043~0.086 变更为 0~0.06） 导向销和定位销对调
高频	冷态、低速、轻制动	后器	取消 cover 摩擦材料变更（由 SN86 更改为 NP620）
Moan 220Hz	冷态、低速、轻制动	后器	连接板厚度变更（由 8.2mm 更改为 13mm）
Moan 275~310Hz	冷态、低速、轻制动	后器	卡钳支架变更（加强筋加厚约 860g/件）
moan	冷态、低速、轻制动	后器	连接方式变更（增加 3+1 支架）
11kHz	冷态、低速、轻制动	前器	摩擦材料变更（由 SN72 更换为 5833）
拖滞噪声	冷态、低速、轻制动/无制动	后器	结构调整（普通卡簧更换为主动回位簧）

6.4.4.4 制动性能的集成验证

通过上述调校后，汇总和平衡基础制动、制动抖动、制动噪声的相关匹配调校结果和具体的方案措施，可以形成行车制动性能的集成方案，结合驻车制动、制动电控的开发，可以初步锁定制动系统工程化实施方案，考虑到相关专业（如动力、悬架、转向、NVH等）同步开发的进度和相关措施的锁定，在整车上集成制动以及各专业最新的优化措施和最新工装零件，就可开展制动性能的集成验证，依据完整、完善的整车试验验证体系评估和确认制动系统内部关联影响，以及外部专业（如动力、悬架、转向、NVH等）的关联影响，达成性能均衡，实现整车目标，满足市场用户的需求。

6.5 行驶性能集成开发实例

6.5.1 转向响应集成开发实例

6.5.1.1 转向响应集成开发背景及概述

转向操控感觉是驾驶人在转向过程中对车辆行驶性能表现的总体感觉,优良的转向操控感觉是行驶性能开发的关键任务之一,而转向响应性能作为人车之间相互交流协同过程的重要载体,是开发转向操控感觉的关键因素。故从用户常规驾驶需求出发,中小侧向加速度时(如≤0.35g,基本处于车辆响应的中心区、线性区)车辆转向感觉是驾驶人每天都在体验的最常用工况,目前市场上各品牌车型在此方面的开发趋势表现出转向响应越来越灵敏、精准,以便让驾驶人能体验到更偏运动感的操控乐趣。

较高水平的性能开发更是针对车型的具体定位,在保持较高水平转向响应的同时,在操控安全体验及乘坐舒适性等常常与之不易兼容的方面达到更佳的平衡和整体提升,其整体协调、流畅且线性的操控体验更易给人"品质感"。为达成此目标,则需对用户体验相关的主观感受点进行分解并对与主观感受相关联的主要客观目标进行量化,以便动力学CAE先期仿真进行方案分解和不同性能间目标兼容性评估,最终指导着方案制作和验证匹配工作的高效进行。

6.5.1.2 转向响应优化主客观目标设定

行驶性能开发中常遇到转向响应性能提升的要求,转向响应主观评价项见表6-15。

表6-15 转向响应主观评价项

评价指标	评价方式	备注
转向响应	在转向操作时,车辆对转向盘输入做出的横摆角速度和侧向加速度响应特性	VER
响应空行程	是指存在一个转向盘的转动角度范围,在这个范围内车辆有很小的响应甚至没有响应;关注在多少角度转向输入下汽车才有可感觉到的响应	宽 窄 1 2 3 4 5
响应增益(小角度转向)	在维持一个车道内直线行驶或单车道变道工况车辆对小幅转向输入时车辆做出的响应	低 高 1 2 3 4 5
响应增益(转弯工况)	在平稳的侧向加速度转弯工况车辆对转向输入的响应	低 高 1 2 3 4 5
刚性感/响应延迟	转向修正工况(含中心区及转弯工况),感受转向盘是刚性还是柔性的连接在转向轮上,车辆反应相对转向盘输入的滞后情况	柔性 刚性 1 2 3 4 5

(续)

评价指标	评价方式	备注
调整性/精准性	在进行转向盘转向输入及转向调整时,车身的横向响应、侧倾等动作对驾驶人的输入执行得是否精准,及相互间是否协调	含糊　　　　　　精准 1　2　3　4　5

结合转向性能主客观关联性研究,确定转向响应几个评价维度的高关联性客观表征指标,并根据具体开发车型客观表现确定转向响应提升的客观目标要求(可基于表现优秀的标杆车型客观表现或品牌家族化等要求确定开发目标),见表6-16。

表6-16 开发车转向响应客观指标项

主观特征指标	客观指标	指标单位	试验规范	初始状态	优化目标	备注
响应空行程	0.05g 对应转向盘转角	°	小加速度渐进转向试验	4.86	≤3.5	减小"虚位感"
响应增益(小角度转向)	横摆角速度增益	(°/s)/100(°)SWA	中心区操纵稳定性试验	28.50	31~33	提升灵敏性
响应增益(转弯工况)	侧向加速度增益	g/100(°)SWA	大加速度渐进转向试验	1.03	≥1.15	
响应延迟	横摆角速度滞后转向盘转角45°时间	ms	正弦扫频试验	97	≤80	"直接感"及精准性
横摆响应协调性(转向调整工况)	响应增益 * 响应延迟时间	—	中心区操纵稳定性试验和正弦扫频试验	2.76	≤2.5	评估协调感

注:该开发车转向响应表现不令人满意,需要在满足原平台架构(含下车体)及部件模具通用化率的前提下对其稳态及瞬态响应方面均进行明显提升以达成更具操控乐趣的总体目标。

6.5.1.3 转向响应优化问题 CAE 仿真分析

由6.2.2小节可知,对于稳态响应指标的分解相对容易实现,但其精度也受前后轴柔度优化方案的影响,结合该开发车对转向响应"直接感"及精准性、响应协调感的总体要求可知,前后悬柔度的分解是该车转向瞬态响应优化的关键环节。转向响应 DOE 仿真分析逻辑如图6-48所示。

针对转向响应问题的仿真分析,需要利用高精度的整车级转向性能 CAE 仿真模型进行各方案变量仿真及影响因子 DOE 分析(可基于柔性车体模型、高精度轮胎模型及各底

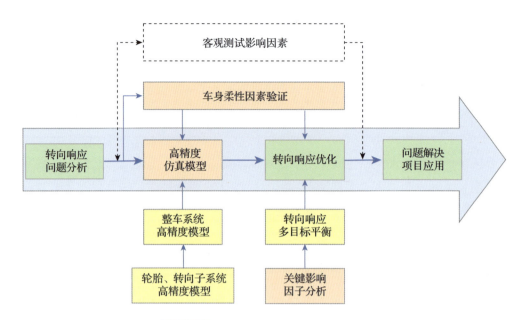

图6-48 转向响应DOE仿真分析逻辑

盘关重零部件参数,结合整车K&C特性、转向子系统台架特性、轮胎台架特性并逐步优化校验得到全参数化的仿真模型),以识别主要影响因子及各自敏感度,结合相关性能间目标兼容性仿真分析和评估,划定主要影响因子的调整边界。

通过对各主要影响因子参数在工程化可行范围内单变量调整,并进行综合DOE分析,得到该开发车型的系统部件指标对转向响应敏感程度,见表6-17。

表6-17 开发车转向响应客观指标和重要部件关联矩阵

属性	轮胎侧偏刚度	转向传动比	EPS匹配	前摆臂前衬套径向刚度	前摆臂后衬套空心径向刚度	前减振器阻尼(低速区)	后减振器阻尼(低速区)
响应空行程	敏感	敏感	轻微	较敏感	较轻微	轻微	轻微
响应增益	较敏感	敏感	较敏感	轻微	轻微	轻微	轻微
响应延迟	较敏感	敏感	较敏感	轻微	较敏感	较敏感	较敏感

属性	前后侧倾刚度分配	转向器安装衬套	转向系统摩擦	扭杆刚度	车轮偏距	后悬前束初始值	后悬衬套
响应空行程	轻微	轻微	轻微	较敏感	轻微	轻微	较敏感
响应增益	轻微	敏感	轻微	轻微	轻微	较敏感	较敏感
响应延迟	轻微	轻微	轻微	较敏感	轻微	较敏感	较敏感

各系统部件对于响应空行程、转向响应增益、转向响应迟滞的敏感度,如图6-49~图6-51所示(纵坐标1/2/3代表敏感程度)。

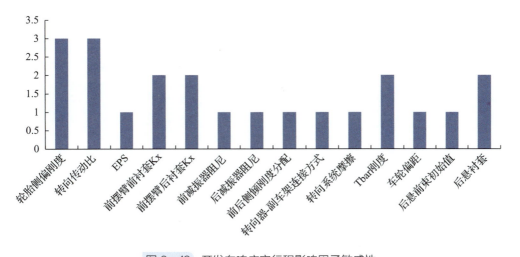

图 6-49 开发车响应空行程影响因子敏感性

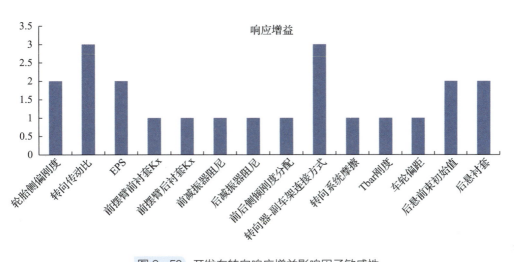

图 6-50 开发车转向响应增益影响因子敏感性

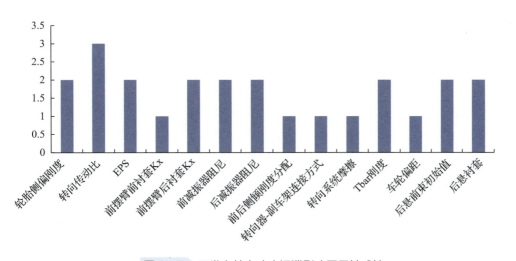

图 6-51 开发车转向响应迟滞影响因子敏感性

6.5.1.4 方案设定

基于 CAE 敏感性分析并结合底盘性能前期开发验证结果,在各部件方案可行性论证后分别制作样件并进行单变量及部分组合验证,基于各方案验证结论,对优化方案组合设计,见表 6-18。

表 6-18 转向响应优化方案

系统	零部件	参数项	原方案	方案1(实测)	方案2(实测)	备注
转向系统	转向器总成	线角传动比/(mm/rev)	51	56	56	—
		安装衬套刚度/(N/mm)	4500	8000	8000	—
	EPS转向柱总成	中间轴扭转刚度,中间轴扭转/(°)	18	30	30	—
前悬架系统	前摆臂总成	小衬套径向刚度/(N/mm)	8697	8697	15000	—
		大衬套实心方向静刚度/(N/mm)	1378	1330	1450	—
		大衬套空心方向静刚度/(N/mm)	456	570	700	—
	前减振器	阻尼力匹配	—	—	—	低速段阻尼提升
	前弹簧	刚度/(N/mm)	27	25	25	—
	前稳定杆	直径/mm	24	23	23	—
后悬架系统	后前束调节杆	衬套径向刚度/(N/mm)	16000	13500	13500	—
	后上摆臂衬套	衬套径向刚度/(N/mm)	20000	25000	15000	—
	后减振器	阻尼力匹配	—	—	—	低速段阻尼提升
	前弹簧	刚度/(N/mm)	40	38	38	—
	前稳定杆	直径/mm	15	17	17	—
	副车架车体安装点加强板优化方案	后悬侧向刚度/(N/mm)	6900	7700	7700	仿真值
车轮总成	轮胎	侧偏刚度/[N/(°)]	1480	1705	1705	—

6.5.1.5 方案精细化匹配及试验验证

通过对各方案组合进行验证评估,并对减振器及 EPS 控制策略进行精细化标定,两优化方案相对初始状态均提升明显,但方案1虽然稳态响应稍快,但存在后轴跟随偏弱而导致整车响应不协调及操控线性感稍弱的现象。综合评估舒适性等相关性能的兼容性,最终选择方案 2 为优选方案。经 K&C 台架试验验证,方案 2 组合在转向几何、回正力矩及侧向力加载时系统特性均有明显优化,测试结果与前期 CAE 仿真结果一致。

各方案对比主观评价验证结果如图 6-52 所示。

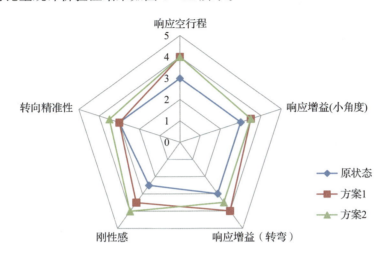

图 6-52 综合方案验证主观评价对比图

通过整车性能客观测试,对重点关注的转向响应客观指标提取数据见表 6-19。

表 6-19 各方案转向响应客观测试数据

主观特征指标	客观指标	指标单位	试验规范	初始状态	方案 1	方案 2	优化目标
响应空行程	0.05g 对应转向盘转角	°	小加速度渐转向试验	4.86	3.5	3.2	≤3.5
响应增益（小角度转向）	横摆角速度增益	(°/s)/100(°) SWA	中心区操纵稳定性试验	28.5	32.6	31.7	31～33
响应增益（转弯工况）	侧向加速度增益	g/100(°) SWA	大加速度渐进转向试验	1.03	1.20	1.17	≥1.15
响应迟滞	横摆角速度滞后转向盘转角 45°时间	ms	正弦扫频试验	97	86.2	76.1	≤80
横摆响应协调性（转向调整工况）	响应增益×响应迟滞时间	—	中心区操纵稳定性试验和正弦扫频试验	2.76	2.8	2.43	≤2.5

6.5.1.6 小结

在横摆增益总体相当的条件下,较少的响应延迟会给驾驶人带来更为协调的操控体验,且更高的稳态响应增益需要更小的响应延迟时间与之匹配(根据多辆车型主客观验证,两者乘积往往可在一定程度上评估其协调性)。

后悬跟随性能对整体转向延迟及精准体验有关键性的影响,转向操控目标分解时应优先考虑后悬柔度降低方案。

刚性直接的转向响应可大幅提升操控乐趣,除轮胎发挥着重要作用外,转向系统扭转刚度及安装刚度、前摆臂衬套组合同样起到重要作用,方案设计时需着重考虑。

减振器低速段阻尼及中低速区的过渡对转向瞬态响应能力和操控协调感有着显著作用,其匹配状态大幅影响操控的整体品质感。

6.5.2 前悬余振性能集成开发实例

6.5.2.1 开发背景

前悬余振问题是诸多车型的共性问题,主要是指车辆以 20～30km/h 车速行驶,前悬通过减速带时,车内存在的明显振动。主要表现为振动收敛慢,振动频次多。前悬余振主要由动力总成引起,包括振动频率与动力总成垂向自由振动频率耦合,垂向位移大等。需要重点优化悬置系统并对悬架系统做适应性调整,同时兼顾 NVH 性能,最终实现多目标性能平衡。

6.5.2.2 主客观数据分析

结合乘坐舒适性主客观关联性研究,余振客观指标与主观感知度强相关,通过多样本主客观数据拟合,可得出拟合函数如图 6-53 所示,图示有效展示了随着客观数据的变化主观评价分值的非线性变化趋势。

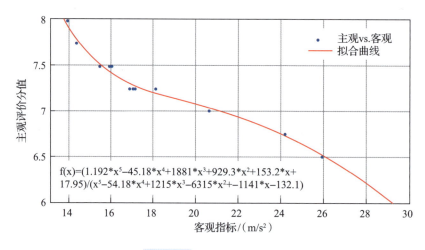

图 6-53 主客观关联函数

目前，对于主观 8~10 分以及 6 分以下作为函数的上下限区域，6~8 分为函数拟合区间。表 6-20 为主客观评价标准。

表 6-20 主客观评价标准

（单位：m/s²）

主观评分	客观指标	主观评分	客观指标
8~10	<14	6~7	20.5~29.1
7~8	14~20.5	<6	>29.1

6.5.2.3 仿真分析-多系统分析

针对前悬余振，仿真优化分析工作主要包含以下 4 部分。

1. 参数化

首先，各参数直接参数化或间接参数化（刚度曲线用刚度系数、阻尼用阻尼比描述变化），同时对悬置刚度参数化，以保证适用于余振和怠速振动分析，从而构造基于悬置系统的 EMDO 流程，如图 6-54 所示。

2. DOE 设计矩阵

其中设计变量共 36 个，见表 6-21；关注性能参数共 3 个，见表 6-22。

表 6-21 设计变量参数

工况	关注系统	具体参数（共 36 个因子）
颤振	轮胎	轮胎径向刚度（1 个因子）
	悬架	前后缓冲块刚度、间隙、前后减振器压缩/回弹阻尼、前后减振器弹簧刚度（10 个因子）
	悬置	3 个悬置的刚度及损失角（25 个因子）
怠速振动	悬置	3 个悬置的刚度（22 个因子）

表 6-22 关注性能参数

工况	关注性能（共 3 个）
颤振	冲击
	余振
怠速振动	座椅振动

完成过程分解后进行 DOE 分析，其中采用样本量 100，见表 6-23。

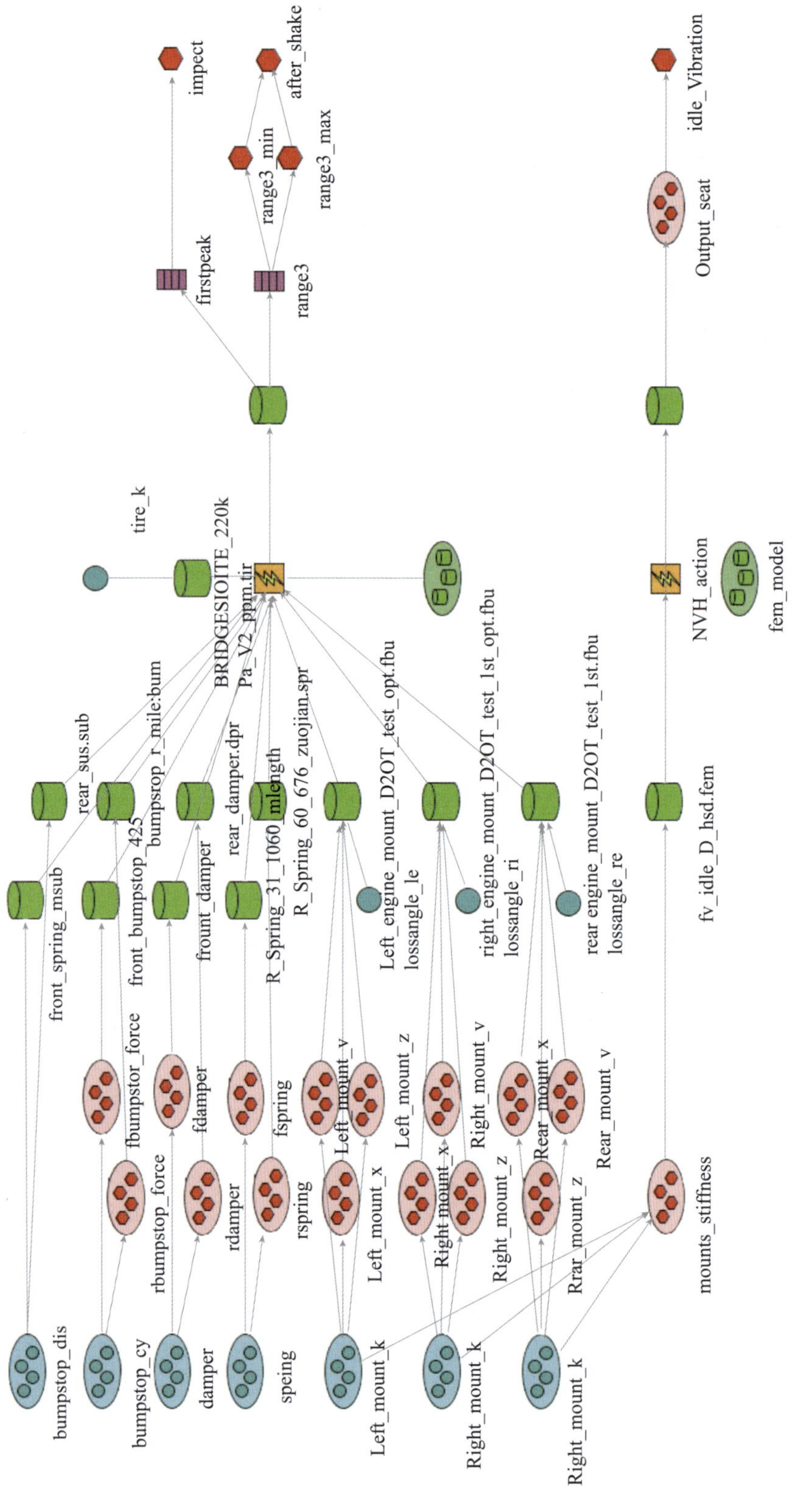

图6-54 EMDO流程

表6-23 DOE分析

序号	LMLA	RMLA	LMSX	LMSY	LMSZ	RMSX	RMSY	…	冲击	余振	座椅振动
1	1.671	48.589	0.98	1.06	0.96	0.98	0.97	…	12.867	23.237	0.47
2	1.698	46.216	0.86	1.11	1.13	0.97	0.92	…	12.428	19.392	0.41
3	3.977	47.111	0.87	1.14	0.87	0.96	1.13	…	12.350	19.177	0.39
4	2.898	40.312	1.02	1.02	1	1.07	1.01	…	12.260	19.384	0.44
5	1.964	40.572	0.89	0.96	1.04	1.05	1.02	…	12.171	20.119	0.4
…	…	…	…	…	…	…	…	…	…	…	…
100	2.811	48.890	0.9	0.89	0.9	0.9	0.91	…	11.864	21.006	0.4

3. 近似模型构造及数据分析

1）查找关注性能贡献较大的设计变量。

2）统计优化各性能所关联的设计变量的贡献，发现调整左悬置Z向刚度会引起颤振和怠速振动冲突，见表6-24。

表6-24 设计参数对性能影响度 （值：-100~100）

参 数		冲击	余振	座椅振动
轮胎	径向刚度	-53	-21	…
悬架	弹簧刚度	-65	…	…
	减振器阻尼	…	38	…
	缓冲块间隙	-48	…	…
悬置	左悬置Z向刚度	…	-47	38
	左悬置损失角	…	-60	…
	右悬置损失角	…	-65	…

4. 多学科优化设计

基于"悬置+悬架"参数进行优化设计，对相关零部件参数进行调整，见表6-25。

表6-25 零部件参数

参 数	原状态	优化状态
弹簧刚度	1	1.05
前减振器阻尼	1	0.7
缓冲块间隙	8.3mm	28mm
右悬置Z向刚度	1	0.85
左悬置X向刚度	1	1.15
左悬置Z向刚度	1	1.15

通过优化，冲击余振性能提升 25%，怠速振动保持与原状态相当，提升 1%，详细优化结果如图 6-55 所示。

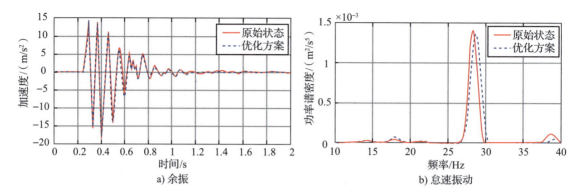

图 6-55 时域频域对比曲线

6.5.2.4 试验验证

基于以上优化方案对装车状态进行评价测试可以发现，余振主观评分从 6 分提升为 7 分，达到可接受状态，怠速振动优化提升不明显与仿真优化结果整体表现一致，如图 6-56 所示。

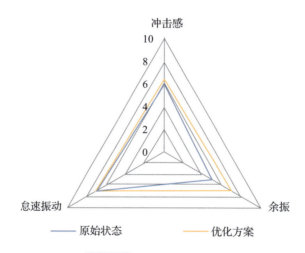

图 6-56 主观评价雷达图

通过整车性能客观测试，对三个关注性能参数变化进行分析见表 6-26。

表 6-26 客观指标对比

指标	单位	原状态	优化状态	变化率
冲击	m/s²	25.015	20.993	-16%
余振	m/s²	27.416	21.65	-21%
怠速振动	m/s²	0.498	0.521	4.4%

6.5.3 制动抖动性能集成开发实例

6.5.3.1 制动抖动控制集成开发概述

整车出现制动抖动问题,是制动、悬架及转向三个系统交互结果。BPV(Brake Pressure Variation,制动压力波动)、BTV 作为激励源,悬架、转向系统以及制动管路为传递路径,转向盘及制动踏板为响应终端,均对制动抖动的最后表现产生影响。整车开发时,针对制动抖动问题规避,需要对从激励源到响应终端进行联合控制,结合开发进度及成本控制,制订适合车型定位的制动抖动控制集成方案。

要得到最佳的制动抖动控制集成方案,首先就要基于开发车型完成制动抖动 CAE 建模,并对各项影响因子进行识别并排序。结合项目开发定位,对可以进行优化的部分逐一制订方案,并完成各方案的边界确定及负面影响分析。在得到各个可行优化方案后,在 CAE 模型中完成全方案的 DOE 分析识别制动抖动优化有效性,确定设计方案。然后制作验证样件进行台架、整车验证,最终锁定方案。

6.5.3.2 影响因子及边界确定

1. 激励源影响因子确定及边界确定

制动力矩波动的机理是在制动器工作过程中,因摩擦副周向不均匀性产生压力波动从而导致制动力矩的波动。

基于台架试验的制动系统集中参数动力学模型包括卡钳、内外摩擦片、制动盘及活塞五个关键部件进行建模,如图 6-57 所示。

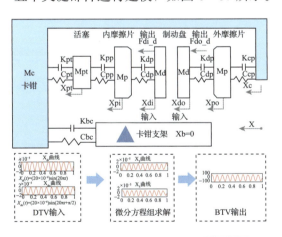
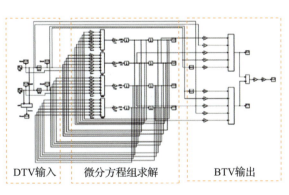

图 6-57 制动器动力学模型原理

建模时,将输入、力学模型参数的各变量进行调整并确定对输出的影响。

其中,DTV 与 BTV 成正比关系,即线性强相关,采用曲线拟合可以得到 DTV 和 BTV 输出的关系式,如图 6-58 所示。

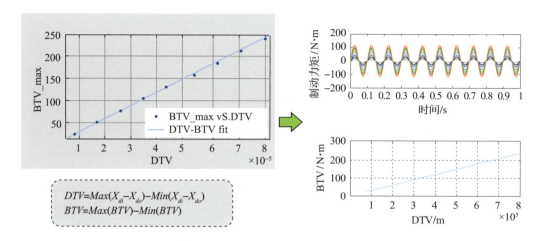

图 6-58 制动盘 DTV 与制动器 BTV 的关系

制动盘和摩擦片之间的刚度 K_{dp} 会影响 BTV，但随着刚度增大到一定程度后，对 BTV 的影响趋势减小，如图 6-59 所示。

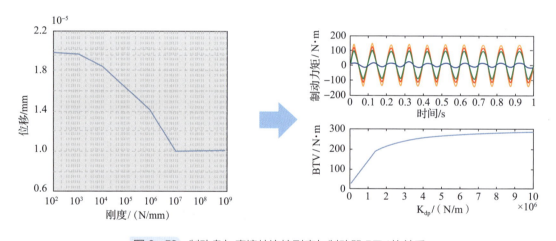

图 6-59 制动盘与摩擦片连接刚度与制动器 BTV 的关系

分别对卡钳爪部刚度 K_{cp}，活塞与卡钳之间的刚度 K_{pt}，活塞与背板之间刚度 K_{pp} 对制动力矩波动的影响进行计算，得到各个刚度对 BTV 的影响曲线汇总，如图 6-60 所示。

从分析结果中可以看出，影响 BTV 的主要因素主要为 DTV 和摩擦片与制动盘的接触刚度 K_{dp}（主要体现在摩擦片总成的压缩率）上。

2. 传递路径影响因子确定及边界确定

完成制动抖动 CAE 整车建模，通过原理样车的测试对模型进行校正，并分别通过关键变量识别，逐一验证变量的敏感度，如图 6-61 所示。

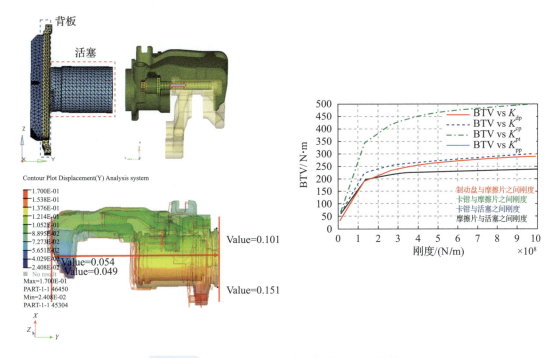

图 6-60 其他连接部件刚度与制动器 BTV 的关系

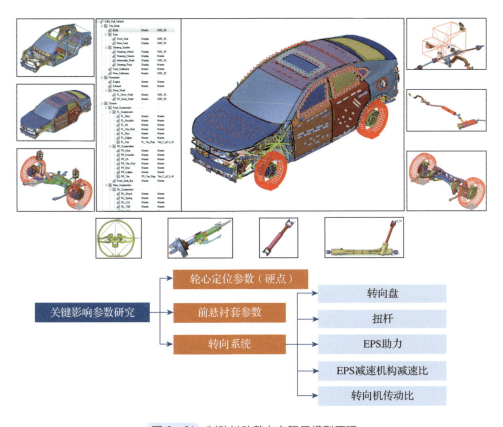

图 6-61 制动抖动整车有限元模型原理

在相同 BTV 输入条件下，分别对四轮定位参数、轮心主销偏距、橡胶衬套式摆臂小衬套动刚度及损失角、摆臂大衬套动刚度及损失角、液压衬套动刚度及损失角、转向盘质量、EPS 扭杆刚度、电动机助力大小、蜗轮蜗杆传动比、齿轮齿条传动比进行单变量调整，确认转向盘的摆振加速度幅值，得到全因子变量的敏感度，如图 6-62 所示。

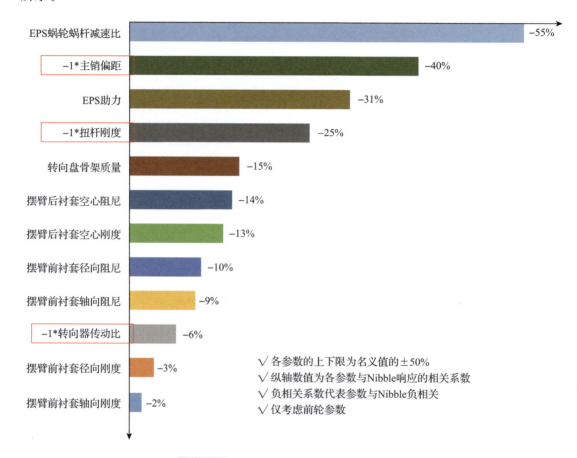

图 6-62 制动抖动传递路径关联因子敏感度

6.5.3.3 方案设定及试验设计

以衬套参数的组合方案设计为例，通过设定不同的大、小衬套组合刚度、损失角，综合评估对路噪、悬架纵向柔度、横向柔度影响，制订摆臂衬套的 DOE 方案，并评估制动抖动敏感性灵敏度的变化，见表 6-27。

从分析结果可以看出，通过同步增大摆臂大、小衬套的动刚度及损失角，均能有效地降低制动抖动的灵敏度，但是在增大了摆臂小衬套的轴向动刚度时，制动抖动灵敏度降低不明显（↓4%），但会明显恶化高频段路噪（180Hz 显恶化高频段路噪），如图 6-63 所示。

表6-27 摆臂衬套优化方案有效性及影响分析结果

序号	差异描述	设计值	优化值	基础灵敏度	优化后灵敏度	灵敏度变化	路噪性能评估	行驶性能评估
优化方案一	原车基础上，增大前摆臂大衬套空心损失角	10°	12°	0.195	0.171	↓12%	无明显影响	纵向柔度3.8 横向柔度-0.080
优化方案二	在Case1的基础上，改变前摆臂大衬套安装角度	—	旋转20°	0.171 (Case1)	0.152	↓10%	高频	纵向柔度3.16 横向柔度-0.091
优化方案三	在Case1的基础上，增大大衬套空心动刚度	875	1200	0.171 (Case1)	0.158	↓8%	FLR60Hz ↓LR60Hz	纵向柔度3.2 横向柔度-0.084
优化方案四	在Case1的基础上，增大小衬套径向动刚度和损失角	动刚度8750 损失角2.5°	动刚度15000 损失角9°	0.171 (Case1)	0.141	↓18%	FLR180Hz ↓LR180H	纵向柔度3.9 横向柔度-0.041
优化方案五	在Case1的基础上，增大小衬套轴向动刚度和损失角	动刚度656 损失角8.8°	动刚度1500 损失角9°	0.171 (Case1)	0.164	↓4%	FLR180Hz ↓LR180H	纵向柔度3.8 横向柔度-0.087
优化方案六	上述所有方案叠加	—	—	0.195（基础值）	0.111	↓43%	—	纵向柔度2.9 横向柔度0.196

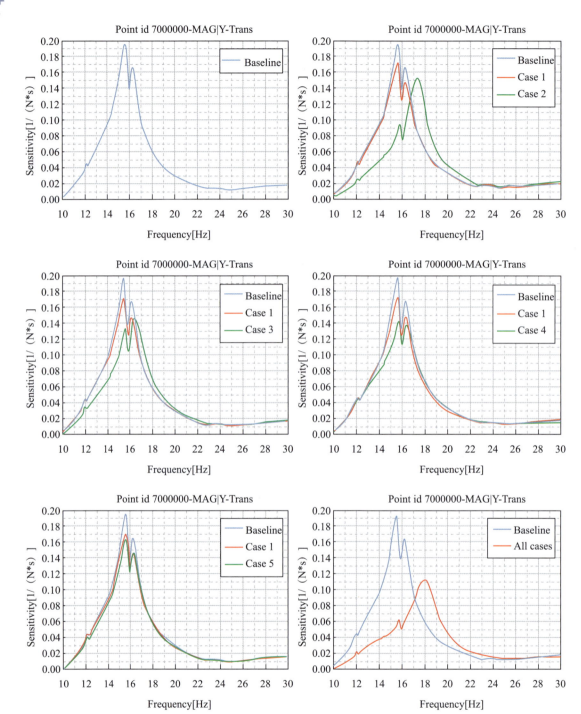

图 6-63 各方案制动抖动敏感度变化示意图

6.5.3.4 验证结果及方案可行性分析

1）通过摆臂衬套方案组合方案对制动抖动灵敏性影响的幅值，制订摆臂大小衬套的组合方案，并进行整车验证，见表 6-28。

表6-28 摆臂大、小衬套优化组合设计验证方案

零部件	类别	原方案	方案一	方案二	方案三	方案四
摆臂小衬套方案	径向X向开口动刚度@12Hz	8697	8697		15000	
	轴向动刚度@12Hz	656	656		1330	
摆臂大衬套方案	实心静刚度/(mm/N)	1378	1330			
	空心静刚度/(mm/N)	456	570			
	空心刚度/(mm/N)	953	1340			
	空心损失角/(mm/N)	11.2	12.6			
	空心动刚度（制动预载）/(mm/N)	1020	1720			
		1771	2400			
	空心损失角（制动）/(°)	10.9	12.2			
		10.1	11.1			
	空心方向安装角	—	原安装角度	旋转20°	原安装角度	旋转20°

2）对四个方案进行整车制动抖动敏感性评价，并评估对路噪、舒适性及操稳性能的影响。

制动抖动测试及评价结果显示，降低制动抖动敏感性方案有效性中，方案四、方案二为优选方案，见表6-29。

表6-29 各验证方案制动抖动测试结果

方案	制动盘DTV	主观评价	工况	转向盘-Y-RMS（g）	转向盘速度-Y-MAX/（mm/s）
原方案	PP=18.5 1st=16.5	6.75	0.15g	0.33	18.06
			0.25g	0.24	11.52
方案一		7.00	0.15g	0.23	11.98
			0.25g	0.20	9.22
方案三		7.00	0.15g	0.25	12.67
			0.25g	0.21	11.34
方案二		7.00	0.15g	0.19	9.33
			0.25g	0.18	9.31
方案四		7.25	0.15g	0.18	9.54
			0.25g	0.16	8.11

路噪的测试及评价结果显示，根据路噪增大幅度，方案三、方案二是优选方案，见表6-30。

表 6-30 各验证方案路噪测试结果

Overall (20~2000Hz)	FLR					RRR				
前摆臂方案	原状态	方案四	方案三	方案二	方案一	原状态	方案四	方案三	方案二	方案一
RAR(50km/h)	62.0	62.3	62.7	62.7	61.3	64.5	65.2	65.9	65.9	64.2
RAR(60km/h)	63.8	64.1	64.6	64.5	63.9	66.6	67.6	68.0	67.8	66.8
RAR(80km/h)	67.9	67.4	68.4	68.2	67.1	71.2	71.4	72.0	71.7	70.1
CR(50km/h)	67.9	69.3	69.2	69.4	68.0	70.9	72.0	72.3	73.0	71.0
CR(60km/h)	70.0	70.9	71.2	71.2	70.5	73.2	74.7	75.1	75.0	73.6
CR(80km/h)	73.8	74.7	74.8	74.3	73.9	77.2	78.4	78.7	78.4	77.2
平均值	67.6	68.1	68.5	68.4	67.5	70.6	71.6	72.0	72.0	70.5

注:FLR(Front-Left-Right ear,前排左侧右耳旁),RRR(Rear-Right-Right ear,后排右侧右耳旁),RAR(Rough Asphalt Road,粗糙沥青路面),CR(Concrete Road,水泥路面)。

悬架性能评价结果显示,提高小衬套刚度可有效地提高操稳性能,悬架性能方案四、方案二是优选方案,见表 6-31。

表 6-31 各验证方案行驶性能评价结果

性能项	工况	原方案	方案一	方案二	方案三	方案四
舒适性	平滑路面:水泥路面,沥青路面	6.75	6.75	6.75-	6.5	6.75
	粗糙路面:破碎、井盖、接缝、破碎路面	6.75	6.75-	6.5	6.5	6.75
	单项冲击:减速带	7.25	7.25	7.25	7.25	7.0
操控性及转向性能	低速机动性	7.0	7.0	7.0+	7.25	7.25+
	转向响应及直行控制性	7.0	7.0	7.0+	7.25	7.25+
	弯道操控稳定性	7.0	7.0	7.0	7.0	7.0
	转向干扰	7.25	7.0	7.0+	7.25	7.25

3)根据整车性能开发目标,综合评估各方案对路噪、悬架、转向、耐久的均衡,结合各方案有效性及可行性分析,讨论结果为按照方案四实施,依据整车验证体系,开展综合验证测试,各方案排序结果见表 6-32。

表 6-32 实车验证结果汇总

专业	排序1	排序2	排序3	排序4	排序5	备注
制动抖动	方案四	方案二	方案三	方案一	原方案	四个方案均可选≥7′，原方案不可接受
NVH	原方案	方案三	方案二	方案四	方案一	方案一和方案二存在34Hz空鼓声，不可接受
操控	方案四	方案三	方案二	方案一	原方案	方案三和方案四均优于原方案0.25′
舒适	原方案	方案四	方案二	方案一	方案三	方案三舒适性稍有下降，可通过匹配调教弥补
转向	方案四	方案二	方案三	原方案	方案一	方案一略有下降，其他方案可接受
耐久	原方案	方案一	方案三	方案四	方案二	考虑旋转安装角度需路试验证后才能确认

6.5.3.5 小结

制动抖动集成开发是一个系统性工程。就传递路径的优化而言，对目标、边界和影响因子的确定尤为重要。首先要确定目标、识别边界和找准影响因子，运用系统工程的方法对目标进行分解；然后结合 CAE 分析，通过优化方案的制订和整车试验方案设计、验证，协同相关专业同步开展验证，平衡好各关联专业的性能诉求；最后根据各方案的有效性及影响，锁定最优方案并解决制动抖动的难题。

参考文献

[1] 王望予. 汽车设计 [M]. 北京：机械工业出版社，2006：251.

[2] JOHN C. D. 减振器手册 [M]. 李慧彬，孙振莲，金婷，译. 北京：机械工业出版社，2011：124.

[3] FUKUSHIMA N.，HIDAKA K.，IWATA K. Optimum Characteristics of Automotive Shock Absorbers under Various Driving Conditions and Road Surfaces. Int. J. of Vehicle Design [Z]. 1983，4 (5)：472.

[4] 王霄锋. 汽车悬架和转向系统设计 [M]. 北京：清华大学出版社，2015：102-104.

[5] 刘冬青，王念强，陈志刚，等. 车辆横向稳定杆刚度分解计算及结构参数分析 [C]. 2014 中国汽车工程学会年会论文集，2014：1207-1209.

[6] 刘伯威,杨阳,熊翔. 汽车制动噪声的研究[J]. 摩擦学学报,2009,7:385-391.

[7] GUAN D H, JIANG D Y. A study on disc brake squeal using finite element methods [C]. Michigan:SAE Paper,1998:1-7.

[8] 齐钢,谢骋,张光荣. 制动低鸣噪声控制方法研究[J]. 汽车技术,2014(6):21-25.

[9] ANTHONY G, JOHN J, et al. Brake moan simulation using flexible methods in multibody dynamics [C]. California:SAE Paper,2000:3-4.

[10] KIDO I, KURAHACHI T, et al. A study on low-frequency brake squeal noise [C]. Michigan:SAE Paper,1996:1.

[11] SHI T S, O. DESSOUKI, T. WARZECHA, et al. Advances in Complex Eigenvalue Analysis for Brake Noise [C]. Michigan:SAE Paper,2001:1-2.

[12] SHIH-WEI K, K. Brent Dunlap and Robert S. Ballinger. Complex Eigenvalue Analysis for Reducing Low Frequency Brake Squeal [C]. Michigan:SAE Paper,2000:3-5.

[13] YI L, MA L F, GUO J J. Study of the Subjective and Objective Correlation on Vehicle Ride Comfort [C]. Singapore:Proceedings of China SAE Congress 2019 Selected Papers,2019:319-338.

Chapter 07

第 7 章
NVH 性能集成开发

　　NVH 是噪声、振动和声振粗糙度（Noise、Vibration、Harshness）的合称。汽车 NVH 性能是汽车最重要的舒适性指标之一，其开发是汽车性能集成开发的重要一环。它不仅需要研究汽车行驶噪声对环境的影响，还需研究汽车用户对汽车噪声、振动及声品质的感受，甚至可以延伸到汽车上所有与声音相关的驾驶体验（如提示音、车内音效、智能语音交互等）。

　　NVH 三个字母里面，N 是指人们不希望听到的声音，如加速啸叫、路噪、风噪、制动尖叫、异响等；V 是指人们不希望感受到的振动，如怠速整车振动、转向盘摆动、座椅抖动、地板发麻等；H 是指当人们的实际感受与主观预期不协调时产生的一种心理上不和谐的现象，如发动机噪声不纯、加速过程声音突变、关门声太过尖锐，等等。因此，汽车 NVH 性能开发的目标就是降低这些用户不希望感受到的振动与噪声，提供符合用户预期甚至让用户惊喜的声音。相应地，NVH 性能开发内容分为三个层级：第一层级称为低噪声设计；第二层级称为高声品质（Sound Quality）设计；第三层级称为声 DNA 设计。低噪声是环境法规和汽车用户对汽车产品的最基本要求，即汽车振动噪声既不能向车外辐射过多的噪声而污染环境、也不能向车内辐射过多的噪声而影响用户舒适性。国内外对汽车噪声也制定了越来越多、越来越严的法规标准。随着汽车工业的快速发展和人们生活水平的不断提升，人们对汽车噪声的容忍度也会越来越低，并且已从单纯追求低噪声转变为追求汽车各类声音的品质感和个性化。甚至，一流汽车企业开始利用声音设计来传递公司产品某种特质，即为第三层级的声 DNA 设计。

　　无论是低噪声设计，还是高声品质设计，汽车 NVH 性能的开发都可以从源、传递路径和响应三个维度来研究、分析和控制，并最终以响应（如用户听到的声音或对声音的感受、肢体感受到的振动等）为开发目标。对于汽车这样一个复杂系统，不仅产生振动噪声的源头众多，包括动力传动系统产生的噪声、路面与轮胎产生的噪声、气流与车身作用产生的风噪、所有开闭件及电动部件产生的噪声、异响，等等，噪声产生的机理涉及结构、流体、电磁等多学科的耦合；在不同工况、路况下，这些噪声源的表现也变化各异。另外，这些振动噪声传递到车内的路径也各式各样，可以通过悬置、悬架、车身等结构路径传播到车内，也可以穿过车体缝隙或直接穿透车体钣金传入车内。最终，某一工况下的车内振动噪声是由所有振动噪声源经由所有传递路径进入车内叠加而成。转向盘、座椅等人体接触处的振动经由躯干、神经系统传递到人脑进行处理，形成人对振动的感受；在人耳处形成的噪声（通常称为耳旁噪声）经由耳道、神经系统传递到人脑进行处理，最终形成人对噪声的感受。这一过程不仅涉及生理声学，还涉及心理声学，因此用户对振动噪声的最终感受与该用户群体的年龄、性别、经历、喜好等属性也息息相关。

汽车NVH性能的开发涉及上述各个环节的设计和匹配，不仅需要根据用户群体准确定义NVH性能主客观目标，还需要在成本、重量、生产工艺等约束条件下，充分考虑与动力经济性、行驶性能、碰撞性能、气味、VOC、疲劳耐久等其他性能的平衡，将整车级NVH性能目标逐级分解到各子系统及零部件，并落实到各零部件的用材、结构尺寸及连接工艺等技术方案上，最终又从材料－零部件－系统－整车进行反向逐级验证和优化，直到各项整车级NVH性能达成最初设定的目标和用户需求，才会进入量产并向市场销售。

本章首先将从介绍NVH性能需求的来源开始，系统描述汽车常见NVH现象及相应的主客观控制指标；其次，从源、路径及整车集成三个方面重点阐述汽车振动噪声的产生、传递机理、控制措施和集成开发方法；最后，通过提炼汽车行业NVH性能集成开发的经典案例，介绍了集成开发的基本思路、控制手段及解决方案，为汽车NVH开发工程师提供参考。

7.1 开发需求和目标

7.1.1 需求来源

7.1.1.1 法规要求

交通噪声造成的环境污染是全世界面临的重大污染问题。特别是像中国这样汽车工业飞速发展、汽车保有量位居全球第一的发展中国家，交通噪声问题尤为严重，对人们的日常生产、生活及身心健康都带来了较多不利影响。随着生活水平的不断提高，人们对环境的要求也越来越高，很多国家和地区对车内外噪声提出越来越严格的限制。国外汽车工业发达国家和地区例如联合国欧洲经济委员会（ECE）、欧盟、日本、美国等）在20世纪60年代起就针对机动车辆制定了许多法规和标准来控制汽车的噪声危害，其中影响最大的是ECE R 51《关于就噪声排放方面批准四轮及四轮以上机动车的统一规定》。我国在1979年也首次颁布了两项标准GB 1495—1979《机动车辆允许噪声》和GB 1496—1979《机动车辆噪声测量方法》，规定了各类车辆车外加速行驶噪声的限值，加速、匀速行驶车外噪声的测量方法以及车内噪声的测量方法,但对匀速行驶和车内噪声没有规定相应的限值。1993年和1996年又分别制定 GB/T 14365 和 GB 16170,就汽车定置噪声测量方法和限值做了明确规定。2002年又对汽车加速行驶车外噪声测量方法和限值做了修订,见表7-1。以 M1 类型汽车加速行驶车外噪声限值为例,1984年及之前对轿车和越野车要求分别为 84dB(A)和 89dB(A),1985 年之后分别加严至 82dB(A)和 84dB(A);标准 GB 1495—2002 不再将小型客车进行细分,并规定自 2002 年 10 月 1 日起至 2005 年 1 月 1 日及之后分两个阶段分别达到 77dB(A)和 74dB(A)。部分国家和地区也制定了针对车内噪声的限值标准,如俄罗斯法规标准 GOST R 51616—2000 规定:平头式和非平头式 M1 类机动车车内噪声限值分别是 80dB(A)和 78dB(A),且在 2014 年后分别加严至 79dB(A)和 77dB(A)。另外,部分国家和地区采用欧盟 ECE R 117 法规标准对售后市场的轮胎噪声也进行了限制。我国作为汽车制造和出口大国,在不同国家或地区销售的汽车应该满足当地的法规标准要求。

表 7-1 我国汽车加速行驶车外噪声法规及限值发展历程表

法规标准		GB 1495—1979				GB 1495—2002			
适用阶段	分类		起步阶段		分类			第一阶段	第二阶段
			—	1985年1月1日				2002年10月1日	2005年1月1日
类型	类名	最大总质量/t	1984年12月31日	2002年9月30日	类名	最大总质量/t	发动机额定功率/kW	2004年12月31日	2020年6月30日
小型客车	轿车	所有	84	82	M1	所有		77	74
	越野车		89	84					
中型客车	公共汽车	≤4	88	83	M2	≤2	所有	78	76
						2~3.5		79	77
		4~11	89	86		3.5~5	<150	82	80
							≥150	85	83
大型客车					M3	>5	<150	82	80
	—	—	—	—			≥150	85	83
小型货车	载货汽车	≤3.5	89	84	N1	≤2	所有	78	76
						2~3.5		79	77
中型货车		3.5~8	90	86	N2	3.5~12	<75	83	81
							75~150	86	83
							≥150	88	84
大型货车		8~15	92	89	N3	>12	<75	83	81
							75~150	86	83
	—	—	—	—			≥150	88	84

注:对于特殊车型的限值宽松说明,详见参考文献 [9-10]。

7.1.1.2 用户需求

汽车NVH是用户在用车过程中最易感知的性能之一。相对于污染外界环境来说,汽车产生的振动噪声对用户的不利影响更加直接,不仅影响驾驶人的驾驶感受,而且影响乘客的乘坐舒适性。例如,发动机舱、底盘传出的异响会让驾乘人员觉得该车辆存在某方面的故障;车身内饰的异响会让人感觉刺耳、心烦;座椅、转向盘、变速杆振动过大不仅会造成人体的不适,还影响驾驶人对车辆的精准操控;车内噪声过大,不仅影响乘客之间的交谈,而且长时间的噪声容易导致驾驶疲劳甚至引发交通事故;车体对噪声的隔离感差,让汽车缺乏高级感,等等。这些问题的出现将直接导致用户用车的满意度降低,有损汽车品牌形象、不利于销售。

随着汽车工业的快速发展及人们生活品质的提高,汽车越来越广泛地成为出行、娱乐甚至办公的移动终端。用户已不满足于对汽车的低噪声需求,开始追求汽车所有声音的品质感。例如,加速时发动机的声音是否让人觉得强劲有力,开关门时的声音是否给人厚重感,刮水器、玻璃升降器等电器的运行声是否给人平顺感,等等。随着汽车的加速普及,用户群体越来越年轻化,特别是未来几年,90后、00后将成为购买汽车的主力,汽车的个性化声品质需求将成为一大趋势。

7.1.1.3 公司战略及产品定位

汽车企业对其汽车产品系列都有基于公司战略的差异化布局和规划。在每一个汽车产品正式开始研发之前,预研团队都会对市场进行详细的调研,确定目标市场、用户人群及竞争车型。目标市场决定了该车型的售价范围;不同的用户人群对汽车产品外观、功能、性能的喜好也大不一样。产品策划团队会根据对目标用户的精准画像,对产品的风格、功能及性能进行策划。针对较关注舒适性的用户人群,所研发车型的NVH性能定位会在整个性能定位中处于较高的优先级。在进入正式研发阶段后,这些产品性能定位会得到进一步地细化分解,具体分解流程将在后续章节中进行详细阐述。

7.1.2 汽车常见工况的振动噪声现象

在满足法规要求的前提下,尽可能为目标用户群体提供舒适的车内声环境,是汽车NVH开发的目标。用户关心的振动噪声,也是NVH工程师需要重点解决的问题。NVH性能开发目标的设定也将围绕这些问题开展。下面将重点介绍汽车常见工况下的典型振动噪声现象。

7.1.2.1 起动、熄火及怠速的振动噪声

在起动、熄火及怠速工况下,汽车处于原地运行状态,此时用户对于汽车的异常振动与噪声情况尤为关注。

起动工况下的振动噪声主要包括:起动机拖动飞轮过程中的振动噪声,主要表现为齿

轮啮合时的敲击噪声和起动机运行时的电磁噪声；发动机点火以及转速上冲和回落时的振动噪声，主要表现为整车抖动。

熄火工况下的振动噪声主要是指发动机转速回落时的振动噪声，主要表现为整车抖动。

怠速工况下的振动噪声主要包括：低频压耳声、燃油系统高频噪声、轮系噪声、冷却风扇噪声等怠速噪声；整车低频抽动（即间歇性振动）、持续性振动等怠速振动。

7.1.2.2 加速行驶时振动噪声

汽车加速行驶时振动噪声主要是指在加速工况下动力传动系统工作引起的振动噪声。加速工况的振动噪声问题主要包括以下 6 类：

1) 加速轰鸣声（Booming）：主要是指当发动机转速升至某一特定转速值附近时，车内噪声急剧增加的现象，轰鸣严重时车内乘员会明显感觉到压耳感和眩晕感。中大节气门开度加速时，由于发动机输出转矩急剧增大，轰鸣声会更加明显或让用户更难以接受。

2) 加速啸叫声：主要是指驱动电机、变速器、发电机、压缩机、油泵等旋转机械在汽车加速过程中产生的阶次噪声。频率较低的啸叫声听起来类似"呜呜"声（Whine），频率较高的啸叫声听起来类似吹口哨的"嘘嘘"声（Whistle）。

3) 加速敲击声（Rattle）：主要是指汽车在加速过程中，由于变速器内部齿轮间相互撞击产生的"咔咔"声。

4) 加速粗糙声（Rumbling）：主要是指发动机在加速过程中产生让用户主观感受粗犷、颗粒感强、品质差的声音。

5) 流体噪声：主要包括汽车在急加速过程中来自增压器的进气"嘶嘶"声（Hiss）、泄气声（Whoosh）、喘振声（Surge Noise）和排气系统的气流喷射噪声（Jet Noise）、口哨声（Whistle）或爆破声（Poping Noise）等。

6) 加速振动：主要是指加速过程用户感受到的车身、地板、转向盘、座椅等位置的振动、抖动或整车抽动等现象。

7.1.2.3 巡航时振动噪声

巡航工况是用户最常用的工况。特别是长途驾驶时，由于振动噪声持续时间长，容易引起驾乘人员的疲劳和抱怨。巡航工况下，由于发动机输出转矩较小，其振动噪声主要表现为中低速路噪和高速风噪。

汽车在中低速巡航时，一般处于路况较为复杂的场景。此时的振动噪声主要表现为路噪（即路面与轮胎相互作用产生的噪声），常见路噪现象可以分为以下 5 种：

1) 低频敲鼓声（Drumming）：主要是指汽车在水泥或粗糙沥青路面低速巡航时，伴随类似打雷或者敲鼓的"咚咚"声，严重时能明显感觉有压耳感。

2) 中频隆隆声（Rumbling）：主要是指汽车在粗糙路面上巡航时，被路面激起的随时间波动的"隆隆"声，具有很强的粗糙感和颗粒感。

3) 轮胎空腔声（Tire Cavity Noise）：主要是指不平整路面激励轮胎空腔引起空气共

振而发出的"嗡嗡"声。

4) 中高频轮胎花纹噪声：主要是指汽车行驶过程中轮胎花纹与路面相互作用产生的"哗哗"声。

汽车在高速巡航时，一般处于国道或高速公路等路况相对单一的场景。此时的振动噪声主要噪声表现为风噪（即气流与车身相互作用产生的噪声），且受桥隧、横风的影响概率较大。高速巡航常见的振动噪声现象如下：

1) 气动噪声（Wind Rush Noise）：主要是指汽车高速巡航时气流冲击车身表面产生的"呼呼"声，有些情况也会听到类似吹口哨的"嘘嘘"声（Whistle）。

2) 气吸噪声（Leakage Noise）：主要是指汽车高速巡航时车门、车窗、三角窗等密封不良部位发出的类似漏风的"咝咝"声。

3) 风振（Buffeting）：主要是指在开启天窗或单个侧窗情况下，气流冲击车内声腔产生的空气共振现象，一般伴随强烈的压耳感和不适。

4) 高速车身振动：主要是指汽车在高速行驶时出现的转向盘摆动、地板抖动等现象。

7.1.2.4　滑行及制动减速时振动噪声

汽车在滑行减速时，也常发生轰鸣声和变速器啸叫声，这与汽车加速过程产生的轰鸣和啸叫现象类似。相对于加速工况，汽车滑行时动力系统噪声由于负载较小而有所降低，但由于其他噪声的掩蔽效应较小，有可能用户主观上感觉会比加速时更明显。

汽车在制动减速时，常发生制动抖动和制动啸叫问题。

1) 制动抖动：主要表现为车身前后抖动、转向盘摆动和制动踏板抖动。

2) 制动啸叫：主要是指制动系统运动副摩擦产生的声音，频率稍低的类似嘎吱声（Groan），频率稍高的类似尖叫声（Squeal）。

7.1.2.5　其他特殊工况下的振动噪声现象

除了上述常见工况外，汽车在一些特殊工况下也常发生振动噪声问题，例如：

1) 汽车在堵车频繁起步或蠕行工况下，动力传动系统引起的轰鸣声、啸叫声、粗糙声、流体噪声、撞击异响及振动现象。它们与加速工况下基本类似，但由于起步工况下路噪、风噪等噪声较小，用户对这些振动噪声会比较敏感。

2) 汽车在急加速（Tip-in）或急减速（Tip-out）工况下，传动系统易产生撞击声或引起整车耸动（Shuffle）。

3) 汽车在过减速带时，轮胎及悬架系统产生的整车冲击噪声及颤振等。

4) 汽车处于高负荷、高档位、低车速工况时，传动系统易产生齿轮敲击声和轰鸣声等。

综上所述，汽车用户驾驶汽车的场景及工况繁多，因此对应的振动噪声现象也较复杂。表7-2列出了汽车常见噪声的分类、声音名称及其声音特征。

表7-2 汽车常见噪声

噪声分类	声音名称	对应英文名称	声音特征
动力及传动系统噪声	轰鸣声	Booming	形容共振产生的20~80Hz低频连续纯音声,伴有明显压耳感
	呻吟声	Moan	形容80~300Hz低频连续纯音声,有时伴有压耳感
	嗡嗡声	Drone	形容频率在100~200Hz的大振幅、单音调的声音
	啸叫	Whine	形容旋转机械部件工作产生的200~5000Hz中高频连续纯音声
	粗糙声	Rumbling	形容汽车在粗糙路面或加速过程产生的100~800Hz低中频声且随时间变化宽带噪声,动态频率比较低时,人会感受到波动,而在高频的波动下,人会感受到粗糙或颗粒感
	咕咕声	Warble	形容正时传动带运行时产生的噪声,类似于鸽子的叫声
	敲击声	Rattle	形容转矩波动产生的有规律的撞击声,主要为500~3000Hz中高频的宽带噪声
	嘶嘶声	Hiss	形容一种连续的高频流体噪声和宽带噪声,频率为1000~3000Hz
	泄气声	Whoosh	形容气流产生的中高频500~10000Hz为主的急促宽带噪声
	喘振声	Surge Noise	形容流固相对冲击产生的1000~2000Hz中高频窄带噪声,常发生于增压器
	口哨声	Whistle	形容气流通过很小的口径所产生的高频窄带噪声,频率一般在2000Hz以上
	喷射噪声	Jet Noise	形容高速气流通过一个口径向外喷射所产生的噪声,多指排气尾管发出的噪声
	爆破声	Poping Noise	形容封闭容腔由于压力突变所引起的气流爆破声,多指排气系统的放炮声
	嘀嗒声	Tick	形容频率在3000Hz以上的高频小幅振动声,多指高压油轨压力脉动产生的噪声
道路噪声	轮胎空腔声	Tire Cavity Noise	形容轮胎空腔共振产生的纯音噪声,频率范围在200~250Hz,多出现于汽车在经过路面接缝处
	隆隆声	Rumbling	形容汽车在粗糙路面或加速过程产生的100~800Hz低中频声且随时间变化宽带噪声,动态频率比较低时,人会感受到波动,而在高频的波动下,人会感受到粗糙或颗粒感
	敲鼓声	Drumming	形容汽车在冲击或破损路面上行驶产生的20~80Hz低频且随时间变化的噪声,类似于敲鼓发出的"咚咚声",常伴有压耳感
	轮胎花纹哗哗声	Tire Pattern Noise	形容汽车行驶过程中由轮胎花纹与路面相互作用产生的800Hz以上的高频噪声

（续）

噪声分类	声音名称	对应英文名称	声音特征
风噪	风振	Buffeting	形容汽车行驶中开窗而产生的 20Hz 左右具有强烈压耳感的轰鸣声
	空腔声	Cavity Noise	形容空腔共振产生的纯音噪声
	口哨声	Whistle	形容气流通过很小的口径所产生的高频窄带噪声，频率一般在 2000Hz 以上
	气动呼呼声	Rush Noise	形容由气流沿着一个表面不规则的物体流动时产生的湍流噪声，以中低频为主的宽带噪声
	气吸噪声	Leakage Noise	形容因车身密封不良，车内外压力差使气流从连通车内和车外的缝隙中流过产生的噪声
空调及通风系统噪声	啸叫声	Whine	形容旋转机械部件工作产生的 200~5000Hz 中高频连续纯音声
	呻吟声	Moan	形容 80~300Hz 低频连续纯音声，有时伴有压耳感
	嘶嘶声	Hiss	形容一种连续的高频流体噪声，中心频率为 2000~10000Hz 的宽带噪声
	汩汩声	Gurgle Noise	形容流体从狭缝、瓶颈内流出的起伏变化的宽带噪声，例如空调系统、散热器和热泵等系统产生的流体声
	口哨声	Whistle	形容气流通过很小的口径所产生的高频窄带噪声，频率一般在 2000Hz 以上
制动噪声	制动蠕动噪声	Creep Groan	汽车带制动蠕行时制动系统引起的声音，多指自动档汽车带制动蠕行产生 500Hz 以下的噪声
	制动嘎吱声	Graunch	汽车行驶过程中，中度、重度制动至车辆静止前，悬架俯仰车身复位时产生的噪声，主要频率小于 500Hz
	制动呻吟声	Brake Moan	在汽车起步或低速行驶过程中，由于制动器摩擦引起的与悬架系统共振发出的低频噪声，多指车速 5km/h 以下发生的频率为 100~450Hz 的噪声
	制动刮擦声	Wire Brush	在制动过程中同时发生几个频率的噪声，多指持续制动后产生的频率为 2500Hz 以上的高频宽带声
	制动叽叽声	Brake Squeal	汽车行驶过程中制动系统产生的频率在 1000Hz 以上的单频噪声，多发生在低温、高湿环境下

7.1.3 NVH性能开发目标

整车NVH性能开发的首要任务是建立一套衡量汽车NVH性能的评价方法和指标，并将国家对汽车的通过噪声法规要求、用户对NVH的需求以及车型产品的性能定位转化为工程开发目标。这一般需要通过两个步骤来实现：第一步，将用户语言转化为工程技术语言，即主观评价；第二步，将工程技术语言转化为工程技术指标，即客观评价。下面将具体介绍NVH主客观评价及目标设定方法。

7.1.3.1 主观评价及目标设定

主观评价可衡量某项性能是否满足用户期望，能直观地反映用户感受，是车型研发中必不可少的一环。由于样本状态、评价人群、评价环境、评价方法等因素都可能对结果产生影响，在具体评价过程中需要对评价目标的设计、评价样本的准备、评价环境的选择、评价人群的确定、评价方法及分析处理手段的选取等做详细的规定，才能保证评价结果的准确性和可靠性。这些要求都将体现在汽车企业的主观评价试验规范或操作指南中，美国福特公司的Otto和Amman、长安汽车公司的吴礼军等人也面向行业发布了主观评价试验方法和指南。汽车NVH开发常用的4种主观评价方法如下：

1）直接排序法（Ranking）。基于某一评价属性，评价者对多个评价样本进行排序。该方法简单易操作，常用于声品质设计中目标声音选择或实车驾评中竞争车型优劣对比。该方法的主要缺点是得到的结论只能体现好坏排序，无法给出评价样本间的差异尺度，因此也无法用于目标的量化设定。

2）成对比较法（Paired comparison）。将评价样本按两两排列组合方式分组，评价者对每两个样本进行比较并给予评价，评价标准见表7-3。完成所有组别的评价后，统计每个评价样本的得分，直接或进行归一化后作为评价结果。该方法克服了多样本对比难度大的问题，比较适用于经验不足的评价者。其缺点是两两排列组合式对比评价的工作量大，评价效率相对较低。但这种方法的评价结果相对更加准确，常用于评价样本的深入分析和研究。

表7-3 成对比较法评价标准

评价结果	样本A	样本B
A比B好	2	0
B比A好	0	2
A与B相当	1	1

3）等级评分法（Magnitude estimation）。评价者在规定的评分范围内对评价样本进行打分，常用的是1~10级打分。表7-4列出了10分制的等级评分法评价标准。该方法既操作简便，又能给出评价样本间的差异尺度，是汽车NVH主观评价及目标设定最常用的

方法。但该方法对于经验不足的评价者存在一定困难，一般需要经过专业主观评价培训才能进行。

表7-4　10分制的等级评分法评价标准

分级	1	2	3	4	5	6	7	8	9	10
属性和特性	无法接受		很差		边缘	可接受	一般	好	非常好	好极了
用户满意度	非常不满意				稍不满意	基本满意		很满意		非常满意
期望改进者	所有用户				一般用户	挑剔的用户		受训工程师		难以觉察

4）语义细分法（Semantic differential）。评价者运用意义相反的形容词对评价样本进行定性描述，比如安静的/吵闹的、平滑的/粗糙的、廉价的/高贵的、强劲有力的/疲软的，等等。这种主观评价方法较为简单，适用于非专业团队评价或者用户调研，也经常被工程师团队用作前面几种主观评价方法的补充。

在整车NVH性能开发过程中，开发团队将基于产品策划团队确定的目标人群、产品定位、竞争圈车型及竞争策略等信息，采用等级评分等主观评价方法对参考车型进行综合主观评价，给出主观评分并设定所开发车型产品的目标分值。主观评价过程通常遵从"先总后分"的原则，首先给出各大类NVH属性的主观评分和目标，再结合多领域属性的平衡和与竞争车型的细化竞争策略，最终分解为如7.1.2小节所述用户常用工况下的主观评分和目标分值，见表7-5。

表7-5　不同工况下主观NVH目标设定示例

	标准	起动/熄火	怠速*	加速*	低速巡航*	高速巡航*	滑行	制动	……	异响*
竞争车A	1~10分									
竞争车B	1~10分									
竞争车C	1~10分									
……	1~10分									
竞争策略	L/A/C/U									
开发目标	1~10分									

注：带"*"工况为汽车行业NVH属性通用工况。

7.1.3.2　主观目标客观化

主观目标客观化是指将用户对NVH属性的主观感受及评分转化为面向工程师的具有客观物理意义并可指导技术方案设计的工程技术指标，这是实现汽车正向设计和开发的关键。对于汽车NVH性能开发而言，首先需建立一套基于用户主观感受的客观评价方法及体系，然后建立主客观指标之间的联系并将主观目标转化为客观量化标准。

振动与声可以用最基本的物理量振动位移（也可以用速度或加速度）和声压来客观量

化并采用传感器测量。在汽车 NVH 性能开发中,常用加速度传感器、传声器(俗称麦克风)测量和记录振动加速度和声压信号,然后通过计算得到工程师关注位置的振动速度和声压级(Sound Pressure Level,SPL)这些基本的 NVH 控制指标。在低噪声设计与开发阶段,转向盘、座椅、变速杆、踏板等位置的振动加速度以及耳旁噪声声压级一般作为整车级目标项。

大量的实践经验表明,只关注噪声声压级不足以准确反映用户的主观感受,有些噪声虽然声压量级小但同样非常扰人。从生理及心理声学角度讲,人对于声音的主观感受不能完全由声压级来描述,它与人耳生理结构的各类相关传递函数有关,同时还与听音者的心理活动以及所处环境相关,如图 7-1 所示。虽然有不少学者对头部相关传递函数、心理声学影响因素进行了试验及调查研究,但目前仍无法从生理解剖角度准确地解析听觉的传递特性。因此大量的研究致力于提出更能代表用户主观感受的客观量化指标,并建立这些指标与用户主观感受的关系模型。1927—1933 年,Kingsbury、Fletcher 和 Munson 相继测得了单耳和双耳听音条件下的等响曲线,这为计权声压级(如 A、B、C 计权声压级)相关国际标准的制定奠定了基础。在此基础上,著名学者 Zwicker、AVL LIST 公司的 Schiffbanker 等人相继提出或改进了响度(Loudness,单位:Sone)、尖锐度(Sharpness,单位:Acum)、调制度(Modulation,无量纲,一般用百分比表示)[按调制频率也可以分为波动度(Fluctuation,单位:Vacil)、粗糙度(Roughness,单位:Asper)]、音调度(Tonality,单位:tu)、语言清晰度(Articulation Index,无量纲,一般用百分比表示)、高频占比、声压分布等一系列客观量化参数及其计算方法。这些指标逐渐被用于汽车声品质的客观评价和技术研究中,标志着汽车 NVH 性能的开发从低噪声设计向声品质设计的转变。在评估噪声时,行业内通常采用 A 计权声压级[单位:dB(A)],再视不同工况适当增加其他客观指标。例如,在评价以中高频成分为主的风噪时,加入响度、语言清晰度等指标;在评价动力系统噪声时,加入粗糙度、波动度、调制度等指标;在评价加速啸叫时,采用阶次声压级、音调度等指标;在评价发电机、燃油泵、小型电动机、喇叭等电器

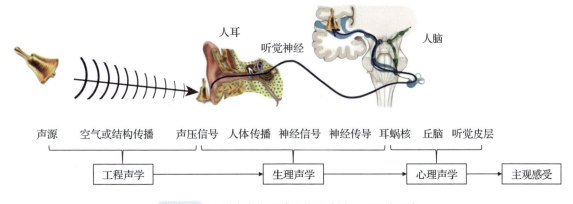

图 7-1 人对声音主观感受的形成过程及影响因素

声品质时,采用尖锐度、线性声压级等指标;在评估变速器敲击、轴系撞击、路面冲击、关门声品质等瞬态声音时,采用响度、尖锐度等指标等。表 7-6 给出了整车 NVH 性能客观指标示例(注:不同企业在开发不同级别的车型时,客观指标会有所增减)。

表 7-6 整车 NVH 性能客观指标示例

分类	工况	测点	指标	单位	参考范围 L	A	C	U	竞争策略	目标
法规项		车外加速行驶通过噪声	声压级	dB(A)	≤74				—	≤74
	定置噪声	驾驶人耳旁噪声	声压级	dB(A)						
		发动机噪声	声压级	dB(A)						
		排气噪声	声压级	dB(A)						
	车内噪声	头枕中心	声压级	dB(A)						
怠速	AC OFF 和 ON	人耳	声压级	dB(A)						
		转向盘	振动加速度	g						
		座椅	振动加速度	g						
加速	不同档位 - WOT 和 POT 加速	人耳	声压级	dB(A)						
		人耳	波动度	Vacil						
		人耳	粗糙度	Asper						
		人耳	语言清晰度	AI%						
		转向盘	振动加速度	g						
		座椅	振动加速度	g						
低速巡航	水泥路面和粗糙沥青路 (50~80km/h)	人耳	声压级	dB(A)						
		人耳	语言清晰度	AI%						
		转向盘	振动加速度	g						
		座椅	振动加速度	g						
高速巡航	光滑沥青路 (100~140km/h)	人耳	声压级	dB(A)						
		人耳	响度	Sone						
		人耳	语言清晰度	AI%						
		转向盘	振动加速度	g						
		座椅	振动加速度	g						
...	...	...	...	...						

由于人类听觉系统及心理活动非常复杂,加上不同地区、不同人种在生理结构和文化背景上的不同,上述客观评价指标或关系模型可能会存在一定的局限性,因此研究不同人群的喜好并提出更准确的客观量化评价指标已成为汽车声品质开发必须面临的问题。

7.2　NVH性能开发与控制

噪声或振动在任一物体中的传播都可以简化为"源－路径－响应"的分析模型，其中激励源既可以是振动激励，也可以是声激励，而响应则是汽车NVH性能开发的控制目标。为了实现设定的NVH性能目标，既可以通过抑制或调整振动噪声源的激励（即振动噪声源控制）来实现，也可以通过抑制或调控振动噪声的传递路径（即传递路径的控制）来实现。但在实际工程中，某一工况下的整车振动噪声响应并不是单一噪声源或单一路径传递的结果，而是多源、多路径振动噪声相互叠加和耦合作用的结果。下面将从振动噪声源的控制、传递路径的控制、整车多源－多路径NVH集成匹配三个方面来阐述整车NVH性能的开发与控制方法。

7.2.1　振动噪声源控制

汽车上的振动噪声源主要来自动力传动系统、路面作用于轮胎、气流撞击车身等。对于这些激励源头的控制是NVH性能开发与控制中最直接、最有效的方法。下面将针对汽车上几大典型振动噪声源，重点阐述其振动噪声产生机理和控制措施。

7.2.1.1　动力传动系统带来的振动噪声

动力传动系统是将发动机产生的转矩传递给车轮并驱动汽车行驶的系统，主要包括发动机、变速器、进排气系统等，是整车加速的动力源，但同时也是整车怠速、加速等工况下的主要振动噪声源。动力传动系统产生的振动噪声可以通过动力总成振动噪声测试台架进行测量和评估，如图7-2所示。

图7-2　动力总成振动噪声测试台架

1. 发动机振动噪声

发动机振动噪声主要来源于气缸热力周期性交换和受力部件的往复或旋转运动带来的周期性激励力（或力矩）。按照机理可以分为以下3种。

（1）燃烧噪声 由于发动机气缸内燃烧过程中产生周期变化的气体压力，推动活塞运动并伴随高频振动，它们通过缸盖－活塞－连杆－曲轴－缸体传递并最终向外辐射噪声，一般称为燃烧噪声。因此燃烧噪声与燃烧过程密切相关，其强弱程度取决于缸内气体压力的变化剧烈程度，如图7-3所示。在发动机开发或与整车匹配过程中，可以通过改进燃烧室结构形状和参数、调节喷油过程和喷油率、提高压缩比、采用增压技术或改善燃油品质等方式来控制燃烧噪声。

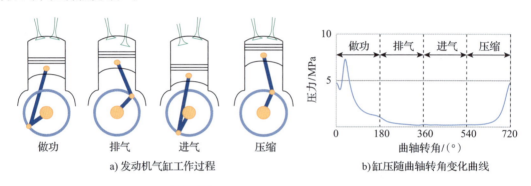

图7-3 发动机工作过程的缸压变化

（2）机械噪声 由燃烧产生的活塞往复运动和高频振动，通过连杆和曲轴转变为扭转力矩及其波动（一般称为扭振），并沿着正时齿轮、正时传动带、辅机传动带及轴承等向下游传播。在这个过程中，由配气机构、喷油系统、活塞、连杆、曲轴、正时齿轮、正时传动带、辅机传动带以及轴承等运动部件之间摩擦、撞击产生的噪声，一般称为机械噪声。特别是当某一部件的固有频率与激励频率接近时，会产生共振将噪声放大。这类噪声一般通过增大受力部件刚度、减小运动副部件之间间隙、优化接触面形状或参数、提升零部件制造精度和接触面光滑度、改善部件材质、改善润滑或采用系统动力学控制等手段进行抑制。由发动机内部产生的振动噪声在发动机各部件之间传递并最终通过机体向外辐射。因此，还可以采用增大机体阻尼、增加隔/吸振措施或采用隔声罩来抑制。

（3）空气动力噪声 由发动机进排气系统管道中高速气流的不稳定性引起的噪声，通过进排气口及管壁向外界辐射，一般称为空气动力噪声。对于进气系统的空气动力噪声，可通过在管路上加装高频谐振腔、调整管路走向、优化发动机电控参数等方法进行控制，如图7-4所示；对于排气系统的空气动力噪声，可通过增大消声器容积、在消声器内增加吸声棉、调整管路管径及长度、优化发动机电控参数等方法来控制，如图7-5所示。

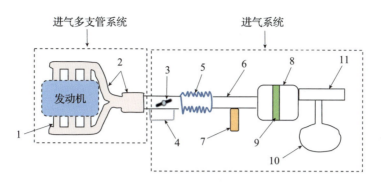

图 7-4 一种发动机进气系统示意图

1—进气分管 2—进气总管 3—进气控制阀 4—怠速进气通道 5—柔性连接管 6—干净空气管
7—四分之一波长管 8—空气过滤器 9—空气过滤网 10—赫姆霍兹消声器 11—进气管

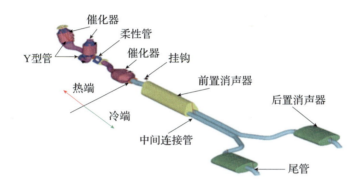

图 7-5 一种发动机排气系统示意图

2. 传动系统的振动噪声

四轮驱动传动系统如图 7-6 所示,包括变速器、分动器、传动轴、驱动桥及半轴等部件。发动机将转矩及扭振传递给变速器,并沿着轴系向下传递,最终到达车轮。这一过程

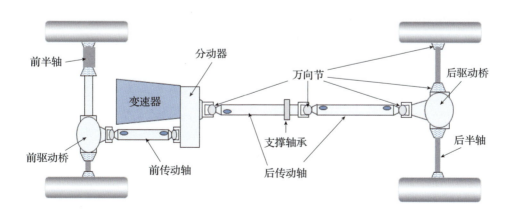

图 7-6 四轮驱动传动系统

产生的机械噪声与发动机内部机械噪声类似，其中比较突出的是变速器敲击和啸叫声以及轴系的振动和撞击声，下面将进行详细阐述。

（1）齿轮敲击和啸叫声　齿轮敲击声主要是由于传动系统扭振导致变速器内部齿轮间相互打齿产生的；而齿轮啸叫主要是由于齿轮副间传递误差导致的齿轮啮合噪声。

（2）轴系振动和撞击声　导致轴系振动和撞击声的原因主要有以下几方面：①当整车所受到的转矩发生突变时，动力传递从正拖转为反拖（或从反拖变为正拖），导致传动系统部件之间间隙快速消除时形成的撞击声，严重时可伴随整车前后耸动；②当传动轴的质心与其旋转中心不重合时，由动不平衡引起的振动和噪声；③不等速万向节引起的2阶振动和噪声；④其他引起轴系径向跳动的因素都有可能导致振动噪声的产生。

对于传动系统的振动噪声，一般可采用提高齿轮精度、减小传动链间隙、增大壳体刚度、利用隔振性能较好的减振器、控制旋转件的动不平衡量和优化电控参数等措施来进行控制。

7.2.1.2 轮胎与路面带来的振动噪声

汽车轮胎与路面相互作用带来的振动和噪声传递到车内形成的路噪，是汽车巡航工况下的主要噪声之一。汽车轮胎品牌、规格和结构设计各异，加之我国路面情况复杂，因此轮胎与路面带来的振动噪声也表现各异。在实际车型项目开发中，它们一般可以通过轮心附近的力或振动、轮胎近场辐射噪声来衡量，可以在轮胎单体台架（图7-7）上测试，也可选择整车级转鼓台架（图7-8）上测试。

图7-7　轮胎单体振动噪声测试台架

图7-8　整车状态下轮胎辐射噪声测试

轮胎与路面相互作用引起的振动和噪声与路面材质、粗糙度以及泥水、冰雪覆盖等情况有关，与轮胎材料、结构设计、花纹设计以及周向不均匀度等有关，还与汽车整车总质量及行驶速度有关。按照产生机理，路面与轮胎带来的振动噪声主要分为以下4种。

1. 路面不平带来的振动噪声

路面不平带来的振动噪声主要是指轮胎在不平整或粗糙路面激励下产生的振动和噪

声。图7-9给出了常见的4种路面,路面越不平整或越粗糙,产生的振动噪声也越大,振动噪声的频率也越低;路面或轮胎刚性越强,产生的噪声也越大。因此在车型项目开发中,需要设计并验证汽车在不同路面上的路噪表现。

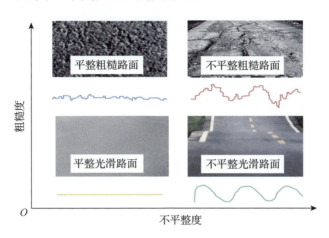

图7-9 不同平整度和粗糙度的路面

路面对轮胎胎面的振动激励产生的轮心力和胎面辐射噪声,还与轮胎本身的传递特性有关。将轮胎看作路面到轮心之间的隔振系统,其传递特性一般可通过力传递率来表征。因此,降低路面带来的振动噪声一般通过轮胎单体的设计及优化来实现,如降低胎面材料硬度、增加胎面胶的厚度调整胎面材料的阻尼特性、调整花纹沟槽深度等。

2. 轮胎不均匀性带来的振动噪声

轮胎高速旋转过程中,轮胎的质量不均匀、尺寸不均匀(图7-10)以及刚度不均匀导致轮心处产生周期性的不平衡激励力。周期性的不平衡激励力一方面通过轮心、悬架和车身最终传递到车内产生噪声。另一方面,轮心处的周期性激励力导致轮胎冲击路面,从而在胎面处产生噪声直接向外辐射。车速越高,轮胎转速越快,不平衡激励力也越大,带来的振动噪声也越严重。这是导致高速车身、转向盘抖动的常见原因。轮胎均匀性带来的振动噪声一般通过静不平衡、动不平衡、径向失圆量(RRO)、横向失圆量(LRO)、高速均匀性等指标来控制。

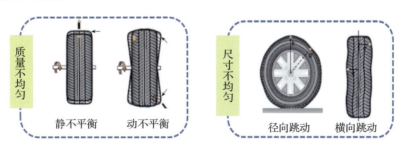

图7-10 轮胎的质量不均匀和尺寸不均匀

3. 轮胎空腔声

轮胎空腔声是轮胎封闭空腔的固有模态被激发而产生的空腔共鸣声，其频率主要由轮胎空腔的空腔模态决定，与声速、轮胎空腔周向长度相关，可以通过式（7-1）进行估算：

$$f_i = \frac{ic}{\pi(D+d)/2} \tag{7-1}$$

式中，f_i 为轮胎第 i（$i=1、2、3\cdots$）阶空腔声频率（Hz）；c 为空气中的声速（m/s）；D 和 d 分别为轮胎外径（m）和轮辋直径（m）。乘用车常用规格轮胎的一阶空腔声频率一般在 200Hz 左右，如型号为 215/50 R17 的轮胎的一阶空腔声频率按式（7-1）计算约为 203Hz。轮胎空腔声在轮胎传递特性（如力传递率）中主要表现为共振峰，可通过约束峰值大小来进行管控。从技术方案角度讲，可以通过胎面或胎侧结构优化、轮毂内侧增加谐振腔或者轮胎内侧加吸声材料等方法来降低空腔共振时的气体波动幅值，从而抑制其振动噪声。

4. 轮胎花纹噪声

轮胎花纹噪声主要是由于轮胎胎面上的花纹块、花纹沟与路面接触过程中发生泵浦（Pump）噪声、喇叭效应、赫姆霍兹效应、黏滑效应等现象而在轮胎与路面接触区域产生的噪声。轮胎花纹噪声主要与轮胎花纹和沟槽的设计（图 7-11）、轮胎材料等相关，可通过优化轮胎花纹块结构形状、材料硬度、花纹块、花纹沟槽的分布形式来控制。

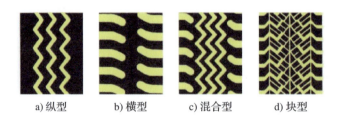

a) 纵型　　b) 横型　　c) 混合型　　d) 块型

图 7-11　轮胎的 4 种胎面花纹形状

7.2.1.3 空气运动带来的噪声

汽车在高速行驶时，空气作用在车身上并与车身发生相对运动而产生的噪声，一般称为空气动力噪声，它是产生风噪的源头。按照产生机理及表现形式，空气运动带来的噪声主要可以分为四大类：车外造型引起的脉动噪声、密封不良引起的气吸噪声、车身外表面小空腔处产生的空腔噪声、开侧窗/天窗引起的风振噪声等。下面将对这四类噪声的产生机理及控制措施进行介绍。

1. 脉动噪声

在汽车高速行驶过程中，前方空气不断被车身推开，并相对于车身向后流动，在车身周边产生强烈的分离流、涡流及湍流，从而形成强烈的表面脉动压力噪声，简称脉动噪声。如图7-12所示。当气流流经流场中的方形障碍物时,气流先与障碍物贴合,然后与障碍物分离,过了一段距离后再次附着,在分离区内气流会形成涡流,造成压力波动急剧增大,障碍物表面的气流压力波动以及涡流扰动都会产生噪声并向四周辐射。通过改变障碍物迎风面形状可以改变气流分离情况。当把迎风面的尖角变为圆角时,气流的分离区会减小,附着区会增大,甚至全转变为附着流。这种情况下,表面压力波动会明显降低,气流噪声能得到明显抑制。脉动噪声的控制主要从控制气流与车身的分离和车身表面的压力波动两方面考虑。后视镜、A柱等车身外部突出物是产生气流分离并导致脉动噪声的关键部位,使其外造型具备良好的流线可抑制气流与车身的分离,从而降低脉动噪声。

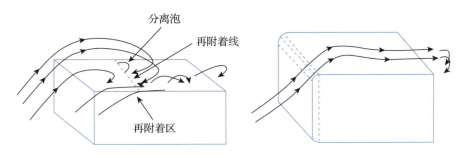

图7-12 脉动噪声产生机理示意图

2. 气吸噪声

高速行驶时,车外的空气压力低于车内的空气压力,这个压力差使得空气以较高速度从连通车内和车外的缝隙中流过并产生噪声,称为气吸噪声。这种噪声给人以漏风的感觉,因而也叫作泄漏噪声。汽车行驶时,气吸噪声主要产生于连通车内外的缝隙处,特殊情况下,部分车身表面非连通缝隙由于存在内外压差也会产生气吸噪声。气吸噪声的控制要点如下:其一,需做好车身孔洞缝隙的密封,确保整车的静态密封性能;其二,还需确保汽车在高速行驶时密封系统的动态密封性能,控制车身迎风面缝隙及其在高速行驶时的动态偏移量。

3. 空腔噪声

车身外表面存在很多搭接缝隙和小空腔结构,当气流吹进这些小空腔时,类似人嘴对着开口的空瓶吹气,通常会产生单频的声音或包含几个频率的声音,称为空腔噪声。由于这些车外空腔的容积较小,所产生声音的频率一般比较高。对于部分细小的缝隙,会产生类似吹口哨的口哨声或稍尖锐的啸叫声。空腔噪声的控制主要通过减小车身表面间隙,封堵外表面的小空腔来实现。

4. 风振

当侧窗或天窗开启时,开窗的车身声腔可以看成一个赫姆霍兹共鸣器,如图7-13所示。汽车在高速行驶时,窗口的前缘存在着不稳定的剪切层,剪切层在窗口前缘会脱落形成涡旋并随着气流一起向后流动。当涡旋撞击到窗口的后缘时，会破碎产生一个向四周扩散的压力波。一部分压力波进入车内空腔，一部分压力波向外辐射，还有一部分压力波又返回窗口前缘再次引发新的涡旋和压力波。以上过程以一个特定的频率重复发生在剪切层上，当该频率与开口声腔的固有频率一致时将产生共振，即风振。开窗的车身声腔形成的赫姆霍兹共鸣腔，可进一步可简化为单自由度的弹簧-质量系统，如图 7-13 所示。管子里的空气类比质量，空腔内的空气类比弹簧，其固有频率（即风振频率）可以按下式计算：

$$f = \frac{c}{2\pi}\sqrt{\frac{S}{VL}} \quad (7-2)$$

式中，f 为风振频率（Hz）；c 表示空气中的声速（m/s），S、L 分别表示细管的横截面积（m²）和长度（m），V 表示空腔的容积（m³）。天窗风振噪声主要通过优化扰流条结构来进行控制，前侧窗风振可以通过 A 柱、后视镜扰流结构设计来进行控制。

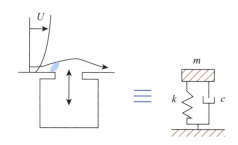

图 7-13 风振形成机理

U—气流方向　m—等效质量　k—刚度　c—阻尼系数

7.2.1.4 电器附件带来的振动噪声

随着汽车电气化与智能化的快速发展，汽车电器附件越来越多，因此电器附件也成为整车噪声的主要振动噪声源之一。汽车电器附件主要包括空调暖通箱、冷却风扇、发电机、起动机、刮水器、门窗电动机等。根据汽车电器附件产生振动噪声的原理，电器噪声可主要分为机械噪声、电磁噪声和流体噪声。

1. 机械噪声

汽车电器附件的机械噪声主要包括如下两类：

（1）周期激励产生的振动噪声　它主要是指电器运动件的周期激振力，比如电机的电刷和换向器的摩擦等，以及激励结构产生的振动噪声。它与激励力的大小和运动件结构动态特性等因素有关。

（2）动不平衡导致的振动噪声　它主要是指由于旋转部件的质量、刚度等分布不均，其高速运转时引起的不平衡激励导致的振动噪声。通常此类噪声的大小与不平衡质量大小和部件的旋转速度正相关，可参考国际标准 ISO1940 控制旋转部件的不平衡质量进行有效控制。

2. 电磁噪声

电磁噪声主要是指电机中不平衡电磁力激励部件结构产生的噪声。它是汽车风扇、鼓风机、发电机、刮水器等电器部件的典型噪声类型。电磁噪声主要与磁场分布的均匀性、轴承和转子的偏心、磁场极对数、磁铁材料的磁通密度、导电体绕线数、转子线圈绕组的槽满率等因素相关。

3. 流体噪声

流体噪声主要是指电器附件中流体压力的脉动及其与周边结构的摩擦激励结构产生的噪声。它是汽车空调系统、冷却系统、燃油系统等系统中的典型噪声类型。根据产生机理,汽车电器附件的流体噪声一般分为两类:

(1)旋转噪声　它主要是指由于流体受到叶片或叶轮周期性力的作用并形成压力脉动而产生的离散噪声,其频率可以通过以下公式计算:

$$f_i = \frac{inz}{60} \tag{7-3}$$

式中,f_i 为第 i(i = 1、2、3…)阶旋转噪声频率(Hz);z 为叶片数量;n 为转速(r/min)。

(2)涡流噪声　它主要是指叶片或叶轮表面涡流分离引起的随机脉动力作用于附近流体而产生的宽带噪声。叶片或叶轮转动时使周围流体产生涡流,此涡流由于黏性力的作用又分裂成一系列小涡流。涡流分离产生扰动,形成流体的压缩与稀疏的压力脉动,从而产生涡流噪声。沿叶片长度方向,由于各点圆周速度与其到圆心距离成正比,所产生的涡流噪声频率呈连续变化趋势,最终表现为宽带噪声特性。当该频率与叶片的固有频率接近时,将产生共振,并使涡流噪声变大。通常,此类噪声可通过叶片形状、叶片分布、叶片转速等因素来控制。

7.2.2 振动噪声传递路径控制

在实际汽车开发过程中,产生振动噪声的动力传动、轮胎、电器等系统在多数情况下是选用已经成熟的通用化产品,导致通过源头控制振动噪声的方法非常受限。因此,振动噪声传递路径的控制是汽车 NVH 性能开发中最常用的方法。由于汽车底盘及车身系统的复杂性,汽车动力传动系统、路面/轮胎、电器系统等源头产生的振动噪声,可以通过多条路径进入车内。一方面,源头产生的力和振动激励沿着安装点传递到悬置、悬架等隔振系统,再通过车身接附点传递到车体梁系结构,最终传递到各类板件,引起板件振动从而向车内辐射噪声,称为"结构声";另一方面,源头产生的辐射噪声激励沿着车身的孔洞、缝隙直接通过空气传入车内,或者直接穿过车身钣金透射到车内,称为"空气声"。但无论是对结构声传递路径的控制,还是对空气声传递路径的控制,都不能忽略的一点是：特定频率的周期性激励源（如发动机点火阶次、变速器主阶次、风扇阶次、轮胎空腔声等）与路径上各零部件及结构的避频，避免整个系统发生共振。本节将分别从模态分析与避频、结构声传递路径控制、空气声传递路径控制三个方面介绍相应的控制指标和方法。

7.2.2.1　模态分析与避频设计

对于振动噪声控制技术，系统共振是需要解决的最基本问题。要避免共振的发生，需使系统的固有频率避开激励频率，称为避频设计。对于汽车这一复杂系统而言，激励源的激励频率和系统的固有频率数量多、分布范围广，而且很多激励源的激励频率和大小随工况和时间不断变化。因此，为了实现最优的避频，需根据激励源和系统的特性拟定避频原则，并在系统设计之初对关键系统或结构的固有频率进行适当的规划。模态分析则是避频设计的基础，其目的是计算出结构或系统的模态频率等参数，为实现避频设计或诊断共振问题提供依据。

1. 模态分析

振动模态是弹性结构的固有振动特性。每一种模态都具有特定的固有频率、阻尼比和模态振型，统称为模态参数。模态参数由结构的材料特性（如密度、弹性模量、阻尼系数、泊松比等）、结构特性（如形状、尺寸等）和约束条件（如自由、单点或多点简支、单点或多点固定等）共同决定。对于汽车结构而言，只要任一材料、结构或连接关系发生变化，其振动模态参数也会随之变化。因此，在汽车开发阶段，若关键系统的材料、结构或链接关系存在更改，都需要重新进行模态分析，以确保准确避频。模态分析可以通过计算和试验两种分析方法实现，分别称为计算模态分析和试验模态分析。

计算模态分析通常采用有限元方法，适用于项目开发前期的结构设计阶段。由于在项目开发初期汽车大部分零部件的材料、结构和装配关系都有可能随着项目进度随时发生更改，基于车型实时三维数据的有限元模态分析工作必不可少。工程师需要通过有限元模态分析及时评价现有设计方案的动态特性，诊断和预报可能发生的振动噪声问题，并提供优化设计方案。目前行业内，针对汽车金属零部件或系统（如白车身、白车门等）的有限元模态分析精度都比较高，误差均在2Hz以内甚至更低；而对于由大量黏弹性材料（如密封胶/条）、塑料、多孔非金属材料等组成的系统，其有限元模态分仍存在很大的误差。

试验模态分析是通过试验采集实体结构的输入和输出振动信号，再进行参数识别获得模态参数的分析方法。它适用于项目开发中后期，通常用于对零部件、系统或整车模态参数的验证，判定汽车零部件的制造、系统的组装是否符合NVH设计要求。

2. 避频设计的基本原则

根据线性系统振动理论，任一连续弹性体或系统都具有无数多种振动模态，其在外界激励下的振动响应都可以看成这些固有振动模态的线性叠加。当外界激励频率与系统的固有频率相同或者非常接近时，系统的振动幅度显著增大的现象，称为共振。当共振发生时，即使很小的振动激励都会导致较大的振动噪声响应，对振动噪声的控制极其不利。因此，振动噪声控制最基本的方法是：使系统的固有频率与激励频率分布在不同频段，避免系统发生共振。

对于汽车这样的复杂系统而言，从振动噪声源到各条传递路径再到车内，如果设计方案不合理，如传递路径上的某一部件的固有频率与激励频率或者不同部件的固有频率位于同一频率附近，系统都有可能发生共振，使振动噪声在传递中被放大，从而导致整车NVH问题，如7.1.2小节提到的怠速工况轰鸣声、加速工况的车身抖动等。因此，位于振动噪声传递路径上的各系统、各零部件的避频设计非常重要。实践经验表明，汽车NVH性能开发过程中，主要从动力传动系统—悬置（传动轴）及副车架—车身系统、路面—轮胎系统—传动轴及悬架系统—车身系统两条路径进行避频设计，如图7-14所示。其中，避频设计的主要内容包括：激励源与路径避频、车身整体模态与局部模态避频、车身与底盘悬架系统避频、车身与动力传动系统避频、车身结构模态与声腔模态避频等，具体避频设计的基本原则见表7-7。在车型项目开发前期，工程师需要按照上述需要进行避频设计的路径和避频原则，对所涉及系统和零部件的模态频率进行规划设计，使它们分布在不同的频段。

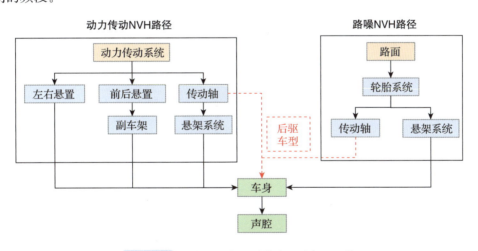

图7-14 需进行避频设计的主要路径和系统

表7-7 避频原则

序号	避频原则
1	整车一阶弯曲、扭转与悬架同步异步跳动模态避频大于10%
2	车身尾部弯曲、扭转模态与后悬架Z向同步异步跳动模态至少避频10%
3	怠速发动机2阶激励与整车1阶弯曲模态避频10%

(续)

序号	避频原则
4	座椅靠背 Y 向模态与动力总成侧倾模态至少避频 10%
5	地板钣金局部模态与声腔垂向 1 阶模态避频 10%
6	背门刚体模态与声腔纵向 1 阶模态避频 10%
7	整车 1 阶弯曲与 1 阶扭转避频 20%
8	整车 1 阶弯曲与天窗 Z 向刚体模态避频 10%
9	…

7.2.2.2 结构声传递路径控制

汽车动力传动系统、路面/轮胎、电器附件等源头产生的振动分别通过悬置、悬架、橡胶垫等隔振系统传递到车身接附点，再经由车身梁系、板系辐射到车内。因此，结构声传递路径的控制手段主要包括隔振系统设计和车身灵敏度控制两个方面。

1. 隔振系统设计

汽车上的振动噪声源众多，且主要安装在车身及底盘系统上。因此在产生振动噪声的零部件或总成上增加隔振措施是抑制振动噪声向车内传递最直接的方法之一，也是目前汽车结构声传递路径控制的常用方法之一。图 7-15 给出了汽车上的典型隔振元器件分布图。

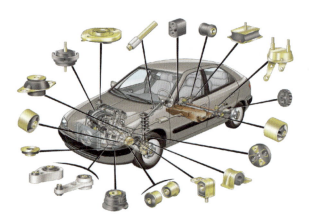

图 7-15 汽车上的典型隔振元器件分布图

按照隔振原理的不同，这些元器件可以分为隔振器和吸振器两类，其中隔振器又可以分为被动隔振、半主动隔振和主动隔振三种。目前在汽车上应用最广泛的是被动隔振器，如图 7-16 所示，通常安装在产生振动噪声的零部件或总成（称为主动侧）与车身系统（称为被动侧）之间，如隔离动力总成振动的悬置系统、隔离路面/轮胎振动的悬架系统。

图 7-17 给出了汽车悬置、悬架两大隔振系统的示意图。隔振器的隔振效果通常采用传递率来表征，即主动侧振动大小与被动侧振动大小的比值，用分贝表示如下：

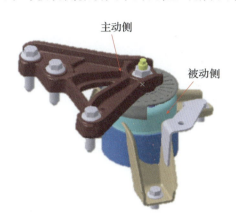

图 7-16 普通被动隔振器

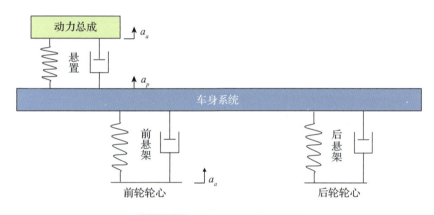

图 7-17 汽车隔振系统示意图

$$T = 20\lg \frac{|a_a|}{|a_p|} \tag{7-4}$$

式中，T 为传递率（dB）；a_a 和 a_p 分别表示主动侧和被动侧的振动加速度（m/s²）。通常汽车 NVH 性能开发中，隔振器的隔振率要求大于 20dB，即振动加速度从主动侧传递到被动侧衰减超过 90%。

为了保证良好的隔振性能，隔振系统主要从隔振系统布置、隔振元件选型、衬套刚度匹配，安装支架控制四个方面进行设计。下面以悬置系统设计为例进行详细说明。

（1）布置设计 确定隔振元件的数量和位置。燃油车横置动力总成的悬置系统通常采用三点式转矩轴（Torque Roll Axis，简称 TRA）布置方式，且要求左右悬置连线与 TRA 轴尽量平行，如图 7-18a 所示。动力总成重量主要由左右悬置承担，后悬置主要起抗扭作用，动力总成沿曲轴方向的翻转模态与其他刚体模态更容易解耦，使怠速等工况具有较好的隔振性能。电动车动力总成，常用质心布置，质心尽量与悬置位置组成的平面的几何中心重合，如图 7-18b 所示。三个悬置共同承担动力总成的重量，通常电动汽车的转矩较大且变化较快，此时三个悬置共同限制动力总成的位移，抗扭性能较好。

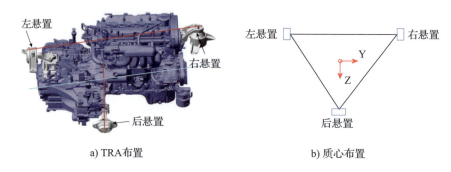

图 7-18 悬置系统的布置设计

（2）结构选型　选定隔振元件的种类和结构形式。悬置系统根据是否充液可分为橡胶悬置和液压悬置；根据形状可分为衬套悬置、塔型悬置、拉杆悬置等；根据其控制逻辑可分为半主动悬置和主动悬置。图 7-19 列举了部分悬置结构示例。液压悬置相对于橡胶悬置具有更大的阻尼，对粗糙路面等道路激励导致的振动能量吸收更有利，但其结构更复杂、成本高；拉杆式悬置一般用于横置动力总成三点式布置的后悬置，起抗扭作用；半主动或主动悬置，可以根据车辆行驶工况的要求，调节悬置的阻尼或刚度等，以满足不同工况下对悬置刚度和阻尼的需求。悬置结构选型时，还需综合成本、性能定位等方面的要求。对粗糙路振动、过减速带颤振等性能要求较高的车型，可以采用多个液压悬置或半主动/主动悬置；对于大功率大转矩的横置发动机，可以采用多个拉杆悬置，提升动力总成的抗扭性能。

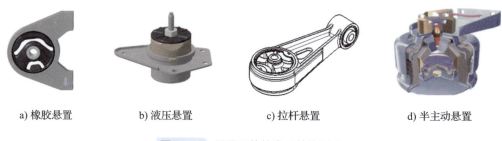

图 7-19 悬置系统的常见结构形式

（3）刚度设计　主要包括静刚度设计和动刚度设计等，是隔振元件设计的核心。静刚度设计又包括线性段和非线性段设计，其示意图如图 7-20 所示。线性段刚度设计时，需要考虑动力总成静态承重、模态避频解耦（尤其是绕曲轴翻滚方向的模态，与垂向模态、前后方向的模态的避频和解耦）等方面的需求，且垂向线性段长度需预留一定的蠕变量。非线性段刚度设计时，一般需要对节气门全开加速工况下的工作点刚度进行设计，保证加速工况具有良好的隔振性能；对大转矩、大冲击等极限工况下的刚度和位移进行管控，限位动力总成极限工况下合理的运动包络。橡胶悬置的动刚度与静刚度基本呈一定的比例，一般在1.4附近，而液压悬置不同频率下的动刚度与静刚度的比例差异较大。动刚度性能与隔振性能直接相关，因此各频率的动刚度对整车NVH性能的影响也不同。图7-21给出了液压悬置不同频率段的刚度及与其相关的整车NVH现象对比图。

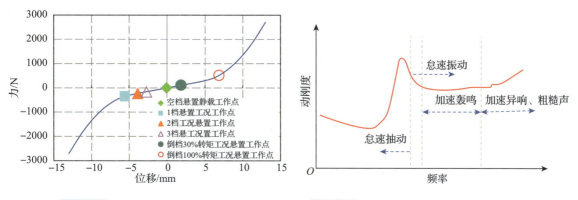

图7-20 静刚度曲线设计示意图　　图7-21 液压悬置动刚度及其相关的NVH现象

（4）支架设计　是指支架动刚度的设计。支架动刚度反映了其受外界动态激励时的抗变形的能力。悬置支架的动刚度过低，容易引起局部模态，导致悬置的隔振性能下降。汽车NVH性能开发中，常要求同频率下支架动刚度大于软垫动刚度的10倍。

2. 车身灵敏度控制

在汽车各个系统中，车身系统是其他所有系统及零部件的承载者，其设计好坏直接影响整车NVH性能。动力传动底盘及电器等系统产生的振动噪声经过各自与车身的接附点（图7-22）激励车身并在车身结构中传递，最终辐射到轴。在试验中，一般以人耳处和肢体常触及的位置点，作为车内噪声振动的响应的监测点，如图7-23所示。

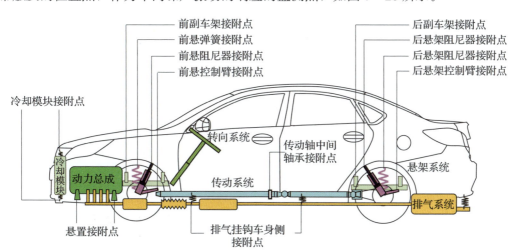

图7-22 车身部分接附点示意图

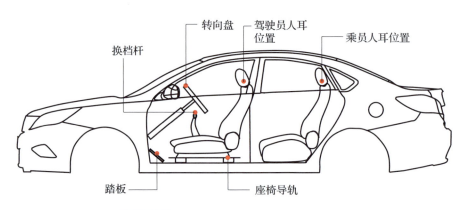

图 7-23　车内人体噪声振动响应点示意图

车身在一定的激励下产生的响应大小,通常被称为车身传递函数或灵敏度,可表示为车身响应与激励力的比值,如:

$$H_V(\omega) = \frac{X(\omega)}{F(\omega)} \tag{7-5}$$

式中,$H_V(\omega)$ 为车身灵敏度;$F(\omega)$ 为激励力(N);车身响应 $X(\omega)$ 可以是振动位移(m)、速度(m/s)或加速度(m/s^2),也可以是车内声压(Pa)。车身灵敏度既可通过有限元模型计算获得,也可通过实车测试获得。在汽车 NVH 性能开发中,车身灵敏度包括以下三种。

(1) 原点导纳　原点加速度导纳(Input Point Inertance,IPI)定义为车身接附点原点振动加速度响应与该点激励力的比值;原点动刚度定义为车身接附点原点激励力与该点振动位移响应的比值。原点导纳或原点动刚度描述的是振动在局部的传递特性。当车身接附点激励力已经确定时,原点导纳或原点动刚度通常决定了输入到车身振动能量的大小,因此对车内结构声的影响至关重要。

(2) 振动传递函数(Vibration Transfer Function,VTF)　车体关重点振动响应与车身接附点激励力的比值,其振动响应一般用振动速度来表征,如座椅导轨、转向盘、变速杆或加速踏板等人体接触到的位置的振动速度,如图 7-24 所示。振动传递函数既与车身接附点原点导纳或动刚度有关,还与从车身接附点到响应点之间的结构设计有关。因此,除了增强车身接附点结构的措施以外,还可以通过路径结构优化、局部模态避频、铺设阻尼胶等方式降低车身结构的振动速度响应。

(3) 噪声传递函数(Noise Transfer Function,NTF)　车内关重点噪声响应与车身接附点激励力的比值,其噪声响应一般用人耳处声压表征,如图 7-25 所示。噪声传递函数描述了从车身接附点到人耳处的振动噪声传递特性,既与车身接附点原点导纳或动刚度有关,与接附点到车体钣金的声振传递函数有关,还与车体所有钣金的声辐射效率有关。

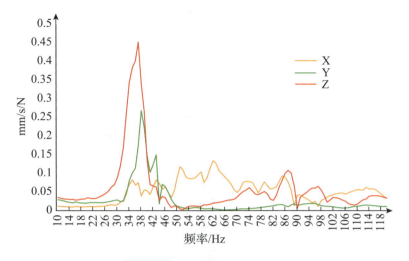

图 7-24 振动传递函数曲线图

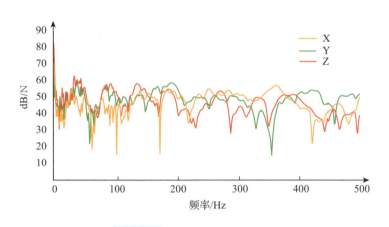

图 7-25 噪声传递函数曲线图

目前,汽车行业内对于车身各接附点到车内人耳处 NTF 的普遍要求是控制在 55dB/N 以下。对于 200Hz 内 NTF 超过控制线 55dB/N 的峰值,可以通过对应频率的模态识别,找到主要贡献量的车身梁板系统,然后采用结构优化、增加加强件、铺设阻尼胶等方式抑制其向车内辐射声能量的大小。对于 200Hz 以上 NTF 超过控制线 55dB/N 的问题,一般通过在梁系结构设计加强件或支撑件、避免安装支架焊接在单层薄板上、采用较大的螺栓、增加套管等方式提升车身接附点动刚度来降低输入到车身的振动能量,或通过合理铺设阻尼胶等方式降低板件辐射声,从而抑制车内的振动噪声响应。车身接附点到车体其他位置(如前风窗玻璃、顶盖前横梁、天窗、顶棚、背门等板件)的 VTF 常作为控制车身各接附点到车内人耳处 NTF 的过程管控指标,降低这些板件的速度响应,可有效控制车身灵敏度,进而规避部分整车 NVH 问题。

7.2.2.3 空气声传递路径控制

汽车动力传动系统、路面/轮胎、电器附件等源头产生的噪声沿空气路径向车内传播，可以分为两条路径：一部分沿着车身的孔洞、缝隙直接通过空气传入车内，称为"泄漏声"，一部分直接传递到车身板结构透射到车内，称为"透射声"，如图 7-26 所示。针对空气声传递路径的控制方案，一般称为"声学包（Sound Package）"。

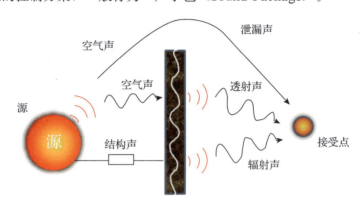

图 7-26 汽车噪声传播示意图

声学包设计的好坏直接决定汽车对动力传动系统噪声、路噪、风噪及外界噪声的隔绝能力（即整车隔声性能），用户在关闭车门、车窗后或经过隧道等有较强反射面的路况时可以明显感知这一性能。客观上，整车隔声性能可以用声传递函数（Acoustic Transfer Function，ATF）、噪声衰减量（Noise Reduction，NR）或基于功率的噪声衰减量（Power Based Noise Reduction，PBNR）来定量表征，如式（7-6）~式（7-8）所示。

$$\text{ATF} = \frac{p_2}{Q_a} \tag{7-6}$$

$$\text{NR} = \text{SPL}_1 - \text{SPL}_2 = 10\lg\left(\frac{p_1 p_1^*}{p_0^2}\right) - 10\lg\left(\frac{p_2 p_2^*}{p_0^2}\right) \tag{7-7}$$

$$\text{PBNR} = \text{SWL} - \text{SPL}_2 = 10\lg\left(\frac{\Pi^2}{\Pi_0^2}\right) - 10\lg\left(\frac{p_2 p_2^*}{p_0^2}\right) \tag{7-8}$$

式中，Q_a 表示点声源的体积加速度（m^3/s^2）；p_1、SPL_1 分别表示声源侧距离声源点 r 处的声压（Pa）和声压级（dB），p_1^* 为 p_1 的共轭；p_2、SPL_2 分别表示车内接受侧（一般为人耳处）的声压（Pa）和声压级（dB），p_2^* 为 p_2 的共轭；p_0 和 Π_0 分别表示参考声压（dB）和声功率（W）；Π、SWL 分别表示声源的声功率（W）和声功率级（dB）。NR 仅表示声源侧到接受侧的噪声衰减量，而 PBNR 不仅包含这一衰减量，还考虑了测点距发声表面的距离及声源侧声腔吸声带来的衰减量。在汽车 NVH 开发工程中，为了方便起见，一般以 NR 作为整车各路径隔声性能的客观量化指标。

整车隔声性能目标一般来源于整车车内噪声性能定位及其目标的分解，在制订整车隔声性能目标时一般根据汽车源头辐射噪声及相应车内噪声需求的差值来确定。要达成设定的整车隔声性能目标，需结合试验和仿真分析手段进行目标的逐级分解和技术方案的设计。按照控制手段，车身系统的隔声开发大致可以分为车体密封性设计和整车隔吸声控制两大类；按照分解层级，可以分为整车、系统、零部件及材料四个层级；从源到路径依次可以分解为源端隔吸声设计、车体密封设计、车体隔声设计、隔声垫设计、车内吸声设计，图7-27给出了车身系统隔声组合技术方案示意图。

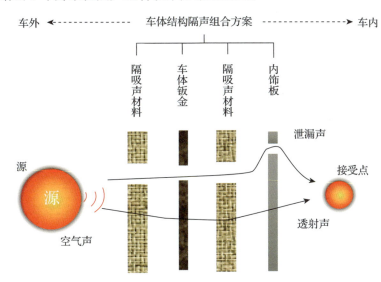

图7-27 车身系统隔声组合技术方案示意图

1. 整车密封性设计

整车密封性直接决定了汽车对泄漏声的隔绝能力。它不仅是整车隔声性能的基础，而且对汽车保温、防水、防腐、防灰、防尾气等性能也有直接影响。整车密封性能根据汽车是否承受动态载荷可以分为静态和动态密封性能。对于静态密封性能，一般通过车内外特定压差下的空气泄漏流量或等效泄漏面积来定量表征，因此也称为整车气密性；也可以通过超声波泄漏量来定量表征，在车内或车外放置超声波发声器，对另一侧用接收器探测；还可以通过烟雾试验等手段进行可视化定性表征。由于动态工况的复杂性，动态密封性能目前还没有统一的直接评估手段。

整车密封性的设计是一项复杂的工程，它涉及汽车所有开闭件的密封方式、车体所有钣金之间的结合方式和所有安装在车身上的内外饰件及其他附件在车体上的安装及配合关系。这些配合关系必须遵守严密的密封设计原则，确保车内外泄漏通道被完全封堵，最终实车的密封效果既与研发阶段的结构设计、工艺设计水平有关，还与工厂生产线制造工艺水平息息相关。整车气密性通常可以分解为白车身气密性、内饰车身气密性和闭合件气密性，如图7-28所示。

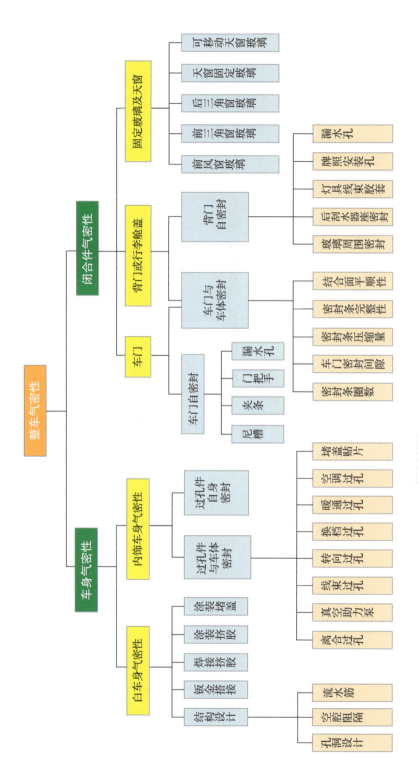

图7-28 汽车整车气密性分解图

其中，白车身气密性主要通过钣金结构搭接、堵盖贴片、焊接挤胶、涂装挤胶及膨胀胶等的设计来控制，它是整车气密性的基础，一般要求相对于整车占比小于30%；闭合件气密性包括车门、背门或行李舱盖、天窗及其他玻璃的气密性，主要通过密封系统（包括密封条、尼槽、夹条、防水膜等）的设计来控制，一般要求单个车门相对于整车占比不超过10%；内饰车身气密性主要包括车身过孔件自身及其与车体之间的密封，主要通过密封垫、密封胶套、密封泡棉等密封结构的设计来保证，一般相对于整车占比控制在10%左右。动态工况下，由于车门等活动部件在振动或内外气流的强迫下发生整体运动或变形，从而导致密封间隙和密封状况发生改变最终产生泄漏，主要通过车门在动态工况下的偏移量来控制。

2. 整车隔吸声控制

整车密封性并不能完全决定整车隔声性能。犹如一间比邻闹市的卧室，玻璃窗密封得再好，都能感觉到声音是从窗户传进来的，而不是从混凝土墙体传入的。对于汽车而言，由于噪声源的多样性、车身系统的复杂性，整车隔声性能的开发同样是一项复杂的系统工程。整车隔吸声控制技术方案的设计需要充分考虑噪声源的频率特性、声学材料布置位置及其可用空间。

车体结构是车身隔吸声技术方案设计的基础，内外饰声学包装件是隔吸声技术方案的重点设计对象，如图7-29给出了汽车主要声学包装件布局图。对于车体结构，由于承载、安全、外观、安装配合等各方面的需求以及成本、重量的限制，使得车体梁板结构的设计往往非常复杂，不可避免存在钣金结构的空间差异性，从而导致局部存在隔声弱点，特别是那些离噪声源较近的部位。声学包装件的布置和设计正是基于这些薄弱部位开展，形成一个针对噪声源的均衡屏障，因此声学包装件的布置位置、材料组分、覆盖面积、厚度分布以及其细节处理都至关重要。

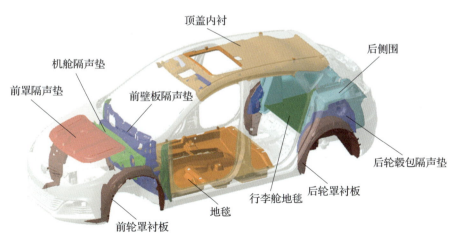

图7-29 汽车主要内外饰声学包装件

以前壁板系统的隔声性能开发为例，图7-30给出了安装有隔声垫的前壁板系统结构图。对于前壁板隔声垫，一般通过材料组分、克重、厚度分布、覆盖率、开孔率等设计参数的选择和控制，以获得更佳的隔声效果。由于制动、转向、电子线束、空调管路及进风口等部件需要穿过或安装在前壁板上，过孔件的密封及其隔声、隔声垫的开孔方式及大小是隔声设计的关键点。对于需要贯穿隔声垫的安装点推荐采用套管结构，对于有过孔件穿过处的隔声垫推荐开"太阳孔""翻折孔"，如图7-31所示。

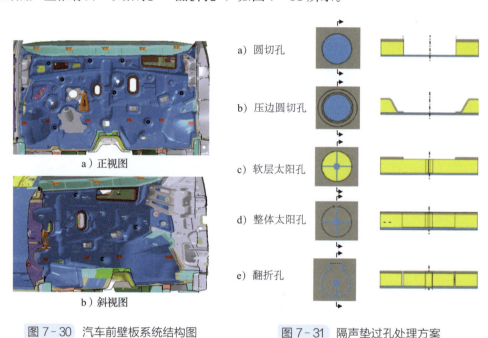

图7-30 汽车前壁板系统结构图　　图7-31 隔声垫过孔处理方案

7.2.3　整车 NVH 性能集成匹配

作为整车 NVH 性能集成开发的基础，7.2.1和7.2.2两个小节分别对汽车典型振动噪声源、传递路径的控制机理与方法逐一进行了介绍。但如7.1.2小节所示，用户常用工况下的振动噪声现象并非单一噪声源通过单一路径传递到车内形成的，而是多个噪声源通过多条结构声和空气声路径传递到车内叠加的结果。理论上，车内噪声 $P(f)$ 与各噪声源及传递路径的关系可以用如下模型表示：

$$P(f) = \sum_{m=1}^{M} P_m^{SB}(f) + \sum_{n=1}^{N} P_n^{AB}(f)$$

$$= \sum_{m=1}^{M} F_m(f) \text{NTF}_m(f) + \sum_{n=1}^{N} Q_n(f) \text{ATF}_n(f) \tag{7-9}$$

式中，$P_m^{SB}(f)$ 为空气声的贡献量（dB）；$P_n^{AB}(f)$ 为结构声的贡献量（dB）；$F_m(f)$ 为结构声的激励力（N）；$\text{NTF}_m(f)$ 为结构声的力声传函（dB/N）；$Q_n(f)$ 为空气声源的表面加速度（m^2/s^2）；$\text{ATF}_n(f)$ 为空气声路径的声传递函数 $[dB/(m/s)^2]$。

因此，达成某一车型产品所设定的 NVH 目标，需进行目标分解，将整车级 NVH 性能目标逐级分解到各子系统甚至零部件，并形成设计技术方案。整车 NVH 性能集成匹配的过程就是在一定的边界（如成本、重量、工艺或其他性能）约束下，不同 NVH 目标项、不同子系统间多目标优化与平衡的过程，而且贯穿车型项目开发的设计、优化、验证与诊断的各个阶段。下面将针对 4 种用户典型工况下的振动噪声问题从目标分解与方案设计、仿真分析与优化、试验验证与问题诊断三个方面重点阐述整车 NVH 性能集成匹配方法。

7.2.3.1 整车加速噪声集成开发

汽车在加速行驶过程中，主要表现为动力传动系统的振动噪声问题，且整车加速噪声常随着发动机转速的升高而增大。图 7-32 给出了某开发车型的多个参考车在加速工况下车内声压级随转速的变化曲线。采用 7.1.3 小节所述整车级主客观目标设定方法，确定了某开发车型的整车加速噪声目标带，如图中 L、A、C、U 相邻两条直线之间的区域。将图 7-32 所示的加速噪声曲线进行时频分析，可以绘制成如图 7-33 所示的彩色"瀑布"图（Color Map）。图 7-33 中标示的斜线主要为与动力传动系统相关的阶次噪声，如发动机

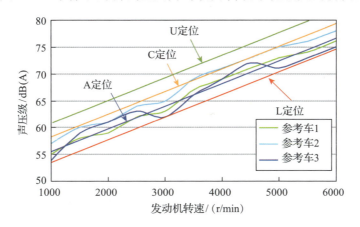

图 7-32 整车加速车内噪声曲线及其分级

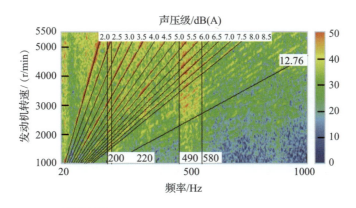

图 7-33 整车加速车内噪声彩色"瀑布"图

2、4、6等谐阶次，2.5、3.5、4.5等半阶次以及变速器主减或档位阶次。标示的垂直双线频段内主要为共振带，带内的颜色表示加速轰鸣或粗糙声的强弱。500Hz以上的中高频频段主要为动力传动系统的辐射噪声，如进排气流噪声等。

1. 目标分解及方案设计

在汽车加速过程中，主要噪声源为动力传动系统以及电器附件。它们产生的振动噪声主要通过悬置、排气吊耳等结构声路径或穿过车身壁板及其孔洞等空气声路径传递到车内，各条传递路径的结构声和空气声叠加在一起就形成了车内加速噪声，如图7-34所示。因此，整车加速噪声目标可以按以下流程进行分解。

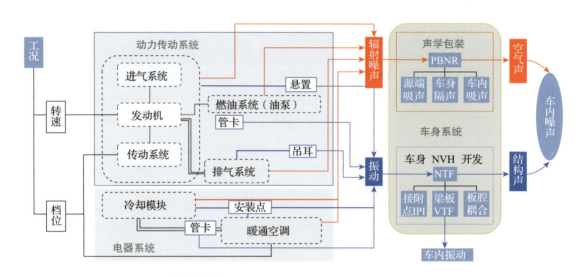

图7-34 加速噪声噪声源与传递路径示意图

（1）确定结构声、空气声定位　大量研究表明，整车加速噪声在500Hz内结构声为主要贡献，500Hz以上空气声为主要贡献。按照图7-34所示的传递机理分解出所有结构声、空气声传递路径。

（2）系统级目标设定　无论是结构声还是空气声，首先需要解决的是源与路径的平衡问题，即根据所选定的动力总成辐射噪声水平或其可以达到的水平来确定各级传递路径要达到的隔声性能水平；在实际项目开发中，还需要结合成本、重量、功能及其他性能需求等约束条件，初步确定源与路径的平衡策略；最后，依据LACU分层分级参考范围划定噪声源和传递路径频谱目标，见表7-8。

（3）模态频率规划　噪声源与传递路径的平衡策略，还需考虑系统的避频，即激励频率与传递路径上主要部件的固有频率、同一传递路径上不同部件的固有频率不能位于同一频率点附近。因此，在目标设定阶段，还需按照7.2.2小节避频原则对动力总成相关模态频率进行规划，见表7-9。

表7-8 整车加速噪声目标分解示例

整车级	路径分类		系统级	参考范围				约束条件				分解策略	系统目标
路径				L	A	C	U	成本	重量	功能	其他	L/A/C/U	频谱
加速噪声(A)	结构声(A)	路径1	左悬置车身NTF										
			左悬置传递率										
			左悬置主动侧振动										
		路径2	右悬置车身NTF										
			右悬置传递率										
			右悬置主动侧振动										
		路径3	后悬置车身NTF										
			后悬置传递率										
			后悬置主动侧振动										
		路径4	左悬架车身NTF										
			左悬架传递率										
			左传动半轴振动										
		路径5	右悬架车身NTF										
			右悬架传递率										
			右传动半轴振动										
		路径6	1#吊耳车身NTF										
			1#吊耳传递率										
			1#吊耳主动侧振动										
		路径7	2#吊耳车身NTF										
			2#吊耳传递率										
			2#吊耳主动侧振动										
		…	…										
	空气声(A)	路径1	发动机-车内ENR										
			发动机辐射噪声										
		路径2	变速器-车内TNR										
			变速器辐射噪声										
		路径3	进气口-车内IONR										
			进气口辐射噪声										
		路径4	排气口-车内EONR										
			排气口辐射噪声										
		…	…										

表 7-9 动力总成 NVH 相关模态规划表（示例）

		频率/Hz	4	8	16	32	64	128	256	512
激励源		发动机点火阶次频率			■	■	■	■		
		…								
车身结构响应	车身附件模态	转向盘扭转模态			■					
		转向系统模态				■				
		座椅靠背模态			■					
		…								
	车身结构模态	整车一阶扭转模态				■				
		天窗刚体模态				■				
		背门刚体模态				■				
		…								
声腔模态响应	声腔模态	一阶纵向声腔模态					■			
		一阶横向声腔模态						■		
		…								

（4）技术方案设定　大多数车企在开发新车型时会做大量的结构对标，部分优秀的车企已形成了一些能达到不同性能需求的固有技术方案包。结合 7.2.1～7.2.2 小节介绍的动力传动系统振动噪声及其传递路径控制方法和其他车型的结构对标数据，可以初步输出达成各系统目标需求的技术方案包。为了后期能与其他性能需求更好更快地达成平衡，技术方案初定时常会设定多套技术方案，以便在后续分析中进行比对并确定最优方案。

2. CAE 分析与优化

CAE 仿真分析的目的是在车型设计开发初期，评估初步确定的技术方案包是否能达成各子系统、系统及整车的 NVH 性能目标，并对不能达标或存在过设计的技术方案进行优化，并最终确定各项技术方案的具体设计参数，如材料、结构尺寸和连接工艺等。图 7-35 展示了整车加速噪声的 CAE 分析与优化思路，内容主要包括发动机在怠速（空调开/关）/加速/起动/熄火等汽车实际运行工况下发动机激励力识别、发动机到车内振动噪声传递特性分析和车内振动噪声响应验证及优化。整车加速车内振动噪声分析的主要步骤及内容如下：

第一步，模型建立。基于整车三维结构数据建立有限元模型及声腔有限元模型。

第二步，施加载荷。在模型上施加发动机在各工况下的不平衡载荷，具体包括发动机的往复惯性力、往复惯性力矩以及气体爆发不平衡压力产生的力矩等。

第三步，计算响应。计算用户关注点的振动噪声响应，如转向盘、座椅导轨的振动、驾驶人和乘客右耳声压等。

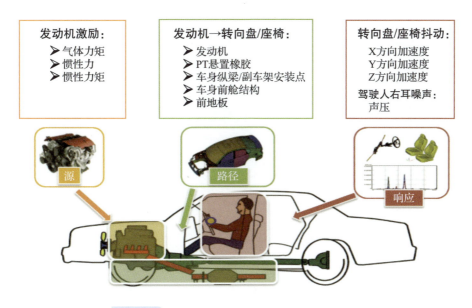

图 7-35 整车加速噪声的 CAE 分析与优化思路

第四步，结果分析。将计算获得的响应与设定的目标进行比对，对超出目标的响应峰值进行原因分析。造成加速噪声响应超出目标值的原因主要有两个：一是发动机激励过大，二是传递路径设计不合理。对于问题峰值，可采用激振分析、模态参与因子分析和灵敏度分析等方法进行原因分析。

第五步，优化设计。通过优化悬置、车身结构等方法降低问题峰值，使之达成目标。图 7-36 给出了通过路径贡献量分析优化某车型加速噪声的案例。

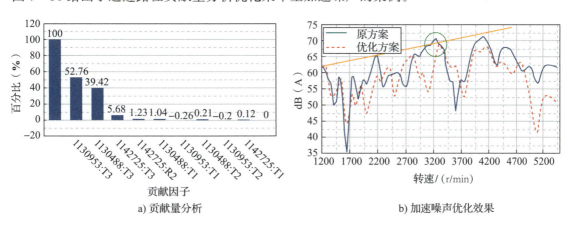

图 7-36 加速噪声优化案例

3. 试验验证及问题诊断

试验验证阶段的主要目的是通过试验台架或道路试验逐级验证部件级、子系统级、系统级及整车级目标的达成情况，并针对不达标项进行问题诊断和优化，直至最终达成设定的整车 NVH 性能主客观目标。因此从最基本的材料参数（如密度、弹性模量、阻尼系数等）、结构参数（如尺寸、坐标、间隙等）到零部件隔声、隔振特性，再到系统振动及辐射噪声水平，最终到整车各工况下的 NVH 性能，都需具有相应的试验方法、测试规范和验收标准。对于基本材料、结构参数的测量，在工程领域已经比较成熟；对于零部件隔声、隔振以及整车振动和噪声的测量，前文已有介绍，本节不展开介绍。

整车加速噪声问题的诊断分析主要是以式（7-9）所述理论模型为基础的传递路径分析（Transfer Path Analysis，简称 TPA）方法。TPA 分析方法根据噪声源的数量、源之间的相关性、使用数据的类型、分析方法的不同，可以分为单参考 TPA、多参考 TPA、OPA（Operational Path Analysis）或 OTPA（Operational Transfer Path Analysis）、OPAX（Operational Path Analysis with eXogenous–inputs）等，它们在操作方法和用途上存在差异，具体见表 7-10。上述方法均可定量地分析不同激励源及其传递路径对某一振动噪声问题的贡献量，对路径贡献量进行排序，可有效指导问题的优化和解决。

表 7-10 常见的 8 种传递路径分析方法

方法	方法描述	适用情况
单参考 TPA	各噪声源都是相关的，仅需要采用单个信号作为相位参考。首先进行工况下各噪声源的载荷识别；然后，进行各条路径的频响函数测试；最后通过噪声源载荷乘以相应路径上的频响函数，获得该条路径的贡献量	适用于动力总成 TPA 分析
多参考 TPA	所有的源只是部分相关，需要多个参考信号才能得到正确的分析结果。首先进行主分量分析，将道噪声分解为几个主要分量；然后对解耦后的独立分量进行单参考 TPA 分析；最后再将每个单参考 TPA 叠加成最终结果	适用于路噪 TPA 分析
OPA/OTPA	OPA/OTPA 使用传递率和工况数据直接计算各个路径的贡献量，不进行载荷识别和传递函数测量。因此，相对于传统 TPA 而言，测量分析的工作量较少，可认为是一种快速 TPA 方法，但存在路径相互耦合、结果准确度不高等问题	适用于快速粗略贡献量分析
OPAX	OPAX 是一种基于工况数据的快速传递路径分析方法，其准确度与传统 TPA 方法相当，同时计算效率可与 OTPA 相媲美。OPAX 方法能够清晰分离载荷与传递路径，从而准确洞察振动及声能量从激励源通过结构和空气传递路径最终到达响应位置的整个过程	适用于稳态和加减速等工况下的贡献量分析
时域 TPA	时域 TPA 是一种在时域上识别传递路径贡献量的方法。与频域 TPA 相比，时域 TPA 使工程师能够分析瞬态现象。由于时域数据的存在，便于分析人员回放部分路径的贡献量并与目标声音进行比较	适用于瞬态及半稳态问题分析

方法	方法描述	适用情况
能量 TPA	能量 TPA 方法主要是基于能量的空气声定量分析方法（ASQ 模型）和时域 TPA 方法。首先通过频域 ASQ 模型确定工况载荷和 NTF 测量；然后通过时域 TPA 技术进行噪声源定位；最后对噪声进行整合和贡献量分析	通过噪声 TPA 分析
快速-多级 TPA	快速 TPA 是指通过测量少量的工况数据和 FRF 数据进行 TPA 分析。多级 TPA 可认为是快速 TPA 的扩展，扩展到一系列子系统和子路径当中。将路径分解为多级子路径组成。这时需要测量整车状态下的 FRF，用于确定载荷。测量各级路径到目标点的 FRF 时，需要各级分别测量，最后联合所有的各级 FRF 和载荷，进行贡献量分析	适用于做多级路径贡献量分析
基于应变 TPA	进行基于应变的 TPA 分析时，测量的数据类型则为应变 FRF 和应变工况数据。由于应变反映的是结构的局部变形，而且基于应变的 FRF 矩阵包含更多的不相关元素，因而基于应变 TPA 的载荷识别结果比传统 TPA 更加精确。但应变测量的工作量大，而且信噪比差，易受干扰	适用于结构存在损伤或裂纹情况下

7.2.3.2 整车路噪性能集成开发

汽车在低速巡航时，主要表现为路噪问题。路噪频段较宽，乘客能够感知到的路噪能量主要集中在 20~2000Hz。路噪问题按照频段划分，主要分为低频敲鼓声（20~100Hz）、中频隆隆声（100~800Hz）、轮胎空腔声（190~250Hz）以及中高频花纹噪声（800~2000Hz），如图 7-37 所示。因此，整车路噪性能开发一般先按照频段进行目标设定，再根据噪声源与传递路径进行分解。

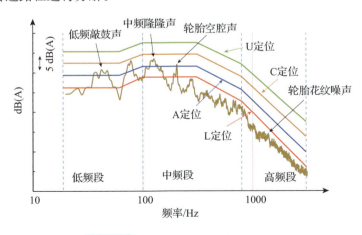

图 7-37 整车路噪频谱及其分级设定

1. 目标分解及方案设计

无论是低频敲鼓声、中频隆隆声、轮胎空腔声或中高频花纹噪声,其传递路径都可以按照结构声和空气声两个方面和前后左右四个轮胎来分解,如图 7-38 所示。大致分解步骤如下:

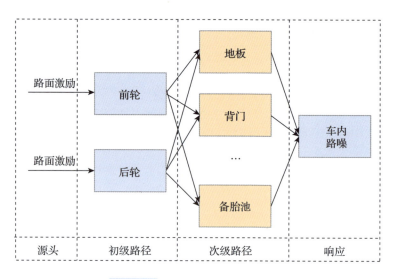

图 7-38 路噪传递路径分解思路

(1) 频段分解 确定整车低速巡航 NVH 性能主客观目标后,按照如图 7-34 所示的频段进行分解,分别确定低频敲鼓声、中频隆隆声、轮胎空腔声和中高频花纹噪声的性能定位,并依据 LACU 分层分级划定目标曲线。

(2) 确定结构声、空气声定位 大量研究表明低频敲鼓声、中频隆隆声以及轮胎空腔声以结构声为主要贡献,而中高频花纹噪声以空气声为主要贡献。依据它们的最高定位确定结构声、空气声定位。

(3) 系统级目标设定 按照四个车轮的结构声、空气声传递路径分解出噪声源与所有传递路径。首先需要解决的是源与路径的平衡问题,即根据所选定的轮胎的轮心力和辐射噪声水平来确定各级传递路径要达到的隔声性能水平;同时,需要结合成本、重量、功能及其他性能需求等约束条件,初步确定源与路径的平衡策略;最后,依据 LACU 分层分级参考范围划定噪声源和传递路径频谱目标,见表 7-11。

(4) 模态频率规划 路噪 NVH 相关模态频率规划见表 7-12。

(5) 技术方案设定 与整车加速噪声集成开发的技术方案设定方法类似,结合前面 7.2.1 和 7.2.2 节介绍的路面及轮胎振动噪声及其传递路径控制方法和其他车型的结构对标数据,可以初步设定达成各系统目标需求的技术方案包。

表 7-11 整车路噪目标分解（示例）

整车级	路径	分类	系统级	参考范围 L	参考范围 A	参考范围 C	参考范围 U	约束条件 成本	约束条件 重量	约束条件 功能	约束条件 其他	分解策略 L/A/C/U	系统目标 频谱
整车路噪	结构声	左前轮	左前轮轮芯力/振动										
			左前悬架传递率										
			左前摆臂传递率										
			左前悬架-车身NTF										
			副车架左前-车身NTF										
			副车架左后-车身NTF										
		右前轮	右前轮轮芯力/振动										
			右前悬架传递率										
			右前摆臂传递率										
			右前悬架-车身NTF										
			副车架右前-车身NTF										
			副车架右后-车身NTF										
		左后轮	左后轮轮芯力/振动										
			左后阻尼器-车身NTF										
			左后弹簧-车身NTF										
			左后拖臂-车身NTF										
		右后轮	右后轮轮芯力/振动										
			右后阻尼器-车身NTF										
			右后弹簧-车身NTF										
			右后拖臂-车身NTF										
	空气声	左前轮	左前轮辐射噪声										
			左前轮-车内TPNR										
		右前轮	右前轮辐射噪声										
			右前轮-车内TPNR										
		左后轮	左后轮辐射噪声										
			左后轮-车内TPNR										
		右后轮	右后轮辐射噪声										
			右后轮-车内TPNR										

表 7-12 路噪 NVH 相关模态频率规划表（示例）

频率/Hz		4	8	16	32	64	128	256	512	1024
激励源	轮胎空腔声						■			
	...									
前悬架	同步跳动模态			■						
	异步跳动模态			■						
	...									
后悬架	悬架系统1阶前后模态（同步）			■						
	悬架系统2阶前后模态（异步）			■						
	...									
扭力梁	轮胎1阶垂向模态				■					
	轮胎2阶垂向模态					■				
	...									
车身结构模态	整车一阶扭转模态				■					
	天窗刚体模态									
	...									
声腔模态	一阶纵向声腔模态					■				
	一阶横向声腔模态						■			
	...									

2. CAE 分析与优化

目前汽车行业内较常见的整车低频路噪仿真分析主要有两种技术路线，如图 7-39 所示：

（1）基于轮心载荷的仿真分析 其基本原理是将获得的轮心力加载到整车路噪模型中。该方法可在仿真分析模型中绕开轮胎的高度复杂非线性等建模问题，多用于有实物样车的开发场景。

（2）基于道路谱载荷的仿真分析 其基本原理是将采集到随机路面谱加载到含 NVH 轮胎的整车有限元模型中，该方法因考虑了轮胎模型，可直接加载路面谱，能够全面客观地模拟真实试验场景，适用性更广。

整车低频路噪仿真分析主要通过传递路径、模态贡献量、面板贡献量等分析诊断方法开展路噪分析优化，如图 7-40 所示，可以将路噪问题沿响应端、车身、底盘、源头逐级进行分解，找到关键传递路径和主要贡献模态，最终通过车身和底盘结构、底盘衬套动刚度等优化方案，使整车路噪达成设定目标。

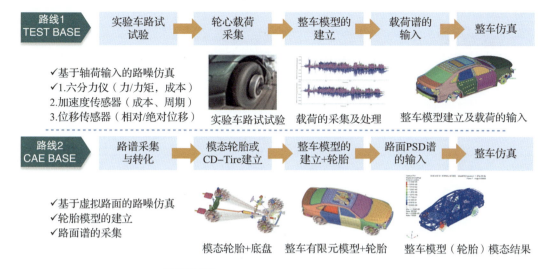

图 7-39 整车低频路噪仿真分析技术路线

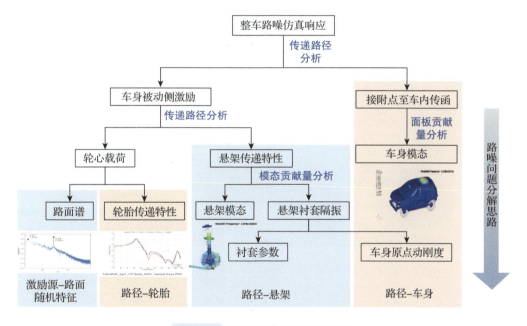

图 7-40 整车路噪 CAE 优化思路

3. 试验验证及问题诊断

路噪集成开发的试验验证工作包括零部件级验证、系统级验证，以及整车级路噪性能客观测试和主观评价。其中关重零部件验证包括底盘零部件（弹簧、减振器、导向机构、副车架、车桥等）模态、底盘衬套动/静刚度以及悬架部件刚体模态的验证。系统级验证主要包括轮胎系统力传递率及辐射噪声、悬架系统隔振率、车身灵敏度及吸声性能等。整车路噪的验证工作主要是确定不同工况下路噪目标的达成情况。同时对整车进行主观驾评，确认是否有不可接受的路噪问题。

针对整车路噪问题的诊断同样可以基于传递路径分析（TPA）方法进行。由于路噪属于多参考问题，TPA 分析方法主要有阻抗矩阵法、多参考法和多重相干法。表 7-13 对三种方法及其优缺点进行了对比。其中，多重相干法不仅充分考虑了路面噪声的部分相关性，而且不需要测量路径传递函数，简便易用，是整车路噪集成开发最常用的方法。下面将对该方法的基本原理和分析流程进行简单介绍。

表 7-13 常用的路噪 TPA 方法对比

方法	方法描述	优缺点
阻抗矩阵法	在实验室中用转鼓拖动车轮转动产生的噪声模拟真实路面噪声，假设激励源完全相关，在源激励点附近设定指示点，通过获得的源激励点到指示点间的加速度阻抗矩阵与工作状态下测得的指示点加速度向量的乘积来确定源激励力，通过源激励力与测得的路径传递函数的乘积来计算源沿不同传递路径的贡献量，通过各贡献量的矢量加和来计算总体贡献量	各车轮接触的路面存在特性差异，路面噪声源并不完全相关，因此该方法无法准确反映真实路噪
多参考法	在车上设定参考点，奇异值分解测得的参考信号获得独立正交的主分量，基于虚相干分析技术计算车轮附近指示点及车内目标点的信号相对于各主分量的虚互谱和虚参考谱，进而基于虚参考谱，运用上述阻抗矩阵法对各主分量进行传递路径分析，并用方均根加和各主分量的贡献量来计算总体贡献量	该方法将耦合的多参考问题分解成独立的单参考问题，充分考虑了路面噪声的部分相关性
多重相干法	在车轮轮毂上布置加速度传感器测量振动信号，在车轮附近布置传声器测量辐射声音信号，根据各测量信号的相关性将彼此相关的信号分为一组，形成若干互不相关或相关性很小的独立信号组，从而确定独立的源，进而基于多重相干系数计算源对目标点的贡献量	该方法不仅充分考虑了路面噪声的部分相关性，而且不需要测量路径传递函数、简便易用，还能快速有效地分离驾驶人接收的路面噪声和风噪

多重相干法的基本模型是一种多输入单输出线性系统模型，如图 7-41 所示。其中，$X_1(f)$，$X_2(f)$，$\cdots$，$X_m(f)$ 为输入信号，$Y(f)$ 为输出信号。从多个输入信号到单个输出信号之间的多重相干系数 γ_{XY}^2 可定义为：

$$\gamma_{XY}^2(f) = \frac{\boldsymbol{P}_{XY}^H(f)\ \boldsymbol{P}_{XX}^\dagger(f)\ \boldsymbol{P}_{XY}(f)}{P_{YY}(f)} \tag{7-10}$$

式中，$(\cdot)^H$ 表示共轭转置；$(\cdot)^\dagger$ 表示广义逆。$P_{YY}(f)$ 为 $Y(f)$ 的自功率谱密度，$\boldsymbol{P}_{XX}(f)$ 为输入信号的互功率谱密度矩阵，$\boldsymbol{P}_{XY}(f)$ 为多个输入信号和输出信号之间的互功率谱密度向量。式（7-10）给出的定义在数值计算时通过 Welch 算法实现，其中各参数的计算方式表示为

$$\boldsymbol{P}_{XY}(f_n) = \frac{1}{K}\sum_{i=1}^{K}\boldsymbol{X}_i^*(f_n)^* Y_i(f_n) \tag{7-11}$$

$$P_{YY}(f_n) = \frac{1}{K}\sum_{i=1}^{K} Y_i^*(f_n)^* Y_i(f_n) \quad (7-12)$$

$$P_{XX}(f_n) = \frac{1}{K}\sum_{i=1}^{K} X_i^*(f_n)^* X_i(f_n) \quad (7-13)$$

$$X_i(f_n) = [X_{i1}(f_n), X_{i2}(f_n), \cdots, X_{im}(f_n)]^T \quad (7-14)$$

式中，$(\cdot)^T$ 和 $(\cdot)^*$ 分别表示转置和共轭；$Y_i(f_n)$ 为输出信号的第 i 个离散周期频谱，共有 K 个；$X_{im}(f_n)$ 为第 m 个输入信号的第 i 个周期频谱。利用式（7-11）～式（7-14）即可实现式（7-10）数值求解。

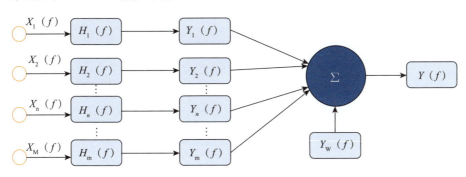

图 7-41 多输入单输出（MISO）线性系统模型

图 7-42 给出了整车路噪多重相干分解方法的流程图。基本工作步骤如下：

1）通过设定目标输出点、源参考输入点、运行工况来创建源-路径-响应模型：用传声器测量车内耳旁声压信号，作为目标输出点；用加速度传感器测量车轮轮毂上的振动信号，作为结构声的源参考输入点；用传声器测量车轮附近的声音信号，作为空气声的源参考输入点。

2）计算输出信号的自功率谱、输出信号相对输入信号的互功率谱、输入信号的自功率谱、输入信号相互间的互功率谱。

3）通过源参考输入验证、源参考输入分组、组验证、噪声分解计算四个步骤实现路面噪声的分解。

多重相干分析方法可以衡量多分量输出信号中多个输入信号共同占据的比重，可用于分析车内路噪中某一路径或某几个路径的占比，对于整车路噪问题的诊断具有较高的指导意义。

图 7-42 整车路噪多重相干分解方法的流程图

7.2.3.3 整车风噪性能集成开发

汽车在高速巡航时，主要表现为风噪问题。采用7.1.3小节所述的整车级主客观目标设定方法，可以确定整车风洞风噪开发目标带或目标曲线，LACU 目标线以及相邻两条直线之间的区域如图7-43所示。由于风噪源头可能遍布车身外表面的任何角落，除了后视镜、A柱、刮水器、车轮等典型风噪声源外，没有固定的源头位置和传递路径，因此风噪目标一般按照风噪产生的机理和类别来进行分解。

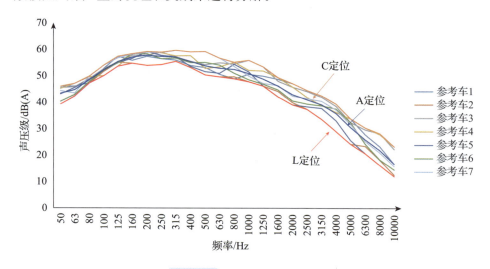

图7-43 风噪频谱及其分级

1. 目标分解与方案设计

车内风噪声的分类和传递如图7-44所示。车内风噪可按其分类和传递路径来分解，分解步骤如下：

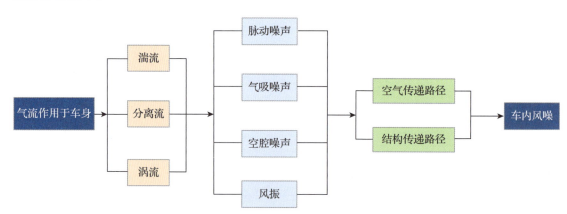

图7-44 车内风噪分类及其传递框图

（1）系统级目标设定　整车风洞风噪目标按照产生机理分解为脉动噪声、气吸噪声、空腔噪声和风振四大类系统级目标，并与整车风噪保持一样的定位策略。图7-45给出了某款车前三大类风噪对车内风噪的贡献量频谱，可以按照LACU分层分级进行系统级频谱目标的设定。

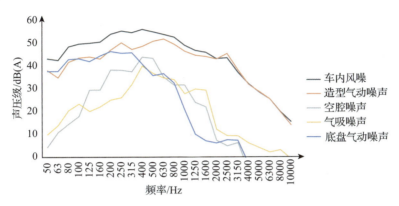

图7-45　某款车车内风噪系统级分解

（2）子系统级目标设定　按照四大类噪声的产生机理和常见部位，进行各类噪声的系统级分解。如将脉动噪声分解为气动源的贡献量和传递路径隔声量；将气吸噪声分解为闭合件密封系统的贡献量和气密性；将空腔噪声分解为外表面各区域的贡献量；将开窗风振按窗口分解为天窗、前车窗和后车窗风振。其目标设定需要基于竞争车数据以及LACU分层分级进行划定，见表7-14。

（3）技术方案初步设计　风噪的方案设计主要从以下角度考虑：车身整体造型设计，包括整体流线设计以及部件间的过渡；车身局部造型，包括后视镜、刮水器及天窗等；静、动态密封设计，包括车门密封、后视镜密封等；扰流条、扰流板结构优化设计。

2. CAE仿真与优化

风噪的形成机理涉及流体力学和声学，因此风噪仿真分析的一般流程为先进行外流场分析、再进行声学分析，如图7-46所示。外流场分析主要对基于外流场仿真分析流场结构，并采用波数分析方法对湍流和声波能量进行分解，并对噪声源强度进行评估和优化。声学分析主要对隔吸声效果进行评估和优化，其主要流程是：基于玻璃损耗因子分析车窗玻璃对声音能量的衰减；基于乘员舱混响时间计算乘员舱的能量耗散，最终，对传递到车内人耳处的噪声进行评估和优化，直至达成风噪目标。针对风噪的CAE仿真分析与优化，主要包括以下三个方面。

（1）风噪噪声源分析　噪声源分析的思路是：基于汽车外部流场的分析，明确噪声产生的机理，进而评估风噪风险和指导噪声源的控制。主要有两种分析手段：稳态风噪分析和瞬态风噪分析。稳态风噪仿真主要分析流场信息，如速度分布、涡量分布及强弱、分离区分布及尺寸、速度均匀性等；瞬态风噪仿真主要分析监测点或者声源面的噪声源强度和

表 7-14 整车风噪目标分解示例

整车级	风噪								
系统级	脉动噪声(A)					气吸噪声(A)	空腔噪声(A)	风振(A)	
	后视镜风噪	A柱风噪	刮水器风噪	底盘风噪	外造型风噪	闭合件	外表面空腔	开窗	
子系统级	左后视镜风噪贡献量；左后视镜-车内NR；右后视镜风噪；右后视镜-车内NR	左A柱风噪*；左A柱-车内NR；右A柱风噪*；右A柱-车内NR	刮水器风噪；刮水器-车内NR	底盘风噪贡献量；轮胎-车内TPNR	外造型贡献量*；整车隔声量NR	车门下部密封贡献量；车门上部密封贡献量；尼槽贡献量；夹条贡献量；门把手贡献量；整车气密性；车门气密性贡献量；车门动态偏移量	前格栅区域；发动机舱盖区域；前风窗区域；前车门区域；后车门区域；后三角窗区域；后风窗及背门区域	天窗风振；前车窗风振；后车窗风振	
参考范围	L								
	A								
	C								
	U								
约束条件	成本								
	重量								
	功能								
	其他								
分解策略	L/A/C/U								
系统目标	频谱								

注："*"项表示目前无法有效分离的指标项，仅供参考。

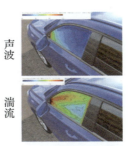

第1步：外流场分析　　　　　　　第2步：波数分解（能量）

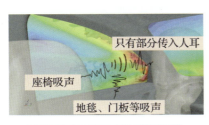

第4步：乘员舱能量耗散　　　　　第3步：能量传递（车窗、密封）

图 7-46　风噪仿真过程

分布信息，如前风窗表面声源分布和强弱、前侧窗表面声源分布和强弱、玻璃表面监测点声源强度、空间监测点声源辐射声源强度等。图 7-47 给出了某车型经过外流场分析得到的外部噪声源分布特征，从分析结果可知：汽车外部风噪声源主要分布在 A 柱、后视镜、刮水器、尾翼、前格栅、车轮以及底盘导流板等区域。通过这些区域外造型结构的优化，可有效抑制噪声的产生和噪声源强度，从而达到控制车内风噪的目的。

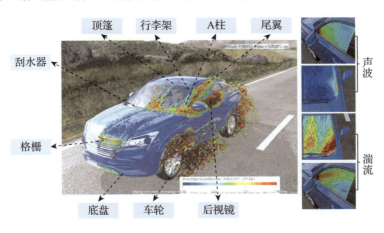

图 7-47　整车外部噪声源分布

（2）车内风噪分析　　车内风噪分析的主要思路是：在车外噪声源分析的基础上，进一步考虑车身部件（如前风窗、前侧窗、后风窗、后侧窗、密封系统等）的隔声性能，最终通过车内人耳处的噪声强度来分析和评估整车风噪水平。车内风噪分析不仅可获取多个风噪源经多条传递路径传递到驾驶人头部的声强，也可以得到各子传递路径的贡献量。因此，该分析方法可以为风噪问题的诊断和优化方案的制订提供有效指导，如图7-48所示。

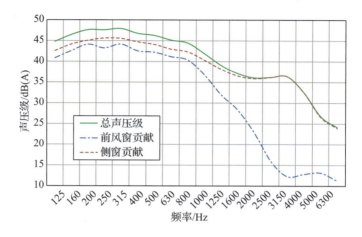

图7-48 车内风噪分析结果

（3）开窗风振分析　风振分析的主要目的是通过开窗工况下主驾人耳处低频（15~30Hz范围内）峰值声压级强度评估发生风振的风险，并制订优化方案。开窗风振主要包括天窗风振和侧窗风振。天窗风振通常发生在天窗全开且40~90km/h车速的工况下，侧窗风振通常发生在只打开一个侧窗且车速在50km/h以上的工况下。图7-49给出了天窗风振时的压力分布云图和声压频谱图。在开窗风振分析过程中，重点关注10~20Hz范围内的声压级峰值（如图7-49b中红色曲线20Hz附近峰值），当其大小超过110dB（A），表明存在较大的风振风险。开窗风振分析在外造型初定时就可以进行，针对存在风振风险的车型进行外造型、开窗位置及大小、扰流结构等的优化分析，以降低实车发生风振的概率或让发生风振的车速高于常用车速范围。图7-49b绿色曲线给出了经过天窗扰流条结构优化后的噪声频谱曲线。扰流条优化前后的结构和布置方案对比如图7-50所示。可以看出，通过改变扰流条齿形、布置高度和角度，可有效降低发生风振时的声压级。

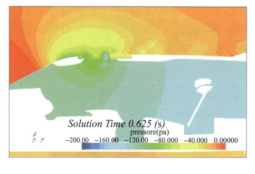

a) 压力分布云图

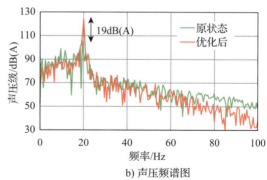

b) 声压频谱图

图7-49 天窗风振分析

a) 结构优化　　　　　　　　　　b) 布置优化

图 7-50　天窗扰流条结构与布置优化

3. 试验验证与问题诊断

　　风噪试验验证的目的是定量地描述风噪的大小及频率特征，验证其是否满足设定目标。由于风噪的客观测试容易受外界环境干扰，因此对测试环境要求较高，一般需要在声学风洞实验室中进行，如图 7-51 所示。但由于国内风洞实验室资源较少，且测试费用投入较大，目前国内很多车企仍选择在试验场或市政道路上进行风噪的试验验证。在道路上进行风噪试验验证时，要求测试环境背景噪声低，周围无对车外流场干扰大的障碍物，同时应尽量降低车内其他非风噪声的影响。

图 7-51　声学风洞试验室

　　由于风噪产生机理较为复杂，目前国内外都不具备完全正向的开发能力，因此在风噪开发过程中及时诊断和分析风噪问题显得尤为重要。针对风噪问题，目前行业内主要有两种诊断方法：声源识别法和贡献量分离法。声源识别法主要是指利用声学成像设备（图 7-52）快速定位产生风噪或风噪贡献量较大区域的方法。对于车外风噪源的识别，一般采用平面或环形传声器阵列的声学成像设备并在声学风洞实验室进行试验，可快速获取产生风噪的部位和车外风噪声源的分布，如图 7-53 所示，从而有效指导风噪声源的优化。车内的声源识别是一种适用于风噪、路噪、动力传动系统噪声和电器附件噪声的普适性方法，一般采用球形传声器阵列的声学成像设备并在实验室（如声学风洞、带转鼓消声室）或道路上进行试验，可快速判定对车内噪声贡献较大的车身弱点部位，从而有效指导噪声传递路径的优化。另外，在声学风洞实验室可同时进行车内外声源识别，并通过车内外声源识别结果的相关性分析，建立车外噪声源与车内噪声贡献的关系，从而指导从源到路径的综合优化。贡献量分离法是通过逐一密封或拆除车身上某一部位，并通过前后车内风噪变化来评估该部位贡献量的一种方法，可以在声学风洞实验室或道路上开展。该方法可以定量分析出车身上任一部位或零部件（如后视镜、天线、前风窗边缘间隙、车门边缘间隙、车门密封条、车窗尼槽、夹条、门把手等）对车内风噪的贡献量，可以有效指导风噪的精细化开发。

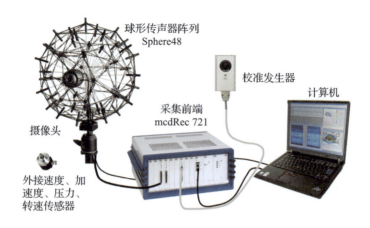

图 7-52 球形阵列声学成像设备

图 7-53 车外风噪声源识别结果

7.3 NVH 性能集成开发案例

7.2 节对汽车振动噪声源、传递路径的控制机理和方法，以及整车 NVH 性能集成匹配方法进行了较为全面的介绍。其中介绍的集成匹配方法更多偏向于多源、多路径甚至多种 NVH 现象的集成开发。本节将重点针对几大类噪声中的几个典型 NVH 问题进行深入介绍，阐述其产生的机理、控制策略及解决方案。

7.3.1 加速粗糙声控制

7.3.1.1 加速粗糙声问题现象

汽车加速过程中，有时会出现一种有规律的间歇噪声，常令驾乘者不舒适，这种噪声被定义为粗糙声，来自音译"rumbling noise"。以某款车型 D 挡小节气门开度（POT，Partly Open Throttle）2000r/min 爬坡加速时出现加速粗糙声为例来说明加速粗糙声问题，其车内副驾驶右耳噪声频谱如图 7-54 所示。通过滤波回放分析得出，该起步加速的粗糙声与 280~380Hz 频带内的特征群相关。提取 7~8s 内 280~380Hz 频带的时域信号，如图 7-55 所示，可看出该频带内的声信号幅值呈周期性变化，周期频率为发动机半阶次 16.7Hz，这是一种典型的幅值调制现象。

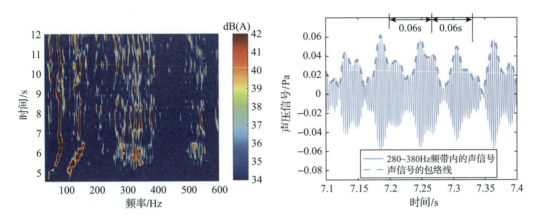

图 7-54 某车型 D 挡 POT 加速噪声频谱 图 7-55 280~380Hz 频带内的声信号

7.3.1.2 加速粗糙声问题机理

加速粗糙声问题本质是一种幅值调制现象。幅值调制是指载波信号 $p_m(t)$ 的幅值随着调制信号 $p_c(t)$ 幅值变化而变化的过程，调制后的信号如式（7-15）和图 7-56 所示。工程应用中常采用调制度来量化加速粗糙声问题的严重程度，如式（7-16）所示。

$$\begin{cases} p(t) = \left[1 + \dfrac{1}{A_c} p_m(t)\right] p_c(t) \\ \qquad = [A_c + A_m \cos(2\pi f_m t + \varphi_m)] \cos(2\pi f_c t + \varphi_c) \\ p_c(t) = A_c \cos(2\pi f_c t + \varphi_c) \\ p_m(t) = A_m \cos(2\pi f_m t + \varphi_m) \end{cases} \quad (7-15)$$

$$D = \frac{A_m}{A_c} \quad (7-16)$$

式中，$p(t)$ 为载波信号 $p_m(t)$ 的幅值、频率和相位；A_m、f_m 和 φ_m 分别为调制信号 $p_c(t)$ 的幅值、频率和相位；D 为调制度。

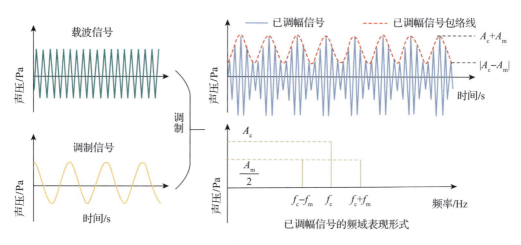

图 7-56 幅值调制原理

加速粗糙声的调制信号主要为动力总成半阶次激励，载波源主要为动力总成相关零部件，如曲轴、进排气系统、轮系端附件等。因此加速粗糙声主要是动力总成相关零部件在动力总成半阶次激励下发生共振导致的。加速粗糙声通常发生在发动机转速 1000~4500r/min，频带 100~800Hz 区间内，主要通过结构声路径传递到车内。

7.3.1.3 加速粗糙声问题控制策略

加速粗糙声问题主要从源和路径两方面进行控制，如图 7-57 所示。加速粗糙声的形成需调制信号和载波源同时存在，因此源控制可分为控制动力总成半阶次激励和控制动力总成相关零部件响应。以四冲程四缸发动机为例，动力总成半阶次激励常由于四缸燃烧特

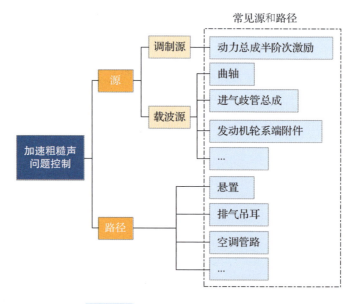

图 7-57 加速粗糙声问题控制思路

性存在较大差异导致，因此可通过调整点火提前角等方法来改善燃烧特性，控制动力总成半阶次激励。控制动力总成相关零部件响应的手段则根据载波源的不同而不同。以载波源为曲轴为例，可通过调整曲轴轴向间隙、提高曲轴刚度、带弯曲减振器的曲轴带轮等技术来降低因动力总成半阶次激励导致的曲轴响应。

由于加速粗糙声主要以结构路径传递到车内，因此主要通过悬置、排气吊耳、空调管路等结构路径进行控制，如降低悬置刚度、降低排气吊耳软垫刚度等方法以提高悬置、排气吊耳在载波频段的隔振能力。

以 7.3.1 节的加速粗糙声问题为例，采用右悬置车身侧加套管的优化方案提升右悬置车身侧动刚度，加速粗糙声问题优化前后的调制度对比如图 7-58 所示。优化方案实施后，调制频率 16.7Hz 处的调制度由 38.5% 降至 28.8%，加速粗糙声改善明显。

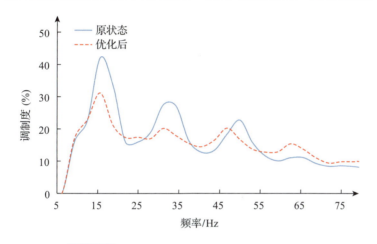

图 7-58 加速粗糙声问题优化前后调制度对比

7.3.2 低频敲鼓声控制

7.3.2.1 低频敲鼓声问题现象

低频敲鼓声表现为汽车在冲击或破损路面上行驶时产生的 20～80Hz 低频的、常伴有压耳感的、类似于敲鼓的"咚咚"声。例如，某 SUV 车型在水泥路面上以低速行驶时，主观评价车内低频敲鼓声大，并伴随明显的压耳感，其频谱如图 7-59 所示。经过声音滤波回放发现：导致压耳感的为 28Hz 附近的声压级峰值；导致敲鼓声的为 38Hz 和 49Hz 两个频率点附近的声压级峰值。

7.3.2.2 低频敲鼓声问题机理

低频敲鼓声主要为结构声路噪，其产生机理为：路面不平度激励经车轮总成和悬架总成隔振后传至悬架与车身各接附点的主动侧，经橡胶衬套等柔性连接件二次隔振后传至车身，导致车身钣金局部振动（如地板、顶篷、行李舱或背门等），从而挤压乘员舱内空气

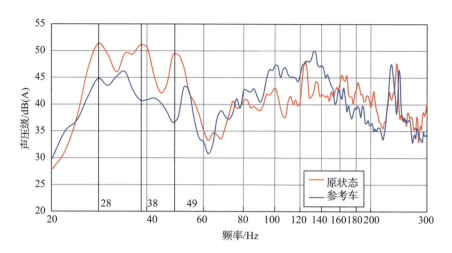

图 7-59 驾驶人右耳位置噪声频谱图

产生低频声波。当钣金振动频率与声腔模态频率一致时，低频敲鼓声将因为空腔共振而被放大。

低频敲鼓声的影响因素主要包括以下四个方面：①路面不平度：路面不平度基本属于不可控因素；②模态耦合：悬架、声腔及钣金间的模态耦合；③隔振量：轮胎隔振、悬架隔振；④车体灵敏度：背门、顶篷、地板等车体结构振动响应速度。

针对 7.3.2 节中车型低频敲鼓声问题，进行力传递率和模态分析。结果表明：该车型的车轮力传递率第一峰值频率为 50Hz（图 7-60），与 49Hz 敲鼓声问题频率接近，说明轮胎接地点传递至轮心的位移或振动激励较大；后桥总成和背门系统都存在与两个敲鼓声问题频率点附近的模态（图 7-61），说明 38Hz、49Hz 两个频率点的敲鼓声是由于后桥总成与背门系统发生模态耦合导致。

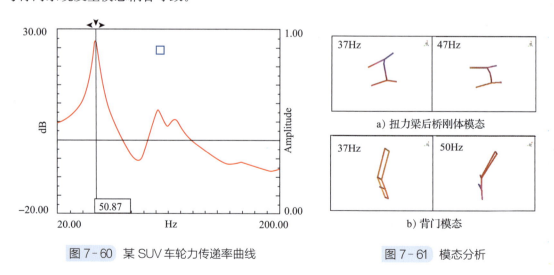

图 7-60 某 SUV 车轮力传递率曲线

图 7-61 模态分析

7.3.2.3 控制策略及解决方案

低频敲鼓声问题主要从模态避频、隔振及降低车体响应三方面进行控制，如图 7-62 所示。

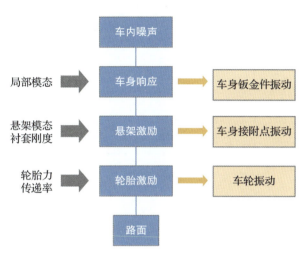

图 7-62 路噪结构声传递路径控制逻辑图

（1）模态避频　悬架总成纵向模态、背门以及顶篷等车身结构的局部模态与乘员舱纵向声腔模态避频。

（2）合理布置减振器　如前后悬架的减振器分布在车身一阶弯曲模态的节点位置。

（3）提升隔振性能　通过降低车轮力传递率峰值，优化硬点位置和衬套刚度参数来增加悬架隔振能力。

（4）车体灵敏度控制　通过优化背门横梁或调整缓冲块刚度、优化顶篷横梁或地板区域使用阻尼胶等方法来降低背门、顶篷以及地板的振动响应。

以 7.3.2 小节的低频敲鼓声为例，采用如下三方面的措施来优化：①降低 50Hz 处的车轮力传递率幅值；②后桥衬套的动刚度降低 40%，降低悬架对车身的激励，参数见表 7-15；③综合考虑背门异响与漏水风险，调整缓冲块高度及预压缩量，将背门密封反力降低 40%。

表 7-15 后桥衬套刚度参数优化前后对比

衬套状态	径向空心静刚度/(N/mm)	径向空心动刚度100Hz/(N/mm)	动静比	径向实心静刚度/(N/mm)	径向实心动刚度100Hz/(N/mm)	动静比
基础状态	947	1787	1.89	2586	4797	1.85
优化后	643	1063	1.65	1704	3263	1.91

在上述优化措施实施后，该车型低频敲鼓声问题峰值降低 5~8dB（A），主观评价压耳感消失，路噪性能达到开发目标，如图 7-63 所示。

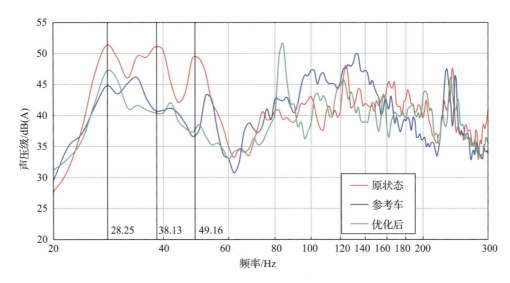

图 7-63 集成方案路噪优化效果

7.3.3 汽车外后视镜风噪控制

7.3.3.1 汽车外后视镜风噪问题现象

高速气流在车身表面分离引起的复杂流体涡系结构是脉动噪声产生的主要原因。外后视镜作为汽车车身外表面较为明显的凸出物,在高速行驶过程中会迫使气流分离并产生强烈的涡流,从而导致脉动噪声产生。目前汽车配置环视摄像头已成为发展趋势,这将使外后视镜区域流场更加复杂。某新开发车型模型在风洞进行测试时,发现外后视镜区域在高风速时出现了"嘶嘶"声,其频谱如图 7-64 所示。经滤波回放发现,该问题对应频谱上 4000~5000Hz 处的声压级峰值。

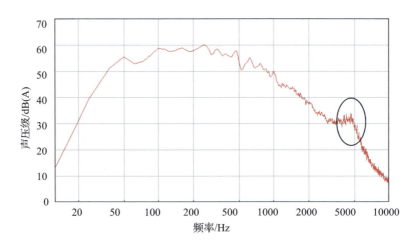

图 7-64 "嘶嘶"声的风噪频谱

7.3.3.2 外后视镜脉动噪声产生机理

脉动噪声的产生机理在 7.2.1 小节已进行了阐述。为了进一步说明气动噪声与外后视镜结构设计之间的关系,可以将后视镜简化为凸出于汽车侧表面的柱体结构。按照稳态流场中的柱体模型,其表面的平均声压与柱体结构参数之间的关系可以表示为:

$$p^2(r) = \frac{\rho^2 c^4 M^6 LDL_C St^2 C_L^2}{16 r^2} D_r(\phi_r) \qquad (7-17)$$

式中,ρ 为空气密度(kg/m³);c 为声速(m/s);M 为流动马赫数;L 为柱体长度(m);D 为柱体直径(m);L_C 为表面压力脉动的展向相关长度(m);St 为斯特劳哈尔数;C_L 为升力系数;r 为监测点到柱体表面距离(m);$D_r(\phi_r)$ 为声辐射方向函数。

从式(7-17)可以看出,气流与柱体相互作用下在柱体表面产生的平均声压与柱体的长度 L 和直径 D 成正比。当柱体长度 L 或直径 D 减小时,柱体表面脉动噪声也会减弱。对于汽车外后视镜及车外流场而言,后视镜镜臂可以看作柱体模型,镜臂厚度类比于柱体直径,越薄越好;而在考虑镜臂长度时,不能简单类比,还需要考虑整个镜体离侧窗的距离,因此镜臂长度并非越短越好;对于环视摄像头,相对于镜体也可以看作柱体模型,其凸出的高度和宽度也是越小越好。另外,对于外摄像头式后视镜、鲨鱼翅式天线、门把手等凸出结构,也可以看作柱体模型,凸出的高度和厚度都是越小越好。

对于复杂结构的流场,简单的理论公式无法完全诠释,在实际工程开发中需要结合流场的涡系结构分析及涡声理论来解释。

7.3.3.3 CFD 流场分析

针对某车型后视镜区域的"嘶嘶"气动噪声,运用 CFD 仿真分析手段对后视镜区域流场进行分析。发现后视镜流场存在如下问题和现象:

1) 气流在经过后视镜镜臂和镜体后产生两股分离流场,且在后视镜靠近侧窗区域发生缠绕现象,增加了后视镜流场的混乱度,如图 7-65a 所示。

2) 由镜体和镜臂产生的内侧分离气流冲向侧窗玻璃方向,不但产生的气动噪声离人耳更近,而且还有可能激励玻璃和车身板件产生二次噪声,如图 7-65b 所示。

3) 由镜臂产生的分离流在镜臂下部前端就已明显分离,分离过早,也增加了侧窗区域流场的混乱度,如图 7-65c 所示。

4) 由于摄像头布置位置过于靠前,侧风工况下后视镜下方气流不畅,气流提前在摄像头位置分离形成漩涡,如图 7-65d 所示。

7.3.3.4 控制策略及解决方案

针对上述不利因素,为了使气流更顺畅地通过后视镜区域,降低脉动噪声,通过 CFD 计算制定了一系列后视镜造型优化方案,如图 7-66 所示。

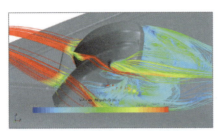
a) 镜体和镜臂分离流缠绕现象

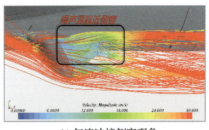
b) 气流冲撞侧窗现象

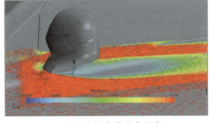
c) 气流在镜臂分离现象

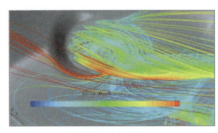
d) 摄像头流场漩涡现象

图 7-65 后视镜区域流场分布图

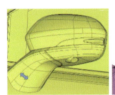
a) 镜臂优化

b) 镜体内侧面修型

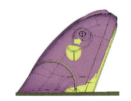
c) 摄像头位置优化

图 7-66 优化方案示意图

(1) 镜臂优化　增大镜臂与车体的垂向夹角，使镜体整体向远离侧窗方向偏移，避免分离的气流冲击侧窗；优化镜臂前缘过渡面，避免气流过早分离；减小镜臂厚度，使经过镜臂的流场更加流畅。

(2) 镜体内侧面修型　优化镜体前部倒角，使迎风面更加圆润以避免气流过早分离；增大侧壁与侧窗的夹角，避免分离的气流冲击侧窗。

(3) 摄像头位置和型面优化　通过调整摄像头布置位置，并优化过渡型面，避免在侧风下扰乱流场或产生漩涡。

经风洞试验验证，外后视镜造型优化后，后视镜脉动噪声得到了明显的抑制。车外声源测试分析显示，后视镜造型优化方案对2000～5000Hz频段噪声源有显著改善，后视镜区域主声源声压级降低量约3～4dB，如图7-67所示。相应地，80～160km/h各工况下的车内噪声均有显著改善，4000～5000Hz问题频段声压级平均降低了2.5dB，车内语言清晰度平均提升2%，如图7-68所示。经主观评价，"嘶嘶"声基本消除。

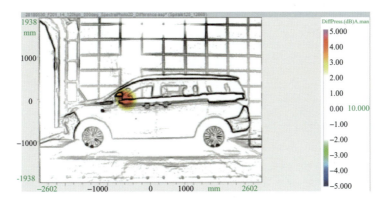

图 7-67 后视镜造型优化前后声源相减结果

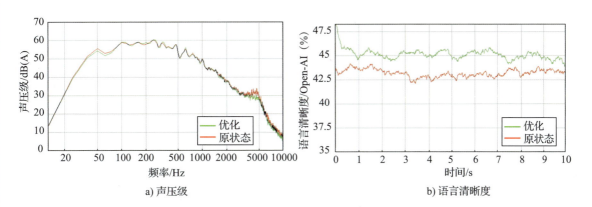

a) 声压级　　　　　　　　　　　　b) 语言清晰度

图 7-68 车内风噪优化前后对比

7.3.4 运动风格声品质开发

7.3.4.1 定位描述

近年来由于汽车 NVH 控制技术的不断发展,噪声得到了有效的控制。但随着消费群体的年轻化及需求的多样化,单一的低噪声性能已不能满足购车群体的需求。

汽车市场的年轻化使运动型汽车大受欢迎。运动型汽车不仅需要一流的外观设计、出色的性能操控、澎湃的动力响应,而且需要与之相匹配的动感声音。排气系统作为整车动力总成的主要组成,其声品质的设计是满足用户需求的重要手段。

7.3.4.2 开发策略及流程

阶次配比是运动型声品质的主要影响因子。若加速声音的高谐阶次随转速上升而增大,形成阶次声的接力,则具有较好的运动感声品质,如图 7-69 所示。对于四缸四冲程汽油发动机,若想实现运动型排气声品质,则 4、6、8 等谐阶次声能量需接近 2 阶点火阶次的能量,以实现 2、4、6、8 阶噪声形成随转速上升的"接力"现象。同时,尽量确保总声压级随转速线性上升,避免较大峰值的出现。

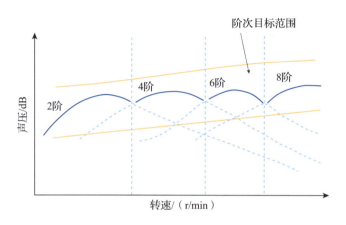

图7-69 运动型排气声品质阶次占比示意图

在实际项目中运动型排气声品质的开发流程大致如下：

(1) 运动型排气的目标声确定　采集多辆参考车型的排气声，并针对排气声样本进行用户群体的主观评价，确定用户群体期望的运动型排气声。

(2) 运动型排气声客观目标设定　分析用户群体期望的运动型排气声的客观阶次特性，建立运动型排气主观得分与客观阶次特性的量化模型。根据量化模型，设定运动型排气声阶次的目标。

(3) 技术方案制订　根据设定的运动型排气声阶次目标，制订相应的技术方案，如低频谐振腔的设计、排气管径设计、增加主动控制阀等。

(4) 排气声品质调控　主要有仿真分析和试验调控两种手段。在项目前期可通过WAVE等商业软件进行排气声的仿真分析，预测排气声品质并进行方案的优化设计；在项目中后期，制作排气样件进行实车测试和主观评价，经多轮次优化直至达到设定的目标。

7.3.4.3 解决方案及效果

以某车型运动型排气开发为例，主要采用谐振腔、扩张腔和大管径尾管等方法进行优化，如图7-70、图7-71所示。谐振腔主要是控制低频噪声，扩张腔主要是降低100～300Hz频段内的消声量，大管径尾管主要是降低高转速的流噪。某车型运动风格声品质改进前后的阶次噪声对比如图7-72所示。可以看出，低转速段的2阶噪声得到了很好的抑制，而4阶、6阶实现了不同程度的增强。主观评价，改进后排气声的运动感得到了明显提升。

a) 改进前　　　　　　　　b) 改进后

图7-70 前消声器内部结构改进设计方案

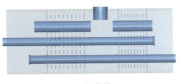
a) 改进前

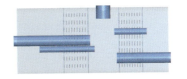
b) 改进后

图 7-71 后消声器内部结构改进设计方案

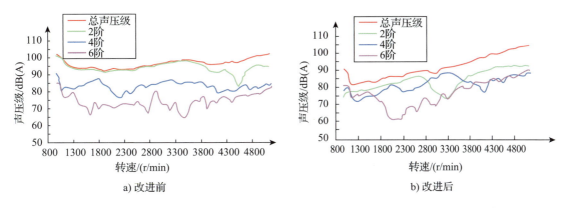

a) 改进前　　　　　　　　　　　　　　b) 改进后

图 7-72 运动风格声品质改进效果

参考文献

[1] 庞剑. 汽车车身噪声与振动控制 [M]. 北京：机械工业出版社，2015.

[2] 庞剑，谌刚，何华. 汽车噪声与振动-理论与应用 [M]. 北京：北京理工大学出版社，2006.

[3] 国家环境保护局. 中国环境保护 21 世纪议程 [M]. 北京：中国环境科学出版社，1995.

[4] 路晓东. 城市规划层面的道路交通噪声控制研究 [D]. 大连：大连理工大学，2013.

[5] 孙林. 国内外汽车噪声法规和标准的发展 [J]. 汽车工程，2000，22（3）：154-158.

[6] 左言言，唐明亮，倪明明. 车辆噪声法规与通过噪声模拟方法现状与进展 [J]. 科学技术与工程，2014，14（12）：173-179.

[7] 杨安杰. 汽车噪声标准与测试探讨 [J]. 噪声与振动控制，2010，(4)：110-114.

[8] 国家环境保护总局. 机动车辆允许噪声：GB1495—1979 [S]. 北京：中国标准出版社，1979.

[9] 国家环境保护总局. 汽车加速行驶车外噪声限值及测量方法：GB1495—2002 [S]. 北京：中国标准出版社，2002.

[10] 赵冬梅. ECE R117 法规对轮胎噪声和湿路面附着性能要求的分析 [J]. 轮胎工业，2009，

29(9):522-528.

[11] 高波克治. 汽车振动噪声控制技术[M]. 刘显臣,译. 北京:机械工业出版社,2018.

[12] SHENG G. Vehicle noise, vibration and sound quality[M]. SAE International,2011.

[13] BLAUERT J. Product-sound design and assessment: an enigmatic issue from the point of view of engineering[C]. Proceeding of the International Congress on Noise Engineering, 1994(6):857-862.

[14] NORM O, SCOTT A, et al. Guidelines for Jury Evaluations of Automotive Sounds[C]. Proceedings of the 1999 Noise and Vibration Conference,1999:342.

[15] 吴礼军,管欣. 汽车整车性能主观评价[M]. 北京:北京理工大学出版社,2016.

[16] 俞悟周,毛东兴,王佐民,等. 轿车车内噪声的主观评价[J]. 声学技术,2002,21(4):181-187.

[17] OTTO N. A subjective evaluation and analysis of automotive starter sounds[J]. Noise Control Engineering Journal,1993,41:377-382.

[18] 陈剑,杨雯,李伟毅. 汽车声品质主观评价试验方法探究[J]. 汽车工程,2009,31(4):389-392.

[19] 毛东兴,高亚丽. 声品质主观评价的分组成对比较法研究[J]. 声学学报,2005,30(6).

[20] ZHANG S, PANG J, ZHANG J, et al. A Subjective Evaluation Method for Sound Insulation of Vehicle Body in Reverberation Room and an Objective Prediction Model[J]. SAE Technical Paper,2017-01-1886,2017,doi:10.4271/2017-01-1886.

[21] 杜功焕,朱哲民,龚秀芬. 声学基础[M]. 南京:南京大学出版社,2001.

[22] 谭祥军. 从这里学NVH 噪声、振动、模态分析的入门与进阶[M]. 北京:机械工业出版社,2018.

[23] ZWICKER E, FASTL H. Psychoacoustics: Facts and Models[M]. Berlin: Springer,2006.

[24] LEE SK. Objective evaluation of interior sound quality in passenger cars during acceleration[J]. Journal of Sound and Vibration,2008,310(1-2):149-168.

[25] 徐中明,谢耀仪,贺岩松. 汽车喇叭声品质主观评价与分析[J]. 汽车工程,2013,35(2):188-192.

[26] PETNIUNAS A, OTTO N, AMMAN S, et al. Door System Design for Improved Closure Sound Quality[J]. SAE Technical Paper,1999(1):1681,1999.

[27] LEE H, KWON O, LEE J. Modeling of Door Slam Noise Index by using Sound Quality Metric[J]. SAE Technical Paper,2007(01):2394.

[28] 陈永校,诸自强,应善成. 电机噪声的分析和控制[M]. 杭州:浙江大学出版社,1987.

[29] 张强. 气动声学基础 [M]. 北京：国防工业出版社，2012.

[30] 刘显臣. 汽车 NVH 性能开发 [M]. 北京：机械工业出版社，2017.

[31] JASON Z，DAVID H，MICHELLE W. Power-Based Noise Reduction Concept and Measurement Techniques [J]. SAE Technical Paper，2005（1）：2401.

[32] 谭祥军. 从这里学 NVH 旋转机械、NVH 分析与 TPA 分析 [M]. 机械工业出版社，2020.

[33] 杨洋，褚志刚. 汽车路面噪声多重相干分解方法研究 [J]. 振动与冲击，2015，34（19）：31-36.

[34] TOSHIHIRO W，YOSHIHIKO K，KATSUMI S，et al. Objective rating of rumble in vehicle passenger compartment during acceleration [J]. SAE Technical Paper，1989.

[35] TETSUSHI S，FUMIHIKO K. The analysis and mechanism of engine 'intake rumbling noise' [J]. SAE Technical Paper，1990.

[36] 姜豪，赖万虎，张思文，等. 汽车后视镜气动噪声优化研究 [J]. 汽车工程，2020，42（1）：121-126.

[37] 刘志恩，郭彩祎，颜伏伍，等. 声品质排气消声器的正向设计方法 [J]. 噪声与振动控制，2017，37（2）：182-187.

[38] 肖生浩，刘志恩，颜伏伍，等. 阶次设计的汽车排气噪声品质运动感调校 [J]. 华中科技大学学报（自然科学版），2016，44（10）：53-58.

Chapter 08

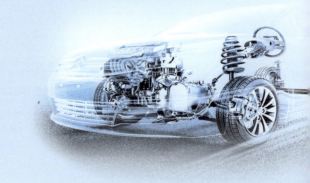

第 8 章
安全性能集成

  从世界上第一辆汽车诞生起,汽车在给人们带来交通便利的同时,其行驶过程中可能带来的人身安全、车辆安全问题也就伴随而来。1899 年,纽约一位名叫克丽丝的美国妇女在马路上行走时被撞身亡,她成为世界上第一个死于机动车事故的人。汽车安全问题开始引起人们的关注。

  汽车安全性保障的是车辆行驶过程中乘员及行人的安全。根据各类交通事故的统计和调查:每年约有 135 万人死于交通事故,交通事故已经成为全球第 8 大死亡原因,是 5~14 岁及 15~29 岁青少年第一致死原因,平均每 25s 有一人死于交通事故。以万车死亡率来说,如图 8-1 所示,2018 年中国万台车死亡人数是美国的 1.6 倍,是德国的 3.5 倍,是日本的 5 倍。汽车安全性能的逐步提升,还需要更多的努力。

  汽车安全开发包含的内容很多,按照安全事故发生的时间轴来说,分为主动安全(碰撞零时刻之前)和被动安全(碰撞零时刻之后)及事故救援三个方面,如图 8-2 所示。主动安全研究内容主要包括预碰撞、集成探测、场景构建、伤害预测、自适应约束系统匹配等,即一切通过主动干预、预防、提醒以避免碰撞事故发生的技术。而被动安全研究的是在无法避免碰撞事故的情况下,如何进行车辆结构设计、如何匹配约束系统产品,使之能够在碰撞中为乘员及行人提供最优保护,从而降低碰撞过程中对乘员及行人的伤害。事故后救援研究的是如何提高事故救援的及时性及有效性,目前事故救援的精准性差,救援信号触发条件单一,用户体验感差。随着汽车安全开发技术的不断提高,未来的发展趋势必然是主被动一体化安全开发,同时加入事后救援。

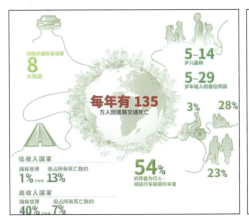
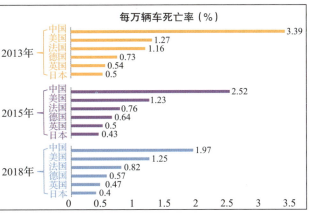

图 8-1 交通事故分析及各国万车死亡率对比

注：数据来源于中国道路交通事故统计年报、欧盟交通事故数据库（CARE）、美国死亡交通事故数据库（FARS）、美国交通事故统计年报、日本交通事故统计年报。

动态行车	危险预警		★碰撞	救援
• 驾驶 • 交谈 • 唱歌 • 吃东西 • 打电话 • 发信息 • 瞌睡	• FCW • LDW • SA • DMS	预碰撞 • AEB • AES • LKA • ESC • 预紧安全带 • 主动式座椅 • 振动转向盘	• 预紧安全带 • 安全带限力 • 驾驶员安全气囊 • 管柱的溃缩 • 膝部气囊	• E-CALL

主动安全：
• 以防止事故发生为目的
• 碰撞前提醒或降低速度（能量）

被动安全：
• 以车身耐撞性和约束系统为代表
• 碰撞中提供保护

救援：
• 靠人工拨打120/110

图 8-2 汽车安全分类

本章主要从被动安全的角度进行车辆安全性能开发阐述，在本书第 14 章中有关于智能安全开发的内容介绍。

被动安全开发技术是指发生事故后减轻人员伤害、减少人身伤亡的技术，以车内外为界，可分为汽车外部行人安全和汽车内部乘员安全。汽车外部行人安全包括一切旨在减轻在事故中汽车对行人、自行车和摩托车乘员的伤害而专门设计的与汽车有关的措施。汽车内部乘员安全研究的是如何设计合理的汽车结构和内饰，尽可能吸收碰撞中的能量，使作用于乘员的加速度和力降低到最小，进而降低乘员损伤；在事故发生以后，驾驶舱需有足够的生存空间，并且确保那些对从车辆中营救乘员起关键作用的部件具有可操作性。

从车辆开发内容分类，汽车安全开发又可分为车辆结构耐撞性开发、约束系统性能开发及行人安全开发等几个方面。汽车结构耐撞性设计是汽车安全设计中的重要组成部分，更是乘员约束系统匹配集成的基础。结构耐撞性设计的目的主要是为了提高变形吸能区的吸能效率和保持乘员生存空间的完整性；而约束系统性能开发研究的则是如何在较低的车体减速度载荷下通过约束系统的集成匹配获得较好的乘员保护效果。

随着新能源汽车的不断发展，其安全问题也随之而来，在传统的安全设计之外，还需要考虑电池被撞后的安全问题。此外，车辆安全性能开发还需要与车辆其他性能进行平衡，寻找最佳设计方案。这两个方面，由于篇幅有限，本章不做说明。

8.1 开发需求和目标

8.1.1 开发需求分析

汽车安全性能开发通过提升车辆安全性能达到保护车内乘员及车外行人的目的，为了这个目标，各国都发布了自己的机动车安全国家标准。当前，世界上主要的汽车法规有美国汽车法规、欧洲汽车法规两大汽车法规体系。中国、日本、韩国、俄罗斯、加拿大、澳大利亚、伊朗等国家都有自己的汽车法规，但是这些法规基本上都是参照美国或欧洲汽车法规，然后再结合本国具体情况制定的。

中国的车辆安全开发首先要满足国家标准法规，这是强制法规，满足与否决定了车辆是否能够在市场销售的问题。涉及被动安全的国家标准见表8-1。

表8-1 中国汽车被动安全强制性法规清单

序号	标准号	法规名称
被动安全—车身、碰撞防护		
1	GB 7063—2011	汽车护轮板
2	GB 9656—2003	汽车安全玻璃
3	GB 11551—2014	汽车正面碰撞的乘员保护
4	GB 11557—2011	防止汽车转向机构对驾驶人伤害的规定
5	GB 11567.1—2001	汽车和挂车侧面防护要求
6	GB 11567.2—2001	汽车和挂车后下部防护要求
7	GB 15743—1995	轿车侧门强度
8	GB 17354—1998	汽车前、后端保护装置
9	GB 17578—2013	客车上部结构强度要求及试验方法
10	GB 20071—2006	汽车侧面碰撞的乘员保护
11	GB 26134—2010	乘用车顶部抗压强度
12	GB 26511—2011	商用车前下部防护要求
13	GB 26512—2011	商用车驾驶室乘员保护
被动安全—座椅、门锁、安全带、凸出物		
1	GB 11550—2009	汽车座椅头枕强度要求和试验方法
2	GB 11552—2009	乘用车内部凸出物
3	GB 11566—2009	乘用车外部凸出物
4	GB 13057—2014	客车座椅及其车辆固定件的强度

(续)

序号	标准号	法规名称
被动安全—座椅、门锁、安全带、凸出物		
5	GB 14166—2013	机动车乘员用安全带、约束系统、儿童约束系统和 ISOFIX 儿童约束系统
6	GB 14167—2013	汽车安全带安装固定点、ISOFIX 固定点系统及上拉带固定点
7	GB 15083—2006	汽车座椅、座椅固定装置及头枕强度要求和试验方法
8	GB 15086—2013	汽车门锁及车门保持件的性能要求和试验方法
9	GB 20182—2006	商用车驾驶室外部凸出物
10	GB 24406—2012	专用校车学生座椅系统及其车辆固定件的强度
11	GB 27887—2011	机动车儿童乘员用约束系统

在满足基本法规之外，汽车安全性能开发还需要面对第三方评价体系的评价与检验，从世界范围内来说，主要存在以下几个方面：一是 NCAP（New Car Assessment Program）评价体系，就是新车评价规程，目前比较著名的有美国高速公路管理局组织的 US-NCAP、欧盟几大机构联合成立的 EURO-NCAP，以及中国汽车研究中心组织的中国新车评价体系（China New Car Assessment Program，C-NCAP）等。各国 NCAP 在组织实施方式、试验规程和评价方法上都有明显不同，这与各国在法规体系、道路交通事故统计和车辆状况等方面存在的差异密切相关。二是以美国高速公路安全保险协会（Insurance Institute for Highway Safety，IIHS）、中国汽车安全保险协会（China Insurance Automobile Safety Index Management Regulation，C-IASI）为代表的第三方评价体系，其评价内容和标准指标与 NCAP 存在较大差异。另外，随着网络媒体的兴起，许多自媒体机构开始充当另一种第三方评价机构，开始对安全进行各种自定义评价。所有这些都督促着主机厂要付出最大程度的努力以提升汽车安全性能。

在国内的车辆安全开发中，需要重点关注的第三方评价体系主要包括 C-NCAP 和 C-IASI。C-NCAP 最早发布于 2006 年，每三年更新一版，评价内容包含了主动安全及被动安全两个方面，见表 8-2。

表 8-2 2021 版 C-NCAP 评价项目总表

序号	评价方式	项目名称
乘员保护	试验项	100%正面碰撞
		MPDB 碰撞
		侧面碰撞
		侧面柱碰撞
		儿童静态
		鞭打

(续)

序号	评价方式		项目名称
乘员保护	加分项		侧面气帘
			E-CALL
	罚分项		安全带提醒
行人保护	试验项		头型
			腿型
主动安全	ADAS	审核项	ESC
		试验项	AEB CCR
			AEB VRU_Ped
			AEB 二轮车
			LKA
			HMI
		可选审核项	BSD（车对车）
			BSD（车对二轮车）
			SAS
			LDW
	灯光		近光前照灯
			远光前照灯
			加分项

在 C-NCAP 星级评价中，根据以上评价项目得分结果，按照各星级要求，得出车辆安全星级水平，见表 8-3。

表 8-3 2021 版 C-NCAP 星级评价要求

星级	综合得分率	乘员保护最低得分率	行人保护最低得分率	主动安全最低得分率
5+（★★★★☆）	≥92%	≥95%	≥75%	≥85%
5（★★★★★）	≥83%且<92%	≥85%	≥65%	≥70%
4（★★★★）	≥74%且<83%	≥75%	≥50%	≥60%
3（★★★）	≥65%且<74%	≥65%	—	—
2（★★）	≥45%且<65%	≥60%	—	—
1（★）	<45%	<60%	—	—

C-IASI 从车辆耐撞性与维修经济性指数、车内乘员安全指数、车外行人安全指数、车辆辅助安全指数等四个方面对车辆进行测试评价，最终评价结果以直观的等级：优秀（G）、良好（A）、一般（M）、较差（P）的形式定期对外发布，为车险保费厘定、汽车安全研发、消费者购车用车提供数据参考，评价内容见表 8-4。

表 8-4　2020 版 C‑IASI 评价内容

项目类别	项目名称
耐撞性和维修经济性	低速正面碰撞
	低速追尾碰撞
	车辆保险杠系统静态测量
	车辆正面全宽保险杠碰撞
	车辆尾部全宽保险杠碰撞
车内乘员安全指数	25%偏置碰撞
	侧面碰撞
	座椅头枕
	车顶强度
车外行人安全指数	头部
	大腿
	小腿
车辆辅助安全指数	自动紧急制动（FCW、AEB 等）
	车道辅助
	前照灯
	E-CALL

对于车辆安全开发来说，首先要满足国内法规及第三方评价体系的要求。在满足这些开发要求的基础上，再根据客户需求调研结果进行其他安全性设计。本章主要就前者的开发需求进行阐述。

8.1.2　开发目标确定

在项目开发前期，需要从市场调研、产品策划等方面出发，确定项目开发的安全开发目标定位，制订详细的开发目标书。

安全性能开发目标的确定，要基于深入的市场调研，确定用户对于安全的关注程度及关注点，然后确定安全开发目标，如性能目标水平 NCAP 是什么星级，C‑IASI 是什么水平。在确定项目安全性能开发目标时，需要考虑车辆上市时期的法规及第三方规程的变化趋势和要求，以便确定准确的安全性能开发目标定位。对于出口车型，要做好出口国家的法规跟踪及预测，制订详细的法规清单。

根据开发目标定位，进行详细目标分解，在目标分解完成后，车型的结构设计目标、约束系统配置、行人保护得分、主动安全等几个方面的详细得分就确定了，各领域根据目标得分，进行详细的得分目标解析，然后确定开发技术方案及路线。

以下就从结构耐撞性、约束系统、行人保护等方面进行详细阐述，结合相关案例进行详细说明。

8.2 安全性能开发

8.2.1 结构耐撞性开发

8.2.1.1 开发定义

车辆结构耐撞性开发是通过对车身结构的优化设计，减小车内外人员的损伤风险，同时最大程度降低车辆财产损失。

按照碰撞速度的大小和结构耐撞性优化目标，可以将碰撞分为低速碰撞和高速碰撞两类。在低速碰撞中，车辆结构变形量要小、需维修的零件数量要少，以此降低维修成本，与之相关的结构评价指标统称为结构强度指标。在高速碰撞中，过高的车体加速度和乘员舱侵入会对车内乘员造成损伤，为了降低人员损伤风险，围绕车体加速度和侵入量设定的一系列结构评价指标统称为人体伤害结构指标。结构耐撞性开发过程就是一个让车体结构满足结构强度指标和人体伤害结构指标的开发过程。

8.2.1.2 目标分解及方案设计

在车辆结构耐撞性开发中，针对低速碰撞，当前各主机厂采用的结构强度评价指标相对比较统一，主要采用纵梁变形量和闭合件零件间隙作为评价指标。然而，高速碰撞因假人损伤机理的复杂性和碰撞形式的多样性，导致各主机厂对人体伤害结构指标的设定不尽相同。在评价项设置上，会出现不同的评价项目，例如针对加速度评价方面，就存在加速度峰值评价、平均加速度评价、OLC（Occupant Load Criterion）评价、VPI（Vehicle Pulse Index）评价、二阶方波评价等评价项目。这些评价指标通过整车试验统计、CAE分析、台车试验等方式获取。

以50km/h正面碰撞结构耐撞性目标设置为例，第一步根据50km/h正面碰撞工况的C-NCAP历史试验数据统计，选取得分较高车型的碰撞加速度，并将这些加速度转化为二阶方波；第二步根据项目的约束系统配置建立约束系统CAE分析模型，输入第一步得到的二阶方波，同时调整模型中歇脚区侵入量数值，分析二级方波与歇脚区侵入量对假人伤害的影响，然后根据50km/h正面碰撞假人得分需求，设置该项目的二阶方波与歇脚区侵入量指标；第三步将二阶方波作为台车试验减速度曲线，进行项目台车试验，验证假人得分目标达成情况，最终得到50km/h正面碰撞二阶方波与歇脚区侵入量耐撞性目标，通过以上步骤完成50km/h结构耐撞性指标，见表8-5。

完成结构耐撞性目标分解后就进行结构方案设计，整车结构按照碰撞的位置和碰撞的速度可分为如图8-3所示的低速吸能区、高速吸能区、乘员生存区。低速吸能区主要的作用是吸收低速碰撞的能量，减少车辆碰撞后零件的损坏，降低维修成本；高速吸能区主要作用是通过控制结构变形吸收碰撞能量，从而控制加速度波形，减少加速度导致的乘员伤害；乘员生存区主要作用是，降低碰撞过程中由于结构侵入造成的乘员损伤。

表 8-5 结构耐撞性指标

评价指标		目标值
B 柱加速度峰值（g）	左侧	≤45
	右侧	≤45
整车反弹时刻/ms	左侧	≥60
	右侧	≥60
前壁板侵入量/mm	前壁板	≤180
转向管柱位移量/mm	X/Y/Z 方向	≤60
门框侵入量/mm	门框上铰链	≤20
	门框下铰链	≤20

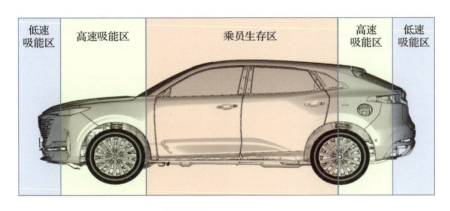

图 8-3 整车结构区域

方案设计 1：低速吸能区结构设计

碰撞结构设计的主要原理是将碰撞产生的动能转化成结构内能的方式吸收碰撞能量。在开展低速吸能区结构设计以前，首先要根据用户的需求以及法规要求确定低速气囊起爆的阈值，根据气囊起爆阈值要求设定低速碰撞加速度的大小，在确定加速度大小后就可以开展低速碰撞吸能区设计了。

低速吸能区设计内容包括吸能空间设计、结构布置设计、以及结构形式设计。首先进行吸能空间设计，根据碰撞动能公式可以确定低速碰撞产生的能量，动能计算公式如下：

$$E = mv^2/2 \qquad (8-1)$$

式中，m 是整车质量（kg）；v 是碰撞速度（mm/ms）。

再根据能量吸收公式，确定低速碰撞吸能空间的长度，吸能公式如下：

$$E = mas \qquad (8-2)$$

式中，E 是撞击能量（J）；m 是整车质量（kg）；a 是目标加速度（mm/ms^2）；s 是吸能空间（mm）。

确定吸能空间后，根据吸能空间内的大小开展结构布置设计，结构布置的主要目的是为了减少碰撞过程中结构零件的损坏，要求吸能空间内不能布置高价值零件，这需要将线束、雷达、冷凝器布置在吸能空间外。同时为了最大限度地降低结构的损伤成本，需对发动机舱盖分缝位置进行设计。

在完成低速吸能区空间设计与结构布置设计后，最后开展结构形式设计，20世纪60年代，Wierzbicki基于宏单元法，提出的薄壁结构压溃力公式，是目前吸能结构设计的理论基础，Wierzbicki压溃力 P_{max} 计算公式如下：

$$P_{max} = t^{1.86} b^{0.14} (1+\alpha) \left(\frac{k_p E}{(1-\nu^2)\beta} \right)^{0.43} \sigma_y^{0.57} \qquad (8-3)$$

式中，t 是结构厚度（mm）；b 是截面宽度（mm）；α 是截面宽高比；E 是材料的杨氏模量（kN/mm^2）；ν 是材料的泊松比；σ_y 是材料的抗拉强度（MPa）；k_p、β 分别是宽高比系数和厚宽比系数。具体取值如图8-4及图8-5所示。根据前面设定的加速度限制确定吸能盒压溃力，再根据Wierzbicki压溃力公式，完成结构的材料选择以及截面设计，最终完成低速吸能区结构设计。

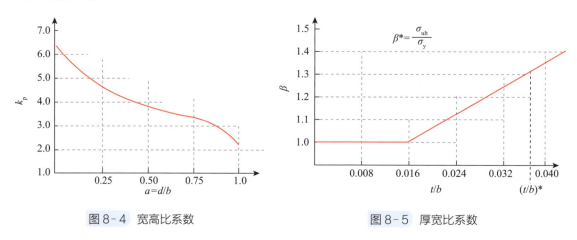

图8-4 宽高比系数　　　　　　　　　　图8-5 厚宽比系数

方案设计2：高速吸能区结构设计

高速吸能区是结构耐撞性开发重点设计区域，高速吸能区要求车辆结构在多碰撞工况下均能有效吸收碰撞能量，降低碰撞加速，减少乘员舱碰撞侵入。高速吸能区方案设计的主要内容包括承载力分配设计、结构形状设计、概念验证。

首先开展的承载力分配设计，随着国内法规要求的逐步加严以及第三方评价内容逐渐增多，单一传递路径已经不能满足多种碰撞工况的要求，需要针对碰撞工况分配相应的传递路径以及对应的承载力。发动机舱承载力分配原则：首先针对小偏置碰撞工况分配传力路径，目前小偏置碰撞（图8-6）有两种主要的传力路径设计策略，一种是加宽防撞横梁、吸能盒等方式让纵梁作为主要的传力路径应对小偏置碰撞工况，另一种是加强上边梁或副车架作为主要的传力路径，通过能量吸收或侧向位移控制应对小偏置碰撞工况；具体选用哪种传递路径需要结合整车造型选取。然后开展移动渐进变形壁障（Mobile Progressive Deformable Barrier，MPDB）撞击工况传递路径分配，MPDB需要设计多条传力路径，通过在副车架前端增加吸能结构，能有效提高结构兼容性得分。完成小偏置碰撞和MPDB传递路径分配后，再通过多目标优化方法确定纵梁的承载力，最终完成结构承载力分配，小偏置方案如图8-7所示。

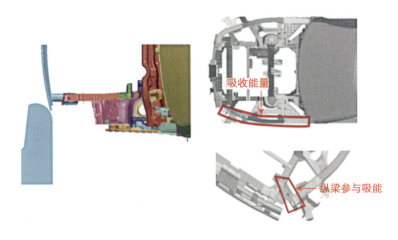

图8-6 小偏置方案

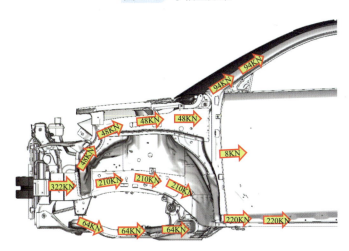

图8-7 承载力分配

其次开展的是结构形状设计，早期车型开发过程中由于积累的经验少，车企通常根据Wierzbicki公式完成结构截面以及材料初步设计，后期通过结构耐撞性分析对选择的截面以及材料进行进一步完善。随着车企车型开发经验的增多，主机厂已经建立了完备的结构截面库，截面库如图8-8及图8-9所示。截面库包含了截面的尺寸以及可选择的材料，和对应的可承载的X向压溃力，Y、Z方向的极限弯矩。结构开发工程师可以根据车型布置以及工艺要求，选择合适的截面完成结构形状设计。

截面		1	2	3	5	5	6	7
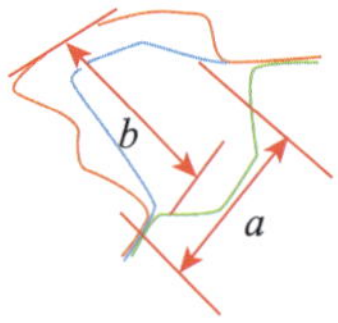	a	断面Y向尺寸	112	96	109	112	110	108	107
	b	断面X向尺寸	255	190	235	255	238	240	224
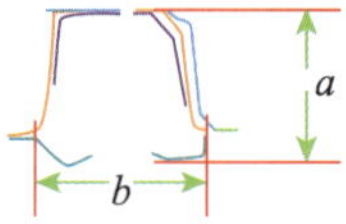	a	断面Y向尺寸	96	94	110	96	119	116	110
	b	断面X向尺寸	171	185	154	171	169	167	165

图8-8 截面库

截面属性		材料	厚度	X向压溃力/(kN·m)	Y向弯矩/(kN·m)	Z向弯矩/(kN·m)
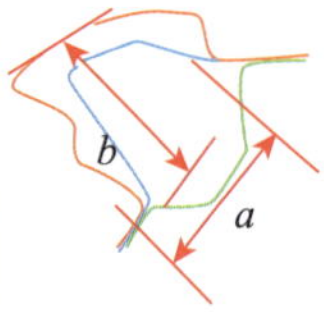	a 断面Y向尺寸（112mm）	1500hs	1.4mm	324	7.98	5.3
	b 断面X向尺寸（255mm）					
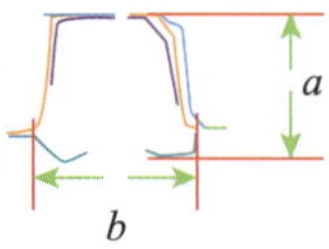	a 断面Y向尺寸（96mm）	B340	1.2mm	345	27.9	19.4
	b 断面X向尺寸（171mm）					

图8-9 截面属性

最后开展的是概念验证，在完成结构承载力分配以及承载结构形状设计后需要对上述设计开展概念验证，常规的验证方法是车身部门根据初步的设计完成数据制作，然后通过CAE建模分析评估方案的有效性，这种方案评估周期长且工作量大，已经逐渐被淘汰。目前基于SFE软件的参数化结构分析方法，开始逐渐应用到项目开发过程。参数化的主要原理是将结构截面以及结构形状转化为参数，通过修改参数值完成结构设计，同时也可以将部件作为参数，通过参数替换完成结构部件的替换，从而完成结构部件设计和结构概念验证，如图8-10所示。

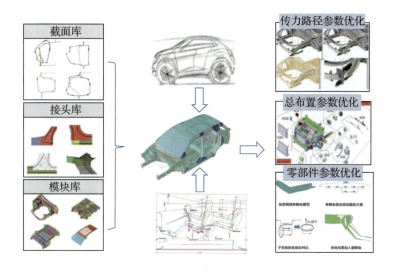

图 8-10 参数化方法

方案设计 3：乘员生存区结构设计

乘员舱结构在结构耐撞性设计中的主要作用是保护乘员生存空间完整性传递碰撞过程中产生的力。乘员舱结构主要由防火墙、A 柱、B 柱、门槛、地板、顶盖、车门组成，乘员舱的承载力分配方法如下：

首先，开展地板传递路径优化，方案设计阶段重点是针对地板梁系结构开展承载力分配，地板梁系结构的布置形状对地板承载力影响较大，因此在地板承载力分配时，通常如图 8-11 所示设置不同的地板梁系载荷路径，再通过参数化优化载荷路径选择以及承载力分配设计。

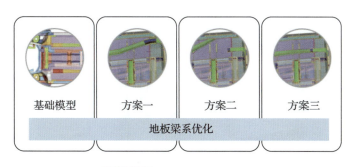

图 8-11 地板传递路径优化

其次，开展侧面撞击中乘员舱分配设计，侧面碰撞主要传力路径为 B 柱、门槛横梁、车门防撞横梁、B 柱上边梁、地板横梁、顶盖横梁。某车型其传力分布如图 8-12 所示，其中 B 柱主要承受弯曲受力，在 B 柱腰线位置为最需要加强处，推荐抗弯扭矩能达到 10kN·m。B 柱常用的设计方式有以下四种方式：第一种为热成型补丁板，通过把两层钣金提前预焊接在一起再一次热成型；第二种为塑料嵌入件，通过高含量玻纤尼龙复合材料做成骨架通过热膨胀结构胶进行连接加强；第三种为分区弱化，通过激光拼焊、不等厚钣轧制、热控制软区成型等工艺达成不同位置的强度差异;第四种为辊压随型,通过封闭的辊压管,跟随截面腔体随型,通过保护焊连接。由于子弹车的前纵梁离地高度一般高于被撞击车辆门槛,门槛横梁主要承受来自 B 柱的扭转力,通常在门槛内部增加零件用于加强门槛抗扭转性能,门槛内加强方式一般有三种结构:第一种为盒子加强件,一般盒子最上表面封闭便于更好传载力,并与地板横梁位置对应;第二种为 L 型加强件,一般增加在门槛上边面倒角处;第三种内嵌式封闭型材,常用于电动汽车,型材一般有挤压铝管、辊压管、塑料加强件、蜂窝铝,型材位置一般和地板横梁齐高。地板横梁为了有效地减少门槛翻转,需要尽量保持和门槛上边面同高。B 柱上边梁一般在和 B 柱搭接处易发生折弯变形,一般可以在该处增加局部加强件以提升接头抗扭强度。侧碰主体结构件设计如图 8-13 所示。

图 8-12 侧碰主要车体结构传力分布图

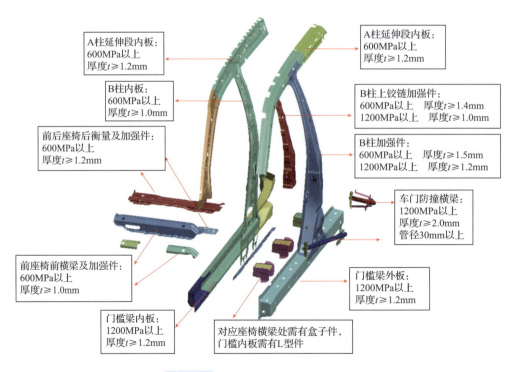

图 8-13 侧碰主体结构件设计图示

车门防撞横梁作为车门上主要抵抗侧碰撞击侵入的承力部件，主要有圆管型和W型，由于前防撞横梁的中心线平均高度在550mm左右，车门防撞横梁的中心布置在该高度附近，防撞横梁两端搭接在车身主要承受力处，如A柱、B柱、门槛等。根据车型开发需要，可以增加多根防撞杆，或加强车窗沿加强件。一般防撞杆均采用超高强度钢，抗弯能力应该达到1.5kN·m。

最后开展A立柱结构设计，A立柱结构是小偏置碰撞重要支撑结构，根据高速吸能区完成的A柱承载力分配，计算A柱需要承受的弯矩，通过如图8-14所示的截面设计工具完成A柱截面设计。

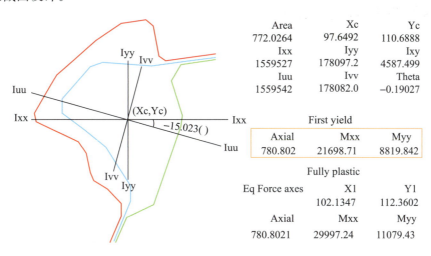

图8-14 截面抗弯设计

8.2.1.3 CAE分析与优化

随着现代科学技术的发展，汽车碰撞安全设计方法也由原来的经验法和试验法逐渐转变成了可以利用计算机模拟碰撞过程并能得到较精确结果的CAE仿真，当然，CAE仿真也只能辅助，还是要结合试验才能应用于实际生产，如进行CAE仿真之前需要先通过试验对模型进行对标较准，然后通过试验进行达标性验证，CAE只能减少试验次数而不能完全取代试验。

CAE仿真模型分析精度是开展CAE仿真与优化的基础，进行CAE分析的三个步骤是材料参数获取、部件级仿真精度标定、系统级仿真精度标定。

碰撞安全分析用材料参数主要包括弹性模量、泊松比、屈服应力、应力应变曲线以及断裂参数。拉伸试验是最基本的一种力学性能试验方法，是指在规定的温度、湿度和试验速度下，在试样上沿纵轴方向施加拉伸载荷使其破坏，适用于测定金属板材的拉伸性能，包括抗拉强度、屈服强度、弹性模量、泊松比、断后伸长率等材料参数，如图8-15和图8-16所示。

图 8-15 拉伸机图

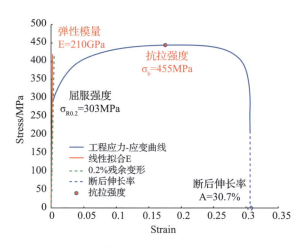

图 8-16 应力-应变曲线

完成材料参数测试后，接下来制订模型的建模标准，通常的方式是通过部件级实验验证材料参数与建模方式的正确性。常见的验证方式包括三点弯实验与动态冲击试验，如图 8-17 所示。

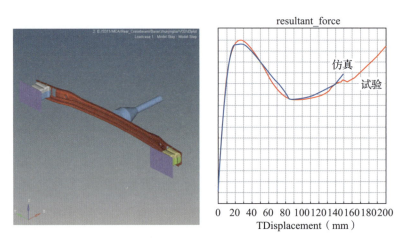

图 8-17 部件级精度标定

完成材料参数获取与建模标准制订后，接下来开展系统级仿真精度标定，通过不断地实验仿真对标，验证模型的精准性，从而保证整车仿真 CAE 仿真模型的精准性，如图 8-18 所示。

在进行 CAE 仿真与优化设计时，对于低速碰撞区、高速碰撞区、乘员保护区三部分，各部分都有不同的设计目标。总的优化思路为：车体强度由前到后依次增强，即低速碰撞区强度＜高速碰撞区强度＜乘员保护区强度，在许可的空间布置及成本下，兼容各种碰撞工况，尽可能地提升整体的强度并将碰撞能量消耗在前两个区域，减小传递到乘员保护区的加速度。

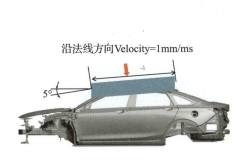 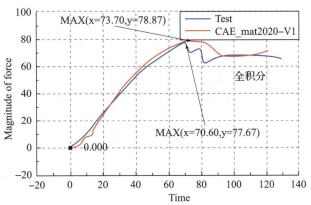

图 8-18 系统级精度标定

1. 低速碰撞区的设计

低速碰撞区主要是在车辆发生低速碰撞或碰撞前期,由于此阶段碰撞力较小,可通过零部件的溃缩变形,对碰撞能量进行第一阶段的吸收。

低速碰撞区的设计目标是提升车身结构件的吸能效率。主要涉及防撞横梁、吸能盒、前纵梁前段或后纵梁后段、副吸能盒等件。常用的 CAE 仿真与优化方法有优化传力件截面、更换高吸能效率的材料、增加多传力路径等方法。

研究表明,不同截面的直梁能承受的碰撞力各不相同,以规则形状的截面为例,如图 8-19 所示的五种横截面具有相同的周边长,但各自能承受的碰撞力相差较大,具体结果见表 8-6。

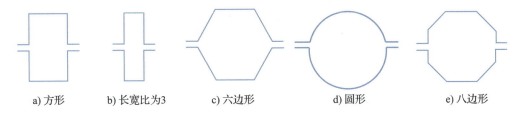

a) 方形   b) 长宽比为3   c) 六边形   d) 圆形   e) 八边形

图 8-19 不同形状的横截面

表 8-6 各种横截面梁的碰撞力

截面形式	a	b	c	d	e
相对碰撞力	100%	69%	107%	114%	115%

从表 8-6 可以看出,最大与最小的差别达到了 1.7 倍,在提升结构件吸能效率时可以选择承力较大的横截面,如八边形截面,在溃缩相同距离下,八边形截面的传力件吸能效率较高。在实际工程项目中,为了提升吸能效率,也有车型采用锥台形吸能盒、十字形吸能盒等异形吸能盒,如图 8-20 所示。

a) 锥台形吸能盒

b) 十字形吸能盒

图 8-20 不同形状的吸能盒

铝合金因其具有密度小、能量吸收率高的优点，目前已广泛应用到车身各处，最常见的是前防撞横梁总成使用铝合金材料。图 8-21 所示为某车型前防撞横梁总成分别采用钢制辊压件与铝合金挤压件的变形与吸能效果对比。

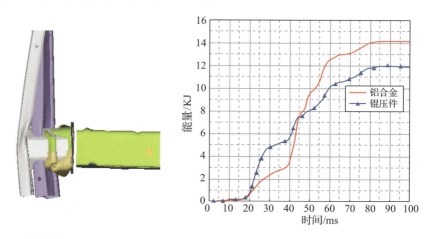

图 8-21 某车型前防撞横梁采用钢制与铝合金的变形与吸能效果对比

采用铝合金材料后，重量减轻了约 50%，但吸能效果提升了约 15%，通过 CAE 分析与优化，为提升能量吸收效率，铝合金前防撞横梁总成可设计成不同的截面形状，最后通过挤压成型，如图 8-22 所示。

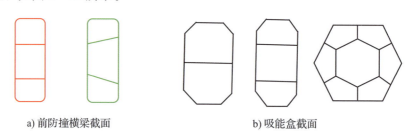

a) 前防撞横梁截面　　　　　　　b) 吸能盒截面

图 8-22 不同截面铝合金前防撞横梁和吸能盒

此外，从传递路径设计来说，为了满足更加严苛的碰撞工况，在高度方向上，由以前的纵梁单一传力增加为现在的纵梁、副纵梁、发动机舱上边梁（通常称为 Shotgun）三条传力路径，在宽度方向也进行了传力路径的拓宽，如增加防撞横梁 Y 向尺寸、使用双吸能盒、Shotgun 搭接到纵梁前端、纵梁外侧增加传力支架等，如图 8-23 所示。

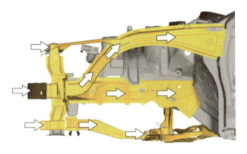
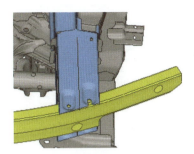

a) 三条传力路径　　　　　　　b) 增加防撞横梁Y向尺寸

c) 纵梁外侧增加传力支架　　d) Shotgun与纵梁搭接　　e) 使用双吸能盒

图 8-23　常用增加传力路径方法

2. 高速碰撞区的设计

高速碰撞区主要是在车辆发生碰撞中后期时，障碍物推动动力总成后退，此时碰撞力较大，通过传力件的折弯卸载，对碰撞能量进行第二阶段的吸收。

高速碰撞区的设计目标是提升碰撞能量的卸载量，主要涉及前纵梁中后段或后纵梁中前段、副纵梁、动力总成悬置、副车架与车身连接吊耳等件。常用的 CAE 仿真与优化方法有设计合适折弯筋或优化纵梁内加强件匹配出合适的纵梁前后强度、设计合理的副车架拔出力或动力总成悬置断裂力进行卸载、在侧碰中设计出合理 B 柱变形形式等方法，既能有效进行碰撞能量的吸收又能避免乘员舱的过大侵入。

在碰撞中后期，障碍物推动动力总成后移，碰撞力已较大，此时需要设计合适的纵梁折弯，对碰撞力进行卸载，才能有效降低传递到乘员上的碰撞力。图 8-24 所示为通过 CAE 仿真设计的两种不同的纵梁折弯模式和对应车体加速度。

可以看出，图 8-24a 模式纵梁折弯较彻底、能量卸载较好，车体加速度峰值和脉宽都低于图 8-24b 模式，a 模式更有利于降低碰撞中的乘员伤害值。

通过 CAE 仿真与优化，可将副车架与车身的连接部件设计成在特定受力条件下发生脱落，使得前碰发生时，前副车架从车身连接点脱落之后，因自身重力的作用而向下移动，同时带动与之相连的动力总成下沉，增大了在前碰过程中前纵梁的压溃空间，从而实现降低加速度和降低因动力总成导致的侵入量的目的，如图 8-25 所示。

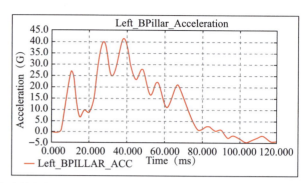

a) 纵梁折弯较彻底

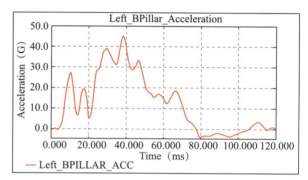

b) 纵梁折弯不彻底

图 8-24 纵梁不同折弯模式

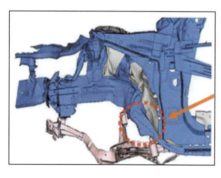
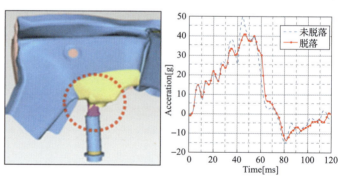

图 8-25 副车架安装点拔出设计

3. 乘员保护区的设计

经过前两阶段的能量吸收，若还存在多余的碰撞能量或发生了其他方位的碰撞事故，此时就需要乘员保护区发挥作用了，乘员保护区主要是在车辆发生碰撞后期时，最大程度地抵御变形，保证乘员的生存空间。

乘员保护区的设计目标是提升乘员舱的结构刚度与强度，尤其是与乘员所在位置相关的区域。主要涉及 A/B/C 柱、门槛梁、顶边梁、座椅安装横梁等件。常用的 CAE 仿真与优化方法有提升结构件的材料、厚度、优化截面形式或增加内部加强件提高其抗弯惯性矩等方法。

下弯纵梁（俗称天鹅颈）是连接发动机舱纵梁与地板纵梁的关键传力结构件，也是乘员保护区最重要的承力部位，一直以来，各大车型都会不吝重金地增大此区域的刚强度，如图8-26所示。

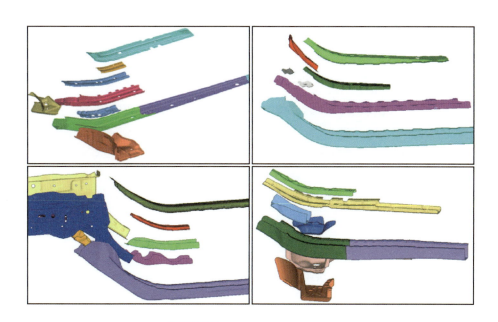

图8-26 各车型下弯纵梁设计

乘员空间受到高速侧面撞击时，车身必然通过变形吸收一定的能量，可把侧围分为可变形区域和不可变形区域，车身可变形区域应尽量远离乘员，图8-27所示。

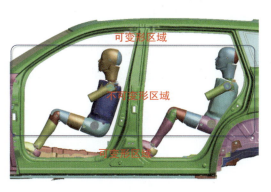

图8-27 侧面乘员区域

通过CAE仿真，首先需要加强B柱中上部的不可变形区域，保证不发生变形，并输出该处最大承载力。通过截面设计和内部加强达到最大承载力设计，图8-28所示为各车型B柱中上部截面设计示意。

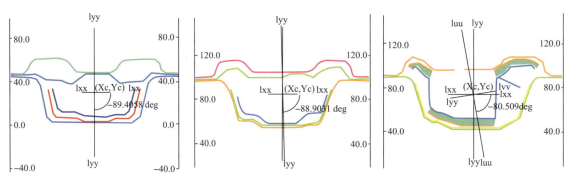

图 8-28 B 柱截面设计

在保证了不可变形区域强度之后,可变形区域可以适当地变形吸收能量,但不能变形过大,由于不可变形区域的支持点都在可变形区域内,过大的变形将导致整体侵入。可变形区域主要集中在 B 柱和 A 柱延伸段、门槛的搭接区域,其主要受到来自 B 柱的扭转,但扭转变形过大会导致不可变形区域出现较大的侵入,所以重点是要优化 T 型搭接处抗扭转能力,通常通过 CAE 仿真优化在 A 柱、门槛腔体内增加抗扭转零件,通过 CAE 仿真的迭代以达到设计要求,典型的侧面变形情况如图 8-29 所示。另外在 T 型搭接处还需通过 CAE 仿真考察连接强度,通过增加搭接边长度增加焊点优化。在变形最大的 B 柱下部,还需要控制应变量,防止出现 B 柱断裂的情况,最好在 B 柱中下部采用断裂延伸率较高的材料,CAE 仿真中监控 B 柱应变小于 20%。

图 8-29 典型的侧面变形情况示意图

8.2.1.4 开发目标达成

在结构耐撞性开发过程中通过部件级与整车级验证,确保结构耐撞性开发目标的达成。部件级验证阶段根据结构在碰撞过程中起到的作用不同,可以分为吸能能力验证和承载力验证。吸能能力验证试验方法如图 8-30 所示,将零件安装在台车上,通过撞击刚性墙,采集零件的压溃力,验证零件吸能能力是否达成给定的目标。承载力验证方法通常采用三点弯实验进行验证,三点弯试验如图 8-31 所示,将零件两端固定,中间加载,验证零件是否达成给定的承载力目标,通过部件级验证确保各结构部件达成给定的部件结构目标。

图 8-30 吸能能力验证试验　　　　图 8-31 三点弯试验

整车试验后需要验证结构耐撞性目标的达成情况，通常按照前期设定的结构耐撞性目标，主要从加速度、侵入量、变形模式三个方面考察目标的达成情况。下面以 50km/h 正面碰撞为例介绍开发目标达成验证方法。

首先，考察整车的加速度峰值以及反弹时刻，从图 8-32 所示的试验加速度曲线可以看出，整车加速度最大为 31g 小于给定的限值，从图 8-33 所示的速度曲线看出，整车反弹时刻 77ms 大于给定的 60ms 的限值。加速度与反弹时刻指标达成。

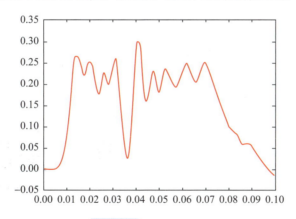

图 8-32 加速度曲线

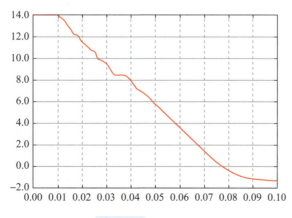

图 8-33 速度曲线

接下来考察整车的侵入量目标达成情况，整车试验前在如图8-34所示的歇脚区、转向管柱、门框、前壁板区域布置测量点，通过三坐标设备记录测量点空间坐标，在试验完成后再次测量这些位置的坐标计算结构的侵入量，可以看出，前壁板、转向管柱、门框位置侵入量均满足结构耐撞性要求，如图8-35所示。

测量位置	碰撞后			X	Y	Z
M_制动踏板	-2934.2	-303.8	-569.8	88.5	41.9	40.0
M_油门踏板	-3027.5	-139.1	-627.2	31.1	56.2	-6.7
M_D前门上铰链	-2933.5	-774.9	-175.5	2.6	0.5	-2.6
M_D前门下铰链	-2934.3	-790.7	-568.9	2.4	-0.1	-2.2
M_D窗沿	-1990.8	-784.8	-150.4	0.8	2.3	-1.8
M_方向盘左	-2588.5	-538.1	-75.0	-39.8	-4.2	31.1
M_方向盘右	-2560.0	-205.9	-104.5	-3.5	-3.2	-26.7
C_方向盘中心	-2574.3	-372.0	-89.7	-21.6	-3.7	2.2

图8-34 三坐标测量点　　　　　　　　　图8-35 测量数据

最后检查结构的变形情况，主要检查结构的变形形式与变形程度是否达成设计目标，从CAE仿真结果与试验结果可以看出，纵梁前端压溃变形，后端折弯变形与CAE仿真结果一致，折弯位置试验结果与CAE仿真结果也一致，结构的变形达成结构耐撞性开发目标，如图8-36、图8-37所示。

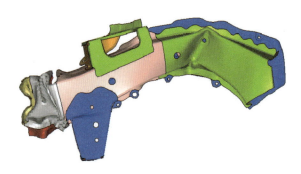 

图8-36 CAE分析结果　　　　　　　　　图8-37 试验结果

8.2.1.5 小结

随着汽车智能化的不断发展，车辆需要面对的事故场景更加复杂多变，未来的智能化车辆需根据车载传感器感知用车环境，并对可能发生的碰撞事故进行风险等级评估，再根据风险等级选择合适的介入方式，传统的有限元分析方法由于分析时间的限制，不能达成这样的目标，这给结构耐撞性开发带来巨大的挑战。为了应对这些挑战只有将传统的有限元分析方法转换到基于结构参数的近似方程计算方法，智能化时代的结构耐撞性开发的主要内容是，根据车辆结构形式建立相对应的结构耐撞性分析近似方程，然后通过碰撞分析大数据与神经网络算法，不断对该近似方程进行修正，最终建立精准的结构耐撞性分析近似方程。

8.2.2　约束系统集成匹配开发

在碰撞过程中约束乘员运动并减少对人体伤害的安装件及装置，均可称作约束系统。在19世纪中后期出现了一种带式乘员约束设施，当时仅用于马车乘员的约束。这种安全带是约束系统概念的雏形。20世纪中叶，安全带才被真正意义上使用在汽车上。代表约束系统的另一个典型安全设施则是安全气囊，最早于1953年，由美国人约翰•赫特里特因一次交通意外事故启发后而发明于世。从19世纪70年代开始，汽车厂家逐渐在车辆上安装安全气囊系统。由于汽车安全带和安全气囊的发明使用，极大地提高了汽车碰撞交通事故中乘员安全的保护效果，世界各国先后制定相关法规条例，明确安全带和安全气囊的使用要求。经过漫长的历史发展和技术革新，安全带和安全气囊的应用范围更加广泛，技术性能更加先进，产品功能也更加智能化。但是，随着人们对车辆安全意识的不断提升，约束系统开发的概念不再仅局限于传统的安全带和安全气囊上，而是已经延伸到所有与乘员保护相关装置及设计，如转向系统、座椅、地毯、仪表板汽车内饰结构件等等，这些都是当前约束系统集成匹配开发要考虑的。

8.2.2.1　开发定义

当车辆发生碰撞时，车内乘员的保护由车身和约束系统两个方面来提供。对于车身来说，最首要的是要保证乘员舱的完整性，以保证车内乘员的生存空间，在此基础上，通过车身变形吸能来降低车体的减速度，以降低对车内乘员的伤害。对于约束系统来说，在车体减速度的载荷下为车内乘员提供约束作用，使车内乘员与车辆的相对速度尽量平缓地降为零。总的来说，车体的减速度是乘员保护的基础，在较低的车体减速度载荷下通过约束系统的集成匹配，可以获得较好的乘员保护效果。对于车体减速度，从不同角度出发存在着不同的评价理论。如正面碰撞乘员保护原理、侧面碰撞绝对侵入伤害理论等等。基于上述车体评价基础，结合约束系统匹配开发，进行碰撞假人损伤指数评估。

1. 正面碰撞乘员保护原理

车辆碰撞过程中，车辆的速度曲线如图8-38和图8-39所示。当没有约束系统时，乘员在车内仍然保持匀速运动，直到撞击到车内刚性部件，乘员的速度急剧降为零。这时乘员受到的伤害最大。当有约束系统时，乘员在约束系统的约束作用下，乘员的速度按照

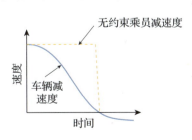
图8-38　无约束乘员减速度曲线

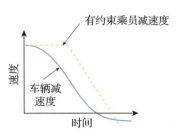
图8-39　有约束乘员减速度曲线

一定的减速度降为零,这时乘员受到的伤害相对较小。乘员所受到的伤害可以用乘员速度曲线的斜率来表示,乘员速度曲线的斜率越小,其受到的伤害也越小。

2. 乘员减速度控制理论

碰撞过程中,乘员的运动过程是乘员在车辆乘员舱生存空间内其速度从初速度降为零的过程,约束系统则是作用在乘员身上的力使乘员产生减速度,而乘员减速度的斜率则可以代表乘员所受到的伤害。如何在有效的生存空间内使乘员能够从碰撞初速度降为零,且受到的伤害最小,是约束系统集成匹配的原则。

从乘员减速度控制的理论模型(图8-40)来看,约束系统涉及的零部件包括安全带、安全气囊、内饰、座椅、转向管柱、转向盘、地毯、仪表板等,其中动态刚度为 k_1、k_2、$\cdots$、k_n,且各个零部件对乘员的作用时间也不同,表示为约束系统零部件起约束作用前的空行程,即 d_1、d_2、$\cdots$、d_n;乘员到车体的空间为乘员的生存空间 D;乘员的减速度 a_o,如式(8-4)所示(其中 M_o 为乘员的质量)。

$$a_o = \frac{k_1(D-d_1) + k_2(D-d_2) + \cdots + k_n(D-d_n)}{M_o} \tag{8-4}$$

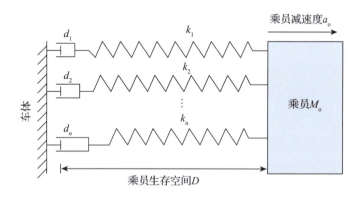

图8-40 简化理论模型

要获得最小的乘员减速度 a_o,通过乘员减速度控制理论,将各个约束系统零部件的刚度 k 和空行程 d 作为变量进行匹配,使乘员减速度平缓地下降到零,乘员伤害也就最低。同时获得了各个约束系统零部件动态刚度及作业时间的目标值,用于指导各个约束系统零部件的性能设计。

在工程实践中,约束系统集成匹配开发,就是应用相关设计理论指导并整合各约束系统产品性能设计,全面协调实现系统安全功能,减少和降低车内乘员在碰撞过程中所受的损伤,以达到特定开发需求的目的。

(1)侧碰绝对侵入伤害理论 侧面碰撞首先需要保证乘员生存空间,一般采用撞击侧 B 柱内板碰后侵入量定义为相对侵入量,由于乘员到侧围的空间一般为200mm左右,所以车辆相对侵入量应控制在200mm以下,则可以保证乘员的生存空间。相对侵入量可以有效衡量车身变形程度即车体耐撞性。

另外,从乘员承受的撞击程度考虑,可通过车身侵入速度来衡量对乘员的伤害情况,但车身的侵入是一个持续过程,所以单独用侵入速度峰值不能很好地代表对乘员的伤害情况,图 8-41 所示为车身侵入和假人运动关系。在初始 0~20ms 阶段:MDB(Mobile Deformable Barrier)撞击车辆,MDB 开始减速,被撞击车辆开始加速,车身撞击侧发生变形侵入,车辆被慢慢推动,座椅跟随车体运动,座椅对乘员的侧向作用力基本可以忽略不计,安全气囊在 8ms 左右被点爆,20ms 左右充满乘员和内饰的空间。20~60ms:MDB 持续推动车辆撞击侧,MDB 逐渐减速,车体逐渐加速,直到达到共同速度后开始分离。车身侵入通过安全气囊推动乘员,乘员最终被加速到和车身侵入速度一致,最终分离,此时乘员伤害达到最大。较好的约束系统设计需要充分利用乘员和内饰之间的空间,平稳地把乘员推动到和车身相同的速度。在默认约束系统刚度均合理匹配的情况下,车身侵入边界如何评价,这里有个建议,考虑所有高于 50km 侧碰工况,伤害峰值发生时刻都小于 60ms,车身侧面侵入在 60ms 侵入的位移减去乘员和内饰之间的空间,则为 60ms 时间内被推动的距离,可认为,在单位时间被推动得越远则给乘员带来的伤害越大。我们把乘员在 60ms 被推动的距离我们定义为绝对侵入量。蓝色区域阴影为整车位移,红色区域为侧碰假人吸能空间。红色加上绿色区域为相对侵入量,用于衡量车身耐撞性。绿色和蓝色区域之和就是绝对侵入量,用于衡量乘员受到撞击的能量,如图 8-41 所示。

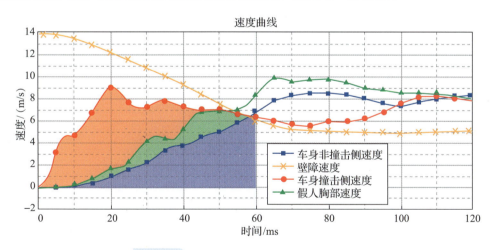

图 8-41 壁障、车辆、假人侵入速度变化图

以上分析主要针对单点侵入情况,由于每个点侵入不一致,所以每个点的侵入差异需要用变形形式表现。侧碰中车身变形形式对乘员伤害影响非常大,人体的胸部和腹部相对盆骨和下肢更容易受到伤害,所以侧碰车身变形需要控制变形模式,减少车身侵入对人体的胸腹部的挤压。控制车身变形如图 8-42 所示,通过优化让 B 柱变形模式从红色示意线改变为绿色示意线,具体为降低 B 柱塑性铰折弯位置到人体盆骨以下,减少 B 柱侵入程度,让 B 柱呈现出钟摆式变形。

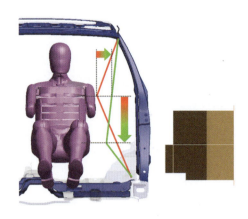

图 8-42 车身变形图示

（2）碰撞假人　约束系统集成匹配开发离不开碰撞测试假人，经过多年的发展目前全球主要使用的碰撞测试假人有 H3、THOR、ES2、ES2re、SID2s、WSD、Q 系列儿童假人等。碰撞假人的使用，根据碰撞工况和法规标准的差异有所区别，其中 H3、THOR 假人用于正面碰撞工况，ES2、ES2re、SID2s、WSD 假人用于侧面碰撞工况。常用的假人系列参数见表 8-7。

表 8-7　常用假人系列参数表

假人	H3 系列	THOR	ES2	SID2s	WSD	Q 系列	BioRID
应用年份	1974	2012	1998	1995	2000	2004	2002
质量/kg	49.1~101.3	76.7	72	44.1	73.9	9.6~35.5	77.7
模拟人体	5%~95%	50%	50%	5%	50%	1~10 岁	50%
工况	正碰	正碰	侧碰	侧碰	侧碰	正/侧碰	追尾

为了表征假人的损伤情况，全球各碰撞标准体系，根据人体的不同部位确定相应的保护准则和损伤限值，并且会根据假人类型、试验条件等差异，指标也会有所区别。如欧洲经济委员会（Economic Commission for Europe，ECE）和美国联邦机动车安全标准（Federal Motor Vehicle Safety Standard，FMVSS）两大碰撞标准中，相关指标各有侧重，并且被全球其他国家所引用。根据人体构成将损伤部位分为：头部、颈部、胸/腹部、髋部、膝部/大腿、小腿。每个部位设置伤害评价指标，并设定高性能指标限值、低性能指标限值或极限值，如图 8-43 所示。典型的部位伤害考察指标列举如下。

头部评价指标：包括头部伤害指标指数（Head Injury Criterion，HIC）（HIC15 或 HIC36）、3ms 头部合成加速度值。

颈部评价指标：包括剪切力、张力、伸张弯矩、综合损伤指标 N_{ij}。

胸/腹部评价指标：包括胸部压缩位移量、胸部 3ms 加速度、胸部黏性指数（Viscous Criterion，VC）、腹部最大压缩量。

膝部/大腿评价指标：大腿压缩力、膝盖滑移量。

小腿评价指标：胫骨指数（Tibia Index，TI），小腿压缩力。

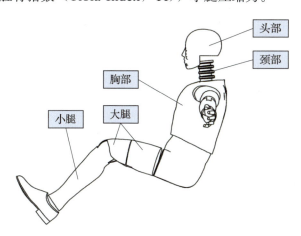

图 8-43 正碰假人伤害部位

8.2.2.2　目标分解及方案设计

目标分解就是基于碰撞安全性能的总体开发目标需求，对约束系统开发子目标进行自上而下地逐层细分，确定各层级的目标值，识别开发风险和设计难点，并制订初步的技术指标和系统设计方案，如图 8-44 所示。

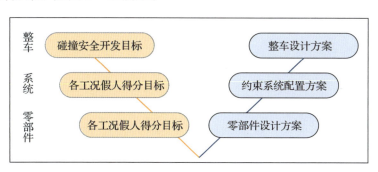

图 8-44 目标分解与方案设计

根据碰撞安全总体开发目标，结合各工况假人不同部位的伤害特点，开展约束系统开发目标分解和方案设计。以 C-NCAP 目标分解及方案设计为例，包含正面 100% 重叠正面刚性壁障碰撞试验（Frontal Rigid Barrier，FRB）、正面 50% 重叠移动渐进变形壁障碰撞试验（MPDB）、侧面可移动壁障碰撞试验（Advanced European Mobile Deformable Barrier，AEMDB）三大工况。碰撞假人如上所述在各个部位都有相应的伤害值进行评价。正碰假人在胸部和小腿不容易达到满分，侧碰假人在胸部不容易达到满分，是约束系统设计时重点关注的部位，因此在目标分解时要予以平衡。按照假人各部位的损伤指标要求，进行得分目标分解，见表 8-8。

表 8-8　FRB 工况驾驶人假人部位得分分解

假人部位	正碰假人得分率	侧碰假人得分率
头部/颈部	100%	100%
胸部/腹部	80%	75%
大腿/盆骨	100%	100%
小腿	75%	—

根据上述假人部位得分分解作为开发目标，结合假人不同身体部位的损伤特点，确定相应零部件的技术方案，并细化零部件的性能控制指标。

具体到每个部位而言，首先假人髋部，髋部运动姿态的控制是减少整个假人在碰撞过程中的过度前移，同时也是系统性能匹配开发的基础。髋部的约束主要来自座椅和安全带的腰带，同时大腿的受力也会对髋部有约束作用。在制订约束系统初步配置方案时，安全带锚点预紧、锁扣预紧、膝部安全气囊等都是提升假人髋部约束效果的配置，可以更早地约束假人的髋部。

假人胸部的约束主要来自安全带肩带和安全气囊，对于驾驶人还有转向系统（如转向盘和转向管柱）的作用。在碰撞过程中，安全带的肩带是持续作用于假人胸部的，当安全带有限力功能时，能降低假人胸部外载荷并控制在合理范围内。若同时具备卷收器预紧功能，能将安全带织带回收，减少安全带佩戴松弛量，提前约束假人，进一步改善假人胸部的载荷分配，如图 8-45 所示。在进行方案设计时，这些不同的安全带功能配置都是可以考虑的。对于驾驶人的胸部，安全气囊及转向系统对胸部的作用是在假人运动一定距离后才会产生，与安全带是一个叠加的作用。如要使胸部伤害较低，应尽量维持胸部的载荷不变，如当安全气囊及转向系统作用胸部时，降低安全带对胸部的约束作用。通过有效地分配胸部荷载分布，可以提升胸部的保护效果。当然，合理的气囊包型设计，对降低甚至消除气囊对胸部的直接作用力也有明显的效果，如图 8-46 所示。

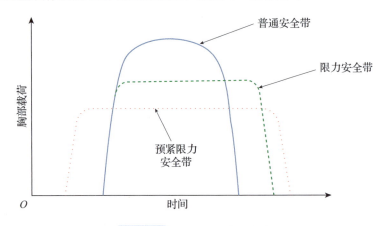

图 8-45　各类型安全带载荷

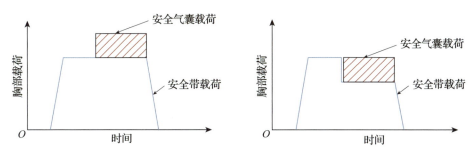

图 8-46 安全带和安全气囊载荷

假人头部的约束主要来自安全气囊，同样对于驾驶人还有转向系统的作用。假人颈部没有直接与它作用的约束系统部件，对于颈部的保护是作用于头部和胸部的载荷相对协调，如果不协调，则会造成颈部的伤害。

假人大腿的约束主要来自仪表板或者膝部安全气囊，且大腿受力的耐受性较高，可以通过仪表板内部的支撑结构或膝部安全气囊来支撑大腿从而加强对髋部的约束。同时，大腿还要考虑膝部滑移量，需要考虑仪表板造型，使对大腿的作用力尽量集中在膝部，避免作用于小腿上部。因此，在进行方案设计时，根据大腿压缩力、膝盖滑移量指标要求，进行造型设计管控和 IP 支撑刚度设计。

假人小腿的约束来自地板、歇脚板、踏板等，且影响小腿的因素较多，比如车辆减速度、结构侵入模式、小腿的运动姿态、地板歇脚板踏板的刚度等。小腿保护的原则总的来说是控制脚部的运动并降低脚部的接触刚度，如增加约束脚部运动的发泡结构等吸能设计。

假人头部受到侧面撞击时，主要依靠侧气帘和内饰提供保护，气帘内部压力要合理，过低的压力可能导致约束不好假人头部，导致在翻滚中飞出车窗或者不能有效吸收撞击能量，导致和窗外硬物如电线杆、树木发生撞击。对于部分没有配备侧气帘的车型和高速碰撞中侧气帘被砸透，车身上部内饰比如 B 柱内饰、C 柱内饰是最后的约束系统，一般设计应该保证其满足 FMVSS201U 的标准，在 25km/h 的撞击速度下头部不会出现致命伤害。

假人胸部受到侧面撞击时候，主要依靠侧气囊保护，由于驾驶人开车时候手臂自然下垂，在撞击中会挤压肋骨造成较大伤害，所以需要在侧气囊展开中上抬驾驶人手臂。侧气囊的刚度也需要控制，侧气囊压力过大会导致肋骨承受较大的压力。气囊压力过小会导致侧面生存空间较小的肩部、腹部受力超标。

假人腹部由于基本和车门扶手高度一致，其气囊的缓冲空间只用胸部的 2/3 左右，但是增大气囊刚度不利于胸部保护，所以需要在车门内饰扶手上进行弱化设计。内饰设计一般分为两个部分，一部分是前期的造型设计，另一部分是后期内饰结构设计。内饰除了美观和需要符合人体工学外，还需兼顾不要有大的突变和凸起，尽量和人体躯干形状相接近，在发生撞击的时候可以多点同时受力降低伤害，主要控制点有扶手的凸出高度和扶手 Z 向高度和 B 柱、C 柱、盆骨区域的平整度等，另外就是在内饰工程设计上，建议在人体碰撞区域预留一定可压溃吸能空间，具体试验曲线和要求，如图 8-47 所示。具体可以通过结构开孔、局部减薄来实现，如图 8-48 所示。

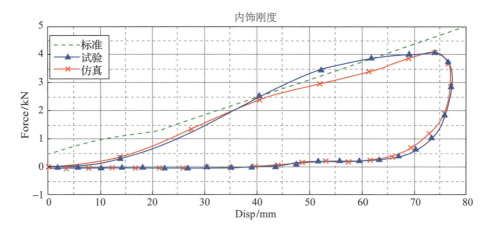

图 8-47 内饰冲击试验图和仿真曲线对标图

图 8-48 内饰结构弱化示意图

8.2.2.3 CAE 分析与优化

优化分析以目标分解中假人各部位的伤害指标和得分为设计目标，从系统角度对影响假人伤害指标的各个方面（比如配置、性能参数、布置、造型、空间等）进行全面评估。综合运用计算机仿真手段对约束系统设计方案进行集成分析，评估设计方案的可行性，优化性能参数，量化系统风险程度，最终确定产品的设计方案。

1. 假人上肢优化与分析

假人上肢伤害部位，主要包含了头部、颈部和胸部。三个身体部位相互关联，相互影响，因此在约束系统匹配集成开发中不能仅仅侧重某一部位的提升，而要关注头颈胸三个部位之间的密切关联，确保单个部位伤害指标满足要求的同时，整个上肢伤害约束系统表现得稳健可靠。正如前述章节讨论的那样，单个约束系统零部件可能对多个部位产生影响，同时单个部位也会受多个约束系统零部件的共同作用。比如正面安全气囊的首要目标是保护头部损伤，但对胸部的过度挤压可能存在负面影响，这就需要在开发时考虑单一约束系统对不同部位损伤性能的兼容性问题。从单一身体部位来说，胸部的损伤受安全带、安全气囊、转向系统三者的系统影响，所以这个三个不同零部件的匹配优化就显得尤为关键。当然，这些都是基于特定车体结构波形及乘员空间的情况下来讨论的。

影响假人上肢伤害的零部件主要涉及安全气囊、转向系统、安全带。安全气囊性能可以从两个方面来讨论：一是展开性能，如安全气囊折叠、导气囊设计、气囊包型等；二是刚度性能，如气体发生器、气织物材料、泄气孔等。转向管柱的溃缩性能，比如溃缩阈值力、溃缩维持力和溃缩位移量，也是管柱结构开发需要关注的重要性能参数。另外，安全带作为整个约束系统匹配的基石，在系统方案中发挥着基础性作用，因此在安全带的功能配置和性能指标要求上要重点考虑，如图8-49所示。

图8-49 约束系统零部件对假人上肢作用示意图

需要注意的是，虽然影响系统性能的因子众多，但在进行优化分析时要进行筛选甄别。比如通过试验设计（DOE），识别、筛选和优化关键因子，获得较好的系统响应。表8-9列举了上肢开发各零部件的不同参数。

表8-9 约束系统上肢优化匹配参数状态

优化因子	因子水平
安全带限力等级 T	T1－T2－T3
转向管柱溃缩量 S	S1－S2
安全气囊泄气孔 D	D1－D2－D3

2. 假人下肢优化分析

假人下肢伤害部位，具体包含大腿和小腿两部分。大腿优化主要是大腿轴向压缩力和膝部滑移量两个损伤指标。由于大腿力损伤耐受性较高，合理的仪表刚度设计既可以满足假人腿部损伤，也可以提供足够的支撑作用，因此在设计时往往更侧重于膝部滑移量指标。根据膝部滑移量损伤的基本原理，膝部滑移量的产生主要是膝关节错位造成。这个与作用在膝盖和小腿上的外载体的分布密切相关，在设计时作用在下肢上的载荷路径要尽量分布在膝盖撞击区域（图8-50a），而不在集中在小腿上（图8-50b）。因此要侧重对仪表板的造型、开关按钮硬结构凸出物以及杂物箱加强筋的布置进行优化，保证刚度分布合理。

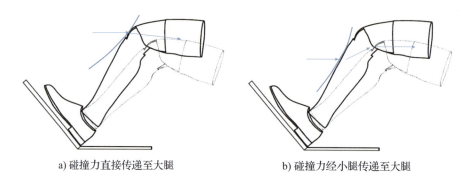

a) 碰撞力直接传递至大腿　　　　　　b) 碰撞力经小腿传递至大腿

图8-50　大腿载荷路径图

对于驾驶人小腿而言，由于受操作机构和碰撞试验规则影响，小腿优化比乘员侧更为困难一些。比如，ODB和MPDB试验均撞击驾驶人侧，车体变形侵入等均比乘员侧更恶劣，而且有加速踏板等操作机构，小腿的姿态更难以控制。如为了有效吸收驾驶人左脚歇脚板处车体变形带来的冲击能量，可以考虑用泡沫吸能材料替代传统的钢制结构，并从尺寸和形状上进行拓扑优化。对于驾驶人右腿而言，一方面要限制假人脚步向前的不稳定运动，另一方面要如何吸收加速踏板由于前壁板变形造成的对小腿的过度冲击。可从加速踏板的结构进行优化，比如采用吸能或断裂式加速踏板；另外，可通过脚后跟处支撑泡沫来吸收对小腿的冲击能量，如图8-51所示。

图8-51　小腿吸能结构优化前后差异

3. 假人受侧面冲击优化和设计

侧面假人由于上肋骨容易受到手臂挤压，所以CAE仿真优化主要通过设计合适的包型轮廓和折叠方式，通过侧安全气囊展开过程把手臂抬起，图8-52所示为优化手臂上抬后上肋骨伤害值差异。另外针对下肋骨容易撞击扶手超标，通过分析适当降低扶手高度，避免下肋骨与扶手撞击，优化后伤害曲线如图 8-53 所示。

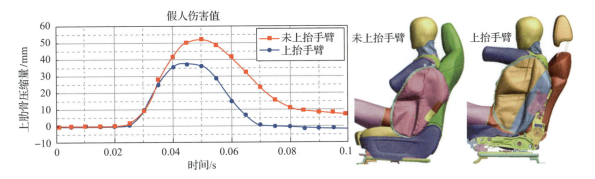

图 8-52 假人上肋骨伤害图示

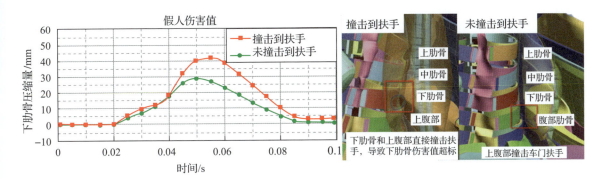

图 8-53 假人下肋骨伤害图示

8.2.2.4 开发目标达成

目标达成的评估，是对前述约束系统匹配开发的系统集成方案进行性能验收，评估约束系统零部件设计是否满足性能要求，可以从零部件试验、子系统试验、整车验证试验等多个维度开展一系列性能试验，综合评价开发目标达成情况。

1. 零部件验证试验

零部件验证试验，着重从零部件单体的角度考查产品的实物状态是否满足设计要求。重点关注与假人伤害密切相关的零部件性能表现，如前述部分提到的安全气囊、转向盘、转向管柱、座椅、安全带等，判断其性能指标是否符合设计要求。如下以转向盘轮缘冲击、转向管柱静态压溃、安全带性能试验为例，进行单体性能评估。

转向盘轮缘动态冲击试验，评估转向盘轮缘刚度性能，采集外载荷作用与转向盘变形量数据，评估是否处于设计范围之内，如图 8-54 所示。

转向管柱静态压溃试验，评估转向管柱的结构设计是否满足溃缩力、维持力要求，如图 8-55 所示。

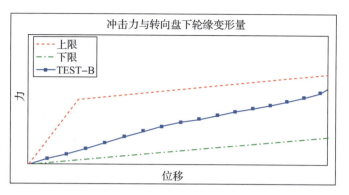

图 8-54 转向盘轮缘冲击性能评估

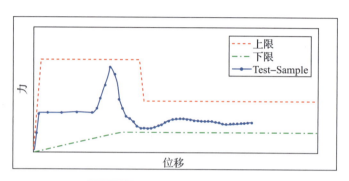

图 8-55 管柱静态压缩性能评估

安全带性能试验，包含安全带预紧性能试验、安全带动态性能试验。静态预紧试验旨在评估卷收器预张紧性能，而预紧力和织带回拉位移量是衡量预紧性能的两个重要指标，因此需要对试验预紧力和位移数据进行性能分析评估。动态性能试验，除了考查安全带的预紧性能外，还是衡量安全带限力性能（如限力值大小、限力的稳定性）的有效评估手段，如图 8-56 所示。

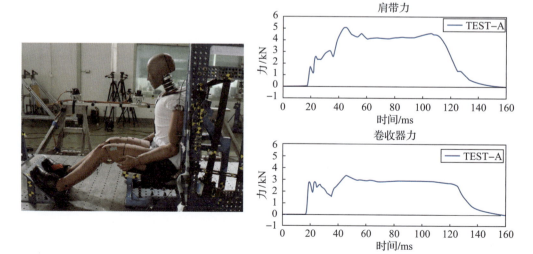

图 8-56 安全带动态性能试验

由于系统集成的目标需要以单个零部件满足既定设计方案为前提，因此零部件的试验验证显得更为重要。而以上只是从特定角度和指标，评估了各零部件的表现。在具体开发过程中，可以根据具体情况和开发需求设定相关的评价指标，并完善性能测试试验。

2. 子系统验证试验

子系统验证试验，是以满足零部件性能要求为提前，验证在子系统情况下各零部件以及零部件之间的性能可靠性问题，同时识别周边环境对系统性能的影响。以转向系统动态冲击验证试验来说，除了满足上述转向盘、转向管柱单体零部件性能指标以外，还需要通过转向系统试验对管柱溃缩性能和转向盘轮缘的变形情况进行子系统级评估。某些时候，还可以引入气囊进行综合评估，图 8-57 所示是结合了转向盘、管柱和安全气囊，利用半身假人进行的子系统冲击试验，整体评估在设计碰撞能量下整个转向系统的性能表现。综合试验数据分析来看，碰撞后管柱溃缩及吸能性能是符合设计要求的。

图 8-57 转向系统动态冲击性能试验

3. 整车验证试验

整车验证试验，是对约束系统集成匹配开发目标达成情况的最后检验。假人得分作为评判目标达成情况的关键指标，首先要评估整车试验中假人得分情况是否满足目标分解，同时单个部位是否达到设计要求。结合假人各部位损伤指标，从伤害曲线的特征进行系统性分析，详细评估假人各部位的伤害特点，并识别潜在高风险项目。为了便于数据分析，有必要在验证试验中采集足够的响应数据和录像信息，这样可以大大提高分析效率和准确性。

其次，要根据前述优化方案所确定的零部件性能参数，评估各个约束零部件在整车中的性能表现是否符合预期设计。相比单体试验和子系统试验，整车碰撞试验工况更为复杂，不确定性因素更多，因此可以进一步评估各个零部件在整车环境下性能的一致性和稳定性。以转向管柱为例，整车试验中转向管柱的周边环境多，比如转向支撑的动态变形、前壁板变形对管柱下端的侵入运动、座椅下潜情况、整车运动姿态等等，都可能对管柱的溃缩吸能性能产生影响。而这些在子系统试验中是无法得到有效验证的。因此要从系统角度出发，评估单个部件性能是否符合要求，同时要识别周边环境可能带来的潜在风险。

以上从整车乘员安全保护开发的角度出发，介绍了约束系统匹配开发方面的相关内容。随着全球汽车安全技术的快速发展，以及消费者对车辆碰撞安全意识的快速提升，车辆安全配置越来越丰富，更多的新技术产品也被运用到车辆安全开发中。例如，搭载后排正面安全气囊系统的车型已经面市，该气囊被安装于前排座椅后方，发生正面碰撞时可以快速展开并对后排乘员头颈形成支撑，减轻头颈损伤，提升安全系数。另外，自锁式锁舌也开始大量使用。相对于普通锁舌而言，设计在滑环位置的夹紧机构在碰撞中快速夹紧安全带，使得安全带相对于锁舌的位置被固定，一方面可以降低人体前移量，另一方面可以阻止安全带力向胸腹传递，减轻安全带力对胸部的作用，提升保护效果。在侧面乘员保护方面，为了减小远端侧碰对乘员的伤害，部分车型已开始在座椅上搭载了中央远端安全气囊，可以减少驾驶人头部和乘员头部互相撞击的分析，减少乘员腰椎和腹部的损伤。进一步结合主动安全，侧面碰撞发生前可以通过预点爆侧安全气囊把假人推离侧碰区域，通过主动悬架提升车辆高度减小乘员损伤。

8.2.3 行人保护安全开发

8.2.3.1 开发定义

随着汽车开发技术的不断进步，在车体结构设计手段及各类约束系统部件技术日益提高的今天，车内乘员的安全基本得到保证，伤亡率得到极大降低，车外行人安全得到了越来越多的关注。

行人保护，顾名思义就是保护行人，通过对车辆前部（保险杠、发动机舱盖、发动机舱内硬点、翼子板、发动机舱盖装饰件、刮水器以及风窗玻璃下端等）进行优化设计，从造型、总布置和结构三个方面进行管控，来达到减小头部和腿部伤害以保护行人的目的。

研究发现，在交通事故中，行人伤亡率要远远大于车内乘员，见表 8-10。

表 8-10 2014—2018 年中国交通事故形态分布

分类	事故形态	数量	占比	死亡	重伤	轻伤	无伤
车-四轮车	追尾	187	5.67%	65	50	210	387
	侧面碰撞	120	3.64%	14	25	162	224
	多车事故	37	1.12%	11	9	69	151
	正面碰撞（车头撞车头）	30	0.91%	12	13	28	40
	同向刮擦	25	0.76%	3	10	36	57
	相对刮擦	6	0.18%	0	2	8	11
车-行人事故	刮撞行人	547	16.60%	189	101	292	764

注：数据来源于 CIDAS。

行人与行驶的汽车发生碰撞时，首先是汽车的保险杠撞击行人小腿，容易导致小腿骨折，然后发动机舱盖前部边缘撞击行人大腿及臀部，最后是行人头部和发动机舱盖平面碰撞，非常容易造成致命伤害。

8.2.3.2 目标分解及方案设计

1. 目标分解

2009 年，我国出台的《汽车对行人的碰撞保护》参考全球技术法规 GTR9（Global Technical Regulation，GTR）《关于机动车碰撞时对行人及弱势道路使用者加强保护和减轻严重伤害的认证统一规定》而制订，预计 2024 年 7 月该法规开始强制实施。与此同时，C-NCAP 在 2018 版评价规程中增加了行人保护评价项，目前发布的 2021 版更是加严了行人保护要求，C-IASI 也是把行人保护作为其中一个独立的评价项。

在项目开发初期，针对不同的开发目标，要进行有针对性的目标分解，同时在项目开发前期，从造型、总布置和结构上进行方案设计，确定各碰撞区域的得分目标，来保证项目开发目标的顺利达成，如图 8-58、图 8-59 所示。

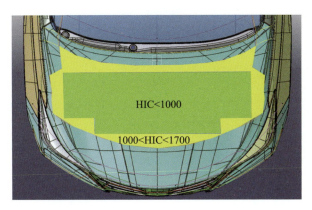

图 8-58 HIC1000 和 HIC1700 区域示例

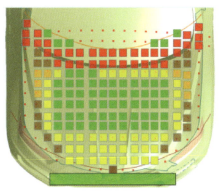

图 8-59 头部和腿部得分方案示意图

2. 方案设计

行人保护是评价车辆外部结构设计对行人撞击的伤害评价，在项目开发前期，对行人保护性能影响最大的两个因素是车辆外部造型设计和总布置设计，其次是断面结构设计和后期 CAE 仿真优化。针对头部碰撞和腿部碰撞，从造型上进行前期管控可以提前规避开发风险，避免后期产生较大的设计变更；从总布置方面预留充足的吸能空间，以降低碰撞中车辆对行人伤害。

（1）造型优化　通过合理地优化车辆前部造型，缩小行人保护碰撞试验区域，将对行人保护不利的碰撞硬点规避到试验区域之外，从而降低行人保护试验超标的风险。

按照不同行人保护开发目标要求，对车体外造型设计提出精确的设计方法，主要针对前部造型部件的，包括前保险杠、前照灯、翼子板、发动机舱盖及其装饰件等部件的外造型设计。

以腿部造型区域为例：在不影响车型美观的前提下，对保险杠每个碰撞点的截面造型尺寸进行优化，重点关注图示中四个因素，如图 8-60 所示。

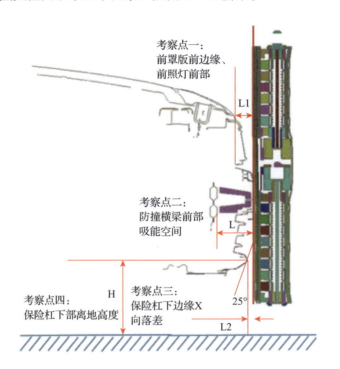

图 8-60　保险杠总成造型示意图

1）保险杠最前端与防撞横梁之间的 X 向断差：L。

2）前照灯前端、发动机舱盖前端与保险杠最前端 X 向断差：L1。

3）保险杠下端离地高度：H。

4）保险杠下端与保险杠最前端 X 向断差：L2。

以上影响因素，针对不同开发车型，如一般中高级轿车、中小型 SUV 及大型 SUV 等等车型的要求都不能一概而论，而是需要根据具体造型具体分析。

总之，造型设计是影响行人保护性能的最重要因素，但在项目开发中，行人保护设计建议往往与造型美观设计方案的思路相悖，这就需要不断地修改及沟通，寻找两者之间的平衡点。

（2）总布置校核

1）头部吸能空间校核。前期总布置校核中，主要针对头部碰撞区域内的发动机舱布置结构 Z 向空间的校核、主要有发动机、蓄电池、空滤器等发动机舱中的硬点，如图 8-61 所示。

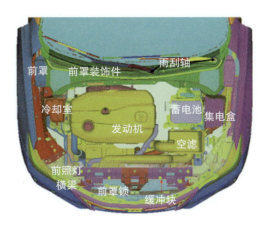 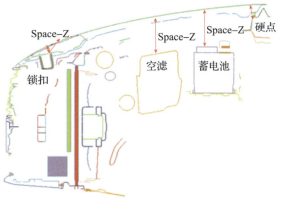

图 8-61 某车型发动机舱总布置图

2）腿部吸能空间校核。腿部撞击过程中，需要有足够的吸能空间，加上上中下支撑的配合，才能拿到较高分数。总布置校核中，需要对防撞横梁距离保险杠距离、上下支撑位置、防撞横梁位置进行校核，找到合理的支撑点，如图 8-62 所示。

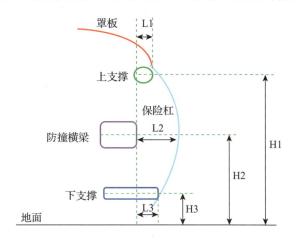

	说明
L1	上支撑与防撞横梁前端距离
L2	保险杠与防撞横梁前端距离
L3	下支撑与防撞横梁前端距离
H1	上支撑高度
H2	防撞横梁中心高度
H3	下支撑高度

图 8-62 腿部空间布置图

（3）断面结构设计 前期对开发因素的管控，还包括相关关重件结构的提前介入及方案确定，具体包括：发动机舱盖及其装饰件、刮水器支架安装点、玻璃下端等结构。

1）发动机舱盖结构。在项目开发初期，根据开发车型定位，结合产品部门意见，初步给出发动机舱盖内板结构设计思路，给出初步设计建议。在后期仿真阶段给出详细的参数方案，如：内外板尺寸、腔体大小、孔的大小尺寸以及加强件的具体设计。发动机舱盖及加强板结构直接影响头部保护是否满足法规及 NCAP 得分的高低，是结构设计方面影响最大的因素，其设计优劣直接影响项目开发的成败。

2) 风窗玻璃下端结构。随着法规和各项评价过程的要求越来越严格，对于骑车人与车的碰撞也需要更深入的研究，行人保护的碰撞区域也日益扩大，风窗玻璃下端的头部碰撞受到越来越多的关重，成为行人保护开发的一个重要部分。

对于风窗玻璃下端结构来说，除了行人保护要求，还有刚强度及模态需求，需要达到一个平衡。为了降低此处的头部伤害，需要考虑设计长悬臂结构，在头部碰撞时能够很容易的变形吸能，对风窗玻璃下端的设计建议，如图 8-63 所示。对于悬臂的水平角度、焊接边与玻璃面之间的高度以及悬臂的 X 向长度都需要管控。

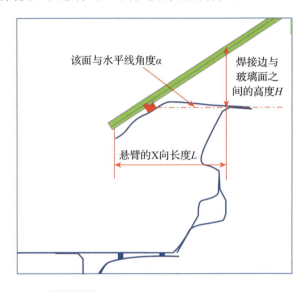

图 8-63　风窗玻璃下端结构要求示意图

8.2.3.3　CAE 分析与优化

1. 儿童头部性能开发

为了提高该车型对儿童行人头部的保护效果，主要从以下 3 个方面采取措施。

1) 提高头部的缓冲吸能空间，重点针对发动机舱盖板中间区域。增大吸能空间之后可以有效防止头部撞击过程中发动机舱内的硬点对头部造成二次伤害。

2) 在发动机舱盖板边缘及两侧，在保证其安装特性的基础上，弱化相关的安装结构，如翼子板安装支架、发动机舱盖锁加强件以及发动机舱盖装饰件等。

3) 提高发动机舱盖总成的缓冲吸能特性。如何在保证发动机舱盖总成的其他性能前提下，有效提高其缓冲吸能特性则是行人保护的重点研究内容。

对于儿童头部碰撞来说，发动机舱盖锁加强板、翼子板安装支架以及铰链加强板等属于法规超标难点区域，对得分影响最大的区域仍是发动机舱盖内外结构设计，尤其是内板结构设计。对以下六类发动机舱盖类型进行头部碰撞分析，如图 8-64 所示，同时关注发动机舱盖总成弯扭刚度变化，可以发现结构设计的分析结果的差异较大。

图8-64 不同类型的发动机舱盖内板

这些结构分析对比,前提是同一车型、同一发动机舱盖造型的基础上,这在设计思路上给不同车型的内板结构提供一定的横向参考,但针对不同车型的具体布置方式及尺寸,结构形式对得分影响的趋势可能并不一样,需要具体问题具体分析。

2. 成人头部性能开发

根据成人头部的仿真试验结果以及该区域的断面结构,可以将成人头部碰撞区域大致划分为三部分,如图8-65所示。

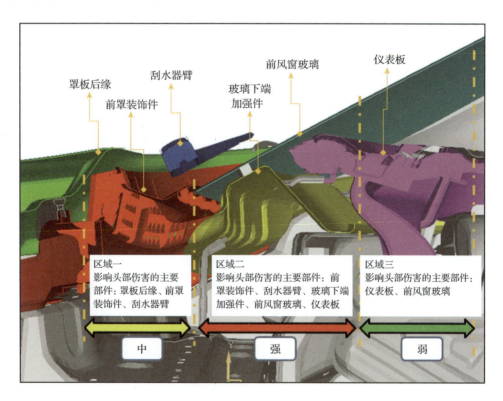

图8-65 前风窗玻璃下端断面结构

在区域一,主要影响头部伤害的部件有发动机舱盖板后缘、发动机舱盖装饰件以及刮水器臂;区域二内影响头部伤害到主要部件有发动机舱盖装饰件、刮水器臂、玻璃下端加强件、前风窗玻璃以及仪表板;区域三内行人头部伤害则主要收到前风窗玻璃和仪表板的影响。这三个区域如果从刚度的强弱来排序则为如下:区域二>区域一>区域三。因为区域二部件太集中,刚度较大,对行人头部伤害往往较高,同时因为影响因素较多,单纯地通过仿真试验的手段比较难预测。

2021版C-NCAP增加了WAD2100~WAD2300的头部碰撞点,对于轿车和小型SUV,这些点会落在风窗玻璃上,因此需要建立高精度的风窗玻璃分析模型精度,研究风窗玻璃区域碰撞后的裂纹形式,对风窗玻璃的一致性进行控制。

目前汽车行业使用的风窗玻璃为夹层玻璃,由两层钢化玻璃夹一层PVB膜片。钢化玻璃有以下特性:玻璃中有结石、硫化物、气泡等杂质,杂质是钢化玻璃的薄弱点,也是应力集中处,其存在于玻璃中,与玻璃本体有着不同的膨胀系数。伴随热胀冷缩将产生不可逆的内应力改变甚至微小裂纹。汽车风窗玻璃形状不规则,玻璃在加热或冷却时沿玻璃厚度、宽度方向产生的温度梯度不均匀、不对称,将会因温度不同产生内应力。PVB膜片受到外部原因,如阳光、热、机械应力等将促使膜片的高分子链(主要是羟基)发生断裂,影响其自身强度及粘结性。

对于头型冲击风窗玻璃,根据风窗玻璃的实际厚度和分层,采用一层节点三层单元的建模方式,加速度波形趋势和HIC15值都能较好地与试验值拟合,玻璃的破裂形式也能与试验较好地吻合,如图8-66所示。

图8-66 仿真与试验的风窗玻璃裂纹对比

在风窗玻璃的试验中,会出现两次试验的头部伤害值差异较大的情况,根据曲线分析,在头部与玻璃接触的3ms内,如果风窗玻璃不能破裂,加速度将会出现一个尖峰,导致头部伤害值过高,裂纹模式也会不同,一种是环形扩散裂纹,另一种是忽然炸裂,因此在试验中需对这种现象重点关注,如图8-67所示。

对于头部开发性能来说,大致可从造型、总布置及结构三个方向去优化。碰撞硬点既要考虑法规开发超标的风险,又要兼顾对NCAP星级及C-IASI评价的影响。

3. 腿部保护性能开发

(1)柔性行人腿部碰撞块(Flexible Pedestrian Legform Impactor,FLEX-PLI)开发难点分析 行人腿部的影响因素较多,不仅与车辆的前部结构形式、前保险杠系统的材料和厚度有关,还和腿型与车辆的相对位置关系有着密切联系。

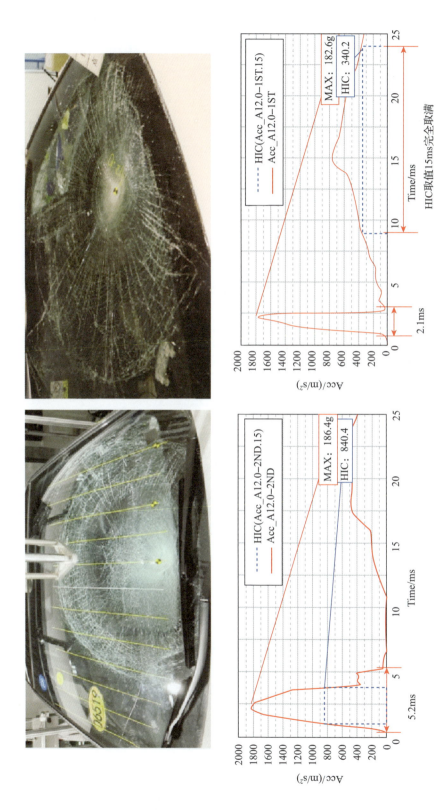

图8-67 两种不同形式的风窗玻璃裂纹以及加速度曲线对比

如图 8-68 所示，展示了 FLEX-PLI 腿部碰撞块与高低保险杠车型之间的相对位置关系，标注了腿部碰撞块的各部位的质心坐标。从该图示的位置关系可以发现。

低保险杠车型相对于膝关节质心要偏下，高保险杠车型相对于膝关节中心要偏上，由此导致对于腿部中心韧带拉伸量和胫骨加速度的影响也不同，在设计上下支撑等结构时设计方法也会有所不同。

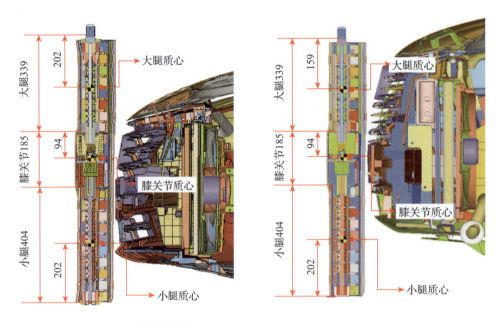

图 8-68 腿型与车辆碰撞相对位置示意图

对于腿部保护来说，前保险杠的内部结构，以及各部件的材料、厚度都会对腿部的碰撞响应产生影响。以某车型的前保险杠总成的各部件为例，如图 8-69 所示，前保险杠总成里面大部分为塑料材料，而塑料材料相对钣金材料的力学性能更加复杂，并且其性能也受到外部温度、湿度等环境因素影响。即使同一种材料牌号的塑料材料，不同供应商提供的原材料也将会导致其性能存在一定差别。

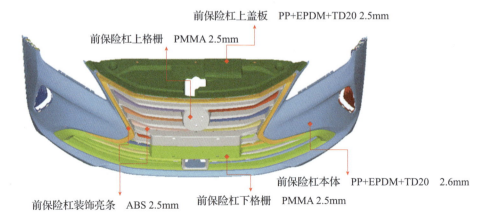

图 8-69 前保险杠总成内部结构

为了有效降低对行人腿部的伤害，在结构和材料基本确立的基础上，需要通过合理匹配前保险杠的刚度来提升对行人腿部的保护。

（2）APLI 腿型开发难点分析　2021 版 C-NCAP 中将柔性腿切换为 APLI（Advanced Pedestrian Legform Impactor，APLI）腿型，两个腿型的差异如图 8-70 所示，腿部的质量从原来的 13.4kg 增加到 25kg，并且增加了对上腿型弯矩的评价，难度增大。APLI 腿型的评价指标如图 8-71 所示。

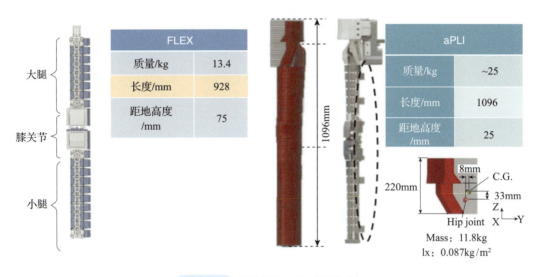

图 8-70　柔性腿和 APLI 腿型对比

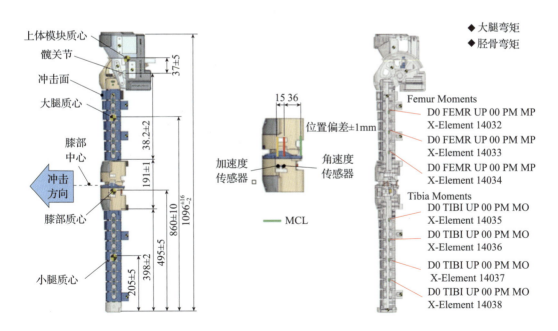

图 8-71　APLI 腿型评价指标

APLI 腿型开发，主要通过从造型上管控前保险杠分缝线长度、前保险杠离地高度和造型特征，同时对保险杠的上中下三点的支撑刚度进行平衡与优化从而有效地控制腿型的运动姿态，进而有效降低腿部伤害值，如图 8-72 所示。

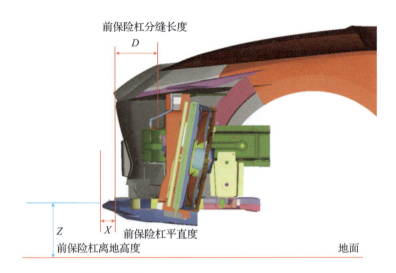

图 8-72 轿车开发 APLI 腿型造型管控方案

在结构设计上，需要对腿部上中下支撑刚度进行平衡性设计。以某车型的开发为例，基础数据只有一个塑料下支撑，且结构很弱，无法对腿型起到有效的支撑作用，最终导致腿型得分比例只有 16%，0.8 分左右。其中，失分的指标主要集中在内侧副韧带（Medial Collateral Ligament，MCL）拉伸量、T1（Tibia1）小腿胫骨上弯矩以及大腿弯矩，如图 8-73 所示。

碰撞点	MCL (1分) MCL 27mm 32mm	小腿弯矩(2分)				大腿弯矩(2分)			得分 5分
		T1 275Nm 320Nm	T2 275Nm 320Nm	T3 275Nm 320Nm	T4 275Nm 320Nm	up 390Nm 410Nm	mid 390Nm 410Nm	low 390Nm 410Nm	
Y800									
Y700	30.8	261.4	257.6	159.8	94.7	371.6	443.6	474.2	0.048
Y600	28.2	278.4	211.4	133.4	95.3	334.8	377.8	394.6	0.830
Y500	33.8	352.7	276.4	196.2	138.9	375.9	484.2	411.8	0.000
Y400	31.4	286.7	196.9	229.2	200.8	344.8	423.3	404.3	0.320
Y300	32.1	319.6	230.4	226.2	186.1	418.1	511.1	423.6	0.004
Y200	33.8	352.7	276.4	196.2	138.9	378.9	484.2	411.8	0.000
Y100	31.6	327.1	241.8	225.5	153.7	394.8	446.8	382.1	0.016
Y0	32.7	322.8	238.6	257.2	176	404.2	460.7	366.9	0.000
Y-100	31.6	327.1	241.8	225.5	153.7	394.8	446.8	382.1	0.016
Y-200	33.8	352.7	276.4	196.2	138.9	375.9	484.2	411.8	0.000
Y-300	32.1	319.6	230.4	226.2	186.1	418.1	511.1	423.6	0.004
Y-400	31.4	286.7	196.9	229.2	200.8	344.8	423.3	404.3	0.320
Y-500	33.8	352.7	276.4	196.2	138.9	375.9	484.2	411.8	0.000
Y-600	28.2	278.4	211.4	133.4	95.3	334.8	377.8	394.6	0.830
Y-700	30.8	361.4	257.6	159.8	94.7	371.6	443.6	474.2	0.048
Y-800									
腿部得分比例									16.23%
腿部折算后得分									0.812

图 8-73 某车型前部结构以及腿部得分

优化的方向主要就是在前保险杠内部增加腿部支撑，进而改变腿型的变形趋势。优化方向是在下部塑料支撑的前方布置缓冲吸能泡沫，同时优化保险杠总成结构设计。经过优化之后，可以得到 4.18 分。如图 8-74 所示，得分较基础方案结果显著提升，其中 MCL 和 T1 改善比较明显，但是大腿弯矩还是很难得分，有待进一步优化。

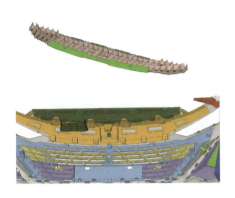

碰撞点	MCL (1分) MCL 27mm 32mm	小腿弯矩(2分)				大腿弯矩(2分)			得分 5分
		T1 260Nm 320Nm	T2 260Nm 320Nm	T3 260Nm 320Nm	T4 260Nm 320Nm	up 380Nm 440Nm	mid 380Nm 440Nm	low 380Nm 440Nm	
Y800									
Y700	24.57	210.17	147.74	105.94	103.18	295.17	332.5	348.25	1.000
Y600	19.77	164.68	128.63	162.66	128.31	273.65	298.59	298.63	1.000
Y500	22.76	171.84	137.02	155.91	84.79	291.45	334.22	315.31	1.000
Y400	24.27	223.59	168.94	157.24	94.74	336.81	386.07	349.96	0.960
Y300	26.73	260.19	186.82	162.99	86.47	411.25	433.31	335.82	0.594
Y200	26.26	256.13	196.81	161.73	94.6	378.01	414.39	327.16	0.735
Y100	26.44	263.24	202.31	158.16	94.3	409.78	419.89	331.23	0.671
Y0	26.14	254.14	194.01	154.02	87.45	386.13	431.02	358.25	0.627
Y-100	26.44	263.24	202.31	158.16	94.3	40.9.78	419.89	331.23	0.671
Y-200	26.66	256.13	196.81	161.73	94.6	378.01	414.39	327.16	0.735
Y-300	26.73	260.19	189.82	162.99	86.47	411.25	433.31	335.82	0.594
Y-400	24.27	223.59	168.4	157.24	94.74	336.81	386.07	349.96	0.960
Y-500	22.76	171.84	137.02	155.91	84.79	291.45	334.22	315.31	1.000
Y-600	19.77	164.68	128.66	162.66	128.31	273.65	298.59	298.63	1.000
Y-700	24.57	210.17	147.74	105.94	103.48	295.17	332.5	348.25	1.000
Y-800									
腿部得分比例									93.64%
腿部折算后得分									4.182

图 8-74 优化后前部结构以及腿部得分

综上所述，APLI 腿型的开发主要从造型、总布置和腿部上中下支撑结构的调整三个方面来进行。

（3）大腿撞击包络距离 WAD775（Wrap Around Distance，WAD）难点分析　与头部撞击和小腿撞击不同，大腿撞击 WAD775 的性能评价，对于碰撞位置、碰撞速度、碰撞角度的设置，都是由车辆前部造型确定，而针对每一撞击位置，这三个参数的值都并不相同。计算方法如式（8-5）及图 8-75 所示。

$$E_n = 0.5 m_n v_c^2 \qquad (8-5)$$

$$v_t = \sqrt{\frac{2E_n}{10.5}} \qquad (8-6)$$

式中，E_n 为名义碰撞能量；m_n 为 7.4kg；$v_c = v_o \cos 1.2\alpha$，v_o 为 11.11m/s；v_t 为试验速度。

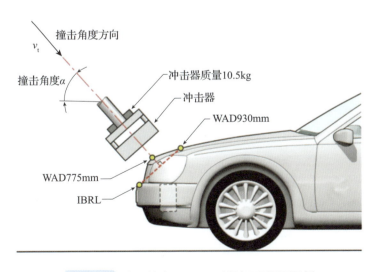

图 8-75　大腿撞击 WAD775 试验工况设置示例

而针对轿车、中小型 SUV 及大型 SUV 开发来说，每种车型的应对策略也不相同。由于造型差异，各类车型的碰撞角度、速度等都不相同，即使同一车型在不同碰撞截面的撞击参数也不一样。不同车型大腿撞击位置如图 8-76 所示。

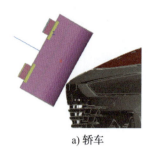
a) 轿车

b) 中小型SUV

c) 大型SUV

图 8-76 不同车型大腿撞击位置示意图

由于造型不同，这三类车型的撞击角度，可以从 30°左右到 0°不等由此撞击速度也会有很大差异。根据各类车型仿真及试验结果可知：从性能开发难度对比来说，b>a>c。大型 SUV 由于离地高度较高的原因，大腿撞击位置通常位于格栅上部，很好地规避了发动机舱盖前端这个撞击硬点，在优化过程中，针对保险杠上方内部结构做适当弱化即可，边缘处结合前照灯安全点断裂设计，一般均可达到满分的成绩。轿车因为撞击角度差异，撞击能量相对较低，结合发动机舱盖分缝后移及相关结构优化，可以有效降低大腿伤害值。而对于中小型 SUV，由于撞击中心位置正对发动机舱盖前缘，碰撞能量及角度都使得撞击结果非常恶劣，在优化难度上，相对轿车及大型 SUV 都要大。从早期的造型控制，对于前部分缝位置，碰撞区域宽度及内部结构优化，都要考虑全面。对于每个撞击位置的截面进行量化要求，才有利于降低大腿伤害，达到项目整体开发目标。

8.2.3.4 开发目标达成

通过试验来评估开发目标是否顺利达成。验证试验分为零部件级和整车级两种，零部件级是对行人保护关重件进行验证，整车级验证试验分为头部试验和腿部试验，针对不同的开发目标，试验工况也存在差异。

对于开发目标为法规的车型，整车级验证试验通常只需要验证几个危险区域的点，比如铰链、刮水器、前照灯和发动机舱盖锁等位置，同时为了准确地划分出三分之一和三分之二区域，结合分析结果再验证几个区域的边界点即可。

对于开发目标为 C-NCAP 或者中保研的车型，整车级头部碰撞点通常都有接近两百个，而且对于每个碰撞点的伤害值必须给出精准的预测，通常会对三分之一左右的点进行摸底试验。

此外，随着行人保护要求的不断提高，抬升式发动机舱盖和行人保护安全气囊正在不断得到深入研究和应用，开发成本高和误爆引起的售后问题也会得到有效解决，未来的应用会更为广泛。

8.3 性能集成案例

8.3.1 FRB 与 MPDB 结构兼容性开发

正面 100% 重叠刚性壁障碰撞 FRB 和正面 50% 重叠移动渐进变形壁障碰撞 MPDB 是 2021 版 C-NCAP 标准中乘员保护版块两大重要工况,直接决定了整车碰撞安全的星级水平,如图 8-77 所示。

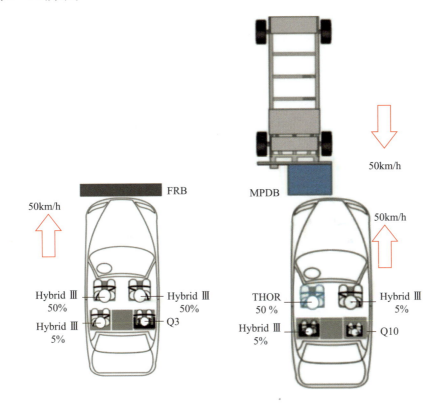

图 8-77 FRB 与 MPDB 工况示意图

发生碰撞时,车身主要吸能部分为左右纵梁,为提高车体结构安全性能,纵梁刚度的匹配就变得尤为重要。由于 FRB 与 MPDB 在壁障刚度、碰撞速度和碰撞重叠量方面均存在较大差异,因此,两个工况对纵梁刚度需求差异也较大:FRB 是双侧纵梁共同传力,碰撞速度低,因此对单侧纵梁刚度需求较小;MPDB 是单侧纵梁承力,碰撞速度高,对单侧纵梁刚度需求较高。若按 FRB 去匹配纵梁刚度,MPDB 中纵梁刚度会显得过小,易造成自身吸能不充分,MPDB 车体加速度和侵入量会偏高,如图 8-78 所示。

如果按 MPDB 去匹配纵梁刚度,容易造成 FRB 纵梁较刚硬,车体加速度与侵入量都难以满足 FRB 要求,如图 8-79 所示。

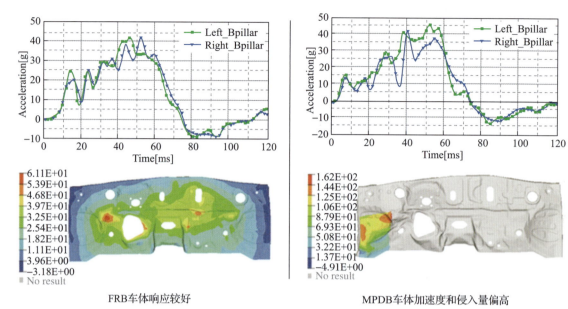

图 8-78 按 FRB 匹配纵梁刚度

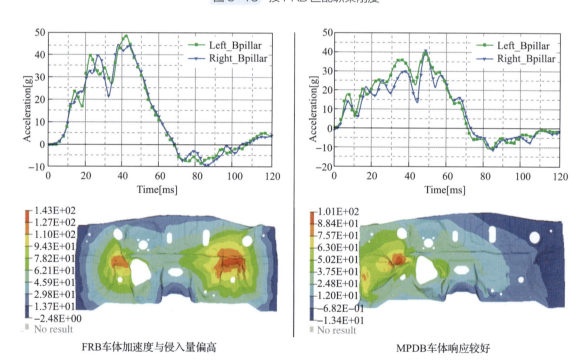

图 8-79 按 MPDB 匹配纵梁刚度

因此，如何同时兼顾 FRB 与 MPDB 对纵梁刚度的需求，就成为整车碰撞结构分析的重点之一。

在实际项目开发中，车体左右纵梁刚度通常按如下方式匹配：由于 FRB 工况壁障为刚性壁障，碰撞能量完全需要车体自身吸收，因此，车体左右两侧纵梁刚度都将影响 FRB 结果；MPDB 主要由左侧纵梁承力，壁障为可变形吸能壁障，所以 MPDB 主要与车体左纵梁刚度和壁障相关，而 MPDB 壁障为确定壁障，因此，可由 MPDB 工况先匹配出车体左侧纵梁刚度，再将已匹配好的左纵梁带入 FRB 工况中，匹配出右纵梁刚度，如图 8-80 所示。

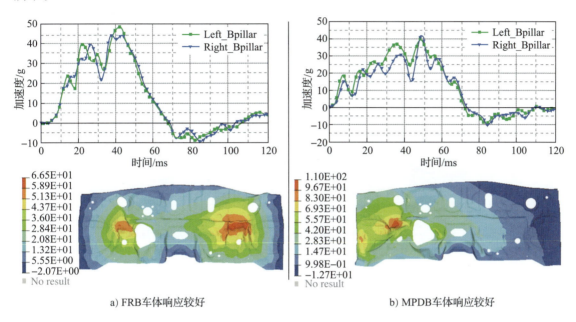

a) FRB车体响应较好　　　　　　　　b) MPDB车体响应较好

图 8-80　按 FRB 与 MPDB 系统性匹配纵梁刚度

由于 MPDB 碰撞速度高，重叠率又只有车体宽度的一半，在匹配左侧纵梁刚度时，若设计得过弱，则不能充分吸收碰撞能量、剩余能量会通过动力总成侵入到乘员舱来进一步吸收，直接挤压到了乘员的生存空间。若设计得太强，一方面容易导致左纵梁根部直接侵入到乘员舱、同样会引起侵入量高，乘员生存空间低的风险；另一方面还会造成壁障车的 OLC 和 Bottom Out 罚分，因此，在匹配 MPDB 工况的左纵梁刚度时，往往还需要增加前碰撞横梁刚度和强度，用以分担 MPDB 单侧纵梁传力；同时弱化纵梁局部结构，引导纵梁折弯变形卸载，也达到稳定纵梁变形模式的目的。

在降低壁障罚分方面，可进行以下的优化设计，如图 8-81 所示：①增加传力路径，由传统的单纵梁传力路径，优化为增加副纵梁到副车架的传力路径，Shotgun 进行前伸设计，增加 Shotgun 到 A 柱的传力路径。②增加车辆前端接触壁障的结构件面积，比如可以增加前防撞横梁 Z 向尺寸、增加散热器上横梁到前防撞横梁的立柱、增加副防撞横梁等。③减小车头到前轮距离，即设计短前悬车辆，或者采用大尺寸轮胎。让前轮胎尽早接触壁障，达到壁障变形更加均匀的目的。④车辆前端应尽量避免出现局部刚度过大的情况，比如副吸能盒应加装端头封板、应避免前防撞横梁出现断裂导致单侧纵梁直接插入壁障等。⑤尽量避免纵梁底面离地高度>508mm，对一些高大车辆实在无法规避，则应尽量减少纵梁上部区域刚度过大的零件，防止试验后壁障上方形成"倒三角"的侵入量云图。

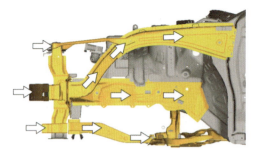

a) 增加多条传力路径

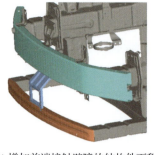

b) 增加前端接触壁障的结构件面积

c) 短前悬设计

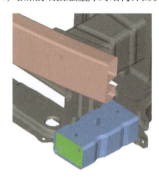

d) 避免局部刚度过大

图 8-81 优化方向示例

合理优化车辆的结构设计,既需要考虑车辆本身的刚强度,也需要兼容被撞车辆的相容性,这本身就是车辆安全开发的课题。通过对纵梁刚度的合理匹配,实际项目开发中能实现 FRB 与 MPDB 的结构兼容性设计。

8.3.2 正碰乘员下肢损伤与内饰设计

在汽车正面碰撞试验工况中,乘员下肢损伤与内饰设计密切相关。假人下肢的空间布置,碰撞区域的造型风格、吸能结构设计等,很大程度上决定了下肢的伤害程度。从整车开发过程来看,内饰造型风格冻结时间往往较早,为尽量减少由于碰撞安全开发问题而导致的工程设计变更代价,需要将内饰设计管控前置,提前暴露风险并实施控制。

鉴于正面碰撞过程中假人下肢(大腿和小腿)伤害存在较大的关联性,因此要将大腿和小腿的伤害保护同步协调开发。以某车型正面 FRB 工况开发为例,前排乘员侧下肢(大腿膝部、小腿)的目标分解为:大腿膝部 2 分(满分 2 分),小腿 1.5 分(满分 2 分)。就碰撞安全而言,该车型呈现几大特点:膝部运动空间小、车体前壁板侵入量大、杂物箱与前壁板的吸能变形空间不足。虽然乘员侧下肢运动空间范围内,没有驾驶人侧转向系统和踏板等操作机构,需要控制的设计点相对简单,但在该种空间及侵入特点的情况下,优化前的 CAE 仿真中仍然出现假人左大腿和小腿伤害失分严重的情况,不满足开发目标,见表 8-11。

表 8-11　FRB 工况假人大腿/小腿仿真结果

部位	考查指标	满分	开发目标	仿真结果
大腿	轴向压缩力/kN	2	2	2
	膝部滑移量/mm	2	2	1.5
小腿	胫骨指数（TI）	2	1.5	1.6
	小腿压缩力/kN	2	1.5	1.0

从得分上看，伤害特点表现为：一是膝部滑移量过大，二是小腿压缩力偏大。将仿真中左右大腿与小腿伤害曲线与损伤性能指标进行对比：膝部滑移量超标，一方面由于杂物箱造型特点，乘员侧假人膝盖撞击仪表板之前，小腿与护膝板存在较大的侵入（图 8-82），从而使腿部载荷集中于小腿的上部，而不是膝盖区域；另一方面，由于膝部空间过小而腿部空间过大，造成小腿过度前移，加剧了载荷在小腿上部的分布。而小腿压缩力超标问题，是前壁板侵入量偏大与脚步过度前移双重叠加造成的。

图 8-82　乘员侧碰撞区域腿部侵入情况

优化方向：一是造型设计优化，调整杂物箱造型设计，消除小腿与杂物箱表面的过早接触；二是杂物箱刚度优化；三是地毯吸能设计优化，控制小腿运动及吸能结构优化。

造型设计优化：通过数据校核，重新控制造型设计边界，将小腿与杂物箱的碰撞穿透量控制在可接受水平范围内。通过造型调整，优化膝盖与杂物箱接触方式，确保作用在大腿上的压力沿轴向施加于膝盖，减小膝部关节"错位"现象的产生。

杂物箱刚度优化：针对上述分析，将膝部碰撞区域的刚度分布，由初始状态的上软下刚，调整为上刚下软。去除杂物箱本体的部分支撑结构以及杂物箱门内侧的摩擦焊加强筋，使刚度分布更为合理，如图 8-83 所示。

图 8-83 仪表板及杂物箱刚度过大区域

基于此方案的优化前后结果进行对比，乘员的大腿力和膝关节滑移量改善效果显著，大腿力明显下降，尤其是原先超出 6mm 扣分门限的左腿膝关节滑移量得到很好的控制，如图 8-84 所示。

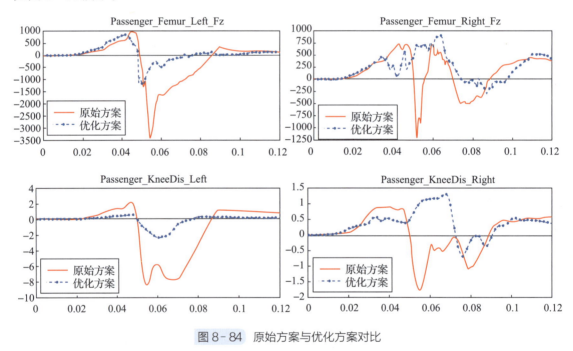

图 8-84 原始方案与优化方案对比

地毯吸能设计优化：如前所述那样，该车型为满足乘坐舒适性，设计时考虑了较大的脚部运动空间，同时地板与水平面夹角偏小，碰撞过程中假人脚部先向前滑动较长一段距离，再碰撞至前壁板上形成支撑。前壁板仅覆盖一定厚度的地毯和隔音垫，结构车体向后侵入的同时小腿向前撞击，使胫骨力快速增大。经过方案对比及 CAE 仿真优化，在前壁板增加一块吸能泡沫支撑脚部（图 8-85），同时对泡沫的材料、尺寸、形状进行优化设计，综合改善小腿力过大的情况。同时，脚部运动得到有效控制，也为上述膝部滑移量的优化提供有利条件。优化结果如图 8-86 所示。

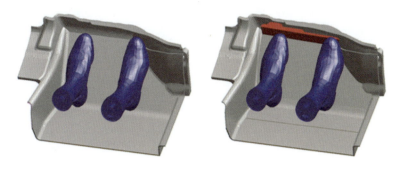

图 8-85 泡沫脚垫方案

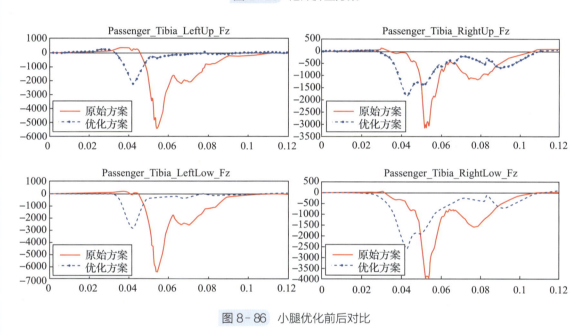

图 8-86 小腿优化前后对比

8.3.3 面向多尺寸假人保护的侧碰安全性能开发

车型开发通常需要满足多个地区的法规标准，但每个地区的法规标准略有差异，此处以某 SUV 为满足全球侧面安全标准为例进行简要阐述。具体为同时满足欧洲市场的 EURO-NCAP 规则的 32km 的侧面柱碰，中国市场的 C-NCAP 规则的 50km AEMDB 和中保研规则的 50km MDB 侧碰，美国市场的 US-NCAP 62km/h 侧碰，共计四种工况，这四种工况的前排假人对应了前文市场上介绍了最主流的三种假人，分别是 WSD、ES2re、SID2s。

由于该四种工况车身变形形式有差异，需要对车身不同位置进行加强设计，具体来说：对于 50% 假人在 MDB 类工况需要加强 B 柱强度保证腰线以上不发生折弯，降低胸部伤害。对于 5% 女性假人 SID2s 由于驾驶坐姿靠前需要额外加强车门防撞强度以提升保护效果。对于侧柱碰工况，主要由门槛和座椅横梁承受力，而直径为 254mm 的柱子容易直接切入车体，除了控制车身变形，最主要的是要保证座椅安装位置的稳定性和完整性，只有保证座椅稳定才能有效地通过侧安全气囊保护假人。图 8-87 为优化后的各工况侵入速度对比，可以看到中保研（IIHS-MDB）和柱碰（Pole）侵入速度最大，US-NCAP 和 C-NCAP 侵入速度依次较低。由于 US-NCAP 采用 ES2re 假人，其胸部相对 WSD 更易受伤，所以重点聚焦 IIHS-MDB、Pole、US-NCAP 工况优化设计。

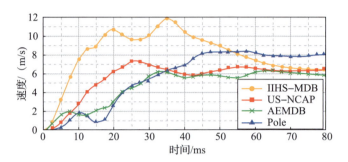

图 8-87　各工况下 B 柱侵入速度差异

各假人和安全气囊覆盖关系如图 8-88 所示。WSD 手臂结构和 SID2s 假人手臂结构类似，在手臂受到挤压的时候，手臂会进一步挤压上肋骨导致假人扣分，所以在设计中需要考虑通过安全气囊展开上抬假人手臂来较小手臂挤压的风险。但由于 SID2s 假人手臂相对 WSD 假人较低，在保证 WSD 手臂能被安全气囊顶住上抬的时候，SID2s 假人由于安全气囊过高反而不能很好地上抬手臂，综合考虑需要优先保证 WSD 假人必须上抬手臂而 SID2s 假人可以通过完全覆盖手臂的方式提供保护。气囊设计轮廓以上抬 WSD 假人为主。

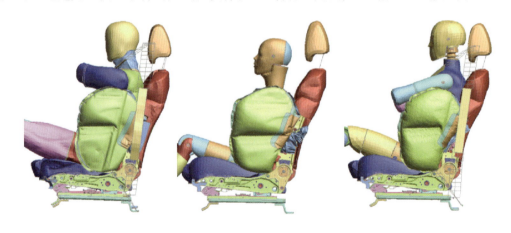

图 8-88　气囊对各假人覆盖图

SID2s 由于不能上抬手臂，则需要较刚的气囊保证其胸部 V*C 不能出现超标，但过刚的气囊设计会适当牺牲 WSD 和 ES2re 假人胸部得分，综合考虑气囊刚度以 SID2s 假人 V*C 不超标为主。

ES2re 假人由于胸腔肋骨不能像 WSD 假人向前旋转，且后端更易受到挤压，所以针对 ES2 假人需要把 B 柱内饰空间进行适当避让。

优化后各工况假人最大伤害均出现在上肋骨位置，上肋骨伤害曲线如图 8-89 所示，均满足各工况性能要求。

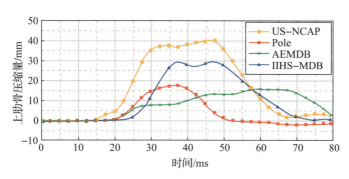

图 8-89 各工况假人肋骨伤害曲线差异

总体来说，假人躯干更易受到损伤，在车身设计满足要求下，通过内部导气和折叠保证气囊展开过程能上抬手臂提高肋骨生存空间，通过造型设计保证肋骨区域避开扶手和 B 柱，通过气囊包型或多气室设计保证气囊上部内压较小，下部内压较大，减少气囊对胸部的压力，在气囊被击穿后弱化内饰以减小伤害。表 8-12 为优化完成各个工况得分情况，其中通过控制造型解决 WSD 下肋骨超标问题，但会适当牺牲人机舒适性，通过修改导气囊和气囊上包型解决了 WSD 手臂上抬和肩部力超标问题，但会导致 SID2s 手臂无法上抬，导致胸部黏性指数 V*C 超标。通过提升安全气囊刚度解决了击穿后 V*C 超标问题，但会导致 50%假人胸部压缩量适当增大，加上袋型设计不利于 ES2re 假人，只能通过 B 柱开槽增大肋骨生存空间，由于该车型开发 US-NCAP 为最次开发项，所以适当牺牲了 ES2re 肋骨压缩量，但总体达到五星目标。要做到兼顾各工况，各尺寸侧碰假人还可以采用双极气体发生器、预碰撞侧安全气囊、多气室设计、自适应泄气孔等技术，具体技术方案需要根据项目目标和成本而定。

表 8-12 各工况假人伤害值和最终得分

标准	C-NCAP	中保研	柱碰	US-NCAP
方案简述	车身加强	提高气囊刚度	上抬手臂	B 柱开槽避让
绝对侵入量/mm	251	419	315	286
相对侵入量/mm	78	198	202	80
胸部压缩量/mm	15.9	40.4	29.9	17.7
整体评价	满分 20	G 优秀	得分 95%	五星
标准	C-NCAP	中保研	柱碰	US-NCAP
方案简述	车身加强	提高气囊刚度	上抬手臂	B 柱开槽避让

8.3.4 发动机舱盖性能多学科设计优化

在行人保护头部性能开发过程中,发动机舱盖总成的设计直接影响头部碰撞性能的好坏。根据头部碰撞区域的划分,发动机舱盖基本全部位于头部碰撞区域内部。就行人保护法规开发而言,发动机舱盖基本就是整个头部碰撞区域;就 C-NCAP 性能开发而言,发动机舱盖区域也是占据整个碰撞区域 70%~80%的面积,如图 8-90 所示。因此,若想有效提高行人头部保护性能,首先必须从发动机舱盖总成的结构设计上考虑。

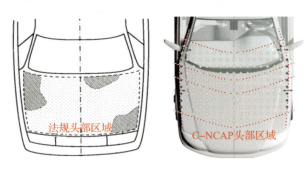

图 8-90 头部区域示意图(法规与 C-NCAP)

行人保护头部碰撞,要求碰撞位置越弱越好,以此降低头部碰撞伤害值,因此在行人保护开发过中,从材料、结构及厚度方面,要尽量弱化发动机舱盖总成。

但是,发动机舱盖总成不仅要满足行人保护要求,还要具备一定标准的刚度要求,比如弯曲刚度、扭转刚度及横向刚度,在刚度要求之外,总成内各部件的强度要求,也需要满足,如铰链强度要求、过载关闭要求、撑起强度要求、焊点损伤;考虑到客户使用工况中的按压频率,发动机舱盖本身需具备一定的抗凹性能。

此外,发动机舱盖总成的诸多工艺性能也要求发动机舱盖总成越强越好。比如过电泳线时,过弱的结构性能容易导致发动机舱盖总成发生一定的变形;而内外板的变形还容易导致内外板之间的粘胶发生脱离的现象。所以,从工艺角度来说,具备越高强度的发动机舱盖总成,越有利于避免这些问题的发生。

以上这些发动机舱盖性能的要求,都需要发动机舱盖总成越强越好。而这样的设计要求跟行人保护的要求是截然相反的。因此,在发动机舱盖总成的设计开发过程中,既要足够弱,以满足行人保护头部碰撞要求;又要足够强,以满足发动机舱盖总成本身的刚强度要求及生产工艺要求。

如何寻找这"弱"与"强"之间的平衡,是发动机舱盖总成设计的最大难点。

由于行人保护要求为强制性法规要求,而五星对于行人保护开发也有明确的门槛限值要求,该问题的解决思路为在满足行人保护法规及得分要求的前提下进行。通过统计已开发车型的内板结构形式、厚度及材料,结合刚强度指标,在加强对标的前提下,基础方案采用蜂窝状内板结构,厚度及材料根据仿真分析确定,如图 8-91 所示。

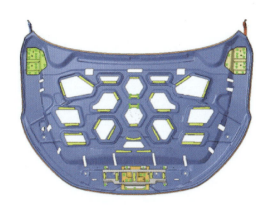

图 8-91 内板结构示意图

在发动机舱盖总成设计过程中，影响行人保护头部碰撞性能的因素还有很多，如：不同位置的内外板间腔体大小和宽度、加强筋位置及宽度、孔洞位置及宽度、粘胶边的宽度及位置设计等。通过参数化分析，确定最优方案，经过反复验算，行人保护法规及 C-NCAP 要求均能达成，如图 8-92 所示。

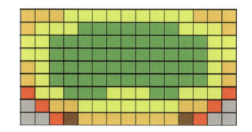 

图 8-92 行人保护头部碰撞分析结果

进一步验证发动机舱盖总成的刚强度要求，在充分优化内板结构性特征，如凸台、腔体及工装支撑位置后，弯曲、扭转刚度及发动机舱盖抗凹性都能满足目标要求，部分指标甚至优于大部分参考车型，如图 8-93 所示。

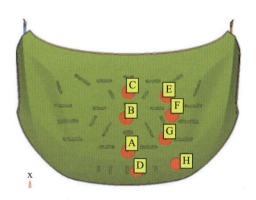

图 8-93 发动机舱盖抗凹分析结果图示

利用仿真手段确保发动机舱盖刚强度满足要求之后，基本已经能够保证发动机舱盖总成满足相关的工艺性能要求，但仍要继续关注发动机舱盖总成的变形及脱胶问题，通过支撑工装优化、粘胶设计优化等方式进行潜在风险的提前排查。

发动机舱盖总成在过工艺翻转线时，如果内外板结构设计过弱，一般会导致变形，钣金变形的情况下一般又会引发内外板粘胶的脱落，最终导致整个发动机舱盖总成在总装时扣合质量不达标等一系列问题。

根据工艺翻转线实际情况，进行发动机舱盖受力情况分析，确定变形位置及变形大小，以验证是否满足变形控制目标要求。

变形问题解决之后，持续关注内外板间粘胶脱胶问题，从涂胶位置、涂胶宽度、涂胶量及涂胶材料等几个方面进一步展开涂胶性能优化。如图8-94所示，粘胶位置及宽度均不相同，导致内外板之间粘接强度不同。

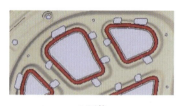

a) 点状　　　　　　　　b) 段状　　　　　　　　c) 环状

图8-94　发动机舱盖内外板粘胶形式

通过平衡行人保护、刚强度、抗凹及涂装工艺等性能，确定发动机舱盖总成结构的最终方案。这个过程需要多部门在设计开发过程中进行最佳设计的不断验证、修改及合作讨论。随着参数化分析方法的广泛采用和多目标优化流程的不断优化，这个过程目前已经被计算机代劳。但需要平衡的各方性能目标仍在不断变化，这就需要我们不断探寻设计的极限，以追求极致的最优开发方案。

以上就是传统车辆被动安全开发的基本内容。随着汽车研发技术的不断进步，安全开发的内容也在不断扩展。传统的被动安全将不能满足以后车辆安全的开发需求，道路交通场景的复杂也不是法规简单几个工况就能覆盖的。未来，汽车安全的发展趋势必然是全方位的智能安全。在带给车内外人员基本安全保障的同时，更多个性化、智能化的安全体验都将一一呈现，从而真正做到道路交通场景中的零伤亡，相信不久的将来，这样的安全愿景必能实现。

参考文献

[1] 黄宁军，张明君. 汽车安全带安全气囊的新发展 [J]. 汽车科技，2001 (3)：17-19.

[2] 钟志华,张维刚,曹立波,等. 汽车碰撞安全技术[M]. 北京:机械工业出版社,2003.

[3] 康洪斌. 乘用车正面抗撞性设计方法研究[D]. 长春:吉林大学,2008.

[4] 曾小敏,彭雄奇,鲁宏升,等. 基于行人头部保护和刚度要求的发动机罩内板优化设计[J]. 计算机辅助工程,2015,24(2):7-11.

[5] 葛如海,邱琦锋,应龙,等. 基于LS-Dyna的行人头部保护发动机罩优化[J]. 广西大学学报自然科学版,2014(3):598-606.

Chapter 09

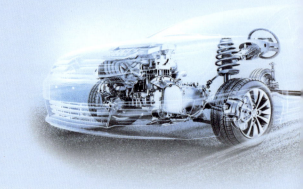

第 9 章
车内空气质量开发

随着社会居住、工作方式和探亲休闲需求的改变,汽车几乎成为人们"可移动的家",人们在车内这个相对密闭的空间逗留的时间越来越长,车内空气污染问题越来越成为汽车用户的重点关注对象,关于车内空气污染的投诉量逐年快速增加。为保证用户身体健康,国家及时出台了一些关于车内空气质量的法规标准,大部分整车厂也将车内空气质量作为一项重要性能属性纳入开发和管控流程。车内空气污染问题是内因和外因的综合结果,一方面车内零部件所使用非金属材料持续散发小分子物质给车内空气带来不利影响,另一方面,在车辆使用过程中,车外空气环境例如 PM2.5、汽车尾气等污染物也会进入车内。对于车内零部件所带来的空气污染问题,主要还是从整车的设计制造源头出发进行改善,而外部环境带来的问题则一般通过空气净化系统对外部进入车内的空气进行循环净化。本章也主要从以上两个方面分别进行阐述。

9.1 开发需求和目标

9.1.1 整车 VOC 法规要求

2004 年 9 月,国家标准化管理委员会将《车内空气污染物浓度限值级测量方法》纳入编制计划,主要承担单位为中国兵器装备集团公司、北京市劳动保护科学研究所、北京环境保护监测中心、中国兵器工业集团公司、中国标准化研究院、大众汽车(中国)投资有限公司、日产(中国)投资有限公司、通用汽车(中国)投资有限公司。

2007 年,我国发布了整车车内 VOC(Volatile Organic Compounds)测试标准 HJ/T

400—2007《车内挥发性有机物和醛酮类物质采样测定方法》。2011年，国家环保部和国家质量监督检验检疫总局联合发布了 GB/T 27630—2011《乘用车内空气质量评价指南》并于2012年3月1日起正式实施。该指南根据车内空气中挥发性有机物的种类、来源及主要内饰材料挥发特性，并参考全球车内空气质量（Vehicle Interior Air Quality，VIAQ）工作组规定，规定了车内空气中苯、甲苯、二甲苯、乙苯、苯乙烯、甲醛、乙醛、丙烯醛8种有害物质的浓度要求。该指南的实施为车内空气质量的监督检测提供了科学的标准和依据，对促进我国汽车工业的绿色环保发展和消费者的权益保护具有重要的历史意义。

生态环境部分别于2016年1月、2018年6月公示了两版《乘用车内空气质量评价指南》（征求意见稿），向社会公开征求意见。相对于2011年发布的第一版，修订版主要更新了如下内容：

1) 增加了信息公开和环保一致性检查的相关内容。
2) 增加了环保一致性检查下线时间的规定。
3) 对原标准中的部分限值进行了修订。
4) 标准由推荐标准修订为强制标准。
5) 增加了车内电磁辐射强度限值等相关要求。
6) 增加了车内挥发性有机污染物排放浓度分级评价。

同时，标准中明确该标准适用于M1类车辆，其他车辆可以参照执行。在检测时间方面，考虑到汽车从工厂下线后到消费者手中的时间为一个月左右，将汽车下线检测时间定义为（28±5）天；由于进口汽车在时间管理上具有特殊性，对进口汽车的检验管理，由主管部门另行规定。指南的附录补充了车辆型式检验申报材料中汽车内饰材料提交资料的相关要求。

9.1.2 整车气味要求

车内的非金属零部件会挥发其他小分子物质，例如胺类、酸类、酯类等低分子物质，这些物质不可避免地对乘员舱空间产生气味影响，但它们不在生态环境部已经颁发 GB/T 27630—2011《乘用车内空气质量评价指南》标准中，也就是说气味不是VOC，两者存在很大的差异，后文中有详细的描述。第三方质量调研机构的调研结果显示，消费者对整车气味关注与日俱增，2019年气味投诉量相比2014年增长超过23倍，投诉率增长16倍，气味问题投诉常年高居整车质量问题的前三名。因此，各大企业纷纷加大对车内气味的管控力度，以改善车内气味主观感受，提升用户满意度。

9.1.3 社会机构评级对车内空气质量的要求

除了上述国标对车内VOC的法规要求和主机厂自身对车内气味的管控需求外，为了更好地加强国内汽车品牌的良性发展并提升汽车的竞争水平，一些第三方机构也在开展对市场销售车型车内空气质量的评价及发布工作。

2015年，中国汽车技术研究中心有限公司结合我国汽车标准、技术和经济发展水平，发布了《中国生态汽车评价规程（2015年版）》（China Eco‑Car Assessment Programme，C‑ECAP），分别在2019年、2020年进行改版，形成新的《中国生态汽车认证规程（2020年版）》。2020年版在原有整车VOC评价的基础上新增了车内气味评价，整车高温VOC，车内空气质量（整车VOC和气味）的分值也由16分提升至24分，占总分比例达24%。

2020年3月，中汽研华诚认证（天津）有限公司和重庆凯瑞质量检测认证中心有限公司共同推出"CN95智慧健康座舱"认证，其中CN95健康座舱清晰空气维度针对整车VOC进行评价。生态汽车认证和CN95认证整车VOC要求较整车VOC国标更严，并且以自愿参加为原则，在市场的推动下更好地促进汽车产业链向低碳环保的方向发展。

9.2 车内气味和VOC开发

车内空气质量提升需要从两个方面同时开展，一方面改善车内零部件自身所带来的有害物（VOC）和气味问题，另一方面需要通过空气净化系统解决外部空气污染所带来的车内空气质量问题。本节主要介绍车内气味和VOC的定义、达成路径等内容，空气净化系统的开发将在9.3节进行介绍。

9.2.1 车内气味和VOC的定义

1. VOC

VOC是挥发性有机化合物，通常指在常温下容易挥发的有机化合物。世界卫生组织（World Health Organization，WHO）对VOC的定义为凝固点低于室温而沸点在50～260℃之间的挥发性有机化合物的总称。车内VOC是指GB/T 27630—2011《乘用车内空气质量评价指南》所规定的苯、甲苯、二甲苯、乙苯、苯乙烯、甲醛、乙醛、丙烯醛八种污染物和总挥发性有机化合物（Total Volatile Organic Compounds，TVOC）。车内VOC浓度是表征车内空气质量的重要指标，直接关系到驾乘人员的身心健康。

2. 气味

气味，是指挥发性物质刺激鼻腔嗅觉神经而在中枢神经引起的一种感觉。就车内气味而言，它具备以下明显特点。

（1）气味物质多 自然界存在气味的物质大约有1000万种，车内可检测出且可嗅辨到的气味物质多达上百种，这是导致车内气味管控难度大的主要原因之一。

（2）主观差异大 不同个体对气味的感知差异和喜好程度差异很大，很难做到所有人都满意。

(3) 气味阈值范围广 阈值是指人可感知的最低的气味浓度,某些气味物质的阈值非常低,甚至低于仪器能够检出限。

(4) 气味扩散快 只要车内空气能流通的地方,气味物质都会随着空气流动扩散,因此不仅处于乘员舱表层的材料对车内气味有影响,在里层的材料甚至发动机舱也可能是车内气味的贡献源。

(5) 气味易被吸附 车内用到很多多孔性的材料,例如织物、泡沫等,在供应商的各个生产环节中这类材料极易吸附环境中的高浓度的各类物质,并在低浓度的车内环境中重新释放这些物质。

因此,需要对整车/零部件生命周期各个环节都进行控制,如存储、生产、运输等环节。

9.2.2 车内气味和 VOC 的目标分解及方案设计

1. 车内 VOC 目标确定

车内 VOC 管控目标通常依据销售区域的法规标准、主机厂自身的市场定位、竞争需求而制订。法规标准是车企进行车内空气污染物管控的基础标准,属最低要求,不同主机厂可根据自身的市场竞争需求在法规标准的基础上进一步提高车内 VOC 管控要求。

2. 车内气味目标确定

由于法规标准没有对车内气味进行规定,各主机厂一般都是基于提高用户满意度、提升市场竞争力的目的而对车内气味进行管控,车内气味等级目标主要考虑品牌理念、车型定位、开发成本、竞争需求、自身能力等方面确定。

3. 车内气味和 VOC 目标分解

汽车内饰零部件原辅料是车内空气质量的主要源头,是控制车内气味和 VOC 的核心。气味和 VOC 的管控一般采取"逐级分解""依次达成"的策略,如图 9-1 所示,把整车控制目标分解到零部件,再将零部件控制目标分解到材料,通过材料级目标、零部件级目标依次达成,并配合有效的过程管理,最终确保整车空气质量目标的达成。

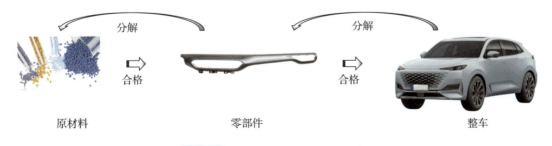

图 9-1 整车 VOC 和气味分解示意图

由于各整车厂的零部件配置情况、选材习惯、材料环保基础水平不一样，车内零部件及材料的限值指标制订也没有普遍适用的方法。图9-2介绍了一个基于整车、零部件现状的限值指标分解思路供参考，原材料的指标制订方法同理。

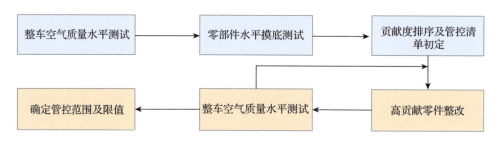

图9-2 零部件限值制订步骤示意图

（1）整车空气质量水平测试 对整车空气质量水平进行摸底测试，了解整车的现状，整车是否合格，如果不合格，对于VOC来讲，主要是了解哪些物质超标，超标幅度多少，对于气味来讲，主要是了解整车气味等级，主要的味型是什么。

（2）零部件水平摸底测试 这一步骤主要目的是对乘员舱内影响VOC和气味的零部件进行排查，覆盖的零件范围应尽量广，包括处于钣金与内饰零部件之间或者钣金与钣金之间的部件及辅料，如门锁、玻璃升降器、排水管、空腔蜡等。为了方便后续对比各零部件的贡献度，该步骤应尽量使用同一容积的袋子进行测试。

（3）贡献度排序及管控清单初定 对零部件摸底测试结果进行贡献度排序并初步确定管控清单。针对VOC，贡献度排序主要考虑VOC测试数值的大小、与整车超标物质的对应性、零件在装配状态所处的整车位置/暴露面积等因素。针对气味，贡献度排序则主要考虑气味强度大小、与整车味型的匹配性，重点整改与整车味型相似且强度高的零部件。由于气味阈值范围广的原因，某些特殊气味，散发到乘员舱内非常小的浓度就能被感知到，因此零件所处位置/暴露面积不是贡献度重点考虑的因素。对于一个成熟的整车厂，由于供应商体系、材料体系和生产工艺相对成熟固定，在过程受控的情况下，各类零部件的挥发水平一般也相对稳定，因此，管控零件清单可以参考贡献度排序进行拟定，对于贡献度较高的零件纳入整改及管控，贡献较低的零件则通过常规质量控制体系发挥作用控制其材料应用及工艺过程即可。管控范围定义越广，整车VOC气味越受控，但也可能带来更高的零件成本和管理成本。管控范围越窄，则整车超标的不确定性就更高。主机厂应结合自身企业情况而定。

（4）零件整改 零件整改是整车空气质量目标达成的关键。整改应从零件开发、生产、使用等全链条进行考虑，综合采取多种措施来改善零件的VOC气味水平。例如：选择低挥发的结构/工艺、采用低VOC低气味原材料、管控生产工艺参数、净化后处理工艺、提升生产/运输/存储环境质量避免污染、限制污染零件的后修补工艺等。零件整改还应考虑材料特性、技术难度、实现成本，例如密封条橡胶材料，虽然具有明显的硫化橡胶气味,且强度较高,但是在现有的工业水平下,很难找到性能/成本均合适的解决方案,这种情况下,只能将其气味控制在一定水平上。该环节应在技术、成本可接受的前提下,将零件 VOC 气味优化到最佳水平。

(5)整车验收、管控清单及限值制订 对管控清单的零件进行整改后,应对整车 VOC 和气味进行测试。如整车测试结果合格,可对管控清单进行固化,并依据整改后的零件测试结果对限值进行制订(需考虑一定的测试偏差及过程波动因素)。如整车测试结果不合格,则需考虑是否有遗漏零件或者需要在初版管控清单的基础上增加零件整改管控范围,并按以上所述方法进行整改,然后再次进行整车验证。这有可能是一个反复的过程。初版的限值制订后有可能需要根据实际设计、生产状况而不断修订完善。

9.2.3 车内气味和 VOC 的验证评价及目标达成

1. 零部件气味和 VOC 的验证评价方法

(1)零部件 VOC 测试 国际上零部件 VOC 测试方法有采样袋法(ISO-12219-2-2012《Interior air of road vehicles—Part 2:Screening method for the determination of the emissions of volatile organic compounds from vehicle interior parts and materials—Bag method》)和环境箱法(ISO 12219-4-2013《Interior air of road vehicles—Part 4:Method for the determination of the emissions of volatile organic compounds from vehicle interior parts and materials — Small chamber method》)。国内目前尚没有关于车内零部件 VOC 测试的国家标准或行业标准,各主机厂各自制定方法对零部件 VOC 进行测试,主流采用的也是采样袋法或环境箱法。

采样袋法使用无污染的聚氟乙烯(PVF)袋子作为样品容器,试验时将样品放入袋子内,用密封条密封,抽真空排除袋内空气后再向带内充入一定体积的高纯氮气,放入设定好温度的恒温舱内加热一定时间后,再抽出袋子内的气体,使用 Tenax 采样管(不锈钢、玻璃、内衬玻璃不锈钢或熔融硅不锈钢管,通常外径为 6mm,内部填充 Tenax-TA 或 Tenax-GR 等固相吸附材料)采集挥发性有机组分,使用 DNPH(2,4-dinitrophenylhydrazine,2,4-二硝基苯肼)采样管采集醛酮类组分。使用 ATD-GC/MS(Automated Thermal Desorption-Gas Chromatograph/ Mass Spectrometer)对 Tenax 采样管进行分析得到挥发性有机组分含量,DNPH 采样管经乙腈洗脱定容后,使用 HPLC(High Performance Liquid Chromatograph)测试洗脱液得到醛酮类组分含量,如图 9-3 所示。常用采样袋容积有 10L、50L、100L、200L、500L、1000L、2000L。部分主机厂根据零部件尺寸不同选择大小合适的采样袋,也有主机厂统一选择 2000L 的袋子用于所有零件的采样,前者的优点是成本低、效率高,但是不同袋子测试结果没有可比性;后者的优点是结果可以比对,有利于识别零件贡献度,但是测试成本高、测试效率相对较低。

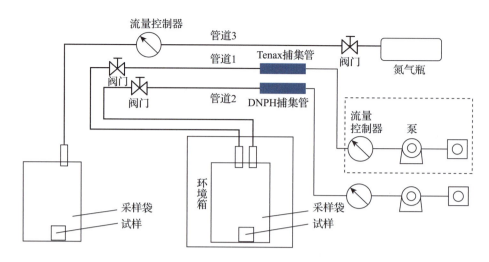

图 9-3 零部件/材料 VOC 采样示意图

环境箱法是将零部件放置在一定容积（常用 $1m^3$）环境箱内，控制箱内温度、湿度和空气交换速率，零部件散发出的 VOC 物质在箱内循环，一定时间后使用 Tenax 采样管和 DNPH 采样管采集箱内气体，经 ATD-GC/MS 和 HPLC 分析后得到 VOC 物质含量。

采样袋法在采样袋选用方面较灵活，测试过程样品在采样袋内静态密闭放置，可同时进行多个样品的测试，测试效率高。环境箱法的箱子体积是固定的，可以模拟车内环境条件，测试过程中箱内气体动态循环，最终在箱子内部测试零部件 VOC 的散发浓度达到一个动态平衡，每次只能进行一个零部件的测试。

(2) **零部件气味测试** 目前国内外均没有关于车内零部件气味测试的国际标准、国家标准或行业标准。部分主机厂开发了零部件气味测试方法，主要使用气味袋法进行零部件气味评价，测试过程与零部件 VOC 气袋法相似，将样品放入袋子内，用密封条密封，抽真空排除袋内空气后再向带内充入一定体积的高纯氮气，放入设定好温度的恒温舱内加热一定时间后，再由气味评价人员嗅闻袋内气味并给出气味评级。部分主机厂则没有对零部件级的气味进行管控，而选择通过材料进行气味测试及管控，进而达成整车气味目标。常见的材料气味评价方法有气味瓶法，如 VDA 270《Determination of the odour characteristics of trim materials in motor vehicles》，该标准规定方法如下：裁取一定规格（体积或质量）的样品，放入容积为 1L 的具塞广口玻璃瓶中，盖上盖子后放入设定温度的烘箱，一定时间后取出玻璃瓶，冷却至规定条件后，由气味评价人员嗅闻瓶内气味并给出气味评级。必要时，可向瓶内加入去离子水，评价潮湿环境下的样品气味。

(3) **气味客观评价** 除了上述汽车行业普遍采用的评价人员或评价小组嗅闻打分评价方式，部分主机厂为了规避人员评价存在的主观性强、一致性差等固有缺点，已开始研究气味客观评价方法，其中应用较多的测试仪器是电子鼻。

电子鼻是使用气敏传感器陈列和数据分析方法来模拟生物嗅觉功能的仪器，目前已在食品行业、生物医药、环境、化工等行业大量成功应用。车内样品经过预处理后,使用电子鼻设备采集样品气味,将电子鼻各传感器的响应值导入气味评价模型(需提前建立)中进行计算、分析,即可得到样品的电子鼻气味评级。与人工气味评价相比,电子鼻评价结果更客观,一致性更好。

2. 整车气味和 VOC 的验证评价方法

(1)整车 VOC 测试 2007 年,我国已经发布整车车内 VOC 测试标准 HJ/T 400—2007《车内挥发性有机物和醛酮类物质采样测定方法》,规定了测量机动车乘员舱内挥发性有机物和醛酮类物质的采样点设置、采样环境条件技术要求、采样方法和设备、相应的测量方法和设备、数据处理、质量保证等内容。

进行整车 VOC 测试的环境舱需满足以下条件:

1)环境温度:(25.0 ± 1.0)℃。

2)相对湿度:$(50 \pm 10)\%$。

3)舱内风速$\leqslant 0.3 m/s$。

4)舱内空白背景满足甲醛浓度$\leqslant 0.2 mg/m^3$,苯浓度$\leqslant 0.2 mg/m^3$。

测试车辆要求为合格下线且下线时间在 28 天±5 天,测试前还要按要求除去车辆内部表面覆盖物,如座椅保护套等。

车辆进入符合条件的环境舱以后保持静止状态,先把车辆窗、门打开,静止放置时间不小于 6h,然后布置好采样装置和管路,关闭所有门窗,受检车辆保持封闭状态 16h,开始进行采集车内空气样品。使用 DNPH 采样管采集醛酮类物质,使用 Tenax 采样管采集挥发性有机物,如图 9-4 所示。

使用 ATD-GC/MS 对 Tenax 采样管进行分析得到挥发性有机物含量,DNPH 采样管经乙腈洗脱定容后,使用 HPLC 测试洗脱液得到醛酮类物质含量。

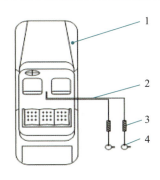

图 9-4 样品采集示意图

1—受检车辆 2—采样导管 3—填充柱采样管 4—恒流气体采样器

国外的整车 VOC 测试标准有德国 PV3938 标准、日本《车内 VOC 试验方法》、俄罗斯 GOST R51206-2004 标准、ISO 12219-1-2012 标准。

ISO 12219-1-2012 标准包含 3 种工况模式——环境模式、停车模式及驾驶模式。将受检车辆置于整车试验舱中，车门打开状态于（23±2℃），（50±10）%RH 环境下预平衡 1h，接着将车门密闭进行至少 8h 的环境模式调节，随后进入停车模式，该阶段采用模拟光照系统调节距离车顶 10cm 高度的辐照能量为（400±50）W/m²，光照 4h 后进入驾驶模式，驾驶模式开启空调（内循环，23℃风量最大）并立即采集车内空气。

（2）整车气味评价　目前国内外均没有关于整车气味评价的国际标准、国家标准或行业标准。但部分主机厂在整车 VOC 测试方法基础上开发了整车气味评价方法。例如按 HJ/T 400—2007 标准要求对整车密闭处理 16h 后，由气味评价人员迅速进入车内并关闭车门，对车内气味进行评级，评价整车在常温环境条件下的气味。按 ISO 12219-1-2012 标准停车模式要求对整车进行辐照处理后，安排人员评价整车在高温环境条件下的车内气味。

3. 车内气味及 VOC 的目标达成

整车气味和 VOC 目标达成和有效管控是一项复杂的系统工程。首先，在横向上它涉及范围广，车内部所有零部件和原辅料都与气味和 VOC 问题相关，根据试验验证结果，与整车气味相关的系统部件超过 60 个，与 VOC 相关的系统部件超过 40 个，而涉及的材料囊括了汽车所有非金属材料（包含辅料）超过 50 大类材料。其次，在纵向上，汽车产业链条上各个环节例如整车设计、零部件设计、原材料生产、零部件加工、零部件运输、零部件存储、整车装配、整车运输存放等都可能影响车内 VOC 和气味。

虽然整车气味和 VOC 的管控非常复杂，但是无论是哪个环节都可以用以下十二字指导思想开展工作：少带入、少产生、稳状态、建体系。下面以具体零部件的气味和 VOC 优化案例的形式分别阐述少带入、少产生、稳状态、建体系。

（1）少带入　"少带入"是指用于生产产品的上一级物料应做到最少的污染物带入。对于整车来讲，就是相关的零部件都应为低气味、低 VOC 的状态，尽量减少向车内带入各种物质。对于零部件来讲，就是要选择 VOC 气味最佳的原材料和工艺条件来生产零部件。对于原材料来讲，就是原材料配方各组分应进行筛选，找到 VOC 气味最佳的牌号。除了物料本身，还应排查生产、存储所有过程可能的污染源，将一切额外污染可能性降到最低。下面以聚丙烯塑料粒子的 VOC 改进案例讲述原材料少带入的重要性，和转向盘 VOC 改进案例讲述过程污染少带入的重要性。

案例 1：原材料少带入

两种不同牌号的聚丙烯及用其加工成的零部件的 VOC 测试结果，如图 9-5 所示，可以看出，不同牌号原材料的 VOC 数值相差很大，采用低 VOC 的牌号制成的零部件 VOC 也相应更低。

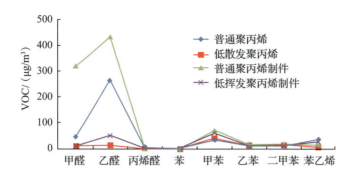

图9-5 不同聚丙烯及其制成的零件的VOC测试数据

案例2：过程污染少带入

除了原材料本身，生产过程中使用的辅料清洗剂、脱模剂等也可能会直接引入大量的污染物质。某个转向盘的VOC整改数据，如图9-6所示，该转向盘经过前两轮整改，将主要原料和工艺都进行了优化，VOC有所降低，但是苯类物仍然很高，最终经对供应商生产现场的所有物料逐个排查分析，最终锁定胶水刷子的清洗剂上，经过VOC测试分析发现其含有25%的苯类溶剂。第三轮整改更换清洗剂后，转向盘总成VOC立即降低到标准范围。

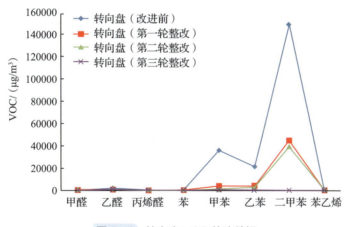

图9-6 转向盘VOC整改数据

类似的案例在整车生产过程各个环节都有可能发生，即便是装配好的整车也可能存在类似的问题，例如在整车转运、检测过程中不小心污染内饰表面或局部轻微损伤漆面，对表面清洗或修补的过程装配过程中所使用清洗剂或修补漆在未管控的情况下也可能造成内饰件的吸附或污染。只有各个环节的责任主体对本环节所有生产加工运输存储进行全面的、彻底的排查，才能真正做到"少带入"。

(2) 少产生 "少产生"是指在加工过程中，应最大程度避免由加工过程带来的额外降解，导致挥发性小分子物质产生，即便采用了经过筛选的低气味VOC物料，如果加工参数或者加工方式不当，非金属类材料在加工过程中受机械力、热、氧等因素的影响下，仍然会由于降解导致气味变大、VOC升高问题。

案例 3：聚丙烯塑料加工过程 VOC 气味改进

聚丙烯材料在不同加工温度与醛类、TVOC、气味的关系，如图 9-7 和图 9-8 所示，从图中可以看出，加工温度对聚丙烯制件的乙醛挥发量有显著影响，TVOC 和气味也是随着加工温度提高而上升。

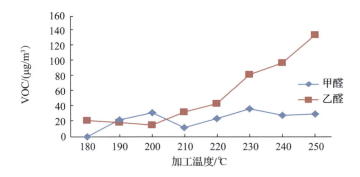

图 9-7 甲醛和乙醛与加工温度的关系

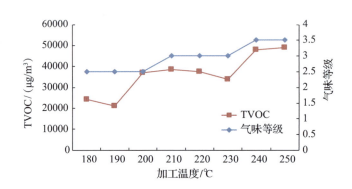

图 9-8 TVOC 和气味与加工温度的关系

除了温度以外，其他工艺参数例如压力、速度、时间等均有可能影响材料热分解进而影响零部件的散发性，在材料生产、零部件加工过程中应对各个参数进行排查、比较，确定最佳工艺参数。

(3) 稳状态　零部件成型之后由于材料形态不稳定，内部残留着小分子物质，需要利用加热、通风等方式使零部件状态稳定，同时加速物料中的小分子挥发物排出，最终改善 VOC 气味水平。对于某些物料，虽采用了低散发原材料、优化了最佳工艺后仍然无法将 VOC 气味降低到理想水平，可考虑采取一些后处理措施，进一步降低 VOC 气味等级。

案例 1：聚氨酯泡沫通风除味

在聚氨酯泡沫生产过程中，由于该材料是多孔性材料，反应过程残留的大量小分子物质会在泡孔里面残留。如果将 PU 泡沫通风悬挂，24h 后气味开始降低，72h 气味会降低到 2.5 级，并持续稳定，如图 9-9 所示。

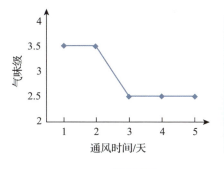

图 9-9 聚氨酯泡沫通风悬挂改善气味

案例 2：PVC 复合革烘烤降低 VOC 气味

PVC 复合革在生产过程中表面有一层聚氨酯涂层，涂层的溶剂有水性和溶剂型两种，涂覆后会残留大量的溶剂。同时 PVC 表皮与聚氨酯 PU 泡沫的复合通常采用火焰复合的工艺，火焰在燃烧 PU 泡沫的时候同时会产生一种特别的焦糊味。以上原因导致 PVC 复合革的气味较大，且无法通过材料、工艺进行消除，就必须借助加热和通风来加快其气味物质的挥发速度，来实现气味的消减。经过 90℃ 的烘烤，且优化烘烤速度参数，可以将气味降低 0.5 级，如图 9-10 所示。

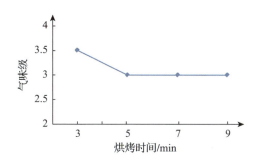

图 9-10 不同烘烤时间对气味的影响

（4）建体系　"建体系"是指汽车开发链条上的环节都应建立关于 VOC 气味的管控体系，用以指导整车厂、各级供应商的开发、生产、质量、仓储物流等部门协同开展工作，确保空气质量目标达成。

对于整车厂而言，一套典型的体系应包含以下内容：嵌入到整车开发流程的车内空气质量开发流程、整车/零部件技术标准、整车/零部件试验标准、VOC 气味设计指南、整车/零部件 VOC 气味一致性管理办法、仓储物流管理办法、（与 VOC 气味相关的）生产关键工序作业指导手册等。

供应链上各级供应商同样需要结合自身业务特点，将"少带入""少产生""稳状态"的理念应用于零部件/原材料生产开发的各个环节，总结形成一套有效的管理体系，确保输出产品的 VOC 气味稳定性。

9.3 车内空气净化性能开发

9.3.1 车内空气净化性能的定义

尽管汽车自带的新风系统可以在需要时开启,用新风替换一部分室内空气,一定程度地缓解汽车内空气污染,但是,车内的甲醇、苯、TVOC、汽车尾气、PM2.5(当量直径≤2.5 μm)等有害物质仍然不好清除,尤其碰到夏季炎热或阴雨天气时霉菌滋生,车内驾驶人及乘客容易出现呼吸不畅、精神不振、反应迟钝等症状,PM2.5可直接进入肺部,且因粒径小、面积大、活性强易附带有毒、有害物质(如重金属、微生物等),因而对人体健康和大气环境质量的影响非常大。如何创造真正清洁安全舒适的车内空气环境已成为健康汽车亟待解决的问题。

汽车使用过程中,车内空气的污染主要有两部分来源:一是车外空气受到环境的污染后,如粉尘、汽车排放的尾气(CO、NO_x、CO_2、SO_x等)和烟雾、细菌和病毒等,通过车身缝隙进入车内;二是车内空气受人的活动和工作过程的污染,如人员呼吸和出汗、吸烟、车体装饰材料带来的污染物(甲醛、苯等)、空调工作产生冷凝水导致的细菌和霉味等。车内空气净化就是采取一些措施,消杀细菌和病毒、除尘、增氧、去除有毒气体和综合性异味,从根本上彻底地净化汽车客舱和空调通风系统内的空气环境。

汽车车内空气净化主要有两种方式:一种是利用空气质量传感器(Air Quality Sensor,AQS)检测车内空气的污染程度,当达到限值后自动开启新风门,引入新风替换车内污染空气,效率较低,净化效果一般;另一种是加装空气净化器,通过物理过滤、活性炭吸附、静电吸附、催化剂反应、负离子和等离子等方式实现空气净化。

空气净化的实现方式主要包括以下4种。

1)采用物理方法对污染物进行过滤、吸附和磁化以达到净化的目的。它是一种小型的净化器,适用于小空间,具有清理污染气体效率高的优点,但存在污染物吸附饱和的问题,且再生利用过程比较麻烦。

2)运用光触媒技术的空气净化。采用光催化的技术将纳米级催化剂(铂、铑、钯、碱土金属及其氧化物)镀在特定的载体上制成过滤网,再用特定波长的紫外光照射和风机鼓风,使催化剂与有毒有害气体发生强氧化反应,降解为CO_2和H_2O等无机物小分子。具有化学反应温和,可在常温常压下进行,催化剂的氧化还原性强、成本低以及没有催化饱和的现象等优点。但是在污染物浓度较低时,催化剂的化学降解反应速度会变得缓慢,甚至还会产生一些有毒有害的中间产物,净化空气的效果将大打折扣。

3)运用负离子技术的空气净化。负离子可以去除空气中的甲酸、悬浮颗粒物、灰尘等污染物,对人体有保健作用,但也会产生臭氧和超氧化物等衍生物,并且需要借助外力(如风机)才能进行远距离迁移,需要通过外接汽车电源独立供电。

4）运用低温等离子技术的空气净化。空气污染物与电子碰撞后分解，产生的羟基和自由基等活性基团与污染物发生氧化反应。低温等离子能够实现在高温高压下才能实现的反应，净化效率高、氧化性强，能将空气污染物进行无害化处理。

上述四种处理手段各有利弊，若单一使用其中一种很难真正清除空气污染物，所以现在的空气净化常采用多技术联合净化，如较常见的负离子发生器+滤清器的空气净化系统，低温等离子发生器+滤清器的空气净化系统。

在国外，车内空气净化的应用技术已经发展得非常成熟了，对紫外线和过滤技术的应用更是达到炉火纯青的地步，等离子技术在车内空气净化领域处于高速发展阶段。在国内，车内空气净化发展还不成熟，尚处于起步阶段。

9.3.2 车内空气净化性能的目标分解及方案设计

随着汽车产业的高速发展和人民生活水平逐渐提高，汽车成为人们生活的一部分，汽车环保和车内健康意识也不断提高。近两年，由中国汽车工程研究院股份有限公司整合汽车行业、医疗行业、通信行业的研究资源，在国际交通医学会指导下，研究制定了中国汽车健康指数（China Automobile Health Index，C‐AHI）及相关标准和法规。现阶段，车内空气净化性能的目标及方案设计主要是以功能菜单式选择的方式开展，根据整车的功能配置需求来选择净化功能硬件和软件，其中软件部分属于用户的个性化需求，本书不做详细介绍。

1. 系统性能目标的确定

某车型空气质量控制系统的方案架构，如图9-11所示，其中用户体验层描述的内容是用户可感知的功能或服务，如PM2.5的监测与净化的功能、可实现车内空气质量超标后的新风功能、实现车内离子浓度达到森林空气的功能等，以此来确定系统设计方案，如AQS、PM2.5传感器、CO_2传感器、空调滤芯、离子发生器等，如图9-12所示。

车内空气净化性能的系统方案确定后，需根据各项净化功能确定整车及系统目标，主要包括各类污染物的阻隔能力和净化能力等，见表9-1，表中数据仅为示意，下同。

表9-1 车内空气净化性能整车主要目标

目标参数	单位	目标值
整车颗粒物阻隔	$\mu g/m^3$	≤30
车内颗粒物净化能力（PM2.5浓度从2000$\mu g/m^3$下降到35$\mu g/m^3$的时间）	min	≤20

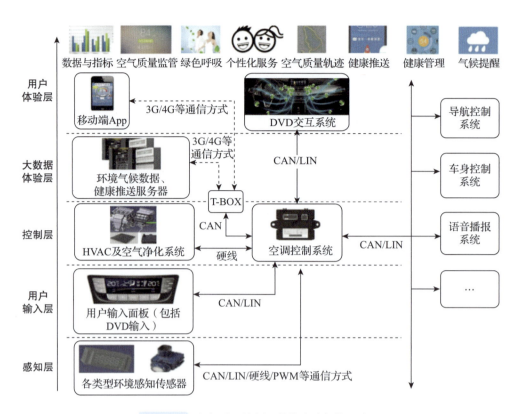

图 9-11 空气质量控制系统的方案架构示意图

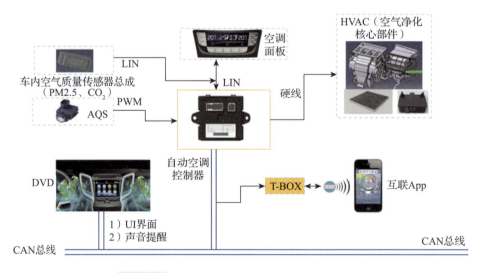

图 9-12 空气质量控制系统的设计方案示意图

2. 主要零部件的选型及性能指标

根据以上车内空气净化性能目标，对车内空气净化系统的主要零部件进行选型和性能指标的确定，主要包括 AQS、离子发生器、空调滤芯、PM2.5 传感器等。

(1) AQS　AQS 主要用于检测对人体毒害最大的气体 CO、NO_x 等，它的芯片带有金属氧化物涂层，分别用来感知不同的气体，当对应气体接触金属氧化物涂层的时候，电子迁移，金属氧化物涂层的电阻发生变化，由此可以计算对应敏感气体的浓度变化，输出对应的空气质量等级。

算法原理：传感器在 0 污染/固定温湿度环境下，初始阻值为 R_0，在工作时变化的阻值为 R_S，计算方式为 $(R_S-R_0)/R_0×g$，其中 g 为增益系数，也称传感器的敏感度，属于可标定项，然后按 PWM 输出，见表 9-2。

表 9-2　AQS 输出信号示意

空气污染等级	PWM	污染物浓度变化量	
		CO ($×10^{-6}$)	NO_x ($×10^{-9}$)
LEVEL 0（干净）	90%	CO<10	NO_x<210
LEVEL 1（1 级污染）	80%	10≤CO≤15	210≤NO_x≤250
LEVEL 2（2 级污染）	70%	14≤CO≤24	230≤NO_x≤280
LEVEL 3（3 级污染）	60%	17≤CO≤35	250≤NO_x≤310
LEVEL 4（4 级污染）	50%	20≤CO≤42	280≤NO_x≤340
LEVEL 5（5 级污染）	40%	CO≥22	NO_x≥310
ERROR	10%		

(2) 离子发生器　等离子净化空气原理包含两个方面：①在高频高压交流电作用下产生等离子体过程中，气体放电会释放出瞬时的高能量，这种高能量会破坏有毒有害污染气体的化学键，将这些气体分解成一些无害分子或原子；②等离子体中包含具有强氧化性的羟基、自由基、高能紫外光子以及处于激发态的粒子等等，上述强氧化粒子团的平均能量均比污染气体分子之间的化学结合键能强，最终污染气体分子的化学键会被破坏，从而生成无害的单原子的分子和一些固体颗粒物，在生成等离子体的同时也伴随着•OH、•H_2O、•H 和氧化性极强的臭氧的释放，它们会与污染气体分子发生相应的化学反应生成无害的物质。

另外，等离子净化模块产生的大量离子簇团能快速中和悬浮颗粒物的电性，使其自然沉降；产生的大量新氧离子会使空气变得更清新，达到净化空气的效果。

针对以上净化性能，离子发生器的主要性能指标见表 9-3。

表9-3 离子发生器主要性能指标

性能指标	单位	目标值
正离子浓度	万个/cm³	≥100
负离子浓度	万个/cm³	≥500
臭氧产生量	mg/m³	≤0.1
除菌性能（工作1h）	%	≥85
噪声	dB	≤35

(3) 空调滤芯 根据滤清器材料和组成差异，可分为普通滤清器、PM2.5滤清器、活性炭滤清器、PM2.5活性炭滤清器、PM0.1滤清器和PM0.1活性炭滤清器等。空调滤芯的过滤原理就是通过物理过滤、吸附等方式过滤掉颗粒物和有害气体，因此，主要的性能指标包括分级过滤效率、储灰量、气体吸附性能（通常仅针对活性炭滤清器）。

通常按不同的粒子光学直径来测试分级过滤效率，按试验用灰A4灰测试储灰量，按不同的测试气体测试吸附效率和吸附量，见表9-4～表9-6。

表9-4 空调滤芯的过滤性能

粒子光学直径/μm	分级过滤效率（%）
0.3	≥60
0.5	≥65
1	≥70
3	≥75
5	≥80
10	≥85

表9-5 空调滤芯的储灰性能

试验用灰	储灰量/g
A4灰	≥30

表9-6 空调滤芯的吸附性能

测试气体	吸附效率（%）			吸附容量/g
	零时效率	1min效率	5min效率	
正丁烷（80ppm）	≥60	≥40	≥20	≥1.5
甲苯（80ppm）	≥70	≥60	≥55	≥10
二氧化硫（30ppm）（选用）	≥75	≥40	≥20	≥1.5

(4) 车内 PM2.5 传感器　车室内 PM2.5 的来源之一是自然源，如土壤扬尘（含有氧化物矿物和其他成分）、海盐、植物花粉、孢子、细菌等，来源之二是人为源，如发电、冶金、化学等工业生产过程中对煤、石油等各种化石燃料的燃烧，机动车尾气排放，秸秆垃圾的焚烧及扬尘、二手烟等。

针对空气颗粒物的监测，如 PM2.5 或 PM10，目前主要有激光和红外两种型式，虽然光源不同，但均利用光散射原理，在某一特定角度收集散射光，得到散射光强随时间变化的曲线，反馈给电路进行处理和算法计算，得出颗粒物的等效粒径及单位体积内不同粒径的颗粒物数量，最终通过数字端口将测量值传输。

PM2.5 传感器的主要性能指标见表 9-7。

表 9-7　PM2.5 传感器的主要性能指标

性能指标	单位	目标值
测试偏差（-20~50℃）	%	＜±10%（100~1000μg/m³）
测试偏差（-40~-20℃ 或 50~70℃）	%	＜±20%（100~1000μg/m³）
响应时间	s	＜5
噪声	dB	≤35

9.3.3　车内空气净化性能的匹配及目标达成

选型完成后，需要考虑各零部件与整车的匹配，主要包括：

1) 布置位置的匹配，保证各零部件的采样空气具有代表性。为了避免积灰、结露、高温、大风量和异物堵塞进口等，AQS 的布置位置推荐：空调箱进风口、前进气格栅或前罩装饰件进风口，其中空调进风口是最直接准确的，布置可行的情况下应尽量采纳。PM2.5 传感器的布置位置推荐：前排顶篷灯后部、驾驶人左侧眼镜盒、驾驶人一侧 B 柱或空调箱外循环进风口，因受气流和车内人员的干扰小，前排顶篷灯后部是推荐的最佳布置位置。

2) 风量与噪声的匹配。通常情况下风量越大，零部件的采样和测试精度越高，但是风量越大，零部件内风扇的转速也越高，噪声越大。因此，需要通过单体和整车试验进行多方案对比测试，确定风扇转速，同时保证测试精度和噪声性能的达成。

3) 车内空气净化系统的实车标定。根据实车上搭载空气净化系统后，由于布置、周围气流等的差异，需要按一些特定工况进行实际状态下的测试和标定，提高实车上的测试准确性和精度。

最后，在环境模拟 VOC 试验室和实际道路上对表 9-1 中的各项指标进行测试和验收。

参考文献

［1］VERNER J，SEJKOROVA M，VESELIK P. Volatile organic compounds in motor vehicle interiors under various conditions and their effect on human health［J］. Zeszyty Naukowe. Transport / Politechnika Śląska，2020.

［2］SAKAKIBARA K，KAITANI K，HAMADA C，et al. Analysis of odor in car cabin［J］. JSAE Review，1999，20（2）：237－241.

［3］ZHONG G，ZHAO H，REN T，et al. Vehicle Interior methods for evaluating the VOC and Odor of materials［C］. International Conference on Application of Intelligent Systems in Multi-modal Information Analytics. Springer，Cham，2019：1141－1151.

［4］BRODZIK K，FABER J，ŁOMANKIEWICZ D，et al. In－vehicle VOCs composition of unconditioned，newly produced cars［J］. Journal of Environmental Sciences，2014，26（5）：1052－1061.

［5］LYU M，HUANG W，RONG X，et al. Source apportionment of volatile organic compounds（VOCs）in vehicle cabins diffusing from interior materials. Part I：Measurements of VOCs in new cars in China［J］. Building and Environment，2020，175：106796.

［6］王若平. 汽车空调［M］. 北京：机械工业出版社，2007.

［7］蒋梦鸽. 智能汽车空调空气净化系统开发与实现［D］. 合肥：合肥工业大学，2016.

［8］凌永成. 汽车空调技术［M］. 北京：机械工业出版社，2014.

［9］REN H J，PRAMOD K，CHEN W F，et al. Photocatalytic materials and technologies for air purification［J］. Journal of Hazardous Materials，2017，325：340－366.

［10］WANG J J，CHOI K S，FENG L H. Recent developments in DBD plasma flow control［J］. Progress in Aerospace Sciences，2013，（62）：52－78.

Chapter 10

第 10 章
汽车气动性能集成开发

  汽车空气动力学是研究汽车运动过程中空气与汽车之间相互作用的现象和作用规律的一门学科。汽车空气动力学特性对汽车的动力性、燃油经济性、操纵稳定性和舒适性有着至关重要的影响。汽车空气动力学设计是在满足结构设计、美学、人体工程学以及法规要求的同时，降低气动阻力。降低气动阻力是汽车气动性能开发的主要目标，通过汽车气动性能优化降低风阻，可以有效降低汽车的油耗、能耗，从而提高燃油经济性和提升续驶里程。

  汽车气动性能开发包括气动性能数值仿真分析和气动性能风洞试验两种方法。汽车气动性能数值仿真分析是应用 CFD 软件对车辆周围的流场进行数值模拟，获得汽车在行驶时所受到的气动六分力系数、发动机舱进气量及相关流场信息。通过对这些参数的分析，评价汽车的气动性能。汽车气动性能风洞试验，是在风洞中模拟汽车道路行驶过程中受气流作用的试验。通过风洞试验，可获得汽车气动力和气动力矩、表面压力等信息。在汽车气动性能开发过程中，这两种手段协同开发，支撑汽车气动性能开发。

  与汽车气动性能相关的流场分为外部流场和内部流场。外部流场是指汽车车身周围的流场，它决定了汽车主要的气动性能。外部流场主要指流经外造型的流场以及通过车身底部和车轮区域的流场。内部流场主要包括发动机舱内的流场和驾驶舱内的流场。内部流场中，汽车气动性能开发主要关注经格栅进入发动机舱，再从发动机舱下方或前轮腔区域流出的气流。因此，汽车整车气动性能优化主要关注车身造型气动性能优化、发动机舱气动性能优化、底盘附加件气动性能优化等内容。

  汽车周围的流场及车身表面压力分布也影响其他性能。汽车周围气流产生的空气动力学问题中,不仅是气动力问题,车身表面的压力分布也直接影响其他性能,如发动机舱通风性能、车身周围的气动噪声问题、防止车身关键部件污染等,这些相关性能也是安全行车的基本保证。因此,汽车气动性能与这些性能的集成开发尤为重要。

10.1 开发要求和目标

10.1.1 汽车空气动力参数

汽车行驶时,除了受到来自地面的力外,还受到其周围气流的气动力和力矩的作用。来自地面的力取决于汽车的总重、滚动阻力和重心位置。气动力和力矩则由行驶速度、车身外形和横摆角决定。作用于运动汽车上的气动力和力矩,如图10-1所示,分为相互垂直的三个分力和三个绕轴的力矩,从广义上统称为气动六分力。

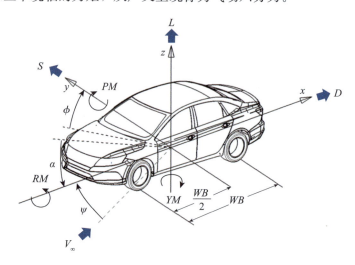

图10-1 空气动力学坐标系

表10-1列举了汽车气动力和力矩及其系数,q_∞为动压,$q_\infty = 1/2\rho V_\infty^2$,$\rho$为空气密度,$A$为正投影面积,$WB$为车辆轴距。

表10-1 气动力和力矩及其系数

名称	简述	系数
气动阻力 D	作用在x轴方向的气动力,x方向为正	气动阻力系数:$C_D = D/(q_\infty A)$
气动侧向力 S	作用在y轴方向的气动力,y方向为正	气动侧向力系数:$C_S = S/(q_\infty A)$
气动升力 L	作用在z轴方向的气动力,z方向为正	气动升力系数:$C_L = L/(q_\infty A)$
俯仰力矩 PM	绕y轴的气动力矩,车头抬起为正	气动俯仰力矩系数:$C_{PM} = PM/(q_\infty \cdot A \cdot WB)$
横摆力矩 YM	绕z轴的气动力矩,车头向右为正	气动横摆力矩系数:$C_{YM} = YM/(q_\infty \cdot A \cdot WB)$
侧倾力矩 RM	绕x轴的气动力矩,右侧向下为正	气动侧倾力矩系数:$C_{RM} = RM/(q_\infty \cdot A \cdot WB)$

10.1.2 汽车空气动力学开发要求

10.1.2.1 空气动力开发降低能耗

汽车行驶时,气动阻力的大小与车速的二次方成正比。随着车速的增加,气动阻力占比增大。在车速 v 为 80km/h 时,气动阻力与滚动阻力几乎相等;当车速 v 为 150km/h 时,气动阻力相当于滚动阻力的 2~3 倍,如图 10-2 所示。

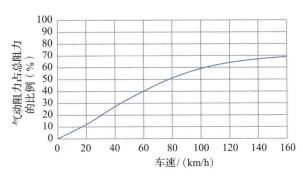

图 10-2 气动阻力与车速的关系

降低气动阻力是改善燃油经济性、提升续驶里程的重要方法。对于燃油汽车,在 NEDC 工况下,测试车辆约有 30% 的能量消耗用于克服空气阻力,切换为 WLTC 工况后,高速及超高速工况增加,气动阻力占比将提高至 40% 左右。WLTP 工况与 NEDC 工况对比见表 10-2。

表 10-2 WLTP 工况与 NEDC 工况对比

油耗法规	油耗工况	运行时间/s	最高车速/(km/h)	平均车速/(km/h)
欧盟	WLTP	1800	131.3	46.5
欧盟	NEDC	1180	120	29.9
北美	FTP75	1874	91.25	34.1

图 10-3 所示为某轿车、某 SUV 风阻系数降低量与油耗的关系。对于燃油汽车,其风阻系数降低 0.01,在 WLTP 工况下,可节约油耗约 0.05~0.07L/100km。

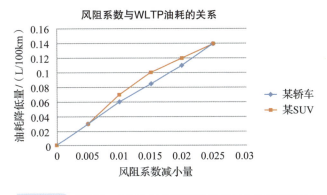

图 10-3 某轿车、某 SUV 风阻系数降低量与油耗的关系

图 10-4 所示为某电动 SUV 风阻系数与续驶里程、能耗的关系。对于纯电动汽车，风阻系数降低 0.010，续驶里程可增加 5~6km。

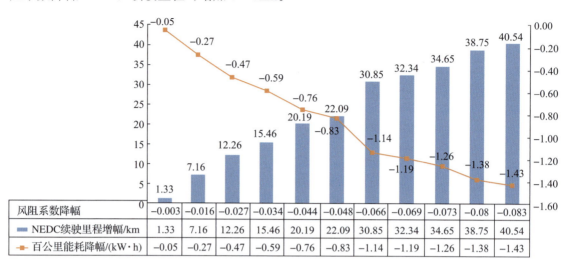

风阻系数降幅	-0.003	-0.016	-0.027	-0.034	-0.044	-0.048	-0.066	-0.069	-0.073	-0.08	-0.083
NEDC续驶里程增幅/km	1.33	7.16	12.26	15.46	20.19	22.09	30.85	32.34	34.65	38.75	40.54
百公里能耗降幅/(kW·h)	-0.05	-0.27	-0.47	-0.59	-0.76	-0.83	-1.14	-1.19	-1.26	-1.38	-1.43

图 10-4 某电动 SUV 风阻系数与续驶里程、能耗的关系

10.1.2.2 空气动力开发提升动力性能

汽车的最高车速、加速度时间和最大爬坡度是评价汽车动力性的主要指标。

1. 气动阻力与最高车速

在水平路面上等速行驶的汽车，驱动力全部用来克服滚动阻力和气动阻力。在最大驱动力时，在一定的车重及其他因素不变的情况下，最高车速取决于气动阻力系数和气动升力系数。减小气动阻力系数，可提高最高车速。

2. 气动阻力与汽车加速度

汽车的加速能力首先取决于发动机的加速特性，同时还与汽车的气动阻力系数近似成反比关系，减小气动阻力，可以增大汽车的加速度。气动阻力增加，会导致加速能力下降。当汽车达到最大速度，其加速度的值就降为零。

3. 气动阻力与最大爬坡度

最大爬坡度不仅与汽车质量、速度、车轮滚动摩擦系数有关，而且还与气动阻力、气动升力有关。气动阻力增加，会导致爬坡能力下降。

10.1.2.3 空气动力开发提升操纵稳定性

1. 气动升力和纵倾气动力矩对操纵稳定性的影响

升力和纵倾力矩都将减小汽车的附着力，因而使转向轮削弱甚至失去转向力，使驱动轮削弱甚至失去牵引力，影响汽车的操纵稳定性。为提高车辆高速行驶的直进性和侧风稳定性，应减小升力。升力减小可防止汽车摆头，并由于增大了附着力而使稳定性提高。

2. 侧向力及横摆力矩对操纵稳定性的影响

当汽车受到非正迎风面风时，气流的合成相对速度与 x 轴方向形成夹角。为提高汽车的方向稳定性，不仅要减小侧向力，而且应使侧向力的作用点移向车身后方。

3. 侧倾力矩对操纵稳定性的影响

由于来自车身侧面及其周围气流的影响，产生了绕 x 轴的侧倾力矩。这个力矩通过悬架系统至车架及左右车轮，引起了车轮负荷的变化。对应于力矩回转的方向，使一个车轮负荷增加，另一个车轮负荷减少，从而改变了汽车的转向特性。

综上所述，在激烈的市场竞争中，只有空气动力特性好的汽车，才能保证其具有好的动力性、经济性和操纵稳定性及舒适性，只有最佳气动外形的造型才有生命力。汽车气动性能是决定汽车在市场竞争中能否取胜的重要性能。

10.1.3 气动性能开发流程和目标

10.1.3.1 气动性能开发流程

汽车空气动力学设计是在满足结构设计、美学、人体工程学以及法规要求的同时，降低气动阻力。降低气动阻力是空气动力学设计的主要目标，同时也需考虑对相关专业性能的影响。图10-5所示为汽车空气动力开发过程示意图。汽车空气动力开发工作需结合项目节点开展，设定合理的目标值是进行空气动力开发工作的重要前提，最终达成设定目标，助推产品能耗达标是空气动力开发的主要目的。汽车空气动力学性能开发方法主要有气动性能数值仿真和风洞试验两种，企业或单位可根据自身资源等进行合理选择。

图10-5 汽车空气动力开发过程示意图

10.1.3.2 气动性能开发目标

项目初期,综合车型定位、造型风格、行业风阻系数趋势预判、核心竞争车风阻水平等因素,设定合理的风阻系数目标值,以及对应目标值的达成路径;达成路径需考虑对其他专业的影响。

空气动力目标主要有整车风阻系数 C_D、正投影面积 A、迎风阻力面积 C_DA,冷却阻力以及前轴升力、后轴升力等。设定空气动力目标时,可结合项目开发阶段,针对不同的车辆配置分别设定目标值,还需考虑不同动力系统、车轮型号、空气动力套件等信息,见表10-3。

表10-3 空气动力目标

空气动力目标	仿真目标	试验目标	配置说明
风阻系数 C_D			
正投影面积 A/m^2			
迎风阻力			
前轴升力			
后轴升力			
…			

10.2 气动性能开发方法

10.2.1 气动性能数值仿真分析

10.2.1.1 仿真内容及流程

汽车气动性能数值仿真分析是应用CFD软件对车辆周围的流场进行数值模拟,获得汽车在行驶时所受到的气动六分力系数、发动机舱进气量及相关流场信息。通过对这些参数的分析,评价汽车的气动性能。

汽车空气动力学仿真分析常用流程主要包括几何数据准备、仿真模型建模及检查、生成计算节点、求解器设置、仿真求解、仿真分析结果评估、仿真结果输出及分析报告编写等内容,图10-6所示为空气动力仿真分析流程。

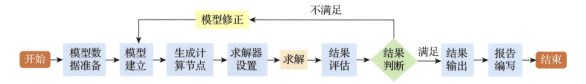

图10-6 空气动力仿真分析流程

10.2.1.2 仿真模型建立要求

1. 模型建立

(1) 车辆模型 在仿真模型建立前,根据仿真目的、预估计算时间和计算资源,制订仿真模型建立方案。仿真模型应准确地表达设计车的几何信息,应保证各个重要的局部流场的真实模拟。

整车模型包括造型 CAS 面(或 A 面)、底盘系统、动力总成、电器系统部件、底盘外饰件等暴露在汽车外流场中的部件,如图 10-7 所示。

图 10-7 整车全细节分析模型

(2) 计算域建模 在进行汽车空气动力学数值仿真的过程中,通常在车辆模型外部建立长方形计算域,用以模拟风洞试验区域,计算域模型边界示意图如图 10-8 所示。

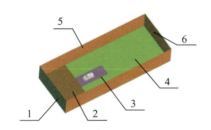

图 10-8 计算域模型边界示意图

1—进口 2—车前地面 3—移动地面 4—车后地面 5—侧面 6—出口

2. 生成计算节点

整车模型面网格划分以保持原有几何形状为前提,为保持网格重构时的车体几何特征,可主要针对计算域、冷却模块交界面、车体表面的关键特征,生成特征线,设置防接触。同时结合计算资源等条件,合理设定生成计算节点的尺寸(包括加密区域)、网格类型、计算节点规模。

3. 物理模型设置

(1) 求解方法及湍流模型选择 计算方案有稳态计算和瞬态计算两种,采用稳态计算时,常用的湍流模型有 $k-\varepsilon$ 模型、$k-\varepsilon$ 模型及雷诺应力模型;采用瞬态计算时,常用的湍流模型有 DES 湍流模型、LES 湍流模型。

(2) 边界条件设置

1) 计算域进出口：流场进口（计算域进口）边界条件设置为速度进口，速度大小设置为 120km/h，流场出口（计算域出口）边界条件设置为压力出口，压力设置为 0Pa。

2) 冷却模块性能参数：冷凝器、散热器、中冷器等冷却模块需根据冷却系统单体性能试验数据，获得压降与风速之间的关系，从而计算出多孔介质的惯性系数和黏性系数，输入模型。

3) 车轮：车轮旋转的边界条件有三种设置方法，分别是旋转壁面、运动参考坐标系（MRF）和滑移网格。

4. 求解

在求解计算的过程中，可通过残差监测图、气动阻力系数监测图等监测求解、收敛情况，需要计算的迭代步数或总时间步依赖于问题本身。计算模型需达到一定的收敛标准，收敛效果越好，结果越可信。

10.2.1.3 仿真结果输出及评价

1. 仿真分析结果输出

根据仿真分析结果输出拟关注的分析结果，如输出气动六分力系数、发动机舱进气量及关键仿真信息如仿真车速、迎风面积，见表 10-4。根据仿真后处理结果分析结论。

表 10-4 仿真分析结果

车速/(km/h)	迎风面积/m²	发动机舱进气量/(kg/s)	侧倾力矩系数	俯仰力矩系数	横摆力矩系数	阻力系数	升力系数	侧向力系数

2. 仿真结果的评价方法

根据仿真结果，可输出截面速度云图、压力系数云图、速度矢量云图、面剪切力云图等，以及直面云图、流线、阻力系数累积曲线等，针对空气动力学性能给出客观、综合的评定。

图 10-9 所示为某车型车体表面压力系数云图，针对上车体外 CAS，为获得较好的气动性能，建议减小车头、前窗、后视镜等区域正面的迎风压力、增大车尾部压力，较小 ABC 柱、后视镜、轮腔等区域的气流分离。整车风阻系数作为影响气动阻力的主要参数，反映车辆的空气动力学设计水平，如果基础模型风阻系数大于目标值，应该根据流场分析进行优化以提升其空气动力学性能。

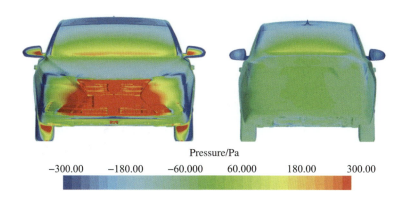

图 10-9 车体表面压力系数云图

10.2.2 气动性能风洞试验

风洞试验是汽车空气动力学研究的重要方法。汽车空气动力特性的大量数据和重要的研究结论都来自于风洞试验,风洞是汽车开发过程中不可缺少的关键和基础设施。

汽车风洞一种模拟汽车道路行驶过程中受气流作用的试验装置。通过该装置配备的各测量系统可以测量汽车气动力和气动力矩、局部流场显示、特征点或特征区域的压力等。在整车开发过程中,用于阶段性气动性能检验、优化,并最终验证汽车空气动力学性能水平。

10.2.2.1 汽车空气动力学试验的基本方法

1. 模型风洞试验法

模型风洞试验根据试验车辆模型比例不同,分为缩比模型(模型比例通常为 3∶8、1∶5、1∶4 等几个比例)风洞试验和全尺寸模型(1∶1)风洞试验。

(1) 缩比模型风洞试验 缩比模型风洞试验适用于在项目开发早期概念设计阶段、造型细节尚未固定之时,通过高效的模型制造——更替——试验结果,为早期造型选型提出空气动力学专业的建议,同时也可以配合 DOE 仿真,进行较大幅度的造型优化。

缩比模型风洞试验最大的优势在于低成本、高效率,即缩比车辆模型制造成本低,制作时间相对较短。也基于此,缩比模型风洞试验测试出的空气动力学参数,相比全尺寸模型/整车测试结果,有一定范围的误差。因此,我们并不需要通过缩比模型风洞是试验得出十分精准的空气动力学参数结果;主要目的是用于不同造型风格的对比选型。图 10-10 所示为通用公司 2015 年建成的 40%缩比模型风洞。

(2) 全尺寸模型风洞试验 全尺寸模型风洞试验,模型采用了与实车 1∶1 尺寸的模型,此阶段造型风格基本确定,在汽车整车空气学风洞里开展。全尺寸模型的上车体通常为 CAS/A 面油泥模型或树脂模型,下车体模型可以用树脂铣削加工的等比模型代替。试验模型必须保证足够强度,满足试验要求。图 10-11 所示为全尺寸轿车模型风洞试验。

图 10-10 通用公司 2015 年建成的 40% 缩比模型风洞　　图 10-11 全尺寸轿车模型风洞试验

全尺寸模型风洞试验可以针对造型局部方案的优化与验证，如发动机舱盖、A柱、后视镜、前后保险杠两侧的形面、车尾扰流板、尾灯截面及细节等方面优化设计。此外，也可以关注发动机舱部件的设计方案、底盘封装导流件等的设计验证和优化工作，确定全车空气动力开发方案。

2. 实车风洞试验

当接近量产状态的工装试验车下线时，整车设计部分基本冻结，此时试验车辆已接近量产车状态，试验车辆要求车辆外观完好，没有异常凹凸、磨损、开裂、部件缺损状况，确保所有底盘部件、发动机舱内部件及外饰件齐备，外形无破损变形，车辆状态满足试验测试工况要求。图 10-12 所示为某工装车风洞试验。

图 10-12 工装车风洞试验

此阶段的实车风洞试验主要用来完成车辆整车空气动力学性能最终验收，同时也可关注发动机舱内阻降阻效果、底盘降阻套件的降阻效果验证。在此阶段，工程师可以提前做好多个尺寸的快速样件，然后在整车试验中进行对比测试，完成数值仿真与试验对标等工作。

10.2.2.2 风洞试验测试流程

1. 试验准备

(1) 车辆信息收集　收集试验车辆信息，包括车辆型号、正投影面积、车辆姿态信息、车辆气动套件等搭载信息，填写风洞试验车辆信息表，见表10-5，提交给风洞中心操作人员，正投影面积测试在车辆风洞试验前完成。

表10-5　风洞试验车辆信息表

车辆信息	车辆姿态	参数
车辆名称		
长×宽×高/mm	空载	
轴距（左/右）/mm	空载	
轮距（前/后）/mm	空载	
迎风面积/m²	空载	
整备质量/kg	空载	
车轮型号		
轮胎空载气压（前轮/后轮）/kPa	空载	
	满载	
车身姿态（轮毂罩中缘离地高度（左前、右前、左后、右后）/mm	空载	
	载3人	
	满载	
	…	
气动套件搭载情况（主动套件）		智能格栅、主动尾翼等
其余		

(2) 拟定试验计划　结合试验内容、试验时间合理制订试验计划、试验工况的顺序。车辆气动性能整体考察的标准测试工况，包括测试风速、移动路面系统与车轮转动单元速度、雷诺数扫掠、横摆角扫掠、内流控制部件气动性能及其他部件气动性能考察工况等，见表10-6。

表10-6　试验测试工况表

序号	工况名称	横摆角/(°)		风速/(km/h)		移动路面系统/(km/h)		车轮转动单元/(km/h)	
		范围	步长	范围	步长	范围	步长	范围	步长
1	基准状态								
2	雷诺数扫掠								
3	横摆角扫掠								
4	内流-前端进气栅								

（续）

序号	工况名称	横摆角/(°)		风速/(km/h)		移动路面系统/(km/h)		车轮转动单元/(km/h)	
		范围	步长	范围	步长	范围	步长	范围	步长
5	内流－主动格栅								
6	轮毂开口考察								
7	后视镜考察								
8	车辆姿态考察								
9	降阻方案考察								
…	…								

（3）试验车辆状态确认　试验车辆在进入风洞前，需完成车辆状态检查，确保试验车辆满足试验要求，如要求车辆外观完好、空气动力学关重区域部件完整、外饰件等安装牢固可靠、胎压、油箱油量等满足测试车辆的相关规定等，同时保证车辆的清洁度。

2. 试验步骤

（1）装车　试验车辆进入风洞后，需完成试验车辆的装车、调试工作。该部分工作通常由风洞中心操作人员完成，确保车辆安装状态及风洞环境满足试验测试工况要求。

（2）试验测试　按照拟定的试验计划，以给定工况的风速、横摆角度、五带系统速度对试验车辆进行气动力测试，并记录大气环境参数、运行参数等，以及气动力及力矩等试验结果。试验过程中，针对每个工况测试结果，完成测试结果的准确性初判，如超出预期误差，可进行该工况的重复试验。

3. 试验结果处理分析

完成试验后，基于风洞中心提供的测试报告，完成样车气动性能目标验收。车辆气动性能最终验收工况：横摆角0°、风速120 km/h，路面模拟系统与车轮转动单元速度为120 km/h，对于配置有主动进气格栅的车辆，需进行开关两种状态下的气动力测量，作为基准工况测试结果。

同时，针对试验过程中的降阻方案进行降阻效果、经济性等评估。在确保目标值达成的前提下，明确目标达成方案、技术储备方案等。

10.3　气动性能优化方法

10.3.1　造型气动性能优化

汽车空气动力学性能与造型密切相关，在产品开发初始阶段，空气动力学工程师应介入，与造型师进行沟通讨论，了解车型的基本设计风格和设计方案布置要求，并在各个开发阶段主动灵活地进行外形设计与优化。

10.3.1.1 造型主题选型阶段的降风阻优化

此阶段处于造型概念设计阶段早期，若无造型 3D 数据，不能开展数值仿真评估，为避免后期出现空气动力学性能较差的车型，空气动力学工程师可以根据其他空气动力学性能较好车型的设计经验，基于草图、效果图进行主观评价。如果有造型 3D 数据，可开展空气动力学数值仿真分析，对多主题造型模型进行空气动力学水平摸底，通过分析结果协助造型设计师完成主题选型，并针对模型中不利于空气动力学的敏感设计特征给出优化建议，供造型设计师参考。

10.3.1.2 造型体态 CAS 面阶段的降风阻优化

在造型体态 CAS 面阶段，涉及造型体态风格和人机布置，空气动力学工程师需要和造型工程师、总布置工程师充分交流，针对体态模型定义出对风阻影响较大的造型关键尺寸，明确造型设计需求和造型关键参数的变动范围，输出对布置及造型的低阻控制方案。此阶段可基于造型体态 CAS 面进行数值仿真分析和模型风洞试验。

造型体态 CAS 面的空气动力学优化，可基于基础模型空气动力学数值仿真结果进行，通过流场分析判断风阻敏感区域，选取造型关键尺寸作为设计变量，结合造型、总布置输入的设计变量变动范围，开展 DOE 优化设计。这种凭借空气动力学工程师经验选择空气动力优化设计变量的方式，可能会存在优化潜力挖掘不足，全局观相对较差的问题，影响空气动力学优化的效率和效果。因此，也有 CFD 软件推出一种敏感度的算法，通过表面敏感度计算，找出优化空气动力学性能最有效的区域及优化方向，然后再开展 DOE 优化设计，如图 10-13、图 10-14 所示。

图 10-13　外造型敏感度分析

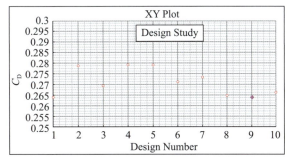

图 10-14　DOE 寻优计算

造型体态 CAS 面关键尺寸主要关注车辆的整车（长×宽×高）尺寸、车头、乘员舱、车尾相对长度的比例、车头、车尾相对高度的比例，以及发动机舱盖倾角、前窗倾角、后窗倾角、接近角、离去角等，这里也需要考虑发动机舱和底盘的布置、车辆姿态、车轮型号等信息。通常选取 $y=0$ 截面测量和评估造型体态关键尺寸，如图 10-15 所示。

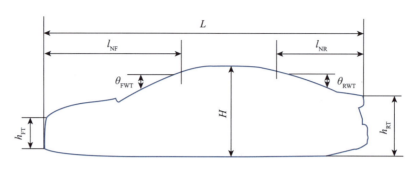

图 10-15 体态模型部分关键尺寸示意图

开展模型风洞试验的过程中,也需要空气动力学工程师、造型设计师共同参与,快速完成方案的调整与验证。

10.3.1.3 A面阶段的降风阻优化

造型进入 A 面阶段,主要针对造型局部细节特征进行风阻优化设计。如前后保险杠两侧型面、前照灯、雾灯形面、ABC柱等与车窗的断差,车尾扰流特征等对整车风阻的影响。如图 10-16 所示,列出的 12 个主要区域均为造型细节优化的关重部位。

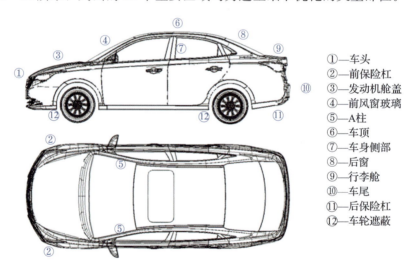

①—车头
②—前保险杠
③—发动机舱盖
④—前风窗玻璃
⑤—A柱
⑥—车顶
⑦—车身侧部
⑧—后窗
⑨—行李舱
⑩—车尾
⑪—后保险杠
⑫—车轮遮蔽

图 10-16 汽车气动阻力关重部位

1. 车身前部

当车头与空气接触时,空气要从车身的各方向偏移,车头造型对气动阻力的影响举足轻重。车头造型中影响汽车空气动力学性能的因素很多,如车头高度、车头上缘及两侧拐角、发动机舱盖与前风窗造型等。

(1) 车头形状和车头高度　汽车前部外形的变化使流向底盘的气流量发生变化,同时也会影响前后轴升力的分配变化。头缘位置较低的下凸型车头的气动阻力系数较小,但车头不是越低越好,低到一定程度后,车头阻力系数不再变化。增加下缘前唇,气动阻力变小，减小的程度与前唇的位置有关。完全不同形状的车头也可能获得相同的阻力系数，如图 10-17 所示。车头过低会影响发动机舱部件的布置。

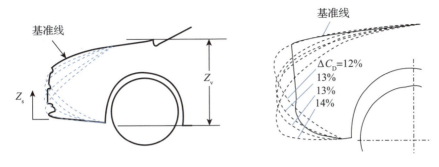

图 10-17 流线型车头头缘高度对 C_D 的影响

（2）前保险杠两侧拐角　增大阻力的两个因素紊流和摩擦力相互制约，当车头两侧拐角半径较小时，紊流带来的阻力较大；当半径较大时，车身侧面的摩擦力较大，所以拐角半径存在一个相对较优的平衡点，可通过 DOE 寻优或者结合流场进行优化。

此外，车头两侧拐角半径及拐点位置也影响前轮轮腔内外侧的压差。拐角半径减小，拐点前移，可促使气流提前分离，前保险杠拐角处的低压区提前，轮腔外侧的压力增加，从发动机舱底部经前轮外溢的气流减少，从而减小前轮腔的气流分离。

（3）发动机舱盖　发动机舱盖与前风窗连接处，由于气体流向的大角度改变，会产生较大的涡流，这个涡流区的存在不利于减小风阻。有适当斜度的发动机舱盖（与水平面的夹角）对降低气动阻力有利。当发动机舱盖斜面与水平线的夹角从 0°增加到 10°时，风阻系数 C_D 降低较为明显，趋近 10°时，C_D 减小趋势区域平缓。

2. 乘员舱及车身侧部

（1）前窗　在发动机舱盖后缘的气流分离，致使在前风窗的下方产生分离区，然后在前风窗玻璃的上缘重新开始附着。底部气流分离区大小由前风窗倾角 δ 决定，确切地说由发动机舱盖与前风窗的夹角 ε 决定，如图 10-18 所示。

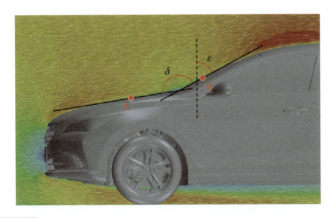

图 10-18 气流分离点 S 与再附着点 R 与前风窗倾角关系的二维平面图

增大发动机舱盖与前风窗玻璃夹角 ε，可使气流分离点 S 与再附着点 R 靠近，减小分离区，降低气动阻力，但是到目前为止，效果不像预料的那么好。前风窗倾角与 C_D 为渐近特性，当前风窗倾角大于 60°后，气流分离点与再附着点变化很小，降阻效果减缓。此外，前窗倾角过大也会影响驾乘视野，造成外景失真。

（2）A 柱　A 柱是前风窗与侧窗的交接处，前方来流向车身两侧流动的拐角。减小 A 柱与前风窗玻璃间的断差（或增加 A 柱装饰条）、优化 A 柱截面形状能减小 A 柱后方的气流分离，减小气动阻力，同时对降低气动噪声和侧窗污染也有利。

（3）B 柱与侧窗　车身侧部造型中影响汽车空气动力学性能的因素主要有侧窗、侧柱、腰线的设计以及轮罩对车轮的遮蔽性等。侧窗倾角对流向车身后方的气流有直接影响，增大侧窗倾角，正迎风面积减小，有助于降低空气阻力，但是过大的侧窗倾角会牺牲乘员舱空间减小。

（4）车顶　汽车风阻系数可以通过纵向弯曲车顶来降低，如图 10-19 所示。而弯曲车顶是否有利于降阻取决于前风窗到车顶以及车顶到后窗过渡处的半径。此外，车顶的最高点位置对风阻也有影响，通常建议尽可能地靠前，这样会使压力递增梯度变小（相对较小的压力极值以及较低的压力梯度），降低气流分离的风险。

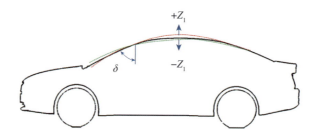

图 10-19　前风窗倾角和车顶曲率对阻力减小的结果

对气动阻力系数而言，存在一个最佳的顶盖上挠系数（上鼓尺寸与跨度的比值）。顶盖任意小的上鼓都会由于正迎风面积的增加而使得气动阻力加大，因此，应尽可能地使车顶盖趋于平直。较小的顶盖上挠系数气动阻力增加幅度较小，目前大多数轿车的顶盖都是有适度的上挠系数。

3. 车身尾部

汽车的尾部形状对其气动力有显著影响，尾部涡流是产生压差阻力的主要原因。不同的尾部形状产生不同的气流分离现象。典型的尾部造型有直背式、斜背式和阶背式，图 10-20 展示了三种典型尾部的中截面流场。与直背式相比，斜背式和阶背式的尾部流场完全不同，这两种的尾部分离区明显更小，但其尾部流场整体趋势向下的，尤其斜背式非常明显，这会增加升力和诱导阻力。

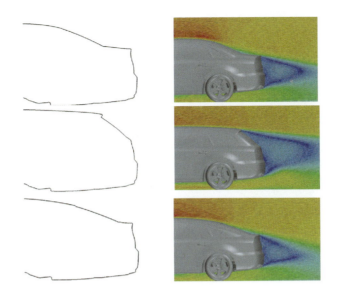

图 10-20 三种典型的尾部造型及中截面流场

(1) 后窗　后风窗斜度对气动阻力有较大影响，这是因为后风窗斜度直接影响车身尾部的气流分离状态。当后风窗斜度 $\phi=30°$ 时，气动阻力系数最大，人们将 $\phi=30°$ 称为后风窗临界斜度。通常 $\phi<30°$ 时，气动阻力系数较小，后风窗斜度对 C_D 的影响如图 10-21 所示。后风玻璃倾斜角一般以控制在 25°之内为宜。后风窗与车顶的夹角为 28°~32°时，车尾将介于稳定和不稳定的边缘。

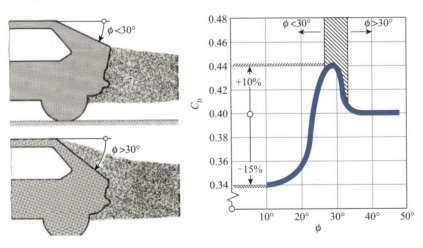

图 10-21 后风窗斜度对 C_D 的影响

(2) 车尾行李舱盖　为改善车尾后方的空气动力学性能、降低气动阻力，需综合考虑车尾顶部气流、底部气流以及两侧气流的交互影响。尾部长度更长，有利于减小阻力和升力。对具有流线型车尾的轿车而言，存在最佳车尾高度，即在这个车尾高度时，具有最小的气动阻力系数。当然，车尾高度需要根据具体车型以及结构要求而定。

10.3.2 发动机舱气动性能优化

汽车发动机舱冷却系统的气动阻力是汽车内流阻力的主要成分。发动机不断地提高功率，需要更多的冷却空气散热。较好的发动机舱布局，不仅能引导气流更顺畅地通过，也能为发动机散热做出贡献。如图10-22所示，展示了发动机舱冷却气流流动损失给整车空气阻力带来变化。很多研究报告表明，发动机舱冷却通风使空气阻力增加的部位不仅是车头和发动机舱，还有受地板下方冷却风排出影响的车底后部、轮罩等区域。据统计，由于发动机通风引起整车阻力系数增加约0.03，约占整车阻力的10%。

图10-22 有无冷却气流的车辆沿程阻力发展曲线

发动机舱冷却空气阻力的来源主要有三部分：①格栅进口处的进气损失、气流进入冷却系统前的气流泄漏损失；②气流流经散热器、发动机舱组件时的压力损失；③冷却气流出口处（发动机舱底部、轮腔）的冲击、与外流场气体的交互作用的动量损失，如图10-23所示。

因此，降低发动机冷却系统的气动阻力，保证最佳的冷却效率，应尽量使散热器前面的气流速度均匀，同时尽量减小由于冷却气流在过程中的动量损失而引起的气动阻力。

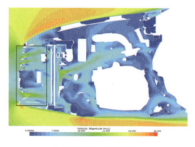 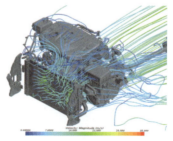 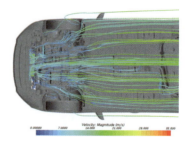

a）进口处的气流流动　　b）舱内的气流流动　　c）出口处的气流流动

图10-23 发动机舱的气流流动

10.3.2.1 发动机舱进口处的气流优化

选择冷却气流的入口位置,必须考虑冷却系统入口位置与车头前部滞点的位置关系。对于乘用车,车头气流驻点通常位于车牌板位置,气流流过车牌板时会改变方向,冷却空气通过车牌板上下方的格栅进入发动机舱。

冷却空气通过格栅进入发动机舱并沿冷却系统方向流动,进气格栅是前脸的主要特征,格栅进气关系到车辆的散热和风阻。冷却格栅的位置、截面形状以及开口面积等都对冷却阻力有很大影响。

气流通过格栅进口时因气流分离会产生耗散性损失,形成进气损失。如图 10-24 所示,气流通过车头前端驻点位置时会折向,在车牌板边缘倒圆角、格栅的肋条造型平行于气流方向倾斜,有利于提高格栅的进气率,减小流量损失。

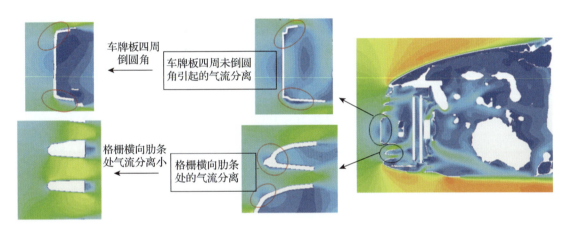

图 10-24 格栅进口处的气流流动损失

格栅的开口面积对汽车的阻力和升力也有较大的影响,盲目地增大进气格栅的开口面积,并不会使进入散热器的气流量增加,反而还会使冷却系统的气动阻力增大,增加额外的燃油消耗。因此,需合理优化格栅开口,在满足发动机舱冷却系统进风量的同时,减小冷却系统的气动阻力。

10.3.2.2 发动机舱内的气流优化

通常,进入格栅的大部分气流并未有效地用于冷却,通过冷却系统与前脸间的间隙进入发动机舱,导致通过冷却系统的有效进气率减少,发动机舱内阻增加,因此,需要合理设计进气格栅和冷却系统挡风板,能够在保证散热器和冷凝器进风量不变的前提下有效降低风阻。在进口格栅和冷却系统之间增加冷却封装板后,通过冷却系统的进气利用率提高,风阻系数降低。图 10-25 所示为福特福克斯冷却系统前端模块的封装,在该区域安装一个整体、封闭的冷却气体导流件,更有利于降低风阻。

图 10-25 福特福克斯冷却系统前端模块封装实物

10.3.2.3 发动机舱出口处的气流优化

对于普通轿车，流入发动机舱的气流通过散热器、流经发动机的气流一般从发动机舱下方排出。如图 10-26 所示，冷却风迂回撞击发动机，使发动机舱受到斜上方和斜下方的力，这个力与路面平行的成分为内部阻力的一部分，与路面垂直的成分为升力的一部分。气流流经发动机及发动机舱部件时，产生气流分离造成气流能量损失，引起内部阻力增加。

通常从发动机舱下方排出的冷却气流是沿着 z 方向的，这将会增加车辆在 x 方向的动量损失进而导致空气阻力增加，也会导致前轴升力增大。在发动机舱底部设置发动机舱下护板，可以促使发动机舱的冷却气流在进入下车体之前被引导至 x 方向，从而气动阻力减小，如图 10-27 所示。发动机舱下部护板的设计需结合发动机舱出口气流和车辆底部气流合理设计合适的排出面积和排出方向，有利于降低风阻系数。

图 10-26 发动机周围的气流流动

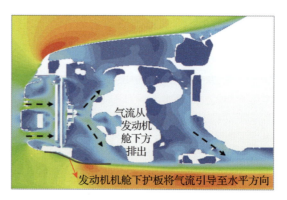

图 10-27 发动机机舱截面速度云图

10.3.3 底盘附加件气动性能优化

由于底盘的结构比较复杂，所以空气流过底盘时为不规则的流动，对降低阻力和风噪均不利。为改善车底的空气流动、提高顺畅性，在详细设计阶段，工程师们通常会在底盘增加附件，比如护板，使车体相对平整。平整的底盘设计不仅可以用于腐蚀防护及降低底盘噪声，同时使底部更加平顺，保证气流更为平顺地通过车底，减小空气阻力。

10.3.3.1 底盘封装导流设计

不同的车底布置（消声器、燃油箱、备胎）会带来不同的底盘封装方式，同时还需考虑成本和重量的增加。图 10-28 所示为奥迪 A8 的底盘封装图，封装程度非常完善。

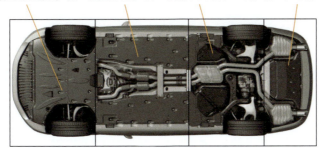

图 10-28 奥迪 A8 底盘封装

通常，在设定目标值、制订达成策略时，会评估底盘封装的降阻贡献和成本。表 10-7 列出了底盘降阻方案及降阻效果。

表 10-7 底盘降阻方案及降阻效果

底盘封装方案	影响趋势	降风阻效果
发动机舱下护板	结合底盘实际情况，开展封装板设计优化	0~0.01
底盘中部封装板		0.002~0.005
油箱区域封装板		0.005~0.015
扩散器	扩散器上扬角有优值	0~0.005
前轮导流板	有优值	0.005~0.015
后轮导流板	有优值	0~0.005

10.3.3.2 车身姿态与底盘附加件联合优化

车辆行驶时，车辆姿态对风阻也有较大影响，车辆相对于参考系的姿态定义如图 10-29

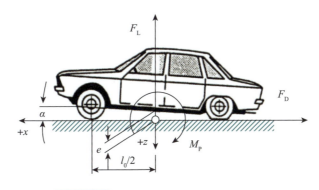

图 10-29 车辆相对于参考系的姿态定义

所示。主要通过迎风角 α 和轴距中心点处的地面间隙 e 来评估车辆的姿态信息。车辆阻力、升力均随迎风角度的增加而增加，迎风角每增加 1°大约对应 2%的阻力增加。

通常也可以通过前后轮眉离地高度来评估。车辆姿态通过车辆设计状态以及对应的车辆配重确定。在一定范围内，离地间隙减小有利于降低风阻，有些高端车型采用空气悬架来提升空气动力学性能。如带有空气悬架的奥迪 Q7 可在 120km/h 以上速度行驶时减小离地间隙 30mm，带来 5%的空气动力学性能提升。假定迎风面积不变，这意味着 C_D 有下降 0.02 的潜力。

一定范围内降低车身离地间隙有利于降低风阻系数，但是离地间隙减小也会影响底盘附加件尺寸的设计，如 Z 向尺寸的设计要求，从而影响底盘附加件的降阻效果。因此，需要综合考虑，联合寻优设计。

10.3.3.3 低风阻车轮

乘用车的车轮、轮鼓包阻力在整车空气阻力中占比很大。最近的研究表明，这部分阻力可占总阻力的 25%；对于下车体十分平整的车辆，这个比例甚至会更高。因此，在未来车辆的研发中，车轮和轮鼓包有着极大的空气动力学优化潜力。

针对车轮本身，轮胎的宽度、轮辐的形状及开口面积对风阻有较大影响。通常，轮胎宽度越小、轮辋开口面积越小，越有利于降低风阻系数。但是轮辋开口设计还涉及制动盘散热、轻量化要求等性能，需综合评估。

10.4 气动性能与其他性能的集成开发

10.4.1 气动性能与发动机舱散热性能的集成开发

10.4.1.1 风阻与发动机冷却的需求

在整车开发中，风阻性能与发动机舱散热性能都受到发动机舱气流的影响，二者对发动机舱气流的要求存在一定的矛盾。从降低风阻的角度，希望进入发动机舱的冷却气流越少越好；从发动机冷却的角度，希望通过冷却模块的冷却气流更多，以提高冷却效率。二者也有相统一的诉求：发动机舱进气用于散热的利用率越高，越有利于风阻和散热性能的兼顾。为使两项性能达到平衡，需要从前格栅进风面积、发动机舱内导流、发动机舱下部出风口等方面进行合理设计。

10.4.1.2 控制策略及解决方案

前端进气格栅开口面积是风阻与散热性能平衡的重要因素，总体上冷却模块的通风风速随着前端开口面积的扩大而增加，但当开口超过冷却模块的正投影范围以外时，进风不是直吹冷却模块，效率降低，但风阻会随开口面积的增大而急剧增大。所以通常将格栅开口的范围控制在冷却模块的正投影范围以内,通过约束造型,合理设计格栅的格条造型,满足散热进气的开口面积需求,在此基础上进一步寻求减小开口面积的可行性,以追求与风阻性能的平衡。当然,对于动力配置散热需求过大的情况,也需要适当将开口范围扩展至冷却模块正投影范围以外,冷却(散热)属于安全性能,需权衡。

发动机舱内的导流设计,最主要的是封堵前保险杠与冷却模块四周之间的空隙,以避免对散热没有贡献的不必要的气流压力损失。从另一个角度看,发动机舱内的气流利用率越高,越有利于减小前格栅开口面积,避免增大不必要的风阻。

发动机舱的气流出口,一般包括发动机舱后下方(地板中央通道前端)、发动机舱下部护板开口以及发动机舱两侧车轮罩区域。如果将发动机舱气流的出口设计过大,会导致底盘气流紊乱,增加底盘部件阻力及能量耗散。如果发动机舱气流的出口过小,或者出口位置的外部压力较大,会导致发动机舱通风阻力增大,影响冷却效果,同时也不利于降低风阻。通常认为,引导气流从发动机舱的后下方外部压力小的区域排除,且排气方向与车底气流尽量趋近于平行,有利于在保证发动机舱通风效率的情况下,尽量减小风阻。其次,从车轮罩区域排出,对车体外侧的高速气流影响也较小,有利于控制风阻。而发动机舱排气出口的大小,需要结合发动机舱前进气口等具体设计情况,耦合分析寻求平衡散热与风阻的综合最优方案,在工程中尤其是仿真分析时,可以采用 DOE 多目标优化方法,如图 10-30 所示。

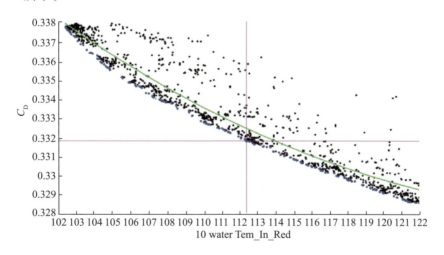

图 10-30 针对风阻和冷却液温度的多目标 DOE 寻优

近年来,智能进气格栅的应用越来越多,其主要作用就是根据不同的行驶工况变化和散热需求,主动控制发动机舱进气量,使散热性能和风阻性能处在最佳的平衡状态。图 10-31 所示为某车型搭载智能进气格栅。在散热需求较大的工况下,智能格栅叶片完全打开,使车辆能够安全行驶;而在车辆刚起动或者环境温度较低等散热需求较低的工况下,叶片可以全部或部分关闭,以降低风阻。

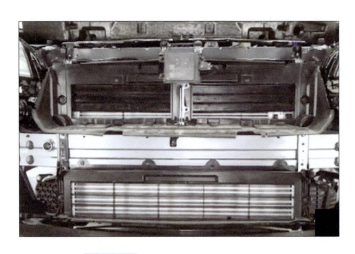

图 10-31 某车型搭载智能进气格栅

10.4.2 气动性能与车身污染管理的集成开发

10.4.2.1 风阻与车身污染的关注需求

随着汽车空气动力学的快速发展,车身尘土污染问题已成为空气动力学领域研究的重要问题。车身尘土污染不仅影响汽车的美观,还影响驾乘人员的舒适性和安全性。汽车自动驾驶、智能化的发展趋势,也对车身污染提出了更高的要求,当污染物沉积在摄像头、传感器等关键位置时,将影响这些设备的性能,从而影响驾乘安全性能。

车身表面污染主要是由尘土和泥水引起的,不仅与环境污染以及道路条件有关,同时很大程度上也取决于汽车的外形设计,较好的外形可使携带尘埃的气流避开车身的清洁保护区或较流畅地经过而不积存。一些尘土容易沉积处也可以通过设计一些遮挡物起到防护作用。这些设计同时也影响整车的气动性能,因此需要综合考虑、集成开发。

10.4.2.2 控制策略及解决方案

1. 车身侧面污染

汽车侧面尘土污染主要由三部分组成:①车辆行驶时,车轮旋转将地面的尘土和泥水卷带起来,飞溅至侧面形成污染;②由于前车轮轮腔内外两侧的压差作用,当外侧压力较低时,轮腔内夹杂着尘土和泥水的气流溢出,形成侧面污染;③地面间隙的脏气流受到空间和汽车底部装置阻滞而减速,形成湍流,从车身两侧溢出并向上流动,从而造成侧面污染,如图 10-32 所示。

因此,控制车身侧面的污染,前车轮与前保险杠、前轮罩与门槛前端之间的尺寸关系成为关注要点,主要关注的参数有前保险杠后端、门槛前端、前轮眉与前轮外侧的 Y 向距离、前轮与轮罩的间隙。在这些方案的设计过程中,需同时考虑对整车风阻系数 C_D 的影

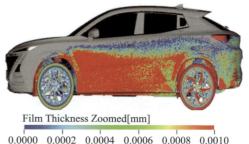

图 10-32 车身侧面污染数值仿真图

响。如图 10-33 所示，优化方案增加前保险杠形面对前轮的遮挡，减小气流对前轮的冲击，从而减小阻力；但该方案会导致前轮腔外侧压力减小，增大侧面污染风险。如图 10-34 所示，优化方案前轮后方门槛内收，使前轮后方局部高压区减小，阻力减小；但该方案会导致尘土更容易飞溅至侧面，需综合考虑。

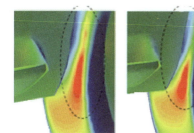
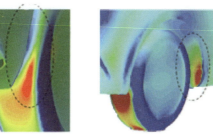

图 10-33 前保险杠形面优化前后表面静压对比　　图 10-34 门槛内收前后表面静压对比

此外，通过设计前轮挡板、发动机舱底护板以及前轮罩衬板，可以有效减少进入前轮腔的气流。如图 10-35 所示，增加前轮挡板和发动机舱底护板后，轮腔区域的分离区明显减小，该方案既实现了降低风阻系数，又减小了侧面污染程度。

a）增加发动机舱底护板　　　　b）优化前（左）、后（右）总压 $P=0$ 等值面对比图

图 10-35 增加前轮挡板和发动机舱底护板前后总压 $P=0$ 等值面对比图

2. 车身后部污染

汽车后部设置倒车影像、车牌、尾灯等区域也是尘土污染的关重区域。尘土污染主要来自三方面：①旋转的后轮将地面的尘土卷起并绕过 C 柱流向汽车后部形成污染；②由于后轮轮腔内外压差的作用，轮腔内的尘土和泥水随着气流顺风流向车身后部，形成污染

区；③进入地面间隙的脏气流受到空间和汽车底部装置阻滞而减速，形成湍流，从车底溢出并向上流动，从而造成后部污染，如图 10-36 所示。

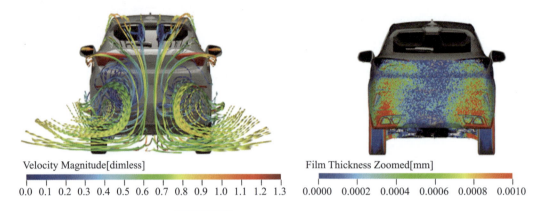

图 10-36　车身后部污染数值仿真图

车身尾部流场对车身后部污染、整车气动性能有重要影响，控制车身后部污染，需要特别关注后车轮与门槛后端、车尾四周的造型设计，同时还需考虑车顶气流下洗、底部上扬气流以及侧向气流对车尾流场的影响，如图 10-36 所示。顶部扰流板镂空设计，引导顶部气流通过后窗及车尾区域，减小经底盘上扬的气流，可以减小后窗、车牌悬挂区域尘土污染风险，但对降低风阻极为不利。通过顶部扰流板镂空区域设置扰流条，减小镂空形面，最终实现既降低风阻系数又减小背部污染的目的。

10.4.3　气动性能与风噪的集成开发

10.4.3.1　风阻与风噪的关注需求

风噪是汽车行驶时车辆与气流相互作用产生的一种空气流动噪声，这种流动包括车身周围的空气流动以及外流场到车内的流动。当车速超过 100km/h 时，气动噪声成为汽车噪声的主要贡献源，是影响乘坐舒适性的重要因素。

当气流流经车辆锋利的边缘（如发动机前缘）、暴露在气流中的凸起（如暴露在气流中的刮水器、天线）及车辆的后视镜、侧窗与A柱区域时，产生大量的气流分离，引起车身表面强烈的压力脉动，是车辆的主要紊流噪声源。这些风噪关重区域同样也是风阻关注的重点，气流分离严重，对降低风阻系数也不利。

10.4.3.2　控制策略与解决方案

对于后视镜、刮水器、天线、车门把手等外凸件的设计，从风阻的角度出发，建议减小凸出件的正迎风面面积，从而减小迎风压力。此外，减小凸出件后方的气流分离，对降低风阻、风噪均有利。A柱形面以及A柱与前窗、侧窗间的过渡方式也是风阻、风噪共同关注的内容，通过合理设计A柱截面形状、控制A柱与车窗间的断差，对降低风阻、风噪均有利。

由于底盘的结构比较复杂,空气流过底盘时多为不规则的流动,对降低空气阻力、风噪均不利。增加底盘封装板不仅可以使底部气流更加平顺流向车后,可以用于腐蚀防护、隔热及降低底盘低频噪声,同时减小空气阻力。某车型增加如图10-37所示的底盘中部护板后,整车风阻系数降低3%,车内语言清晰度提升1.26(AI%),如图10-38所示,风阻、风噪均有改善。

图10-37　底盘中部护板

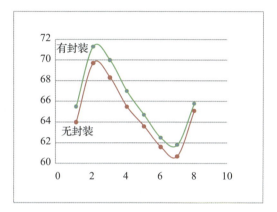
图10-38　某车型有无封装车内不同位置语言清晰度

参考文献

[1] 傅立敏. 汽车设计与空气动力学 [M]. 北京:机械工业出版社,2020.
[2] 孙络典. 乘用车空气动力学仿真技术规范 [S]. 北京:中国汽车工程学会,2019.
[3] 赵婧,杨兴龙,杨旭,等. SUV空气动力学性能开发 [Z]. 2020:121-128.
[4] THOMAS S. Aerodynamics of road vehicles(fifth edition)[J]. SAE International,2016.
[5] 陈力. 汽车整车空气动力学风洞试验:气动力风洞试验方法 [S]. 北京:中国汽车工程学会,2020.
[6] 小林敏雄,農沢隆秀. 汽车造型与空气动力学技术 [M]. 郭茂荣,译. 北京:机械工业出版社,2020.
[7] 金益锋. 基于CFD的某微型客车减阻与尘土污染研究 [D]. 长沙:湖南大学,2012.

Chapter 11

第 11 章
电器性能开发

汽车电器产品开发中,为了更好地满足客户需求,在实现电器基本功能的基础上,更应该满足其电器性能,整车电器性能主要从四个性能方向进行阐述。

1)整车电源管理性能开发。整车电源性能主要有三大评价指标,分别是整车电平衡、整车动态电压和整车暗电流。主要从这三大指标的定义、分解开发策略以及匹配验证等方面进行阐述。

2)灯光性能开发。灯光性能开发分为照明类和信号类灯具的光学性能,主要从灯光性能的定义、灯光性能的开发策略、灯光性能 CAE 分析流程以及灯光性能的匹配验证等方面进行阐述。

3)电器硬件可靠性能开发。电器硬件可靠性能开发主要从电器硬件可靠性能定义、电器设计可靠性能目标分解及方案设计、电器硬件验证及目标达成等方面进行阐述。

4)电磁兼容性能开发。电磁兼容性能开发分为电磁干扰和抗干扰两个方面性能,主要从电磁干扰及抗干扰性能定义、电磁干扰及抗干扰性能目标分解及方案设计、电磁干扰及抗干扰验证及目标达成等方面进行阐述。

11.1 开发需求和目标

1)整车电源管理性能的开发主要是从整车电平衡、整车动态电压和整车暗电流三个维度指标进行设计和开发,确保用户在多种工况下使用均能满足用电需求。

2)汽车灯光性能的开发除了满足基础的国家法规外,主要是从用户实际驾驶的照明需求出发，将其转化为工程开发需求，并结合产品定位进行适应性开发，以达到用户满意的灯光性能。

3）电器硬件可靠性能的开发主要是从二级物料、硬件设计、设计验证、生产工艺等维度进行设计和开发管控，以确保产品的设计及耐久符合用户的可靠性需求。

4）电磁兼容性能的开发主要是从整车、系统、电子部件的电磁干扰、抗干扰两个维度指标进行设计和开发，确保用户在多种工况下使用均能满足安全可靠的需求。

11.2 整车电源管理性能开发

11.2.1 整车电源性能定义

整车电源系统包含发动机、交流发电机、蓄电池和用电负载，如图 11-1 所示。在发动机未起动时，蓄电池作为整车的主电源，为用电负载提供电能；在发动机起动后，交流发电机作为整车的主电源，为用电负载提供电能。当发电机的发电量高于用电负载需求时，多余的电量由蓄电池吸收；当发电机的发电量低于用电负载需求时，不足的电量由蓄电池补充。针对整车电源系统有三个常用的衡量指标，分别是整车电平衡、整车动态电压和整车暗电流。

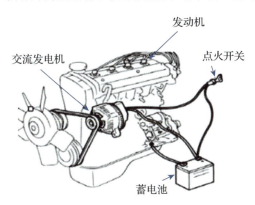

图 11-1 整车电源系统

11.2.2 整车电源性能目标分解及方案设计

整车电平衡、整车动态电压和整车暗电流是整车电源的三大关键性能指标。这三大指标是整车级的，为保证指标的达成，需要将其逐级分解并落实到零部件上。

1. 整车电平衡

整车电平衡就是发动机起动后，发电机的发电量与用电负载需求电量之间的平衡，发电机输出电量大于用电负载需求电量。常规工况下，不建议发动机起动后还使用蓄电池的电量。因为蓄电池的主要功能是在钥匙或点火开关打到起动档（START 档）时，为起动机提供电能，让起动机将电能转化为机械能，带动发动机克服阻力，从而让发动机正常运转起来。为了保证每一次熄火后发动机能再次正常起动,需要蓄电池保持充足的电量。如何做好电平衡?我们先确定电平衡的工况,一般包括常规怠速工况、空调怠速工况、市区工况、郊区工况、高速工况、山区工况。这6个工况既是用户较常使用的工况,同时也是很严苛的电平衡工况。只要这6个工况满足了电平衡,就可以覆盖99%以上用户的实际使用场景。确定了工况,再针对工况明确指标。为了保护蓄电池,行业内一般对6个工况的要求都是蓄电池充电电流≥0A。为了达到这个目标,需要进行以下工作:

(1) 收集全车各用电器功率　收集用电器功率时,要注意区分用电器的属性,如果是电机类产品,需要收集额定功率和堵转功率。

(2) 总功率计算　将收集到的用电器功率分配到6个典型工况中,完成每个工况的总功率计算。

(3) 发电机选型　根据6个工况发动机转速计算出发电机转速,再查询发电机转速-输出电流特性曲线,选择满足发电量需求的发电机。

2. 整车动态电压

整车用电器都有其额定工作电压和工作电压范围,额定工作电压一般是12.5V,工作电压范围一般是9~16V。为保证用电器工作性能,最好是让其工作在额定工作电压下,但整车电压很难保证不波动,特别是大功率用电器打开或关闭的瞬间。当整车电压发生较大波动时,某些用电器性能可能出现衰减,最极端情况下可能出现功能丧失。为了规避这些风险,采用整车动态电压这个指标来评价整车电源系统是否做好了匹配。

通常用三个极端工况来评价这个指标,分别是停车操纵、障碍和制动工况。以障碍工况为例,让车辆悬架和转向系统位于动态应力,测试高动态电流引起的电池电压下降,评价的指标有蓄电池电压、转向系统状态和所有用电装置工作状态。

3. 整车暗电流

整车电源关闭后,某些用电器不能完全断电,需要蓄电池为其供电,以保证其进行数据保存或监控车辆状态,此时整车产生的电流称之为暗电流。暗电流必须控制在一定范围内,否则会过度消耗蓄电池电量,影响整车停放时长,严重时会造成整车亏电无法起动。一般行业内会根据电器配置的高低来制订整车暗电流的指标,但通常都不会超过20mA。有了整车暗电流的指标,接下来就是将指标分解到会产生暗电流的用电器。一般会产生暗电流的用电器有发动机控制单元、车身控制模块、组合仪表、信息娱乐系统、安全气囊控制系统、主动安全控制系统等。

11.2.3　整车电源性能目标达成

整车电源系统三大关键性能指标完成了制订和分解,接下来需要完成测试,确保目标达成。

1. 整车电平衡达成

急速工况、空调急速工况、市区工况、郊区工况、高速工况、山区工况,每个工况确定用电器使用状态,比如鼓风机开几档、是否打开近光灯、刮水器高速还是中速等。然后每个工况进行测试,测试蓄电池的充电电流和蓄电池的电量。以高速工况为例,电平衡测试见表 11-1。

表 11-1 高速工况电平衡测试

用电器	状态
	高速
前照灯(近光)	开
收放机(音量 50%)	开
空调	前后排空调或出风口的均应开启,手动空调风量开至最大档,自动空调 22℃ 设置
雾灯	开
冷却风扇	开(跨接至高速风扇或最大档)
闪光警告	关
前刮水器(中速)	开启
后刮水器	开启
其余负载	随工况正常工作

合格标准:蓄电池充电电流≥0A,蓄电池 SOC 无减少。

2. 整车动态电压达成

停车操纵、障碍和制动工况,每个工况确定操作步骤和方法,测试蓄电池电压并监控整车用电器工作状态。以障碍测试为例,整车动态电压测试步骤,见表 11-2。

表 11-2 障碍工况测试整车动态电压测试步骤

测试步骤	动作
1	关闭所有电器
2	连接并固定测试设备,开始记录
3	起动发动机
4	暖车,至冷却液温度达到 90℃
5	电器负载工况:夏季低负载
6	车速≤30km/h
7	行驶绕过 11 个锥形障碍,转弯,并反方向驾驶
8	急速 1min
9	行驶绕过 11 个锥形障碍,转弯,并反方向驾驶

(续)

测试步骤	动　作
10	怠速 1min
11	行驶绕过 11 个锥形障碍，转弯，并反方向驾驶
12	停止记录并保存数据
13	记录环境温度
14	关于故障或减弱的功能（如，操纵），记下观察情况。

合格标准：

1）蓄电池电压不得低于 11V。

2）蓄电池电压不得低于 11.3V 超过 5s。

3）转向功能无损失。

4）所有用电装置都正常工作。

3. 整车暗电流达成

首先，各个零部件进行单体暗电流测试，确保单体达成零部件暗电流指标。然后进行整车暗电流测试。为了确保暗电流测试更贴近用户实际使用场景，一般需要对用户的常用场景和特殊使用场景进行提取。我们经过反复总结和分析，提炼出用户正常用车、用户使用外接设备、用户周边有信号干扰等 9 大场景，每一个场景有其固定的操作步骤。以用户正常用车为例，整车暗电流测试步骤，见表 11-3。

表 11-3　整车暗电流测试

场景	操作步骤
模拟用户正常用车	1. 整车上电，起动发动机 5min 2. 其间开启娱乐主机，点击各应用程序按钮及软开关一次后保持默认状态，启动导航，规划一条 500km 以上路线，打开收音机、鼓风机 2 档以上 3. 整车下电后，关闭所有车门并锁车 4. 10min 后不断电测试暗电流

合格标准：整车暗电流不超过 20mA。

11.3　灯光性能开发

11.3.1　灯光性能定义

汽车灯光指安装在汽车上的各类灯具为车辆及道路使用者提供相应的可视性功能。该可视性功能主要涉及照明类和信号类灯具，照明类灯具主要是保证驾乘人员在环境照明不足的情况下看清车辆前方路面或汽车周边环境，主要包括近光灯、远光灯、前雾灯和转向辅助灯；信号类灯具主要是向其他道路使用者提供车辆行驶状态、存在信号或某种信息（如：转向、倒车）的装置，主要包括前后位置灯、前后及侧转向灯、昼间行驶灯、制动灯、后雾灯、倒车灯、牌照灯等，如图11-2所示。

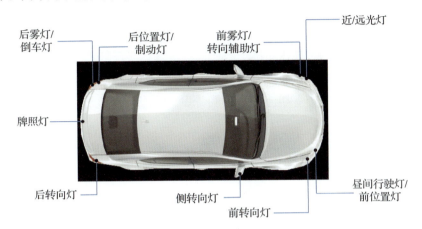

图 11-2 汽车各类灯具

国家标准对上述信号类灯具的灯光性能均有明确的上下限要求，前雾灯及转向辅助灯为选配功能，目前主流的主机厂对此类灯具的灯光性能开发基本上是根据国家标准进行设计即可，汽车灯具相关的国家标准见表11-4。

表 11-4 汽车灯具相关的国家标准

序号	标准号	标准名称
1	GB 4599—2007	汽车用灯丝灯泡前照灯
2	GB 4660—2016	机动车用前雾灯配光性能
3	GB 5920—2019	汽车及挂车前位灯、后位灯、示廓灯和制动灯配光性能
4	GB 15235—2007	汽车及挂车倒车灯配光性能
5	GB/T 15766.1—2008	道路机动车辆灯泡尺寸、光电性能要求：第一部分尺寸、光电性能要求
6	GB 4785—2019	汽车及挂车外部照明和光信号装置的安装规定
7	GB/T 30511—2014	汽车用角灯配光性能
8	GB 11554—2008	机动车和挂车用后雾灯配光性能
9	GB 17509—2008	汽车和挂车转向信号灯配光性能
10	GB 18408—2015	汽车及挂车后牌照板照明装置配光性能
11	GB 18409—2013	机动车驻车灯配光性能
12	GB 18099—2013	机动车及挂车侧标志灯配光性能
13	GB 11564—2008	机动车回复反射器
14	GB 21259—2007	汽车用气体放电光源前照灯
15	GB/T 21260—2007	汽车用前照灯清洗器

(续)

序号	标准号	标准名称
16	GB 23255—2019	汽车昼间行驶灯配光性能
17	GB 25991—2010	汽车用 LED 前照灯
18	GB/T 30036—2013	汽车用自适应前照明系统

然而，作为用户关注度比较高的近光和远光功能，其光学性能设计除满足基本的国家标准外，还将结合产品定位会有相应的适应性开发，重点要对近光和远光的性能开发进行阐述。

1) 近光用于车辆前方道路照明，对来车驾驶人和其他使用道路者不造成眩目或不舒适感，既保证有充足的照明又不造成眩目。

2) 远光用于车辆前方远距离道路照明。

11.3.2 灯光性能开发策略

11.3.2.1 灯光性能的重要性

夜间驾驶时，由于周围的环境亮度较低，驾驶人不容易分辨前方的目标物体。车辆前照灯的性能在行驶安全上的作用就显得尤为重要。而在实际生活中，很多车主在购车时并没有将车灯的性能作为考虑的优先要素。据资料表明，欧盟成员国每年有超过 4 万人在交通事故中死亡，另外还有超过 100 万人受伤。根据道路交通事故数据库在 2001 年的数据，英国作为欧洲交通安全性最高的国家之一，平均每 100 万人中就有 60 人死于交通事故。而重大交通事故在夜间发生的概率是白天的 2 倍，在没有路灯的地方发生的概率是有路灯的地方的 4 倍，夜间道路交通事故示例如图 11-3 所示。

图 11-3 夜间道路交通事故示例

安全距离与车辆行驶速度、驾驶人反应时间以及车辆的制动距离有关，计算制动距离的公式如下：

$$CSD = V \times RT + BD \qquad (11-1)$$

式中，CSD 为安全距离（m）；V 为车辆行驶速度（m/s）；RT 为驾驶人反应时间（s）；BD 为车辆的制动距离（m）。

研究表明，低光照、低对比度的环境下驾驶人的反应时间明显增加。在行驶速度为 70km/h 的条件下，昏暗环境下的安全距离比明亮环境下增加了 12.4m，因此这给道路交通带来很大的潜在威胁。而这个很重要的问题却一直没有得到足够的重视，例如应该将白天和夜间的公路速度限制区别设置。

道路照明的来源有以下几种途径：月光、路灯以及周围环境中其他形式的光。但是，在南美洲、亚洲、非洲以及大洋洲的很多国家只有大城市有足够的道路照明。因此，在缺乏道路照明的地区，车辆前照灯的性能在道路安全性上发挥了很大的作用。性能良好的前照灯可以增加道路照明，进而可以改善安全距离。

11.3.2.2 灯光性能纬度

一款性能良好的前照灯必须具备许多不同的功能，前照灯的主要照明任务如下，覆盖的区域如图 11-4 所示。

1）固定区域车前 25~65m 的区域内应足够明亮。
2）车前近处区域灯光应足够均匀，但不能太亮。
3）右侧道路边界应足够明亮并且照得足够远。
4）左侧道路边界应足够明亮但不能太远。
5）道路标志应适度地照明。
6）路面上方的标志应微弱地照明。
7）对对向驾驶人的眩光控制几乎没有灯光。

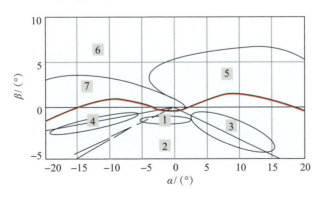

图 11-4 汽车近光灯灯光性能应覆盖的区域

从上述描述可知，在满足夜间驾驶基本安全需求的基础上，应使汽车灯光照得足够远、足够宽、足够亮，从而形成了衡量汽车灯光性能好坏的纬度，见表 11-5。

1) 照射距离：保证驾驶人看清前方或对向车辆、远处的道路标志及行人等目标物。
2) 照射宽度：保证驾驶人看清车辆两侧的行人等目标物。
3) 亮度：保证驾驶人看清车辆前方地面状况。
4) 眩光控制：车辆近光不允许有过度的眩光以对其他道路使用者产生干扰。

表 11-5 衡量汽车灯光性能好坏的纬度

功能		纬度
近光	照射距离	车道右侧的照射距离
		车道左侧的照射距离
	照射宽度	车前近处左侧的照射宽度
		车前近处右侧的照射宽度
		车辆远处左侧的照射宽度
		车辆远处右侧的照射宽度
	亮度	车辆近处的地面照度
		车辆远处的地面照度
	均匀性	车辆近处与车辆远处的对比度
	眩光控制	对对向驾驶人的眩光
远光	照射距离	车道右侧的照射距离
		车道左侧的照射距离
	照射宽度	车前近处左侧的照射宽度
		车前近处右侧的照射宽度
		车辆远处左侧的照射宽度
		车辆远处右侧的照射宽度
	亮度	车辆近处的地面照度
		车辆远处的地面照度
	均匀性	车辆近处与车辆远处的对比度

11.3.2.3 灯光性能开发策略

为了使设计出来的产品达到理想的灯光性能，除了上述的灯光性能纬度要求外，还必须有相应的灯光性能开发策略作为支撑。因此，我们从用户实际驾驶的照明需求出发，将其转化为工程开发需求，并初步建立了一套标准的灯光性能开发流程，见表 11-6。

1) 在产品策划阶段，由产品策划部门基于产品市场策略确定本车型项目的灯光性能定位。
2) 由性能评价团队依据汽车灯光主观评价规范对所选的竞争车型进行灯光性能评价，

并确定灯光性能标杆车辆。

3）在目标确定阶段，针对此灯光性能标杆车辆，由灯具工程技术团队根据汽车灯光客观测试规范对上述灯光性能各纬度进行测试进而确定灯光性能标杆车的灯光性能等级水平，在标准模组库中筛选不低于该项目灯光性能等级水平的远近光模组并编制灯光性能目标书作为设计依据。

4）在产品开发阶段，由灯具供应商根据主机厂输入的灯光性能目标书来设计满足要求的灯光技术方案。

5）由灯具工程技术团队根据供应商提供的灯光技术方案，借助 CAE 分析工具进行仿真，从主观效果及客观测试分析其是否满足要求，若有不满足项，则要求供应商按期优化并重新分析直至满足要求后方可下达数据锁定指令。

6）在产品验收阶段，有灯具工程技术团队组织各领域对实车灯光进行主观评价及客观测试，验证该技术方案的实车效果是否满足性能目标要求，若有不满足项，则要求供应商按期优化并重新验证直至满足要求。

表 11-6 灯光性能开发各阶段工作内容

序号	责任部门	工作项	输出物	备注
1	产品策划	产品市场策略	灯光性能定位	产品策划阶段
2	性能评价团队	竞品车的灯光性能评价	灯光性能标杆车	—
3	灯具工程技术团队	灯光性能标杆车客观测试	性能标杆车的灯光性能等级水平	目标确定阶段
4		筛选模组库	合适的远近光模组	—
5		编制灯光性能目标书	灯光性能目标书	—
6	供应商	编制灯光技术方案	灯光技术方案	产品开发阶段
7	灯具工程技术团队	CAE 分析	数据锁定指令	—
8	灯具工程技术团队	实车灯光进行主观评价及客观测试	满足要求的工装件产品	产品验收阶段

11.3.3 灯光性能 CAE 仿真

11.3.3.1 常用的汽车灯具光学软件

汽车灯具光学 CAE 仿真软件与其他工业 CAE 软件的仿真步骤类似，主要包括建模、各种计算和仿真结果分析。目前，主流的汽车灯具光学分析软件主要有：Lucidshape、ASAP、SPEOS 等，Lucidshape 软件的可视化界面如图 11-5 所示。

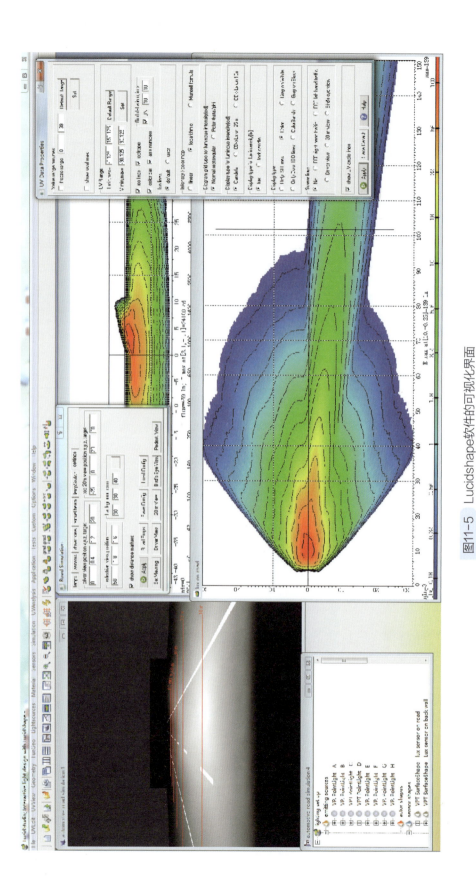

图11-5 Lucidshape软件的可视化界面

11.3.3.2 光学 CAE 仿真流程

本书以 Lucidshape 软件操作为例，介绍一个典型的汽车灯具光学 CAE 分析步骤。

1. 设置边界条件

灯具光学 CAE 分析的边界条件包括灯具近光、远光的离地高度、距车辆中心距离、向下倾斜角度设置、路面分辨率、道路长度、道路宽度设置和驾驶人位置、驾驶人目标视野等参数设置如图 11-6 所示。

①灯具近光、远光的离地高度、距车辆中心距离、向下倾斜角度设置如下：

近光、远光物理参数设置

	距车辆中心距离/mm	离地高度/mm	向下倾斜角度/(°)
近光			
远光			

②路面分辨率、道路长度、道路宽度设置如下：

路面参数设置

Lux on road	开启或关闭
照度类型	默认
路面分辨率	0.1
道路长度	0~150m
道路宽度	-30~30m

③驾驶人位置、驾驶人目标视野设置（如图11-6b所示）：

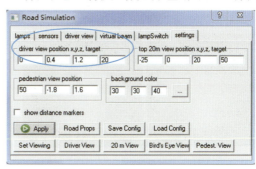

b) 驾驶人位置及目标视野设置

a) 路面设置

图 11-6 灯具光学 CAE 仿真的边界条件设置

2. 建模步骤

在静态道路模拟模块建立整车条件下的灯具参数，输入 Lucidshape 可识别的远近光光源文件，如图 11-7 所示。在设置选项可显示道路标识以查看驾驶人视角、20m 俯视视角或鸟瞰角度的主观仿真结果以及用于客观测试的等照度图，如图 11-8 所示。

3. 数据分析

利用 Lucidshape 自带的 LID Measures Point or Zone 工具可查看任一点或测试区域的照度值，基于此可分析仿真结果是否满足根据表 11-5 中各纬度定义的灯光性能目标；Create Section Curve through LID Data 工具可分析整个区域内的对比度、均匀性等指标，如图 11-9 所示。

①进入静态道路模拟模块（Static Road Simulation）

②在光源（lamps）项目下将前照灯近光的离地高度、距车辆中心距离及倾斜角度值输入至照准（aimings）子项中（如蓝色区域所示）

③将供应商提供的左侧近光、右侧近光光型文件（直流电压为13.2V条件下或相当条件下的dis\ies\krs格式文件）输入至灯具（headlamps）选项下（如橙色区域所示）

④激活近光对应的开关（lamp sets），并更新（update）上述参数设置（如绿色区域所示）

a) 静态道路模拟模块（Static Road Simulation）

⑤进入设置（settings）选项下，勾选显示道路距离标识（show distance markers）

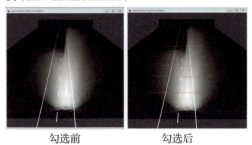

勾选前　　　　　勾选后

c) 道路距离标识（show distance markers）

b) 前照灯近光的离地高度、距车辆中心距离、倾斜角度值、光型文件输入及灯光开关设置

图11-7　灯具整车参数、光源文件输入及灯光开关等设置

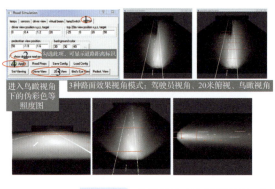

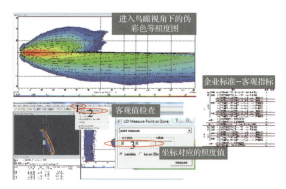

图11-8　各视角的主观仿真结果（左图）及客观测试的等照度图（右图）

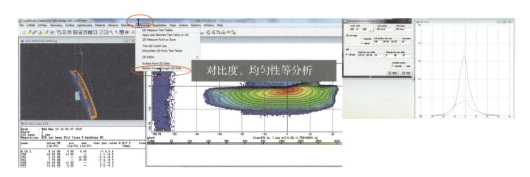

图11-9　对比度、均匀性分析工具

11.3.4 灯光性能匹配验证

在完成上述 CAE 分析并达到开模状态后进行灯具的模具设计及产品试生产,然后进行零部件单体的灯光性能匹配验证,最后进行整车的灯光性能匹配验证。

11.3.4.1 零部件灯光性能匹配验证

1) 暗室配光测试:将灯具固定在暗室内的汽车灯具灯光专用测试设备上测试国家标准中定义的各测试点或区域的光度性能,以分析其是否满足国家标准要求,如果远近光光源采用卤素灯,则应满足 GB 4599—2007 中的配光要求;如果远近光光源采用氙气灯,则应满足 GB 21259—2007 中的配光要求;如果远近光光源采用 LED,则应满足 GB 25991—2010 中的配光要求。

2) 利用上述提到的配光机可将灯具远近光的光型进行逐点扫描,再利用 Lucidshape 软件分析该样件状态是否满足主观及客观要求。

11.3.4.2 整车灯光性能匹配验证

整车灯光性能匹配验证,主要是在标准的评价测试场地内进行实车灯光的主观效果评价及客观测试,以判断是否满足性能目标要求,并对存在的问题进行优化直至满足要求。

1) 为保证整车评价及测试的准确性,需在测试前对整车灯光进行照准确认,远近光照准方法如图 11-10 所示,照准要求见表 11-7。

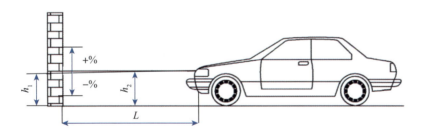

图 11-10 远近光照准方法

h_1—是在垂直屏幕上测量的上述特性点的离地高度,单位为 mm,该垂直屏幕与车辆纵向对称平面垂直,且位于车前 L 距离处。

h_2—是基准中心的离地高度,单位为 mm,该基准中心是 h_1 特性点的标称原点。

L—是屏幕到基准中心间的距离,单位为 mm。

表 11-7 远近光照准要求

	在 10m 垂直屏幕上的位置		备注
	垂直方向	水平方向	
近光	$0.8h_1$	HV 点	1. h_1 为近光或远光的离地高度 2. HV 点为灯具基准中心在 10m 屏幕上的垂足 3. 远光调节只针对可单独调节远光的车辆
远光	$0.9h_1$	HV 点	

2)照准完成后,将车辆驶入标准的灯光主观评价及客观测试场地如图 11-11 所示,分别按照汽车灯光主观评价规范和汽车灯光客观测试规范对实车灯光进行评价及测试,以确定是否满足灯光性能目标书的要求,针对存在的问题进行优化直至满足要求。

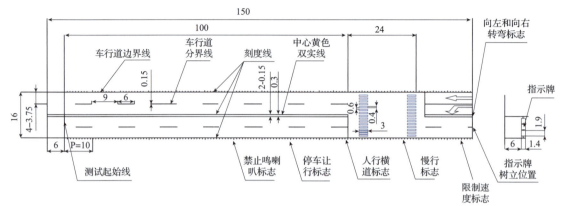

图 11-11 灯光主观评价及客观测试场地

11.4 电器硬件可靠性性能开发

11.4.1 电器硬件可靠性性能定义

电器硬件可靠性是指在整车开发过程中,产品设计需要满足用户实际的操作环境及应用条件,确保电器产品在车辆整个生命周期内能稳定并正确执行产品设计所定义的功能的能力。

汽车电器系统通常由多个子系统组成,例如车身控制系统、车载娱乐系统、动力系统、空调系统等子系统,而各个子系统又由更小的子系统组成,可具体到电子控制器产品,最后细分到电子元器件如电阻、电容、电感、二极管、晶体管、集成电路、机械结构件等,其中任何一个器件发生故障都可以导致系统某个功能、某个系统乃至整个电器系统失效。因此,电器系统可靠性设计不仅要考虑单一控制器的可靠性设计,还要考虑整个控制系统的可靠性设计。

电器产品自身的硬件可靠性影响因素有很多。从产品单体看,通常与元件失效、设计不当、工艺缺陷等相关;从整车层面看,通常与通信网络、安装布置、生产制造等相关。本书主要从产品单体层面对电器产品进行简要描述硬件可靠性性能开发。

整车电器硬件可靠性性能开发主要包含性能目标确立、产品硬件设计、产品设计验证、产品生产工艺等四大部分。

1. 产品性能目标

产品性能目标主要以质量三包、产品质量、设计寿命等进行定义。

2. 产品硬件设计

产品硬件设计包含环境条件、原材料规格、电路设计、结构设计、散热要求、电气性能等具体技术要求。

3. 产品设计验证

产品设计验证是按产品开发技术要求制订一套完整的测试方案并逐一实施验证确认。

4. 产品生产工艺

产品生产工艺是按电子产品生产管控流程进行全过程要求，如来料管理、存储环境、SMT、组装、下线检测、包装等。

11.4.2 电器设计可靠性能目标分解及方案设计

电器产品的可靠性目标细分到产品指标主要分成：千频质量、TGW 指标、设计寿命等；以产品可靠性目标为基础，从供应商能力评估、产品设计、验证测试、生产工艺等几个维度开展和制订产品可靠性设计和管控方案。

产品的可靠性是设计出来的，通常我们从硬件设计及成品样机两个方面进行初步的设计确认。

(1) 硬件设计要求及管控　在车载电子/电器产品设计过程中，设计人员应遵循的具体要求，包括对二级物料、电路设计、结构设计、工艺设计、印制电路板设计、信号走线、电路测试等要求；电子产品设计人员应对照设计要求进行产品设计及审查。

(2) 成品样机要求及管控　车载电子产品样机制造、组装、检验的要求或可接受条件，包括焊接、通孔插装、贴片、组装等要求；电子产品设计人员应电子产品样机送交设计部门技术人员进行样机确认。

11.4.3 电器硬件验证及目标达成

按整车项目开发流程，依据可靠性设计及管控方案开展相关的产品硬件验证工作。

11.4.3.1 电器产品可靠性 DV 验证方案

DV 试验方案从耐候性、电环境、电磁兼容、插接件、法规认证等方面，并依据整车搭载位置、故障等级、产品设计或生产过程变更等制订对应的产品验证计划，见表 11-8～表 11-10。

表 11-8 产品搭载位置定义

DUT 安装位置	应用
发动机舱	发动机/变速器内
	发动机/变速器本体
	远离发动机/变速器
乘客舱行李舱	暴露于阳光辐射及强热辐射下
	无阳光直射及强热辐射
车外	车轮内
	车身

表 11-9 产品失效故障分级

故障等级	故障模式
重	1) 导致车辆行驶中失控 2) 导致车辆火灾 3) 导致乘员人身伤害
高	1) 导致车辆无法使用或无法完成行驶功能 2) 使乘员感受到人身危险 3) 导致违反法令法规
中	1) 导致车辆无法达到正常行驶性能 2) 导致高昂的维修费用 3) 导致行驶功能以外的功能完全失灵
低	1) 不会影响车辆行驶性能 2) 不会导致高昂的维修费用 3) 影响行驶功能以外的功能但不致于完全失灵

如涉及产品变更,则需调整或补充对应的产品验证试验。

表 11-10 产品设计或生产过程变更

设计变更	印制电路板材料改变
	印制电路板生产厂商改变
	元器件型号改变
	元器件生产厂商改变
	印制电路板走线布局改变
	电路设计方案的改变

（续）

设计变更	焊锡/助焊剂材料改变
	塑封、喷涂、点胶等所用有机材料改变
	外壳结构、尺寸、材料改变
	支架、固定位置变更
	…
生产过程变更	生产工厂改变
	同一工厂内生产线改变
	生产设备改变
	检查方式改变
	焊接温度、速度等工艺改变
	塑封、喷涂、点胶等工艺改变
	…

11.4.3.2　电器产品工艺一致性管控方案

产品生产工艺需符合车载电子零部件制造过程基本要求，成品样机需符合《IPC‑A‑610 电子组件的可接受性》三级要求。重点从人、机、料、法、环等五方面，同步对产品的来料、SMT、组装、检测等各个工序具体细节进行评审及改进，确保生产的一致性。

1. 生产环境

应当在静电环境、温/湿度环境、洁净环境、照明环境处于有效管控的区域进行。

2. 作业人员

具备相应生产技能资质的人员才能作业、定员定岗。

3. 生产设备

需定期维护、校验保养等。

4. 物料管理

所有种类物料（如电阻、电容、电感、印制电路板、集成电路等）应当依据其规格书制订入厂检验标准，对其参数进行检测，具备完善的物料管理流程。

5. 规范要求

每款产品必须配置独立的 FMEA、控制计划、作业指导书，非特殊情况，不应使用通用版；并对 FMEA、控制计划、作业指导书的版本进行管控，应定期开展自清自查，定期对文件的合理性进行审核，保证文件的一致性、时效性、合理性。

11.5 电磁兼容性能开发

11.5.1 电磁干扰及抗干扰性能定义

汽车电磁兼容包含了车辆电磁干扰、车辆在复杂电磁环境下的抗干扰、抗静电等法规和性能要求，是汽车（特别是智能网联汽车和电动汽车）驾乘安全性和稳定可靠性的重要组成部分。

当前用户对车内电磁环境越来越关注，国家环保部门、交通部门、工信部同步对汽车电磁干扰和抗干扰提出了相应的法规约束，各大整车厂也提出了企业内部的电磁兼容性能要求，这就要求企业电磁兼容工程师在设计和验证阶段对相应要求开展设计和验证，以满足国家和用户的需求。

11.5.1.1 电磁干扰法规和性能要求

汽车电磁干扰要求包含国内外法规和企业性能两大部分。

国内外汽车强制性电磁干扰法规要求如图11-12所示。

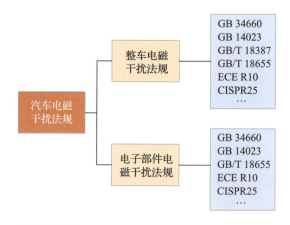

图11-12 国内外汽车强制性电磁干扰法规要求

整车电磁干扰性能开发要求如图11-13所示。

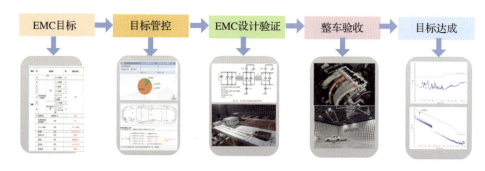

图11-13 整车电磁干扰性能开发要求

汽车电磁干扰性能要求主要分三个层级。

1. 整车级

企业结合汽车用户群体、客户需求，制订整车在不同应用场景、不同状态下的电磁干扰性能要求。此部分一般由整车企业牵头开展并达成。

2. 系统级

为满足整车电磁干扰性能要求，一般情况下整车企业会针对系统级的电磁干扰性能提出要求，包含设计要求和测评要求，此部分一般由整车企业牵头开展并达成。

3. 部件级

电子电器部件是组成整车的核心，其电磁干扰性能的水平直接决定了整车电磁干扰性能的好坏，因此电子电器部件的电磁干扰性能建立是重中之重，此部分电磁干扰性能一般由整车企业专业技术团队建立测试和评价标准，并作为设计验证试验由产品供应商开展达成，整车企业专业技术团队在整车抗干扰性能测评前完成关键部件的电磁干扰性能验收见表 11-11。

表 11-11 整车/电子部件电磁干扰性能开发要求

序号	层级	抗干扰性能开发要求	依据标准	用途
1	整车级	整车干扰注入性能要求	ISO 11451-2	检验整车电器部件在恶劣电磁环境中的抗干扰性能
2	整车级	整车在不同道路环境中的路测抗扰性能要求	ISO 11451-2	检验整车在电视发射塔、短波发射塔、电站附近的抗干扰性能
3	整车级	整车低频磁场抗扰性能要求	ISO 11451-8	检验整车在高压输电线等大功率电线附近的抗干扰性能
4	整车级	整车针对后装产品的抗扰性能要求	整车布置电磁兼容匹配试验规范	检验车内电器对后装产品电磁信号的抗干扰性能
5	整车级	整车抗静电性能要求	整车静电放电试验规范	检验整车对人员、环境静电强度的抗干扰性能
6	整车级	整车电性能要求	整车电性能测试规范	检验整车对电源电压变化的抗干扰性能
7	系统级	电器系统捆绑线束间耦合抗扰性能要求	整车线束串扰试验规范	检验各控制器系统对线束之间串扰的抗干扰性能
8	系统级	电器系统电源波动性能要求	智能汽车中控系统电源线串扰试验规范	检验中控系统对电源波动的抗干扰性能
9	系统级	电器系统接地布置性能要求	整车线束串扰试验规范	检验整车接地偏移抗干扰性能
10	系统级	电器系统敏感部件线束屏蔽/双绞性能要求	车载屏蔽线屏蔽效能试验规范、高压线束屏蔽效能试验规范	检验线束的屏蔽效能

(续)

序号	层级	抗干扰性能开发要求	依据标准	用途
11	部件级	电子电器部件抗干扰性能测评要求	电器部件电磁兼容试验规范	检验部件的抗干扰性能
12	部件级	关键部件的接口电路抗电磁干扰性能审查要求	电器部件EMC方案自查评估报告	审核接口电路是否规避了各种设计缺陷
13	部件级	电子电器部件抗电源脉冲干扰性能要求	电器部件电性能试验规范	检验部件的抗电源脉冲干扰性能

11.5.1.2 抗电磁干扰法规和性能要求

汽车抗电磁干扰要求包含国内外法规和企业性能两大部分，国内外强制性抗电磁干扰法规要求如图11-14所示。主要包含了国内强制法规GB 34660（道路汽车电磁兼容性要求和试验方法）、出口认证强制法规ECE R10（关于车辆电磁兼容性能认证的统一规定）等，这些法规从整车抗电磁干扰需求出发，主要用于考核整车装配的各个电子产品在不同等级电磁干扰环境中的抗扰水平（比如在50V/m电磁场强度下组合仪表的指针是否存在异常指示等）。

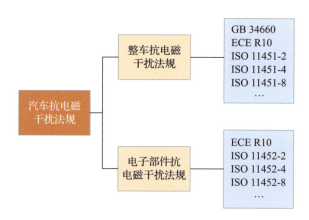

图11-14 国内外强制性抗电磁干扰法规要求

为了满足汽车用户对车辆驾驶过程中安全可靠性需求的日益增强，各大整车厂除了执行国内外法规标准要求外，同时也搭建了企业内部针对车载电子部件及整车的抗电磁干扰性能开发要求，见表11-12。汽车抗干扰性能要求主要分三个层级。

1）整车级企业结合汽车用户群体、客户需求，制订整车在不同应用场景、不同状态下的抗干扰性能要求。此部分一般由整车企业牵头开展并达成。

2）系统级为满足整车抗电磁干扰性能要求，一般情况下整车企业会针对系统级的抗电磁干扰性能提出要求，包含设计要求和测评要求，此部分一般由整车企业牵头开展并达成。

3) 部件级电子电器部件是组成整车的核心,其抗干扰性能的水平直接决定了整车抗干扰性能的好坏,因此电子电器部件的抗干扰性能要求建立是重中之重,此部分抗干扰性能要求一般情况下由整车企业专业技术团队建立测试和评价标准,并作为设计验证试验由产品供应商开展达成,整车企业专业技术团队在整车抗干扰性能测评前完成关键部件的抗干扰性能验收,见表11-12。

表 11-12 整车/电子部件抗电磁干扰性能开发要求

序号	层级	抗干扰性能开发要求
1	整车级	整车干扰注入性能要求
2		整车在不同道路环境中的路测抗扰性能要求
3		整车低频磁场抗扰性能要求
4		整车针对后装产品的抗扰性能要求
5		整车抗静电性能要求
6		整车电性能要求
7	系统级	电器系统捆绑线束间耦合抗扰性能要求
8		电器系统电源波动性能要求
9		电器系统接地布置性能要求
10		电器系统敏感部件线束屏蔽/双绞性能要求
11	部件级	电子电器部件抗干扰性能测评要求
12		关键部件的接口电路抗电磁干扰性能审查要求
13		电子电器部件抗电源脉冲干扰性能要求

11.5.1.3 试验设备和试验方法

1. 整车抗干扰试验设备

整车抗干扰试验设备及用途,见表11-13。

表 11-13 整车抗干扰试验设备及用途

序号	设备名称	用途
1	整车四轮转毂	使整车处于一定车速运行状态
2	信号发生器和功放	产生高强度射频功率信号
3	发射天线	将射频功率发射到车辆周围的空间
4	整车电磁兼容暗室	避免电磁干扰泄漏到自由空间
5	监测系统	监测车辆总线信号和音视频功能状态

整车抗干扰测试依据 ISO 11451-2 等系列规范,在整车电磁兼容暗室中建立严酷的电磁干扰环境,以检验车辆抗电磁干扰水平是否满足法规要求,如图 11-15 所示。

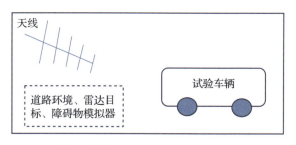

图 11-15 整车抗干扰试验布置图

2. 整车电性能试验方法

整车电性能试验设备及用途见表 11-14。

表 11-14 整车电性能试验设备及用途

序号	设备名称	用途
1	电源脉冲模拟器	产生各种工况的电源脉冲
2	监测系统	监测车辆总线信号和音视频功能状态

整车电性能试验使用电源脉冲模拟器,产生各种工况的典型电源脉冲,通过电源线连接到车辆的电源系统,当输入脉冲的时候监测整车功能和性能的变化是否符合整车电源逻辑设计要求。整车电性能试验布置图如图 11-16 所示。

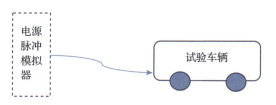

图 11-16 整车电性能试验布置图

11.5.1.4 电磁兼容试验流程

通过整车目标分解和系统性能整合,对整车全生命周期的电磁兼容性能进行管控如图 11-17 所示。

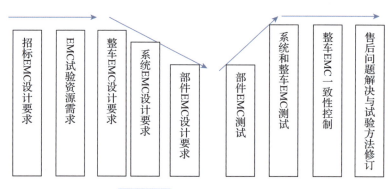

图 11-17 电磁兼容试验流程

11.5.2 电磁干扰及抗干扰性能目标分解及方案设计

整车电磁兼容性能目标分解从电磁干扰和抗干扰两个方面展开,目标分解后需要制订设计方案,从汽车设计阶段参与开发并最终达成电磁兼容性能要求。

11.5.2.1 电磁干扰性能目标分解及设计方案

整车电磁干扰性能目标分解见表 11-15。

表 11-15 整车电磁干扰性能目标分解表

分类	具体指标项	使用设备	典型指标参考	涉及关键部件
电磁干扰	电磁辐射	接收机、天线	频段:9kHz~2GHz 指标:参照 GB 34660/ CISPR 25 标准	组合仪表 娱乐终端 显示屏 摄像头 车身控制单元 各类电动机 各类传感器 发动机电控单元等
	传导骚扰(电源线)	接收机、人工电源网络	频段:9kHz~108MHz 指标:参照 CISPR 25 标准	
	传导骚扰(信号线)	接收机、电流探头	频段:9kHz~108MHz 指标:参照 CISPR 25 标准	
	瞬态传导骚扰	示波器、电压探头	参照 ISO 7637.2 标准	
	整车低频磁场发射性能要求	频谱仪、环形天线	参照各企业标准	
	整车串扰性能要求	示波器、耦合网络	参照各企业标准	
	整车在不同工况下的电磁辐射性能要求	接收机、天线	参照各企业标准	
	人体暴露在车辆电磁场下的健康防护要求	磁场探头、电场探头	参照 GB/T 37130 标准	

各测试项目均是通过接收机、示波器、磁场探头等设备,测量电器部件工作时辐射到空间、沿电源线或者信号线传导的电场和磁场骚扰。

整车电磁干扰性能设计方案可参照如下。

1. 电器系统接地方案及审查

1)选择接地时,脏电流地点离其他地点的距离越远越好,以减少信号回路之间的共地阻抗。

2)传感器必须与使用它的 ECU 的信号地共地,以补偿传感器或 ECU 地电阻漂移所产生的误差,如冷却液温度传感器地与 EMS 信号地应共地。

3) 避免脏电流地与干净电流地共地，例如避免功率地与 ECU 及控制信号地共地，功率地与信号地距离应大于 100mm，如图 11-18 所示。

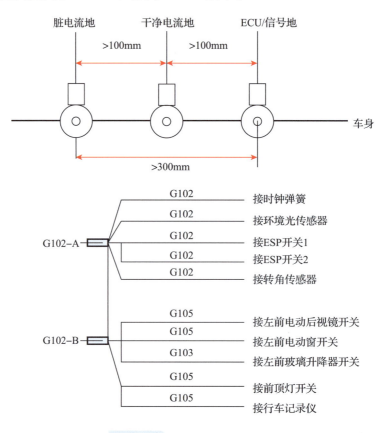

图 11-18 接地点设计审查要求

2. 屏蔽线屏蔽效能设计方案

设计基本原则如下：

1) 传感器、模拟信号摄像头原则上使用屏蔽线。

2) 汽车通信线（CAN、CANFD）使用双绞线，且绞距≤2cm；以太网线束原则使用屏蔽线。

3) 射频产品天线原则上使用同轴屏蔽线。

屏蔽衰减测试布置如图 11-19 所示。

3. 强干扰部件系统布置电磁兼容方案

设计基本原则如下：

1) 敏感产品如传感器和摄像头等远离大功率产品。

2) 有模拟信号输入或者输出的产品远离感性器件。

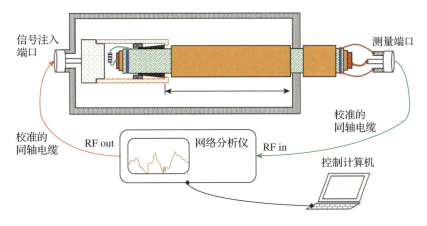

图 11-19 屏蔽衰减测试布置

3) 两个或者多个同频工作的产品远离。

强电磁干扰部件的布置距离要求如图 11-20 所示。

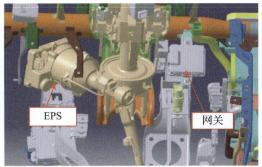

图 11-20 强电磁干扰部件的布置距离要求

11.5.2.2 抗电磁干扰性能目标分解及设计方案

整车抗电磁干扰性能目标分解见表 11-16。

整车干扰注入性能要求、整车在不同道路环境中的路测抗扰性能要求、整车低频磁场抗扰性能要求这三项电磁场抗扰试验过程中,使用功率放大器产生较大的射频电场或者交变磁场,让整车在这些恶劣的电磁环境中工作,以检验其抗干扰性能都能达到要求的强度等级。

整车针对后装产品的抗扰性能要求是基于用户的个性化需求而制订的试验方法,后装产品市场是多样的,常见的有负离子空气净化器、行驶记录仪、USB 充电器、对讲机、车载电台、逆变器等。其产生的电磁骚扰频段和强度因其电路的不同而差异巨大,且安装的位置也对是否产生干扰问题起决定作用,因此需要使用实物来检验其抗干扰性能。

表 11-16 整车抗电磁干扰性能目标分解表

分类	具体指标项	使用设备	典型指标参考	涉及关键部件
抗干扰	整车干扰注入性能要求	功率放大器、电流注入钳	频率范围：1~400MHz 指标：60mA、100mA、200mA 等	前后组合灯 组合仪表 娱乐终端 显示屏 摄像头 车身控制单元 各类电动机 各类传感器 发动机电控单元等
	整车在不同道路环境中的路测抗扰性能要求	功率放大器、天线	频率范围：20MHz~2GHz 指标：30V/m、60V/m、100V/m 等	
	整车低频磁场抗扰性能要求	功率放大器、磁场天线	参照各企业标准	
	整车针对后装产品的抗扰性能要求	后装电子产品、对讲机	参照各企业标准	
	整车抗静电性能要求	静电放电模拟器	±8kV、±20kV、±25kV 等	
	整车电性能要求	电源脉冲发生器	参照各企业标准	

整车抗静电性能要求是通过模拟带电人体接触车内外电器部件和金属导体部分产生的放电现象，来检验整车控制器、传感器的抗静电性能。

整车电性能要求是通过电源脉冲模拟器产生各种工况下的电源波动，来检验整车控制器的软件和硬件电源功能逻辑是否符合设计要求。

整车抗电磁干扰性能设计方案可参照电磁干扰部分执行。

11.5.3 电磁干扰及抗干扰验证及目标达成

组成整车的车身、底盘、动力等都是非常复杂的机械和电气系统，为保证理想的产品品质，整车企业都建立了完善的性能验证体系，特别是自动驾驶汽车和电动汽车的安全性能备受消费者关注，其中电磁兼容性能和法规是关系到驾驶安全的重要部分。

11.5.3.1 电磁干扰验证方法及目标达成方案

电器部件工作时产生的电磁干扰从低频到高频依次有：电源线瞬态传导发射、磁场发射、电源线和信号线传导发射、辐射发射。

1. 电源线瞬态传导发射的测试方法

电源线瞬态传导发射的试验设备有示波器、电压探头、人工电源网络、触点开关。通常参考 ISO 7637-2 对电动机等感性部件进行瞬态传导发射测试，当然对于可能堵转的部件需要在堵转状态测试，试验时要控制堵转时间在 50~500ms 即可，避免长时间堵转导致烧毁被测件。用示波器和100∶1衰减比率的电压探头来测试当被测件接通或断开电源瞬间在电源线上的脉冲电压正负峰值，机械电喇叭还需测试工作过程中产生的瞬态电压正负峰值。为满足电源线瞬态传导发射的限值要求，通常需要在电动机电源线两端增加压敏电阻、TVS管、金属薄膜电容等元器件来抑制瞬态电压。电源线瞬态传导发射测试布置，如图11-21所示。

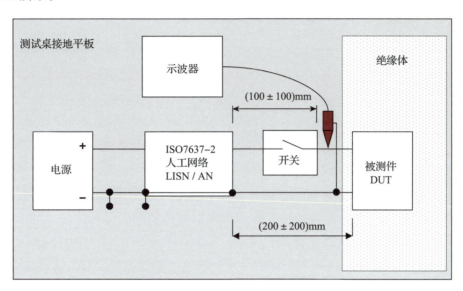

图11-21　电源线瞬态传导发射测试布置

2. 磁场发射

磁场发射的测试设备有频谱仪、环形磁场天线。磁场发射来源于周期工作的电源设备，例如无线充电器、PWM驱动的无刷电动机和开关电源等部件，通常使用频谱仪和环形磁场天线来测试磁场强度，天线由开口的环形屏蔽体和线圈组成，保持天线和被测位置的距离和校准时相同，即可测得磁场强度。为满足磁场发射限值要求，通常需要设计最小电流环路，增加外壳屏蔽等方式避免磁场泄漏。磁场发射测试布置，如图11-22所示。

图11-22　磁场发射测试布置

3. 电源线和信号线传导发射

电源线和信号线传导发射测试设备有电磁兼容接收机、人工电源网络。电磁兼容接收机原理，如图11-23所示。

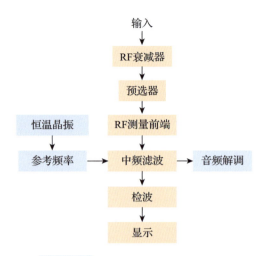

图 11-23 电磁兼容接收机原理框图

电器部件之间有很多电缆相连，按传输类型可分为电源线和信号线，整车上将所有线束捆在一起，使得电缆之间会的寄生电容和寄生电感形成串扰耦合回路，若不控制部件线束接口的电磁干扰，则可能影响其他部件的正常信号传输和电源功能稳定性。通常按照CISPR 25 的方法来进行传导发射测试。

为满足电源线和信号线传导发射限值要求，通常需要在电源接口电路增加电解电容、电感等元器件改变谐振频率、降低干扰幅值，如图 11-24 所示。产生干扰的电路也需要调节工作频率，避免被测件的谐振频率和谐波落在限值严格的频段。

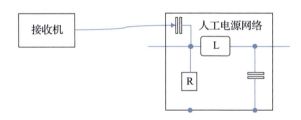

图 11-24 电源线和信号线传导发射测试接收机和人工电源网络的连接原理图

4. 辐射发射

辐射发射测试设备有电磁兼容接收机、接收天线、卷尺。车内的辐射发射是指电磁能量通过本身谐振频率较高的印制电路板走线、线束、缝隙等形式的天线以辐射的方式发射出来的无用信号。通常按照 CISPR 25 的方法使用垂直接地天线、双锥天线、对数周期天线、喇叭天线来进行辐射发射测试。典型对数周期天线如图 11-25 所示。

为满足辐射发射限值要求，需要通过增加去耦电容、接地等方式避免印制电路板上的走线、外部线束、缝隙的谐振频率在部件内部的工作频率和谐波频段，若无法控制其长度或不能增加电容、电感改变谐振频率，可通过屏蔽控制信号传输的范围和发射效率来减小辐射。典型信号线接口滤波电路原理图如图 11-26 所示。

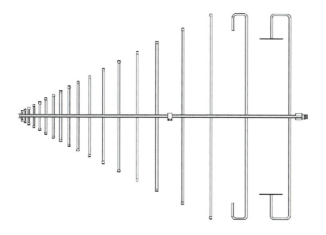

图 11-25 典型对数周期天线

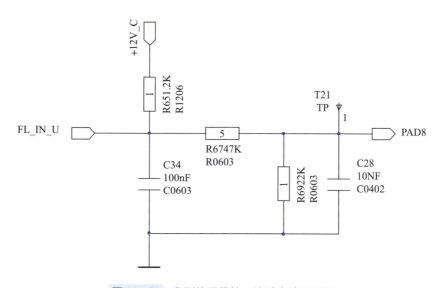

图 11-26 典型信号线接口滤波电路原理图

11.5.3.2 抗电磁干扰验证方法及目标达成方案

电器部件面对的外部电磁环境,可分为电源线或信号线脉冲干扰、磁场干扰、电源或信号线传导干扰、便携发射器干扰、辐射干扰、静电干扰。

1. 抵御电源线或信号线脉冲干扰

整车电源线和信号线通常会受到外部耦合或传导的电信号干扰,这些干扰来自于开关的通断、车辆的起动过程、线束寄生电容和寄生电感的耦合,可通过在电源接口增加电容的方式来吸收电源波动,增加 TVS 管和防反二极管来消除过电压和负电压可能对内部芯片、元器件的损伤。典型电源线接口滤波电路原理如图 11-27、图 11-28 所示。

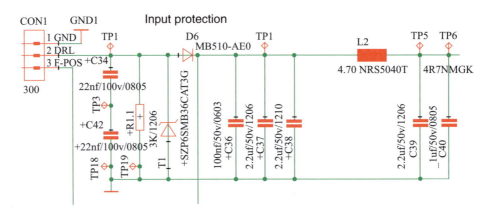

图 11-27 典型电源线接口滤波电路原理图（一）

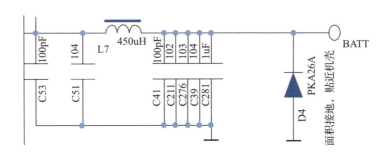

图 11-28 典型电源线接口滤波电路原理图（二）

2. 抵御磁场干扰

车内安装的角度传感器、转速传感器内置有利用霍尔效应工作的传感器芯片，其工作原理决定了它们对磁场变化比较敏感，通常需要从传感器结构设计、整车布置两方面来规避干扰问题，大电流电缆和霍尔元器件的布置距离控制如图 11-29 所示。首先，传感器和

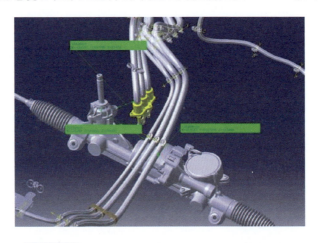

图 11-29 大电流电缆和霍尔元器件的布置距离控制

感应体之间的磁路要屏蔽，避免外部磁场影响传感器接收到的磁场强度；其次，整车上的大电流线束、强干扰的部件布置位置应远离霍尔元件。

3. 抵御电源或信号线传导干扰

当共用一个熔丝或线束捆在一起时，部件之间的线束会耦合到其负载变化或者传输的信号，信号幅值超过一定的限度可能对部件本身传输的信号产生影响。解决的方案就是在电源线和信号线的接口电路增加去耦电容、磁珠，如图 11-30 所示。

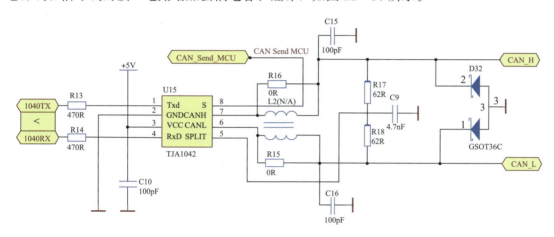

图 11-30 典型信号线的接口滤波电路原理图

4. 抵御便携发射器干扰、辐射干扰

用户在车内外使用的便携对讲机、车载电台、手机、基站、数传电台、广电短波发射塔等电磁波发射源对整车控制器、传感器、总线的正常运行提出了更高的抗干扰要求，显示屏的便携发射器抗扰度测试如图 11-31 所示。因发射源周围的电场强度随距离衰减，所以首要的措施是从布置位置来避免控制器和传感器被用户的手机、对讲机、车载电台天线接触到。因射频干扰在线束中总是共模方式存在，所以差模方式通信的 CAN 总线需要将线束双绞，并使用电容和共模电感等措施抑制外部射频干扰。而其他参考地与车身连接的信号线则需要用屏蔽电缆避免外部干扰。

5. 抵御静电干扰

静电放电在空气干燥的地区比较常见，人体与车身之间寄生电容存储静电产生电位差，特别是用户在冬季喜欢使用毛绒的座椅套的时候可能产生高达 20kV 的静电电弧放电现象，带静电人体与车身放电如图 11-32 所

图 11-31 显示屏的便携发射器抗扰度测试

示,静电强度和电弧击穿距离如图 11-33 所示。静电放电的瞬时电压较高且时间短,较大的 dV/dt 电场变化对放电周围的传感器、控制器内部总线和时钟信号、半导体器件产生危害。通常采用软件滤波和硬件消除相结合的办法来消除影响。典型软件滤波算法有限幅滤波、中位值滤波、算数平均滤波、递推平均滤波、一阶滞后滤波、有限脉冲响应和无限脉冲响应数字滤波。硬件消除静电干扰的方法有:将内部总线、时钟信号、芯片用屏蔽罩屏蔽,在线束接口使用 TVS 管吸收线束感应到的静电脉冲,将传感器布置在用户不能接触到的位置或者采用较好的绝缘材料和绝缘距离隔绝静电放电,或者将用户可接触的区域用一定电阻率的材料或导体接到车身,用 $U_C = U_0 e^{-\frac{1}{RC}t}$ 可计算电容两端电压的泄放速度,经过测试和计算,当用户手指和车身地之间的电阻为 110MΩ 左右时,即可避免静电放电产生触电感觉也可消除静电的聚集。

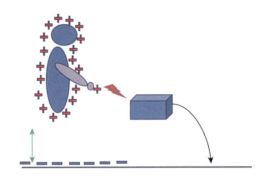

图 11-32　带静电人体与不带电车身发生静电放电

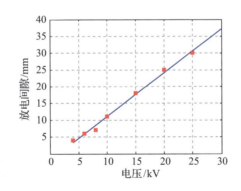

图 11-33　静电强度和电弧击穿距离

11.5.4　电磁干扰及抗干扰性能仿真分析

汽车电磁兼容研究以前基本局限在试验上,但是随着电动汽车和混合驱动汽车的出现,以及汽车电气系统的迅速增加,信号频率的不断提高,汽车电磁兼容问题越来越成为汽车制造商很重的一个负担。为提高解决问题的效率,降低成本,把数字建模和数字仿真技术应用到汽车电磁兼容研究上,正成为汽车电磁兼容研究的一个热点。

采用数字化的仿真技术，在不同的尺度上，针对特定的问题，采用合适的电磁兼容仿真软件模块并相互配合，提前预测汽车及其部件的电磁辐射和兼容特性、定位问题的根源、并权衡各种改进措施对汽车系统电磁兼容性能改善的效果，可以大大节省测试和定位问题的时间和成本，并有效提升系统的电磁兼容特性。更重要的是，通过电磁场兼容仿真软件的学习和使用，可以非常直观并有效地了解电磁兼容问题产生的机理和电磁噪声传播的方式，从而加深对电磁兼容问题的理解，从而在设计之初就重现并采取合理的设计规范，避免电磁兼容问题在最后样机测试认证或实际工作时刻发生。对于测试单位，通过仿真软件，也可以对汽车电磁兼容有深入的理解，在实际测试时制订科学的测试策略，并能提供科学有效的电磁兼容整改措施。

11.5.4.1 电磁兼容仿真平台

电磁兼容仿真平台分析内容包括：车载设备的布局分析和系统电磁场兼容仿真环境；线缆电磁场仿真和辐射传导分析；天线布局与无线通信系统仿真，电子设备部件 EMI 控制与抗干扰设计等。另外，在建模方面，包括第三方 EDA/CAD 设计软件接口；车体及部件 CAD 模型处理环境以及高性能计算等选项。这个平台可以覆盖汽车 EMC 实验室电子设备中各个部分电磁兼容仿真需要以及系统级电磁兼容仿真的需要，如图 11-34 所示。

当开关频率越来越高时，其高频谐波含量越来越丰富，在汽车设备当中，由于耦合传导等形式将能量传输到类似天线性能的结构，例如线缆、壳体等电尺寸较大的结构，能量就能辐射到自由空间，致使汽车电子系统在 EMC 测试时 RE/RS 不能满足要求的现象。

图 11-34 汽车电子电磁兼容仿真框图

其特点主要包括以下 4 点：

1. 汽车电磁兼容场路协同设计

汽车上的电子设备包括电源模块、变频器、电缆、机电控制、电路汽车壳体等电磁有关部分，涵盖电路、系统、辐射、传导、电源与控制系统等多个专业方面。这些设备通过电路板、线缆、连接器实现互联，装配在一起。因此电磁兼容仿真平台首先需要能够满足电路、系统、辐射、传导、电源与控制系统的仿真能力，具备电路板、线缆连接器、电源、汽车壳体的建模和仿真能力。而且这些工具可以相互调用、协同仿真，满足系统仿真的需要。

2. 汽车电磁兼容指标合理分配

汽车电磁兼容的三要素包含了辐射源、辐射路径和被干扰体。单纯地从一个要素入手，比如降低辐射源，或者保护被干扰体，都不是最合理的办法。系统电磁兼容设计的关键之一是前期的合理指标分配，在辐射源、辐射路径和被干扰体之间找到平衡，合理分配各个子系统的电磁辐射指标，以及线缆孔缝的电磁泄漏或隔离度。从而在设计后期，减小设计的电磁兼容压力，避免问题在最后一刻爆发带来的风险的设计延迟。

3. 汽车电磁兼容设计流程化

汽车电磁兼容仿真尽管可以减小设计反复次数，但是一次仿真，需搜集模型或者自建模型和仿真，也需要花费大量时间和精力。随着设备系列化以及设计任务的增加，建立电磁兼容设计流程势在必行。依靠规范固定的电磁兼容设计流程，不仅可以将复杂的系统电磁兼容建模仿真工作简单化，降低对设计师对仿真的畏难情绪，还可以降低每次建模仿真的工作量，复用以前的仿真结果，极大提高设计仿真效率。

4. 汽车电磁兼容设计经验提炼和积累

利用仿真平台进行电磁兼容设计，不仅可以提高设计可靠性和效率，也可以帮助设计师增加电磁兼容的知识和经验，提高设计能力。对于复杂设计，可以建立在以前仿真设计的经验和基础上开展。可将已有的分析结果和仿真优化数据作为后续设计和分析的基础，进行快速的匹配和验证，保证知识和经验不丢失。同时随着数据量的积累，利用半自动化的数据总结和提炼功能，实现电磁兼容设计经验的丰富和积累。

11.5.4.2 电磁兼容仿真应用案例

1. 线缆线束串扰以及其辐射干扰

许多汽车电子设备的壳体屏蔽较严，但仍然无法完全解决对外辐射超标和抗干扰的问题。对于一个近乎封闭的金属腔体来说，电缆和插接件以及盖板缝隙是电磁泄漏的主要通道，其中由场线耦合引起的传导发射问题尤为典型。而此类问题与普通的电缆设计不同，孤立地分析线缆的电磁特性帮助不大，需要挑选与连接外界的关键线缆同汽车壳体整体进行全波电磁场仿真，从而评估通过线缆的辐射，以及对线缆插接件的安装位置进行设计。同时多组线缆线束见串扰的控制是 EMC 噪声抑制的关键因素，通过仿真指导线束设计方式，即地线、电源线、信号线、传感信号、低功率高功率等线束的设计，从而控制噪声沿线缆传播并发射至外部空间，如图 11-35～图 11-37 所示。

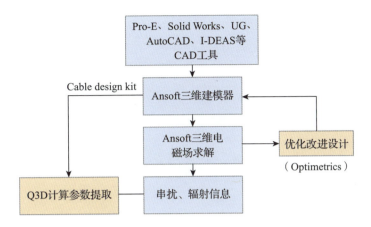

图 11-35 线缆辐射串扰分析流程图

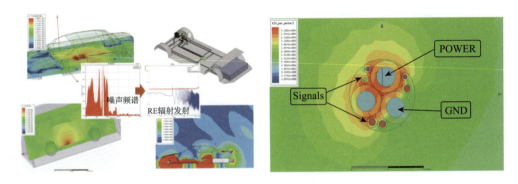

图 11-36 线缆辐射效应分析　　　　　图 11-37 线缆线束的串扰控制

2. 汽车系统受扰敏感度分析

在外界复杂电磁环境下,汽车内部电子系统的敏感度分析是 EMC 分析的重点内容之一,探测电子部件的噪声受扰程度以及信号接受能力的分析,以下是部分在高频段 RS 敏感度分析的类似案例,如图 11-38 所示。

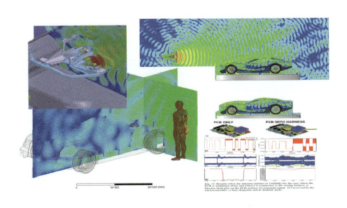

图 11-38 汽车电子辐射敏感度分析

3. 车载无线通信系统

车载无线通信设备繁多,包括胎压天线、FM/AM 天线、GPS、遥控启动设备。在进行布局进底层收发电路的工作性能时,需考虑车体以及人体及其他介质对无线电波的传播影响,包括反射、吸收、干扰等现象,从而可能导致无线通信系统性能下降或受到噪声干扰,引起汽车电子无线通信设备出现异常,这将导致严重的经济及财产损失。通过仿真软件进行无线通系统的场路协同分析,进行对整个汽车通信电子系统设计进行优化与改善,可促进产品的高性能设计。车载无线通信系统仿真如图 11 - 39 所示。

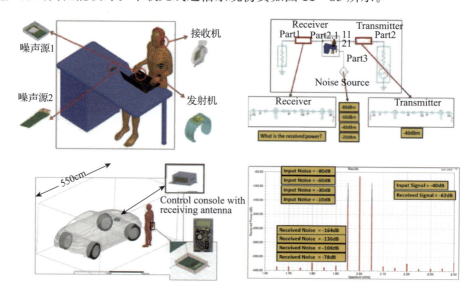

图 11 - 39 车载无线通信系统仿真

参考文献

[1] JOHN M, MICHAEL J. Photometric Indicators of Headlamp Performance [R]. UMTRI, 2009.

[2] ANDREW K. 良好性能的前照灯在夜间驾驶中的重要性 [C]. 第四届中国国际汽车照明论坛论文集, 2016.

[3] 汽车及挂车外部照明和光信号装置的安装规定: GB4785 - 2019 [S]. 北京: 中国标准出版社, 2019.

[4] MATTHEW B. Headlight Test and Rating Protocol (Version Ⅲ) [R]. IIHS, 2018.

[5] 李旭, 熊荣飞, 王丽芳. 复杂整车结构的电磁兼容多软件联合建模 [J]. 微波学报, 2014, 30 (1): 69 - 74.

[6] 熊荣飞, 李旭, 郭迪军. 整车电磁辐射抗扰的车内场分布及线束耦合干扰仿真 [C]. 2014 中国汽车工程学会年会论文集, 2014CG - VE064, 614 - 617.

Chapter 12

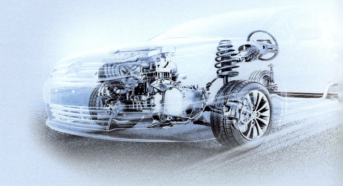

第 12 章
耐久可靠性开发

可靠性是指产品在规定的条件下和规定的时间内，完成规定功能（不失效）的能力。

耐久性是指产品在规定的使用与维修条件下，直到极限状态前完成规定功能的能力。产品的极限状态可以由使用寿命的终止、经济和技术上已不适宜等来表征，汽车的耐久性一般用保持其质量和功能的使用时间、里程、次数等（即汽车使用寿命）来表示。

从定义上说，耐久性是可靠性的一种特殊情况，可靠性与耐久性在概念上和工程中有时难以严格区别，在工程开发中这里统称为耐久可靠性。

耐久可靠性是汽车的重要性能，表征其性能的稳定性，是整车性能开发的重要内容。本章从开发的需求和目标出发，重点从结构耐久、防腐、老化及环境适应性几方面介绍汽车耐久可靠性的开发。

12.1 开发需求和目标

12.1.1 产品市场定位分析

产品市场定位分析即产品市场策划，是通过对政策趋势、市场、用户和竞争态势进行有效分析，明确产品开发的主要使用功能及使用环境、产品主要市场需求特点、要求和产品亮点。产品市场定位分析是产品总体技术方案制订的前提，耐久可靠性为其中的核心需求。

针对用户对耐久可靠性的核心需求，进一步详细对目标市场进行分析，包括气候环境、道路条件（表 12-1）及目标用户使用需求。

表 12-1 道路条件

道路分类	单位/万 km
高速公路里程	16.10
一级道路里程	12.00
二级道路里程	41.54
三级道路里程	45.74
四级道路里程	378.47
等外道路里程	25.36

注：数据来源于《2020年交通运输行业发展统计公报》。

根据分析的结果形成产品耐久可靠性的市场定位，见表 12-2。

表 12-2 耐久可靠性市场定位

1			国家
2			地区
3			用途
4			短途
5		连续行驶比例	中距离
6			长途
7		装载物	人
8			其他
9	使用条件	载荷	常载（1或2人）
10			超载
11		速度	超车
12			常用
13			城市
14			高速公路
15		道路比例	一般公路
16			山路
17			坏路

12.1.2 法规及质量要求

国家对机动车产品有详细的法规要求，这是产品开发必须满足的基本要求。在耐久可靠性方面，主要集中在零部件上，总成和整车方面强制标准较少，如污染控制装置耐久性试验等，整车的耐久可靠性主要以各汽车制造企业自行制定的标准为准。在产品开发时，需要清理产品的法规适应性清单，对产品开发过程中的法规符合性进行管控。国家汽车法规目录（部分），见表 12-3。

表 12-3 国家汽车法规目录（部分）

序号	标准（文件）号	标准（文件）名称	实施日期	适用车型
1	GB 16897—2010	制动软管的结构、性能要求及试验方法	2011/7/1	M、N、O
2	GB 15083—2019	汽车座椅、座椅固定装置及头枕强度要求和试验方法	2020/7/1	M1、N 及 GB 13057—2003 未涉及的 M2、M3
3	GB 11550—2009	汽车座椅头枕强度要求和试验方法	2011/1/1	M、N（不用于折叠、后向、侧向座椅）
4	GB 26134—2010	乘用车顶部抗压强度	2012/1/1	M1

同时，按照 GB/T 29632—2013《家用汽车产品三包主要零件种类范围与三包凭证》对三包做出明确的规定，指出质量保证期包括保修期、三包有效期和易损耗零部件的质量保证期。总成、主要零部件及易损件种类、范围及具体期限由各汽车制造厂给出。如某汽车制造厂给出的三包有效期：整车三包有效期为两年或者 4 万 km，主要总成或系统三包有效期为 3 年或 6 万 km，以先达到者为准；损耗件及其他零部件的三包有效期达不到整车三包有效期的，由制造商明示在三包凭证或者产品使用说明书上。

12.1.3 基于需求的产品耐久可靠性目标

耐久可靠性目标的制订思路如图 12-1 所示，基于产品的市场定位分析、法规质量要求、用户数据采集分析和汽车制造企业对耐久可靠性的基本定位，最终确定具体项目的耐久可靠性总体目标（表 12-4），包括汽车的结构耐久、耐老化、耐腐蚀和环境适应性等。

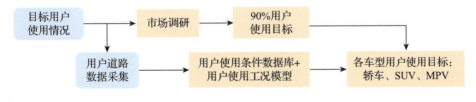

图 12-1 耐久可靠性目标的制订思路

由于汽车耐久性能设计目标是由汽车生产企业自行决定的，各个企业的总体目标不会完全一样，比较普遍的一种要求是，汽车产品必须满足最低的 10 年功能有效使用寿命，或 26 万 km 等效用户使用里程的综合耐久目标。产品开发时，耐久性和可靠性目标自上而下进行分解，分为整车级、系统级、子系统级和零部件级目标。为了达到总体目标，需要整车、系统、子系统和零部件层级分别满足各自的目标。

表 12-4 耐久可靠性总体目标（示例）

1	环境	温度	环境适应性（性能达成）
2			受限（允许性能下降，不出现功能失效）
3			日照
4		湿度	环境适应性（性能不变）
5		海拔高度	环境适应性（性能不变）
6		材料稳定性	稳定期（不允许出现永久变形、变色、结构或成分的变化时间）
7			失效期（不允许失效时间）
8	耐久性		耐用里程
9	可靠性目标	首次故障里程	致命故障
10			严重故障
11			一般故障
12			轻微故障
13			平均故障间隔里程
14	维修性		万 km 平均维修时间
15	三包期		时间里程
16			费用

12.2 结构耐久开发

12.2.1 结构耐久开发的内容和定义

在汽车使用过程中，汽车结构件的主要失效模式是疲劳失效，对于汽车结构件常用它失效时的时间/次数即寿命来表征它的耐久性，汽车结构耐久开发包括刚强度及耐久开发。

刚度是指结构在受力时抵抗弹性变形的能力，是结构弹性变形难易程度的表征。汽车结构刚度性能是汽车的最基本性能，是整车耐久性能、整车行驶性能、整车碰撞性能的基础。合理的刚度及其刚度连续分布是保证汽车性能的基础，刚度不足容易导致 NVH 和异响问题、结构开裂和过度变形等强度问题以及乘坐舒适性和操稳等行驶性能问题。刚度过高，则导致设计冗余，增加重量和成本。

强度是指结构在受力时抵抗破坏的能力，强度有两个基本指标——屈服强度和抗拉强度。强度的高低影响疲劳和寿命，直接对汽车耐久性产生影响。

典型的汽车结构耐久失效问题如图 12-2 所示有如下三类：①零部件过度变形；②零件屈曲；③零件断裂。结构耐久是汽车开发中很重要的一项指标。保证汽车产品结构的耐久性能，即用户在一定使用周期内，不会对相应产品进行修理或者更换，也就是汽车产品在开发阶段必须要设定相应耐久指标并确保目标达成。

a) 车轮过度变形　　　　　b) 转向拉杆屈曲　　　　　c) 减振器支座断裂

图 12-2　典型失效示意图

12.2.2　结构刚强度耐久目标设定与方案

根据项目总体耐久可靠性目标对整车、系统和零部件进行分解，制订结构刚强度板块对应的开发目标和设计应对方案，见表 12-5。

表 12-5　结构刚强度耐久目标分解（示例）

项	目	目标值
车身分系统	车架静态刚度	≥200000 N·m/rad
		≥1200 N/mm
	车身静态刚度	≥380000 N·m/rad
		≥1700 N/mm
		前门框≤0.03%
		后门框≤0.04%
		前风窗≤0.09%
		后风窗≤0.04%
	顶盖静强度	1. 各测量点的最大变形量均小于 8mm 2. 各测量点永久变形量小于 0.3mm 3. 各测量点均无回弹音
悬架系统	上下疲劳	各悬架系统零部件不应出现破损、裂纹、断裂、磨损、异常变形及功能失效等现象
	转向疲劳	
	制动疲劳	

在产品的耐久可靠性的设计中，应围绕影响因素全面考虑，影响因素可概括为时限性（包括系统有效性、可维修性）、功能性（包括使用方便、功能指标等）、商业性（包括经济性、时尚等）、生产性（包括易制造性、管理措施等）、物理性（包括外观造型、尺寸、材质等）等几项。在结构刚强度设计中，应当系统分析边界图、干扰因素、输入

条件、理想功能、错误状态,并据此形成全面系统的设计验证计划,以确保产品的耐久可靠性(图12-3)。在汽车设计的实践中,一般用刚度控制线弹性范围内的技术指标,用强度控制非线性范围的技术指标,合称汽车结构刚强度设计。

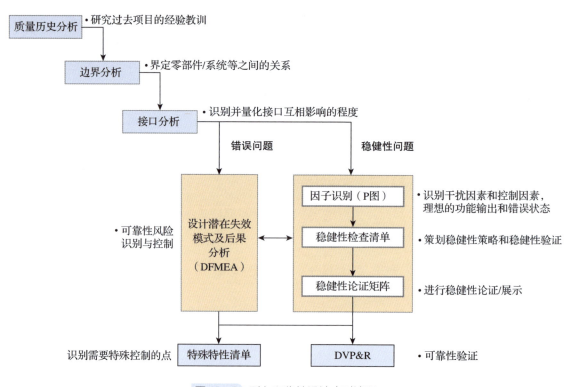

图12-3 耐久可靠性设计应对流程

12.2.3 结构刚强度及耐久 CAE 仿真与优化

12.2.3.1 结构刚度仿真分析

1. 刚度分类及分析内容

按结构,刚度可分为整体刚度和局部刚度,如车身扭转和弯曲刚度、传感器安装点的刚度等。按状态,刚度可分为静刚度和动刚度,动刚度主要与 NVH 性能有关,如图 12-4 所示。

以下主要讲车身静刚度的评价指标项的 CAE 仿真。

2. 白车身弯曲和扭转刚度

目前行业内主要运用的车身弯曲刚度仿真方法有两种。

方法一:弯曲载荷加载在门槛梁上,选择门槛梁上与前、后悬约束点距离相等的位置作为加载点。

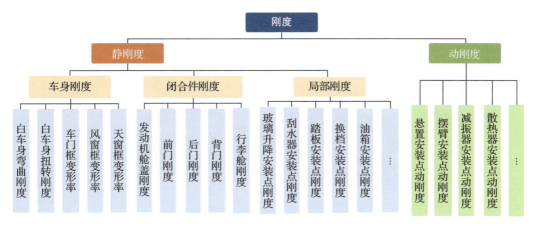

图 12-4 刚度分类及包含内容

方法二：弯曲载荷分别加载在驾驶人和副驾驶人的 H 点。

两种方法的约束位置相同，车头选择前悬减振器安装点区域，车尾选择后螺旋弹簧安装点区域。两种方法的加载方式存在差异，图 12-5 和图 12-6 为两种弯曲刚度约束、加载边界示意图。

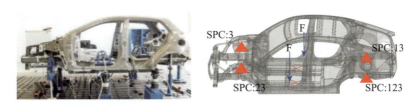

图 12-5 在驾驶人和副驾驶人加载示意图

 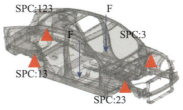

图 12-6 在门槛梁上加载示意图

两种仿真方法的测量点相同，均选择门槛梁上变形量最大的位置作为测量点，弯曲刚度的按式（12-1）计算：

$$K_{\text{bending}} = \frac{F_{\text{total}}}{D} \quad (12-1)$$

$$D = (D_1 + D_2)/2 \quad (12-2)$$

式中，K_{bending} 是弯曲刚度（N/mm）；F_{total} 是加载力总和（N）；D 是左右门槛梁最大位移平均值（mm）；D_1 和 D_2 分别是左右侧门槛梁最大位移（mm）。

目前行业内运用的车身扭转刚度仿真方法基本一致。以承载式车身为例,约束后螺旋弹簧安装点区域,在左右前悬减振器安装点区域分别施加大小相等方向相反的力形成扭转力矩,约束、加载边界示意图如图12-7所示。

 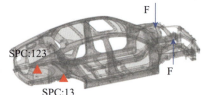

图12-7 扭转刚度约束及加载示意图

在加载位置附近的发动机舱边梁上,测量位移值作为扭转刚度计算值,按式(12-3)计算得到扭转刚度值:

$$K_{torsion} = \frac{M}{\alpha} \quad (12-3)$$

$$M = FL_1 \quad (12-4)$$

$$\alpha = \frac{|Z_1| + |Z_2|}{L_2} \quad (12-5)$$

式中,$K_{torsion}$是扭转刚度(N·m/rad);M是加载到车身上的转矩(N·m);F是加载到左、右前减振器安装点的力(N);L_1是左、右加载点的距离(m);α是测量点Z_1、Z_2所在断面形成的扭转角(rad);L_2是测量点Z_1、Z_2的距离(m)。

车身梁系在弯曲和扭转工况下的变形曲线是评价车身梁系结构布置、结构连续性、刚度连续性设计的主要参考,图12-8所示是在扭转工况仿真分析时车身梁系的变形测量点及变形曲线示意图。

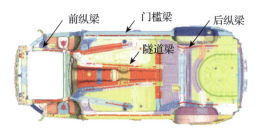 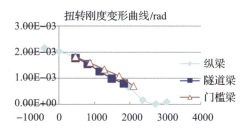

图12-8 扭转工况梁系变形测量点及变形曲线

车身上主要关注的开口设计区域有前风窗框、后风窗框、前门框、后门框、背门框、行李舱框和天窗框。对开口抗变形的设计进行控制的目的是确保开闭件功能正常使用以及风窗玻璃使用安全,不出现异响、卡滞等问题。仿真分析主要考虑车身扭转工况时的开口抗变形能力,以开口对角线长度变化量进行评价,长度变化量按式(12-6)计算,对角线位移测量位置如图12-9所示。

$$\lambda = \frac{|l - l_0|}{l_0} \times 100\% \qquad (12-6)$$

式中，λ 是位移变化量（%）；l_0 是开口对角线长度（mm）；l 是扭转工况时开口对角线长度（mm）。

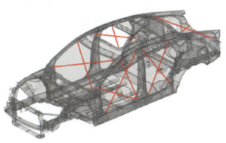

图 12-9　开口变形测量区域

3. 闭合件刚度仿真

闭合件刚度主要是为了评价闭合件的刚度是否满足 NVH 和强度性能的要求，还有是否满足精致工程、制造、用户使用的需求，各闭合件分别有多项刚度性能以及对应仿真工况。

发动机舱盖刚度性能有扭转刚度、前部弯曲刚度、侧向刚度、后部弯曲刚度。扭转刚度仿真，约束铰链与车身的安装点和单侧缓冲块，在另一侧缓冲块位置施加整车 Z 向力。前部弯曲刚度仿真，约束铰链与车身的安装点和缓冲块安装点，在锁扣上施加整车 Z 向力。侧向刚度仿真，约束铰链与车身的安装点，在缓冲块位置约束整车 Z 向位移，在锁扣上施加整车 Y 向力。后部弯曲刚度仿真，约束铰链与车身的安装点和锁扣，在发动机舱盖后部横梁上选择距离左右铰链相等的位置施加整车 Z 向力。发动机舱盖刚度约束及加载方式如图 12-10 所示。

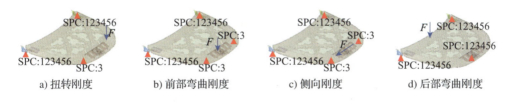

　　a) 扭转刚度　　　　b) 前部弯曲刚度　　　　c) 侧向刚度　　　　d) 后部弯曲刚度

图 12-10　发动机舱盖刚度约束及加载方式

前后门的刚度性能项相同，有窗框变形量、内板腰线刚度和外覆盖件腰线刚度。以前门刚度仿真为例：①前门窗框变形量仿真，约束前门铰链与车身的安装点和锁扣安装点，在窗框顶角位置施加整车 Y 向力；②前门外覆盖件腰线刚度仿真，约束方式同窗框变形量，加载位置选择外覆盖件腰线的中部位置；③前门内板腰线刚度仿真，约束方式同窗框变形量，加载位置选择内板腰线的中部位置。前门刚度仿真约束及加载方式如图 12-11 所示。

a) 窗框变形量　　　　　b) 内外覆盖件腰线刚度

图 12-11　前门刚度仿真约束及加载方式

行李舱盖刚度性能有扭转刚度、侧向刚度。行李舱盖扭转刚度仿真，约束铰链与车身安装点和锁扣安装点，在锁扣侧行李舱盖的边缘处加载力。行李舱盖侧向刚度仿真，约束铰链与车身安装点和锁扣安装点，但锁扣安装点处释放整车 Y 向自由度。行李舱盖刚度仿真约束及加载示意图如图 12-12 所示。

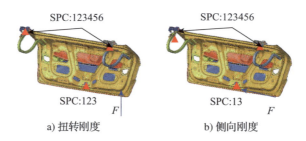

a) 扭转刚度　　　　　　b) 侧向刚度

图 12-12　行李舱盖刚度仿真约束及加载示意图

背门刚度有扭转刚度和侧向刚度。背门扭转刚度仿真有两个工况：工况一，约束铰链与车身安装点和锁扣安装点，在锁扣侧背门的边缘处加载力；工况二，约束铰链与车身安装点和撑杆安装点，在锁扣侧背门的边缘处加载力。背门侧向刚度仿真，约束铰链与车身安装点和锁扣安装点，但锁扣安装点要释放整车 Y 向自由度，在锁扣上施加整车 Y 向力。背门刚度约束及加载示意图如图 12-13 所示。

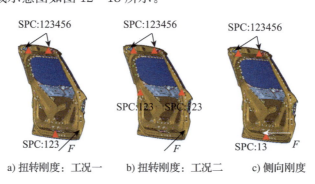

a) 扭转刚度：工况一　　b) 扭转刚度：工况二　　c) 侧向刚度

图 12-13　背门刚度仿真约束及加载示意图

4. 安装点刚度仿真

车身和闭合件的局部安装点刚度，对安装部件的正常使用、安装区域的强度、异响、NVH 性能有直接影响，如刮水器安装点刚度不足会导致玻璃刮不干净和出现异响。主要关注的安装点刚度性能有玻璃升降系统安装点刚度、刮水器安装点刚度、踏板安装点刚度、换档安装点刚度、撑杆安装点刚度、油箱安装点刚度、闭合件铰链安装点刚度、锁扣安装点刚度和座椅安装点刚度等。

安装点刚度仿真分析，车身上的安装点刚度，采用白车身模型，约束前后螺旋弹簧安装座位置，约束门槛梁位置，沿安装点平面法向加载，测量加载点沿加载方向的位移，按式（12-7）计算得到安装点刚度。安装点刚度仿真分析如图 12-14 所示。

$$K = \frac{F}{D} \tag{12-7}$$

式中，K 是安装点刚度（N/mm）；F 是加载力（N）；D 是位移（mm）。

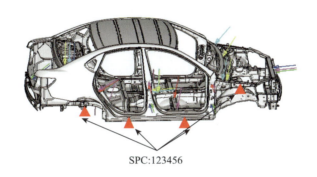

图 12-14 安装点刚度仿真约束及加载示意图

12.2.3.2 结构强度和疲劳耐久 CAE 仿真与优化

1. 强度仿真模拟类型

（1）模拟用户操作工况结构强度仿真　模拟用户操作工况的强度分析主要集中在汽车外观件和乘员舱内的接触件，主要有：外覆盖件刚性分析，主要规避用户按压外覆盖件产生较大变形和回弹声，影响用户体验感；闭合件过开分析，主要规避用户开门时，过度开门造成限位器附近产生变形和开裂，如图 12-15 所示；制动踏板、离合器踏板刚强度分析，规避操作中踏板的过度变形，甚至紧急制动时制动踏板断裂，如图 12-16 所示。驻车制动支架强度分析，规避操作时过度变形和断裂；车顶拉手支架、杯托等内饰件强度，主要规避用户日常使用时内饰件断裂或脱落。

（2）满足工艺需求和运输维修需求的结构刚强度仿真　汽车在生产过程中，需要经历冲压、焊接、涂装、总装四大工艺过程，需要考虑搬运时零件的刚度要求，避免搬运过程过度变形，甚至塑性变形；涂装时，需要考虑车身、闭合件的夹持位置的刚强度，避免夹

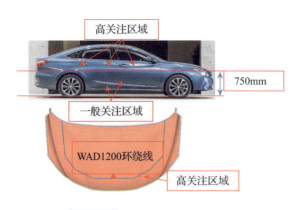

图 12-15 外覆盖件刚性示意图

图 12-16 踏板强度试验示意图

持位置过度变形,闭合件脱胶等;总装时,需要考虑车身支撑点的强度,避免夹持点过度变形,引起漆裂等问题。

汽车在运输和维修时的耐久要求:运输时,主要考虑固定点的强度要求,避免固定点过度变形或断裂;维修时,主要考虑千斤顶顶起或举升机支撑位置强度,避免过度变形和漆裂;救援时,主要考虑拖钩强度要求,避免拖车时断裂。

(3) 极限工况下的结构静强度仿真　结构静强度主要分为车身结构静强度和底盘结构静强度。

1) 车身静强度工况。对车身而言,一般考虑正常行驶时的制动（0.6~1.2g）、转弯（0.5~1g）、转弯＋制动,车身弯曲、扭转等工况,通过多体动力学提取载荷,在 TB（Trimmed Body）状态下,根据分析结果,一般取 1.2~2 倍的安全系数。另外,考虑在一定车速下冲坎的极限滥用工况,要求不发生断裂,如图 12-17 所示。

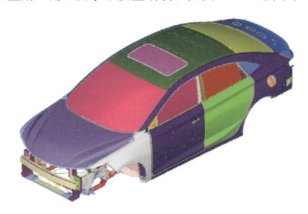

图 12-17 车身极限强度分析示意图

2) 底盘件静强度工况。汽车底盘强度分析,主要考虑结构的变形、断裂和屈曲。强度等级分为两级,见表 12-6,L1 级工况考察变形问题,控制零部件的刚度和变形;L2 级工况考察部件的断裂和屈曲,控制部件的极限强度。

表 12-6 强度分级

工况	验证要求	CAE 评价要求
L1 级工况	无明显变形	残余变形小于 1mm 或塑性变形小于 1%
L2 级工况	不发生断裂	Mises 应力小于抗拉强度

底盘强度工况主要考核轮心上下移动、左右转弯、前进制动、后退制动。通过多体动力学提取载荷，前后副车架一般采取带约束仿真分析，如图 12-18 所示，其余悬架结构件一般采用惯性释放方法进行仿真分析。

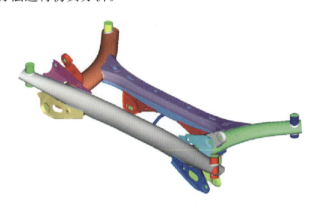

图 12-18 后副车架强度仿真分析示意图

（4）模拟产品结构在试验台架上耐久试验的 CAE 仿真　汽车研发过程运用台架试验手段进行试验，提高研发效率。CAE 关注和仿真的主要台架疲劳试验有：车门系统开闭关键寿命试验，规避用户开闭车门引起的开裂问题；座椅疲劳试验，规避座椅开裂问题；悬架系统台架疲劳试验，规避悬架系统开裂问题；稳定杆台架疲劳试验，规避稳定杆开裂问题；摆臂单体台架疲劳试验，规避摆臂开裂问题；油箱、电器件等振动台架疲劳试验，规避结构开裂问题。

（5）模拟实车道路耐久试验的 CAE 仿真　通过研究用户与试验场道路试验等效，将 10 年或 26 万 km 的整车耐久要求，转换到试验场道路试验要求。CAE 通过 VPG 或路面载荷采集的方法得到试验场道路谱，再通过载荷分解得到不同路面的载荷谱，根据道路试验要求的循环次数计算出零部件和车身的损伤。该方法主要应用在车身、前后副车架、转向节、控制臂类等车身和底盘零件。

2. 结构强度 CAE 仿真

（1）零件屈曲仿真

1）结构屈曲的力学含义。结构屈曲指结构受到压力载荷，达到临界点后，随着变形量的增大，其承载能力下降的现象，这种失效导致变形不能恢复。结构屈曲的力-位移曲线如图 12-19 所示。

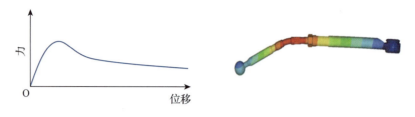

图12-19 结构屈曲的力-位移曲线

2) 屈曲仿真的对象。整车性能开发中屈曲仿真的主要内容如下。①外覆盖件的突变反转问题，如果存在板壳反转即承载力下降，则会有回弹音，该仿真分析规避外覆盖件按压回弹音。②杆件的结构稳定性问题，主要的杆件有转向拉杆、稳定杆拉杆、后悬前束调节杆等二力杆件，一个目的是控制二力杆件的屈曲力，使其大于规定的载荷，防止屈曲后大变形；另一个目的是控制屈曲力在一定范围内，既满足屈曲强度要求，又满足悬架系统断裂顺序要求（如前摆臂屈曲力需要控制在一定范围，既满足摆臂本身的强度要求，也满足其强度低于转向节的要求）。

3) 结构屈曲仿真分析结果的判定方法。结构屈曲的判定方法，一般采用结构的屈曲力大于规定值或屈曲力在一定范围来对结构是否满足要求进行判断。

外覆盖件刚性的控制：①控制静刚度；②控制外覆盖件屈曲力，使其在规定的载荷下不发生回弹音。

底盘杆件类零件屈曲力控制，由于底盘部件涉及整车安全，在设计底盘部件时需要考虑悬架强度失效逻辑即在特定工况下悬架发生失效的断裂顺序，为降低底盘件断裂引起的事故的恶劣程度和提高维修经济性，一般要求在极限工况下悬架控制臂发生弯曲，转向节和副车架不发生断裂或大的变形。因此，在零件设计时，控制臂强度低于转向节和副车架，其关键控制指标为控制臂的屈曲力，一般要求控制臂的屈曲力大于极限强度的载荷，小于副车架和转向节承受的载荷。

(2) 零件的静强度仿真

1) 零件静强度仿真包括的基本内容。模拟用户操作工况的结构强度仿真、满足工艺需求和运输维修需求的结构刚强度仿真、极限工况下的结构静强度仿真。

2) 汽车设计强度判定方法。常用的汽车设计强度判定方法有安全系数法、塑性应变小于规定值、应力小于屈服强度或抗拉强度。

①安全系数为屈服强度/零部件应力，安全系数法常用于车身的极限强度仿真分析。

②塑性应变小于规定值，常用于底盘极限强度分析L1级工况。

③应力小于屈服强度或抗拉强度，常用于模拟用户操作结构刚强度CAE仿真类型和底盘极限强度L2级工况。

3. 结构疲劳仿真

汽车结构疲劳CAE仿真主要有两大类：模拟产品结构在试验台架上的耐久试验和实

车道路耐久试验。

(1) 汽车结构疲劳基本概念

1) 疲劳的定义。在某点或某些点承受扰动应力,且在足够多的循环扰动作用之后形成裂纹或完全断裂的材料中所发生的局部永久结构变化的发展过程,称为疲劳,其特点是承受扰动应力。

疲劳常用应力定义:

应力变程(全幅)ΔS 定义为 $\Delta S = S_{max} - S_{min}$

应力幅(半幅)S_a 定义为 $S_a = \Delta S/2 = (S_{max} - S_{min})/2$

平均应力 S_m 定义为 $S_m = (S_{max} + S_{min})/2$

应力比 R(循环特征系数)定义为 $R = S_{min}/S_{max}$

2) 迈纳线性累积损伤理论。若构件在某等幅应力水平 S 作用下,如图 12-20 所示,循环至破坏的寿命为 N 次,则可定义其在经受 n 次循环时的损伤为

$$D = n/N \qquad (12-8)$$

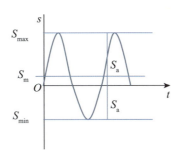

图 12-20 等幅循环应力示意图

显然,在等幅应力水平 S 作用下,若 $n=0$,则 $D=0$,构件未受疲劳损伤;若 $n=N$,则 $D=1$,构件发生疲劳破坏。构件在应力水平 S_i 下作用 n_i 次循环下的损伤为 $D_i = n_i/N_i$。若在 k 个应力水平 S_i 作用下,各经受 n_i 次循环,则可定义其总损伤为

$$D = \sum_1^k D_i = \sum_1^k \frac{n_i}{N_i}(i = 1,2,3,\cdots,k) \qquad (12-9)$$

破坏准则为

$$D = \sum_1^k \frac{n_i}{N_i} = 1 \qquad (12-10)$$

这就是最简单、最著名、使用最广的迈纳线性累积损伤理论。

3) 疲劳分析方法。整车疲劳分析方法,根据应力的获取方法可以分为两类:准静态应力方法和动态应力方法。两类方法最主要的区别在于载荷产生的激励是否对结构产生共振,无共振的结构一般采取准静态应力法,有共振现象影响则采用动态应力法。有无共振现象主要通过结构本身固有模态和外载荷激励频率来判断,相近则易共振。

准静态应力法分为两类,一类为有边界条件的计算,另一类为无边界条件的应力计算。对于有边界条件的计算,直接采用静力计算的方法计算应力,该方法主要应用在台架疲劳仿真,如悬架系统台架疲劳试验、稳定杆台架疲劳、扭力梁台架疲劳、摆臂台架疲劳等底盘件台架疲劳仿真。对于无边界条件的疲劳仿真,如转向节、控制臂类零件道路疲劳仿真,它们的载荷来自多体载荷提取的力,无固定的边界条件,这类仿真采用惯性释放的方法计算应力。

动态应力法计算疲劳主要分为直接瞬态法和模态瞬态法。直接瞬态法一般仿真带有冲击现象的疲劳问题仿真分析,在汽车开发中典型应用为车门开闭耐久仿真分析。模态瞬态法一般用于存在结构共振现象的问题仿真分析,汽车在行驶中是动态状态,且汽车系统和零部件的固有频率与来自路面的激励频率在一个数值区域内,所以汽车上的一些结构会产生共振,车身是最典型的例子。另外,零部件在振动试验台进行试验也是动态状态,结构的自身频率与振动频率产生共振,此类疲劳仿真需要考虑动态应力,此类应力采用模态应力的方法获取。

(2) 模拟产品结构在试验台架上的耐久试验 CAE 仿真

1) 等幅载荷 CAE 疲劳仿真。等幅加载台架疲劳试验的目的主要为快速或提前验证道路试验问题,验证用户反复使用的部件耐久问题;主要的试验有稳定杆台架疲劳试验、摆臂台架疲劳试验、扭力梁异向台架疲劳试验、悬架系统台架疲劳试验、座椅台架疲劳试验等,这类试验有个特点:等幅(定幅)加载的上下极值力同时对应了零件受力后最大的应力和应变,因此可以将极值力对应的状态作为疲劳分析幅值的上点和下点。

如图 12-21 所示,CAE 仿真分析模型为试验状态规定的部件集合,边界条件为试验约束条件,在结构力学软件中计算等幅加载力的上限和下限,得到疲劳分析所需应力(或应变)的上限和下限,再在疲劳软件中分析一个循环的损伤,通过规定的试验次数叠加得到台架疲劳损伤值。损伤值的判定一般在 0.5~1。

图 12-21 悬架系统等幅台架试验 CAE 分析示意图

2) 闭合件关闭疲劳仿真。闭合件关闭耐久疲劳 CAE 仿真分析的目的主要为快速或提前验证用户操作的问题,采用如图 12-22 所示的台架进行验证,试验速度为 1.2~2mm/s,闭合件关闭过程具有明显的动态冲击现象。采用直接瞬态法进行疲劳应力分析,有限元分析模型如图 12-22 所示，截取部分车身带闭合件模型，闭合件需要进行完整的配重，在结构分析软件中计算出动态应力。再在疲劳分析软件中计算出一个循环的损伤，通过规定的试验次数叠加得到台架疲劳损伤值，损伤值的判定建议取 0.3 左右。

图 12-22　闭合件关闭耐久试验 CAE 分析示意图

3）台架振动疲劳 CAE 仿真。振动台架试验主要用于考察支架结构或零部件总成在随机振动下零部件结构的耐久性能，从而保证部件在用户使用时的可靠性，此类试验运用的主要部件有：油箱、电池包、塑料前端模块、灯具、后视镜、电子电器部件等；对该类部件的耐久分析采用随机振动疲劳分析。

分析模型（图 12-23）为部件主要结构网格和集中质量分布，约束条件采用与试验台架一致的约束，采用模态频率响应分析计算结构应力，在疲劳分析软件中，利用随机振动疲劳分析模块，以模态频率响应分析输出的 X、Y、Z 三向模态应力和模态传递函数及 X、Y、Z 三向 PSD 载荷，得到规定振动时间条件下的损伤值。

图 12-23　电池包振动疲劳分析示意图

（3）模拟道路试验的 CAE 疲劳仿真与方案设计　汽车 10 年或 26 万 km 耐久性要求，CAE 无法直接分析，一般将用户 10 年或 26 万 km 的使用要求通过等效转化为汽车试验场的路试要求，CAE 通过模拟道路疲劳试验，在设计前期控制汽车的耐久性能。

CAE 仿真汽车道路试验主要采取两种方式：车身采用动态应力的方法（模态应力法）；

底盘件由于模态较高频率对结构疲劳的影响较小,采用准静态应力法。

1) 车身模拟道路试验的 CAE 疲劳仿真。车身结构在道路上的破坏主要由过载、扭转、振动三种主要模式引起,传统的静态疲劳方法可以考虑过载和扭转的影响,振动引起的破坏难以考察。因此,现阶段车身道路疲劳广泛采用动态应力疲劳分析方法,可以考虑三种模式引起的结构应力。

有两种方式可以获取道路载荷:一种通过六分力仪采集轮心的载荷,再通过多体载荷分解获取接附点的六向分力;另一种方式通过 VPG 直接迭代获取接附点的六向分力,如图 12-24 所示。

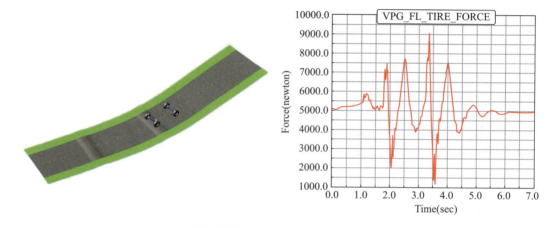

图 12-24 VPG 载荷提取示意图

模型要求:使用车身的 TB 模型(图 12-25),对于副车架为硬连接的形式,TB 模型带上副车架,副车架的杆件连接点作为接附点。对于副车架为软连接的形式,TB 模型不带副车架,副车架与车身的连接点作为接附点。TB 模型根据路试要求分为满载模型和半载模型,通过满载模型和半载模型分别计算车身的动态应力,并计算疲劳损失,再根据路试循环次数叠加,计算出损伤值。损伤判定一般取 0.2~0.5。

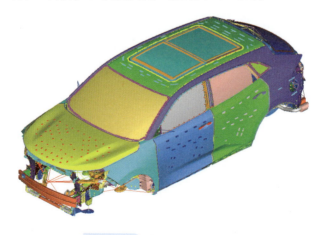

图 12-25 车身 TB 模型示意图

2) 底盘件模拟道路试验的 CAE 疲劳仿真。底盘件的模态比较高,振动引起的破坏不明显,主要由过载和扭转引起强度疲劳问题。因此,主要底盘结构件一般采取准静态应力的方法进行道路疲劳仿真分析。但是对于性能结构件,如稳定杆、扭力梁静态疲劳不太合适,目前大多采用动态应力法进行研究。这里重点介绍静态疲劳仿真方法。

道路载荷的获取方式与车身模拟道路试验的 CAE 疲劳仿真的获取方式一致。

底盘件道路疲劳仿真分析如图 12-26 所示,主要分析前后副车架、前后转向节、控制臂等,仿真分析模型采用零部件总成模型,在零件硬点位置加载单位载荷,求解各通道单位载荷应力,在疲劳分析软件中加载荷谱进行疲劳分析,再根据道路循环次数叠加得到损伤值。损伤判定一般取 0.2~0.5。

图 12-26 底盘件道路疲劳分析示意图

12.2.4 试验验证

试验验证是结构耐久开发中必不可少的一环,在产品开发节奏加快的情况下需要符合工程开发的快速精准验证。常用的加速耐久性验证手段包括实验室验证和道路试验验证。在产品开发早期,一般先利用实验室开展零部件、系统级验证;在产品开发中期,开展道路试验验证与实验室耦合条件验证;在开发后期,基于问题或者产品属性识别进行专项验证。总之,在进行试验验证时,充分利用道路试验与实验室验证能力矩阵,从验证效率、成本、效果综合制订验证策略,开展耐久可靠性试验验证。

12.2.4.1 实验室验证

实验室验证指在实验室模拟实际工作载荷,其特点是对试验对象的承载原理进行分析,并通过等效载荷转换,运用试验仪器设备进行测试记录,可以快速、精准地对产品进行测试,不仅缩短了试验时间、节省试验费用,还能满足用户的需求。

1. 实验室验证方法

实验室内耐久可靠性试验的方法有不同的分类维度,这里主要介绍的是标准试验、失效试验和衰减试验。

(1) 标准试验 标准试验需要明确定义加载循环和失效的标准,循环次数相当于寿命。结果只有两种可能,即通过和未通过——如果在试验结束时没有失效,则试验通过。标准试验只关注是否失效,只测量特定循环次数下失效的比例。

(2) 失效试验　失效试验要求在试验前对加载载荷和失效标准进行明确定义。失效试验除提供标准试验所提供的所有信息外,还可以提供失效相关的定量数据(例如失效时间、失效循环、故障位置、裂纹长度等),以及失效模式,并能以失效时的寿命试验数据为基础进行统计分析,进行失效预测和估计。推断出失效产生的类型,即初期失效、随机失效或磨损。

(3) 衰减试验　衰减试验产生的信息比失效试验多出一个数量级,衰减数据更以用户为中心,生成理想功能随时间退化的完整图像,通过对随时间变化变差增大的深入理解来进行稳健性分析,可以对最小可接受功能的不同级别进行失效分析;可以提供失效机理的分析模型,进行不同应力水平下寿命数据的推断,试验数据可通过退化曲线表示,以显示随时间变化的失效分布和衰减速度。可以提供因性能恶化而导致用户满意度下降的信息。

标准试验、失效试验和衰减试验常用于产品开发验证。

2. 实验室典型试验

用户实际使用条件是一切产品的设计输入,也是所有试验规范的设计基础。因此,欲精确地进行汽车耐久可靠性试验,在实验室或试验场中对汽车实际运行条件(路面状况、温度变化、化学腐蚀条件等)进行模拟,就必须全面了解汽车产品的用户实际使用条件,即工作载荷,建立起用户载荷同试验场载荷(不同试验路面)以及实验室载荷之间的相互关系,从而将预定义的行驶里程数同实验室试验载荷/循环数/时间进行关联,如图 12-27 所示。

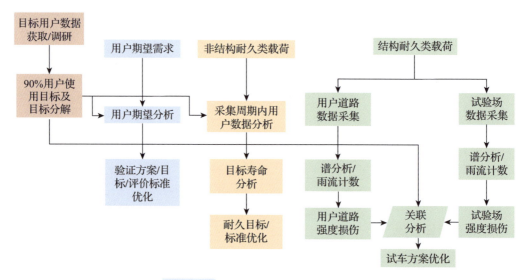

图 12-27　用户载荷关联技术框图示例

(1) 汽车道路载荷获取　为了获取道路载荷谱，需要在试验样车上安装各类传感器，包括位移传感器、加速度传感器和应变传感器等（图 12-28、图 12-29），然后在用户工况或者试验场上按照规定线路进行载荷谱采集，实际使用过程中应根据试验目的和重点关注部位的不同选择合适量程和精度的传感器。

 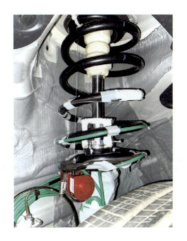

图 12-28　鼓包加速度采集示意图　　图 12-29　减振器位移采集示意图

(2) 结构刚度验证　在实验室内，利用各类高精度传感器和试验加载装置测量各部件结构在受静力时抵抗变形的能力，同时结合设计目标和测试标准对部件的结构刚度性能进行评价，确保达到开发目标要求。

整车耐久可靠性开发中，刚度开发包括车身刚度、闭合件刚度、安装点刚度以及内外饰部件等附属部件的刚度等涉及所有的系统。而车身系统是整车的基本结构，是人员和货物载荷承载的基础，因此，车身结构的刚度设计是整车耐久性和可靠性设计的基础。

从提高驾驶人和行人安全性的角度来讲，在白车身的设计制造过程中应考虑碰撞时的能量吸收以及汽车室内空间需要较强刚度等要求；从提高直观性的角度来讲，应降低障碍角，各支柱断面形状都很细。为确保白车身具有要求的刚度，需要相应的试验验证。在实验室内可通过白车身扭转刚度试验（图 12-30）和弯曲刚度试验以及各自的分布形态试验，判断白车身构造是否满足要求。

图 12-30　白车身扭转刚度试验及结果

所谓外覆盖件就是构成车身外观的部件，大致分为构成垂直面的挡板和门以及构成水平面的车顶和发动机舱盖等。这些都不是车身的构造部件，但由于面积大，必须确保其刚性。关于车顶和发动机舱盖的水平面，以在洗车时和洗车后打蜡时手按压感评价为主，垂直面以弹性感的评价、配合石头飞溅和购物手推车的轻微接触产生的凹坑试验为主。由于外覆盖件刚度对车身设计和质量影响较大，因此需要对其进行测量，如图12-31所示。

图12-31　外覆盖件刚度测点及测试装置

闭合件大多数是用铰链与车身相连的，刚度不足很可能会发生抖动，也是产生风噪和室内噪声的原因。如果车门、发动机舱盖和铰链安装部位的刚度不满足要求，在门过度打开时的输入力和这些部件的重力作用下，锁的咬合会产生偏离，因此需要对其进行测量，如图12-32。

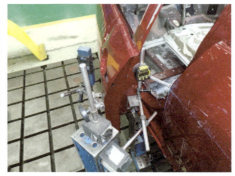

图12-32　车门系统垂向刚度、横向刚度试验加载示意图

（3）底盘系统强度、耐久试验　底盘系统直接影响用户使用体验以及安全，该系统一旦出现问题，用户难以接受，甚至会导致生命危险，因此需要对强度、耐久开展验证，并进行衰减评价。尤其要关注路面载荷（垂向、纵向、侧向）、操作载荷、驱动载荷、环境载荷以及制动载荷（纵向）。根据不同试验目的，可以运用不同的试验装置和试验方法。

悬架系统强度/耐久试验：悬架系统由弹性件与结构件组合而成，主要承受路面载荷与制动载荷，常用的验证方法为模拟实车受载状态，在产品开发前期对悬架系统进行失效试验与强度试验，如图12-33、图12-34所示。

悬架零部件强度/耐久试验：需要对每个零部件单品进行耐久试验。对于衬套类和减振器进行耐久性试验时，需要增加考虑环境载荷，如高低温、臭氧等载荷。对于前摆臂、副车架开展零部件试验时，需要考虑强度验证。

图12-33 悬架系统耐久试验　　图12-34 悬架系统摆锤冲击试验

转向系统强度/耐久试验：系统主要由方向盘、转向柱、转向器等组成，主要承受路面载荷与操作载荷，常用的验证方法为：一般采用与实车相当的输入载荷进行耐久试验，转向系统道路模拟试验如图12-35所示。

转向零部件强度/耐久试验：需要对每个零部件单品进行耐久、强度开展试验。

制动零部件强度/耐久试验：主要承受路面载荷、制动载荷，需要对每个零部件单品进行耐久、强度开展试验。常开展的试验有转向节强度试验、制动踏板强度/耐久试验、EPB系统耐久试验等。

燃油零部件强度/耐久试验：主要承受路面载荷、环境载荷，常开展的试验有燃油箱强度试验、燃油管路的压力耐久试验、燃油踏板强度/耐久试验等。

底盘零部件试验：其目的是掌握失效模式以及失效数据，迭代优化试验载荷次数，提升一次设计对，一次验证过；对于产品开发优化提供简单、有效、低成本的验证方法。

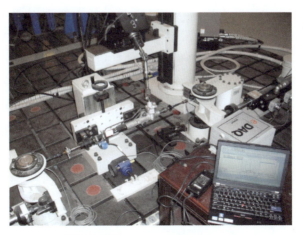

图12-35 转向系统道路模拟试验

（4）闭合件系统开闭耐久/关键寿命试验　环境+操作耐久试验：试验样车固定在环境舱进行关闭操作耐久循环，温度范围-40~82℃，主要测试和评价四门两盖、天窗、电动车窗、外后视镜等系统在用户正常使用环境（含温度、湿度、粉尘条件）中的关闭操作耐久性（图12-36、图12-37），试验主要模拟用户操作习惯、高低温、泥水、湿度等使用条件下的耐久性，通过此类型试验可充分暴露用户门锁失效、间隙断差变化、操作力变化、异响等问题，从而提升用户体验。

图12-36　车门系统开闭耐久试验

图12-37　行李舱盖关闭耐久试验

（5）整车台架疲劳试验　最能准确地反映汽车疲劳特性的应是用户道路试验，其真实地反映汽车在实际使用过程中所承受的载荷，但由于其试验周期长，通常为几年甚至十几年，所以很少在新车开发阶段使用。试验场道路耐久试验主要是从疲劳的角度出发，通常以利用较恶劣的路况，以及缩短甚至删除小损伤载荷循环来设计得到的强化道路，能够起到加速试验的进程，因而试验场疲劳试验通常用于汽车开发阶段，考核部件的不同设计方案的疲劳性能。

室内道路模拟试验与试验场、用户道路试验相比拥有更多优点，其能够允许工程师提高和加速疲劳设计的过程。最大的优点之一是在实验室内的道路模拟试验台架可以24h不间断地运行，整个试验过程不需要驾驶人的参与，而且可以不受天气和交通状况的影响，此外，室内道路模拟试验还能提供更方便的条件来更好地监控试验对象，以尽早发现失效部件及裂纹位置。除此之外，另一个优点是室内道路模拟试验还提供了在不改变损伤的前提下对试验目标信号进行压缩及强化来加速试验进程，这样不仅缩短了目标信号的长度，而且也大大缩短了在目标信号迭代过程中所花费的时间。室内道路模拟试验除了能进行类似试验场的加速试验外，还能够进行用户道路试验，从而能够更真实地考核试件在用户道路下的真实疲劳特性。整车台架疲劳试验的特点见表12-7。

表 12-7 与道路耐久试验相比整车台架疲劳试验的特点

优点	试验安全	无驾驶人员,开展失效试验安全风险低
	重复性好	试验加载条件一致,试验结果可比性好
	周期短	对疲劳影响较小的载荷进行缩减可缩短试验周期
缺点	载荷耦合	不能同时耦合用户使用载荷因子(路面载荷,驱动载荷,制动载荷,操作载荷,热载荷,环境载荷)

常见的整车疲劳耐久试验主要有以下几类,其主要模拟载荷、考核部位和加载方式见表 12-8,典型的试验有整车 4 通道振动试验,如图 12-38 所示;整车 24 通道振动试验如图 12-39 所示等。

表 12-8 主要模拟载荷、考核部位和加载方式

载荷模拟种类	考核部位	试验对象	加载方式	装夹方式	激励数量
轮耦合	车身(主要)	整车	轮胎垂向	自由(惯性力)	4
6自由度轴耦合	车身、悬架	整车或悬架系统	轴头 F_x、F_y、F_z、M_x、M_y、M_z	自由(惯性力)	12 或 24
多轴振动平台	上车体安装部位、发动机支架	安装在车身或车架各系统	X、Y、Z、M_x、M_y、M_z 扭转	自由(惯性力)	6 或 7

图 12-38 整车 4 通道振动试验

图 12-39 整车 24 通道振动试验

除了施加振动载荷外,越来越多的主机厂将振动试验台与环境舱配套使用,在试验条件中加入高低温、湿度、阳光模拟、沙尘、雨、雪等,补充整车在受振动、温度、湿度、阳光等因素影响引起的可靠性、异响以及性能衰减评价。

该类验证常用的试验设备有环境 4 通道(图 12-40)、带环境舱的振动试验台(图 12-41)等。

图 12-40 环境 4 通道试验台

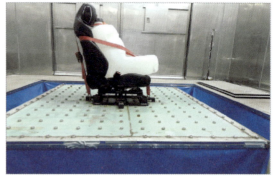
图 12-41 带环境舱的振动试验台

12.2.4.2 道路验证

道路验证是指在经过选择的道路上进行的试验，按照目的不同，可以分为两类——试验场耐久可靠性试验和用户适应性试验。本节重点介绍试验场耐久可靠性试验。

1. 试验场耐久可靠性试验

试验场耐久可靠性试验是在试验场内对用户复杂多变的道路和交通状况进行集中、浓缩和不失真强化模拟重现。在试验里程大大缩短的前提下，获得与实际道路上行驶近乎相当的效果，提高试验效率，缩短研发周期，新产品能够快速更新换代；充分暴露新产品在上市前的各类故障和设计缺陷，及时整改，避免有质量问题的产品流入市场，降低新产品故障率；通过严苛极端工况的强化验证，能够有效保证耐久品质。

道路耐久可靠性试验需建立科学的可靠性试验规范，执行合理的耐久可靠性试验程序，鉴别正确的失效模式，遵循整车及系统评估机制。

2. 试验场耐久可靠性试验规范

为达到对整车和系统进行广泛的考核，缩短试验周期，汽车耐久可靠性试验采用用户相关性研究，结合用户的使用条件、需求、产品特点和汽车试验场的道路条件，采集用户使用载荷谱、试验场道路载荷谱，对比分析和计算载荷损伤。基于试验场试验和客户使用之间的等同的疲劳损伤和失效模式开发试验场耐久可靠性试验规范是各大汽车制造厂的主要方式，用户相关性路径如图 12-42 所示。

典型的汽车耐久试验场有一系列专门修建的试验道路，如高速跑道、扭转路、石块路、乱石路、鱼鳞坑路、搓板路、砂石路、乡村土路、比利时路及越野路等。每一种道路都是汽车受到典型的载荷输入，汽车的载重、试验道路的种类一般通过它们的行驶速度决定了各个汽车零部件所承受的载荷强度和频率成分。

根据用户载荷状况和使用状态的路面分配，编制各测点的客户道路载荷谱。同时，根据试验场各种路面的载荷谱，进行匹配计算，形成试验场载荷谱，如图 12-43 所示。

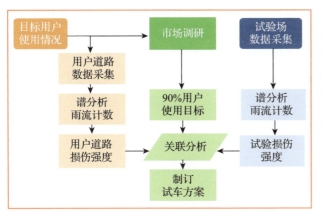

图 12-42 用户相关性路径

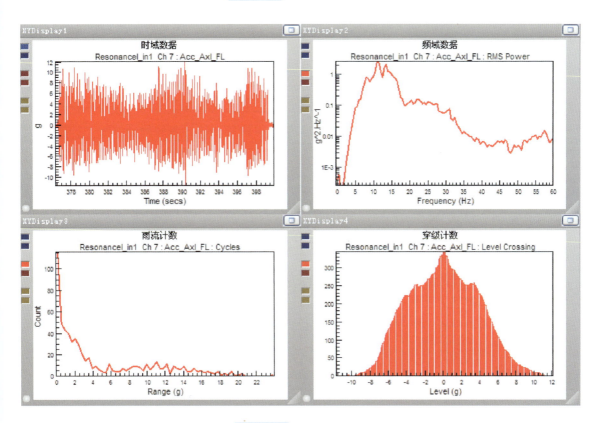

图 12-43 试验场载荷谱

在试验车辆多种载荷配置情况下,对试验场载荷谱进行转化,经过不断优化,合理分配试验路面里程比例,使试验场载荷谱与用户载荷谱基本接近,且试验场最大载荷幅值覆盖用户载荷,以保证二者具有相近的故障模式和全面的考核范围。

3. 试验场可靠性试验策略

根据产品车型差异、驱动方式/种类、验证目的,在道路耐久试验中采用不同的试验循环、试验路段、试验里程组合分配，形成多个相同或者不同的验证阶段，可分别达成整车道路耐久、结构道路耐久、动力传动道路耐久、系统专项耐久验证的目的。

（1）整车道路耐久试验　整车道路耐久试验是汽车产品开发中最重要的整车级验证方案，可准确定义整车、系统及子系统可靠性目标，是设计开发有效性验证的基石，同时可反映制造工艺、零部件质量一致性保证水平，该类试验结果可作为产品里程碑评审依据。

整车道路耐久试验可适应汽油乘用车（包括轿车、MPV、两驱和适时四驱形式的SUV），以及油电混合动力乘用车，涉及试验场强化耐久路、综合评价路、标准坡道、高速环道、牵引力路等耐久类路面。最大程度等效覆盖用户使用的路面类型比例、行驶车速、交通状况、汽车负荷情况、行驶道路种类、各种道路上行驶里程、驾驶人的驾驶习惯以及各种典型道路。

（2）结构道路耐久试验　结构道路耐久试验主要在强化坏路、综合评价路面完成，主要是来自不平路面引起的载荷，通过实车行驶评价车身和悬架的耐久性。由于以耐久性确认为主，所以会在试验场地上设置各种路面，规范行驶方法，再现各种载荷。该类试验在底盘结构功能验证、底盘及车身快速强化验证方面具有明显优势。

（3）动力传动道路耐久试验　动力传动道路耐久主要在标准坡道、高速环道、牵引路面、综合评价路等试验路面段完成。主要是确认以发动机的驱动力和驾驶人操作导致的发动机、变速器、驱动系统、制动器的故障以及二次振动、热导致的故障试验。该类试验主要用于动力总成开发验证、涉及变换动力总成的整车开发验证。

（4）系统专项耐久试验　系统专项耐久验证是为快速或者低成本验证系统/部件而开发的。根据不同验证目的和规范，固定在不同的试验路面完成。对特定的系统/部件改进验证、质量整改验证，具有时间短、费用低的优势。

4. 试验场可靠性试验测试/评价项目

在可靠性道路试验中，根据试验大纲要求进行相应的测试/评价。

测试、测量类别主要有：机油消耗、紧固件校核、车窗升降速度测量、车门外开手柄解锁行程及解锁力检查、车身及内外饰段差检查、缸压测量、轮胎花纹深度测量、悬架高度检查、制动衬片磨损测量、制动盘端跳及厚度测量、制动拖滞力测量、电动车窗、天窗防夹系统验收。

评价类主要有试验前的道路耐久试验整车静态评价和动态评价。

（1）典型的试验场耐久道路

1）石块路（比利时路）：是一种普遍采用的汽车可靠性行驶试验路面，坏路的典型代表，主要考核汽车轮胎、悬架系统、车身、车架以及结构部件的强度、振动和可靠性，如图12-44所示。

2）鹅卵石路：鹅卵石路考核的是汽车在鹅卵石路上行驶时，除了引起垂直跳动外，不规则分布的卵石还对车轮、转向系统和悬架系统造成较大的纵向和横向冲击，如图12-45所示。

图 12-44　石块路（比利时路）

图 12-45　鹅卵石路

3）扭转路：扭转路是使汽车产生强烈的扭曲，验证汽车悬架在最大位移量时车架、车身结构强度和各系统的连接强度、干涉等，如图 12-46 所示。

4）搓板路：用于汽车的振动特性、乘坐舒适性及可靠性试验，如图 12-47 所示。

图 12-46　扭转路

图 12-47　搓板路

5）高速环形跑道：高速环形跑道是为汽车在高速情况下持续行驶使用的，以考察整车的高速行驶性能和发动机、传动系统、悬架、轮胎和锐化发热情况，一级零部件的耐久性和可靠性，如图 12-48 所示。

图 12-48　高速环形跑道

6) 涉水池：用来检查水对制动器效率的影响、车身的防水性、汽车总成和发动机进排气系统的工作状况。

7) 盐水池：这种水池是一种放有食盐和氯化钙溶液的小型水池，用来进行汽车零部件快速腐蚀试验。

(2) 试验故障分类与可靠性寿命评价　汽车整车、总成及其零部件在规定的条件下和规定的时间内，丧失规定功能或者功能下降的事件称为汽车故障。故障等级是指在可靠性路试过程中故障的严重程度等级分类。故障类别按照严重程度分为致命、严重、一般、轻微四个等级故障，其分类和定义见表12-9。

表 12-9　汽车故障分类及定义

故障类别	故障定义
致命故障 S	危机人身安全，重大故障，引起关重总成报废，造成重大经济损失，对周围环境造成严重危害的
严重故障 A	影响行车安全，引起主要零部件、总成严重损坏，不能用易损备件和随车工具在短时间内排除的故障；关键系统、总成功能失效或工作性能显著下降，功能受限，无法维修或维修难度大；行驶、转向、制动 3 个基本功能无法实现或者导致 3 个基本功能工作性能明显下降、功能受限的故障
一般故障 B	不影响行车安全，非关重零部件、总成损坏、失效，功能丧失、无法使用，必须立即更换或维修；非关重零部件、总成基本性能下降、功能受限，需维修；非关重零部件、总成功能正常，但在舒适性、方便性、异响等方面令人不满，用户关注度高、敏感度高或者暂无异常但不及时处理存在次生故障风险的；虽基本功能不受影响，但是整车工作性能显著下降，舒适性、方便性受影响，或者用户对问题的敏感度和关注度高，会引起用户较大的抱怨，对品牌形象有较大不良影响的问题
轻微故障 C	对汽车正常运行基本没有影响，不需要更换零部件，可用工具容易排除的；整车外观、内外饰及非操作性功能件出现的可以持续优化改善的问题，不会造成停驶，不会影响正常使用，通过简单修复、调整可解决或者不需修复或调整。虽无功能方面不良，性能也无明显下降，但会降低产品的品质感，但是用户对问题关注度和敏感度低。主要是针对非操作性功能件，起到一定装饰作用的部件，如各种装饰盖、内饰板、地毯、顶衬等

通过可靠性道路试验，及时分析和处理试验中出现的各类故障，按企业评价标准中对各类故障的要求进行评价。

MTTF（Mean Time To Failures）为失效前平均工作时间，

$$\mathrm{MTTF} = \frac{1}{N}\sum_{i=1}^{N} t_i \tag{12-11}$$

式中，N 是产品总数。

MTBF (Mean Time Between Failures) 为平均故障间隔时间,

$$\text{MTBF} = \frac{1}{\sum_{i=1}^{N} n_i} \sum_{i=1}^{N} \sum_{j=1}^{n_i} t_{ij} \quad (12-12)$$

式中，n_i 是第 i 个测试产品的故障次数；t_{ij} 是第 i 个产品的第 $j-1$ 次到第 j 次故障的时间。

上述 MTTF 与 MTBF 本质上是一样的，因此统称为平均寿命，用式（12-13）表示：

$$\theta = \frac{1}{N} \sum_{i=1}^{N} t_i = \frac{\text{所有产品总的工作时间}}{\text{总的故障数}} \quad (12-13)$$

当前，各个汽车制造厂都面临着严峻的竞争压力，开发周期不断缩短，不得不在产品开发和制造的各个阶段提高效率、降低成本。而汽车耐久性试验在汽车开发过程中占有重要的地位，在此情况下，汽车试验场耐久性试验就显得花费时间太长，成本太高，而且还常常由于驾驶人、道路和环境变化得出不一致的结果。鉴于以上情况，目前有逐渐减少试验场耐久性试验量，更多利用更快速、重复性更好的实验室耐久性试验的趋势。

12.2.5 结构耐久目标平衡与集成

整车结构性能开发，重点需要考虑耐久性能、碰撞性能、NVH 性能和行驶性能，在整车开发的实践过程中，四大性能相辅相成且常有存在冲突的地方，结构性能目标平衡与集成就需要解决冲突达成平衡，以下列举几处常见冲突和解决案例。

12.2.5.1 前副车架及车身安装点耐久性能与碰撞性能平衡问题介绍

当前汽车造型趋势为短前悬、长轴距、低车身，在此理念下，短前悬严重压缩了汽车前碰的吸能空间，造成前壁板侵入量严重超标，要达成碰撞性能要求，应采取碰撞发生时前副车架脱落的方案。

前副车架脱落位置（图 12-49）常选择在副车架与车身安装点，可选择安装螺栓断裂

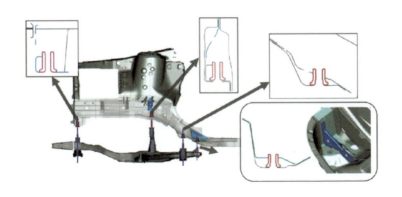

图 12-49 前副车架脱落位置示意图

脱落或车身钣金撕裂的方案；无论选择何种方案，与强度耐久性能都存在冲突，在汽车正常行驶时，副车架与车身的安装点为主要传力点，其可靠性是汽车安全的保证，从强度耐久考虑，需要强化副车架与车身安装点的结构，因此，副车架安装点碰撞脱落与强度耐久要求是天然的矛盾，需要平衡。

12.2.5.2 强度耐久性能与碰撞冲突性能平衡解决方案介绍

1. 传统的解决方案

传统的解决方案为强度耐久专业、NVH 性能专业、碰撞性能专业分别建立分析模型，根据结构设计经验，事先讨论一个各方可以接受的方案，然后三个专业分别仿真各自性能，如果各自性能都达成，则锁定方案；如果性能不能达成，则进行下一轮方案讨论和仿真，一般通过多次方案对接和计算，最终达成性能平衡的方案。该解决方案弊端为耗时长，各自开展，易造成方案数据不一致。

2. 多学科性能集成 CAE 解决方案

随着计算能力的增强和优化软件的发展，目前解决性能集成或性能冲突的 CAE 仿真一般采用 MDO 多学科性能集成方式，如图 12-50 所示，为解决副车架安装点强度耐久性能与碰撞冲突性能平衡问题，该处主要考虑车身刚度性能、车身模态、台架疲劳和车身碰撞，通过多学科优化软件建立集成优化计算工作流，该流程共有 16 个输出，其中碰撞领域 4 个、NVH 领域 9 个、疲劳耐久领域 3 个。

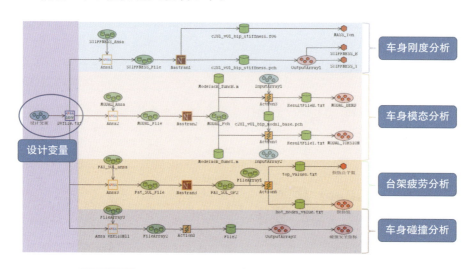

图 12-50　MDO 多学科性能集成 CAE 分析工作流程示意图

图 12-51 所示是某车型副车架安装点碰撞脱落设计示意图，本案例选择钣金撕裂的方式进行脱落，设计变量为安装点附近区域零件的材料、厚度、焊接位置、焊接长度、钣金导裂开口位置、螺栓套管的直径大小、螺栓套管的焊接长度和焊接位置，如图 12-52 所示，共计 20 余个设计变量。

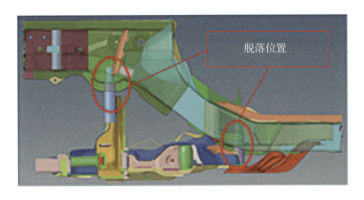

图 12-51 副车架安装点碰撞脱落示意图

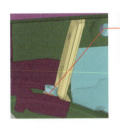
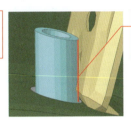
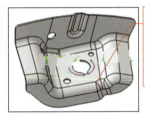

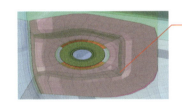

图 12-52 副车架脱落优化设计变量示意图

本案例从安装点钣金件撕裂讲述耐久与碰撞的性能平衡,在开发过程中应用,应用 MDO 多学科性能集成 CAE 分析,达成耐久性能与碰撞性能的平衡。

12.3 防腐性能开发

随着汽车行业的快速发展和市场的日益成熟,各国追求的目标之一是提高汽车质量、延长汽车使用寿命。汽车腐蚀是汽车损坏报废常见的重要原因,不仅直接影响汽车质量和使用寿命,还会导致环境污染和交通事故,给社会和经济发展造成巨大损失。据统计,我国每年汽车腐蚀造成的经济损失达 1000 亿元,占 GDP 的 3%~5%。随着汽车三包法规的实施、消费者维权意识的不断加强,售后腐蚀投诉近年呈明显上升趋势,2019 年已上升至每年 10083 条,腐蚀投诉在各类投诉中自 2018 年已上升至第五位,如图 12-53 所示。不少车企还出现了重大腐蚀召回事件,已成制约汽车企业提质发展的关键因素。

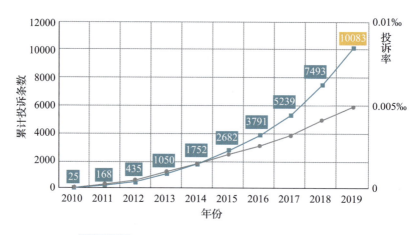

图 12-53 2010—2019 年汽车腐蚀类投诉数据统计

汽车防腐性能开发就是通过涂/镀层覆盖、非金属件遮挡、不锈钢/铝合金材料使用等方式，延缓零部件锈蚀或降低锈蚀可见性，以达到提升整车使用年限、降低用户对锈蚀的感知度最终提升用户满意度的目的。防腐性能开发流程应该贯穿于整车开发流程，是多个部门协同完成的属性开发。完整的防腐开发流程如图 12-54 所示。

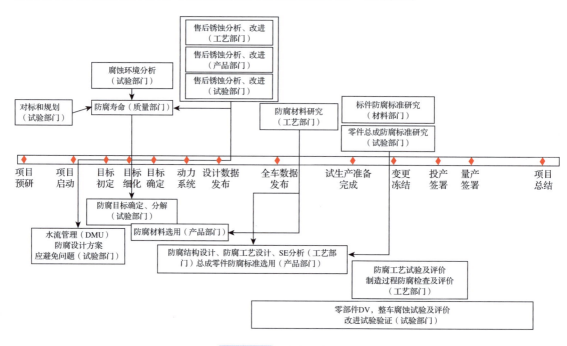

图 12-54 防腐开发流程

12.3.1 防腐性能定义

防腐性能一般指金属材料抵抗周围介质腐蚀破坏作用的能力。由材料的成分、化学性能、组织形态等决定。汽车的防腐性能主要依靠各类涂层和镀锌的保护来实现，如白车身钣金使用的镀锌板材，以及板材表面增加的电泳漆膜。也有通过材料自身的防腐性能实现防腐目标的，如排气系统中使用的不锈钢材质，发动机、变速器使用的铝合金外壳等。综上，获得防腐性能主要通过以下三种形式。

1）涂层：涂层一般指非金属覆盖层，类型包括电泳漆、喷塑、喷粉、喷漆、喷PVC、喷蜡、密封胶等。该类涂层均通过将腐蚀介质与基材隔离，避免基材接触腐蚀介质，以达到防腐的目的。涂层失效原因包括机械力破坏导致涂层破损，老化导致的开裂、起层、粉化等使涂层失去密封作用。其优点是适用性广、成本较低、保护性能优异；缺点是耐机械破坏性差，耐候性差。

2）镀层：镀层一般指金属覆盖层，类型包括镀锌、镀锌镍合金、镀锌铝合金、镀环保达克罗、镀铝、镀铜等。该类镀层同样覆盖于被保护样件表面，但除了提供隔绝腐蚀介质的作用外，还能提供牺牲自身保护基体的作用，这种方式称为牺牲阳极保护法，即首先腐蚀还原性较强的金属，从而延缓还原性较弱的金属腐蚀速度。镀层失效原因包括机械力破坏导致镀层破损，镀层金属被腐蚀穿孔等。其优点是耐机械破坏性好、耐候性好；缺点是成本较高、技术要求较高，特别表现在高耐腐性能的获得上。

3）自身钝化防腐：自身钝化指金属与空气中的氧气发生反应，形成致密的氧化膜覆盖在金属表面，从而避免金属继续腐蚀的过程。如铝合金材料中的金属铝是比较活泼的金属，其标准电极电位为 -1.660 V，比铁更活泼。但因为其极易和空气中的氧气反应生成致密氧化膜（Al_2O_3），厚度约为 $5\sim200$ μm。这层氧化膜可以有效隔绝氧气，避免金属继续腐蚀，且在遭到外力破坏后，仍然可以"自愈"，因此，金属铝实际的防腐性能远超金属铁。同类型的金属还有不锈钢、钛合金、铜合金等。其优点是抗机械破坏性好、耐候性好、防腐性能较优异、成型后可直接使用。其缺点是使用时需考虑符合相应的机械性能要求、成本高等。

12.3.2 防腐开发目标设定

根据汽车目标市场及全球环境腐蚀等级划分，设定汽车防腐目标。根据整车防腐目标要求分解到整车各零部件的防腐要求，包括白车身涂装要求、密封胶及PVC的使用要求、总装零件的表面处理要求及这些零件的腐蚀试验和评价要求等。

根据全球腐蚀环境划分，腐蚀强度分为高、中、低3个等级。高腐蚀地区主要包括美洲、欧洲，中腐蚀地区主要为东亚，低腐蚀地区主要为中亚及非洲。主机厂应该首先根据产品销售区域，再根据产品售价及用户群确定合适的外观锈蚀、功能失效、安全性故障的控制年限。如3年无外观锈蚀、6年无功能故障、10年无安全性故障，再细化控制目标。

整车腐蚀防护措施的建立和验证贯穿整车开发的全流程。在企业开发每一款新车型时，出于企业自身的标准要求，或者对于该新车型在市场上的定位及对相关竞品腐蚀性能的了解，从而制订新车型的防腐目标。如对外观腐蚀的要求，在用户可见的区域，做到几年之内无生锈。对锈穿和功能腐蚀的要求，在整车的生命周期内，8年或10年内不允许出现车身锈穿，同时不允许出现因锈蚀而产生的零部件功能失效。前期整车防腐目标的清晰定义，对后续设计方案的选择、工艺的实施等方面起着决定性的指导作用。

在整车防腐目标清晰的前提下，整车腐蚀防护可以分解为车身防腐措施的要求及零部件、子系统防腐措施的要求两个大的方面。

对车身防腐措施要求来说，车身防腐性能主要与设计、选材、密封工艺和油漆工艺四方面因素有关，而这四方面的影响因素都不是独立的，都是相辅相成、协同作用共同提升车身的防腐性能。其中，在设计方面主要考虑的因素有钣金的连接结构、电泳泳透力等。以连接结构举例来说，一般钣金件之间的连接面都是平的，如果在这些连接面之间有焊接密封胶填充或者在油漆车间还有一道油漆密封胶密封，这样在腐蚀耐久试验后一般不会有问题。但是对有些连接结构来说，连接面做不到密封，比如发动机舱内的钣金，或者焊接在车底地板上的加强件，或者底盘零件的安装支架等。传统的平面焊接连接方式往往在腐蚀试验后发现有很多锈蚀问题。现在针对这些连接结构都设计成凸台形式，以使电泳液充分地渗入，从而形成电泳漆膜保护，提升防腐性能。在材料方面，主要因素有材料的厚度和镀锌板规格等。现阶段，在整车轻量化发展的趋势下，车身钣金件变得越来越薄，而钣金件变薄后，一旦出现腐蚀，腐蚀穿孔的时间将缩短。这就需要在制订变薄设计方案时，充分考虑如何保证质保时间内腐蚀穿孔的问题。最后是在工艺方面，这里按照功能又细分为密封工艺和油漆工艺。密封工艺不仅只是防腐作用，还有其他防水、防尘及降噪功能。但往往有些在设计时，只考虑了功能性作用，仅做了一些密封，而忽略了有些防腐作用的密封部位。还有为了取得更好的腐蚀密封作用，往往车底密封取得的效果要比车内密封好。

12.3.3 防腐性能设计与防护

整车防腐目标明确后，需要参照表12-10对防腐目标进行分解和细化，见表12-11。

表12-10 防腐目标分解（示例）

防腐目标	高可见	中可见	低可见
3年无外观锈蚀	3年无锈蚀	2年无锈蚀	1年无锈蚀
6年无功能故障	限位器等不断裂	发动机	减振弹簧不断裂
10年无安全性故障	—	—	转向拉杆等不断裂

表 12-11 防腐目标细化（示例）

部位	高可见	中可见	低可见
车身	材料：镀锌板 电泳漆膜≥6μm 钣金搭接涂胶，宽度≥6mm 尖角扣合无缝隙，无毛刺	材料：冷轧板 电泳漆膜≥6μm 钣金件搭接涂胶，宽度≥6mm 尖角扣合无缝隙，无毛刺	材料：冷轧板 电泳漆膜≥6μm 钣金件搭接涂胶，宽度≥6mm 尖角扣合无缝隙，无毛刺
零件	高腐蚀区域：耐中性盐雾480h 中腐蚀区域：耐中性盐雾240h 低腐蚀区域：耐中性盐雾120h	中腐蚀区域：耐中性盐雾240h 低腐蚀区域：耐中性盐雾120h	高腐蚀区域：耐中性盐雾480h

12.3.4 防腐性能验证与评价

防腐性能验证评价包含零部件与整车防腐性能验证评价。防腐目标由整车目标分解至系统，再分解至具体零部件。防腐验证则先完成零部件及系统试验，再进行最终整车试验验收。

12.3.4.1 零部件防腐性能验证

零部件防腐性能验证标准种类繁多，根据标准制定机构不同可分为国标（如 GB/T 10125）、行标（如 QC/T 484）和企标（如通用的 GMW 14872）。根据试验条件可分为恒定条件盐雾试验（如中性盐雾、酸性盐雾）和循环盐雾试验。目前国内普遍使用耐中性盐雾时间作为零件防腐性能高低的衡量标准。如耐中性盐雾480h（温度35℃，盐雾 NaCl 浓度5%，沉降量 $1\sim2ml/80cm^2 \cdot h$ 条件下保持480h）后，表面不产生红锈。但随着国内整车腐蚀试验研究的深入，逐渐发现整车腐蚀试验结果与中性盐雾试验结果的一致性较差，而整车腐蚀试验结果能较好地表征实际的腐蚀结果，所以找到一种能和整车腐蚀试验结果一致性较好的零部件腐蚀试验标准就成了国内各汽车企业努力的目标。

零部件防腐验证就是按零部件的工艺设计要求，按相应的验证标准验证零件的防腐性能。其中需要特别说明的是白车身循环盐雾腐蚀试验。

车身部件（含四门两盖闭合件）一直是汽车防腐重难点，车企如果采用了防腐性能较差的普通钢板，再加上制造工艺缺陷，如冲压毛刺、扣合密封不良、焊接飞溅、电泳不良、挤胶路径偏移以及装配损伤等，导致售后锈蚀频发，甚至出现锈穿，用户抱怨和投诉一直排锈蚀量第一。车身防腐验证方法一般均使用循环腐蚀试验，如图12-55所示。试验通过在每循环内使盐雾、温度、湿度等条件进行规律性变化，并重复多次循环后，评价白车身的腐蚀试验结果，找到腐蚀原因并进行结构和工艺优化。

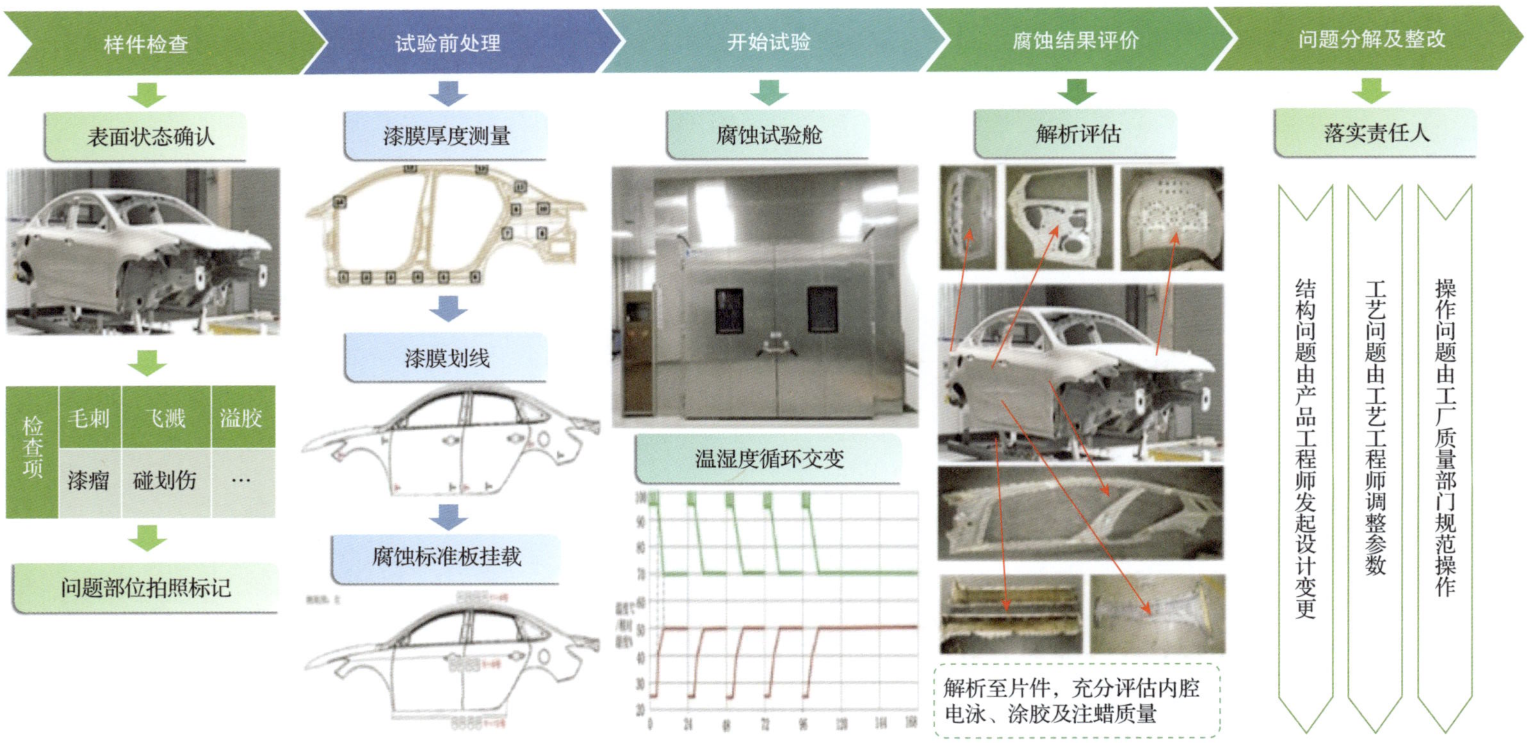

图12-55 车身循环腐蚀试验示例

12.3.4.2 整车防腐性能验证与评价

整车防腐性能验证包括腐蚀模型的建立、腐蚀试验标准的建立、腐蚀评价标准的建立、环境腐蚀模型的建立。

汽车腐蚀环境的研究是腐蚀工程正向开发过程及体系建立当中的首要环节。而汽车由于其使用特性是静态和动态相结合的工况，所遭受的腐蚀影响因素有别于其他纯静态的环境工况，必须结合汽车的使用路况进行综合的分析评估，这样才能建立科学的汽车腐蚀环境影响因素模型和评价方法，国外汽车厂家对这一领域的研究开展较早，如通用汽车、沃尔沃等。

根据大气腐蚀环境强度的分类，选取不同的典型地区，通过在汽车上搭载标准的腐蚀监控样片，监控腐蚀标准样片的腐蚀情况，表征出在这些地区环境下的汽车动态腐蚀强度，建立国内特征城市腐蚀环境谱。通过汽车实际的行驶环境腐蚀表现的强弱，结合大气环境腐蚀强度，绘制出汽车腐蚀环境强度图，同时再结合国内用户对汽车腐蚀防护的期望及厂家的质保需求，制订出国内特征城市腐蚀环境的等级分类，如图12-56所示。

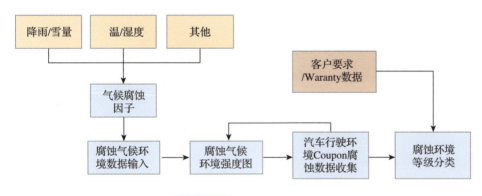

图12-56 国内特征城市腐蚀环境探测及转化

1. 建立腐蚀试验标准

建立腐蚀试验标准的总体思路为通过腐蚀模型分析腐蚀影响因素，计算各因素的影响权重，并得出最严重腐蚀当量。通过实验室条件模拟整车腐蚀过程，根据腐蚀模型调整各因子腐蚀权重，并最终达成最严重的腐蚀当量。

腐蚀模型分析出影响汽车腐蚀的关键因素，比如温度、湿度、降雨量、盐分、融雪剂、道路结构以及洗车、闭合件开闭等，通过整车腐蚀实验室条件模拟出相应的腐蚀强度。整车腐蚀实验室条件内容主要包括：道路行驶、强化腐蚀路行驶、盐雾舱浸泡、环境舱浸泡四部分。

道路行驶：包括高速环形跑道的里程累积，耐久路的结构破坏，坡道、弯道的载荷加载等，目的是模拟用户在正常驾驶过程中对零部件防腐性能的破坏作用。

强化腐蚀路行驶：包括碎石路（强化来自底盘的碎石击打影响）、盐水路（强化融雪剂等来自底盘的腐蚀介质影响）、盐水喷淋搓板路（在雨天高速路上来自底盘的腐蚀介质影响）、粉尘道（来自灰尘对腐蚀加速的影响）。

盐雾舱浸泡：模拟来自沿海地区空气中盐分的影响。

环境舱浸泡：来自高温高湿以及温湿度交变对腐蚀加速的影响。

2. 建立腐蚀评价标准

腐蚀等级评价：通过腐蚀面积百分比和腐蚀产物颜色将腐蚀严重程度从低到高划分为0~9，共10个等级。如3级腐蚀为25%±15%的腐蚀面积占比。因为实际零件形状的复杂性，评价腐蚀等级时，一般需要配合各特征零件的标准等级图片，如图12-57所示。

图12-57 车门折边锈蚀

锈蚀面积确认：使用擦拭方法去除表面污染物（锈水/泥尘）影响，通过刀片等刮除起泡的漆膜涂层，检查基材腐蚀情况。

3. 建立合适的腐蚀接受等级

根据防腐目标要求，结合售后腐蚀调研数据、售后腐蚀投诉数据、售后腐蚀维修数据，建立单个零件各腐蚀评价节点的接受标准。

通过查询国内各典型城市气候环境数据、样车挂片采集腐蚀量、实车锈蚀结果评估，设定合适的腐蚀接受等级。从典型腐蚀特征城市回购报废汽车，开展拆解腐蚀评价研究，识别不同区域、不同腐蚀环境下汽车各部件腐蚀情况，发现隐藏的腐蚀问题，通过定性的腐蚀评估和定量的腐蚀测试试验，结合汽车使用信息和拆解后的腐蚀评测，能够全面、准确地了解汽车的腐蚀情况，建立环境腐蚀模型，作为建立整车腐蚀试验标准及评价标准的基础，如图12-58所示。

通过建立腐蚀数据库，分析售后、试验数据，建立整车加速腐蚀试验评价模型，从而更加客观、准确、系统地对整车防腐性能进行评价。

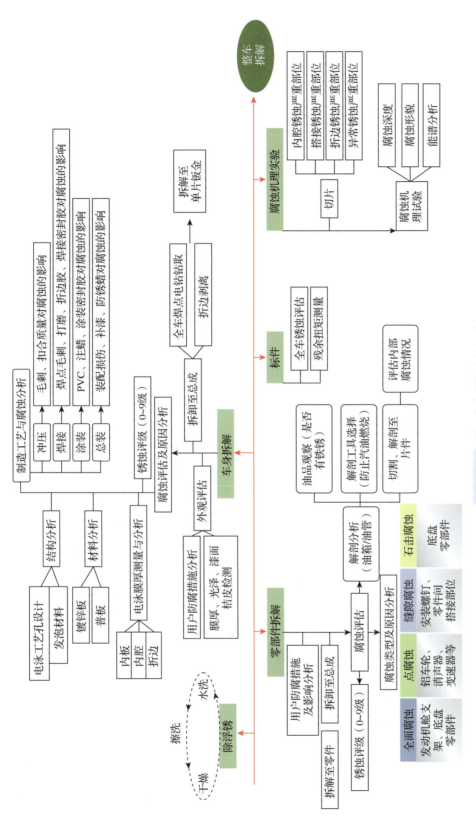

图12-58 报废汽车拆解腐蚀评价

$$C_n = \sum_{1}^{n} G_i \tag{12-14}$$

式中，C_n 是整车防腐性能指标；G_i 是零件防腐性能指标。

$$G_i = LTRN \tag{12-15}$$

式中，L 是腐蚀等级权重；T 是锈蚀时间权重；R 是锈蚀部位权重；N 是修正系数。

12.3.5 防腐性能目标平衡与集成

12.3.5.1 防腐目标差异化

汽车"锈蚀"往往是用户使用一年或多年才发生，与使用环境、感知度等相关，一经发生则"不可逆转"。中国地域广阔，汽车使用环境多样，汽车的腐蚀预测一直以来都是行业难题。汽车防腐目标寿命设定是各大汽车厂的难题，直接影响新车型的开发成本和市场销售。相比于外资车企，中国品牌汽车成本压力更大，通过国内特征城市腐蚀环境探测、全国用户市场腐蚀现状调研、售后车典型腐蚀案例分析，结合车型开发平台、售价，制订基于开发平台、销售市场、腐蚀强度的"从低到高"四级整车防腐目标（表 12-12），材料、设计、工艺、验证标准也对应分级，解决了不同平台、防腐寿命、市场售价和用户感知差异大的难题，提高了汽车市场竞争力，助推了中国汽车企业市场竞争力的提升。

表 12-12 适应客户市场的四级整车防腐目标

属性	分类	细分部位	等级4领先级	等级3高级	等级2中级	等级1基础级
外观	Showroom	高可见	相对新车不允许产生永久性表面偏差			
		发动机舱盖车辆尾部	无锈蚀	无锈蚀	无锈蚀	无锈蚀
		下车体及底盘件	无要求	无要求	无要求	无要求
	低可见	下车体	2年无红锈	2年无红锈	1年无红锈	无要求
	中可见	发动机舱	3年无红锈	3年无红锈	3年无红锈	1年无红锈
		车尾下部	3年无红锈	3年排气尾管无红锈	3年排气尾管无红锈	无要求
	高可见	车身和开闭件	6年无锈蚀	5年无锈蚀	4年无锈蚀	3年无锈蚀
功能性寿命	结构耐久	整车	12年	10年	8年	6年

12.3.5.2 排气系统低成本防腐开发

汽车排气系统使用环境复杂恶劣，工作在 600～900℃ 高温下，面临着高温氧化、热疲劳、外部盐蚀、焊缝腐蚀、冷凝液腐蚀等各种考验。用户的使用习惯、汽车使用环境、道路融雪盐、材料及结构等，都是诱发腐蚀的重要因素。汽车排气系统的防腐一直是重点关注项,如某款车型售后锈蚀投诉较严重,如果材料全面升级,则成本增加巨大,影响了市场竞争力。如果从设计本身着手,开展材料选型和防腐性能优化研究,采用多种材料制作排气系统前消声器总成,如图12-59所示,就能最终实现同时具备良好的耐腐蚀性能、成型性能、焊接性能和较低的成本。

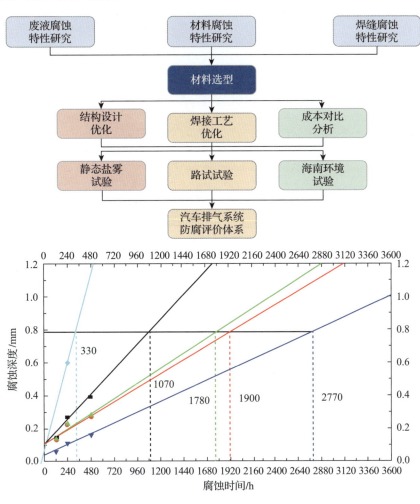

图12-59 排气系统低成本防腐开发及应用

12.4 老化性能开发

12.4.1 老化性能定义

汽车在自然环境下长期暴露,经受太阳光、温度、湿度、雨水、风、氧气、微生物和大气污染物的影响,会出现一系列不可逆的变化,通常会有以下老化现象,各种老化现象的定义见表12-13。

表 12-13 老化现象的定义与描述

老化术语	描述	图片	适用材料类型
失光	表面光泽由明亮变得暗淡，体现为反射指数变小		涂层、塑料、橡胶、皮革
变色	初始颜色发生改变		涂层、塑料、橡胶、皮革、织物
褪色	着色的颜色强度衰减		涂层、塑料、橡胶、皮革、织物
粉化	零部件表面出现粉状物外观劣化的现象		涂层、塑料、橡胶
裂纹	零部件表面或浅表层的网状裂痕		涂层、塑料、橡胶、皮革、织物
开裂	贯穿零部件外表面或整个厚度的裂缝，裂纹两侧的聚合物完全分离		涂层、塑料、橡胶、皮革、织物
长霉	在湿热环境中，零部件表面滋生各种霉菌的现象		涂层、橡胶、皮革、织物
斑点	零部件表面出现一种或者多种不同于原来颜色的斑点现象		涂层、塑料、橡胶

(续)

老化术语	描述	图片	适用材料类型
表面粗糙	零部件表面分布着不规则形状的凸起颗粒的现象		涂层
锈蚀	金属表面出现氧化层的现象		金属件
针孔	零部件表面出现直径小于0.5mm的孔，薄膜制品针孔贯穿整个厚度		涂层
剥落	零部件表面一层或多层脱离其下层，或者表面覆盖层完全脱离底材的现象		涂层、橡胶
起霜	部件表面出现乳白色似霜附着物的现象，起霜的初始阶段容易用湿布将霜状物擦去		塑料、橡胶
渗析物	零部件内部物质成分渗析在零件表面，呈现可见的固/液态物质		塑料、橡胶、皮革
起泡	零部件表面不连续的似人皮肤表面水泡的凸起现象		涂层、塑料、橡胶、皮革
变形	零部件基本形状的变化，包括尺寸和表面平整度的变化		塑料、橡胶、皮革

（续）

老化术语	描述	图片	适用材料类型
脆化	零部件由于老化而引起柔韧性变差的现象	—	塑料、橡胶、皮革、织物
发黏	用手接触零部件表面可感受到粘手的现象	—	塑料、橡胶、皮革
分离	层压制品层间分离、粘接组件中部件局部脱落或在相似材料中分离成薄膜		橡胶、皮革
虎皮花纹	在表面明显可见的像老虎皮纹似的平行条纹		塑料
起皱	零部件表面呈现有规律的小波幅波纹形式的皱纹		涂层、塑料、橡胶、皮革、织物
收缩	在至少一个方向上比试验前状态的尺寸缩短		塑料、橡胶、皮革
膨胀	在至少一个方向上比试验前状态的尺寸伸长		塑料、橡胶

12.4.2 老化性能目标设定

在产品开发之初，要整体考虑项目的整车老化性能目标，并分解到风险零部件上去，在项目开发的不同阶段进行管控。老化性能目标的制订需要考虑以下几个方面。

1) 产品的设计寿命：通常情况下，车身油漆、内外饰件、车身密封件、灯具等非金属件在三包期内不能出现任何明显的老化现象，在使用寿命时间内不能出现任何严重的、影响用户使用的外观老化和功能衰减。

2) 产品销售区域的气候：根据光照、温度、湿度等气候因素水平，全球分为几大典型气候带,汽车在不同气候带的老化速度、表现是有差别的,行业内根据实际的影响程度将全球划分为几个老化严酷度,见表 12-14。数值越大,环境越恶劣,汽车在这样的环境中越容易老化。产品开发时,可根据产品销售区域的严酷度来制订相应的老化性能目标。

表 12-14 全球典型气候站点环境严酷度

序号	国内站点	严酷度	序号	国内站点	严酷度	序号	国外站点	严酷度
1	琼海	1.00	27	库尔勒	0.85	53	雅加达	1.10
2	海口	1.01	28	敦煌	0.79	54	新加坡	1.06
3	广州	0.82	29	吐鲁番	0.81	55	马尼拉	1.03
4	汕头	0.90	30	库尔勒	0.77	56	曼谷	1.00
5	南宁	0.80	31	乌鲁木齐	0.63	57	仰光	1.00
6	韶关	0.84	32	库车	0.77	58	金奈	1.00
7	赣州	0.75	33	和田	0.80	59	科伦坡	1.12
8	福州	0.76	34	若羌	0.81	60	马累	1.13
9	杭州	0.70	35	哈密	0.79	61	孟买	1.11
10	上海	0.73	36	民勤	0.76	62	加尔各答	1.02
11	南京	0.69	37	延安	0.66	63	新德里	0.99
12	武汉	0.72	38	郑州	0.71	64	伊斯兰堡	0.75
13	长沙	0.67	39	济南	0.70	65	卡拉奇	0.98
14	贵阳	0.67	40	太原	0.69	66	迪拜	1.01
15	昆明	0.81	41	北京	0.71	67	利雅得	0.75
16	蒙自	0.86	42	大连	0.74	68	吉达	1.01
17	腾冲	0.86	43	沈阳	0.64	69	亚丁	1.05
18	丽江	0.82	44	长春	0.63	70	开罗	0.77
19	重庆	0.57	45	通辽	0.66	71	班加西	0.69
20	南充	0.60	46	银川	0.75	72	伊斯坦布尔	0.60
21	宜昌	0.67	47	哈尔滨	0.58	73	突尼斯	0.61
22	昌都	0.76	48	海拉尔	0.53	74	拉巴特	0.69
23	拉萨	0.85	49	二连浩特	0.71	75	拉斯帕尔马斯	0.78
24	那曲	0.64	50	延吉	0.61	76	直布罗陀	0.81
25	玉树	0.69	51	阿勒泰	0.64	77	滨海萨拉里	0.80
26	西宁	0.69	52	伊宁	0.73	78	荷兰角	0.56

3) 汽车微环境:对于汽车零部件来说,车上不同位置的光、热微环境也是不同的,零部件级的老化目标需要考虑这些因素。通常把全车进行分区,每个区域的耐老化目标都有区别,见表 12-15。

表 12-15　汽车非金属零部件氙弧灯加速暴露试验辐照量

序号	零件	各类零部件适用区域	辐照量/(kJ/m²)
1	内饰件	重度暴晒区域（日照 4h 及以上）	1240
		中度暴晒区域（2h≤日照<4h）	488
		轻度暴晒区域（0.5h≤日照<2h）	225
		极少暴晒区域（日照 0.5h 以下）	112
2	外饰件	重度暴晒区域（日照 4h 及以上）	2500
		轻度暴晒区域（4h 以下）	1240

12.4.3　老化性能设计应对

12.4.3.1　材料选择

材料是决定产品老化性能的基础，在选材阶段，老化试验是不可缺少的测试，为了全面地评估材料老化性能，要求对比试验前后的外观变化、性能衰减情况等。当不得不用一些耐光性较差的材料做外饰件时，可以通过在表面加耐光性好的涂覆层来规避。

12.4.3.2　零部件设计

大尺寸、薄壁的零部件，在反复光热影响下易出现变形扭曲的老化现象，设计时需注意以下 3 点。

1) 根据周边界面计算，选用合适线性热膨胀系数材料，可以直接减小零件的变形量。

2) 对于条形外饰件，将零件的定位点放置在中点，将变形量释放于两端，表现值将降低一半。对于外形复杂曲面零件，在变形量表现值大的地方增加定位点或加强结构，可将变形量的表现值显著降低，符合匹配要求。

3) 在造型阶段，增加造型面的曲率，达到降低变形量表现值的目的。

12.4.3.3　装配

零部件安装到整车上，当受到环境影响发生热胀冷缩时，相邻的部件可能会存在干涉、互相拉扯，安装点也会对部件产生应力。所以在装配时，必须控制间隙段差值在合理的范围之内，安装点的设置要考虑应力对部件的可能影响。

12.4.4　老化性能验证与评价

12.4.4.1　老化性能验证方法

按照开展试验的场所来划分，主要是户外暴露试验和实验室台架试验。针对材料、零部件、整车三级试验对象，户外暴露试验开发出多种暴晒装置。而实验室台架试验主要是通过模拟一种或几种老化影响因子水平，对试验对象进行加速老化的考察，针对不同的老化影响因子，也形成了各种实验室加速老化试验方法。老化性能验证方法如图 12-60 所示。

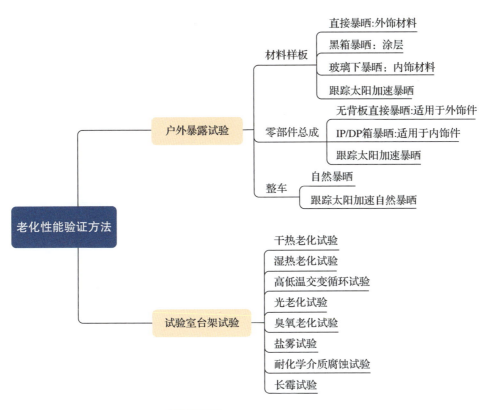

图 12-60 老化性能验证方法

12.4.4.2 老化试验结果的评价

对于零部件的各种外观变化和功能衰减都可以采取评级的方式，按照 QC/T 728 的规定，一般可分为 0~5 级，见表 12-16。

表 12-16 主观评价评级标准

评级	外观	功能
0	无变化	无衰减
1	很轻微，不易发现的变化	很轻微，不易发现的衰减
2	轻微，可见的变化，常温时可恢复正常	有可察觉的衰减，不影响行车安全，且常温时可恢复正常
3	有明显的变化，常温时不可恢复正常	有明显的衰减，不影响行车安全，且常温时可恢复正常
4	有严重的变化，常温时可恢复正常	有明显衰减，不影响行车安全，在常温时不可恢复正常
5	有很严重的变化，且永久不能恢复正常	衰减严重甚至失效，且永久不能恢复，或影响到行车安全

为了获得更全面直观的印象，便于对不同车型的耐老化性能进行横向比较，不断改进产品耐候性，对于整车的评价采用一套可从客观的计算数据来对试验结果进行评价的方法。

首先是计算每个故障件的老化扣分，考虑零部件的老化等级、可见度、老化时间、对用户使用的影响程度等因素，按照下式进行调整计算。

$$f = \frac{DKQ}{T} \quad (12-16)$$

式中，f 是老化现象扣分值；D 是老化等级；K 是可见度调整系数；Q 是问题类别调整系数；T 是试验时间调整系数。

对于同一个零部件的多个老化现象，以及多个对称件的同一老化现象，都是单独计分的。如：左右前车门油漆涂层起泡2（S2）级，褪色2级，需要核算左车门起泡2级、右车门起泡2级、左车门褪色2级、右车门褪色2级的扣分值。

然后将所有单个老化现象扣分值加起来的和即为整车总扣分值。

12.4.5 老化开发目标平衡与集成

从产品开发的流程（图12-61）来看，老化性能目标分为材料、零部件、整车三个层级，用于指导材料选择、零部件设计验证、整车性能验收。这三个层级是内在统一的，一般来讲，材料严于零部件，零部件严于整车，才能保证最终目标的达成。

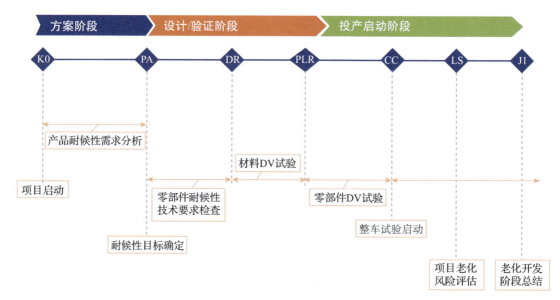

图12-61 老化性能开发流程

成本：包括制造成本和使用成本。当达成更好的耐老化性能需要付出的成本超出企业和用户的承受能力时，就只能重新评估成本和性能的平衡点。如刮水器刮刷、空调滤芯等易耗件，本身价值较低，更换方便，一般建议用户使用一定时间就更换新件，而这些件的老化性能目标就可定得较低。

周期：相对于汽车产品开发周期来说，老化试验周期都比较长，尤其是户外自然环境老化试验，动辄都要一年以上，这是主机厂不能承受的。为了在汽车上市之前，完成老化验证，各车企都开发了台架加速老化试验方法。通常的做法都是通过材料、零部件、系统/整车三级台架加速老化验证对产品老化目标进行验收，见表 12-17。对于一些台架验证关联性不好的材料，如外饰用高光件、灯具 PC 材料等，会用材料样板提前开展户外大气暴露试验，以满足汽车产品开发验证周期的需求。

表 12-17　系统/整车台架加速老化试验方法

车企	试验条件	试验周期	
车企 1	温度交变循环：高温（80℃）4h→降温→常温（23℃，湿度 50%）1h→降温→低温（-30℃）4h→升温→常温（23℃，湿度 50%）1h→升温；高温阶段无日照要求	每个循环 12h，共 10 个循环 120h	1080h
	高温老化：80℃，湿度无要求，无日照要求	168h	
	湿热老化：温度 40℃，湿度 92%，无日照要求	504h	
	温度交变循环：高温 90℃，其他同步骤 1	120h	
	高温老化：90℃，湿度无要求	168h	
车企 2	温度交变循环（最高温 49℃+日照。最低温-40℃，此外还有湿热 38℃+95%RH，低温-18℃）+常温振动 仪表台板总成高温阶段加日照	160h	160h
车企 3	温度交变循环：常温（23℃，湿度 50%）1h→升温 1h→高温（50℃+日照，湿度 20%）4h→降温 1h→低温（-30℃）4h→升温 1h	每个循环 12h，共 10 个循环 120h	120h

12.5　环境适应性能开发

12.5.1　环境适应性定义

汽车作为一项工业产品，一旦生产出来，就处于社会客观存在和用户主观使用的双重因素作用。客观存在的因素，定义为自然环境；主观使用的因素，则定义为人工环境。由此可见，实车产品是否成功，取决于它对于自然环境和人工环境的适应程度，汽车环境适应性作用因素如图 12-62 所示。

自然环境：狭义定义是指在汽车使用过程中客观存在的相关要素的总和。主要指气候、环境、道路、能源等在汽车使用过程中遭遇的客观要素。

人工环境：狭义定义是指客户的使用行为和期望要素的总和。主要指与客户使用行为相关的要素，包括身高、体重、用途、使用习惯、驾驶行为、品质期望等主观要素。

环境适应性：指汽车产品对于客观自然环境和主观人工环境的适应能力之总和。

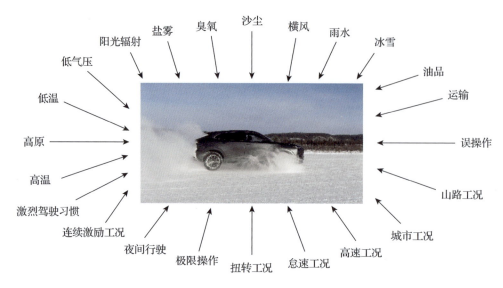

图 12-62 汽车环境适应性作用因素

12.5.2 环境适应性目标设定

汽车产品的适应性性能目标设定，主要从汽车固有属性，用户使用属性和市场失效模式三方面考虑。而汽车固有属性，包括品质、人机、功能、性能和质量（可靠性和耐久性）；外部特殊特性包括用户操作（正常、粗暴、误操作）、频次、特殊工况和典型环境，比较恶劣的是典型环境下的极端操作；市场失效模式主要是同级别车型或者前期产品投放市场后，暴露的典型问题。

1. 汽车固有属性——品质

静态品质：间隙，段差/高差，错、漏装，装配不到位，菱角、菱边，色差标识标线不统一，异味等。

动态品质：振动，风噪，异响，空调异味等。

2. 汽车固有属性——人机工程

上下车便宜性，操作便宜性（能否调节到合适的位置），视野，取用、维修便宜性等。

3. 汽车固有属性—功能/操作检查

功能实现：遥控、中控，门窗升降，灯光开关，娱乐开关，空调开关，天窗开关，电动调节，座椅加热等。

操作检查：闭合件操作，座椅调节，遮阳板调节，内外后视镜调节等。

4. 汽车固有属性——行驶动态功能和性能

起动，动态 NVH，气候调节，乘坐性能，驾驶性能，制动性能等。

5. 用户使用属性

频次，风格，极端工况，错误操作等。

6. 市场典型失效模式

典型地区或环境下特有的失效模式，如西北干热地区发动机出现超级爆燃，高原地区汽车制动效能差，低温环境下发动机不能起动等。

12.5.3 环境适应性设计准则

汽车产品的环境适应性目标一旦确定，产品在设计阶段针对汽车固有属性，用户使用属性和市场失效模式也要遵循一定准则。国内的各汽车厂家大都是基于多年的产品开发经验积累以及市场用户反馈，不断总结归纳，逐步形成各自的适应性设计准则。

以国内某汽车厂家为例，环境适应性设计准则主要有两点：针对系统的设计需满足对应专项试验的标准；针对整车的设计，在一定里程累积内的各项大型试验中，所有暴露的问题需满足一定评分标准。例如，发动机的 ECU 电喷数据标定，就需要考虑适应低温环境下的冷起动性能，某厂家设计标准，见表 12-18。

表 12-18 发动机冷起动适应性设计准则

环境温度	适应性标准
-30℃	拖动时间≤8s，起动次数 1 次成功
-35℃	拖动时间≤12s，起动次数 1 次成功

整车的适应性设计，需满足一定里程的适应性验证，试验全程整车暴露的所有问题按照既定标准评分，最后完成试验，所有试验样车的综合扣分需满足标准。以某整车厂家的适应性设计为例，新开发车型上市前需完成 15000km 的低里程适应性试验，试验中发生的所有试验问题，根据严重度（S）、频度（O）、可探测度（D_1）、耐久度（D_2）、可接受度（A）、环境影响（E）等维度对故障进行 RPN 值计算。

$$\text{RPN} = S \times O \times D_1 \times D_2 \times A \times E \tag{12-17}$$

1）若一次试验有 n 辆样车，对于每一样品发生的同一模式的故障统一计算其 RPN 值。

2）同一样品发生 i 种不同模式故障，应分别计算 RPN 值后累加。

$$\text{RPN} = (\text{RPN}_1 + \text{RPN}_2 + \cdots + \text{RPN}_i) \tag{12-18}$$

RPN（Risk Priority Number）：事件发生的频率、严重程度和检测等级等维度的乘积，叫作风险系数或风险顺序数，值越大，问题潜在的风险就越大。

然后根据问题所得的 RPN 值，按照以下原则对适应性试验中出现的问题进行等级判定，设定问题等级有 5 级，见表 12-19。

表 12-19　问题等级与 RPN 对照表

问题等级	依据
5 级	RPN≥105
4 级	65≤RPN<105
3 级	35≤RPN<65
2 级	15≤RPN<35
1 级	RPN<15

若一次试验中共有试验车 n 辆，$n=(1,2,3,4,\cdots+n)$，统计单车试验问题数量。设 5 级问题有 an 个，4 级问题有 bn 个，3 级问题有 cn 个，2 级问题有 dn 个，1 级问题有 en 个。按照 5 级问题扣 300 分，4 级问题扣 100 分，3 级问题扣 50 分，2 级问题扣 30 分，1 级问题扣 10 分的原则，计算适应性单车扣分值为：

$$Q_n = 300an + 100bn + 50cn + 30dn + 10en \quad (12-19)$$

适应性综合扣分为当次试验所有适应性车辆单车扣分值的算术平均值。

$$Q = (Q_1 + Q_2 + Q_3 + Q_4 + \cdots + Q_n)/n \quad (12-20)$$

则整车产品的适应性设计，需满足定里程适应性综合扣分标准：
1）$Q \leq 450$ 分。
2）试验问题总数中，5 级问题个数为 0。
3）试验问题总数中，4 级问题个数 ≤ 3。

12.5.4　环境适应性验证与评价

环境适应性试验与评价，就是在不同的真实典型环境下对上述目标进行验证和评价，依据试验结果分析，评估汽车有无上市风险。因此，适应性试验规范包括各项检查、评价目标验证的专项试验规范，由相关专项规范组合而成的综合性试验规范，以及由综合试验规范组合成的组合试验规范，这些规范构成了适应性立体式验证体系，如图 12-63 所示。

专项试验规范：品质评价试验规范、功能检查试验规范、功能操作试验规范、油品适应性专项试验规范、制动验证专项试验规范、空调验证专项试验规范、扬尘专项验证试验规范、路沿冲击专项试验规范等。

综合试验规范：低里程用户适应性试验规范、高里程用户适应性试验规范、粉尘环境适应性试验规范、高温环境适应性试验规范、低温环境适应性试验规范、高原环境适应性试验规范等。

组合试验规范：高温高原环境适应性试验规范、低温环境耐久适应性试验规范等。

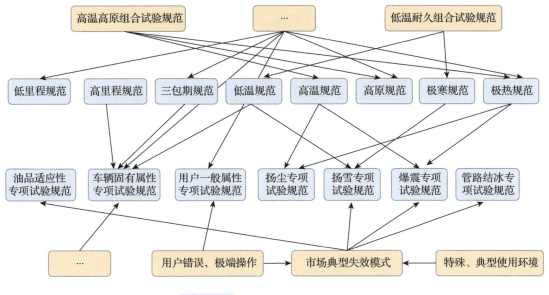

图 12-63　环境适应性验证体系示例

针对各个产品开发项目，需要依据各车型特点、改款或车型升级特点，选择针对性的规范组成各个项目的验证计划，进行环境整车适应性验证。

适应性试验结果的评价，根据试验规范的类型不同采用不同的方法：专项试验规范一般有专门专项评价标准；大型综合试验及组合试验，均是以暴露产品问题为目的，根据一定原则对每个问题进行评分，最后计算该试验的综合扣分情况，作为评价整车的总体性能指标。

12.5.5　环境适应性开发目标平衡与集成

环境适应性开发目标平衡与集成，就是指在汽车产品的实际开发过程中，先制订该产品的适应性开发目标，然后根据各项目标确定产品设计准则，以及产品全周期的适应性验证计划，最后按照计划开展实际适应性道路试验。通过验证，暴露产品上市前存在的设计缺陷或者质量问题，反馈产品及工艺设计专业，在综合考虑成本，质量的前提下对产品进行优化及再验证的整个闭环控制流程。

以某车型的开发为例，适应性目标设定是用户可以在 -40℃ 的自然环境中能正常用车，不能出现发动机严重故障。产品完成工程开发后，实车在低于 -35℃ 的低温环境试验中，发现高速工况长时间行驶后发现机油泄漏的情况，拆检发动机曲轴箱通风管路，发现有结冰现象，如图 12-64 所示。

经分析，故障原因为特定工况下，曲轴箱内的窜气量增大，曲轴箱内湿热的混合蒸汽从通气管进入到湿冷的进气管中，在通气管接头处湿热蒸汽遇冷液化、结冰，不断积聚，导致堵塞，最后在综合衡量时间进度、整改成本的前提下，通过管路结构优化及改善温度的方式使得问题得以解决。

图 12-64 管路结冰

最后,经过环境适应性道路试验验证,优化后的发动机曲轴通风管路在低温下工作未再出现结冰堵塞情况,市场上也没有相关问题出现,满足产品既定的适应性开发目标。

参考文献

[1] 王霄锋. 汽车可靠性工程基础 [M]. 北京:清华大学出版社,2007.

[2] 肖生发,郭一鸣. 汽车可靠性 [M]. 北京:人民交通出版社,2018.

[3] 贝尔恩德·贝尔舍. 汽车与机械工程中的可靠性 [M]. 蓝晓理,金春华,汪邦军,译. 北京:机械工业出版社,2014.

[4] 许卫宝,钟涛. 机械产品可靠性设计与试验 [M]. 北京:国防工业出版社,2015.

[5] 日本自动车技术会. 汽车工程手册 7 整车试验评价篇 [M]. 北京:北京理工大学出版社,2011.

[6] 刘裕源,霍树君. 汽车可靠性试验 [J]. 汽车技术,2000 (2):39-40.

[7] 庄茁,由小川. 基于 ABAQUS 的有限元分析和应用 [M]. 北京:清华大学出版社,2009.

[8] 黄力平. 汽车结构的耐久性理论与实践 [M]. 北京:机械工业出版社,2020.

[9] 徐秉业. 应用弹塑性力学 [M]. 北京:清华大学出版社,1995.

[10] 苏旭明,郑鑫. 汽车设计的耐久性分析 [M]. 北京:机械工业出版社,2016.

[11] 中国汽车工程学会汽车防腐蚀老化分会. 汽车腐蚀与防护工程 [M]. 北京:科学出版社,2017.

Chapter 13

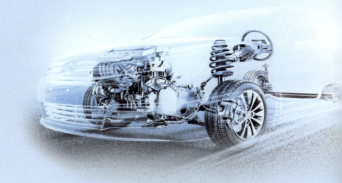

第 13 章
典型场景的性能集成开发

本章从典型场景切入,浅析多性能集成开发过程。通过对现有性能定义模式的进行思考并优化,结合实例聚焦用户体验开展目标设定及工程属性分解,实现多领域的性能集成开发,实现性能开发效率提升,打造更贴合用户需求的产品,增强用户体验。

13.1 性能定义优化

13.1.1 性能定义现状

对于大多数主机厂而言,产品项目的性能开发工作开发往往从目标设定-方案设计-技术验证-工程签收四个维度开展。对于性能团队而言,一般认为产品性能定义在"预研项目启动"到"项目启动"阶段进行,其主要工作内容基本可以分为性能定义与性能指标确定两大板块,如图 13-1 所示。

1) 性能定义:基于前期产品策划输入的产品定位和商品化属性 LACU,性能团队结合竞品表现和技术判断结果,确定工程属性 LACU。

2) 性能指标确定:性能团队需要在工程属性 LACU 基础上完成技术指标的分解,形成整车及系统级主客观指标。

目前成熟主机厂都具备一套从用户出发、多部门共创、多目标兼容的相似性能定义机制:由产品策划负责用户调研、商品化属性 LACU 及体验目标书,由性能团队负责工程化属性 LACU、系统分解,最后由质量团队负责质量目标书,如此自然而然可以整理出一套"基于用户调研+基于竞争+基于战略"为主的产品定位和性能定义模式。这样开发团队

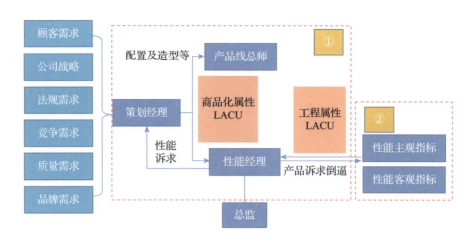

图 13-1　性能定义工作开展流程

通过与产品策划、专业性能团队等业务的上下游协同，借助产品策略解读作业指导书、性能属性 LACU 目标设定逻辑、亮点性能向技术方案贯通模式等基础工具，往往就能够有效支撑性能目标精益化设定。

但是，随着市场迅速发展，传统的性能定义方法已经难以满足用户对产品不断升级的感性需求，通过对一些经典案例的剖析研究后发现传统定义方式主要存在以下问题。

1. 亮点不够亮，亮点打造缺乏围绕用户体验的场景定义、分解和管控

以某主机厂新推出的热销车型为例，从技术层面来看，该车在动力和操控方面体验的满意度都较高，亮点性能属性总体达成目标要求；但综合内部联合驾评结果、内销车用户反馈以及媒体驾评意见，在体验感反馈上，该车存在手动模式或拨片换档的缺少、转向盘握感偏硬以及仪表界面氛围效果差等问题，与其运动化高端体验不匹配。

如图 13-2 所示，该车型在操控、动力性等方面的陪衬部分缺失，与目标体验不匹配。究其根本原因是基于 LACU 开展性能属性定义时，对体验场景的亮点及陪衬锐化不够。

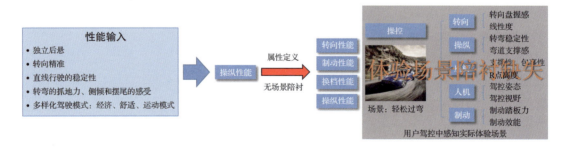

图 13-2　亮点打造不足

2. 产品定位、性能定义和质量等要求未形成统一

该主机厂常常存在多个车型在经多项目组、多部门评估后，确认其 NVH 定位达成目标设定，但事实上市场反馈的运行情况不良报告和顾客满意度报告的结果均不尽人意，如图 13-3 所示。并且导致在换代车型性能定义时，对于该项性能如何优化上项目组内部产生分歧。

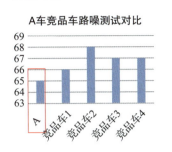

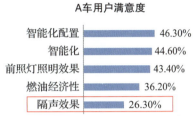

图 13-3　市场反馈与内部评估不统一

13.1.2　基于亮点场景的性能定义优化

对于主机厂而言，前文提出的两个问题不解决，后续产品项目开发过程将始终存在隐患。为此，提出基于一种亮点场景的性能定义方法，给出一些可行的优化点如下。

1. 完善性能定义工作环节，建立围绕用户体验的场景设定能力

总体思路是打通"人群价值锚点—用户体验—场景—陪衬—工程属性"的性能定义逻辑，把重点聚焦在体验场景与陪衬支撑两大关注薄弱环节，从而做到工程属性精准设定。

假设以某车企计划针对现代乐活族群打造一款全新的车型 A，以此为例，首先可以确定车型 A 的目标用户价值观与核心诉求是"运动型车、外观与众不同、动力充沛、有驾驶乐趣、喜欢改装"，进而可以确定其产品亮点应当重点围绕外观、动力、操控、智能化展开，即以动力、操控作为调性进行场景推演。

在此基础上，可以结合用户调研结果，聚焦到高速加速超车、山路弯道行驶等场景开展体验打造，分解到动力响应、贴地性等工程属性，并通过风琴式踏板、换档拨片、运动排气等陪衬支撑，为用户打造更丰富的驾驶体验。

2. 从用户基本性能体验需求、显性化体验需求、个性化/定制化体验需求三个维度来打造用户体验场景

本文将用户需求分为如图 13-4 所示的基本性能体验需求、显性化体验需求、个性化/定制化体验需求三个维度。

对于用户的基本需求满足主要体现在车辆的协调感、整体感、直接感，为打造这些基本需求的体验常见的操作可以从乘坐性能、动力线性度、动力声品质（线性度、粗糙度、动力感）、弯道车体控制等角度提升，细节上也可以在转向盘握感、座椅包裹性、支撑性、人机踏板布置等花费心思。这些属性的良好表现能够有效保障用户行驶舒适性体验，保障高速行驶时动力性及平稳性体验以及营造更丰富的驾乘环境。

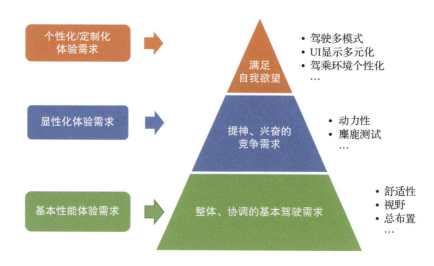

图 13-4 用户三大需求

对于用户的显现化需求满足主要可以通过锐化山路行驶场景的驾驶乐趣、降低高速稳定行驶场景的疲劳感实现，通常表现在转向直接感体验、动力响应体验锐化、操控乐趣、运动型排气声浪、动态虚拟仪表转速、平顺性优化提升等方面，以上能够凸显连续弯路场景转向，实现操控乐趣的体验锐化及中高速加速场景动力响应体验锐化。

对于用户的个性化需求满足可以通过打造场景体验功能清单实现，如在高速加速超车场景下动力多模式、换档拨片、加速度 G 值表等功能，包括仪表界面氛围、赛道模式、车速建议及提示量、弹射起步、主动发声等个性化差异打造。

3. 基于竞品表现与用户诉求分析，提炼竞品亮点场景

首先需要开展用户分析，一般可以通过对用户购车关注要素进行细化分析，以此窥探目标群体的驾驶习惯及购车痛点，从而做到有的放矢。在明确了目标用户的需求之后，还要去针对竞品展开对标，通过对竞品进行主观评价提炼出竞品表现好的场景，如动力性和操控，其结果见表 13-1，可以识别竞品亮点如下：在操控表现上竞品的高速、转弯稳定性处于市场主流车型的领先水平，并且具备转向灵活，指向精准的优秀表现；在动力表现上，竞品起步加速快、市区及高速动力性能好并且具有较快的动力响应。

最终通过结合用户诉求来设定本品体验场景，借助对竞品的亮点场景的发掘分析，基于用户诉求及自身具备的技术能力，可以确定车型 A 所需要重点打造的亮点场景：动力工况—起步、高速超车、城市工况、高速行驶；操控工况—弯道、立交桥、连续弯道、直行、高速变线。

至此就能够确定需要高效率地、有针对性地打造用户高关注场景，有助于规避"亮点不亮"的问题，当然后续还需要针对梳理出来的场景进行全面的工程属性转化工作。

表 13-1 竞品动力和操控亮点

调性	车型	印象深刻、做得好的地方	工况
动力	a	起步及市区工况，动力输出流畅，加速线性感好无突兀	起步、城市工况动力性
动力	a	响应快、直接，收放自如	—
动力	b	高速行驶后备动力强	高速后备动力
动力	b	仪表加速度 G 值、涡轮增压等数据显示，体现专业感	—
动力	b	市区工况大加速踏板开度加速时排气声浪，有劲	城市工况动力性
动力	b	动力绝对能力出色，持续的加速感	高速后备动力
操控	a	转弯转向响应较快，尾部跟随好	弯道
操控	a	匝道极限高，过弯速度可以很高	弯道、立交桥
操控	a	直线行驶稳定性好	高速直行
操控	b	操控灵巧，有直接感，路感清晰，信息足够	—
操控	b	仪表加速度 G 值、涡轮压力等数据显示体现专业感，有玩点	—
操控	b	立交桥侧向支撑和抓地稍好	立交桥
操控	b	连续过弯控制性好	连续弯道

4. 基于场景体验，融合多属性进行亮点性能目标定义，力争在亮点性能方面给用户带来视觉、听觉、触觉全方位的体验感

在这一步需要细化亮点场景体验点，并定义陪衬属性，以动力亮点为例，前面已经确定平地起步是需要关注的亮点场景之一，对应到用户的体验可以从触视听三个维度体现，对于触觉，用户踩小加速踏板时动力要能够可控、响应较好，稳定加速踏板时动力不能出现加速度突兀变化，要具备持续连贯的加速感；踩大加速踏板则要求具有明显的加速感，给用户绝对的动力强劲感，踩下加速踏板到感受有动力输出的时间间隙要短；听觉上在全节气门开度起步时发动机声音包括排气声要纯净、杂音少，同时要浑厚有力，给用户运动感；在视觉上，可以通过虚拟仪表转速带给用户换档迅速的感觉，仪表显示加速度 G 值、转矩分配等动力信息，给用户运动氛围。

同时，也能够比较轻松地把亮点分解到工程属性上，仍然以平地起步为例，其基本对应动力性、动力传动系统 NVH、智能交互三个属性，再往下还能细分到起步动力性、动力声品质以及仪表显示，如此一来就能为后续研究开展提供较为明确的方向。

基于以上亮点场景体验陪衬，结合用户诉求完成性能定义，形成工程化属性 LACU，进一步指导开发工作，见表 13-2。

表 13-2 动力与操控亮点示例

一级属性	乘坐性能	转向性能	操纵性能	制动性能	制动及底盘噪声	动力传动系统 NVH	道路行驶 NVH	异响	…
LACU	C	A	A	C	C	A	C	C	…
样车	7	7.5	7.5	7.25	7.25	7.25	7.25	7	…

5. 建立配套的整车场景化评价体系和能力，实现从属性评价到"场景＋属性"评价的转变

最后基于如图 13-5 所示的重点场景为基础，开展场景细化和拓展，结合工程属性评价体系构建的场景化评价体系，用以指导场景化评价，结合智能化车载远程信息处理器的大数据，分析用户驾驶、使用习惯，补充、细化场景评价工况；最终依托项目的亮点输入，应用和迭代更新场景化评价体系，推进亮点场景签收落地。

图 13-5 重点场景

13.2 亮点场景的驾乘基因锐化

据国家信息中心 2019 年调研结果显示，现代乐活族作为目前市场占比 17.3% 主流人群，已然成为各大厂商重点关注的用户对象，图 13-6 所示的现代乐活族情感需求调研结果可以看出该人群对汽车产品的具有"伴我冒险玩乐、彰显年轻个性的娱乐功能丰富"的需求，如何打造干净利落、动力充沛的驾驶体验将成为各大汽车企业关注的重点。因此接下来便以现代乐活族为目标，实现山路弯道场景的驾乘基因锐化。

13.2.1 山路弯道场景目标分解

对于追求冒险刺激、突破自我极限的现代乐活族人群而言，由于长期受《速度与激情》《头文字 D》等影视作品影响，山路行驶，或者说跑山这一能够提供充沛驾趣体验的活动无疑具有致命的吸引力。因此充分体现车辆动力性能、操纵性能的山路弯道行驶场景值得各大主机厂重点关注。

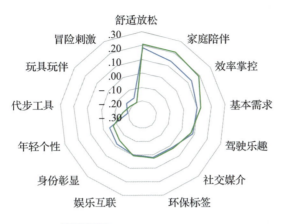

图 13-6 现代乐活族情感需求

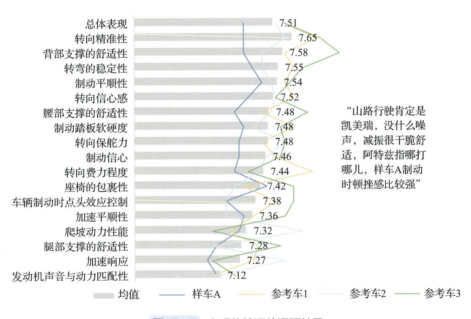

图 13-7 主观体验评价调研结果

根据图 13-7 所示的用户对不同车辆的主观体验评价调研结果，结合项目开展经验，初步总结山路弯道场景型推荐工况为以 60~80km/h 速度在路况较好且具备连续弯道的山路上行驶。对该场景进行目标分解，得到以下重点关注性能：

弯道循迹性能——如果体验过性能车，不难发现富有驾驶乐趣的车辆在连续弯道中通常具备明显的弯道"吸入感"，让驾驶人能够轻松（不会推头）又富有信心（不会甩尾）地沿着当前车道过弯，因此打造良好的弯道循迹性能十分重要。

转向盘转向反馈——转向的力矩应处于合适的范畴，不应过重以致驾驶费力，也不应过轻以致无法清晰掌控，在弯道中，应具备较好的调整能力，不应过于"弹手"以致调整较为费力。同时转向反馈应较为真实的反映悬架、轮胎以及路面的信息，不应存在明显、突兀的电子阻尼介入。

出弯动力性——弯道减速后，为保持足够的驾驶体验，需要具备一定的制动后再加速能力，一方面需要绝对动力的充沛，另一方面需要动力响应及时，两者相辅相成才能够丰富出弯时的驾驶体验。

动力声品质——车随着汽车消费需求的升级，消费者不再单一地追求车内声音低，而是对汽车声品质的需求逐渐多样化。汽车动力声品质作为汽车声品质的重要需求之一，受到了越来越多的关注。

座椅支撑——座椅作为车与人之间的连接载体，需要为驾驶人提供足够的支撑，保证驾驶人的操作稳定不变形，提升驾驶信心感。

13.2.2　山路弯道场景性能集成开发

以某搭载自动变速器的样车 A 为研究对象，在确定场景目标后，对动力传动、行驶性能及座椅性能等领域进行集成开发优化。

1. 弯道循迹性能优化

转向盘转动后，车辆会发生车轮转动、前轮侧偏、车辆横摆、通过车身带动后轴跟随、后轮侧偏等一系列影响行驶轨迹的变化，因此弯道循迹性优化可以从横摆增益、不足转向度、后轴跟随等方面寻找提升方案，相关的目标分解和集成开发实例参考本书第 6 章，本节仅从载荷转移角度简述提升路径。

适度的不足转向特性可以提升车辆的方向稳定性，适度的过度转向可以帮助车辆更容易的高速过弯，因此对于不足转向特性的调校可以提升车辆的循迹能力，而轮胎的侧偏特性影响车辆不足转向特性，车辆转弯时的侧向加速度引起内外车轮间的横向载荷转移，而轮胎的侧偏刚度与垂直载荷之间有类似图 13-8 所示的非线性关系，导致载荷转移后的内外轮侧偏刚度之和变小，因而轮胎侧偏角变大及总的附着力降低。

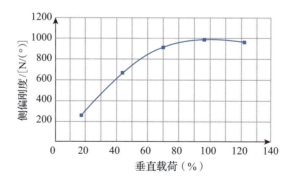

图 13-8　轮胎侧偏刚度与垂直载荷关系

影响载荷转移的主要参数包括：侧向加速度、簧上质量及高度、簧下质量及高度、侧倾中心高度、前后的侧倾刚度、车身扭转刚度、轮距。

在实际进行悬架匹配的过程中，可以通过调整前后侧倾刚度的分配比例来调节前后轴的横向载荷转移比例，以改善前后轮的侧偏特性及附着力。例如，适当减小前悬的侧倾刚度或增大后悬的侧倾刚度，使得前轴横向载荷转移占比整车横向载荷转移的比例变小，减小前轮侧偏或增加后轮侧偏，减少推头现象，提升车辆的弯道循迹性能，反之亦然。

值得注意的是车身扭转刚度会影响前轴侧倾占比对前轴载荷转移比的关系。也就是说，如果车身扭转刚度不足，改变前后侧倾刚度的比例难以有效改变载荷转移，因此需要重点关注。以前悬为例，A 车的车身扭转刚度对弯道行驶载荷转移的影响如图 13-9 所示。

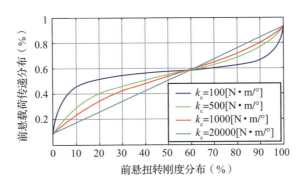

图 13-9 车身扭转刚度影响

2. 转向手感优化

对于山路弯道行驶工况而言，对载荷转移进行重新优化调校，车辆过弯的车体动作更加干净可靠。此时原车较为疲软的转向手感就难以满足用户的需求了，一般来说，在山路工况行驶会要求转向中心区轻松，随着车辆进入弯道转向力矩增长线性明显。对于中心区，通过对如图 13-10 所示的转角与力矩曲线进行处理得到蓝线，用其斜率表征中心区力矩的梯度，由于转向手感要求尽量舒适轻松，因此梯度不要过强；另外，常用 0g 处的手力矩表征中心区手力矩的大小，如图 13-11 所示，也要适当地减小。

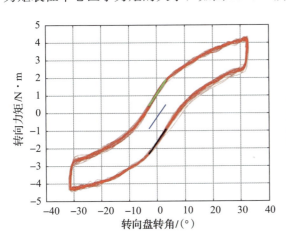

图 13-10 转向盘转角与力矩曲线

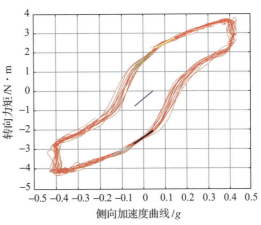

图 13-11 侧向加速度与转向力矩曲线

在驶入弯道时，建议可以用 0.75 倍的侧向加速度对应的手力矩表征大多数工况弯道的手力水平，而遇到的较大的弯道建议适当增大。这一过程也要根据匹配人员的经验，将手力与车辆悬架的表现进行统一，当然可以采集一些数据作为参考，但也仅是参考。

3. 出弯动力体验加强

当车体动作、转向都变得称心如意时，用户对过弯的动力体验就会变得格外敏感，在车辆通过弯道时，驾驶人往往需要完成踩制动减速进弯—降档加速出弯的过程，在这个过程中出弯时驾驶人踩加速踏板受限于换档速率，通常会有动力响应慢的感觉，为此在这里提出一种可行的制动辅助功能作为解决方案，改善这个问题，提高用户体验。

如图 13-12 所示的方案，在驾驶人入弯时踩下制动踏板时，通过识别制动信号预先进行降档动作，智能切入理想档位并保持，提前将发动机转速控制在合理水平，从而在驾驶人出弯加速的过程中，规避常规的降档加速动作，实现在档加速，提升再次加速的响应能力，优化加速响应，能够提供更好的加速体验。

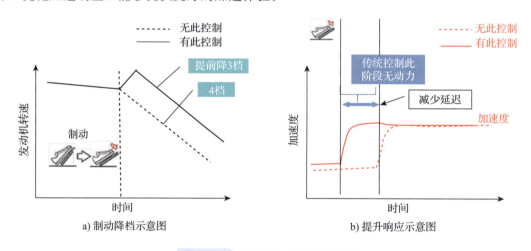

a) 制动降档示意图　　b) 提升响应示意图

图 13-12　弯道动力体验加强方案

4. 动力声品质提升

除了机械素质体验的提升以外，绝对不能让缺乏相关陪衬拖了驾驶人体验后腿，为此建议对动力声品质进行提升，打造纯净动感的声音体验。

针对传统以"总体满意/喜好度"为主的单一评价维度的情况，提出了一种"两层级、五维度"的汽车动力声品质主观评价体系及其权重模型，基于"总体满意/喜好度""声音大小满意度""声音线性度""声音纯度"及"声音动感度"五个主观评价维度对汽车动力声品质展开主观评价，建立评价维度的权重模型，深度聚焦消费者对汽车动力声品质的关注点，定义不同风格的汽车动力声品质特性，为后续不同风格的汽车动力声品质设计提供了合理有效的依据，以满足消费者对汽车动力声品质的多样化需求。

1) 声音大小的主观满意度：由式（13-1）得出声音大小（声压级），如图 13-13

所示。

$$K_{声音大小} \times A_{计权声压级} + C_1 \qquad (13-1)$$

式中，$A_{计权声压级}$为加速 1500～5000r/min 时声压级均值［dB（A）］；$K_{声音大小}$为固定系数；C_1 为一个常数。

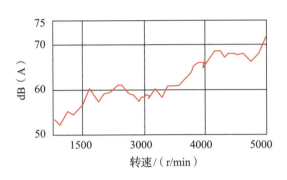

图 13-13　声压级

2）声音纯度的主观满意度：可由式（13-2）得出，声音纯度如图 13-14 所示。

$$K_{语言清晰度} \times N_{语言清晰度} + C_2 \qquad (13-2)$$

式中，$N_{语言清晰度}$为加速 1500～5000 r/min 时语言清晰度均值（%AI）；$K_{语言清晰度}$为一个固定系数；C_2 为一个常数。

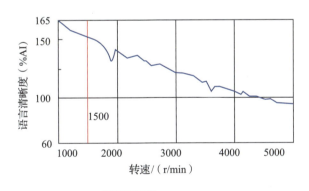

图 13-14　声音纯度

3）声音的线性度：可由式（13-3）得出，表征轰鸣噪声的个数及轰鸣程度，如图 13-15 所示。

$$K_a \times Y_{计权声压级-线性拟合曲线} + K_b \times Y_{overall-阶次噪声} - K_c \times n + C_3 \qquad (13-3)$$

式中，K_a、K_b、K_c 均为固定系数；C_3 为一个常数；$Y_{计权声压级-线性拟合曲线}$为计权声压级与线性拟合曲线的差值；$Y_{overall-阶次噪声}$为 overall 与 2 或 4 阶次噪声曲线的差值；n 为实际计权声压级与线性拟合曲线差值大于 3 dB（A）的个数。

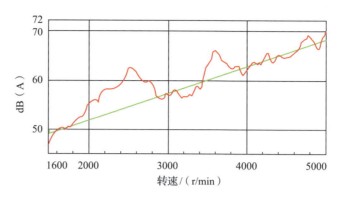

图 13-15 声音线性度

4）声音的动感度：可由式（13-4）得出，表征阶次的匹配情况。

$$K_{谐} \times Y_{2阶次噪声-谐阶次噪声} - K_{半} \times Y_{2阶次噪声-半阶次噪声} + C_4 \quad (13-4)$$

式中，$K_{谐}$、$K_{半}$ 为一个固定系数；$Y_{2阶次噪声-谐阶次噪声}$ 为 2 阶次噪声与谐阶次噪声曲线差值；$Y_{2阶次噪声-半阶次噪声}$ 为 2 阶次噪声与半阶次噪声曲线差值；C_4 为一个常数。

5）其他指标：其他还包括传统的影响声音品质感指标，如：1000~4500r/min 时加速品质感与语言清晰度、加速品质感与响度、加速品质感与粗糙度等需要按目标定义达成指标。

通过对以上新评价体系的指标管控，实现纯净动感的声音打造，为用户提供更极致的场景体验。

5. 座椅优化

没有稳定的坐姿，优秀的性能就难以完美发挥出来，因此在山路弯道行驶车辆转弯时，座椅需要对驾乘者姿态进行有效约束，做到座椅姿态和驾乘者姿态的一体。

为了能让驾驶人获得更好的侧向支撑，对座椅的侧翼提出一种优化设计方向。首先是侧翼高度提高，但此高度将会超出目前市场上的大部分车型，因此为防止侧翼太高可能会导致驾驶人"夹背"的问题，重新调整了"侧翼离去点"的参数——它是人体和侧翼分离接触的点，如图 13-16 所示。该点以下，是正常乘坐时接触到的部分；该点以上，则起到

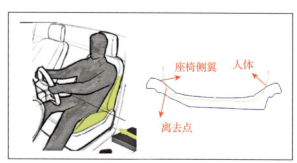

图 13-16 侧翼离去点

转向时给予人体支持的作用。只要控制好该点的位置，侧翼做得再高，驾驶人也不会有"夹背"的感觉。

当然侧翼光有高度还不够，还必须具备一定强度才能支撑起转弯时人的体重。这里采用一种双硬度发泡方案，即侧翼的泡沫较中央区域进行硬化；如果这还不够，必要时还需在泡沫内部增加金属支撑。

完美的座椅追求的是从人到车的直接感、整体感，驾驶车辆就像挥动身躯那样自然。车辆仿佛可以作为驾驶者躯体的延伸，衍生出驾驶者意图与车辆响应一致的一体感，从而达成安全、安心的行驶状态。

座椅作为"驾乘者—座椅—车身—底盘"一体感打造的关键一环，座椅支撑应能使驾乘者处于自然舒适的坐态，需要做到座椅型面和驾乘者背部曲面的一体，座椅要能和车身、底盘一起缓和、衰减路面传来的颠簸、抖动，保证驾乘者长时间不感到疲劳，能感受到舒适愉快，对此提出一些指标供读者参考，见表13-3。

表13-3 座椅舒适性评估指标项

重点属性	指标项	单位
坐垫包裹性	坐垫倾角	°
	坐垫压陷深度	mm
	假人前离去点	mm
	中块宽度	mm
	侧翼高度	mm
	侧翼离去点	mm
靠背包裹性	靠背中块宽度	mm
	靠背侧翼高度	mm
肩部包裹性	靠背上离去点	mm
	侧翼离去点宽度	mm

当然想要改善车辆在山路弯道行驶场景的体验，不仅仅要对以上几点进行融合开发，还需要开发人员在实际项目中根据具体情况融会贯通、随机应变。

13.2.3 小结

本章简单剖析了汽车性能集成实际开发过程中的两大关键步骤：一是性能定义及性能打造，分享了一种"人群价值锚点—用户体验—场景—陪衬—工程属性"的性能定义方法；二是在这一逻辑基础上提出针对场景的性能体验锐化方法，并且以山路弯道场景为例进行了深层剖析，展示具体的锐化要点。对于性能集成开发工作，如果能对这两个关键步骤融会贯通、熟练运用，将大大提高开发效率，打造出更贴合用户需求的产品，增强用户体验、提升品牌价值。

Chapter 14

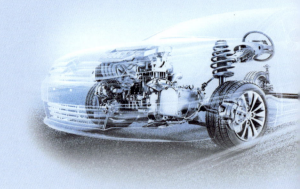

第 14 章
性能开发发展新趋势及其新技术

随着科技的不断进步和发展，新的技术和方法也不断地进入汽车应用领域，特别是自动化、智能化技术等在汽车性能集成开发中正在不断开始使用。本章将重点介绍仿真自动化、虚拟试验场、声品质、系统工程、汽车智能安全、智能汽车技术等汽车性能集成开发方面的新趋势和新技术。

14.1 性能开发 CAE 仿真自动化技术

近年来，CAE 仿真在产品设计研发过程中扮演着越来越重要的角色，CAE 可以提高产品研发效率，降低成本，缩短产品开发周期。同时在国内主流汽车主机厂内，CAE 经过多年的发展，在分析能力、软硬件数量及知识沉淀方面有足够的积累，是产品提速增效的有效手段。但 CAE 分析流程中复杂的操作、多种多样的工具软件、数量繁多的仿真数据，成为制约 CAE 工作效率提升的枷锁。而 CAE 由于其专业的特殊性，其发展必然遵循特定的规律：结构化—标准化—自动化—智能化，如图 14-1 所示。因此随着科学技术的不断发展，当前阶段国内主流主机厂大都致力于建立完整的 CAE 仿真生态圈，以期使 CAE 相关的各项性能业务流程标准化、结构化及仿真自动化，实现"CAE 驱动设计"的目标。

图 14-1 CAE 技术发展的规律

14.1.1 CAE 自动化仿真背景

在汽车行业，每个整车厂都成立了专门的仿真部门，仿真人员的数量也大幅增加。伴随着仿真工作的深入和广泛的展开，很多问题也浮现出来，如：多轮次的数据存储、结果对比、数据查询和报告生成等工作，造成仿真工作效率相对偏低、重复劳动多等问题。同时，随着企业对仿真的重视程度越来越高，产品研发过程中进行的仿真数据急剧上升，企业面临着如何有效地管理仿真数据的问题以及如何对积累的知识实现分析和挖掘。因此，在 CAE 仿真开始之前制订高效的仿真流程，并将特定问题的仿真流程固化形成一套完整的 CAE 自动化仿真体系，实现仿真分析的标准化、分析报告的自动生成以及仿真数据的高效存储管理，是企业对 CAE 仿真发展的重要支撑，也是企业提升性能开发效率、缩短产品开发周期、降低产品研发成本的有效途径。

14.1.2 CAE 仿真自动化概述

在产品设计过程中，CAE 仿真分析是指通过计算机进行工程数值分析、结构与过程优化设计、寿命损伤评估以及动力学仿真等仿真计算来发现评估产品各个性能的优劣、可靠性与稳健性。但是，由于国内自主 CAE 软件甚少，主机厂大多数购买商业通用 CAE 软件应用于产品开发设计中的 CAE 仿真验证，而通用软件在产品设计标准、操作分析规范等方面与企业本身存在很大的差异，无法完全满足各个企业 CAE 工程师们的设计需求，更不能发挥软件应有的功能和作用。为进一步缩短产品开发周期、提高 CAE 仿真效率、减少人力物力、创造更大的价值，各企业根据自身需求往往会对通用 CAE 软件进行开发定制来实现 CAE 自动化仿真，以便固化 CAE 仿真流程、提高 CAE 工作效率和仿真精度，保证计算结果的一致性。

因此，所谓的 CAE 仿真自动化，简单地说就是针对仿真工程师掌握熟悉的 CAE 软件进行定制修改、功能扩展，开发一系列的模块以及嵌入导引式界面来规范仿真工程师因个体差异造成的误操作、减少结果后处理的繁琐劳动,达到提高仿真工作效率、增加优化方案数量的目的。

14.1.3 CAE仿真自动化现状

国外在汽车零部件的设计过程中,要求必须对产品做相应的CAE分析,不然无法通过产品审查,更不能直接将产品上市。CAE技术的广泛应用不仅证实了其支撑产品的工程价值,并从根本上改变了传统产品开发与设计的过程和方法。另外,由于计算机和仿真技术的发展,国外研究人员做过很多探索和积累,有很强的二次开发能力。根据CAE软件的分析功能与企业的功能需求相互结合的原则,开发出能实现特定功能的分析模块,既能够满足企业和产品要求,同时又可以实现CAE分析软件的最大化利用,使得CAE技术得以深层次地开发,企业研发效率显著提高。

在国外,CAE仿真自动化应用的案例很多。福特公司针对车身的开发设计开发了一套仿真流程系统,在设计环节极大地节省了仿真时间。斯堪尼亚以HyperWorks软件为开发平台,开发了能实现模型的自动装配、模型的有限元仿真的流程系统。开发的自动化流程提高了企业对产品设计的效率,增强了斯堪尼亚公司在客户中的竞争力。M&M公司借助HyperWorks流程化平台,制订标准的流程规范,得到了理想的实践结果,最大限度地缩短了有限元建模的时间。对于有限元分析的后处理,流程化的方式比手工要节省几乎一半的时间。

在国内,有许多企业和高校人员,在CAE流程化方面也做许多应用研究。合肥工业大学曹文刚和范超等通过对企业功能需求分析,开发出了一整套CAE分析流程,其中涉及Process Studio、Tcl/Tk以及软件自带命令函数等一系列的编程语言,实现了有限元常规分析流程自动化操作,如模态分析、静力分析、响应分析等。综合利用Tcl/Tk和HyperWorks自带命令语言,使得各类分析界面模块化。建立材料载荷的数据库,便于仿真分析过程调取使用,并通过案例进一步验证了CAE分析流程的可行性和实用性。大连交通大学的李冰利用Ansys软件平台,采用参数设计语言APDL和程序界面开发语言Tcl/Tk,设计开发了铁路客车车体结构参数化建模系统,能实现快速完成材料属性、边界条件的加载。上海交通大学的陆天宇与孔啸对有限元流程自动化开发做了相关研究,借助HyperWorks较为成熟的CAE分析平台,根据企业需求,针对汽车检具底座设计开发了一套能够实现模态分析和静态分析尺寸优化的流程。

同时在汽车行业,各主机厂纷纷通过建立CAE自动化仿真类似系统,来解决CAE人力资源不够带来的对项目支撑不足问题,实现软硬件资源的有效管理和数据的有效利用。特斯拉汽车的仿真数据流程管理平台是完全基于3DExperience平台定制开发实现的,主要实现了提交仿真流程到高性能集群LSF计算并实现后处理自动化、结果分析、数据对比等功能。工程师通过WEB界面就可以完成在线浏览参数、属性、数据查询、提交计算及结果对比等功能,操作简单方便,极大地提高了仿真工作效率。东风商用车搭建了一套试验与仿真的一体化数据管理平台,在平台中既需要对试验和仿真数据的统一管理,实现数据间的分类存储、版本管理、在线浏览、查询检索、数据对比等功能,又需要将管理平台与东风商用车已有的项目管理平台、BOM 管理平台进行集成,实现设计-仿真-试验的统一数据管理和基于项目的产品研发管理。

14.1.4 CAE 仿真自动化在汽车领域的应用

当前,仿真工程师的工作一般可分为:前处理、求解计算、结果后处理以及报告编写和优化。CAE 仿真自动化的主要内容就是用编写程序的手段来实现从前处理到报告的一键式操作,让工程师从重复繁杂的体力劳动中解脱出来,拥有更多的时间和精力去提升 CAE 工程师的应用价值。在汽车开发整个生命周期过程中,从空气动力学、刚度强度到 NVH 性能、操纵性和乘坐舒适性等,CAE 仿真自动化的应用开发将极大地提高仿真效率。

14.1.4.1 NVH 仿真自动化

NVH 仿真自动化根据不同的分析阶段可以分为前处理和后处理,前处理包括几何清理、网格划分、模型连接、模型装配管理、材料属性赋予、工况设置等,后处理包括关键数据提取、关键结果云图获取、关键曲线提取、关键结果整理、报告生成等。同时 NVH 二次开发可以根据三大分类进行通用开发,也可以根据每个 NVH 分析单独进行定制开发,目前比较典型的 NVH 仿真自动化都是针对传递函数的二次开发,如 IPI、NTF、VTF 仿真分析,这类仿真分析需要不断重复地绘制曲线、获取曲线图片、统计峰值,生成 PPT 报告等工作。白车身 NVH 分析自动化开发流程如图 14-2 所示。如果人工操作,工作量大,操作时间长,并且有可能出现人为的操作失误等,如果采用后处理二次开发,可以实现曲

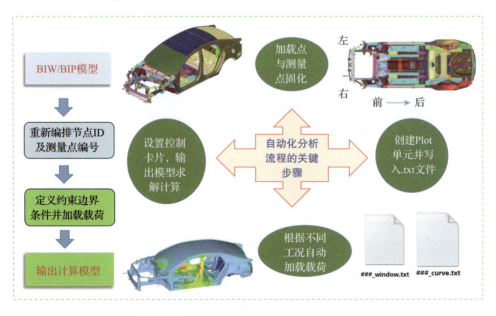

图 14-2 白车身 NVH 分析自动化开发流程

线的自动绘制、曲线峰值的自动提取以及分析报告的自动生成。可以大大缩短后处理的时间，将分析人员的更多时间精力投入到结构优化设计中。NVH 前后处理可以实现复杂操作简单化，让新手经过短暂培训就可以进行复杂的 NVH 分析，自动化流程可以固化分析经验，分析方法不因有经验的 NVH 分析人员的离职而丢失。

14.1.4.2　强度和疲劳仿真自动化

强度分析考察整车及零部件在极限工况下是否超过材料屈服与抗拉程度，多数需计算材料非线性段，疲劳分析模拟汽车及零部件在多工况下的疲劳损伤情况，考察整车及零部件的使用寿命情况。强度和疲劳仿真的自动化关联了有限元模型的自动建立、前处理以及后处理，实现了从分析参数到分析项的自动分解以及每个关键参数的自动提取。

例如，闭合件开闭仿真分析周期较长，焊点疲劳分析建模复杂，耗费时间长。自动化程序使用后，闭合件开闭仿真分析模型建立及调试时间缩短，实现了焊点自动建模，支持在项目阶段开展焊点疲劳分析并增加管控指标，并对锁扣位置焊点进行了优化，降低开裂风险。例如铝车轮疲劳强度分析，建模繁琐，一周只能计算出一个铝车轮的分析结果，锁定数据在两周以上；通过自动化程序的使用，锁定数据时间缩短一半，在相同分析周期内 CAE 提供的方案数更多。

在疲劳耐久仿真领域，为考虑焊接残余应力、位移对焊缝疲劳耐久性能的影响，需使用工艺仿真软件 Simufact 进行焊接工艺分析，而 Simufact 没有相应的 CAE 前处理接口，工艺分析结果无法输入至 CAE 软件 ABAQUS 中，导致无法开展焊缝耐久性能分析。通过转换程序的开发及应用解决了工艺分析软件与 CAE 分析软件不兼容问题，构建工艺软件与 CAE 分析软件通道，实现了工艺分析文件的格式转换及重构自动化，成功打通了基于焊接工艺影响的焊缝耐久性能分析流程。

14.1.4.3　流体力学仿真自动化

流体力学仿真在整车开发过程中大致可以分为空气动力学及热管理两大类，考察流体对汽车状态的影响，如整车风阻分析、整车风噪分析、机舱温度场分析等，实现了实体网格创建—分析参数设置—提交高性能计算—后处理—报告生成自动化。

例如，整车风阻分析是开发前期把控的重要仿真计算，其计算结果涉及造型设计、油耗等多项关重指标。在仿真过程中，需要对设计方案进行多轮次的优化，人力投入大。而自动化程序的应用，只需工程师完成所有优化方案数模，既可同时自动化处理所有模型，包含完成物理模型设定、网格划分、工况加载、提交计算及生成报告，避免所有繁琐的重复劳动，直接关注分析结果的比对，提高研发效率。

14.1.4.4　行驶性能仿真自动化

多体动力学是研究多体系统（由若干个刚性和柔性物体互相连接所组成的系统）运动规律的学科。汽车多体动力学仿真分析是汽车开发、产品更新换代等过程中必不可少的分析内容，其涵盖了悬架 K&C 特性分析、整车操纵稳定性、整车乘坐舒适性等众多性能分析指标。目前，各整车厂和有关研究机构都大规模应用仿真手段来进行车辆动力学性能分析，将设计—试验—改进设计—再试验—再设计的设计理念转变为设计—仿真—试验的理念，利用多体动力学仿真分析使设计中的主要问题在设计初期得以解决。而在汽车行业多体动力学分析当中，多体动力学模型的建立和管理是非常重要的，是考察悬架、转向、制动、稳定杆等子系统分析以及整车 K&C、操稳、乘坐舒适性等分析的可行性与准确性的重要管控指标。且在各大主机厂中整车的行驶性能试验与分析起着关键性作用，而整车行驶性能标准工况 CAE 分析又可分为乘坐舒适性、操纵稳定性与转向性三大属性，综合考虑整车行驶性能标准工况分析将有 100 多项指标的输入、输出及对比，其工作繁琐复杂且易于出错。因此，基于多体动力学工程师经验，开发建立行驶性能仿真自动化是减少直至避免分析过程汇总的重复性工作，降低人为失误，保证分析结果的精确性、唯一性及可追溯性需求的必然结果。

14.1.5 软件二次开发

当一个公司或科研机构想要获得定制化的结构分析工具时，通常可以选择自行开发的程序或使用通用有限元软件进行二次开发。软件的二次开发则意味着可以使用现有的商业软件经过多年发展的成熟稳健的求解器，且可以较好地契合用户需求，快速迭代更新，满足日常工作中的个性化和工程化需求。因此，软件二次开发是性能开发 CAE 仿真的必需技能，使得 CAE 工程师站在巨人的肩膀上，可以更好更快地解决工程化问题。

14.1.5.1 仿真软件的二次开发

汽车行业的 CAE 软件有几十种，工具软件二次开发主要集中在常用的几种通用的仿真平台。在汽车性能开发的结构仿真领域，HyperWorks 是一个创新、开放的企业级 CAE 仿真软件，集成了设计与分析所需的各种工具，具有强大的性能以及高度的开发性、灵活性和友好的用户界面，并提供了建模、分析、可视化和流程自动化解决方案。在车辆动力学仿真领域，ADAMS 具有很强的二次开发功能，包括 ADAMS/View 界面的用户化设计，利用 cmd 语言实现自动建模和仿真控制，通过编制用户子程序满足用户的某些特定需求，甚至可以拓展 ADAMS 的功能，如图 14-3 所示，展现了基于 ADAMS 二次开发实现了多体动力学模型的自动化建立。在流体仿真领域，STAR-CCM+ 提供了一个非常干净、现代的界面，通过网格化、设置、模拟和结果处理，组织工具来简化 CAD 创建或导入的工作流。用户可以在这个单一的界面中访问所有的预处理、模拟和后处理任务。所有进程的批处理命令也可以通过命令行或用 Java 编写的脚本实现。基于 STAR-CCM+ 开发集成了 CFD 领域各个分析，并对每个分析进行自动化模块定制，拓展了 STAR-CCM+ 功能、便捷了 STAR-CCM+ 的操作性，实现了仿真流程从输入到输出的全面自动化，如图 14-4 所示。

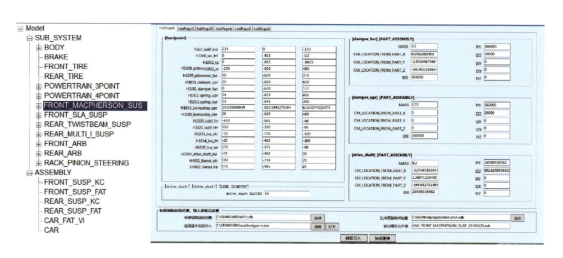

图 14-3 基于 ADAMS 开发的麦弗逊悬架自动化建模

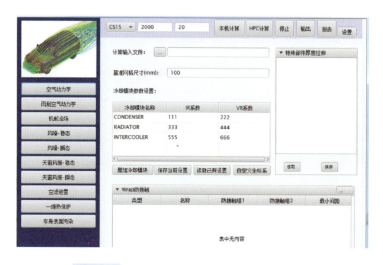

图 14-4 基于 STAR-CCM+ 开发的集成分析

区别于完全定制开发，软件的二次开发是在现有的成熟产品软件基础上进行的。不是所有软件产品都能进行二次开发，前提条件是软件产品需提供具有成熟和规范的系列接口。没有成熟和规范的接口，二次开发的时间和成本要远高于系统的替换和完全定制开发。因此，良好的软件二次开发是保持原有产品功能和业务积累并能很好地被继承，解决单纯产品个性化需求不能得到满足的问题。

14.1.5.2 CAE 自动化仿真系统开发建设及应用

仿真数据不是孤立存在的，在一个仿真中，会涉及原始模型、原始结果、关键结果、目标值、分析报告等各种形式的数据。并且仿真需要和 CAD 模型、设计参数、车型平台、专业、仿真类型、轮次、项目任务、仿真人员、知识库等各种数据进行关联才能有效地帮助仿真人员进行数据的重复利用。因此开发建立 CAE 数据管理体系是必然趋势也是迫切需求。CAE自动化系统的核心功能既是将以往大量的零散存储的数据在平台中进行分类管理，方便用户进行数据的浏览。CAE自动化仿真系统由CAE仿真数据管理系统及CAE仿真客户端两部分组成。CAE仿真数据管理系统包含项目管理、任务管理、作业管理、仿真数据管理、知识库、电子导师及系统管理等模块。项目管理可实现创建项目、设置项目节点、管理项目文档、生成CAE分析大纲、创建项目分析输入等功能；任务管理可实现创建及分配分析任务、任务状态监控、任务进度风险提醒及任务审批等功能；作业管理可实现提交作业至HPC进行计算、状态查看及管理作业等功能；仿真数据管理可实现对仿真过程中生成的求解文件、结果数据、关键结果、分析报告等数据文件的存储、版本管理、快捷多维度查询、数据对比、数据展示及数据导出等功能；知识库可实现标准、规范、指南、模版等CAE仿真相关知识的沉淀、查询及推送功能；电子导师包含成长计划、培训课程、习题库等，可实现员工学习培训及考试功能。系统管理可实现系统用户管理、权限管理、系统运行监控、系统配置等功能。CAE仿真数据管理系统可通过接口与其他外部系统实现集成，彻底打通各部门之间的隔阂，实现从设计到仿真的无缝衔接与快速响应。

CAE仿真客户端通过接口与CAE仿真数据管理系统集成。CAE仿真客户端包含登录、任务管理、前处理、作业管理、后处理、数据及报告提交和下载、流程审批等模块。登录模块完成软件设置及用户验证功能；任务管理模块实现从CAE仿真数据管理系统接收分析任务及传递任务状态信息的功能；前处理模块通过集成前处理脚本实现几何清理、网格划分、模型连接、模型装配管理、赋属性、设置工况等功能，生成求解文件及头文件；作业管理模块实现求解文件提交、计算状态查询及管理功能；后处理模块通过集成后处理脚本实现关键数据提取，关键结果云图截取，关键曲线提取及生成分析报告功能；数据及报告提交和下载模块实现求解文件、结果文件、关键结果及报告在CAE仿真数据管理系统的提交及下载功能；流程审批模块实现分析报告及分析任务在CAE仿真数据管理系统的审批功能。通过客户端实现工程师仿真任务的执行，并通过调用仿真自动化脚本，实现仿真的前后处理自动化工作，以及仿真分析数据的提交和仿真分析报告的送审，将工程师的真正需求纳入体系建设中来。

14.2 VPG技术

14.2.1 VPG概念及其国内外现状

VPG即虚拟试验场，是将试验场的路面轮廓扫描搬进计算机，建立数字化3D路面模型（图14-5），整车数字化虚拟样机在路面模型上仿真即为VPG技术。一般来说，可以在物理样车试制前即可得到产品试验结果，这就是虚拟试验场叫法的由来。VPG技术方法分为两种，一种是有限元方法，另一种是多体动力学方法。以下介绍基于多体动力学的VPG技术方法。

比利时路　　扫描建立数字路面模型

图 14-5　重庆西部汽车试验场

VPG 技术是汽车 CAE 技术领域中一个很有代表性的进展，打造的是一个虚拟试验场仿真平台。福特、通用、沃尔沃等汽车公司 21 世纪初期已掌握 VPG 技术方法，在耐久、乘坐舒适性、NVH 等性能领域已有二十年以上的应用历史，VPG 技术相对比较成熟。长安、吉利、上汽、一汽等汽车公司，近几年对 VPG 技术的应用研究刚刚起步，并投入大量的人力、物力、财力纷纷追赶，扫描了各自的试验场路面，建立了数字化路面模型，初步掌握了 VPG 技术方法，开始在耐久及乘坐舒适性能领域应用。国内大多数汽车公司还处于研究阶段，VPG 技术成熟度有待提升。

14.2.2　VPG 路面建模原理

数字化路面建模过程，是把路面轮廓激光扫描成点云数据，去除毛刺、杂点后生成网格化的路面模型，通常用 CRG 格式。CRG 路面模型构建包括中心参考线和曲线规则栅格两部分，如图 14-6a 所示。道路中心线通常是三维空间 XYZ 内的一条光滑曲线，在 Z 向上对其投影，得到 XY 平面上道路中心线的投影线，该投影线为二维的中心参考线。利用中心参考线构建曲线坐标系 UV 描述 XY 投影面上的任一位置，如图 14-6b 所示。U 轴正向取中心参考线的前进方向，V 轴与 U 轴保持垂直。将中心参考线的 U 轴、V 轴按照一定的增量进行切分，形成 UV 平面上的二维曲线规则栅格点。U 轴上每个分段的前进方向由方位角确定。给定中心参考线的起始点位置，根据所有分段的方位角即可采用积分方法确定终点位置。按上述路面建模原理，可以构建 CRG 路面模型，该模型可用于动力学软件仿真调用，例如 ADAMS。

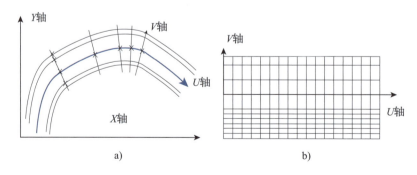

图 14-6　CRG 路面建模原理

14.2.3 VPG建立的基本过程

基于多体动力学的VPG技术，由路面模型、轮胎模型、动力学模型三部分组成，如图14-7所示。首先，扫描试验场路面，建立数字化路面模型；其次，通过测试轮胎物理参数建立数字化轮胎模型；第三，以车辆设计参数为输入建立动力学模型。最后，集成路面模型、轮胎模型、动力学模型构建虚拟试验场环境，就可以开展VPG仿真及应用。

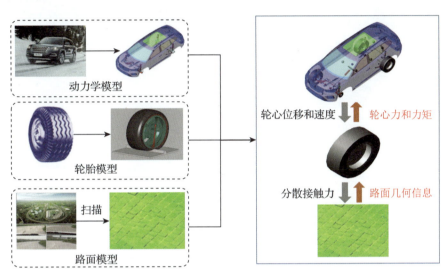

图14-7 VPG技术

1. 路面模型

规则路面，例如坑、凸台等，通过几何尺寸测量构建路面模型。试验场路面，通过移动扫描车安装GPS、惯导系统、激光扫描仪、里程计等传感器，在低速行驶下，利用激光束测距并记录反射灰度值原理，将路面轮廓扫描成3D点云数据，通过点云数据软件插值算法，生成网格化的CRG路面模型，路面模型精度较高，能够满足工程应用，汽车行业的路面模型网格尺寸通常为5mm×5mm，如图14-8所示。

2. 轮胎模型

汽车行业耐久和乘坐舒适性VPG仿真广泛采用的是Ftire轮胎模型，操稳性能分析采用的是PAC轮胎模型。根据工程需求还可以选用其他轮胎模型，例如Unitire、MF-SWIFT、CDtire等。轮胎模型主要依托轮胎测试供应商，通过物理参数测试、参数识别、模型拟合、台架性能仿真验证来建立轮胎模型。

3. 动力学模型

根据整车、系统及零部件设计参数建立动力学模型，模型包括前/后悬架系统、动力总成系统、转向系统、稳定杆系统、轮胎系统、制动系统、车身系统等，如图14-9所示，

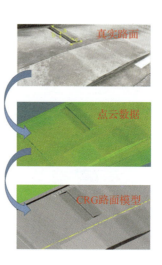

图14-8 路面扫描车及路面模型生成过程

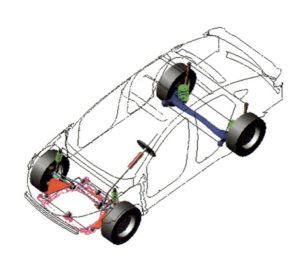

图14-9 整车动力学模型组成示意图

建立模型前需要重点把控弹性元件参数输入的准确性,例如衬套刚度阻尼、缓冲块刚度阻尼、弹簧刚度、减振器阻尼特性、零部件质量及转动惯量等。动力学模型精度越高,VPG仿真结果越准确,模型建立后往往需要开展悬架K&C调校和整车调校来保证模型精度。

14.2.4　VPG应用及前景

基于多体动力学的VPG技术,目前主要应用于耐久道路载荷预测、乘坐舒适性分析优化、用户滥用误用场景模拟。

汽车结构失效的主要体现是疲劳损伤,在汽车结构疲劳耐久分析中,首先通过VPG仿真获取道路载荷(图14-10),然后将载荷输入到有限元模型中进行疲劳分析,最后对结构的疲劳耐久性能进行评估。VPG技术应用,不依赖物理样车,项目初期可以为结构设计和分析提供载荷，项目后期结合有限元能够快速解决路试失效问题、快速锁定优化方案，避免反复试错延长整改周期。

 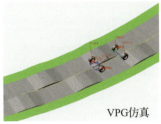 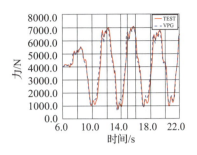

图 14-10 实车路试和 VPG 仿真载荷获取

没有 VPG 技术时，通常应用构造的随机路面开展乘坐舒适性仿真分析，以 A 到 B 方案对比方式评价乘坐舒适性是否达标，很难与实车主客观评价试验结果对标，待物理样车出来后乘坐舒适性匹配试验往往需要 3~5 轮。VPG 技术能够复现实车乘坐舒适性主客观测试场景，如图 14-11 所示，VPG 仿真工况设置、评价指标的测量位置和数据处理均与测试一致，项目初期达成乘坐舒适性目标，减少后期实车乘坐舒适性匹配试验 1~2 轮，缩短开发验证周期。

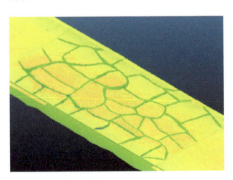 

图 14-11 试验场破损路的乘坐舒适性 VPG 仿真分析

VPG 技术应用前景十分广阔，随着轮胎模型、路面模型精度提升，尤其是高性能服务器计算能力的增长，VPG 在动力学领域应用基础上，可以快速发展为搭建整车有限元非线性虚拟样机，更快速、更方便、更准确地进行整车系统更真实的非线性仿真，达到动态参数设计的目的，应用到碰撞、NVH、疲劳寿命、道路载荷预测、整车子系统和部件的动力学和运动学分析。VPG 将以其易用性和专业性领导整个汽车 CAE 行业的最新发展趋势。

14.3 整车声品质智能调控技术

汽车声品质是指从顾客对汽车声音的主观感受。随着技术的快速发展以及生活水平的提高，消费者群体逐渐向 90 后甚至 00 后迁徙。他们对整车车内声环境的需求开始多元化、个性化。比如部分群体喜欢舒适、安静的声环境；部分群体喜欢加速刺激感，追求动感十足的动力声品质；部分群体是音响发烧友；部分群体偏好科技化。因而声品质研究不再单一地解决减振降噪问题，而是通过多种手段设计声音、形成品牌声音 DNA 以满足用户多样化的喜好。用户的整车声品质需求可分为行驶声品质、电器声品质、开闭件操作声品质等，如图 14-12 所示。行驶声品质包括动力声品质和巡航声品质。动力声品质主要与发动机、电机、进排气、悬置、传动、声学包装等子系统相关。发动机系统的不同阶次匹配对动力声品质有着重要影响。比如，以发火阶次为主的动力声主观感受偏舒适，而半阶次突出的动力声主观感受偏运动，如图 14-13 所示。巡航声品质主要是用户巡航时的声音需求，大多数消费群体在巡航时仍追求声音量级低的舒适感。开闭件操作声品质主要为车身闭合件发出的声音，如关门声品质。电器声品质包括汽车各类电动机的声音、喇叭声、音响声及提示音等。

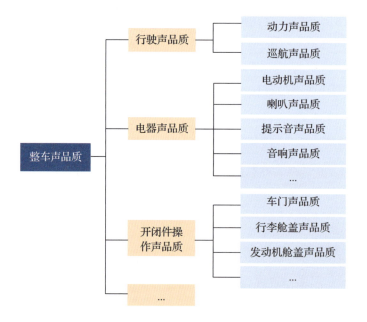

图 14-12 整车声品质分类

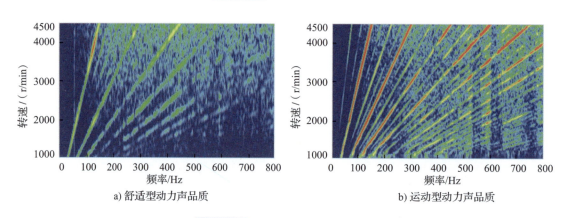

a) 舒适型动力声品质　　　　b) 运动型动力声品质

图 14-13 不同风格的动力声品质

为满足用户对汽车声音的个性化需求，整车声品质研究主要包括了用户喜好挖掘、工程语言定义、关重系统调控。在汽车的低噪声开发中，关重系统调控常以被动控制手段为主，如吸振器、声包材料等。但在新一轮产业和技术变革的推动下，汽车行业正在向低碳化、电气化、智能化、轻量化快速转型。然而传统的被动控制手段已不能有效地支撑汽车的四化转型，需要研究新的整车声品质智能调控技术，如主动声均衡、智能声交互等。

14.3.1 主动声均衡

主动声均衡技术是近些年至未来几年内 NVH 领域的研究热点，主要应用于行驶声品质的个性化设计，包括发动机主动降噪、路噪主动降噪、主动发声技术等。主动声均衡的基本原理：基于发动机或电机转速、转向节振动、车内声音、节气门开度等参考信号，采用主动声控制算法给予扬声器适当的激励信号，驱动扬声器发出用户期望的声音，或对原有声音进行掩蔽或补偿，如图 14-14 所示。例如传统燃油车可以通过主动声均衡技术调控发动机阶次能量，实现不同风格的动力声品质的自由切换；新能源车可以通过主动声均衡技术模拟发动机声音，并实现对电机啸叫的掩蔽。

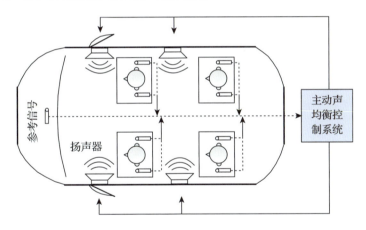

图 14-14　主动声均衡系统框架示意图

发动机主动降噪与路噪主动降噪目的类似，驱动扬声器发出与车内噪声幅值相同、相位相反的声信号，达到降低噪声的目的。主动发声技术则是驱动扬声器发出用户期望的阶次声，实现不同风格的动力声品质打造。目前发动机主动降噪技术和主动发声技术的应用已较为成熟，而路噪主动降噪技术由于控制算法模型的复杂性、芯片算力要求高等原因，其大范围应用仍在探索发展中。

14.3.2 智能声交互

随着智能化技术的快速发展，人、车及路可进行智能交互的汽车座舱开发成为未来汽车发展的重要趋势。智能汽车将不再是一个简单的出行工具，而将发展为有情感、贴心、懂你的出行伙伴。由于声音是作为自然界重要的沟通方式之一，要打造智能座舱离不开智能声交互的支撑。智能声交互是通过声音实现人—车、人—车—人通信，基于整车声环境设计、音响系统设计、语音识别、语音降噪、语音分离、分区域声场控制等技术，提供"移动的音乐厅"、独立声环境体验、"懂你的提示音""移动的实时翻译官"、语音交流补偿等功能，如图14-15所示。

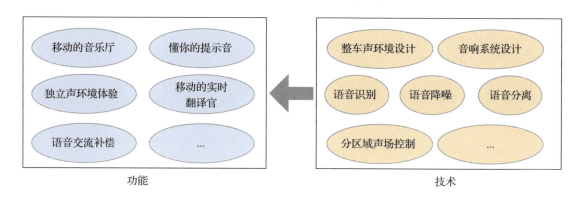

图14-15 智能声交互功能及技术简述

"移动的音乐厅"：对于音响发烧友而言，若汽车音响系统与声环境能共同营造出一个音乐厅级的体验，是提升这类消费者驾乘体验的重要手段之一。

独立声环境体验：考虑到多样化的娱乐需求和隐私需求，独立且互不干扰的声环境打造也是未来发展的一个重要趋势。例如驾驶人聆听导航指示的同时，其他位置的乘客想听音乐、开会等。

"懂你的提示音"：除了打造动力声品质的品牌DNA，越来越多的汽车厂商也开始着手研究具有品牌DNA的提示音，以满足消费者的个性化需求。提示音包括车内提示音和车外提示音两种，车外提示音如行人、车辆低速提示音，车内常见提示音如转向提示音、安全带未系提示音、倒车雷达提示音等。不仅用户可以选择偏好的提示音风格，未来"懂你"的智能汽车也可以根据声纹、人脸识别到的用户心情、状态，为用户推送合适的提示音、音乐等。

"移动的实时翻译官"：随着贸易、经济全球化的发展，国际交流日益重要。车上不同语言的人士交流时，智能汽车可充当"翻译官"的角色，提供实时互译的功能。

语音交流补偿：当背景噪声过大影响车内人员正常交流时，不少用户都会选择提高说话音量来尝试交流，这显然是一种不舒适的驾乘体验。除了传统的降低背景噪声的方法外，汽车也可以通过车内音响系统在交谈区域内精准提高谈话者的语音可懂度，主动实现语音交流补偿，帮助车内人员进行正常交流。

14.4 MBSE 与性能集成开发技术

14.4.1 MBSE 与系统工程

14.4.1.1 系统工程的概念

根据系统工程国际委员会（INCOSE）系统工程手册中的描述，系统工程是一种视角、一套流程、一门学科。

首先系统工程是一种思考问题的视角——用系统思维去考虑问题，既要考虑整体，又要考虑局部构成与相互关系，还要考虑系统与环境之间的交互。

其次，系统工程是一套解决问题、工程实现的流程。系统工程不能仅仅停留在思考或者哲学层面，还必须回归工程，考虑实现，因此必须有一套实现系统对象的流程来支撑。

最后，系统工程是一门学科。系统工程需要一系列能力支撑，能力的获得需要通过一系列的学习与培训，掌握相关的能力，建设各种使能的文化氛围与制度。

14.4.1.2 MBSE 的概念

2006 年 10 月，系统工程国际委员会（INCOSE）在 *Systems Engineering Vision 2020* 中正式提出"基于模型的系统工程"（MBSE）概念。

MBSE 使用建模方法支持系统的需求定义、设计定义、分析、验证和确认等活动，这些活动从概念设计阶段开始，持续贯穿于产品开发的全生命周期。

系统工程是 MBSE 的基础，只有具备扎实的系统工程基础，MBSE 实践应用才能事半功倍。

14.4.1.3 逻辑模型

建模是为了理解事物而对事物做出的一种抽象，是对事物的一种无歧义的书面描述。建立系统模型的过程，又称模型化。建模是研究系统的重要手段，凡是用模型描述系统的因果关系或相互关系的过程都属于建模。因描述的关系各异，实现这一过程的手段和方法也是多种多样的。可以通过对系统本身运动规律的分析，根据事物的机理来建模；也可以通过对系统的实验或统计数据的处理，并根据关于系统的已有的知识和经验来建模。还可以同时使用几种方法。

CAD 模型是产品工程师最熟悉的系统模型，可以清晰地定义系统的形状、尺寸、位置、装配关系，是一种显性的几何模型。

不同于系统的形状、尺寸、位置、装配关系，表征系统间的需求、功能、架构、参数关系则表现更为隐式。描述这些关系的模型称为逻辑模型，如图 14-16 所示。MBSE 主要的工作就是建立逻辑模型来支持系统需求定义、设计定义、分析、验证和确认等活动。

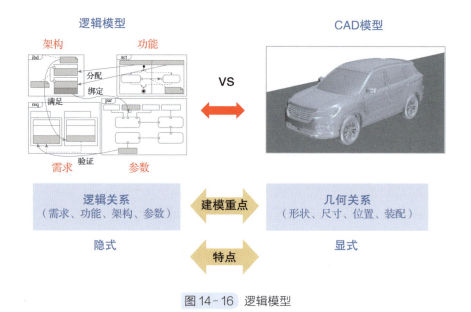

图 14-16 逻辑模型

14.4.2 MBSE 的主要内容与优势

那么如何建立逻辑模型，实践 MBSE 要了解哪些呢？

需要通晓三种知识，即：建模语言、建模方法、建模工具。这三者被称为 MBSE 的三大支柱。

14.4.2.1 建模语言

建模语言一般的意图是既要人类可解释又要计算机可解释，并且在语法及语义方面做出规定。

创建模型的过程，就是在说一种语言。它不是我们在家与学校里边学习到的自然语言，也不是我们平时工作沟通的自然语言。它是一种建模语言：一种半正式的语言，它定义了模型中的元素种类，以及元素之间的关系。在图形建模语言的情况下，还要定义一系列标识法，在图表中显示元素和它们之间的关系。

MBSE 实践者通常会使用系统建模语言（SysML）来创建系统结构、行为、需求和约束的模型，但它并不是唯一的建模语言。其他设计领域的工程师会选择更适合他们设计的系统类型，和 SysML 一样，这些语言中很多都是图形建模语言（例如：UML、UPDM、BPMN 等），和一些文本的建模语言（例如：Modelica、Verilog 等）。

14.4.2.2 建模方法

建模方法类似于路线图；它是建模团队创建系统模型要执行的一系列设计任务项。它确保团队中所有人都以一致的方式构建模型。没有指导，团队中每个成员构建到系统模型中的内容就会在广度、深度和准确度方面有很大区别。

下面列举了一些 MBSE 的建模方法。

1) INCOSE 面向对象的系统工程方法。
2) Weilkiens 系统建模方法。
3) IBM Telelogic Harmony-SE。

这些建模方法分布在系统工程生命周期的各个阶段。这些方法规定的步骤不一定适应你的项目，你所采用的建模方法需要裁剪以满足其特殊需要。

14.4.2.3 建模工具

MBSE 的建模工具是一类特殊的工具，设计和实现它们就是为了遵循一种或多种建模语言的规则，可以用这些语言创建形式很好的模型。

建模工具和绘图工具不同，绘图工具的图形没有任何模型使它们彼此之间自动保持一致。而使用 MBSE 建模工具创建的模型，具备元素和元素之间的关系，可能会有一系列图，作为底层模型的视图。

特定的建模工具只是一家厂商对建模语言规格的实现。商业化工具商及非营利组织基于建模语言创建了各种建模工具，如 IBM 的 Rhapsody 和 No Magic 的 Cameo Systems Modeler。

14.4.2.4 MBSE 的优势

一致性、追溯性、协同性、重用性是 MBSE 的四大优势。

MBSE 常常与传统的基于文档的 SE 方法形成对比，在基于文档的 SE 方法中，生成的关于系统的大量信息，常常被包含在文档以及其他制品中，例如规范、接口控制文件、系统描述文件、权衡研究、分析报告以及验证计划、程序和报告。这些文档内包含的信息往往很难维护和同步，并且很难评估其正确性、完整性、一致性。

MBSE 方法中，团队使用统一的数据源，统一的语言进行沟通、交流。信息统一管理，保证完整性和一致性；图像化的语言表义无歧义；设计元素相互关联、可追溯。以矩阵形式创建模型元素间的关联关系，可自动生成追溯关系图，便于对象跟踪以及变更影响分析。此外，模型为产品的快速复制打下坚实基础，重用与修正效率更高。

14.4.3 MBSE 应用前景

14.4.3.1 基于统一的数据源进行系统开发

基于 MBSE 方法，不同的业务角色可围绕同一套系统模型进行业务活动。系统工程师、分系统工程师、软硬件开发工程师、功能安全相关工程师，甚至生产阶段业务角色，都通过基于模型的产品数据连接在一起，所有角色围绕同源的产品数字化模型进行业务活动。为不破坏系统模型数据完整性，同时保证不同业务人员仍然能够高效率地设计，模型可根据不同领域进行划分、打包，以不同视角展现给不同业务团队，这样业务团队只需要处理与自身业务相关的模型数据即可。这种基于统一的数据源进行产品开发，可有效提高团队的协作效率。

14.4.3.2　MBSE在汽车行业主要应用的领域

MBSE在汽车行业的应用主要集中在产品开发的早期，可在如下领域开展应用。

1. 系统设计

在产品初步设计阶段，可在涉众需求的基础上，通过SysML用例图、活动图、序列图、模块图等来开展需求分析，得到系统级的需求库和功能架构，并分配给各个专业领域来进行下一层级的开发。

2. 智能驾驶场景分析

通过SysML用例图、活动图、序列图，可开展智能驾驶的场景推演，定义驾驶过程中的相关方、动作流及交互接口、交互顺序等，并在正常驾驶模式基础上定义失效场景。

3. 电子电气架构设计

在系统需求的基础上，通过SysML活动图、序列图、状态机图等来开展顶层控制逻辑的设计及验证，并通过模块图、参数图来定义电子电气系统的功能及技术架构。

4. 可靠性及功能安全分析

可靠性分析及功能安全分析主要包含FTA、FMEA、FMECA等内容，传统的模式是基于文档来开展，存在难以追溯和维护等问题。基于模型来开展可靠性分析及功能安全分析，在一致性、可追溯性和可维护性等方面具有明显的优势。

14.4.3.3　MBSE与多学科优化仿真的结合

MBSE建立的系统架构模型可以转换为系统仿真建模工具（如AMESim、GT-Suite等）中建立的系统仿真模型，从而进行多学科、多系统耦合的联合仿真和优化分析。传统设计方法中，各子系统独立进行设计，如发动机、传动系统、电子电机电控系统等子系统独立设计，优化工作也常常局限于子系统内部，难以快速获得对于整体性能提升最佳的方案。MBSE自上而下地梳理了相关系统及架构，通过向系统仿真的转换得以最大限度保持相关子系统的联系，从而为开展多学科优化提供保障。

14.4.3.4　MBSE与多属性权衡分析助力正向开发

MBSE有利于统筹考虑产品具有的多个关键属性，进行多属性权衡助力正向开发

(图 14-17)。复杂工程产品通常具有多个关键属性，这些属性保证了产品的性能能够满足需求，也保证了其成本、周期能够得到控制。汽车通常具有动力性、驾驶性能、NVH 性能、碰撞安全、重量、成本等多项关键属性，MBSE 将这些属性进行建模，并建立模型对各属性进行预测，例如动力性和热管理性能可采用 MBSE 与多学科优化仿真结合的形式进行，重量和成本可通过自动统计每个部件模型中的重量和成本属性得出。

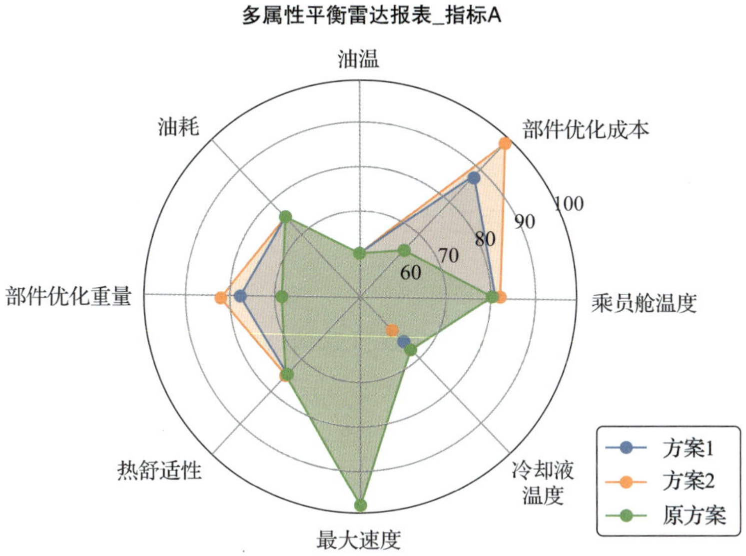

图 14-17 典型汽车多属性平衡方案

建模团队通过构建关键属性的模型，可以帮助系统工程师进行关键属性的权衡设计，比较多方案的关键属性异同，选取多属性平衡的系统架构。

14.4.3.5 MBSE 应用实例

以自动空调系统开发为例，说明 MBSE 在系统设计方面的应用。

首先开展黑盒视角的问题域分析，将对象系统 SOI（System of Interest）视为黑盒，依次开展涉众需求识别、用例定义、用例展开、系统环境定义及关键参数 MOE（Measurements of Effectiveness）定义，如图 14-18 所示。

然后开展白盒视角的问题域分析，对系统内部进行分析与定义。依次开展系统需求定义、功能分析、系统模块定义及子系统之间的交互接口定义，如图 14-19 所示。

最后进行方案域分析，定义系统内部的部件。依次开展部件级需求定义、部件活动流推演、部件参数关系定义及部件级结构定义，如图 14-20 所示。

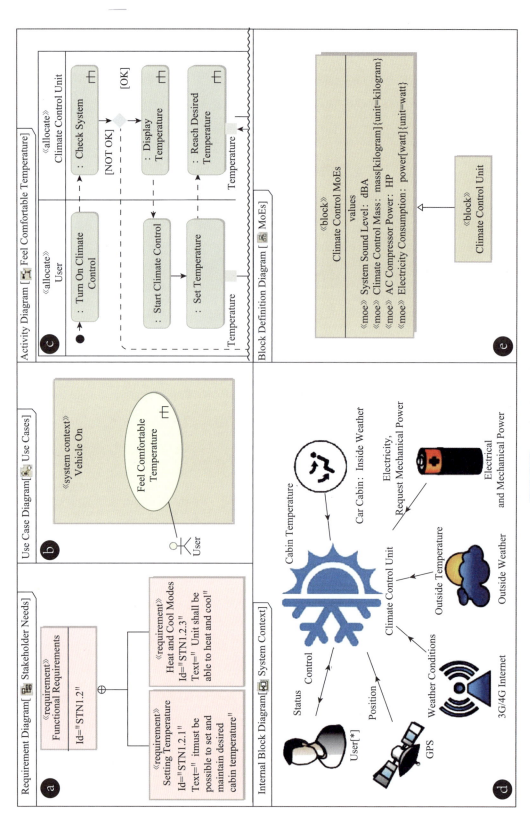

图14-18 黑盒视角问题域分析

a—识别涉众需求 b—定义用例 c—用例展开 d—定义系统环境 e—定义系统关键参数

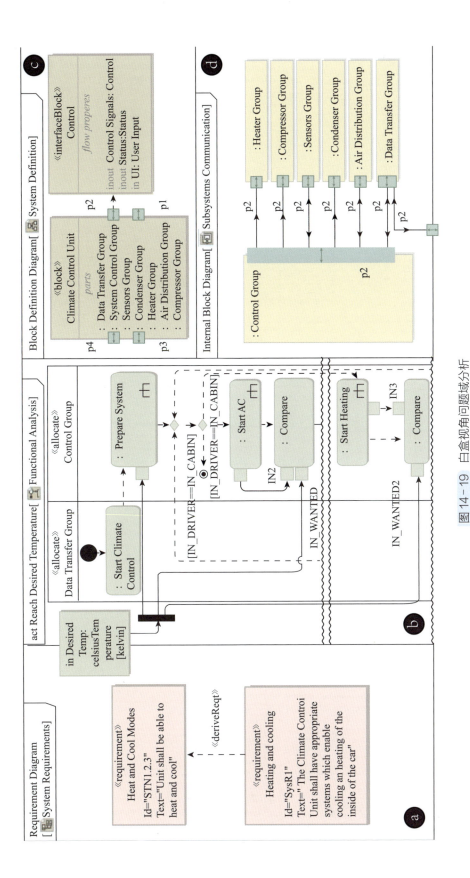

图14-19 白盒视角问题域分析

a—定义系统需求 b—功能分析 c—定义系统模块 d—定义子系统之间的交互接口

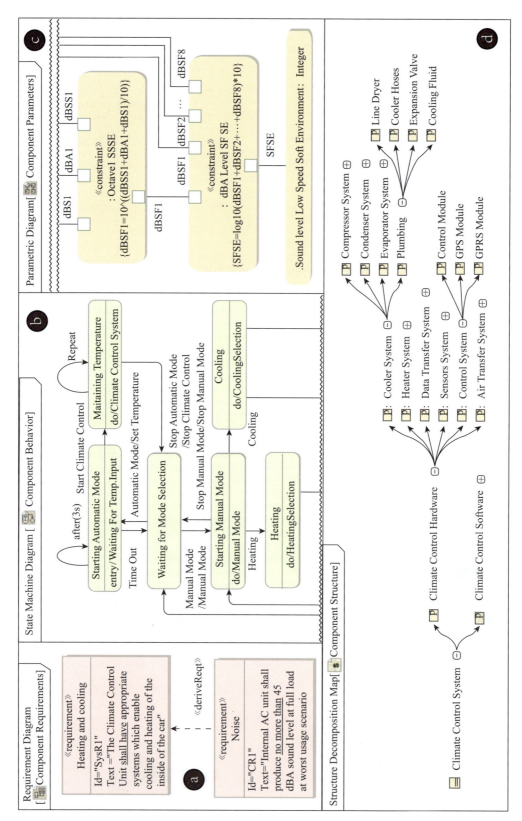

图14-20 方案域分析

a—定义部件级需求 b—推演部件活动流 c—定义部件参数关系 d—定义部件结构

14.5 智能安全开发技术

为满足传统汽车的安全标准开发。乘员保护标准（国标）、第三方测评机构制订有关于主动安全和被动安全的测试工况和评价体系，各主机厂孜孜不倦地追求在评价体系中获得良好成绩。如图 14-21 所示，随着标准的更新、完善，尽管汽车保有量逐年增加，交通事故导致的死亡人数总体呈现下降趋势。然而最近几年交通事故死亡人数下降趋势明显放缓，甚有微弱增加。

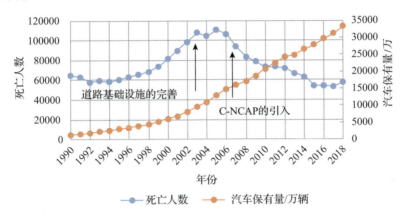

图 14-21 中国交通事故死亡人数

面对复杂的交通体系，如何进一步减少交通事故、降低人员的伤亡率成为道路交通安全的难题。随着国家基建的高速发展，道路基础设施趋于完善，全球寄希望于汽车安全的发展。传统的汽车安全分为被动安全和主动安全，汽车被动安全技术发展进入到瓶颈期，通过"笼式"车身和约束系统来提升车辆的耐撞性、保护车内驾乘人员的手段已经足够完美，通过标准的微更新、完善无法从根本上改变交通事故的严峻形式。例如，从最初的两点式安全带发展到如今的预紧限力式三点安全带，交通事故的死亡率降低了约 43%。遗憾的是近 20 年安全带没有革新技术的出现，其对乘员保护的极限也止步于此，幸运的是主动安全技术在最近 20 年得到了蓬勃发展，对于纵向交通事故，前碰撞预警系统（Forward Collision Warning，FCW）、自动紧急制动技术（Automatic Emergency Braking，AEB）对减少追尾事故有良好的效果。根据 IIHS 的调查结果表明，在真实道路工况中，FCW 可减少约 23% 的正面追尾事故、车辆损伤减少 42%、人员损伤减少 44%，AEB 可减少 39% 的追尾事故、车辆损伤减少 6%、人员损伤减少 4%。对于因疲劳驾驶、注意力分散驾驶等原因导致车辆偏离本车道的事故场景，目前成熟的技术有车道保持系统（Lane Keep Assistant，LKA）和车道偏离预警（Lane Departure Warning，LDW），前者通过在本车道线内修正转向盘，保证车辆不越道行驶，后者在车辆以一定速度偏离本车道时给予驾驶人警告。但目前的主被动安全技术依然存在局限性。

一方面，无论是传统的被动安全还是主动安全，安全策略缺少对人、车、路信息的融合，这导致安全策略存在局限性。AEB 主动制动造成碰撞 0 时刻驾乘人员处于离位状态，离位状态会大大降低被动安全的保护性能，甚至会增加伤亡风险。大量仿真和志愿者测试数据表明，主动安全在制动过程中导致明显的乘员前倾现象，俗称离位。当志愿者驾驶车辆以 $6m/s^2$ 制动，惯性造成驾乘人员头、胸、髋部的离位中位数分别为 100mm、60mm、6mm，如图 14-22 所示。

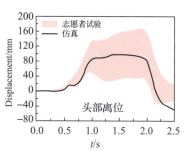
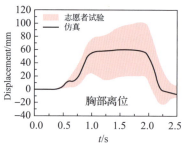
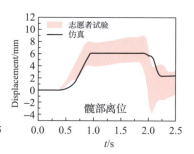

图 14-22　紧急制动下人员离位量

标准工况乘员保护的开发中，驾乘人员处于标准位置，换言之，只有在碰撞 0 时刻驾乘人员处于标准位置时，约束系统的保护策略才是最优的。研究表明，设计过程考虑主动安全导致的离位，并进行一体化的安全优化可显著降低事故伤亡率。图 14-23 为优化案例的流程，分别进行 56km/h、无初始制动的正面工况和 80km/h 初始制动至 56km/h 的正面工况约束系统匹配。结果表明（图 14-24），传统约束系统匹配参数在离位工况中保护效果下降，一体化的匹配方案可降低驾乘人员受伤风险 8.5%，标准工况和离位工况的约束系统最优参数不同，后者相比前者安全带限力值增加了约 800N、点火时刻提前约 8ms。

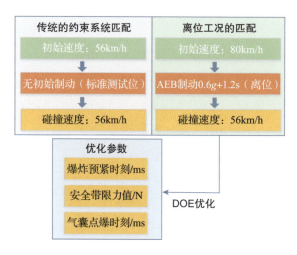

图 14-23　离位工况的优化设计流程

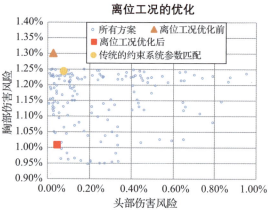

图 14-24　离位工况的优化设计结果

另一方面，标准工况覆盖的场景非常有限，被动安全工况常以受力方向和参与方重叠率进行分类，如图 14-25 所示，目前标准工况仅覆盖正面 1/2、1/4、100%，侧面仅覆盖 A 柱与 C 柱之间的近端工况，但在道路工况中，车辆右侧受撞击概率更高。无论是侧面工况或正面工况，标准工况仅评价左侧（驾驶人侧）受撞击的工况。事实上，一些主机厂在车身结构设计中，左右两侧安全性能确实存在差异，IIHS 在 2020 版增加右侧小偏置测评项，以增加副驾驶侧的安全性能。

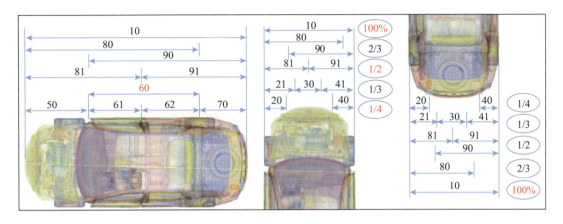

图 14-25 被动安全工况分类

目前主动安全覆盖的场景更少，表 14-1 所列是全球主流测评机构的测试场景，其中乘用车-行人事故是伤亡率最高的事故类型，目前测评工况只占乘用车-行人事故形态的 47.68%。基于中国国情，乘用车-二轮车事故造成的伤亡率仅次于行人事故，然而最新版的 C-NCAP 测试工况也只能覆盖 14.89% 的事故形态。追尾作为车-车事故中频次最高的事故类型，乘用车-乘用车事故场景也只覆盖车-车事故类型的 13.07%。

表 14-1 主流测评机构主动安全测试场景

测试参与方	测试标准	场景	UTYP	占比	合计占比
乘用车-行人	C-NCAP/EURO-NCAP		401	21.3%	47.68%
	C-NCAP/IIHS/EURO-NCAP		421	20.24%	
	IIHS/EURO-NCAP		423	1.98%	
	EURO-NCAP		673	0.79%	
	USNCAP		712	3.37%	

（续）

测试参与方	测试标准	场景	UTYP	占比	合计占比
乘用车-二轮车	EURO-NCAP		371	6.91%	14.89%
	EURO-NCAP		601	7.98%	
乘用车-乘用车	IIHS		742/501	0.65%	13.07%
	C-NCAP/EURO-NCAP		601/602/603/604	12.42%	

智能安全是对人、车、路、环境多源信息感知，融合多源信息，从正常行车到危险出现、预警、预碰撞、碰撞，再到救援，都将为驾乘人员提供智能决策，并覆盖更多的用户场景。根据事故的发生过程，可将智能安全技术分为动态行车安全，集成探测技术，智能安全座舱技术，智慧救援技术，如图 14-26 所示。

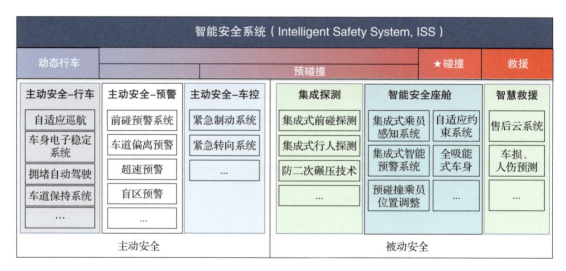

图 14-26 智能安全技术按保护时间域的分类

14.5.1 动态行车安全

动态行车安全指行车过程中通过各类传感器感知车外行车环境、车内驾驶行为和状态，对危险场景给予驾驶人更智能的提醒、更合理的制动策略，以提高车辆的安全性能，其中 FCW、AEB 属于正常行车过程中实时提供保护的安全产品。

智能安全的目标之一是通过对道路工况的深入研究，优化预警、制动策略，同时扩充更多的事故场景。如图 14-27 所示，EURO-NCAP 已增加了 AEB 对路口穿行、对向来车、自行车的场景测评工况，C-NCAP将在2021版增加对自行车场景的考察。尽管如此，标准工况所覆盖的场景也只是复杂道路场景中的冰山一角，根据德国交通事故深入调查中心（GIDAS）的对事故形态的分类，道路交通事故形态可分为300个，目前主动安全的场景仅覆盖其中的5%。

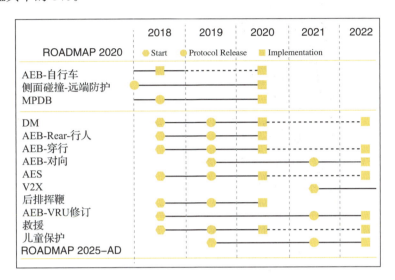

图14-27 EURO-NCAP路线图

开发更多典型的辅助驾驶场景是提升动态行车安全的重要举措。通过对交通事故的分析、重建，可将300个事故形态归为穿行、纵向和转弯3个大类，如图14-28所示，目前主动安全技术主要解决的是纵向工况，乘用车追尾乘用车场景即属于L1类。未来将开发仅次于纵向追尾的穿行工况AEB场景，图14-29是C1场景碰撞前2.7s两车的相对位置分布，可以初步判断，采用中程雷达/摄像头即可实现对90%目标车的探测。

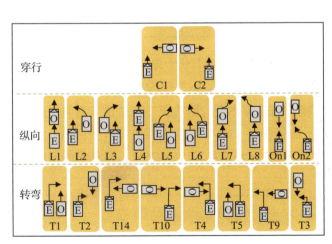

图14-28 场景的分类

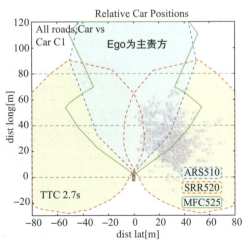

图14-29 碰撞前相对位置分布

不断提升产品性能、优化控制策略可推进动态行车安全的智能化。目前主流 AEB 可做到 50km/h 的速度降，如图 14-30 所示，即使 AEB 在所有追尾事故中均触发，也只能避免 60% 的交通事故，在乘用车追尾货车工况中，约 40% 的事故需要更高的速度降。然而，高的制动速度将带来被追尾的风险，如何优化策略保证自车高速度降的同时保证驾乘人员的安全性？这需要通过一体化的评估，图 14-31 是 60km/h 速度降一体化风险的评估结果，被追尾后驾乘人员受到 AIS3 级伤害风险约为 10%。图 14-32 是针对不同前方目标物为货车情况下，根据真实交通事故的伤亡率进行 FCW 的策略优化，经过驾驶人接受度验证后，理论上可降低钻卡事故 50% 的死亡风险。

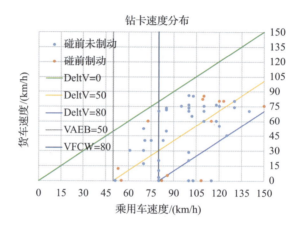

图 14-30　乘员车追尾货车速度分布

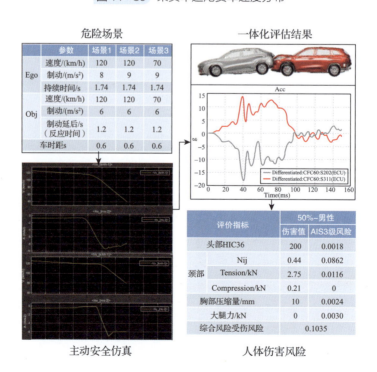

图 14-31　高速度降 AEB 开发

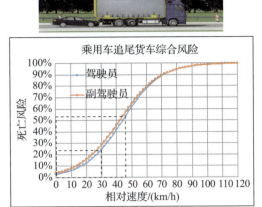
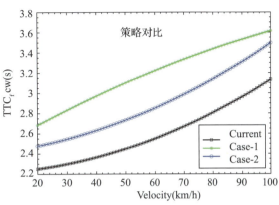

图 14-32 FCW 策略的优化

14.5.2 集成探测技术

传统被动安全约束系统点爆通过区分加速度信号以标定不同的碰撞工况，实现不同工况约束系统的点爆策略。然而，被动安全依靠加速度信号可区分的场景非常有限，如果撞击位置完全错开加速度传感器或者车辆受到准静态挤压变形，即使车辆变形量非常大，安全气囊也难以起爆或无法按照标定的策略起爆，无法满足更进一步降低驾乘人员伤害的需求，集成探测技术旨在提升约束系统点爆时间的稳健性和可控性，提升保护效果，传统被动安全向智能安全的演变。

如图 14-33 所示，在乘用车追尾车工况中，市场上的货车防撞横梁高度、强度基本不满足 GB 11567—2017，强度低、横梁离地高度大，甚至相当一部分货车无后防撞横梁。这导致乘用车追尾货车过程中加速度传感器信号微弱，甚至乘用车前车身钻入货车至 A 柱受力后才有加速度信号，约束系统点爆时间过晚，超过 50% 的钻卡事故因安全气囊点爆过晚

图 14-33 典型的钻卡事故

或未点爆导致驾乘人员与硬物二次碰撞产生致命伤,该现状难以通过标准工况的标定提升安全气囊的精准点爆。

如图14-34所示,随着计算机视觉技术的发展,碰撞前可实时分辨障碍物类型,并通过控制算法判断碰撞的危险等级,当目标物为货车且碰撞不可避免时,将目标物信号给安全气囊ECU做融合判断,调整气囊ECU的阈值,可显著提高约束系统点爆的精准性、及时性。研究表明,通过主被动信号的融合,可降低正面和侧面钻卡工况中颈部和头部伤害风险33%。

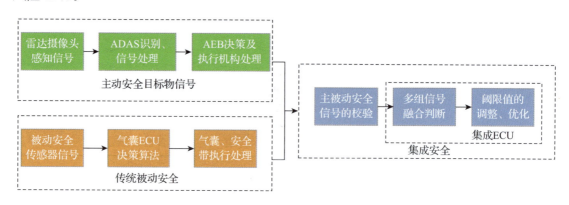

图14-34 集成探测技术路线图

以上是集成探测应用的一个典型案例,事实上,集成探测的运用非常广泛。如图14-35所示,道路交通事故中约3.3%事故会发生二次碰撞,且二次碰撞事故多因车辆失控而造成更致命的伤害,碰撞后误将加速踏板当作制动踏板的事故时有发生,防二次碰撞技术可以较好地解决该行为。防二次碰撞技术融合ADAS目标物信号和装在前保险杠处的压力传感器信号,在检测到第一碰撞后,起动车辆紧急制动,防止后续碰撞导致更严重交通事故。

图14-35 防二次碰撞

14.5.3 智能安全座舱

智能安全座舱旨在融合车外环境信息、车内驾驶人状态信息、驾驶行为、车辆动态信息，给驾驶人智能预警策略，在极端危险场景中，通过约束系统的预调整，为驾乘人员提供保护。

根据中国交通事故深入研究数据库（CIDAS）的研究表明，如图 14-36 所示，超过 90% 的交通事故为人为因素造成，其中 56% 为驾驶状态不佳（注意力分散/瞌睡/醉驾等）导致，目前已有车搭载驾驶人状态监测系统（Driver Monitoring System，DMS），但依然存在诸多问题。DMS 预警阈值仅考虑驾驶状态，缺少与车外环境信息的融合，当面临车外危险场景，正常驾驶与疲劳驾驶所期望的预警时刻是不同的，类似的，疲劳驾驶者在追尾货车与追尾乘用车场景中，前者死亡风险约是后者的 9 倍之多，其预警策略也应不同；DMS 预警方式限于视觉和听觉，缺少触觉的提醒和主动的策略干预。研究表明，预碰撞阶段通过预张紧主动式安全带，调整座椅位置，减小头枕与头部的间隙，可显著降低驾乘人员的伤亡风险。

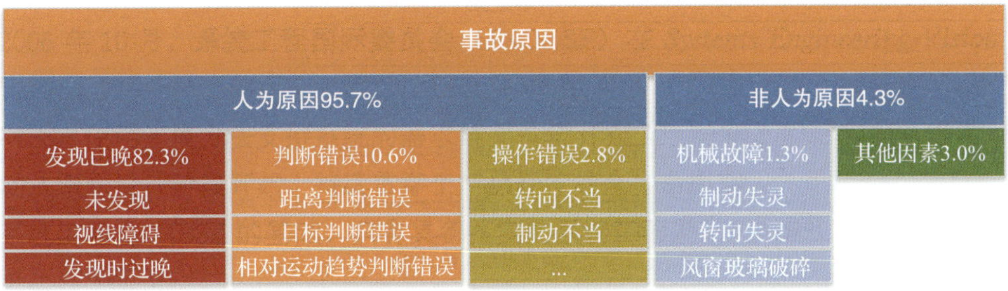

事故原因				
人为原因95.7%			非人为原因4.3%	
发现已晚82.3%	判断错误10.6%	操作错误2.8%	机械故障1.3%	其他因素3.0%
未发现	距离判断错误	转向不当	制动失灵	
视线障碍	目标判断错误	制动不当	转向失灵	
发现时过晚	相对运动趋势判断错误	…	风窗玻璃破碎	

图 14-36　基于 CIDAS 的事故原因分析

车外环境危险感知预警系统如 FCW、AEB、LDW、LKA 等，未融合车内驾驶人状态和行为。例如，LDW 通过检测车辆偏向车道线的横向速度，超过阈值时给驾驶人预警，这导致误触发率较高，引起驾驶人抱怨。如果驾驶人处于清醒状态，且有变道意图，即不需要警告。

智能安全座舱是多学科融合、交叉技术，需要开发高精度动力学控制系统，建立多学科驱动的预碰撞虚拟仿真平台，融合车内外多源信号，开发集成式智能乘员感知系统，研究多感知预警、车身姿态控制和乘员位置预调整技术，以保证驾乘人员处于最优碰撞位置、姿态，扩展碰撞安全在时间域的保护范畴，是进一步降低智能汽车伤亡率的有效举措，表 14-2 是目前已比较成熟的智能技术，可对预碰撞阶段乘员的位置进行调整，降低乘员伤害。

表 14-2　智能安全座舱基础功能

智能安全座舱	功能\场景	舒适功能	提醒功能			动态支持		预碰撞准备			
		安全带松弛量调节	危险警报（视觉）	驾驶员报警（听觉）	安全带振动（触觉）	预张紧安全带-水平1	预张紧安全带-水平2	座椅调整	车窗/天窗关闭	头枕	安全气囊阈值调整
集成式乘员感知系统 ✓	正常行驶中	✓	✓	✓							
	瞌睡、疲劳		✓✓	✓✓	✓✓						
	注意力分散		✓	✓	✓						
集成式乘员预警系统 ✓	超速行驶		✓	✓	✓						
	前方紧急情况		✓	✓	✓			✓	✓		
	后方紧急情况		✓	✓	✓					✓	
预碰撞乘员位置调整 ✓	AEB制动		✓	✓	✓	✓✓					✓
	转向不足/过度					✓	✓✓				✓
	整车侧滑 …		✓			✓		✓	✓		✓

14.5.4　救援技术

事故发生后，缺少及时、精准的救援是死亡率高的重要因素。事故后 30min 内是黄金救援时间，但国内超过 50% 的事故救援到达时间超出黄金救援时间；事故参与方得不到专业指导，基本无自救互救、大大增加了事故的死亡率；缺少对事故严重度预判，救治资源不能得到有效合理调配。如何在碰撞后短时间内获取驾乘人员受伤信息，实施精准、及时的救援方案是为客户提供全过程安全服务的关键闭环环节。

如图 14-37 所示，通过气囊点爆信号或 EDR 信号作为碰撞触发信号，将 ADAS 信号（主要是自车速度、减速度、目标物类型、速度等相关信息、主动安全触发信号）、碰撞位置 GPS 信号、车载摄像头图像上传至服务器，通过对所获得信息的分析，预测车辆受损情况、人员受伤情况，决策是否需要为客户提供救援服务，是否需要通知其联系人，对于受伤严重的客户，起动车载自动救援设备，例如通过开启空调为受伤人员输送富氧空气或含有急救效果的气体。

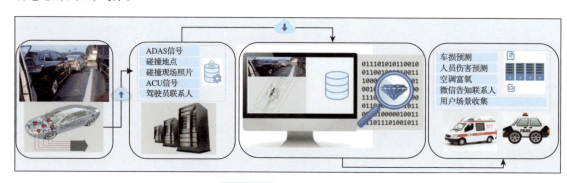

图 14-37　事故救援流程

事故救援的核心在于如何通过大数据分析，建立人员伤害预测模型。主流的方法通过对大量事故的深入研究，运用逻辑回归方法建立伤害风险与事故要素间的关系模型，缺点在于深度调查事故样本量少，工作量巨大，且无法针对某一款具体车型建立模型。运用虚拟仿真手段建立大量不同碰撞形态的样本，建立基于样本的深度学习模型可解决该问题，但基于仿真的方法也存在局限性，例如仿真无法精准预测碰撞过程车辆是否失控而造成的更大伤害，对于人员的主动响应也难以考察。如图 14-38 所示，在未来研究中，应该对具体的车型做仿真预测模型，并结合同等级车型在真实道路中的事故风险，对预测模型做映射修订，提高预测模型的精度，目前建立的深度学习网络模型预测精度可达到 80%。

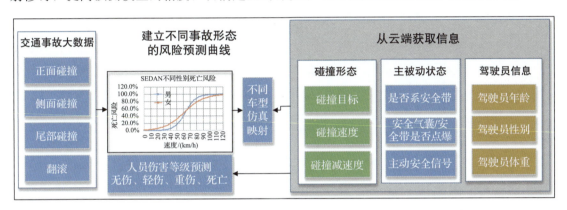

图 14-38　基于大数据的事故救援预测路线图

事故救援平台在事故发生第一时间提供救援服务，为客户提供安全保护，提升用户对安全的感知度，同时通过远程收集的用户事故场景，供研究人员深度解析事故的原因，建立用户场景库，不仅可为智能安全逻辑开发提供功能验证，推动安全性能开发标准的修订，也为后续车辆安全的开发寻求更完美的安全解决方案。

14.6　智能汽车技术

在新一轮科技革命与产业变革的推动下，汽车产业迈入工业 4.0 时代，其典型特征就是通过新一代移动通信技术、互联网、大数据、云平台、人工智能等先进技术与汽车产业的有机结合，打造以汽车为载体的新一代信息物理融合系统。在技术发展与产业探索时间的综合推动下，智能汽车已经从概念原理、技术原型阶段逐步迈入产业化应用阶段，特定场景商业应用不断扩展，为大规模产业应用奠定基础。

智能汽车作为汽车产业转型升级发展重要方向，受到各国重视，各界纷纷发力，发展飞速迅猛，将是未来智慧交通、智能城市的重要组成部分。从世界各国战略规划看，各个国家和地区都把智能汽车放到核心战略发展地位，制定一系列的战略规划以及法律法规支持产业发展；从市场端来看，根据美国 BCG 预测，智能汽车从 2018 年起，将迎来持续 20 年的高速发展期，到 2035 年将占据全球 20% 左右的新车市场，产业规模预计可达 770 亿美元；从技术产品端来看，智能汽车成为关联众多重点领域协同创新、构建新型交通运输体系的重要载体，是先进人工智能技术最好的产业先行区和试验田。

智能汽车是指搭载先进的车载传感器、控制器、执行器等装置，融合现代通信与网络技术，实现车与X（人、车、路、云等）的智能信息交互、共享，具备复杂环境感知、智能决策、协同控制等功能，可实现"安全、高效、舒适、节能"形式，最终可实现替代人来操作的新一代汽车。主要包括整车电子电气架构平台、智能驾驶、智能座舱和智能网联云平台四大部分。

14.6.1 整车电子电气架构平台

电子电气架构（Electrical/Electronic Architecture，EEA）是由车企所定义的一套整合方式。该架构能把汽车中的各类传感器、ECU（电子控制单元）、线束拓扑和电子电气分配系统完美地整合在一起，完成运算、动力和能量的分配，实现整车的各项智能化功能。

按照博世公司的电子电气架构演变（图14-39），汽车行业总体采取分布式→域→中央的方向进行架构演变。

传统的电子电气架构是分布式架构，根据汽车功能划分成不同的模块，如动力总成、信息娱乐、底盘和车身等。如此，既可以把功能进行简化，又方便在各个模块中找到最优的供应商。此外，每个控制器的设计都基于特定的功能需求展开的，并通过CAN总线传递彼此间的信息，以此来实现整车的功能。

分布式架构最大的特点是功能划分明确，可以通过预先的设计来严格明确界限，所有历史工作的继承性也很强。由于划分后的每个模块相对独立，如果需要作出改变，那么选出一部分东西进行更新即可。但这种模式的缺点也很明显，那就是容易导致模块太多且可控性不强。

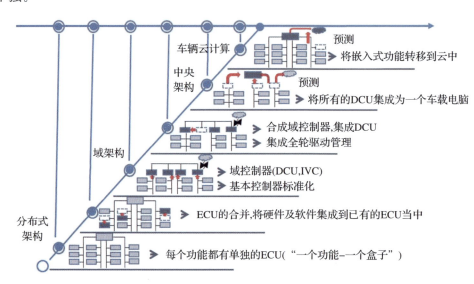

图14-39 电子电气架构演变

目前，汽车电子电气架构已经向集中式发展，世界主流汽车企业目前大多处于域架构阶段。通过把从属相关的部分尽可能地进行整合，以几个大单元为单位打破模块内的功能划分。特别是通过系统和软件层面的集成，把原有的硬件配置局限打破，域控制器成为一个领域内的主要计算和调度单位，可满足整个领域的运算需求。

域架构的不足之处主要是不同车型平台对模块的空间布置有物理限制。基于一个领域的划分在车辆物理空间上未必是最优的分配，想要大规模推广使用，不可避免会受到车型的约束。

未来，汽车电子电气架构围绕中央计算平台来进行搭建，在此之上构建一整套完整的软件系统。目前多数车企比较认可的计算平台方案主要分为三大部分：①自动驾驶计算平台，根据L3-L4级自动驾驶的不同需求来确定HPC的数量；②车辆基础计算平台，原先车身控制、热管理控制、通信控制等都是由各个分散的ECU来完成的，未来要通过基础计算平台来实现整车功能的总控制；③信息和通信计算平台，主要是满足人车交互方面的需求，该平台承担着非常重要的信息安全工作。当电子电气架构演变接近终局时，这三个基础单元会被整合成一个。

14.6.2 智能驾驶

智能驾驶主要通过传感器（激光雷达、摄像头、卫星导航系统等）对行驶车辆的周围环境进行感知与识别，对获取的车辆位置、交通信号、道路及障碍物等信息经分析处理，智能控制汽车速度和专项。

智能驾驶分为高级驾驶辅助系统（ADAS）和自动驾驶，ADAS是指利用安装在车上的各式各样传感器，在行驶过程中随时感应周围的环境，收集数据，进行静态、动态物体的辨识、侦测与追踪，并结合导航地图数据，进行系统的预算与分析，从而预先让驾驶者察觉到可能发生的危险并进一步主动操作（仅单向，纵向加减速或横向变道），有效增加汽车驾驶的舒适性与安全性。自动驾驶是指所有操作都由汽车控制，在一定场景下，驾驶者可以不再监控驾驶环境，但需做好接管准备，其最高级别是无人驾驶汽车，可无需驾驶者接管。

按行业统一划分标准分为L0~L5级（表14-3），其中L0、L1、L2属于ADAS（高级驾驶辅助系统）范畴，L3、L4、L5属于自动驾驶范畴。

L0：完全由驾驶人进行操作驾驶，包括转向、制动、节气门等都由驾驶人自行判断，汽车只负责命令的执行。

L1：能够辅助驾驶人完成某些驾驶任务，例如许多车型装配的自适应巡航控制（ACC）功能，雷达实时控制车距和车辆加减速，在国内的很多车型上都有应用。

L2：可自动完成某些驾驶任务，并经过处理分析，自动调整车辆状态，像特斯拉的车道保持功能就属于此级别，除了能控制加减速，同时还能对转向盘进行控制，驾驶人需观察周围情况提供车辆安全操作。

表 14-3 智能驾驶分级

自动驾驶分级		名称	定义	驾驶操作	周边监控	接管	应用场景
NHTSA	SAE						
L0	L0	人工驾驶	由人类驾驶者全权驾驶汽车	人类驾驶人	人类驾驶人	人类驾驶人	无
L1	L1	辅助驾驶	车辆对转向盘和加减速中的一项操作提供驾驶,人类驾驶人负责其余的驾驶动作	人类驾驶人和车辆	人类驾驶人	人类驾驶人	
L2	L2	部分自动驾驶	车辆对转向盘和加减速中的一项操作提供驾驶,人类驾驶人负责其余的驾驶动作	车辆	人类驾驶人	人类驾驶人	
L3	L3	条件自动驾驶	由车辆完成大部分驾驶操作,人类驾驶人需要保持注意力集中以备不时之需	车辆	车辆	人类驾驶人	限定场景
L4	L4	高度自动驾驶	由车辆完成所有驾驶操作,人类驾驶人无需保持注意力,但限定道路和环境条件	车辆	车辆	车辆	
L4	L5	完全自动驾驶	由车辆完成所有驾驶操作,人类驾驶人无需保持注意力	车辆	车辆	车辆	所有场景

L3：该级别通过更有逻辑性的行车电脑控制车辆，驾驶人不需要手脚待命，车辆能够在特定环境下独立完成操作驾驶，但驾驶人无法进行睡眠或休息，在人工智能不能准确判断时，仍需人工操作。

L4：车辆自动做出自主决策，并且驾驶者无需任何操作，一般需依靠可实时更新的道路信息数据支持，实现自动取还车、自动编队巡航、自动避障等出行的真实场景。

L5：与 L4 级别最大的区别是完全不需要驾驶人配合任何操作，实现全天候、全地域的自动驾驶，并能应对环境气候及地理位置的变化，驾驶人可将注意力放在休息或其他工作上。

当前，智能汽车达到 L2 级别，并无限接近 L3 范畴，在环境感知融合、路径规划和控制决策算法等核心技术取得重大突破。未来，场景化应用将成为趋势，按照低速封闭场景→低速开放场景→高速开放场景的顺序逐步实现落地，同时，在 L4 级别以上高级自动驾驶领域，智能汽车将从单车智能向车路协同发展。

14.6.3 智能座舱

汽车座舱即车内驾驶和乘坐空间，智能座舱是指配备了智能化和网联化的车载产品，从而可以与人、车、路本身进行智能交互的座舱，是人车关系从工具向伙伴演进的重要纽带和关键节点。其主要通过对数据的采集，上传到云端进行处理和计算，从而对资源进行最有效的适配，增加座舱内的安全性、娱乐性和实用性。

智能座舱将重新定义人们的出行方式，并重构人与车之间的关系，在此基础上，汽车已不再是一个简单的出行工具，而是有情感的出行伙伴。智能座舱的发展主要经历四个阶段（图 14-40），从"出行工具"到"出行伙伴"到最终成为用户的"第三空间"。

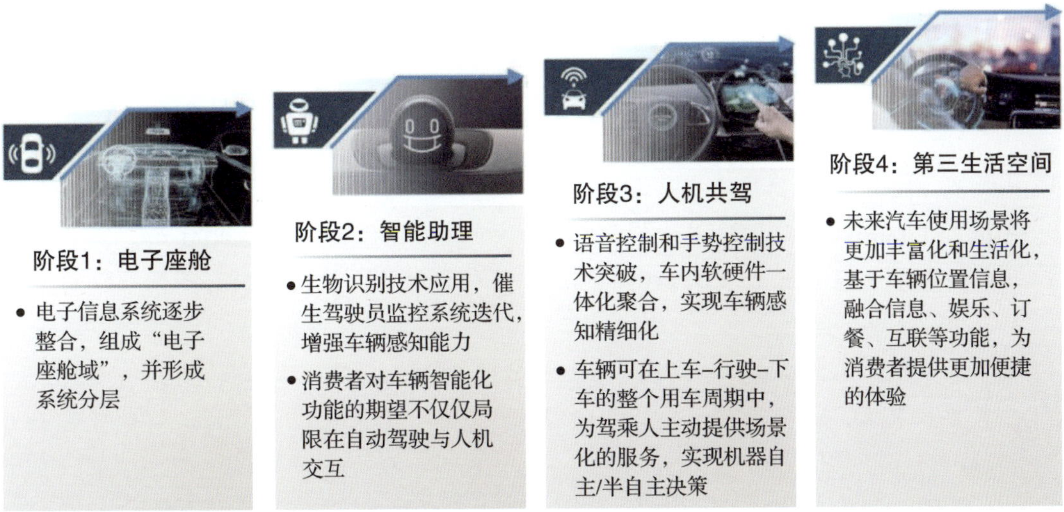

阶段1：电子座舱

- 电子信息系统逐步整合，组成"电子座舱域"，并形成系统分层

阶段2：智能助理

- 生物识别技术应用，催生驾驶员监控系统迭代，增强车辆感知能力
- 消费者对车辆智能化功能的期望不仅仅局限在自动驾驶与人机交互

阶段3：人机共驾

- 语音控制和手势控制技术突破，车内软硬件一体化聚合，实现车辆感知精细化
- 车辆可在上车-行驶-下车的整个用车周期中，为驾乘人主动提供场景化的服务，实现机器自主/半自主决策

阶段4：第三生活空间

- 未来汽车使用场景将更加丰富化和生活化，基于车辆位置信息，融合信息、娱乐、订餐、互联等功能，为消费者提供更加便捷的体验

图 14-40 智能座舱的演进

第一阶段是"电子座舱"，随着汽车电子化程度的提高，电子系统逐渐整合，组成"电子座舱域"，并形成系统分层，此阶段，汽车还是"出行工具"，如 ADAS、液晶仪表等，都是为出行做辅助。

第二阶段是"智能助理"阶段，此阶段汽车已初步成为"出行伙伴"，FACE ID、生物识别等新技术的引入增加了为用户提供个性化专属服务的可能。

第三阶段是"人机共驾"阶段，通过在上车－行驶－下车的整个用车周期中，为驾乘人主动提供场景化的服务，实现机器自主/半自主决策，人工智能技术的发展让"出行伙伴"开始变得有感情，这是当前领先车企正努力实现的阶段。

第四阶段是"第三生活空间"，在 5G 和车联网高度普及的前提下，未来汽车使用场景将更加丰富和生活化，汽车座舱将摆脱"驾驶"这一单一场景，逐渐演化成集"家居、娱乐、工作、社交"为一体的智能空间。

14.6.4 智能网联云平台

智能网联云平台是具有实时信息融合与共享、计算、应用编排、数据分析和信息安全等基础服务机制，为智能汽车及其用户、监管部门等提供车辆运行、道路基础设施、交通环境、交通管理等实时动态数据与大规模网联应用实时协同计算环境的智能网联驾驶基础设施。

现有智能网联云平台已经具备信息通信、数据收集、车辆状态监控等各种功能，初步实现车辆、路侧基础设施等的互联互通，同时联网规模也在不断扩大。未来，将构建"车－路－云"协同的生态系统，支持"车－路－云"协同的智能网联驾驶相关应用，并为智能网联汽车产业发展提供规范、可靠的服务管理支撑，保证对国家汽车与交通产业关键技术、核心设施信息安全的自主可控。同时，可以衍生出具有重要商业价值的数据，影响产业链的重组、价值实现方式的转变和商业模式的创新。

参考文献

［1］纪爱敏. 机械 CAE 分析原理及工程实践［M］. 北京：机械工业出版社，2009.
［2］Atlair HyperWorks［EB/OL］. http：//www.altairhyperworks.com.cn.
［3］范超. 基于 TCL/TK 的 Hypermesh CAE 流程自动化系统的研究与开发［D］. 合肥：合肥工业大学，2010.
［4］李冰. 铁路客车车体结构技术设计参数化研究［D］. 大连：大连交通大学，2012.
［5］陆天宇，孔啸. 基于 TCL 语言的 CAE 流程自动化系统设计［J］. 制造业自动化，2012，34（1）：3-6.
［6］Atlair HyperWorks Desktop Reference Guide［CP/OL］. 2017.
［7］陈立平. 机械系统动力学分析及 ADAMS 应用［M］. 北京：清华大学出版社，2005.

[8] 黄力平. 汽车结构的耐久性理论与实践 [M]. 北京：机械工业出版社，2020.

[9] 廖祥凝. 车内分区域声场控制及加速声品质研究 [D]. 北京：清华大学，2017.

[10] 中国汽车工程学会. 中国智能网联汽车产业发展报告（2019）[M]. 北京：社会科学文献出版社，2019.

[11] WANG L J，NING P S，YIN P，et al. Road traffic mortality in China：analysis of national surveillance data from 2006 to 2016 [J]. The Lancet Public Health，2019，4（5）：245-255.

[12] JESSICA C. Effectiveness of forward collision warning systems with and without autonomous emergency braking in reducing police-reported crash rates [Z]. 2016.

附　录　缩略语一览表

缩写	原　文	说　明
ABS	Anti-lock Braking System	防抱死制动系统
AEB	Automatic Emergency Braking	自动紧急制动技术
AEMDB	Advanced European Mobile Deformable Barrier	先进的欧洲可移动变形壁障
AIO	All-in-One	多学科可行法
APEAL	Automotive Performance，Execution and Layout	汽车性能、运行和设计调研
APLI	Advanced Pedestrian Legform Impactor	先进行人腿部碰撞块
AQS	Air Quality Sensor	空气质量传感器
AT	Automatic Transmissions	自动变速器
ATC	Analytic Target Cascading	解析目标分解
ATD	Attribute Target Decompose	属性目标分解清单模型
ATD-GC/MS	Automated Thermal Desorption-Gas Chromatograph / Mass Spectrometer	自动热脱附气相色谱/质谱联用仪
ATF	Acoustic Transfer Function	声传递函数
BIP	Body in Prime	带玻璃的白车身
BIW	Body in White	白车身
BLISS	Bi-Level Integrated System Synthesis	二级集成系统综合
BOM	Bill of Material	物料清单
BPN	BP Neural Network	BP 神经网络
BPV	Brake Pressure Variation	制动压力波动
BTV	Brake Torque Variation	制动力矩波动
CAD	Computer Aided Design	计算机辅助设计
CAE	Computer Aided Engineering	计算机辅助工程
C-AHI	China Automobile Health Index	中国汽车健康指数
CAN	Controller Area Network	控制器局域网络
CANFD	CAN with Flexible Data-Rate	可变速率的控制器局域网络
CAS	Concept Aided Surfaces	计算机辅助造型概念设计
C-ECAP	China Eco-Car Assessment Programme	中国生态汽车评价规程
CFD	Computational Fluid Dynamics	计算流体力学

(续)

缩写	原文	说明
CHL	Design Check List	设计检查清单
C-IASI	China Insurance Automobile Safety Index	中国保险汽车安全指数
CIDAS	China In-depth Accident Study	中国交通事故深入研究数据库
CLTC	China Light-duty Vehicle Test Cycle	中国轻型车测试循环
C-NCAP	China New Car Assessment Program	中国新车评价规程
CO	Collaborative Optimization	协同优化
CR	Concrete Road	水泥路面
CRG	Curved Regular Grid	曲线规则栅格
CS	Customer Satisfaction	用户满意度
CSI	Customer Service Index	售后服务满意度指数
CSSO	Concurrent Subspace Optimization	并行子空间优化
CTF	Color、Texture、Fabric	颜色、纹理、面料
CTS	Component Technical Specification	零部件技术规范
DES	Detached Eddy Simulation	分离涡流模拟
DG	Design Guide	设计指南
DMS	Driver Monitoring System	驾驶人状态监测系统
DMU	Digital Mock-up	电子样车（数字化装配模型）
DNA	Deoxyribo Nucleic Acid	基因（原意为核糖核酸，是生物固有特征信息的载体。本书为引申义，即具有自身固有特征的事物）
DNPH	2,4-dinitrophenylhydrazine	2,4-二硝基苯肼
DOE	Design of Experiments	试验设计
DTV	Disc Thickness Variation	制动盘厚度变化
DV	Design Verification	设计验证
DVP	Design Verification Plan	设计验证计划
ECE	Economic Commission for Europe	欧洲经济委员会
ECMS	Equivalent Consumption Minimization Strategy	最小等效能耗算法
ECO	Ecology、Conservation、Optimization	环保、节能、最优经济模式
ECU	Engine Control Unit	发动机电控单元
ECU	Electronic Control Unit	电子控制单元
EDA	Electronic Design Automation	电子设计自动化
EEA	Electrical/Electronic Architecture	电子电气架构

（续）

缩写	原文	说明
EMC	Electromagnetic Compatibility	电磁兼容
EMI	Electromagnetic Interference	电磁干扰
EMS	Engine Management System	发动机管理系统
EMS	Electromagnetic Susceptibility	电磁敏感度
EPB	Electrical Park Brake	电子驻车制动
EPS	Electric Power Steering	电动助力转向
EURO-NCAP	European New Car Assessment Programme	欧洲新车评价规程
FCW	Forward Collision Warning	前碰撞预警系统
FLEX-PLI	Flexible Pedestrian Legform Impactor	柔性行人腿部碰撞块
FLR	Front-Left-Right ear	前排左侧右耳旁
FM/AM	Frequency Modulation/Amplitude Modulation	调频/调幅
FMA	Failure Mode Analysis	失效模式分析
FMEA	Potential Failure Mode and Effects Analysis	潜在失效模式与效应分析
FMEA	Failure Mode and Effects Analysis	失效模式及影响分析
FMECA	Failure Mode Effects and Criticality Analysis	失效模式影响及危害度分析
FMVSS	Federal Motor Vehicle Safety Standard	美国联邦机动车安全标准
FRB	Frontal Rigid Barrier	正面刚性壁障
FTA	Fault Tree Analysis	故障树分析
FTP	Federal Test Procedure	（美国）联邦试验规范
GA	Genetic Algorithm	遗传算法
GIDAS	German In-depth Accident Study	德国交通事故深入调查中心
GPS	Global Positioning System	全球定位系统
GTR	Global Technical Regulation	全球技术法规
HEV	Hybrid Electric Vehicle	混合动力汽车
HIC	Head Injury Criterion	头部伤害指标指数
HPC	High Performance Computer	高性能计算机
HPLC	High Performance Liquid Chromatograph	高效液相色谱
IBT	Initial Brake Temperature	初始制动温度
IC	Integrated Circuit	集成电路
ID	Identification Number	模型中单元、节点、材料、载荷的识别号
IDF	Individual Discipline Feasible	单学科可行法

(续)

缩写	原文	说明
IIHS	The Insurance Institute for Highway Safety	美国高速公路安全保险协会
INCOSE	International Council on Systems Engineering	系统工程国际委员会
IPI	Input Point Inertance	原点加速度导纳
IQS	Initial Quality Study	新车质量调研
ISO	International Standard Organization	国际标准化组织
K&C	Kinematics & Compliance	运动学特性和柔性变形特性
KM	Kriging Model	Kriging 模型
LACT	Los Angeles City Route	洛杉矶城市路线
LACU	Leader，Among Leader，Competitive，Un-competitive	竞争策略
LES	Large Eddy Simulation	大涡模拟
LKA	Lane Keep Assistant	车道保持系统
MBSE	Model Based System Engineering	基于模型的系统工程
MCL	Medial Collateral Ligament	内侧副韧带
MDB	Mobile Deformable Barrier	可移动变形壁障
MDF	Multidisciplinary Feasible	多学科可行法
MDO	Multidisciplinary Design Optimization	多学科设计优化
MFD	Method of Feasible Direction	可行方向法
MLSM	Moving Least Squares Method	移动最小二乘法
MOE	Measurements of Effectiveness	关键参数
MPDB	Mobile Progressive Deformable Barrier	移动渐进变形壁障
MPV	Multi-Purpose Vehicle	多用途汽车
MRF	Moving Reference Frame	运动参考坐标系
MT	Manual Transmissions	手动变速器
MTBF	Mean Time Between Failures	平均故障间隔时间
MTS	Material Technical Specification	材料技术规范
MTTF	Mean Time To Failures	失效前平均工作时间
NATSA	Nation Highway Traffic Safety Administration	（美国）国家公路交通安全管理局
NCAP	New Car Assessment Program	新车评价规程
NEDC	New European Driving Cycle	新欧洲驾驶循环工况
NR	Noise Reduction	噪声衰减量
NTF	Noise Transfer Function	噪声传递函数
NVH	Noise、Vibration、Harshness	噪声、振动、声振粗糙度的合称

(续)

缩写	原文	说明
ODS	Operational Deflection Shape	工作变形
OLC	Occupant Load Criterion	乘员加载标准
OPA	Operational Path Analysis	工作路径分析
OPAX	Operational Path Analysis with eXogenous Inputs	扩展工况路径分析
OTPA	Operational Transfer Path Analysis	工况传递路径分析
PALS	Product Attribute Leading Strategy	产品性能领先策略
PBNR	Power Based Noise Reduction	基于功率的噪声衰减量
PC	Polycarbonate	聚碳酸酯
PCB	Printed Circuit Board	印制电路板
PCU	Powertrain Control Unit	动力总成控制单元
PDCA	Plan、Do、Check、Action	全面质量管理循环
PEU	Power Electric Unit	电力电子控制单元
PHEV	Plug-in Hybrid Electric Vehicle	插电式混合动力汽车
PID	Proportional、Integral、Differential	比例、积分、微分（闭环控制算法）
POT	Partly Open Throttle	节气门半开
PRSM	Polynomial Response Surface Method	多项式响应面
PVC	Polyvinylchloride	聚氯乙烯
PWM	Pulse Width Modulation	脉冲宽度调制
QFD	Quality Function Deployment	质量功能展开
RAR	Rough Asphalt Road	粗糙沥青路面
RBF	Radial Basis Function	径向基函数
RE	Radiated Emission	辐射骚扰
RPN	Risk Priority Number	风险系数
RRR	Rear-Right-Right ear	后排右侧右耳旁
RS	Radiated Susceptibility	电磁场辐射抗扰度
SAE	Society of Automotive Engineers	国际机动车工程师协会
SAND	Simultaneous Analysis and Design	同时分析与设计法
SE	Simultaneous Engineering	同步工程
SMT	Surface Mounted Technology	表面贴装技术
SOC	State of Charge	荷电状态（用来反映电池的容量）
SOI	System of Interest	对象系统
SPC	Single Point Constrain	（有限元中的）单点约束

(续)

缩写	原文	说明
SPL	Sound Pressure Level	声压级
SQP	Sequential Quadratic Programming	序列二次规划法
STS	System/Subsystem Technical Specification	系统/子系统技术规范
SUMT	Sequential Unconstrained Minimization Technique	序列无约束极小化技术
SUV	Sport Utility Vehicle	运动型多用途汽车
TB	Trimmed Body	内饰车身
TCU	Transmission Control Unit	变速器控制单元
TGW	Things Gone Wrong	顾客抱怨问题的统计指标，通常用每千台车问题数（TGW/1000）表示
TI	Tibia Index	胫骨指数
TPA	Transfer Path Analysis	传递路径分析
TRA	Torque Roll Axis	三点式转矩轴
TVOC	Total Volatile Organic Compounds	总挥发性有机化合物
TVS	Transient Voltage Suppressor	瞬态抑制二极管
USB	Universal Serial Bus	通用串行总线
US-NCAP	United States New Car Assessment Program	美国新车评价规程
V*C	Viscous Criterion	黏性指标
VIAQ	Vehicle Interior Air Quality	车内空气质量
VOC	Volatile Organic Compounds	挥发性有机物（和醛酮类物质）
VOC	Voice of Customer	用户的语言研究/用户需求（声音）
VPG	Virtual Proving Ground	虚拟试验场
VPI	Vehicle Pulse Index	车辆波形指数
VTF	Vibration Transfer Function	振动传递函数
VTS	Vehicle Technical Specification	整车产品技术规范
VVT	Variable Valve Timing	可变气门正时
WAD	Wrap Around Distance	包络距离
WHO	World Health Organization	世界卫生组织
WLTC	World Light Vehicle Test Cycle	世界轻型汽车测试循环
WLTP	World Light Vehicle Test Procedure	世界轻型汽车测试程序